94

Shobhaa De

Wie die Erinnerung es will

Deutsch von
Uschi Gnade

Deutscher Taschenbuch Verlag

Von Shobhaa De
sind im Deutschen Taschenbuch Verlag erschienen:
Glitzernacht (24567)
Regen in Bombay (24603)

FSC
Mix
Produktgruppe aus vorbildlich
bewirtschafteten Wäldern und
anderen kontrollierten Herkünften

Zert.-Nr. GFA-COC-1278
www.fsc.org

Deutsche Erstausgabe
September 2008
Deutscher Taschenbuch Verlag GmbH & Co. KG,
München
www.dtv.de

Titel der indischen Originalausgabe:
›Selective Memory‹ (Penguin Books, India 1998)

Umschlagkonzept: Balk & Brumshagen
Umschlagfoto: Gautam Rajadhyaksha
Fotos im Innenteil: Privatbesitz der Autorin
Satz: Fotosatz Reinhard Amann, Aichstetten
Gesetzt aus der Berling 9,75/12,75˙
Druck und Bindung: CPI – Ebner & Spiegel, Ulm
Gedruckt auf säurefreiem, chlorfrei gebleichtem Papier
Printed in Germany · ISBN 978-3-423-24673-6

Für den Gott Ganesha,
vor dem man keine Geheimnisse haben kann,
und
für meine geliebte Familie,
vor der ich immer noch einige habe.

Inhaltsverzeichnis

Prolog

Ein Anruf am späten Abend. Anfang 1997.

»Ich finde, du solltest jetzt deine Autobiographie schreiben, da du demnächst fünfzig wirst.«

Das sagt David Davidar.

»Ich bin mir nicht sicher. Ich glaube nicht, dass es der richtige Zeitpunkt ist.«

Das sage ich.

»Es gibt keinen richtigen oder falschen Zeitpunkt, um sein Leben aufs Spiel zu setzen.« David.

»Ach nein?« Ich.

Ich dachte, die Leute schrieben ihre Memoiren erst mit siebzig. Eine schöne runde Zahl. Siebzig. Dann hast du alles hinter dir. Die guten Zeiten und die schlechten. Du willst dein Leben aufzeichnen, bevor die Erinnerung daran verblasst.

Es gibt auch Leute, die mit zwanzig ihre Memoiren schreiben. Auch das ist eine schöne runde Zahl. Zwanzig. Alles liegt noch vor dir. Das Gute und das Schlechte. Du kannst es nicht erwarten, alles niederzuschreiben, bevor das eigentliche Leben an dir vorbeirast und dir Erinnerungen überflüssig erscheinen.

»Fünfzig ist nichts Halbes und nichts Ganzes«, sage ich zögernd. »Ich weiß nicht recht. Fünfzig ist so ... nichtssagend und langweilig. Ich hasse halbe Sachen.«

»Sieh mal, ich finde, du solltest es tun. Jetzt.« David.

»Ich habe Angst davor.« Ich.

»Das ist doch klar. Es ist für jeden Menschen auf Erden die furchterregendste Erfahrung. Den Leuten graut bei dem Gedanken, über sich selbst zu schreiben. Sie finden alle erdenklichen Ausreden. Sie lügen. Sie erfinden Dinge dazu. Sie lassen Dinge weg. Oder schmücken sie aus.« David.

»Ich weiß. Und gerade deshalb will ich es nicht tun.« Ich.

»Stell es dir vor wie eine Zeitungskolumne. Eine ganz, ganz lange. Das ist dein Leben in den letzten fünfundzwanzig Jahren gewesen. Eine endlose Zeitungskolumne.« David.

War es das? Sonst nichts? Eine Kolumne?

Vielleicht.

Und dann fing ich an nachzudenken. Fünfzig. Seltsam, ich empfand es nicht so. Fünfzig. In diesem Wort lag eine solche Endgültigkeit. Fünfzig. Zeit für eine Bestandsaufnahme. Fünfzig. Zeit für einen Rückblick, für Rückblenden. Fünfzig. Igitt. Fünfzig. Wow. Ich wiederholte die Zahl, fünfzigmal sagte ich sie mir vor. Ich musste sie erst mal auf mich wirken lassen. Die Zahl musste mir begreiflich werden. Sich mir einprägen. Das Gefühl, fünfzig zu werden, musste sich in mir festsetzen. Würde ich wirklich wenige Monate nach diesem Telefonanruf fünfzig werden? Und wollte ich dieses verdammte Buch schreiben?

Vermutlich ja.

»Bitte, geh weg«, flehte ich das ungeschriebene Manuskript selbst dann noch an, als ich mich bereits darauf vorbereitete, es zu schreiben.

»Lasst mich in Ruhe«, bettelte ich, als Bilder mich bestürmten und in meinem Kopf explodierten.

Ich wusste, wohin das führt.

Ich bereitete mich darauf vor, mich in ein Monster zu verwandeln. Es würde in dem Moment passieren, in dem ich meinen genormten Schreibblock zur Hand nahm, das Datum auf die erste Seite kritzelte, ein kurzes gemurmeltes Gebet an »Ganesha« richtete und die ersten Worte schrieb. Etwas Grässliches würde mir zustoßen. So war es immer. Für das nächste Jahr würde ich zu einer unerträglichen Person werden.

Für eine Frau ist ein Buch, das im Werden begriffen ist, wie ein heimlicher Liebhaber, den sie vor ihrer Familie verbergen muss. Sie raubt sich Zeit, um zu ihm zurückzukehren. Sie träumt von ihm. Sie schwelgt in ihm. Sie phantasiert über ihn. Sie hat ein schlechtes Gewissen und kann niemanden in dieses Geheimnis einweihen. Auch Bedauern spielt mit hinein – von einem Buch kann man sich nicht lieben lassen, man kann auch nicht mit ihm reden. Und doch erfüllt sie der geheime Schauer einer jeden Begegnung mit Glücksgefühlen. Sie ist high. Das Buch gibt ihr das Gefühl, begehrenswert, sexy, wunderschön und interessant zu sein. Das ist besser als der beste Sex.

Sommer 1997. Ich wusste, dass ich kurz davor stand, mich wieder ins Schreiben zu stürzen. Der kritische Zeitpunkt nahte schnell. Ich wusste, dass mir jede Störung verhasst sein würde – Ausflüge mit der Familie, Besucher, Telefonanrufe, gesellschaftliche Verpflichtungen, Schulausflüge, Einkaufsbummel, Fernsehprogramme, Bücher, Zeitschriften –, alles, was meine Zeit und Aufmerksamkeit beanspruchte.

Das Schlimmste am Schreiben, ganz gleich, ob es Memoiren sind oder ein pikanter Roman, ist, dass man die Erfahrung mit niemandem teilen kann. Manchmal kann man sich höllisch einsam fühlen. Derart von allem abgeschnitten, dass man sich selbst fragt, warum man sich so streng bestraft. Und wofür eigentlich? Es muss doch bessere Möglichkeiten geben.

Ich weiß nicht, wie sich das Schreiben auf andere auswirkt, aber ich werde zu einer geradezu besessenen und auf irritierende Weise geistesabwesenden Person. Ich verübele anderen jede Sekunde, die sie mir von meinem Ritual abknapsen. Meine gesamte Existenz wird vom Akt des Schreibens in Anspruch genommen. Es kommt ein Punkt, an dem sich der Druck physisch äußert, nicht mehr nur psychisch. Ein unerträglicher Schmerz strahlt durch meinen ganzen Körper. Der Verstand beginnt zu rasen, und die Finger können nicht mehr mithalten. Das verursacht weitere Frustrationen. Ein Gefühl von Verzweiflung und Unaufschiebbarkeit beherrscht jede wache Minute. Ich kann mich auf nichts mehr konzentrieren, noch nicht einmal auf wichtige Gespräche. So viel Konzentration geht nicht spurlos an einem vorüber.

Es fällt schwer, sich mit häuslichen Lappalien zu beschäftigen, während man sich danach verzehrt, die Seiten zu schreiben, die man wegen der vierteljährlich anstehenden Schädlingsbekämpfung oder eines ungünstig gelegenen Treffens des Eltern-Lehrer-Verbandes im Stich lassen musste. Noch schwerer ist es, Interesse an familiären Angelegenheiten zu heucheln, an dem gewohnten Geschwätz eines Partners oder dem Plappern eines Kindes, während man sich danach sehnt, endlich weiterschreiben zu können.

Familienmitglieder klagen über Vernachlässigung, und Freunde, die in den ersten Monaten verständnisvoll und mitfühlend sind, gehen auf Distanz und wenden sich anderen zu, die mehr Zeit und Interesse haben. Ich erkenne die Notwendigkeit, einen Gang zurückzuschalten, aber es ist unmöglich, langsamer zu treten oder anzuhalten. Ein Tag ist nur noch dann »gut«, wenn mir das Schreiben locker von der Hand geht. Eine gewisse »Leichtigkeit des Seins« gewinnt die Oberhand. Ein Tag ist dann »schlecht«, wenn der natürliche Rhythmus aus dem Lot gerät. Dann versinkt man in Trostlosigkeit. Es ist schlimmer, viel schlimmer als die schlimmsten Menstruationskrämpfe. Die Seele krümmt sich vor Schmerz, und es gibt keine andere Linderung als die nächste Runde produktiven Schreibens ... aber man weiß nicht, wann es dazu kommen wird – am selben Abend, am nächsten Morgen, eine Woche später, vielleicht sogar erst in zwei Monaten.

Während der Olympischen Winterspiele im Februar 1998 sah ich den einzigen indischen Teilnehmer Shiva Keshavan, wie er sich auf die Fahrt mit dem Rennschlitten vorbereitete, seine Disziplin. Als er auf dem Rücken die schmale vereiste Bahn runterbretterte, sagte ich mir: »Mein Gott, das bin ich. Ich bewege mich so schnell voran, dass alles, was jetzt passiert, sich meiner Kontrolle entzieht.«

Da gab es nur noch eines: sich zurücklehnen und die Fahrt genüsslich auskosten.

David hatte Recht. Jedenfalls teilweise.

Es war keine leichte Aufgabe, ›Wie die Erinnerung es will‹ zu schreiben. Aber so hart war es nun auch wieder nicht.

Als ich erst einmal den Einstieg gefunden hatte, hat es mir sogar ziemlich großen Spaß gemacht. Ich schrieb. Unmengen. Ja. Ohne Notizen. Ohne exakte Zeitangaben. Ohne Gedächtnishilfen. Ohne Tagebücher. Ohne Zeitungsausschnitte. Ich habe noch nicht einmal ein besonders gutes Gedächtnis. Nichts weiter als unzählige Echos und Bilder in meinem Kopf. Vorwiegend farbenfroh, im Allgemeinen angenehm. Am Ende war es gar nicht so schlimm, zurückzublicken, aber es könnte auch sein, dass meine veränderte Sicht auf die Dinge eine Menge damit zu tun hatte, dass ich demnächst fünfzig werden würde. Mit fünfzig steht nichts auf dem Spiel. Nichts und niemand ist so wahnsinnig wichtig, noch nicht einmal alte Feindschaften. Die Feindschaft als solche wird verwässert. Gehässigkeit verschwindet. Koexistenz wird zum Schlüsselwort. Die Intensität, mit der andere dich in Mitleidenschaft ziehen können, lässt nach.

Mit fünfzig steckt man zurück, stutzt das Unwesentliche und beginnt auszusieben. Davids Worte kamen mir immer wieder in den Sinn. »Du besitzt die Fähigkeit, dieses eine Merkmal herauszugreifen, das eine Person ausmacht, und es in Bernstein einzuschließen. Nutze diese Fähigkeit. Nutze sie, und schon hast du dein Buch.« Vielleicht. Doch sowie ich begonnen hatte, war das, was zählte, nicht mehr das Schicksal des Buches, sondern der Prozess des Schreibens. Wie alles andere schrieb ich meine veränderte Denkweise der Aussicht zu, demnächst fünfzig zu werden.

Als mein Vater beschloss, zur Feier dieses Ereignisses bei sich zu Hause eine Satya-Narayan-Puja zu veranstalten, die Glück und Frieden für die Familie bringen soll, erklärte ich mich ohne besondere Gefühlsregungen mit seinem Vorhaben einverstanden. Dasselbe hatte er bereits für meine älteren Schwestern Mandakini und Kunda zu ihrem fünfzigsten Geburtstag getan, dann den fünfzigsten Geburtstag meines Bruders übersprungen, da er Ashoks Einstellung zu Pujas im Allgemeinen akzeptierte – mein Bruder sieht sie als reine Vergeudung an –, und jetzt organisierte er mit Begeisterung die letzte solche Puja für sein jüngstes Kind.

Als mein Mann und ich unsere Plätze vor dem helläugigen, hellhäutigen Brahmanen mit der entblößten Brust einnahmen, mein Mann in einem seidenen Dhoti und ich in einem traditionellen, acht Meter langen Paithani-Sari, war ich in Gedanken nicht bei den Shlokas, die der Geistliche kurz darauf mit monotoner Stimme vortragen würde, und auch nicht bei dem ausgefeilten Festmahl mit Speisen aus Maharashtra, das darauf folgen würde. Ich dachte zerstreut an viel profanere Dinge – die Kolumne, die ich am nächsten Tag zu schreiben hatte, die Kleidungsstücke, die aus der Reinigung geholt werden mussten, die neuen Turnschuhe für meine Tochter Arundhati, die ich ihr noch vor dem Schulanfang nach den Ferien versprochen hatte. Es war schwierig, sich auf das zu konzentrieren, was für mich nichts weiter war als unverständliches Kauderwelsch. Aber allmählich begann ich die Details am Rande dieser Puja wahrzunehmen, die langwierige Planung und all die Gedanken, die darauf verwendet worden waren, diesen Abend verheißungsvoll zu gestalten, und ich bemerkte auch den Stolz, mit dem mein Vater, der erstmals ohne meine Mutter an seiner Seite als alleiniger Gastgeber bei einem religiösen Zeremoniell auftrat, dafür gesorgt hatte, dass sämtliche silbernen Ritualgefäße herausgeholt, auf Hochglanz poliert und wunderschön um den kompakten Schrein herum aufgestellt wurden, der eigens für diesen Anlass geschaffen worden war. Ich sah die grenzenlose Hingabe, mit der meine Schwester Kunda für unsere verstorbene Mutter einsprang und alles genau überwachte.

In einem prächtigen Kanjeevaram-Sari war Kunda instinktiv und mühelos in die frei gewordene Rolle geschlüpft, und einoder zweimal glaubte ich, wenn ich einen flüchtigen Blick auf ihren purpurnen Sari warf, während sie eilig ein und aus ging, meine Mutter zu sehen – »Aie«, wie wir sie nannten. Nicht eine Tochter, die ihr ähnelte, sondern Mutter persönlich. Ich nahm Aies unverwechselbare Anwesenheit wahr. Allmählich merzte mein Verstand die Banalitäten aus, die sich dort drängten, und begann, sich auf die Legenden zu konzentrieren, die der Priester vortrug. Es spielte keine Rolle mehr, dass seine Worte mir nichts bedeuteten. Ich sah die frischen Blumen an, die Lotosblüten und Rosen, die zu kleinen Pyramiden aufgehäuften Tulsiblätter, die schimmernden Schalen und Öllampen und das winzige Krishna-Figürchen. Ich atmete den zarten Duft von Sandelholz ein, den schärferen des Kampfers, den Geruch von frischem Prasad, der aus der Küche hereinwehte, und die Puja wurde Teil eines Ganzen. Ich schloss die Augen. Ich dachte an den Anruf meines Vaters vor einem Monat – unterdrückte Aufregung in seiner Stimme, ein seltsames Gefühl von Unaufschiebbarkeit, von Heimlichtuerei.

»Meine Liebe ... kannst du heute zu mir kommen?«

»Gibt es etwas Dringendes?« Ich war ein wenig gereizt über die Störung. Mal wieder das Buch.

»Ja.«

»Aber ... was denn? Kann das nicht warten? Ich muss meinen Abgabetermin einhalten. Ich schreibe.«

»Nur eine halbe Stunde. Fünfzehn Minuten. Das ist alles.«

»Okay, ich komme um die Mittagszeit.«

Gegen zwei läutete das Telefon.

»Du bist noch nicht da.«

»Tut mir leid. Ich war total in die Arbeit vertieft. Ich komme später.«

»Du hast gesagt, du kommst um die Mittagszeit.«

»Ich weiß. Es tut mir wirklich leid. Um fünf bin ich da.«

»Nein, das kommt mir nicht gelegen. Warum nicht jetzt?«

»Worum geht es denn?«

»Das kann ich dir am Telefon nicht sagen.«

»Tja ... also gut. In zehn Minuten bin ich bei dir.«

»Enttäusche mich bloß nicht. Und komm nicht zu spät.«

»Nein, ganz bestimmt nicht.«

Ich betrat seine ordentliche, helle Wohnung. Er stand an der Tür, nahm mich am Ellbogen und führte mich in sein Schlafzimmer.

»Setz dich.« Er deutete auf den Besucherstuhl. »Ich möchte dir heute das Geschenk zu deinem fünfzigsten Geburtstag überreichen.« Er ging zu seinem Schrank, der Almirah aus Stahl, nicht der hölzernen.

»Oh nein, Baba. Ich will es jetzt noch nicht. Bitte gib es mir erst an meinem Geburtstag.«

Er drehte sich um. »Ich möchte, dass du es bekommst. Heute. Jetzt sofort. Ich habe meinen Entschluss gefasst.«

»Aber warum?«

»Für den Fall ... für den Fall ... dass mir etwas zustößt, würde ich nicht wollen, dass dieses Geschenk herumliegt und niemand es für sich beansprucht. Es wäre mir nicht lieb, wenn es deshalb zu Verwirrung oder Peinlichkeiten käme. Ich habe es für dich gekauft. Es hat eine ganz besondere Bedeutung. Dieses Jahr vollendet Indien seine ersten fünfzig Jahre, und du startest in deine nächsten fünfzig. Wenn du siehst, was ich für dich habe, wirst du meinen Grund dafür verstehen, es dir in dieser Form zu überreichen.«

»Bitte, Baba. Ich möchte nicht, dass du es mir jetzt schon gibst. Und sprich nicht einmal aus, dass dir etwas zustoßen könnte. Das wird nicht geschehen. Du wirst hier sein, und wir werden gemeinsam feiern.«

»Ich bin neunzig Jahre alt. Es wäre töricht zu behaupten, dass mir nichts zustoßen wird. Vielleicht kommt es ja nicht dazu. Aber falls ich aus irgendeinem Grunde nicht mehr da sein sollte, wird dieses Geschenk seinen Zauber verlieren. Du bist in einem freien Indien geboren. Du wirst nicht wissen, was dieser Moment der Freiheit Menschen meiner Generation bedeutet hat. Also streite nicht mit mir. Nimm es. Und bewahre es sicher auf.«

Er öffnete den Schrank.

Ich protestierte weiterhin. »Sieh mal, falls du dir tatsächlich Sorgen um deine Gesundheit machst, dann versieh das Geschenk doch mit einer Nachricht.«

Er hörte mir nicht zu.

Er holte einen dünnen Umschlag aus handgeschöpftem Papier hervor. Ich erkannte seine wunderschöne Handschrift darauf. Er reichte ihn mir und fragte schelmisch: »Kannst du erraten, was drin ist?«

Ich ließ meine Finger behutsam über den Umschlag gleiten. Darin befand sich ein ziemlich harter Gegenstand.

»Gibst du auf?«, fragte er mit einem verschmitzten Lächeln.

»Ich gebe auf«, gestand ich.

Er nahm den Umschlag wieder an sich, öffnete ihn behutsam und zog einen kleinen, sorgsam verpackten Gegenstand heraus, den er mir reichte. Er stammte aus der Prägestätte der indischen Regierung. Eine goldene Gedenkmünze anlässlich der Unabhängigkeit vor fünfzig Jahren. Wunderschön. Und so passend.

»Reinstes Gold. Vierundzwanzig Karat. Sieh nur. Lies. Das Echtheitszertifikat liegt bei. Es war gar nicht so leicht, da ranzukommen. Ich musste es über mehrere verschiedene Quellen versuchen. Die Nachfrage ist groß. Eines Tages wird es ein gesuchtes Sammlerstück sein«, erklärte mein Vater stolz.

Ich nahm die Münze aus ihrer Verpackung und starrte sie lange Zeit an. Auf meiner Handfläche sah sie aus wie eine Sonne in Miniaturgröße. Dieses Geschenk rührte mich so sehr, dass ich kein Wort herausbrachte. Die Münze war wirklich vollendet, sogar in der Ausführung. Zur Abwechslung hatte die Designabteilung der Regierung mal nichts verpatzt. Die Münze hatte nichts Protziges an sich. Und über den Einfallsreichtum meines Vaters konnte ich nur staunen. Ein anderer Mann hätte seiner Tochter vielleicht einen Geldbetrag überreicht und gesagt: »Kauf dir was Schönes.« Aber stattdessen saßen wir jetzt da und erlebten gemeinsam einen tief bewegenden Moment, und mir fiel nichts ein, was ich dazu sagen konnte, noch nicht einmal: »Danke.« Wir bewunderten die makellose Ausführung und drehten die Münze mehrfach in unseren Händen um.

Ich stellte mir meine Mutter an meiner Seite vor. Es war ganz und gar »ihr« Zimmer. Überall waren ihre Spuren noch zu sehen: ihr Handspiegel, ihre Frisierkommode, ihre Kosmetikartikel, der Handtuchhalter, über dem Saris hingen, die sie nur zu Hause trug. Schließlich bückte ich mich und berührte Vaters Füße. Wir umarmten einander nicht. Die frühere Unbeholfenheit war immer noch da. »Gott segne dich, meine Liebe«, sagte er. Und seine Stimme stockte vor Rührung.

Und dann nahmen wir aus reiner Verlegenheit unsere »normalen« Gespräche wieder auf, über die Chancen in der Kongresspartei in den Wahlen, warum die United-Front-Regierung zusammenbrach und wie der Inder Gujral etwas hätte verändern können, es aber nicht getan hatte.

Ich steckte den Umschlag in meine Handtasche.

»Pass gut darauf auf«, sagte mein Vater, wie er es zahllose Male gesagt haben musste, als ich noch ein Kind war. Auch der Tonfall war genau derselbe. Und auch ich benahm mich wie eine Jugendliche und nickte gehorsam, während mir Baba seine Anweisungen erteilte.

Jetzt war es an der Zeit, zu gehen und in mein eigenes Zuhause zurückzukehren. In diesem Moment befiel mich ein vertrautes Gefühl von Verwirrung. Mein Zuhause? War nicht dies hier, das Zuhause meines Vaters, auch mein Zuhause? Mindestens so sehr wie das, in dem ich heute lebte? Oder jedenfalls genauso sehr? Auf dem Heimweg war ich ein wenig durcheinander. Mich bestürzte vor allem die Eindringlichkeit seiner Geste. Die Vorstellung, dass er das Gefühl gehabt hatte, er könnte an meinem fünfzigsten Geburtstag, der doch so dicht bevorstand, nicht mehr da sein ... Zum ersten Mal wurde ich mir wirklich und wahrhaftig meiner eigenen Sterblichkeit bewusst. Sterben hatte bisher noch nie in meinem Terminkalender gestanden. Mein Vater hatte seiner Sorge Ausdruck verliehen, an meinem Geburtstag möglicherweise nicht mehr da zu sein. Wie konnte ich sicher sein, dass ich selbst bis dahin überhaupt noch da sein würde? Ich konnte Kundas Worte hören: »Sei nicht so morbid.« War es morbid, die eigene Sterblichkeit in Betracht zu ziehen? Mit fünfzig? Ganz bestimmt nicht. Ich hatte einen Wendepunkt erreicht.

Ich schreckte auf und kehrte mit einem Ruck in die Gegenwart zurück. Das religiöse Zeremoniell ging seinem Ende entgegen.

Auf dem Heimweg schweiften meine Gedanken zu jenem Tag zurück, an dem ich zum ersten Mal über den Tod nachgedacht hatte. Ganz gleich, ob das Buch dafür verantwortlich war oder nicht – das Schreiben hatte mich abrupt innehalten und auf Bereiche meines Lebens zurückblicken lassen, die ich fast vergessen hatte. Ich war so vollauf damit beschäftigt gewesen, in der Gegenwart zu leben, dass die Vergangenheit so gut wie ausgelöscht gewesen war. Ich hatte keine Zeit dafür gehabt. Kein echtes Interesse daran. Ich hatte konsequent nach vorn geblickt.

Ich erreichte meine Fünfziger in heller Aufregung, von einer Woge mitgerissen, die mich immer noch mit halsbrecherischer Geschwindigkeit meinem Morgen und Übermorgen entgegenschleuderte. Fünfzig. Etwas ganz anderes als vierzig. Aber ich war immer noch dasselbe entschlossene kleine Mädchen, das an den Startblöcken kauerte und darauf wartete, den scharfen Knall des Schusses aus der Pistole des Schiedsrichters vor meiner liebsten Disziplin zu hören – dem Hundertmeterlauf.

Ich fürchtete mich nicht. Überhaupt nicht. Ich hatte ja auch erst kürzlich meine jahrzehntelange Angst vor der Dunkelheit überwunden und brauchte kein Nachtlicht mehr im Zimmer. Ich fühlte mich bereit für die restliche Strecke. Ich war gewillt, mein Bestes zu geben, ohne Sorge darüber, wie ich abschnitt. Die Siegertribüne hatte ihre Bedeutung für mich verloren. Früher wünschte ich mir inbrünstig, dort zu stehen, und zwar nur auf einem der drei Plätze, dem ersten. Das gelang mir häufig. Die Spitze, tröstlich, behaglich und ach so vertraut. Ich war verwöhnt gewesen. Ich hatte begonnen zu glauben, das sei der einzig richtige Platz für mich. Töricht, eitel, arrogant. Es spielte keine Rolle mehr. Was mich dazu brachte, das einzusehen, war nicht etwa Resignation oder Ermattung. Es war eher eine Form von lustvoller Bejahung.

Nie hatte ich mich wohler in meiner Haut gefühlt, nie so behaglich, nie so ausgeglichen. Wo waren sie geblieben, die Rastlosigkeit, die Ungeduld, die Gereiztheit? Sie schwanden rapide. Sogar so rasch, dass mir etwas sonderbar dabei zumute war. Ich geriet in Panik. Aber nur ein klein wenig. Bald würde ich nicht mehr in der Lage sein, mich selbst zu erkennen. Bald würden Menschen, die mich früher einmal gekannt hatten, sagen: »Wer ist denn diese Frau? Kennen wir sie? Wollen wir sie überhaupt kennen?« Und dann würde ich diese grässlichen Worte zu hören bekommen, die hinter meinem Rücken geflüstert oder mir liebenswürdig ins Gesicht gesagt würden: »Weißt du was? Du bist milder geworden. Doch, wirklich. Glaub mir. Wie nett du heute bist.«

»Nett? Nein, überhaupt nicht«, würde ich giftig zurückgeben.

Nett? Wer will schon nett sein? Ich bin nicht »nett«, ihr dumpfen Hennen. Und milder bin ich auch nicht geworden. Lediglich älter. Mit fünfzig kann ich keine freche Göre mehr sein. Das wäre obszön. Zum Glück sind ein paar Reste dieser anderen Frau noch intakt.

Ich stellte fest, dass ich die Schultern straffte, mein Kinn vorreckte und dachte: »Na und? Ich habe mich verändert. Das steht mir zu. Diejenigen, die mein vertrautes Ich suchen, werden sich eben mit diesem hier begnügen müssen, ob es ihnen passt oder nicht. Denn dieses Ich ist das, was auf Dauer bleiben wird. Und es macht mir, offen gesagt, großen Spaß, diese Person zu sein.«

›Wie die Erinnerung es will‹ hat mich, von allem anderen mal abgesehen, bei der Verwandlung unterstützt und ermutigt. Den Prozess mit einem Kickstart in Gang gesetzt. Mich gezwungen, über meine Schulter zu blicken. Zurückzublicken, auszusieben, abzulegen, zu bekräftigen, zu bewerten und neu zu bewerten, mich zu arrangieren, einzusehen und zu akzeptieren – in allererster Linie zu akzeptieren. Es war nicht einfach. Überhaupt nicht. Aber nachdem ich diese Erfahrung verkraftet habe, fühle ich mich viel stärker. Es war nicht so schmerzhaft, wie ich es mir vorgestellt hatte. Ich habe nicht »gelitten«. Was mir lieb und teuer bleiben wird, ist, wie belebend es war, sich gezwungenermaßen zu erinnern. Ich war derart in die Gegenwart vertieft, dass ich den Kontakt zu meiner eigenen Vergangenheit verloren hatte. Das Buch hat als Vorwand, Alibi und Ansporn gedient. Es gab kein Entrinnen.

Die Verwandlung ist noch nicht abgeschlossen. Aber das Buch ist es. Jedenfalls ein Teil davon. Wie jede abgebrühte Verschwörerin kann ich eine kleine Stimme aus seinen Seiten sagen hören: »Du glaubst, du hast es geschafft? Du glaubst wirklich, das war es? Glaubst du tatsächlich, du kämest so leicht davon? Nie im Leben. Nicht so rasch, De, nicht so rasch. Erinnerst du dich noch an deine eigenen Worte: ›Auf diesem Weg keine Abkürzungen‹?« Ich erinnere mich. Leider.

Ich suche immer noch nach Zustimmung – eine alte Gewohnheit. Sehen Sie es mir nach.

Ein Blick zurück

Für meine Mutter war es ein Jammer, dass ich nicht der zweite Sohn war, den sie sich inständig erhofft hatte. Für meine Eltern kann meine Geburt unmöglich ein Festtag gewesen sein, insbesondere, da meine Großmutter mütterlicherseits da war und allen ins Gedächtnis rief, dass das Eintreffen einer dritten Tochter eine zusätzliche Bürde darstelle und es ziemlich leichtsinnig von meinen Eltern gewesen sei, sich auf ein viertes Kind einzulassen, ohne eine Garantie dafür zu haben, dass es männlich sein würde. Ob sich meine Mutter wirklich und wahrhaftig zu Tränen der Niedergeschlagenheit hinreißen ließ, als ihr die Krankenschwester mein Geschlecht mitteilte, spielt im Grunde genommen keine große Rolle, denn meine Großmutter hatte dafür gesorgt, dass sie sich elend und schuldbewusst fühlte. Als sie begann, bei meinem Anblick bittere Tränen zu vergießen, hatte sich ihre Mutter mit einer unzweideutigen Geste des Abscheus und der Enttäuschung mit der Hand vor die Stirn geschlagen. Mein Vater war derjenige, der von ganzem Herzen jubilierte. Seine Gründe, erklärt er freimütig, waren ästhetischer Natur.

»Ich hatte noch nie einen so vollendet gestalteten Säugling gesehen, mit ebenmäßigen Zügen, reiner Haut und schmal zulaufenden Fingern. Es war eine Freude, dich anzuschauen. Ich habe deine Mutter für ihre albernen Tränen gescholten. Ich habe dich hochgehoben, damit sie dich begutachten konnte, und gesagt: ›Sieh sie dir an. Sieh genau hin. Ist sie nicht eine Schönheit? Gott hat uns so viel Güte erwiesen. Wir haben eine gesunde, schöne Tochter, warum also weinst du?‹«

Da seine Argumente sie nicht überzeugen konnten, vergoss meine Mutter ein paar weitere Tränen. Ich habe den Verdacht, sie tat es, um meine Großmutter zu beschwichtigen und unter den gegebenen Umständen Solidarität an den Tag zu legen.

Dr. Rajguru, der Geburtshelfer, der meine Mutter in einem ehemaligen Militärbungalow in Satara von mir entband, erhielt für seine Dienste ein Honorar von dreißig Rupien. Weitere hundert gingen für einen einwöchigen Aufenthalt und diverse postnatale Kosten drauf. Etwa um dieselbe Zeit brachten die Ehefrauen des Laufburschen und des Sanitätsunteroffiziers meines Vaters stramme Jungen zur Welt. Sie standen eindeutig besser da als »Raosahib« (mein Vater). Dieser war damals leitender Beamter und hatte mit der Pestepidemie, die in Satara wütete, alle Hände voll zu tun. Eine tote Ratte war in einem Hof in einer Wassertonne gefunden und zur Untersuchung eingeschickt worden. Das Ergebnis wurde in Kürze erwartet. Daher schenkte mein Vater den triumphierenden Rufen »Mulga, Mulga« (Junge), gefolgt von schadenfrohen Anspielungen auf die »Mulgi« (das Mädchen) des armen Raosahib, kaum Beachtung.

Trotz der getrübten Stimmung wurde mir eine stilvolle Heimkunft gewährt. Der erste Wagen, in dem ich jemals fuhr, war ein schnittiger blauer Buick. Ich war sieben Tage alt. Und der Wagen war geborgt. Mein Vater würde in wenigen Monaten vierzig Jahre alt werden und war, außer meiner Schwester Kunda, der Einzige, der sich über das neueste Rajadhyaksha-Baby freute. Die arme Kunda hatte mit ihren sechs Jahren keine Ahnung, dass in der Familie meiner Mutter nur die Geburt eines Sohnes gefeiert wurde. Man hatte ihr erzählt, anlässlich der Geburt meines Bruders Ashok hätte meine älteste Schwester Mandakini als Glücksbringer einen Kumkum-Handabdruck auf den Rücken bekommen. In aller Unschuld forderte sie anlässlich meiner Geburt dasselbe Privileg für sich, woraufhin meine Großmutter sie mit einem vernichtenden Blick anfauchte: »Was? Du willst Kumkum auf deinem Rücken? Geh und hol stattdessen Kuhmist. Ist dir überhaupt klar, dass es jetzt drei Töchter in der Familie gibt? Drei! Wären zwei denn nicht genug gewesen?« Kunda hatte sich in ein dunkles Eckchen des weitläufigen Bungalows verkrochen und wagte es nicht, ihre Freude über ihre kleine Schwester zu zeigen, da sie fürchten musste, sich damit Großmutters Hohn und, was noch schlimmer war, ihren Zorn zuzuziehen.

Es war ein Segen für mich, dass sich die anfängliche Enttäuschung meiner Mutter schon bald in Liebe und Zuwendung verwandelte. Mein Vater hatte behauptet, ich hätte der Familie Glück gebracht. Und sie ließ sich mit der Zeit von ihm bekehren. Ganz gleich, ob ich nun ein Maskottchen war oder nicht, jedenfalls folgten auf meine Geburt viele einschneidende Veränderungen. Mein Vater bewarb sich um eine Stelle bei der Zentralregierung in Delhi und bekam sie. Das hieß, dass wir die Provinz hinter uns ließen und in die wirkliche Welt Einzug hielten. Ich war zwei Jahre alt, als wir in die Hauptstadt umzogen, wo mein Vater zum Justizsekretär der indischen Regierung ernannt wurde.

Für meine Geschwister war dieser Umzug entschieden traumatisch und der Zeitpunkt denkbar ungünstig. Aus Mittelschulen in der tiefsten Provinz mit Marathi als Umgangssprache wurden sie in eine Umgebung verpflanzt, in der vorherrschend Englisch und Hindi gesprochen wurde, ohne auch nur ein Wort in einer der beiden Sprachen zu kennen. Mandakini mit ihren dreizehn Jahren kämpfte mit ihren eigenen Dämonen der pubertären Unbeholfenheit. Von den beiden anderen, die zehn und acht Jahre alt waren, wurde erwartet, dass sie dem Unterricht in den naturwissenschaftlichen Fächern, in Geschichte, Geographie und englischer Literatur in einer Schule (der Delhi Public School) folgen konnten, die sich mit ihrem sehr hohen Niveau brüstete. Es kam nicht in Frage, Hauslehrer zu engagieren, da mein Vater noch alte Schulden zu begleichen hatte – die stattliche Summe von gut dreißig Rupien.

Da sie nicht an die Winter in Delhi gewöhnt waren, fröstelten die drei in der frühmorgendlichen Kühle, wenn sie darauf warteten, dass der Schulbus sie abholte. Sie ließen den Unterricht über sich ergehen, ohne auch nur ein einziges Wort zu verstehen, kopierten oft aufs Geratewohl »Muster« von der Tafel oder machten sich phonetische Notizen in Marathi. Und doch waren dieselben Kinder ein oder zwei Jahre später an die Spitze ihrer Klassen aufgerückt und blieben weiterhin in Führung, bis zwei von ihnen ihre Senior Cambridge Certificates mit Gesamtbewertungen von über neunzig Prozent erhielten.

In der Zwischenzeit blieb ich zu Hause, ein verhätscheltes, verzärteltes Kind, das sich an Mutters Saripaluv klammerte und darauf bestand, seine Eltern zu offiziellen Regierungsempfängen zu begleiten. Mein Benehmen ärgerte die anderen, und sie warfen meiner Mutter ihre offensichtliche Bevorzugung vor. Ich wurde erst im Alter von sieben Jahren eingeschult, denn ich blieb lieber zu Hause, nahe bei Mutter, die das Aufziehen ihrer Nachkommenschaft mittlerweile entspannter sah und ebenso sehr auf mich angewiesen war wie ich auf ihre Nähe. Während der glühend heißen Sommer in Delhi streckte ich meinen Körper auf ihrem aus, wenn sie sich auf einem behaglichen Sessel unter einem Ventilator entspannte und ein Nickerchen machte, während der Duft von feuchtem Gras durch die Fenster unserer Villa in der Regierungskolonie hereinwehte. Geistesabwesend suchten ihre Finger in meinen Nasenlöchern und in meinen Ohren nach hartnäckigen Schmutzresten, die beim Baden nicht weggeschrubbt worden waren.

Meinen Bruder und meine Schwestern muss es aufgebracht haben, eine derart bevorzugte Behandlung zu beobachten, die ihnen als Kinder versagt geblieben war. Oft weigerte ich mich, das Bett zu verlassen, bis mein Vater ins Zimmer kam und mich Huckepack an den Esstisch trug. Ich weigerte mich auch, aus dem Schlafzimmer meiner Eltern auszuziehen, bis wir das nächste Mal umzogen, diesmal nach Bombay. Damals war ich zehn.

Ich habe lebhafte Erinnerungen an meine Jahre in Delhi, wo wir gleich um die Ecke vom Khan-Markt wohnten und ich oft mit meinem Vater durch das dichte Gedränge auf dem Basar schlenderte. Wir machten regelmäßig Zwischenstation in einem kleinen Fotostudio, wo ich darauf bestand, mich fotografieren zu lassen. Noch heute habe ich diese körnigen Schwarzweißabzüge, und wenn ich mir meine selbstbewussten Posen und den erstaunlich ernsten Gesichtsausdruck auf den meisten Bildern ansehe, dann frage ich mich, ob die langjährige Beziehung, die ich später mit der Kamera einging, sich in diesem winzigen Studio in Delhi bereits herauszubilden begann.

Ich war auch das Kind, das bei weitem die größten Forderungen an meine Eltern stellte. Zu meinem Glück wurden diese nicht abgeschmettert. Oft wurde meinen Bitten nachgegeben, selbst dann, wenn sie unzumutbar waren. In den Kindergarten gelangte ich auf der Lenkstange eines Fahrrads, das ein Dienstbote fuhr. Die Ansprüche, die ich an meinen Frühstücksbeutel stellte, waren nicht nur kostspielig, sondern auch ungeheuer wählerisch. Ich mochte Gebäck von Keventer, und Bananen mussten so und nicht anders geschnitten sein. Ich weigerte mich, diese Bananenscheiben mit einer gewöhnlichen Gabel aus rostfreiem Stahl zu essen. Ich zog eine zierliche Kuchengabel vor, die eigens für mich angeschafft worden war. Ebenso pingelig war ich, wenn es um meine Schultasche, meine Serviette und mein Federmäppchen ging.

Vom wem hatte ich mir das bloß abgeschaut? Niemand sonst in meiner Familie hätte es gewagt, solche Wünsche zu äußern. Jedenfalls nicht meinem Vater gegenüber, es sei denn, derjenige war bereit, sich einen fünfzehnminütigen Vortrag über die Tugend der Genügsamkeit anzuhören. Und doch kam ich damit und mit noch viel mehr durch.

Ich war das einzige Kind, dessen Geburtstage gefeiert wurden. Im Alter von zwei Jahren (auf dem Weg nach Delhi, im Haus der Familie meiner Mutter in Central Bombay) hatte ich ausgesprochen klare Vorstellungen davon, was ich an meinem großen Tag tun wollte. Wie vorherzusehen war, fiel meine Wahl auf Pink. Und Pink bekam ich. Onkel und Cousinen wurden losgeschickt, um gestrickte rosa Schühchen zu suchen, ein rosa Rüschenkleidchen, rosa Socken und einen rosa Kuchen mit rosa Kerzen. Die Cousine, die beauftragt worden war, passende Schuhe für mich zu finden, hätte fast aufgegeben, war jedoch beharrlich genug, um stattdessen ein rotes Paar Schuhe aufzutreiben.

Meine Schwester erzählt, in dem Alter sei ich eine unerträgliche Göre gewesen, die ständig wimmerte und sich an unsere Mutter klammerte. Ich war die Einzige, die einen Koller bekam, wenn meine Eltern ausgingen, die Einzige, die nicht bestraft wurde oder sogar zu Hause bleiben musste, wenn sie einen Wutanfall bekam. Mein Aufstampfen mit dem Fuß bewährte sich – es war weniger riskant, mich mitzuschleifen, als mich den anderen aufzuhalsen, die für Prüfungen lernen mussten und Berge von Hausaufgaben zu bewältigen hatten.

Meine Zeit in Man Nagar (inzwischen in Ravindra Nagar umbenannt) verbrachte ich mit den Nachbarskindern. Auf der Suche nach Abenteuern stromerten wir durch die weitläufige Kolonie. Unsere großen Nächte hatten wir während des Testes »Ram Lila«, wenn wir nach einem frühen Abendessen aufgeregt zu der nahen Parkanlage strömten, um zuzusehen, wie auf einer improvisierten Bühne das Ramayana, das zweite indische Nationalepos, vorgetragen wurde. Wir saßen auf dem Festplatz und warteten gebannt auf das Finale – das Feuerwerk und die traditionelle Verbrennung von Ravanas Abbild am letzten Tag.

Wann immer ich heute Delhi besuche, gehe ich auf den Khan-Markt. Die meisten alten Geschäfte aus meiner Kindheit sind verschwunden, ein paar sind tröstlicherweise noch da – die Empire Stores, Shoes and Stores, Fakirchand's –, und irgendwie sind die Gerüche immer noch dieselben. Wenn ich durch die langen Gänge laufe, werden meine Sinne von den Düften bestürmt, die ich mit einer besonders glücklichen Phase meiner Kindheit in Verbindung bringe. Seltsamerweise löst die Erinnerung an die Winter von Delhi überhaupt keine Reaktion bei mir aus. Natürlich erinnere ich mich an die Kälte am frühen Morgen, wenn ich trotz der Nähe eines winzigen elektrischen Heizgeräts unter zwei Decken bibberte. Aber bis auf diese Erinnerung und eine weitere daran, wie sich dicke Strickjacken auf meiner Haut anfühlten, ist mir so gut wie nichts im Gedächtnis geblieben.

Haften geblieben sind die Sommer. Lange, stille Nachmittage in verdunkelten Räumen voller »Regierungsmöbel« – nummerierte klobige Schreibtische, Stühle, Couchgarnituren, Betten.

Hässliche, dicke marineblaue Vorhänge, die das grelle Licht fernhielten; das Wasser in den tönernen Krügen, das nach feuchtem Schlamm schmeckte; das kleine Rasenstück draußen, wo wir unter dünnen Laken aus Baumwolle schliefen; unerwartete Hagelschauer und Sandstürme, sogar Wolken räuberischer Heuschrecken, die rasch durch die Kolonie zogen und in ihren dichten Formationen die Sonne verfinsterten, wenn sie an unserem Haus vorbeifegten und in den fernen Weizenfeldern verschwanden. Der leicht bittere Nachgeschmack von reifen, saftigen, schimmernden Jamuns, die langen, krummen Sommergurken, die mit Salz und rotem Chilipulver gegessen wurden; Mangos, von niedrigen Bäumen gepflückt, die mit den schweren Früchten beladen waren; geheime Verstecke in den Büschen, wo sich Freunde regelmäßig zu »Clubzusammenkünften« trafen; die Runden durch die Kolonie auf geborgten Rädern; aufgeschrammte Schienbeine, zahllose blaue Flecken und zu Hause stets die Anwesenheit meiner ruhigen, gelassenen Mutter, die sich in ihrem Lieblingssessel entspannte und populäre Marathi-Zeitschriften las, während sie die Garhwali-Hausangestellten zurechtwies, die für uns arbeiteten.

Der Umzug nach Bombay hätte zu keinem besseren Zeitpunkt erfolgen können. Ich war zehn und bereit, es mit der Welt aufzunehmen. Selbst mit zehn erschien mir Delhi schon zu klein und der Rhythmus der Stadt zu langsam. Ich wusste nichts über Bombay, erinnerte mich an nichts. Und doch hatte ich, als es zu der Versetzung meines Vaters kam, das Gefühl, wir gingen endlich »nach Hause«. Das war ziemlich erstaunlich. Wir waren nicht strikt nach den Sitten des Maharashtra aufgewachsen. Keineswegs. Ich kannte keinen einzigen Menschen, der Marathi sprach. Die Leute, die uns zu Hause besuchten, waren Kollegen meines Vaters – ein Parsi, ein Gujarati, ein Bengale und ein UP-Pressesprecher. Die Schulfreunde meines Bruders kamen nicht aus dem Maharashtra. Wir hatten auch keinen einzigen Nachbarn, der von dort kam. Inzwischen sprach ich mehr Hindi als Marathi, mehr Englisch als Hindi. Ich hatte noch nie Bhelpuri gekostet. Ich wusste nicht, dass »Gol-Guppas« in Bombay

»Paani puri« genannt wurden. Oder dass dort kaum jemand in niedrigen, weitläufigen Regierungssiedlungen lebte. Ich hatte keine Erinnerung daran, jemals das Meer gesehen oder eine salzige Brise in meinen Haaren gespürt zu haben. Palmen existierten für mich nicht. Die einzigen Mangos, die ich je gegessen hatte, waren Langdas, keine Aapoos. Doppeldeckerbusse brachte ich mit dem London, das ich von Postkarten kannte, in Verbindung und nicht mit Bombay. Und doch ... und doch ... wir kehrten zurück nach Hause.

Meine Mutter war begeistert. Sie würde ihre Schwestern und ihre Mutter wieder in ihrer Nähe haben. Mein Vater freute sich; für ihn war das ein entscheidender Schritt voran im Leben. Mit seinem neuen Posten war eine Beförderung zum beigeordneten Minister im Justizministerium verbunden, und in dieser Funktion würde er die erste Justizaußenabteilung der Zentralregierung leiten, die in Bombay errichtet werden sollte.

Während die Familie darauf wartete, dass uns eine Unterkunft im fernen Ghatkopar zugewiesen wurde, wohnten wir bei den Familien der Brüder meines Vaters in einer Wohnung von bescheidenen Ausmaßen in Girgaum. Ich erinnere mich noch an den erstaunlich heftigen Regenguss, als unser Zug im Hauptbahnhof von Bombay einfuhr. Ströme von kräftigen, piksenden Regentropfen peitschten meine Haut, als wir aus dem alten Bahnhofsgebäude traten und uns nach einem Pferdekarren umsahen. Die trübsinnige Schönheit des Monsuns in Bombay habe ich bis heute nicht vergessen. Sie bleibt weiterhin mein erster und eindringlichster Eindruck von der Stadt.

Es liegt auf der Hand, dass die Aufnahme in Schulen und Colleges Vorrang hatte. Wir alle schafften es mühelos, aufgenommen zu werden. Wieder einmal hätte der Zeitpunkt für meine Geschwister nicht ungünstiger sein können. Kundas Examen für das Senior Cambridge Certificate stand in wenigen Monaten bevor. Sie musste sich weitgehend allein darauf vorbereiten, da eines der naturwissenschaftlichen Themen, die sie in der Delhi Public School gewählt hatte, in ihrer neuen Schule, der Queen Mary Highschool, die auch ich besuchte, nicht unterrichtet wurde. Auch für Mandakini war es wieder einmal ein denkbar ungünstiger Zeitpunkt. Nachdem sie ihren Abschluss im Miranda House in Delhi gemacht hatte, war sie in Bombay ratlos, ihre Zukunftspläne waren ungewiss, und sie wusste nicht recht, was sie für diese fremde Stadt empfand, mit der sie sich schon lange nicht mehr identifizierte. Es muss schwierig für sie gewesen sein, enge Freunde aus dem College zurückzulassen, um ein neues Kapitel ihres Lebens zu beginnen, und das war ihr deutlich anzumerken. Der Einzige, der etwas besser dran war, war mein Bruder Ashok. Er war bereits im Indian Institute of Technology Kharagpur eingeschrieben, was bedeutete, dass Bombay für ihn nichts weiter als ein Feriendomizil sein würde.

Ghatkopar war 1958 nicht der betriebsame Vorort, der es heute ist. Es wurde als ein abgelegener Stützpunkt angesehen, dem es an der grundlegenden Infrastruktur restlos fehlte. Um rechtzeitig in der Schule zu sein, mussten wir das Haus zu einem gespenstischen Zeitpunkt verlassen, nämlich um sechs Uhr morgens. Das bedeutete, dass wir um fünf Uhr dreißig gebadet und angezogen sein mussten, und für meine Mutter hieß es, die Esspakete für die ganze Familie zu packen und das Badewasser für uns alle auf einem alten Herd zu erhitzen (es gab keine Gasleitung, die einzige Alternative war ein primitives Holzfeuer). Wenn wir um acht Uhr abends oder sogar noch später nach Hause kamen, waren wir zu müde, um auch nur höfliche Floskeln miteinander auszutauschen.

Zum Glück ging diese Phase schnell vorüber. Wir zogen aus dieser Übergangslösung in eine Wohnung, die meinem Vater gegenüber dem Bahnhof Churchgate zugewiesen worden war. Das war der bisher beste Schritt, und er veränderte mein Leben grundlegend.

Es ist schon seltsam, wie sehr der Wohnort, sogar innerhalb derselben Stadt, oft den Lauf des weiteren Lebens bestimmt und sich auf die Entscheidungen auswirkt, die wir treffen. Wären wir in Ghatkopar geblieben, dann wäre ich zu einem von zahllosen Vorstadtkindern herangewachsen. Aber dieses Los blieb mir erspart. Stattdessen hatten wir eine vornehme Adresse in einer vergleichsweise schicken Gegend und einer der lebhaftesten Straßen von Bombay, der alten Queen's Road (inzwischen umbenannt), die vom Eros Kino, einem prachtvollen Art-déco-Gebäude, zu einer verkehrsreichen Kreuzung führte, wo eine weitere, ebenso belebte kommerzielle Hauptschlagader begann, die zum großen Opernhaus führte.

Ich liebte mein neues Zuhause. Noch mehr als für die Wohnung selbst begeisterte ich mich für die Gegend. Wir saßen mitten im Zentrum von Bombay – hier herrschte Wohlstand, und alles war modisch und sexy. Hier spielte sich das Leben ab, jede Menge Action. Schicke Geschäfte, Theater, Cafés, Bistros, Fünfsternehotels, Büros, Colleges, das pseudogotische Gerichtsgebäude, die Universität, Straßenstände, Sportplätze ... Ich hatte die Umgebung gefunden, die mir lag, die Leute, die mir lagen, die Form von Vergnügen, die mir lag.

Ich fügte mich vom ersten Tag an blendend ein. Schnell lernte ich, wie ich herumkam – all die verschiedenen Busverbindungen, praktische Züge, die mich in nicht mehr als zehn Minuten vom Bahnhof Churchgate zur Grant Road brachten, Taxis, die auf festgelegten Routen pendelten und für eine Kurzstrecke fünfundsiebzig Paise verlangten, endlose Espressi im Napoli, die nicht mehr als fünf Rupien kosteten, Lieblingstitel in der Jukebox, die für nur fünfundzwanzig Paise pro Titel zu haben waren, Jungen und Mädchen in schicker Kleidung: ausgestellte Hosen, Guruhemden, Ketten aus aufgefädelten Glasperlen und Clogs. Ich war im Himmel.

Auch meine neue Schule begann mir Spaß zu machen; ich schloss neue Freundschaften, kleidete mich anders als bisher, und ich sprach anders. Ich wurde in rasendem Tempo erwachsen, und die Geschwindigkeit, mit der ich mich veränderte, überrumpelte meine Familie anfangs. Ich war nicht mehr die kleine Schwester, die sich an Mutters Knie klammerte und goldig brabbelte. Ich entwickelte mich zu einer frühreifen Göre, die noch nicht einmal ein Teenager und doch viel zu sehr von sich selbst eingenommen war.

Auch mein Äußeres hatte sich verändert. Ich stolzierte großspurig in meiner Schuluniform umher und trug die Schärpe gewagt tief auf den Hüften, ich toupierte meine Haare zu einer verrückten Bauschfrisur (zum glühenden Missfallen der schottischen Missionslehrerinnen in der Schule), ich hatte unaufhörlich Kaugummi im Mund und gebrauchte viel zu viele Slangausdrücke. Außerdem gewöhnte ich mir an, meinen älteren Schwestern Ratschläge zu geben. Als Mandakini ihre ersten »Einnahmen« nach Hause brachte (sie arbeitete vorübergehend als Fremdenführerin für das Fremdenverkehrsamt des Bundesstaats Maharashtra), gab ich ihr einen nützlichen Tipp: »Nimm meinen Rat an. Kauf dir einen Lippenstift.« Sie tat es. Und seitdem hat sie immer Lippenstift getragen.

Im Vergleich zu ihnen wurde ich schnell erwachsen, sehr schnell. Heute beharren sie darauf, ich sei diejenige gewesen, die sie mit einem Leben bekannt machte, von dessen Existenz sie überhaupt nichts wussten: Popmusik, geklaute Zigaretten, die wir heimlich auf dem kleinen Balkon unseres Zimmers rauchten, gelegentlich ein Schluck Bier, westliches Tanzen, modische Frisuren und Kleidermoden, das Entfernen von unerwünschter Behaarung mit Kaltwachs, hohe Absätze, Wimperntusche, Hollywoodzeitschriften, pikante Bücher … so viele verbotene Früchte in einem einzigen Korb.

Es hatte viel damit zu tun, dass wir auf engem Raum zusammenlebten. Hätte ich mein eigenes Zimmer gehabt, dann hätte ich meine Privatsphäre vielleicht etwas besser geschützt. Da diese Möglichkeit gar nicht erst gegeben war, bestand die beste Option darin, meine Schwestern in alles einzubeziehen, damit ich sie von vornherein auf meiner Seite hatte. Das verringerte das Risiko, verpetzt zu werden, da wir uns miteinander verschworen hatten und somit alle zum Schweigen verpflichtet waren. Es klappte zwar nicht immer, aber es war allemal besser als Argwohn und Kleinkrieg.

Ohnehin blieb nichts, was ich tat, lange Zeit geheim. Schon bald gab ich den Versuch auf, irgendeinen Aspekt meines Lebens vor ihnen zu verbergen, und hoffte, diese Taktik würde dazu führen, dass sie sich irgendwann langweilten und sich von mir distanzierten. Aber dazu kam es nicht.

Ich weiß, dass meine Mutter immer neugierig darauf war, was sich hinter geschlossener Tür in unserem Zimmer abspielte. Wir machten die Tür zwar zu, aber wir schlossen sie nie ab, denn das war eine der Regeln, die mein Vater für den Haushalt aufgestellt hatte; das hieß also, dass wir abwarten mussten, bis unsere Eltern eingeschlafen waren, bevor wir etwas tun konnten, was auch nur im Entferntesten verrucht war. Ich vermute, das machte einen Teil des Reizes aus, wenn man bedenkt, wie lang die Liste der Verbote war. Es war mir nicht erlaubt, ärmellose Blusen zu tragen, mir einen Pony zu schneiden, Make-up zu benutzen, den westlichen Sender von All India Radio zu hören, zu tanzen (noch nicht einmal allein), Parfum zu benutzen, Jeans oder Kleidungsstücke für Erwachsene zu tragen oder mit meinem Benehmen auch nur das geringste Aufsehen zu erregen.

Vielleicht hatte mein Vater seine Gründe. Ich erinnere mich an ein paar anstößige und verwirrende Vorfälle in Delhi, als ich noch keine zehn Jahre alt war und Kollegen meines Vaters zu Besuch kamen. Ich kann immer noch den Ausdruck in den Augen eines ganz bestimmten Mannes vor mir sehen, als er mich aufforderte, ihn zum Waschbecken zu führen, damit er sich die Hände waschen konnte. Während ich neben ihm wartete und ein Handtuch für ihn bereithielt, machte dieser Mann von Mitte vierzig plumpe Annäherungsversuche und tat so, als sei es eine versehentliche Berührung gewesen. Aber ich erkannte sie als das, was sie war, und floh.

Als sie meinen Gesichtsausdruck sah, fragte mich meine Mutter, was passiert sei. Ich erzählte ihr von dem Vorfall und sah, wie sich ihr Gesicht vor Entsetzen und Abscheu verzog. Sie flüsterte meinem Vater etwas zu, der daraufhin abrupt die Tafel aufhob. Der Mann wurde nie mehr eingeladen.

Anschließend behüteten mich meine Eltern mit größter Sorgfalt, überwachten jeden meiner Schritte und achteten darauf, dass ich nie allein war. All das kann ich jetzt durchaus verstehen. Aber damals empfand ich es als eine Einschränkung meiner »Freiheit«, und ich war erbost und kaum noch zu halten. In meiner Schule gab es Mitschülerinnen, die ein weitaus »verwestlichteres« Leben mit weniger Einschränkungen und Einengungen führten. In ihrer Freizeit durften sie viele Dinge tun, die mir verboten waren. Sie gingen zusammen ins Kino, veranstalteten an den Wochenenden Picknicks und fuhren sogar mit Freundinnen in die Berge.

Bei uns zu Hause mussten wir einen strikten Tagesablauf einhalten, und es war nicht im Traum daran zu denken, ohne die Begleitung eines anderen Familienmitglieds irgendwohin zu gehen. Aber wenn ich in dieser Hinsicht als Schulmädchen eingeschränkt war, dann gab es doch auch noch einen anderen Bereich, und dort war es mir erlaubt aufzublühen. Mein Vater hat mich kürzlich wieder daran erinnert, wie ich durch reinen Zufall zur Leichtathletin wurde. Bei einer Sportveranstaltung, die von den Beamten der Regierung in Bombay organisiert wurde, trat ich zu meinem ersten Lauf in der Kategorie der Junioren an und gewann mühelos. Der Preis war ein großes Tablett, das mit »nützlichen« Haushaltsgegenständen beladen war, die verschiedene Firmen gespendet hatten (»Der beste Preis, den du jemals gewonnen hast«, sagt mein Vater noch heute). An jenem Abend brachte ich unter anderem eine schicke Thermoskanne mit nach Hause.

Ich muss das Erlebnis genossen haben, denn ich stellte meine Geschwindigkeit bei nachfolgenden Vorentscheidungsläufen in der Schule auf die Probe. Dabei wurde ich von einer gewieften Präfektin entdeckt, von der bezaubernden Laila Talyarkhan, die mich unter ihre Fittiche nahm, und ich begann zu laufen, so schnell mich meine Füße trugen. Ich gewann jeden Lauf, zu dem ich antrat. Die reizende Laila schien erfreut zu sein, denn das bedeutete zusätzliche Punkte für »Joan of Arc«, das »Haus«, dem ich in der Schule angehörte. Ihre Schwester Diana war eine schnellfüßige Leichtathletin. Die großzügige, warmherzige und gütige Familie Talyarkhan »adoptierte« mich auf gewisse Art und Weise, und ich bin sicher, der Reiz der Leichtathletik lag für mich mehr darin, dass ich in dieser Familie gern gesehen war, als in meinem Bestreben, mich hervorzutun und Trophäen zu gewinnen.

Mein Training bekam ich gratis von einem der besten Trainer Indiens, Ullal Rao; er war der Überzeugung, ich besäße das Potential, ganz groß herauszukommen. Erst nach langen Auseinandersetzungen war es mir erlaubt worden, Gebrauch von diesem Privileg zu machen, das mir Rao so großzügig zugestanden hatte. An drei Vormittagen in der Woche stand ich morgens um halb sechs auf und schlüpfte in Turnschuhe (gespendet), trug meine Spikes (gespendet) und hielt einen Speer (geborgt), wenn ich einen Kilometer weit zum Maidan in der Nähe des Metro-Kinos lief, wo Rao seine Trainingslager abhielt. Folglich blieb mir sehr wenig Zeit für anderes. Ich war jedes Mal total erschlagen, wenn ich im Netzballteam der Schule mitgespielt hatte, zum Ruhme meines »Hauses« geschwommen war (darin war ich nicht so gut, weil ich Angst vor dem Wasser hatte, die mir bis heute geblieben ist) und mich für den großen Augenblick in Form hielt – die Leichtathletikmeisterschaften, bei denen die Schulen gegeneinander antraten und ich in allen Bereichen gewann, in denen ich mich versuchte. Zum großen Missvergnügen meines Vaters musste ich beim Sport Shorts tragen. Aber solange ich sie nur auf dem Sportplatz trug und ihm nicht damit unter die Augen kam, sollte es ihm recht sein. Erst als ich mir angewöhnte, sie auch zu Hause zu tragen, während er im Büro war, und einmal erwischt wurde, gab es großen Ärger.

Als ich für das Leichtathletikteam des Bundesstaats Maharashtra ausgewählt wurde und an dem landesweiten Wettkampf in Patiala teilnehmen sollte (ich hielt bereits jetzt auf Länderebene den Rekord im Weitsprung und im Sprint), brauchte mein Vater weniger als eine Sekunde, um ganz entschieden »Nein« zu sagen.

Nachdem er meine Teilnahme an den Landesmeisterschaften verhindert hatte, schmollte ich monatelang schweigend und wechselte dann zu Basketball und Hockey über. Wieder einmal schaffte ich es, in die Landesmannschaft zu kommen. Die Endausscheidung fand in Bangalore statt. Ich bettelte und flehte, er möge mich mitfahren lassen. Er willigte ein, aber nur unter einer Bedingung: Meine Schwester Kunda musste mich als Anstandsdame begleiten. Er würde für ihre Zugfahrt und für ihre Unterkunft dort aufkommen. Ich war begeistert. Damals war ich sechzehn und ging aufs College. Bei unserem vergnügten Aufbruch versuchte ich, auf meinem Unterarm etwas zu verbergen, das wie eine größere Eiterbeule aussah. Es war aber, wie sich herausstellte, keine Beule, sondern ein Abszess, der sich tief unter der Haut ausgebreitet hatte. Noch während der Zugfahrt platzte er und bespritzte meine Kleidung mit Eiter und Blut. Ohne meine Schwester Kunda, die sich um mich kümmerte, wäre ich demoralisiert und verängstigt gewesen. Doch da sie für mich sorgte und mich ermutigte, spielte ich in dem entscheidenden Match mit (wir verloren) und fühlte mich bei der Heimkehr mit einem riesigen Verband um meinen Arm wie ein verwundeter Krieger.

Das erinnerte meine Mutter an ein anderes Mal, als ich von einer Sportveranstaltung mit teilweise rasiertem Schädel und einem riesigen Verband um den Kopf nach Hause gebracht worden war. Bei meinem Anblick wäre sie beinah in Ohnmacht gefallen. Ich hatte mir an einem rostigen Fass, das Bestandteil eines Hindernislaufs gewesen war, einen tiefen Schnitt zugezogen. Danach versuchte ich mich nie mehr an einem Zehnkampf.

Wenn ich manche alten Fotografien aus dieser Zeit betrachte (meine frühere Lehrerin Violet Minchin hat mir kürzlich einen Packen geschickt, den sie beim Ausmisten ihres Dachbodens gefunden hat), kann ich mich seltsamerweise nicht mehr an die aufreibenden Stunden erinnern, die ich beim Training verbrachte. Ich kann mich aber auch nicht mehr an den Moment des Triumphs erinnern, wenn ich auf dem Siegertreppchen auf dem ersten Platz stand, mir in einem vollen Stadion unter rasendem Applaus der Siegerpokal überreicht wurde und ich mit den Armen voller schimmernder silberner Trophäen nach Hause kam.

Ich frage mich, warum ich so gar keine Erinnerungen an diese ruhmreichen Augenblicke habe, die mir damals so viel bedeuteten. Das muss doch das Ziel der ganzen Anstrengung gewesen sein, das Training im Morgengrauen, die strikte Diät, die endlose Plackerei und der reglementierte Tagesablauf. Oder etwa nicht? Vielleicht genoss ich die sportliche Betätigung um ihrer selbst willen, und meine Anstrengungen hatten nicht das Geringste mit den Triumphen zu tun, die sie nach sich zogen. Vielleicht lag der eigentliche Reiz tatsächlich in dem Vergnügen, das mir das Springen, das Laufen und das Werfen bereiteten. Ich wechselte reichlich abrupt zu anderen Sportarten und anderen Leidenschaften über. Eines Tages war ich Leichtathletikmeisterin, am nächsten Tag spielte ich Basketball. Ohne jemals zurückzublicken, frei von jeder Nostalgie und von jeglichem Bedauern. Vom Einzelsieg zur Gruppenanerkennung. Es machte für mich nicht den geringsten Unterschied.

Beim Schreiben habe ich versucht, diese berauschenden Jahre wiederauferstehen zu lassen, in denen ich hörte, wie im Fanblock des Stadions der Sprechchor »Sho-bhaa, Sho-bhaa« angestimmt wurde, während ich meine Spikes zuschnürte, an den Startblöcken kauerte und darauf wartete, beim durchdringenden Geräusch des Startschusses loszulegen. Ich kann das alles ohne jede Gefühlsregung vor meinen Augen vorüberziehen sehen. Wie einen alten Film mit einer vertrauten Hauptdarstellerin. Es fällt mir schwer, mir diese Person als ein junges Ich vorzustellen. Es gelingt mir nicht, in ihre Haut zu schlüpfen oder mich mit ihrem Ruhm zu identifizieren. Ironischerweise wurde meine ganze Sammlung von Silberpokalen (eine ziemlich beeindruckende) irgendwann in den Siebzigern gestohlen. Niemand weiß, was aus der Stahltruhe geworden ist, in der sie aufbewahrt wurden. Ich habe den Verdacht, ein frisch eingestellter Dienstbote hat sie für einen jämmerlich geringen Betrag verhökert. Die Urkunden habe ich noch irgendwo. Und einige Gold- und Silbermedaillen. Sie sind für mich nicht mehr von Bedeutung, falls sie es überhaupt jemals waren. Meine Kinder studieren die Fotografien mit einer gewissen Belustigung. »Mutter, bist du das wirklich? Warst du so gut?« Ich nicke geistesabwesend. Ja, vermutlich war ich so gut. Aber das ist mehr als dreißig Jahre her. Und wen interessiert das jetzt noch?

Genauso geht es mir, wenn ich zufällig auf diverse Urkunden stoße, die ich bei den wöchentlichen Kunstwettbewerben von Shankar gewonnen habe. Ich konnte recht gut malen. Brillant war ich nicht. Aber zu einem bestimmten Zeitpunkt in meinem Leben hat es mir großen Spaß gemacht. Kunda war diejenige, die mein Interesse erkannte und mir von dem kärglichen Gehalt, das sie für ihr Medizinalpraktikum bekam, eine schöne hölzerne Staffelei, Ölfarben und Pinsel kaufte. Aufgeregt baute ich mein Atelier auf unserem großen, hellen und luftigen Balkon im Maskati Court auf. Das erste ehrgeizige Ölbild, das ich malte, fand jedoch leider nicht die Billigung meines Vaters. Es war ein Akt. Und noch dazu ein ziemlich wollüstiger. Mein Vater war peinlich berührt und außerdem schockiert über den Standort auf einem Balkon im zweiten Stock, wo die Leinwand zum Trocknen aufgestellt war, für jeden Bürobesucher klar und deutlich zu sehen. Er befahl, dass die Leinwand von dort entfernt werden sollte. »Mal Blumen, Bäume, Vögel, Berge, Landschaften. Nicht diese Art von vulgären, schamlosen Bildern«, schalt er mich aus.

Ich kapierte. Ich hörte auf zu malen. Von Zeit zu Zeit kritzele ich noch ein bisschen herum, und meine Kinder ermutigen mich liebevoll, etwas, was mir früher einmal großen Spaß gemacht hat, wieder aufzunehmen. Aber ich bin mir nicht sicher, ob ich das überhaupt noch möchte. Meine eigene Mittelmäßigkeit würde mich vielleicht anwidern. Andererseits hatte es mir große Freude bereitet, Farbe auf Leinwand oder auf Papier aufzutragen, ganz gleich, wie ungeschickt ich mich dabei anstellte. Ich weiß, dass aus mir nie mehr als eine begeisterte Sonntagsmalerin geworden wäre, aber mit welcher Begeisterung ich bei der Sache gewesen wäre!

Vermutlich hat mir meine Schulzeit Spaß gemacht. Und doch denke ich mit gemischten Gefühlen an diese Jahre zurück. Mein letztes Schuljahr habe ich als besonders grauenhaft in Erinnerung. Da ich gezwungen war, naturwissenschaftliche Fächer zu wählen (Begabung: null, Aufwand unter null), war mir jeder einzelne Moment verhasst, den ich im Lauf der entscheidenden elften Klasse auf Trigonometrie, Physik und Mathematik verwendete. Das schlug sich in meinen Leistungen nieder. Ich hatte in jederlei Hinsicht einen Tiefpunkt erreicht, nicht nur im akademischen Bereich.

Ich war nie ein »braves« Mädchen in der Schule gewesen. Jetzt kam ich mir auch noch wie eine Niete vor. Da ich mich unterdrückt und in eine Ecke gedrängt fühlte, kamen meine schlechtesten Charakterzüge zum Vorschein. Trotz führte zu Ungehorsam, der scheußliche Folgen nach sich zog (ein zeitweiliger Verweis wegen eines Aprilscherzes, da die Direktorin überzeugt war, ich hätte ihn ausgeheckt), die mich wiederum demoralisierten und desillusionierten. Der Aprilscherz, ein alberner Streich mit einem fingierten Feueralarm, ist in die Annalen der Schule eingegangen, und Generationen von Schülerinnen kichern noch heute über diesen einen Tag im Jahre 1964, als das unautorisierte Läuten der Glocke für den Feueralarm Schockwellen durch die luftigen Klassenzimmer sandte und einige berüchtigte Köpfe rollten, namentlich meiner.

Angesichts dieses Hintergrundes war ich mehr als überrascht, als ich 1995 in meine alte Schule eingeladen wurde, diesmal als Ehrengast und Vorsitzende der jährlichen Abschlussfeier. Als ich auf dieser vertrauten Bühne stand und auf einen Saal voller junger Mädchen mit weit aufgerissenen Augen blickte, stockte meine Stimme. Es fiel mir schwer zu glauben, dass die maßgeblichen Stellen mir den Streich »verziehen« hatten und mich dieser Ehre für würdig befanden.

Ja, wenn ich auf meine Schuljahre zurückblicke, sind meine Gefühle eindeutig gemischt. Hätte ich mich nicht auf sportlichem Gebiet durch Glanzleistungen hervorgetan, dann hätte ich die Schule wie so viele andere anonyme, namenlose Schülerinnen durchlaufen, nichts weiter als eine von vielen. Ich fühle mich auch heute nicht zugehörig, von Anhänglichkeit oder Nostalgie keine Spur. Um die Wahrheit zu sagen, ich konnte es kaum erwarten, die Schule hinter mich zu bringen.

St. Xavier's, das College, das ich besuchte, bot mir all das, was mir die Queen Mary Highschool nicht bieten konnte. Es war eine fröhliche, entspannte Einrichtung, in der ich aufblühte – buchstäblich. An meinem ersten Tag im College trug ich Astern im Haar. Und steckte mir weiterhin die Blumen der Saison hinter das rechte Ohr, die ganzen vier Jahre über. Blumen wurden zu meinem Markenzeichen, farblich auf meine Garderobe abgestimmt und sorgsam als Ergänzung ausgewählt. Man sah mich so gut wie nie ohne sie. Das Studentenleben war das reinste Vergnügen, vier lustvolle Jahre, genau wie es mein Vater befürchtet hatte.

Was mein Vater sich wirklich für mich gewünscht hätte, wäre ein vernünftiger Beruf gewesen, unter dem er sich etwas vorstellen konnte und für den er Respekt aufbrachte. Nachdem ich nun schon so viele Jahre lang geschrieben habe, bin ich mir immer noch nicht sicher, ob er für das, was ich tue, auch nur die geringste Anerkennung aufbringt. Er hat sich bemüht, mich in die allgemeine Richtung von Ausleseprüfungen zu schubsen. Das hatte er schon bei Mandakini versucht und war gescheitert, aber sie hatte zumindest zusätzlich zu ihrem Master in Wirtschaft noch einen Abschluss in Jura. Ich hatte nichts weiter als ein wertloses Blatt Papier, einen zweitklassigen BA in Psychologie und Soziologie. Er und ich wussten beide, dass das nicht das Geringste bedeutete. Ich war eine unter zahllosen anderen, die auf einem überlaufenen Stellenmarkt ein ähnliches Stück Papier schwenkten. Allzu weit hätte mich das nicht gebracht, und ich versuchte mein Glück auch gar nicht erst damit.

Mein Vater wollte mich dazu bringen, einen Master zu machen, obwohl ihm klar war, wie nutzlos diese Übung sein würde. Ich schindete Zeit heraus, indem ich brennendes Interesse an diversen Studiengängen heuchelte, jedoch von Anfang an klarstellte, dass das IAS/IFS-Examen für den Staatsdienst nicht dazugehörte. Ich war sicher, ich wäre schon bei der ersten Zwischenprüfung durchgerasselt. Mein Vater verlieh seiner Enttäuschung in diversen Formen Ausdruck. Sogar an meiner Handschrift hatte er etwas auszusetzen. »Deine Handschrift, meine Liebe«, sagte er, »ist nichts weiter als ein unsauberes Gekrakel. Siehst du die Größe der Buchstaben? Wird irgendjemand, der das liest, in der Lage sein, ein ›o‹ von einem ›a‹ oder einem ›l‹ zu unterscheiden? Eine gute Handschrift ist der Schlüssel zum Erfolg. Du solltest alles daransetzen, deine Handschrift zu verbessern, wenn du es im Leben zu etwas bringen willst.«

Es ist die reinste Ironie, dass von seinen vier Kindern ausgerechnet das mit der schlechtesten Handschrift beschlossen hat, das geschriebene Wort zu seinem Beruf zu machen – in meinem Fall das handgeschriebene. Mein unordentliches Gekrakel ist im Lauf der Jahre nicht besser geworden, aber ich hoffe inbrünstig, dass es sich mit den Inhalten anders verhält, obwohl ich nicht sicher sein kann. Vor ein paar Jahren fand ich ein altes Tagebuch von 1962. Ich war vierzehn und rotzfrech, wie aus den Einträgen ersichtlich ist, die eine unheimliche Ähnlichkeit mit »Neeta's Natter« aufweisen, der populären Kolumne in ›Stardust‹ mit ihrer atemlosen Prosa und den zahlreichen Ausrufezeichen.

Da eine Laufbahn in der Verwaltung eindeutig ausschied, hing ich herum und versuchte meinem Vater aus dem Weg zu gehen. Aber oft wurde ich dabei erwischt, wie ich mich entweder aus dem Haus heraus- oder ins Haus hineinschlich. Meine Freunde waren alle »unerwünschte Personen«, die ich nicht mit nach Hause bringen durfte, mit Ausnahme von ein oder zwei Freundinnen. Meine Telefongespräche konnten leicht mitgehört werden, und das wurden sie auch. Die einzige Rettung bestand darin, mich rarzumachen und so zu tun, als sei ich vollauf damit beschäftigt, mich nach einer geeigneten Anstellung umzusehen. Es war schwierig, den Blicken meines Vaters standzuhalten, wo ich ihm seine Ungeduld so deutlich ansehen konnte. Noch schwieriger war es, meine Mutter in eine Situation zu bringen, in der sie gezwungen sein würde, für einen von uns Partei zu ergreifen. Die Gespräche beim Abendessen wurden um diese Zeit herum immer steifer und gestelzter. Nichts, was mein Vater sagte, klang in meinen Ohren richtig.

Jetzt, da ich selbst die Mutter junger Menschen bin, kann ich die Dinge von der Warte meines Vaters sehen. Ich bin sicher, dass ich dieselben Verhaltensmuster wiederhole. Meine Kinder beharren darauf, dass ich all ihren Freunden misstraue und etwas gegen sie habe. Es ist schon wahr, ich bin keine Mutter von der Sorte, die »Hallo, Schätzchen, wie geht es dir?« zu den Freunden ihrer Kinder sagt. Fremde sind mir in unserem Haus selten willkommen. Ich brauche viel Zeit, um junge Männer mit Bartstoppeln im Gesicht, Ohrringen und zerfetzten Jeans zu akzeptieren, und es ist mir vollkommen egal, ob sie an der besten Universität der Welt studiert haben und eine Menge von beeindruckenden Titeln an ihren Namen anhängen können. Ich sage mir selbst, dass ich grauenhaft bin, aber ich ändere mich nicht. Die jungen Besucher wirken offensichtlich eingeschüchtert. Einer von ihnen hat mir den Spitznamen »Evil Empress« (abgekürzt zu E^2) gegeben, ein anderer hat meiner Tochter einen Kaktus mit den Worten geschenkt: »Der erinnert mich an deine Mutter.« Diejenigen, die sich vollkommen natürlich geben und sie selbst sind, werden mit der Zeit akzeptiert und in die Familie aufgenommen. Wenn sie erst einmal eingegliedert sind, bleiben sie.

Als ich und meine Geschwister noch bei unseren Eltern lebten, kam es überhaupt nicht in Frage, dass Freunde mal kurz »bei uns reinschauten« oder zum Essen blieben. Umgekehrt wurde es auch uns nur selten gestattet, andere Leute zu Hause zu besuchen. Dennoch habe ich in meinen frühen Jahren im Maskati Court keine Gesellschaft vermisst, es hat mir vollkommen ausgereicht, dass Kunda da war. Die einzige Veranstaltung, auf die wir uns beide freuten und deren Besuch uns erlaubt wurde, war das jährliche Fest beim YWCA. Wir legten den Hinweg und den Rückweg zu Fuß zurück, und die Aussicht auf unbeschreibliche Abenteuer beschwingte unsere Schritte und unsere Herzen. Das erste Mal, dass ich es wagte, mich meinem Vater zu widersetzen und mit einer ärmellosen Bluse auszugehen, war anlässlich dieses Fests. Die Bluse war aus dünner bestickter Baumwolle, und ich liebte sie. Inzwischen hatte ich mir auch ein Paar geschlossene weiße Schuhe mit hohen Absätzen zugelegt. In dieser Aufmachung glaubte ich stilvoll umherstolzieren zu können. Und dann entdeckten mich ein paar junge Bauarbeiter mit pickligen Gesichtern und fingen an zu wiehern. Kunda blickte finster drein. Ich errötete. »Die hält sich ja für so was von erwachsen, dabei kann sie nicht mal richtig auf hohen Absätzen laufen«, hörte ich sie lachen. Ich ignorierte den Hohn und lief weiter, wobei ich meinen geringschätzigsten Gesichtsausdruck aufsetzte. Ich gelobte mir, ich würde die Kunst erlernen, auf hohen Absätzen zuversichtlich auszuschreiten, je höher, desto besser. Heute fühle ich mich in flachen Schuhen gehemmt und ungeschickt.

Manchmal fragen mich meine Kinder: »Mutter, hast du deinen Eltern alles erzählt? Hattest du keine Geheimnisse vor ihnen? Hast du sie jemals belogen?«

Dann flunkere ich und sage: »Ich habe immer alles gebeichtet. Und von euch erwarte ich selbstverständlich dasselbe.«

Sie ziehen ungläubig die Augenbrauen hoch und sagen: »Ja, klar.«

In Wahrheit habe ich sie belogen. Aber es war nie riskant. Ich bin nie so weit gegangen, dass es entweder sie oder mich hätte kompromittieren können. Es waren kleine Lügen, die im Grunde genommen keine Rolle spielten. Doch wenn ich auch nur zu den kleinsten Unwahrheiten Zuflucht nahm, verfolgte mich ein ganz bestimmtes Wort wie ein Spuk. Ein Wort, vor dem ich als Kind am liebsten davongelaufen wäre. Das Wort wurde schon für sich allein genommen zur Strafe und zum Folterinstrument.

»Charakterfestigung«, polterte mein Vater, »die Jugend dient der Charakterfestigung.«

Jedes Mal, wenn er mich an dieses Ziel erinnerte, schrak ich vor Entsetzen zurück. Welche Fünfzehnjährige kann es schon gebrauchen, an Charakterfestigung erinnert zu werden? Oder welche Vierzigjährige, wenn wir schon dabei sind?

Lektionen zur Charakterfestigung bekamen wir Tag für Tag. Aber sie hielten mich nicht davon ab, ein bisschen Kleingeld für eine Stunde auf einem Rennrad zu stibitzen, mit Mentholzigaretten zu experimentieren, mir selbst das Haar zu schneiden (ein katastrophaler Pony, der mir überhaupt nicht stand), da es mir nicht erlaubt war, in einen Frisiersalon zu gehen, oder mit schlaksigen, vorpubertären Knaben Liebesbriefe auszutauschen. Ich bin sicher, dass meine Mutter über diese klammheimlichen Aktivitäten informiert war. Aber sie ließ mich nie so weit im Stich, mich bei meinem Vater zu verpfeifen. Das tat auch Kunda nicht, die selbstverständlich in alles eingeweiht war.

Als ich älter und selbst eine junge Mutter war, erinnerte ich mich an die Worte meines Vaters und hörte sie aus meinem eigenen Munde kommen. Einerseits erfüllte es mich mit Grauen: Gab ich tatsächlich dieselben Worte von mir, die ich während meiner Kindheit derart verabscheut hatte? Und eiferte ich tatsächlich meinem Vater nach, der die Tugenden, die er pries, stets durch Taten zu demonstrieren pflegte, um uns als Vorbild zu dienen? Oder hielt ich lediglich Standpauken? Waren meine Worte hohl und leer, obwohl sie aufrichtig und gut gemeint waren? Im Grunde hatte sich nichts verändert ... nur die Verteilung der Rollen im Drehbuch.

Als Heranwachsende und sogar noch später muss ich meinen Eltern eine Menge Probleme bereitet haben. Journalisten fragen mich oft, ob ich rebellisch war. Und ich bestreite stets vehement, es jemals gewesen zu sein. Ich kann mich nicht erinnern, eine Phase durchgemacht zu haben, in der ich zu wütenden, trotzigen, rebellischen Ausbrüchen neigte. Wirklich nicht. Stattdessen erinnere ich mich daran, einigermaßen verblüfft über die Reaktionen Erwachsener auf Bereiche meines Lebens gewesen zu sein, die mir vollkommen akzeptabel erschienen. Und auch äußerst vernünftig. Es ist wahr, dass ich oft schmollte, aber offen zur Schau gestellte Rebellion war nicht mein Stil.

Vielleicht hielt ich mich nicht an die Normen, die von Autoritätspersonen aufgestellt wurden. Aber ich war kein ruppiges oder schwieriges Kind. Jedenfalls nicht mehr als andere. Ich legte es nicht darauf an, gegen Vorschriften zu verstoßen oder irgendjemanden zu schockieren. Ich tat das, was mir ganz natürlich erschien, ohne mir allzu große Sorgen über die Konsequenzen zu machen. Wie zum Beispiel, die Nahzüge ohne Fahrschein benutzen, mich beim Bahnsteigkontrolleur rausreden oder in Restaurants Speisekarten als Souvenirs mitgehen lassen. Oder auf einem geliehenen Fahrrad die Marine Lines hinuntersausen und mich an den Griff eines Doppeldeckerbusses klammern, um das Tempo noch mehr zu steigern. All das brachte mir zu Hause eine Menge Ärger ein, und mein erzürnter Vater sprang streng mit mir um. Insbesondere die Speisekarten schockierten ihn zutiefst. »Das ist kein Unfug mehr«, schalt er mich aus, »das ist Diebstahl.«

Ich wurde angewiesen, in jedes einzelne der Restaurants zu gehen, in denen ich die Speisekarten mitgenommen hatte, und sie mit einer Entschuldigung zurückzugeben. Was die geborgten Fahrräder anging, hatte seine Wut zwei verschiedene Hintergründe: zum einen den Anblick seiner Teenagertochter, die in sehr engen, sehr knappen Shorts herumläuft (schwarz mit leuchtend gelben Elefanten), und zweitens den Leichtsinn dieser Übung. Es war mein Pech, dass ich einmal auf frischer Tat ertappt wurde, als ich ihm auf dem Heimweg entgegenkam und ihn entdeckte – und er mich. In diesem aberwitzigen Moment grauste mir mehr bei der Aussicht, dass ich es mit ihm zu tun bekam, als vor dem drohend bevorstehenden Tod, den ich riskierte, als ich in meiner Panik den Lenker des Fahrrads losließ. Vor die Wahl zwischen den beiden Möglichkeiten gestellt, zog ich es offenbar vor, überfahren zu werden.

Die Vorstellung, die ich mir von einem Rebellen mache, ist negativ besetzt. Ich denke dabei an einen Menschen, der vorsätzlich gegen allgemein bekannte Verhaltensregeln verstößt und alle um sich herum dadurch empört, dass er sich unmöglich und halsstarrig benimmt. Ich schwamm durchaus gegen den Strom, aber während ich es tat, war mein eigener Blick darauf gerichtet, das andere Ufer zu erreichen, und nicht auf die Turbulenzen, die ich möglicherweise in meinem Kielwasser zurückließ.

Im krassen Gegensatz zu meiner eigenen Gleichgültigkeit gegenüber akademischen Errungenschaften machten sich meine Geschwister in der Schule und im College hervorragend. Mein Bruder Ashok erhielt bei den Prüfungen für das Senior Cambridge Certificate in vier von sechs Fächern hundert von hundert möglichen Punkten. Meine Schwester Kunda gewann die höchste Auszeichnung während ihrer Ausbildung zur Augenchirurgin. Mandakini, meine andere Schwester, machte drei Abschlüsse, bevor sie Bankerin wurde. Was mich angeht – ich sah zu, dass ich durchkam. Das war alles. Das Lernen stand für mich nicht im Mittelpunkt, und so ziemlich das einzige Mal, dass ich meine Bücher aufschlug, war ein oder zwei Wochen vor den Prüfungen. Das rief große Spannungen in der Familie hervor, da meine Geschwister mustergültige Schüler und Studenten waren, deren Zeugnisse jede Eltern mit Stolz erfüllt hätten.

Was die Probleme verursachte, war vor allem meine lässige Einstellung gegenüber meinen Noten, weniger die Noten selbst. Meine über dem Durchschnitt liegenden Leistungen genügten mir voll und ganz. Ich verzehrte mich nicht danach, zu den drei, fünf oder zehn Besten zu gehören. Ich wusste genau, wie wenig Arbeit ich investierte, und erwartete keine Wunder. Auch mein Mangel an akademischem Ehrgeiz gab meinen Eltern Rätsel auf. Ständige Strafpredigten halfen nicht, Wutausbrüche oder höhnische Bemerkungen ebenso wenig. Was machte es schon aus, ob ich, wie meine Geschwister, fünfundneunzig Prozent in Mathe bekam oder nicht? Oder dass meine Leistungen in Physik und Chemie alles andere als beeindruckend waren? Im Sport hielt ich mich gut, aber die akademischen Fächer standen einfach nicht auf der Liste von Dingen, die für mich wichtig waren.

In der Queen Mary Highschool war es selbst für diejenigen, die für das Senior Cambridge Examen ausgewählt wurden, Pflicht, später zum SSC (Secondary School Certificate) zu erscheinen. Wir sahen das als eine reine Formsache an, eine Art Folter, die wir gezwungenermaßen über uns ergehen lassen mussten. Ich erschien mit hohem Fieber vor der staatlichen Kommission. Draußen vor dem Prüfungszentrum warteten meine besorgten Eltern und Kunda, mit Medizin ausgerüstet, die meine Temperatur senken und meine Stirn kühlen sollte. Ich schaffte einen recht passablen Schnitt. Eine weitere Urkunde, die ich einer nutzlosen Sammlung beifügen konnte.

Der Umstand, dass ich nicht annähernd so klug war wie

meine Geschwister, bereitete mir überhaupt keine Sorgen. Meine durchschnittlichen Zeugnisse verursachten mir keine schlaflosen Nächte. Ich beneidete diejenigen nicht, die wesentlich besser als ich abschnitten, und fühlte mich ihnen auch nicht unterlegen. Wenn ich ein klein wenig Scham, Reue oder Zerknirschtheit an den Tag gelegt hätte, hätte mein Vater mir vielleicht nicht ganz so feindselig gegenübergestanden. Aber ich kam gar nicht erst auf den Gedanken, zu heucheln oder ihm Versprechen zu geben, wenn ich ohnehin nicht die Absicht hatte, sie zu halten. Wissenschaftliche Studien interessierten mich nicht, und damit basta. Außerhalb des Klassenzimmers gab es ein Leben, das ich bei weitem vorzog. Und ich wollte das Beste daraus machen.

Meine Anwesenheit im College ließ einiges zu wünschen übrig. Bei meinem seltenen Erscheinen zu den Vorlesungen erkannten mich die Professoren nicht. Der Vorbereitungskurs auf den Abschluss in den Studienfächern Psychologie und Soziologie war die reinste Zeitverschwendung. Aber wenigstens hielt ich mir damit Vater vom Hals. Solange er glaubte, ich sei gewinnbringend beschäftigt, ließ er mich in Ruhe.

In dieser Zeit begann ich erstmals, mit Menschen des anderen Geschlechts Umgang zu pflegen. Das war eine neue und aufregende Erfahrung. Ich fand heraus, dass es möglich war, miteinander befreundet zu sein, ohne alles durch romantische Verwicklungen zu ruinieren. Der Kreis, den ich kennen lernte, war auf eine selbstbewusste Art »intellektuell«, verbunden mit dem obligatorischen Snobismus von Privatschülern. Sartre und Satyajit Ray zum Frühstück, Camus und Kamladevi Chattopadhya zum Mittag, Nietzsche und Nirad C. Chaudhuri zum Abendessen. Und all diese Weisheit durch einen Schleier von Marihuana und Rum gefiltert. Wir hingen in verräucherten Cafés ab, sangen Balladen von Joan Baez, trugen Guruhemden mit dem Aufdruck »Om« und Hippieketten aus Holzperlen und Blumen im Haar und fanden uns selbst, unser Leben, unseren Geschmack und unsere Überlegenheit alles in allem wunderbar.

Freud stand in diesem Kreis hoch im Kurs. Jung ebenfalls. Wir analysierten einander zu Tode. Wir waren die Herrscher des Universums – wir sahen phantastisch aus, wir waren belesen und gut informiert und obendrein noch eingebildete Flegel. Wir waren zu gut für unser College. Zu gut für die anderen Provinzler in unserem Kurs. Zu gut für unsere Eltern, unser Zuhause, unser Land.

Diese himmlischen Umstände konnten nicht von Dauer sein. Sie waren es auch nicht. Nach großem Kummer zerbrach die Clique. Freud half uns jetzt auch nicht mehr weiter. Wir schrieben einander Briefe in der Tradition des »Stream of consciousness«. Wir quälten uns mit unserem »Es« herum – die Libido, die Überstunden machte, erledigte sich von selbst. Die Party war zu Ende, als wir uns selbst die eine Frage stellten, die für unsere von sich selbst besessene Generation an oberster Stelle stand: »Sag mir, wo die Blumen sind?« Darauf fiel niemandem eine glaubhafte Antwort ein. Ich weiß bis heute nicht, wohin all diese hübschen rosa Astern und Lilien verschwunden sind. Manchmal vermisse ich ihren Duft. Aber nur manchmal.

Feste Freunde? Ja. Zwei. Wunderbare Typen, liebevoll, aufmerksam und stark gefühlsbetont. Einer ein guter Erzähler, der andere ein großartiger Briefeschreiber. Mein Vater verabscheute beide. Alle waren erleichtert, als die Beziehungen endeten. Keine geeigneten Heiratskandidaten, seufzten meine Schwestern. Ich stimmte ihnen zu.

Ich hatte Kunda beobachtet, wie sie sich über riesige medizinische Wälzer beugte und oft die ganze Nacht lang lernte, während sie sich mit einer Tasse Kaffee nach der anderen wach hielt. Das ist nichts für mich, hatte ich beschlossen. Sie hatte eine Berufung. Sie arbeitete auf ein ganz bestimmtes Ziel hin. Sie hatte ihre hohe Auszeichnung verdient. Sie schuftete dafür.

»Es ist alles nur eine Frage der Einstellung«, schalt mich mein Vater. »Du besitzt die Fähigkeit und die Auffassungsgabe. Aber du verweigerst den Einsatz. Du strengst dich nicht an. Wie könntest du mit dieser lustlosen Haltung gute Leistungen erzielen?«

Das konnte ich natürlich nicht. Ich wollte es auch gar nicht.

Jedenfalls nicht, wenn das hieß, von meinem Vater – den meine Ergebnisse, selbst wenn sie nicht erstklassig waren, genügend ermutigten, um die Formulare zu beantragen – dazu gedrängt zu werden, mich für die Ausleseprüfung zu bewerben.

Außerdem hatte ich inzwischen angefangen, als Model zu arbeiten. Und ich genoss die Unabhängigkeit, die mir dieser Job eintrug.

Auf dem Laufsteg

Wie so viele Dinge in meinem Leben war auch mein Einstieg als Model nichts anderem als einem glücklichen Zufall zu verdanken, der sich ereignete, als ich siebzehn Jahre alt war. Hübsch genug war ich vermutlich. Aber keineswegs umwerfend, wenn ich mich recht erinnere. Zwei Vorfälle, die in keinem Zusammenhang miteinander standen, ließen mich eine Laufbahn einschlagen, die in jenen Zeiten als anrüchig und nicht gerade ehrenwert angesehen wurde.

Während einer Modenschau – mein Vater erhielt als hoher Beamter regelmäßig Einladungen zu verschiedenen Veranstaltungen –, die im Ballsaal des Taj-Mahal-Hotels stattfand, sprach mich ein freundlicher, kultivierter Herr an (wenn ich mich recht erinnere, hieß er Shashi Banker) und fragte mich, ob ich jemals mit dem Gedanken gespielt hätte, als Model zu arbeiten, und wenn nicht, ob ich es mal ausprobieren wollte. Ich willigte ein, wenn auch ohne echte Begeisterung. Damals war ich siebzehn. Ich dachte gar nicht daran, die Erlaubnis meiner Eltern einzuholen. Zum einen glaubte ich nicht, dass ich überhaupt eine reelle Chance hätte. Zum anderen sagte ich mir, ich würde es ihnen nur erzählen, wenn es unbedingt sein musste, nämlich erst dann, wenn ich einen konkreten Auftrag bekam. Dazu kam es jedoch eher, als ich mir vorgestellt hatte. Binnen einer Woche nach der Begegnung mit dem Gentleman erhielt ich die Aufforderung, mich zum Casting im Salon Madame Pompadour im Taj-Mahal-Hotel einzufinden. Der Name war an sich schon einschüchternd. Außerdem hatte ich gehört, die Geschäftsführerin dieser Boutique, Indiens erster und mit Sicherheit nobelster, sei eine herrische, furchteinflößende Person. Sie war Engländerin.

Das Casting fand ausgerechnet am selben Nachmittag wie ein

Basketballmatch gegen ein anderes College statt, das ich unter gar keinen Umständen verpassen wollte. Als ich in Mrs Courtneys (in ihrem Berufsleben nannte sie sich »Madame Pompadour«) elegantem Salon erschien, hatte ich bereits zwanzig Minuten Verspätung und sah aus wie ein schmuddeliger Lausbub mit Schlamm auf den Knien. Sie sah mich geringschätzig an und sagte: »Du hast dich verspätet. So geht es nicht. Und jetzt ... wollen wir dich mal laufen sehen. Und denk daran, falls es dir überhaupt möglich ist, dass du dich hier nicht auf einem Fußballplatz oder auf einem Hockeyfeld befindest.«

Der Raum war voll von vollendet hergerichteten Frauen, die eindeutig als Models zu erkennen waren, die führenden Namen der damaligen Zeit. Ich konnte die Ungläubigkeit und den leichten Widerwillen spüren, der mir von ihrer Seite entgegenschlug. Ich sah nicht aus wie eine von ihnen. Ich konnte unmöglich ein angehendes Model sein. Ich legte den Basketball, den ich unter dem Arm trug, in eine Ecke und ging auf Mrs Courtney zu.

»Dreh dich um«, befahl sie. »Wie groß bist du?«

Ich sagte es ihr.

»Kinn hoch. Kopf hoch. Schwebe, marschiere nicht.«

Ich probierte es noch einmal. In Gedanken war ich tatsächlich bei dem nächsten Match. Mir war ganz egal, ob ich in die engere Auswahl kam oder nicht. Wenn es klappte, prima. Wenn nicht, na und? Dann konnte ich immer noch Basketball und Hockey spielen.

»Maß nehmen«, sagte Mrs Courtney zu einer Assistentin, die vor Furcht bebte. Das hieß wohl, dass ich es geschafft hatte. Wir liefen noch ein bisschen länger, diesmal in einer Reihe hintereinander her. Die anderen Mädchen stellten sich dabei sehr geschickt an. Sie liefen aus den Hüften heraus. Ich benutzte meine Knie. Niemand machte sich die Mühe, mit mir zu reden. Noch nicht einmal, als es an der Zeit war zu gehen.

»Die Anprobe und die Proben sind nächste Woche«, sagte Mrs Courtney. Ihre Stimme war eine Spur zu schrill und überschlug sich, und ihr blonder Dutt hüpfte beim Sprechen auf und ab.

Wir bekamen unsere individuellen Zeitpläne ausgehändigt.

»Komm bloß nicht zu spät, Mädchen«, warnte sie mich noch einmal, »sonst bist du draußen.«

Ich nickte. Das würde eine vollkommen neue Erfahrung sein, und ich freute mich darauf, vor allem auf das »Neue«.

Bei meinem Entschluss, mich als Model zu versuchen, spielten weder der Glamour noch das Geld eine entscheidende Rolle. Für mich lag der Reiz darin, etwas zu tun, was ich bisher noch nicht getan hatte. In der Chance, die Monotonie meines jungen Lebens zu durchbrechen, das sich zur Zeit darum drehte, zwei langweilige Vorlesungen am College zu besuchen – die Voraussetzung dafür, am Ende des Semesters zu den Prüfungen antreten zu können – und anschließend im Hof des College Basketball zu spielen.

Die Arbeit als Model stellte eine vollkommen andere Herausforderung dar. Ich konnte nicht glauben, dass es jemand für möglich hielt, ich besäße die Fähigkeit, in all diesen wunderbaren eleganten Kleidungsstücken über einen Laufsteg zu schweben. Dazu hatte ich viel zu viel von einer College-Sportlerin an mir und war meinem Aussehen gegenüber zu gleichgültig – nach meinen anfänglichen Streifzügen als junges Mädchen in die verbotene Welt des Make-ups. Mit Kosmetik wusste ich nichts anzufangen, ich lackierte meine Nägel nicht und kleidete mich durchweg unauffällig, wenn ich nicht meine Sportsachen trug, Shorts und ein T-Shirt.

Diese Welt war so fern von meiner eigenen und gerade deshalb so aufregend. Schon allein das Betreten dieses Salons mit seinem blumigen Duft und dem Geruch nach Geld und gutem Geschmack versetzte mich in eine andere, mir gänzlich unbekannte Sphäre, in der Frauen mit geballter, nahezu grimmiger Leidenschaft über Dinge diskutierten wie etwa die Vorzüge und Nachteile von Kaltwachshaarentfernung im Gegensatz zum Rasieren, von künstlichen Nägeln, künstlichen Wimpern, künstlichen Haarteilen und Silikonbusen. Als zählte in ihrem behüteten Leben nichts anderes als die nächste Hochfrisur.

Den Auftrag für die Modenschau zu bekommen, war der

erste Schritt. Das nächste, weitaus kniffligere Problem bestand darin, meinen Eltern die Neuigkeit beizubringen. Ich wählte die einfachste Lösung und drückte mich. Ich sagte es ihnen gar nicht erst und hoffte, ich könnte den Auftrag hinter mich bringen, bevor sie es herausfanden. Von mir aus brauchten sie es überhaupt nicht zu erfahren. Schließlich besuchten sie selbst normalerweise keine Modenschauen. Und ihre Bekannten auch nicht. Meine Abwesenheit ließ sich mühelos erklären – schließlich hatte ich beim Sport tatsächlich einen strikten Zeitplan einzuhalten.

An den Tagen, an denen ich ins College ging, kam ich ziemlich spät nach Hause. Ich spielte auch wirklich in etlichen Matchs gegen andere Colleges mit. Außerdem begann ich diese absurde Verwandlung zu genießen, die sich an mir vollzog. Mein Gang veränderte sich. Meine Knie wurden sauberer. Ich versuchte, mir während der Spiele nicht mehr die Schienbeine aufzuschrammen, ich trug pflegende Cremes auf meine Ellbogen auf. Ich spielte sogar mit dem Gedanken, meine Augenbrauen zu zupfen und ihnen eine neue Form zu geben, tat es dann aber doch nicht. Das alles machte mir großen Spaß.

Die anderen, die bei der Modenschau auftraten, waren alte Hasen. Darunter war eine große, fast schon unästhetisch dürre Angloinderin, die aussah, als sei sie weit über dreißig. Sie hatte ein hartes Gesicht, eine derbe Sprache und war auf seltsame Weise attraktiv, mit einem Grübchen im Kinn wie Michael Douglas. Sie wohnte in einer schmuddeligen Bude für zahlende Gäste am Colaba Causeway und schien nebenberuflich Nutte zu sein, nach der Anzahl von Geschäftsanrufen zu urteilen, die sie erhielt, und nach der Ansammlung von Männern von dubiosem Äußerem, die sie nach den Proben abholten.

Ich wurde behandelt wie das Baby der Mannschaft und unerbittlich geneckt. Mrs Courtney rauchte ununterbrochen Zigaretten, die in einer langen schwarzen Zigarettenspitze steckten. Ich erstarrte jedes Mal vor Entsetzen, wenn ihre scharfen, hellen Augen sich auf mich hefteten, worauf gewöhnlich eine Salve von Anweisungen folgte: »Kinn hoch. Bauch rein. Rücken gerade. Achte auf deine Knie. Stolpere nicht über deine eigenen Füße, Mädchen. Wann hat dein wüstes Haar zum letzten Mal einen Kamm gesehen?«

Da ich keine frühere Laufstegerfahrung hatte, gab sie mir nur drei kleinere Auftritte in der Modenschau, aber selbst das überwältigte mich schon. Die Vorstellung, vor Publikum auf einer Bühne aufzutreten, lähmte mich. Ich beobachtete die anderen Models, die vollauf mit sich selbst beschäftigt waren, wie viel Konzentration sie auf Schminke und Accessoires verwandten, und ich fragte mich, was zum Teufel ich hier zu suchen hatte, mit meinem Haar wie Stahl, einer dicken Schicht aufgesprühtem Make-up, künstlichen Wimpern, die etwas von Raupen hatten und schwer an meinen Lidern hingen, und in Kleidungsstücken, die ich, wenn ich die Wahl gehabt hätte, niemals angezogen hätte. Die ganze Geschichte war unecht, unnatürlich und komisch. Und ich machte mit.

Dieser erste Gang über den hell erleuchteten Steg war eine endlose Reise an ein Ziel, das mir schon bald vertraut sein würde. Aber an jenem Abend hatte ich keine Ahnung, wohin diese rund vierzig Schritte mich führen würden, als ich unsicher auf Stöckelschuhen wankte, deren Absätze zu hoch und zu schmal für mich waren – so lang und schlank wie die anderen Models in dieser Modenschau. Meine drei Auftritte waren alles andere als spektakulär. An jenem Abend können sich nicht viele Köpfe nach mir umgedreht haben. Trotzdem folgten schon bald weitere Aufträge.

Jetzt musste ich mit der Sprache herausrücken und meiner Mutter von den Modenschauen erzählen. Ich hatte die Unterstützung einer meiner Schwestern, Kunda, aber das war auch schon alles. Allerdings hatte ihre bedingungslose Liebe mich ermutigt, meinen Weg zu gehen und zu tun, was ich wollte, und sie stellte mir keine Fragen. Es hatte schon seine Gründe, dass die Familie ihr die Schuld zuschob, wenn etwas schiefging oder wenn ich mich in eine unangenehme Situation brachte, was in erster Linie schlechte Noten oder vorwitzige Freunde bedeutete.

»An dir liegt es, dass sie sich uns allen widersetzt«, warfen sie einem Menschen vor, der aufrichtig der Meinung war, was ich täte, sei doch gar nicht so furchtbar. Bis zum heutigen Tage ist ihre Haltung mir gegenüber konsequent unkritisch und liebevoll gewesen. Vielleicht hat es etwas mit dem Umstand zu tun, dass meine Mutter einen zwei Monate alten Säugling – mich – einer neugierigen sechsjährigen Kunda auf den Schoß gelegt und zu ihr gesagt hatte: »Das ist dein Baby, kümmere dich darum.« Das kleine Mädchen mit dem ernsten Gesicht hatte diese Anweisung wörtlich aufgefasst. Von jenem Moment an hat mich Kunda als ihr eigenes Kind großgezogen und selbst dann noch, als Lakshmi, ihre eigene Tochter, längst geboren war, die Ersatzmutter für mich gespielt.

Sowie ich dem Rest der Familie beichtete, dass ich als Model arbeitete, war der Teufel los. Meine Mutter geriet augenblicklich ins Kreuzfeuer.

»Wer hat ihr erlaubt, diese Aufträge anzunehmen?«, brüllte mein Vater.

Jetzt musste meine Mutter die Sache ausbaden, und sie murmelte leise: »Das ist alles gar nicht so schlimm, wie du es dir vorstellst. Sie hat nichts Böses getan. Die Leute, für die sie arbeitet, sind ausgesprochen anständig.«

Mein Vater wollte nichts davon hören. Er duldete es, dachte aber gar nicht daran, sich überzeugen zu lassen. Und so war es sogar fünf Jahre später noch. Er missbilligte es. Punkt. Er wollte nicht, dass seine Tochter sich auf einem Gebiet betätigte, das er als verrucht und unehrenhaft ansah. So ist es wahrscheinlich noch heute. Ich glaube, ich weiß, was ich zu hören bekäme, wenn ich ihn fragen würde, ob er seine Meinung in Bezug auf das Modeln geändert hat.

Es gelang mir nie, mein anfängliches Lampenfieber abzulegen. Ich zwang mich zu den Modenschauen, weil sie mir die Gelegenheit boten zu reisen, obwohl die Bezahlung armselig war (hundertfünfzig Rupien pro Auftritt im Vergleich zu den fünfzehntausend, die derzeit dafür bezahlt werden). Die Atmosphäre hinter der Bühne war hektisch und spannungsgeladen, und es herrschte dasselbe Maß an Chaos und Verwirrung, das mir jedes Mal auffällt, wenn ich heute eine Modenschau besuche. Auch die Rivalität und die Hierarchie in dieser unsicheren Branche waren deutlich zu spüren, vor allem dann, wenn eine frühere Gewinnerin eines Schönheitswettbewerbs mitmachte. Ich erinnere mich noch daran, wie Persis Khambatta darauf bestand, eine Modenschau in Ahmedabad zu eröffnen und sie zu beenden, zu der Zeit, als sie die herrschende Königin auf dem Laufsteg war, nachdem sie den Titel der Miss India errungen hatte. Ich erinnere mich auch an Zeenat Amans charmantes und doch entschlossenes Beharren auf Sonderbehandlung, nachdem sie ihren Titel davongetragen hatte. Außerdem gab es auch noch die Kämpfe um die besten Outfits, Schmuckstücke und Werbefotos. Und doch war es immer noch eine grässlich amateurhafte Welt, in der wir unser Make-up selbst auftragen und in einen Schönheitssalon gehen mussten, um uns dort frisieren zu lassen. Oft mussten wir unsere eigenen Accessoires zur Verfügung stellen und gingen damit das Risiko ein, dass sie uns in der Garderobe gestohlen wurden.

Es war an der Zeit, wie die anderen Mädchen in einen eleganten Kosmetikkoffer zu investieren. Aber ich hatte nicht das Geld dafür. Wieder einmal sprangen meine Schwestern ein, und ich bekam nicht nur eine, sondern gleich zwei Taschen, in denen ich meine Habe transportieren konnte: eine aus schwarzem Leder, die einer Hutschachtel ähnelte, und eine in der üblichen Form, die aus schwarzem und weißem Rohr geflochten war. Ich kam mir professioneller vor, wenn ich sie herumtrug, obwohl ich nicht allzu viele Kosmetikartikel besaß, die ich darin transportieren konnte. Ich musste mir mit normaler Plakatfarbe behelfen, improvisierte und mischte Farben zusammen und fand mit der Zeit eine Formel, die auf der Haut keine Sprünge bekam. Ich entwickelte ein gewisses Geschick darin, genauso wie ich mir selbst beibrachte, mein Haar zu diesen lachhaften Hochfrisuren aufzustecken, ohne es toupieren zu müssen. Haarsprays waren damals nichts weiter als klebriger Lack, der Strähnen so nachhaltig zusammenpappte, dass eine Haarbürste mit metallenen Borsten erforderlich war, um die Haare wieder voneinander zu lösen.

Das »Anrüchige«, das mein Vater so sehr fürchtete, erwies sich weitgehend als eine übertriebene Angst. Vielleicht machten ein oder zwei seiner Kollegen die eine oder andere anzügliche Bemerkung, und vielleicht stellten ihn seine selbstgerechten und ultrakonservativen Brüder zur Rede, was meinen Entschluss anging, aber nach den ersten Monaten, als er selbst erkannte, dass das, was ich in Angriff genommen hatte, keine echte Schande war, beruhigte er sich so weit, dass er so tat, als wüsste er nicht, was ich mit meiner Freizeit anfing ... vorausgesetzt, ich hielt meine Mutter darüber auf dem Laufenden. Es war ein Tabuthema, das nie angesprochen oder diskutiert wurde, selbst dann nicht, als eine Reihe von Werbekampagnen in landesweiten Publikationen erschien und mein Gesicht auf dem Titelblatt zweier führender Frauenzeitschriften zu sehen war, ›Femina‹ und ›Eve's Weekly‹.

Mein Vater hielt sich mit scharfer Kritik an meiner Pose, meiner Aufmachung und dem kurzen Interview für ›Femina‹ nicht zurück. Seine Missbilligung war verständlich. Ich trug eine elegante Bluse ... aus handgeschöpftem Papier. Das Foto, das Balkrishan, der alteingesessene Fotograf von ›Times of India‹, aufgenommen hatte, zeigte mich, wie ich einen Papagei aus Papier anglotzte, während ich zitiert wurde, mein einziger Ehrgeiz im Leben bestünde darin, zu heiraten und viele Kinder zu bekommen. Nun ja, ich schätze, das ist in Erfüllung gegangen. Aber mein Vater war enttäuscht und angewidert von meinem mangelnden Antrieb.

»Was ist denn das für ein Ehrgeiz?«, fragte er höhnisch. »Junge Mädchen träumen davon, Ärzte, Anwälte, Ingenieure zu werden. Heiraten kann jeder, aber auch wirklich jeder. Das kann man nicht als einen Ehrgeiz bezeichnen. Ist das etwa eine Leistung? Etwas, womit man sich brüsten kann?«

Vermutlich nicht. Aber ich wusste verdammt genau, dass ich weder Arzt, Anwalt noch Ingenieur werden wollte. Ich wollte überhaupt nichts sein, nur ein fröhlicher, unbeschwerter junger

Mensch. Mein Mangel an klar definierten Zielen betrübte meinen Vater sehr, und dass ich nun als Model arbeitete, trug keineswegs zu seiner Beruhigung bei.

»Das ist kein Beruf für ein anständiges Mädchen. Es ist überhaupt kein Beruf. Du wirst die falschen Wertvorstellungen übernehmen, du wirst die falschen Menschen treffen. Ich kann diese Beschäftigung nicht gutheißen«, tat er das Thema kategorisch ab.

Doch nachdem die Ausgabe von ›Femina‹ mit mir auf dem Titelbild erschienen war, war es allseits bekannt: Shri Govind Hari Rajadhyakshas jüngste Tochter arbeitete als Model. Und sie hatte sich in einer Bluse aus Papier ablichten lassen. Kapiert? Einer Papierbluse. Lächerliche Verdächtigungen wurden bestätigt. Mir gefiel das Cover auch nicht. Aber in dieser Phase war ich ziemlich froh, dass ich es überhaupt auf ein Titelblatt gebracht hatte.

Doch selbst in jenem Stadium nahm ich das Modeln nicht allzu ernst. Als ein Freund meines Bruders, der Fotograf war, anfing, jedes Mal, wenn er zu uns nach Hause kam, Schnappschüsse von mir zu machen, dachte ich mir, der Mann bräuchte wohl ein Versuchskaninchen. Wer eignete sich da besser als die kleine Schwester eines Freundes? Ashvin Gatha fiel ziemlich aus dem Rahmen – ein »Waisenkind« (so beschrieb er sich selbst mit Vorliebe) mit einer wechselhaften Geschichte und ein begeisterter Autodidakt. Begabt war er auch noch, wenn man bedenkt, dass er rasch zum Spitzenfotografen der Verlagsgruppe um ›Eve's Weekly‹ herum aufstieg und außerdem in der Werbung mit einem unkonventionellen Ansatz ganz groß rauskam.

Jahre später verließ er Indien, schlug als selbständiger Fotograf eine erfolgreiche Karriere bei einer internationalen Fotoagentur ein und spezialisierte sich auf großformatige Beiträge für Zeitschriften, deren Bandbreite von ›Penthouse‹ bis zum ›National Geographic‹ reichte. Zu dem Zeitpunkt sprudelte er vor Ideen über und konnte es kaum abwarten, wie eine Bombe in Indien einzuschlagen, dem Land, in dem er geboren war, das ihm aber fremd geworden war, weil er es bereits als kleines Kind verlassen hatte und bei der Familie seines Onkels in Singapur aufgewachsen war. Ashvin und ich machten gemeinsam ein paar denkwürdige Features, darunter auch ein dramatisches Cover für ›Eve's Weekly‹, auf dem ich mehrere unechte Perlenketten trug. Diese Aufnahme zählt immer noch zu meinen liebsten.

In die Modefotografie und in die Werbung gelangte ich durch Ashvin, und dass er ein Freund meines Bruders war und bei uns zu Hause ein und aus ging, machte es ein wenig leichter für mich. Noch wichtiger war, dass Ashvin meinen Vater kannte, der mittlerweile in der Welt der Werbung einen furchteinflößenden Ruf hatte, denn es war allgemein bekannt, dass sich interessierte Klienten seinen Zorn zuziehen würden, wenn die Fotografen gegen seine strengen Anstandsregeln verstießen. Meine eigenen Hemmungen schützten mich ohnehin. Außerdem hatte ich meine persönlichen Verhaltensmaßregeln aufgestellt, die paradoxerweise mit denen meines Vaters übereinstimmten. Aufnahmen, die selbst nach den prüden Maßstäben meiner Familie nicht durch und durch »anständig« waren, kamen für mich nicht in Frage.

Vor einigen Monaten hat Avantika, meine neunzehnjährige Tochter, ihren ersten Anruf von einer Werbeagentur erhalten, und die Dame, die den Kontakt zu ihr aufnahm, war ausgerechnet die gute alte »Ernie«, die dreißig Jahre zuvor bei mir angerufen hatte. Als meine Tochter die Agentur aufsuchte und Ernie kennen lernte, war sie belustigt über einige der Geschichten, die ihr Ernie über meine frühen Aufnahmen erzählte.

»Wir mussten nicht nur die Genehmigung der Schwester deiner Mutter einholen, sondern auch die ihres Vaters. Oft wurden die Aufnahmen bei ihr zu Hause gemacht, und die ganze Familie wachte darüber. Wenn wir ein Studio gebucht hatten, kam deine Mutter in Begleitung einer ihrer Schwestern als Anstandsdame mit und sorgte dafür, dass wir uns alle an die Regeln hielten.«

So viele Jahre später fällt es leicht, darüber zu lachen. Aber im Rückblick frage ich mich, warum die Agenturen diesen ganzen Zirkus mitgemacht haben. Vielleicht gab es zu der Zeit noch nicht so viele »Gesichter«, und ich entsprach einem gewissen klassischen Vorbild – dem der stereotypen »Inderin«, zu einer Zeit, als Angloinderinnen und Parsi-Mädchen, die modern wirkten und pfiffige Miniröcke trugen, in der Branche führend waren. Ich hatte weder die Beine noch die Kühnheit für etwas derart Abenteuerliches. Ich ließ mich grundsätzlich im Sari und im Salwar Kameez aufnehmen, in Kleidungsstücken, in denen ich mich wohl fühlte.

Es gab zwei oder drei Ausnahmen von der Regel »Einzelaufnahmen ohne männliche Models«. Ich machte eine Pressekampagne zum Thema »Füreinander geschaffen« und eine Werbebroschüre für die Hotelgruppe Taj Mahal. Beides waren erfreuliche Erfahrungen – für mich. Aber meinem Vater bereiteten sie gewaltiges Missvergnügen. Die beiden einzigen Werbefilme, in denen ich mitspielte, wurden von Filmemachern gedreht, die zu der Zeit in Werbekreisen viel von sich reden machten, aber außerhalb dieser Branche unbekannt waren: Shyam Benegal und Zafar Hai. Der Film von Benegal warb für eine Seife (Godrej) und wurde in Schwarz-Weiß gedreht. Die Aufnahmen wurden in einem alten Bungalow in der Nähe des Hauptbahnhofs von Bombay gemacht, und ich habe sie als anstrengend in Erinnerung. Die endlose Warterei beim Ausleuchten jeder Aufnahme, die Langeweile zwischendurch und die vielen Stunden, die darauf verwendet wurden, ein paar Sekunden verkäufliches Filmmaterial zusammenzukriegen – nein, das war nichts für mich. Ich mochte die dicken Make-up-Schichten nicht, die für Filme erforderlich sind, und ebenso wenig den ermüdenden Prozess, der Dutzende von Technikern und sperrige Requisiten erfordert. Im Vergleich zu Fototerminen, wo jede Einstellung anders als die vorangegangene war und alles schnell hintereinander aufgenommen wurde, war es ein langweiliger und mechanischer Prozess. Bei den Fototerminen dagegen waren im Studio lediglich der Fotograf, sein Assistent und vielleicht noch der Artdirector der Agentur anwesend. Sowie das Konzept feststand, konnte im Laufe eines Nachmittags alles abgewickelt werden.

Aufnahmen für Leitartikel in Zeitschriften waren komplizierter, aber auch weitaus befriedigender. Sie gaben einem die Chance, zu improvisieren und etwas Neues auszuprobieren, da keine konkreten Vorgaben geliefert wurden. Die meisten Models erklärten sich dazu bereit, obwohl dieser Job nicht bezahlt wurde. Zum einen wurde man durch diese Aufnahmen bekannt, und außerdem machten sie Spaß. Sie ließen dem Fotografen und dem Model genug Spielraum, um mit der Beleuchtung und dem Make-up, den Frisuren und sonstigen Äußerlichkeiten zu experimentieren. Damals wie auch heute kamen die Anregungen in erster Linie von ausländischen Modezeitschriften und Fotomagazinen. Mit anderen Worten: Wir stahlen schamlos. Unsere Modefotos waren in keiner Weise »originell« – wir taten nichts anderes, als ›Vogue‹, ›Elle‹, ›Harper's‹ und ›Queen‹ gründlich zu studieren und wie verrückt alles nachzuahmen.

Nur ein einziger Fotograf versuchte seinem Ansatz eine gewisse Originalität zu verleihen, und das war »Balsie«, der Indien verließ, um in Hongkong zu arbeiten, wo er vor ein paar Jahren starb. Balsie (kurz für Balsara) verrichtete seine Arbeit mit Leidenschaft. 1968 machten wir gemeinsam Aufnahmen für eine Zeitschrift, und wenn ich mir heute seine Bilder ansehe, erkenne ich darin eine Frische, ein gewaltiges visuelles Gespür und einen Abenteuergeist, der bei den kalten, statischen, gehemmten Posen der heutigen Fotografen mit ihrem hochtechnisierten Equipment und ihrer ambitionierten Haltung fehlt.

Die Fotos für diesen Auftrag wurden mit drei Models und einem großzügigen Budget an verschiedenen Orten in Indien aufgenommen, und sie waren indirekt verantwortlich für den Selbstmord eines armen Mannes, der auf Bestreben einer sehr ehrgeizigen Frau viel Geld dafür lockergemacht hatte.

Ich war die jüngste der drei Frauen und musste in exquisiten Benarasi-Saris Modell stehen, wogegen für die beiden anderen ganze Garderoben entworfen wurden. Eines der Models sah diese Aufnahmen als eine Gelegenheit an, umsonst an eine komplette Aussteuer zu kommen, während es für die andere, eine wohlhabende verheiratete Frau der oberen Zehntausend, ein Egotrip und gleichzeitig eine Gelegenheit war, ihren prachtvollen Körper zur Schau zu stellen.

Unsere erste Station war Delhi, wo uns die ehrgeizige Moderedakteurin im Oberoi-Hotel untergebracht hatte. Ich sollte mir ein Zimmer mit einem der Models teilen, während die ehrgeizige Dame gemeinsam mit ihrem Mann, ihrem Sohn und dem Kindermädchen des Sohnes eine grandiose Suite belegt hatte. Meine Zimmergenossin hatte Pläne, in denen ich nicht vorkam. Sie stellte unmissverständlich klar, sie wüsste es sehr zu schätzen, wenn ich mir meine Zahnbürste schnappte und über Nacht verschwände.

»Ich habe einen Freund eingeladen«, sagte sie mit einem strahlenden Lächeln, während sie nach dem Telefonhörer griff und beim Zimmerservice ein Dutzend Cognacschwenker bestellte. »Mein Freund ist Ausländer, ein Geschäftskontakt«, sagte sie, »wir werden ein paar Freunde hier empfangen. Warum teilst du dir nicht das Zimmer mit Mrs X?«

Ich sagte »Okay« und rief Mrs X an, die sagte, sie hätte nichts dagegen und es sei ihr auch ziemlich egal, aber auch sie hätte eigene Pläne. Sie würde zum Abendessen ausgehen. Und spät zurückkommen. Sehr spät sogar. Würde ich ... ihre Anrufe entgegennehmen und ... und ... sagen, sie sei auf dem Klo oder im Nebenzimmer ... oder etwas dergleichen? Nur für den Fall, dass ihr Ehemann anriefe? Ich sagte wieder »Okay«.

Am nächsten Morgen, als ich in »mein« Zimmer zurückkehrte, sah ich zahllose leere Gläser und überquellende Aschenbecher. Kalter Rauch hing in der Luft. Die Betten waren zerwühlt. Über dem Sofa hingen Handtücher. Im Badezimmer herrschte das reinste Chaos.

»Was ist passiert?«, fragte ich die große, dunkelhäutige Frau, die mit einem Kissen über dem Kopf im Bett lag.

»Oh ...«, nuschelte sie, »habe ich es dir nicht erzählt? Mein Geschäftspartner war hier, und wir haben eine private Party veranstaltet.«

An diesem Tag sollte es nach Agra gehen. Ich begann, meine Sachen zusammenzupacken. Die Frau streckte sich, griff nach dem Telefon und verlangte den Zimmerservice. »Schätzchen«, gurrte sie, »ich brauche ein Dutzend Servietten. Dringend.« Der Mann, der sie gleich darauf brachte, kam mir bekannt vor. Ja, natürlich, ich hatte ihn am Vorabend gesehen, als er die Cognacschwenker gebracht hatte. Die Frau stand aus dem Bett auf und wankte auf ihn zu. »Das ist wirklich ganz süß von dir«, sprudelte sie hervor und drückte ihm einen Kuss auf die Wange. »Und jetzt hilf mir beim Packen, na los, wir müssen gleich aufbrechen.«

Zu zweit spülten sie im Bad die Cognacschwenker aus Kristallglas, trockneten sie sorgsam ab und wickelten sie einzeln in die Servietten. Dann zog sie eine kleinere Tasche aus ihrem großen Koffer. »Hier, pack sie da rein«, wies sie ihn an. Sie packten die Schwenker in die kleinere Tasche und achteten sorgsam darauf, dass jedes Glas gut gepolstert war. Die Frau faltete ein Hotelhandtuch auseinander und legte es über das Kristall. »So«, sagte sie zufrieden, »jetzt werden sie nicht zerbrechen.«

Sie umarmte und küsste den Hotelangestellten, kicherte lange mit ihm und flüsterte ihm etwas ins Ohr. Er warf einen Blick in meine Richtung, lächelte und flüsterte ihr etwas zu. »Mach dir keine Sorgen, kein Problem«, sagte er, bevor er das Zimmer verließ.

Die Frau lächelte mich an. »Hübsch, nicht wahr? Ich brauchte zwölf von diesen Gläsern für mein neues Haus.«

Ich lächelte stumm. Das war die erste von vielen Lektionen, die ich auf dieser Reise lernte. Meine Zimmergenossin hatte in jedem Hotel »Geschäftspartner«. Ich hatte selten Gelegenheit, in meinem eigenen Bett zu schlafen. Und als diese zehn Tage vorüber waren, hatte ich den Ehemann der anderen Frau so oft am Telefon gesprochen, dass ich ihn tatsächlich jedes Mal vergnügt begrüßte, wenn er anrief, um sich nach dem Verbleib seiner Gattin zu erkundigen, bevor ich gewandt flunkerte, um ihre Abwesenheit zu erklären.

Als wir nach Bombay zurückkamen, hatte eine der Frauen eine beachtliche Aufgabe bewältigt: Ihre Aussteuer war komplett. Die andere hatte beschlossen, sie hätte genug von ihrer

Scheinehe und sei reif für den nächsten Schritt. Und ich war um einen wunderschönen Benarasi-Brokatsari reicher (ja, das war alles, was ich für meine Mühe bekam). Und entschieden weiser. Trotzdem dauerte es Jahre, bis die Einzelheiten wirklich zu mir vordrangen. War ich einfach nur einfältig gewesen? Wie kam es, dass ich nicht wusste, was vorging? Schieben wir es auf mangelnde Erfahrung. In der Welt, in der ich aufgewachsen war, hatte es nichts dergleichen gegeben. Ich war auf diese Dinge vollständig unvorbereitet und nahm sie gleichmütig hin. Ich war weder schockiert noch angewidert. Vielleicht war ich viel zu sehr auf mein eigenes junges Leben fixiert und wollte mich in die erniedrigende und deprimierende Lebensführung der wesentlich älteren Leute, mit denen ich zu tun hatte, nicht hineinziehen lassen. Es spielte für mich keine große Rolle, dass eine dieser Frauen nichts weiter als eine hübsche Diebin war, wogegen die andere ihren Ehemann ganz offenkundig nach Strich und Faden betrog.

Die ehrgeizige Unternehmerin, die all das organisiert hatte, war noch schlimmer – sie hatte den naiven, vertrauensseligen Besitzer einer kleinen Weberei dazu gedrängt, sich für ein wenig Prestige und Publicity von einer gewaltigen Geldsumme zu trennen. Der arme Kerl hatte Gelder bereitgestellt, ohne sich mit seinen Brüdern zu besprechen, die gleichzeitig seine Geschäftspartner waren. Die prachtvollen Saris aus den legendären Webereien von Benares waren eigentlich für die Aufnahmen nur ausgeliehen worden. Stattdessen hatte die Moderedakteurin beschlossen, sie alle zu behalten und den Besitzer ihre Rückgabe einklagen zu lassen. Sie hatte nicht die Absicht, diese Erbstücke jemals wieder herauszurücken. Für die beiden anderen Models war dabei eine Garderobe herausgesprungen, die für sie maßgeschneidert war und für die niemand anders Verwendung hatte. Ich war die Dumme, die sich mit einem einzigen Sari begnügen musste, den ich übrigens immer noch besitze. Selbst den hatte mir die ehrgeizige Dame nur widerstrebend von ihrer Beute abgetreten.

Ein paar Monate nach diesem Debakel rief mich der Webereibesitzer an und wollte zu mir nach Hause kommen. Ein ungeheuer aufgeregter Mann erschien und bombardierte mich mit Fragen. Er wirkte vollkommen verzweifelt und konnte kaum einen verständlichen Satz hervorbringen. Er sprach kein Englisch, und sogar sein Hindi hatte einen starken Akzent. Er wollte wissen, wie viel ich bezahlt bekommen hatte und wie viele Saris mir überlassen worden waren. Ich berichtete ihm wahrheitsgemäß, ich hätte keinen einzigen Pfennig bekommen und meine »Bezahlung« bestünde in einem einzigen Sari. Er schien bestürzt. Dann schlug er sich die Hände vors Gesicht und weinte. Seine Verzweiflung war echt. Ich wusste nicht, was ich tun sollte.

»Diese Frau hat mich zerstört ... mich betrogen ... meine Familie will mich enterben«, schluchzte er.

Er erzählte mir bis in alle Einzelheiten, wie diese Frau ihn über den Tisch gezogen hatte und wie hilflos er ihr gegenüber war.

»Sie gibt mir meine Saris nicht zurück – jeder einzelne ist ein Museumsstück. Von unschätzbarem Wert. Sie hat gesagt, fünf hätte sie Ihnen gegeben. Und die restlichen könnte sie nicht finden. Was soll ich bloß tun? Meine Brüder werden mich nicht in Ruhe lassen, solange ich diese Saris nicht zurückbringe.«

Sein Ausbruch beschämte mich derart, dass ich in mein Zimmer eilte und ihm seinen Sari brachte. »Nehmen Sie ihn, bitte«, flehte ich. »Ich will ihn nicht.«

Er warf einen Blick auf den wunderschönen schwarz-goldenen Sari in meinen Händen. »Den brauche ich nicht. Ich will die anderen. Dieser Sari ist von allen, die Sie getragen haben, der am wenigsten kostbare. Den kann ich immer noch nachschneidern lassen. Behalten Sie ihn. Aber ich bitte Sie, helfen Sie mir, die anderen Saris wieder an mich zu bringen ... sonst wird mich meine Familie aus dem Geschäft hinauswerfen.«

Und genau das passierte dann auch. Die Saris waren verschollen, gewaltige Hotelrechnungen waren zu begleichen, und der arme Mann wusste nicht weiter. Da er die Demütigung nicht ertrug, nahm er sich das Leben. Was mich angeht ...

nun ... den Sari habe ich noch immer. Aber ich kann ihn nicht anlegen, es ist mir unerträglich. Den beiden anderen Models geht es gut. Die mit der individuellen Aussteuer ist immer noch mit demselben Mann verheiratet. Und der Ehemann, dessen Telefonstimme mir so vertraut geworden war, ist inzwischen tot.

Ich musste noch viel lernen, um erwachsen zu werden, und vermutlich tat ich es im Zeitraffer. Ich sah Schönheitsköniginnen mit schmutzigen Zehennägeln und Mannequins mit fettigen Pferdeschwänzen. Und dann sah ich mich – irgendwo dazwischen, irgendwie belustigt über diese Welt, in die ich zufällig hineingeraten war und der ich mich doch nicht zugehörig fühlte. Ich blieb immer am Rande, beobachtete, lachte und lernte. Damals war es möglich (und ich bin sicher, dass das sogar heute noch geht), in dieser künstlichen, nahezu unwirklichen Umgebung zu arbeiten, ohne die eigene Sichtweise oder den Sinn für Humor einzubüßen.

Während die anderen Mädchen sich darauf konzentrierten, Schwäne zu werden, beschloss ich, ein Clown zu werden. Ich weigerte mich, Lippenstift ernst zu nehmen oder Haarspray mit Ehrfurcht zu benutzen. Ich steckte mittendrin, machte Geld und ließ es mir prächtig gehen, aber aus den denkbar falschesten Motiven. Streiche hinter der Bühne und schulmädchenhafte Späße müssen in einer Atmosphäre, in der alle anderen ihre Energien in das perfekte Auftreten auf dem Laufsteg steckten, absurd deplatziert gewirkt haben. Die anderen Models hatten sich klare Ziele gesteckt und verloren sie nie aus den Augen, was vermutlich hieß, möglichst viel Geld aus dem Glamour herauszuholen und sich einen wohlhabenden Mann zu angeln. Und das gelang den meisten von ihnen.

Was auch immer für die anderen Models in der Branche der Anreiz war – mir fiel es schwer, dieses Geschäft ernst zu nehmen. Ich sah mich nicht als ein geschmeidiges, gepflegtes, sexy Geschöpf an, das kollektiven Phantasien entsprungen war. Wenn überhaupt, dann fragte ich mich immer wieder, was zum Teufel ich in dieser Branche eigentlich tat, wo ich doch nicht das besaß, was ich als die Voraussetzungen für einen Job ansah, bei dem man derart im Rampenlicht stand: Ich war nicht selbstverliebt, und ich hielt mich nicht für besonders zugkräftig auf dem Laufsteg, weil mir meine Hemmungen und Selbstzweifel zusetzten. Damit etwas funktioniert, muss man daran glauben. Ich glaubte selbst dann nicht daran, dass ich zum Model geschaffen war, als ich einen großen Auftritt nach dem anderen hatte, in protzige »Laufstegsaris« gehüllt war und darauf wartete, denselben Gesichtsausdruck aufzusetzen wie all die anderen Mädchen, die an ihrem so hart gearbeitet hatten.

Modenschauen sind heute nichts anderes als ein unterhaltsamer Rummel, und genau das waren sie damals auch schon. Die wesentlichsten Sponsoren waren Textilfabriken, die ihr Image aufpolieren wollten. Und die Organisatoren, die diese Imagepflege übernahmen, waren so amateurhaft wie wir alle, wenn wir auf zu hohen Absätzen mit zu steifem Haar und zu blassem Lippenstift über den Laufsteg schwebten. Aber es kannte eben niemand anders. Es gab kein Satellitenfernsehen, das uns Anhaltspunkte gegeben hätte, nur alte Ausgaben von ›Vogue‹ und unsere Version der Modenschau, wie wir sie uns vorstellten. Da wir die typisch indische Begeisterung für Improvisation mitbrachten, bereicherten wir sie hier um einen kleinen Song und dort um einen kleinen Tanz, um der Show den beabsichtigten Charakter zu geben. Zwei Stunden Jahrmarktrummel mit Balletteinlagen und dem ein oder anderen Bharantanatyam und Bhangra, den wir als Zugabe lieferten. Die Mädchen, die tanzen konnten, aber beim besten Willen nicht gut genug aussahen, wurden für diese choreographierten Nummern zwischen den Auftritten eingeteilt.

Eine von ihnen war eine ungewöhnliche Amerikanerin, die beschlossen hatte, um jeden Preis indisch zu werden. Sie ging es mit dem Übereifer der Neubekehrten an – tiefer Knoten im Nacken, Bindi, Saris, Kajal und zahllose bunte Armreifen. Sie war von kleiner Statur und hatte dicke Beine, doch sie errang schon bald den Status eines Stars, was ihre größeren und schlankeren Rivalinnen erboste. Zudem war sie auch noch geheimnisvoll und hatte etwas Betörendes an sich. Da sie nicht geneigt war, über ihre Vorfahren zu reden, wusste niemand genau, woher sie kam, obwohl gemunkelt wurde, sie hätte einen Kathak-Guru mit gebrochenem Herzen in irgendeiner abgelegenen Stadt im Norden Indiens zurückgelassen, um sich in Bombay ein neues Leben aufzubauen.

In der Stadt ihrer Wahl herrschte kein Mangel an Bewunderern, was ihren Kolleginnen schnell auffiel. Prominente Werbeleute warteten nach einer Modenschau mit Feuereifer an der Tür des Künstlerzimmers, während sie sich hastig in einen schlichten Baumwollsari hüllte, die dicke Make-up-Schicht mit Fettcreme von ihrem Gesicht entfernte, sich ihre Handtasche schnappte und ging, obwohl es üblich war, nach der Modenschau noch ein Weilchen zusammenzuhocken. Bei Proben blieb sie für sich und schrieb endlose Briefe oder steckte ihre Nase in dicke Bücher.

Eines Tages verschwand sie, und die Werbeleute, die sie zurückgelassen hatte, versammelten sich, um den Verlust zu betrauern. Wer war sie wirklich? Ich weiß es bis heute nicht. Zahllose Male wurde sie in und um Paris herum gesehen. Es hieß, sie hätte einen französischen Filmregisseur geheiratet, der viele Jahre älter war als sie. Aber niemand kann es mit Sicherheit sagen. Sie verschwand ebenso plötzlich, wie sie in der Szene aufgetaucht war, und die Damen, die diese Modenschauen organisierten, standen ohne eine charmante Eröffnungsnummer da, zu der simple Pirouetten und ungelenke Highkicks gehörten, Dinge, mit denen jedes junge Mädchen im Westen, das ein paar Ballettstunden hatte, vertraut ist.

Was mich wirklich interessierte, war die Arbeit als Fotomodell. Und ich schaffte den Übergang nahtlos. Obwohl mein Gesicht nicht gerade allzu leicht mit der Kamera einzufangen ist, halfen die hohen Wangenknochen, wenn alles andere scheiterte. Ich brachte mir bei, das Beste aus meinen gelungeneren Gesichtszügen zu machen, und die Ergebnisse waren doch immerhin so lohnend, dass sie mir einige der Spitzenaufträge einbrachten.

Die wenigen Fotografien, die sich als denkwürdig erwiesen,

wurden von Fotografen aufgenommen, zu denen ich einen guten Draht hatte, Leuten wie Ashvin Gatha. Diese Männer wurden Kumpel, in deren Gegenwart ich mich vollkommen unbefangen fühlte. Meine ersten Aufnahmen machte ich mit einem altmodischen Fotografen aus dem Maharashtra, R.R. Prabhu, der mich in einem übertrieben gestärkten Voilesari und mit Lotosblüten aus Plastik in meinem lackierten Haar einer steifen Schaufensterpuppe ähneln ließ, doch andere waren zu dem Risiko bereit, mit veränderter Beleuchtung und einem veränderten Aussehen zu experimentieren. Ich empfand mich als Teil des Gesamtprozesses. Ich glaubte, ich hätte etwas zum Erfolg einer Werbekampagne beizutragen. Und ich ließ mich in die technischen Aspekte des jeweiligen Auftrags hineinziehen – die Beleuchtung, die Schminke, die Requisiten und den Ansatz. Jehangir Gazdar und Wilas Bhendé waren Legenden auf diesem Gebiet. Einige meiner besten Kampagnen wurden von ihnen aufgenommen. D.L. Oberoi (»Obi«) kam später. Diese Männer waren Profis, die außergewöhnlich hohe Maßstäbe anlegten. Models wurden wie Damen behandelt, nicht wie Ware.

Dieses bescheidene Maß an persönlicher Einbindung nahm einem Beruf, der im Grunde genommen sehr langweilig, repetitiv und schablonenhaft ist, die Eintönigkeit. Und irgendwo tief in meinem Innern wusste ich, dass es nicht auf Dauer so weitergehen würde. Ich war nicht besonders stolz auf das, was ich tat, nämlich endlose Stunden vor der Kamera zu verbringen und mir einen neuen Blickwinkel, eine neue Pose und einen neuen Gesichtsausdruck einfallen zu lassen. Nach der ersten Stunde verlor ich das Interesse und fing an, die Minuten zu zählen, bis es an der Zeit war, meine Sachen zusammenzupacken. Es erschien mir undenkbar, einem Fremden zu sagen, dass ich als Model arbeitete. Wenn mich jemand aus der Generation meines Vaters fragte, was ich täte, antwortete ich ausweichend, ich studierte noch ... belegte Kurse ... machte mir Gedanken darüber, was ich mit meiner Zukunft anfangen sollte. Ich vermute, die Berufsbezeichnung war mir peinlich und ich schämte mich dafür. Vielleicht wusste ich, was diesen Leuten durch den Kopf gehen würde, sowie ich sagte, ich sei Model. (Frauen mögen auf anderen Gebieten viel erreicht haben, aber wenn es um Models geht, bestehen die grundlegenden Vorurteile bis heute in unveränderter Form.) Ich hatte keine Achtung vor der Branche, obwohl ich ihre Früchte genoss. Ich machte mir auch nichts aus dem sogenannten »Ruhm«, den meine Arbeit mir eintrug. Ich zog seine Authentizität in Zweifel, und das war vielleicht auch gut so. Hätte ich irgendetwas von dem, was man mir einreden wollte, ernst genommen, dann könnte es durchaus sein, dass ich heute ein vollkommen anderes Leben führen würde.

Ein kluger Redakteur, den ich kürzlich in Goa traf, fragte mich, warum ich nicht mit dem Gedanken gespielt hätte, mich auf ein verwandtes Gebiet zu begeben, da ich ja immerhin mehr als fünf Jahre als Model gearbeitet hatte.

»Wie kommt es, dass du von dort aus nicht in die Glamourbranche gegangen bist, beispielsweise zum Film? Und wieso bist du nicht auf die Idee gekommen, eine Modelagentur zu gründen, Modenschauen zu choreographieren und andere Mädchen groß rauszubringen?«

In Wahrheit sieht es so aus, dass mich das alles krank machte. Und mich gegen Ende zu Tode langweilte. Es war eine solche Erleichterung, diese narzisstische, seichte Welt hinter mir zu lassen und weiterzuziehen. Ich konnte es kaum erwarten, dass sich mir eine andere Berufsmöglichkeit bieten würde, und ich kann von Glück sagen, dass es dazu kam. Eine angemessenere Frage wäre, warum ich es überhaupt so lange aushielt, wenn die Erfahrung mich derart abstumpfen ließ. Die kurze Antwort lautet: Geld. Ich verdiente mit einer Teilzeitbeschäftigung die Entsprechung eines vollwertigen Gehalts, und ich mochte das Gefühl von Unabhängigkeit, das mir das Geld gab. Außerdem lernte ich auch seinen Wert zu schätzen, nun, da ich dafür arbeiten musste.

Nach dem ersten Jahr begann ich, meine Angelegenheiten selbst in die Hand zu nehmen, Verträge auszuhandeln, ausstehende Summen einzukassieren und den Überblick über Zahlungen zu behalten, die mit Verspätung eingingen. Das war schon für sich genommen ein Lernprozess, der mich lehrte, nie als selbstverständlich anzusehen, dass die Kohle weiterhin fließen würde. Und was noch wichtiger war, an dem Geld, das ich eingenommen hatte, festzuhalten. Da ich noch bei meinen Eltern wohnte, hatte ich keine echten Unkosten, für die ich aufkommen musste, abgesehen von den Ausgaben für Dinge, die mein Beruf erforderte. Ein großer Teil meiner Einnahmen ging für Taxifahrten drauf, den Rest gab ich dafür aus, die grundlegenden Voraussetzungen der Branche auf den neuesten Stand zu bringen: Schminke, Modeschmuck, hochhackige Schuhe. Heute geht es natürlich wesentlich professioneller zu. Sämtliche Models brauchen sich nur noch für die Aufnahmen einzufinden und sich keine Sorgen mehr um Kleinigkeiten zu machen, für die sie nicht länger verantwortlich sind – darum kümmern sich die Stylisten.

Die Arbeit als Model bot mir aber auch die Gelegenheit, auf Kosten anderer zu reisen, und das war ein weiterer Magnet, der mich dort festhielt. So ziemlich der bizarrste Auftrag, mit dem ich jemals zu tun hatte, drehte sich darum, die spektakulären Schmuckstücke der Sammlung zu fotografieren, die ein wahnsinniger Maharadscha von seinen Ahnen geerbt hatte. Dem anderen Model, das für diesen Auftrag ausgewählt wurde, und mir sagte man, diese Bilder seien nicht für die Veröffentlichung bestimmt – der bärtige Maharadscha sei lediglich daran interessiert, die Sammlung für die Nachwelt zu katalogisieren. Auf diese Weise wolle er die erstaunliche Geschichte seiner Dynastie dokumentieren. Das war die offizielle Version. Der Fotograf und wir beide sollten in einem viersitzigen Privatflugzeug zu seinem Palast gebracht werden. Das Honorar war verschwindend gering, aber in diesem speziellen Fall lag der Anreiz nicht im Geld. Uns lockte die Aussicht, über die Bucht von Bengalen zu fliegen und die legendären Schmuckstücke mit eigenen Augen zu sehen. Wir wurden nicht enttäuscht. Und das ist eine Untertreibung. Was wir zu sehen bekamen, ist absolut unvorstellbar... außer vielleicht für die Artdirectors von Steven Spielberg.

Der prachtvolle Palast hätte jeden beeindruckt, aber die Schmuckstücke selbst waren nicht nur von unschätzbarem Wert, sondern überwältigend in ihrer Einmaligkeit. Auch ihr Besitzer war ziemlich umwerfend, obwohl er mit seinem Rauschebart und dem widerspenstigen Pferdeschwanz Ähnlichkeit mit Rasputin aufwies. Die Augen des Mannes waren wie glühende Kohlen. Es wurde gemunkelt, er sei ein Sadist und ein Irrer. Man flüsterte sich Geschichten über seine frühere Ehefrau, tote Mätressen und seine derzeitige Freundin zu, die zwar bei ihm wohnte, die aber nie jemand zu sehen bekam.

An unserem ersten Tag dort führte er uns durch seinen Privatzoo, wo er, ganz im Stil von Michael Jacksons Menagerie, Dutzende von exotischen Arten versammelt hatte. Als wir im Garten saßen und Tee tranken, tauchte sein Lieblingspfau mit einem diamantenen Fußkettchen auf, um ein Stück Kuchen zu stibitzen. Direkt außerhalb der Palastmauern zogen rosarote Flamingos über seichten Stauwassern ihre Kreise, während wir in dieser unwirklichen Umgebung über unsere eigene Unwirklichkeit nachsannen und aus dem Augenwinkel den seltsamen Mann in wallenden Gewändern anstarrten, der leise mit dem Fotografen darüber sprach, welche der schwindelerregenden Klunker im Lauf der beiden kommenden Tage abgelichtet werden sollten.

Für mich war der Auftrag nichts weiter als zwei Tage bezahltes Vergnügen. Der übergeschnappte Maharadscha mag zwar Juwelen von unschätzbarem Wert besessen haben, aber bei der Bezahlung der Models erwies er sich als knauserig und nannte die keineswegs fürstliche Summe von fünftausend Rupien. Uns wurden zwei Suiten in einem Flügel des Palasts zugewiesen, mit verschleierten Zofen, die nach unserer Pfeife tanzten. All das hätte großen Spaß gemacht, wenn es nicht ganz so unheimlich gewesen wäre. Nach den ersten zwei Stunden war mir unbehaglich zumute, denn ich konnte das Gefühl nicht abschütteln, wir beide – meine Freundin und ich – würden ständig überwacht. Im ganzen Palast wimmelte es von Gefolgsmännern des Maharadscha, von denen einige mit primitiven Schrotflinten bewaffnet waren. Erst nach der ausgedehnten Führung durch den Saal mit den Juwelen begriffen wir, warum der Maharadscha und seine Männer so unglaublich nervös wirkten.

Der gigantische Saal rief Assoziationen zu ›Indiana Jones‹ oder ›Aladin und die Wunderlampe‹ wach. Aber warum in die Ferne schweifen? Unsere eigenen mythologischen Kostümdramen drängen sich zum Vergleich auf. Die gesamte Länge des riesigen Prachtsaals mit den Kronleuchtern und den vergoldeten und mit Samt bezogenen Einrichtungsgegenständen wurde von enormen hölzernen Schatullen eingenommen, bis zum Rande mit Steinen gefüllt, die so groß wie kleine Geröllbrocken und Mondgestein waren. Saphire, Smaragde, Rubine, Topase . . . und das war nur ein Teil der Sammlung, der weniger wertvolle Teil. Der Fotograf untersuchte jedes einzelne Exemplar sorgfältig, bevor er seine Auswahl traf.

Meine Freundin wandte sich an mich und sagte: »Wenn ich ein halbes Dutzend von diesen Steinen in meine Tasche stecken würde, glaubst du, das würde überhaupt jemand bemerken?«

Ich deutete stumm auf die Männer mit den veralteten Waffen, die uns ständig im Auge behielten. Sie lachte und sagte nicht allzu überzeugend: »Das war doch nur ein Witz.«

Wir sahen zahllose Stränge von Perlen aus Basra, goldene Ornamente, kiloweise Silber . . . und das war nur ein Bruchteil dessen, worum es in den nächsten Tagen gehen würde: das Fotografieren von Schmuckstücken von unschätzbarem Wert. Einige waren offenbar schon seit Generationen im Besitz der Familie, denn der Maharadscha sprach nachsichtig und liebevoll über die Lieblingskette eines Ururgroßvaters – sieben Stränge von Solitären, und jeder einzelne der gefassten Steine hatte die Größe einer Mandel. Ich kannte mich mit derart kostspieligem Schmuck viel zu wenig aus und war daher weitaus weniger beeindruckt, als ich es andernfalls vielleicht gewesen wäre. Ja, schrecklich hübsch waren die Sachen schon und sie mussten auch ein Vermögen gekostet haben, aber wer wollte schon etwas tragen, was so schwer und so protzig war?

Anscheinend gab es jedoch etliche Käufer im Ausland, die

sehr scharf darauf waren. Nachdem wir ausgewählte Stücke fotografiert hatten, flüsterte der Maharadscha dem Fotografen zu, er bräuchte unbedingt erstklassige Abzüge und hätte nicht genug Vertrauen in die indische Technologie ... und daher ... ob er vielleicht so freundlich wäre, Seiner Hoheit das gesamte Filmmaterial zu überlassen, damit alles in der Schweiz entwickelt werden könnte? Ich weiß nicht, wie der Handel schließlich ausging. Aber mit Sicherheit weiß ich, dass wir, die Models, die Resultate nie zu sehen bekamen. Nicht ein einziges Bild.

Jahre später erwähnte der Fotograf, er hätte dem Klienten sämtliche belichteten Filme überlassen. Offensichtlich war es dem Maharadscha darum gegangen, Käufer im Ausland zu finden und das Zeug so unauffällig wie möglich aus dem Land zu schmuggeln. Die Fotos brauchte er, um europäischen Händlern einen exklusiven Katalog zur Ansicht vorzulegen. Das war eindeutig ein geschickter Schachzug, und mir macht es im Grunde genommen nichts aus, dass wir in seinen groß angelegten Plan hineingezogen wurden. Für uns war es nichts weiter als eine Fotosession unter vielen, für die wir – wenn auch schlecht – bezahlt wurden.

Dabei hätte ich es belassen, wenn meine Kollegin nicht, als wir uns zwei Jahrzehnte später wiedersahen, alles ausgeplaudert hätte.

»Weißt du, was dieser grässliche Maharadscha versucht hat?«, fragte sie nach zwei großen Whiskeys. »Ein oder zwei Wochen nach unserer Rückkehr ist er bei mir zu Hause aufgetaucht und hat sich mit meiner Mutter unterhalten. Er hatte eine Menge Süßigkeiten mitgebracht, und ich habe mich gefragt, was er wohl von uns wollte, als er meine Mutter zur Seite nahm und zu ihr sagte: ›Ihre Tochter ist ein gescheites Mädchen. Würde es Ihnen sehr viel ausmachen, wenn sie ein paar Reisen nach Europa unternähme? Auf meine Kosten, versteht sich. Ich benötige ihre Dienste für sehr einfache Aufgaben. Sie bräuchte nichts weiter zu tun, als meinen Freunden in Paris einige Päckchen zu überbringen. Ich bin im Moment sehr beschäftigt und kann es daher nicht selbst erledigen. Keine Sorge, ich kümmere mich um alles … die Flugtickets und was sonst noch dazugehört. Ich gebe ihr auch Taschengeld für die Reise mit!‹«

Die Eltern meiner Freundin mochten zwar einfache Leute sein, aber einen Betrüger erkannten sie auf den ersten Blick. Die Mutter meiner Freundin lehnte das Angebot höflich ab, ohne sich auch nur mit ihrer Tochter zu besprechen, die damals so geldgierig und naiv war, dass sie augenblicklich Ja gesagt hätte. Wir lachten über die abgewandte »Gefahr«, während sie den Vorfall anschaulich schilderte – wie die Gestalt, die so große Ähnlichkeit mit Rasputin hatte, ihr bescheidenes Heim in der Vorstadt aufgesucht hatte, mit einem Angebot, das sie gewiss nicht ablehnen würde, und wie ihre alte Mutter, gänzlich unbeeindruckt von seinem hohen gesellschaftlichen Rang, ihm mit anderen Worten gesagt hatte, er solle sich verpissen und ihre Familie in Ruhe lassen.

Heute ist die große, dunkelhäutige Schönheit eine erfolgreiche Unternehmerin, die im Ausland lebt und mit dem internationalen Adel freundschaftlich verkehrt. Ich fragte sie, ob sie jemals einen dieser prachtvollen Ringe, eines der Armbänder oder eine der Halsketten an einer Gräfin oder Marquise gesehen hatte, die bei einem Bankett neben ihr saß.

»Bisher noch nicht«, gestand sie, »aber ich halte immer noch Ausschau danach.«

Mittlerweile sickern immer wieder Nachrichten über den übergeschnappten Maharadscha durch, dessen Bart inzwischen bis auf seinen Nabel reicht, wogegen der Pferdeschwanz jetzt grau und zottelig ist. Er lebt immer noch in seinem Palast, umgeben von seinen Lieblingsfledermäusen und einer Bekloppten, die er als seine Ehefrau bezeichnet.

Ich werde laufend gefragt, ob ich mal in ›Vogue‹ abgebildet war, ganz so, als sei das die größte aller Auszeichnungen. Nur um es einmal festzuhalten: Die Antwort lautet Ja, ich habe es geschafft, in einem frühen Kleid von Yves Saint Laurent in ›Vogue‹ abgebildet zu werden. Na und? War das für mich weltbewegend? Hat sich dadurch etwas verändert? Ist mir der Himmel auf den Kopf gefallen? Sah ich hinterher anders aus, oder fühlte ich mich anders? Mit anderen Worten, hat sich dieses Bild von mir in ›Vogue‹ in entscheidender Weise auf mich und mein Leben ausgewirkt? Nein. Ich habe weder finanziell noch beruflich oder emotional davon profitiert. Aber die Geschichte, wie dieser Auftrag zufällig zustande kam, ist ziemlich interessant.

Erinnern Sie sich noch an diese berühmten Kalender, die Air India früher herausgebracht hat? Die von einer Legende namens Bobby Kooka ausgeklügelt und in Auftrag gegeben wurden? Mit der Zeit wurde jeder einzelne von ihnen ein begehrtes Sammlerobjekt, und es freut mich, dass ich in zweien davon abgebildet bin, beide Male um das Jahr 1969 herum. Die Kreativen von Air India erkannten den Wert der Imagepflege schon lange, bevor das »Image Management« zu dem vollwertigen Beruf wurde, der es inzwischen ist. Air India war in jenen Zeiten ganz oben und lag unter den internationalen Fluglinien weltweit auf einem der zehn Spitzenplätze. Heute fällt es einem schwer, sich das vorzustellen, da unsere staatliche Fluggesellschaft nicht einmal mehr zu den ersten hundert zählt und zu einem schäbigen Unternehmen für Pauschalreisende heruntergekommen ist, dessen Leitung unmotivierte, unprofessionelle Führungskräfte, die selbst dringend eine Generalüberholung nötig hätten, in die Hand genommen haben.

In dem Jahr, in dem die Aufnahmen für ›Vogue‹ zustande kamen, rief mich Uttara (Pakwasa) Parikh von der Werbeabteilung von Air India an. »Ein Team von ›Vogue‹ hält sich in der Stadt auf. Sie sind auf der Suche nach zwei indischen Models, um sie in den neuesten Kollektionen zu fotografieren, die sie mitgebracht haben. Henry Clarke, der Fotograf, hat unter den Aufnahmen, die wir ihm vorgelegt haben, Bilder von dir gesehen, und sie haben ihm gefallen. Er möchte dich kennen lernen.«

»Okay«, sagte ich ohne sonderliche Begeisterung.

Ich machte mich auf den Weg zum Büro von Air India. Ich war weder aufgeregt noch allzu gespannt oder voller Vorfreude. Nichts dergleichen. Für mich war das nichts weiter als ein potentieller Auftrag wie jeder andere, sonst gar nichts. Bei meinem

Eintreffen fand ich die üppige Uttara, die früher selbst Model war, über einen dicken Packen von Fotografien gebeugt. Neben ihr stand der weitgereiste Seebär persönlich – ein alter Tattergreis, der sich die Bilder ganz genau ansah.

»Ich möchte dich mit Mr Clarke bekannt machen«, sagte Uttara.

O mein Gott! Dieser Mann war einer der Fotografen von ›Vogue‹? In meiner Unwissenheit ahnte ich nicht, dass er auf seinem Gebiet als die Nummer eins galt, jemand, der sich der klassischen Form der Modefotografie verschrieben hatte und von Leuten wie Richard Avedon als Guru angesehen wurde, obwohl Avedon selbst mit seiner neuartigen Beleuchtung und dem unkonventionellen Ansatz, mit dem er einige der schönsten Frauen auf Erden ablichtete, bereits begonnen hatte, in der Modewelt Aufsehen zu erregen.

Henry Clarke hielt ein großes Schwarz-Weiß-Foto von mir in den Händen. Er unterzog mein Gesicht einer eingehenden Prüfung, drehte sich zu Uttara um und nickte. Sie sagte mir, sie würde sich melden, um die Einzelheiten mit mir zu besprechen. Air India hatte eine Abmachung mit ›Vogue‹ getroffen. Sie hatten das Team umsonst eingeflogen und eingewilligt, dessen Reisekosten und den Aufenthalt in Indien zu finanzieren. Im Austausch dafür würde ›Vogue‹ ihnen einen Satz Bilder für ihren eigenen Kalender zur Verfügung stellen. Die indischen Models würden ein Honorar erhalten, das nicht nennenswert war, dafür aber die Gelegenheit haben, nach Srinagar und an andere exotische Orte zu reisen und von dem Maestro persönlich fotografiert zu werden. Es winkte also, offen gesagt, kein großer Gewinn. Es würde eine lohnenswerte Erfahrung sein, aber das war auch schon so ziemlich alles. Obwohl ich augenblicklich einwilligte, war ich weder begeistert, noch fühlte ich mich übermäßig geschmeichelt. Vielleicht war ich damals einfach noch zu dumm, um mich zu freuen.

Unser erster Fototermin wurde in den prachtvollen Höhlen von Elephanta anberaumt, eine einstündige Bootsfahrt von Bombay entfernt. Hier machte ich meine ersten Erfahrungen damit, wie es in der internationalen Glamourszene zugeht. Man sagte mir lediglich, ich solle mich für den Auftrag einfinden – um alles andere würde sich eine Truppe von Stylisten und deren Assistenten kümmern. Die französischen Models im Team von ›Vogue‹ waren so herablassend, unterkühlt und selbstverliebt, wie vorherzusehen gewesen war. Sie unternahmen keinerlei Versuche, uns gegenüber höflich oder freundlich zu sein. Ihre Aufmerksamkeit galt ausschließlich ihrem eigenen Äußeren – hier eine eigensinnige Haarsträhne, dort eine falsche Wimper, die sich gelöst hatte. Clarke selbst machte den Eindruck, er würde tot umfallen, bevor wir den ersten Film voll hatten. Der steile Aufstieg zu den Höhlen hatte ihn erschöpft, die Hitze, die Fliegen und die Luftfeuchtigkeit von Bombay gaben ihm den Rest, und er wirkte furchtbar griesgrämig, als er seine Kamera und die Beleuchtung aufbaute.

Es fiel kein unnötiges Wort. Alles wurde auf eine unpersönliche, geschäftsmäßige Art und Weise abgewickelt. Mein Haar wurde von einem weibischen Friseur (damals wusste ich noch nichts von Schwulen) toupiert, eingesprüht und in Form gebracht. Ein anderer zarter junger Mann nahm sich meines Gesichts an. Die exquisiten Kleidungsstücke der Pariser Herbstkollektionen wurden uns von Garderobieren gereicht, die unsere Körper so unbeteiligt musterten wie Bestattungsunternehmer einen Leichnam.

»Das ist für dich«, sagte eines dieser Miststücke und reichte mir eine lange Tunika mit einem türkisen Schal.

Ich schlüpfte gehorsam hinein und präsentierte mich darin dem schnaufenden Clarke mit seinem roten Kopf. Seine Anweisungen beschränkten sich auf ein Minimum. Er wusste ganz genau, was er wollte. Er hatte seine endgültige Einstellung festgelegt, bevor auch nur ein einziges Foto gemacht worden war. Von mir wurde lediglich verlangt, dass ich still stand und mein Gesicht um ein paar Grad drehte, wenn ich dazu aufgefordert wurde. »Perfekt«, behauptete er mit seinem schneidigen britischen Akzent. Der Fototermin war vorbei. Er hatte sein Bild im Kasten. Da ich diese Arbeitsweise nicht gewohnt war, wartete ich, denn ich rechnete damit, dass man mich in eine andere Höhle scheuchen würde, um etliche Variationen auszuprobieren. »Nein ... das ist das Bild«, sagte er.

In Srinagar war es dasselbe. Clarke überraschte uns jedoch mit seinem Perfektionismus. Er wollte ein ganz bestimmtes Licht kurz vor Tagesanbruch erwischen und beschloss, seinen Film vorab zu testen. Zu dem Zweck war er schon um vier Uhr morgens auf und bereit, mit seinen Assistenten loszuziehen, während wir Übrigen noch auf unseren luxuriösen Hausbooten schliefen. Unsere Anwesenheit war erst etwas später erforderlich, doch dann erwartete man uns perfekt geschminkt, perfekt frisiert und mit den perfekten Accessoires ausgestattet. Als wir die Location erreichten, war der alte Mann mit dem Augenkatarrh bereits startklar. Wieder einmal hatte er sich seine Aufnahme im Voraus detailliert ausgemalt bis hin zum letzten Blütenblatt in der mit Blumen geschmückten Shikara; er wollte, dass sich ein Model auf den farbenfrohen Blütenteppich in diesem Boot legte. Heute ist mir klar, dass diese Aufnahme äußerste Präzision und großes Geschick verlangte, da die Shikara nicht still genug hielt, während sie vom Nagin Lake sachte geschaukelt wurde. Clarke hatte sich offenbar eine Technik ausgedacht, mit der sich dieses Problem aus dem Weg räumen ließ. In knapp fünf Minuten war der Fototermin vorbei, bevor sich das weiche, opalisierende zartrosa Licht, das für ihn von entscheidender Bedeutung war, veränderte. Und das fertige Bild war perfekt.

Ich war sicher, dass Clarke während der Aufnahmen tot umfallen würde. Tatsächlich starb er erst einige Jahre später. Der Kalender war spektakulär, und das galt auch für die Fotoserie in ›Vogue‹. Aber es faszinierte mich in keiner Weise, mein Bild in dem glamourösesten aller Hochglanzmagazine zu sehen. Wie ich bereits sagte, drehte sich meine Welt weiter wie zuvor, ohne dass sich für mich etwas Wesentliches veränderte. Deshalb nicke ich nur und wechsele das Thema, wenn ich heute von jungen Journalisten in ehrfürchtigem Tonfall gefragt werde: »Ist es wahr, dass Sie in ›Vogue‹ abgebildet waren?«

Dann kam ein schleimiger französischer Fotograf, der ein Buch über Indien herausbringen wollte. Mrs Jagannathan, die dynamische Leiterin des staatlichen Fremdenverkehrsamts von Maharashtra, schlug gemeinsam mit einigen anderen auch meinen Namen vor. Wir nahmen die Fotos an diversen Locations in der näheren Umgebung von Bombay auf und landeten schließlich auf der Terrasse des Clubs, in dem der Fotograf sich einquartiert hatte. Der Mann war hochnäsig und eingebildet und hatte keine Geduld mit Indien. Außerdem ärgerte ihn, dass Indien nicht Frankreich war. Diese Erfahrung machte mir überhaupt keinen Spaß, obwohl die Fotos, die dabei herauskamen, wunderbar waren. Meine Antennen waren ausgefahren, und irgendwie argwöhnte ich, dass der Mann nicht ganz sauber war, obwohl ich nicht genau hätte sagen können, weshalb ich den Eindruck hatte, er sei ein kleiner Betrüger. Zwei Jahre später fand ich es heraus, als eines seiner Porträts von mir auf dem Titelblatt einer renommierten internationalen Zeitschrift für Fotografie auftauchte. Er hatte nicht den Anstand besessen, meine Genehmigung oder eine offizielle Erlaubnis zur Veröffentlichung einzuholen. Er schickte mir noch nicht einmal ein Ansichtsexemplar der Ausgabe zu. Und im Quellennachweis stand lediglich »indische Schönheit«, mein Name blieb unerwähnt. Als hätte sein umherschweifendes Objektiv zufällig in einer obskuren Gasse irgendwo in Indien das Bild einer anonymen Frau eingefangen. Ich war wütend. Aber es gab nicht viel, was ich dagegen unternehmen konnte, außer mir bei Mrs Jagannathan Luft zu machen, als ich ihr das nächste Mal über den Weg lief.

Ausländische Fotografen waren immer nur an einem einzigen Aspekt Indiens interessiert, nämlich dem exotischen, und so ist es bis heute geblieben. Ich wurde ausnahmslos aufgefordert, mich in Seide gehüllt und mit züchtig bedecktem Kopf in Pose zu setzen.

»Kleb dir das Kastenzeichen auf die Stirn«, rieten sie mir und meinten damit das Bindi. Mit Schmuck behängt und aufgemacht wie eine Bharantanatyam-Tänzerin war ich auf dem westlichen Markt ein todsicherer Erfolg. Ich erinnere mich noch daran, dass ich diese Darstellung ablehnte, doch wenn ich meine Vorbehalte in Worte fasste, bekam ich zu hören: »Aber genau das verkauft sich.« Fünfundzwanzig Jahre später hat sich an diesen Vorstellungen nicht viel geändert. »Es« verkauft sich immer noch – Nasenringe, Bindis, Kajal, Seidenstoffe. Nur ist »es« inzwischen neu verpackt worden und zielt vor allem darauf ab, sexy zu sein, mit Piercings im Nabel. Und es wird generell viel mehr zur Schau gestellt.

Erst Jahre später (in den frühen Neunzigern) entdeckte ich, wie ungeheuer locker das Modeln sein konnte und wie sehr ich mich entspannte, wenn hinter der Kamera eine Frau stand.

Als ich das erste Mal von einer Frau fotografiert wurde, erkannte ich, wie unglaublich anders ich mich vor der Kamera benahm. Sie war eine italienische Modefotografin, die die Aufnahmen für eine Designerin mit Sitz in New York machte.

Der Ansatz dieser beiden Frauen war ziemlich einzigartig. Statt die eleganten, modischen Kleidungsstücke an regulären Models aufzunehmen, suchten sie sich Persönlichkeiten aus, die repräsentativ für die Stadt ihrer Wahl waren. Und die Stadt des Jahres wurde in einem todschicken Katalog vorgestellt, der sowohl das gesellschaftliche als auch das kulturelle Leben der jeweiligen Stadt – in diesem Fall Bombay – aufgreifen wollte.

Als ich die Fotografin erstmals traf, verschlug es mir den Atem. Diese Frau sah umwerfend gut aus und machte den Eindruck, als sei sie gerade aus einer Fotostrecke für Banana Republic herausspaziert. Es stellte sich heraus, dass sie früher selbst Model gewesen war, sich dann der Fotografie zugewandt hatte und ihre Sache noch dazu brillant machte. Ihr Team war ebenso interessant wie sie – die Stylisten, die Make-up-Leute, die Friseure und die Beleuchtungsassistenten. Wie immer wollten sie ein total überzogenes Bild, das vor Exotik triefte, und das hieß Kilos von Schmuck, dramatische, verruchte Augen und stark geöltes Haar.

Was mich überraschte, war, was mit mir geschah, sowie ich vor ihrer Kamera stand. Ich spürte, wie sich jeder Muskel in meinem Körper entspannte. Und das war mir anzusehen. Sie war aber auch die erste Fotografin, die mich ermutigte, während der Aufnahmen den Mund aufzumachen.

»Rede, lache. Du hast tolle Zähne«, drängte sie mich. Reden? Lachen? Tolle Zähne? Wer, ich? Zwanzig Jahre lang hatten mir unsere Fotografen eingeschärft, die Lippen zusammenzupressen, stillzuhalten und einen ganz bestimmten Gesichtsausdruck aufzusetzen. Als was konnte man den bezeichnen? Temperamentvoll? Grimmig? Er war mir in Fleisch und Blut übergegangen, und ich setzte diesen scheußlichen Ausdruck automatisch auf, fast schon instinktiv. Und jetzt stand diese prachtvolle Frau mit ihrer tollen Sonnenbräune, den phantastischen Beinen und dem ungezwungenen Auftreten vor mir und sagte: »Ja, lach. Ja, ja ... ich will dich öfter lachen sehen. Ja. Zeig mir deine Zähne ...« Ich begann, riesigen Spaß daran zu haben. Es spielte überhaupt keine Rolle, wo sich zusätzliche Fältchen zeigten – unter den Augen, um den Mund herum, auf der Stirn. Das gefiel mir.

Dann kam eine weitere Schönheit, diesmal aus Kalifornien: Catherine Karnow. Sie war sehr unaufdringlich und zurückhaltend. Ihr Interesse galt einem ganz bestimmten Aspekt der Stadt, den sie einfangen wollte – dem Geschehen auf der Straße, wenn das Gedränge am dichtesten war. Und ich sollte den Kontrast dazu liefern, ein ruhender Pol heiterer Gelassenheit inmitten des hektischen Treibens. Wir machten uns auf die Suche nach Art-déco-Gebäuden und fanden sie. Catherine wollte Balkone fotografieren, über deren Geländern farbenfrohe Kleidungsstücke zum Trocknen hingen. Auch die fanden wir. Sie wollte Neugierige aufnehmen, die mich während der Fotosession anstarrten. Tja, davon gab es mehr, als wir gebrauchen konnten. Aber wir verrechneten uns in einem Punkt gewaltig: Wir wählten unwissend die falsche Tageszeit. Die Aufnahmen sollten auf dem Bhendi-Basar gemacht werden, in einem der fotogensten muslimischen Ghettos von Bombay. Dort hatte ich in meinen Jahren als Model zahllose Fototermine gehabt. Aber die Zeiten hatten sich geändert. Und ich hätte es wissen müssen.

Nach den Aufständen in Bombay im Jahre 1993 hatte sich der Charakter ebendieser Gassen in einem Ausmaß verändert, das ich mir nicht hätte vorstellen können.

Wir parkten unseren Wagen (einen Jaguar-Oldtimer) in einer ruhigen Seitenstraße, etwa fünfzig Meter von einer pittoresken Moschee entfernt. Ich trug einen Sari in grellem Pink und hatte meine Tochter Avantika dabei. Die Fotografin war züchtig gekleidet. Sie trug ihr praktisches Arbeitsoutfit, eine Hose und eine Jacke mit Dutzenden von Taschen für die Filme und die Wechselobjektive. Wir wurden von einem ortskundigen Führer, den sie engagiert hatte, und außerdem von meinem Chauffeur begleitet. Die Kulisse war großartig, die Beleuchtung perfekt, und alles stimmte bis in die kleinste Einzelheit. Wir hatten den ersten Film noch nicht ganz voll, als uns ein Stimmungsumschwung in der Menge auffiel, die sich versammelt hatte, um uns zu beobachten. Ich ahnte, dass es Ärger geben würde.

Plötzlich rief eine raue Stimme: »Bildet ihr euch etwa ein, das hier sei eine Filmkulisse? Wenn ihr drehen wollt, dann mietet euch ein Studio und verschwindet aus unserer Straße.«

Wir waren so erschrocken, dass wir augenblicklich mit dem Knipsen aufhörten.

Kurz darauf kreischte eine Frau mit schriller Stimme: »Was soll dieser ganze Unsinn? Wie können diese Leute es wagen, in unsere Gegend zu kommen und die Atmosphäre zu besudeln?«

Die Atmosphäre besudeln – wie denn das? Jeder Einzelne von uns war anständig gekleidet. Und wir nahmen vor diesem Hintergrund nur züchtige Porträts auf. Dennoch waren wir bereit zu verschwinden, wenn die Anwohner Anstoß an unserer Gegenwart nahmen. Und zwar auf der Stelle. Aber es dauert eine Weile, Stative zusammenzuklappen und Reflektoren und Kameras zu verstauen.

Inzwischen hatten sich fünf weitere Personen eingemischt und damit begonnen, aggressiv auf den Wagen einzuschlagen. Die Signale waren unzweideutig und beängstigend. Mein Chauffeur versuchte, unseren monströsen Wagen anzulassen. Aber wir hatten das Pech, dass er nicht ansprang. Es lag an der drückenden Hitze des Hochsommers. Der alte Motor hatte es ebenso nötig, sich erst mal im Schatten abzukühlen, wie diese aufgebrachten Leute, die inzwischen verächtlich spuckten und uns Beschimpfungen entgegenschleuderten.

Gefahr lag in der Luft. Wir falteten die Hände, um damit auszudrücken, dass wir niemanden belästigen wollten. Der Fremdenführer, von dem sich herausstellte, dass er Moslem war, unternahm schließlich genau den richtigen Schritt, indem er sich mit der Bitte an einen Anwohner wandte, die Leute sollten sich beruhigen, da wir ohnehin aufbrechen würden. Dieser leitete unsere Bitte an den zuständigen Maulvi weiter, einen gelehrten Moslem, der sich widerstrebend bereit erklärte, für Ruhe zu sorgen, aber dann unheilvoll hinzufügte: »Ihr habt etwa drei Minuten Zeit, um zu verschwinden – der Ruf zum Gebet erfolgt um siebzehn Uhr fünfzehn. Wenn ihr dann noch da seid, wird diese Straße von den Gläubigen blockiert sein und euer Wagen wird nicht an ihnen vorbeikommen.«

Wir gaben uns ruhiger, als uns in Wirklichkeit zumute war. Die hysterische Frau hetzte die Menge gegen uns auf und kostete die Aufmerksamkeit, die sie dadurch erregte, ganz offensichtlich aus. In den mehrstöckigen Wohnhäusern auf beiden Seiten der schmalen Straße beugten sich Bewohner aus Fenstern und von Balkonen und fielen gelegentlich mit ihren unflätigen Bemerkungen in die lautstarke Auseinandersetzung ein.

Mit einem Ruck und einem Stottern sprang der Jaguar schließlich an. Wir rumpelten schwerfällig davon, weil wir befürchten mussten, jemand würde uns den Weg abschneiden, uns aus dem Wagen zerren und uns an Ort und Stelle lynchen. Man kann nie wissen, was passiert, wenn der Pöbel sich zusammenrottet.

Catherine Karnow blieb währenddessen bemerkenswert gelassen. Wenn ich mir ihr frisches, ungeschminktes Gesicht, die leuchtend blauen Augen und das blonde Haar ansah, konnte ich sie mir nur an einem dieser Bilderbuchstrände in Kalifornien vorstellen, wie sie sich träge sonnte. Und jetzt befand sie sich in einer feindseligen Umgebung in Central Bombay, behielt ihre

Nerven vollständig unter Kontrolle und lächelte entspannt. Wie das kam und warum es so war, verstand ich erst später, als sie mir von ihren Erlebnissen in Bosnien und anderen Krisengebieten erzählte.

Schließlich bekamen wir unser Foto. Und zwar in einer weitaus freundlicheren Umgebung. Catherine war derart entschlossen, den Hintergrund genau richtig hinzukriegen, dass sie ihre Kamera praktisch mitten auf einer lebhaft befahrenen Straße direkt gegenüber vom berühmtem Chowpatty Beach aufbaute. Ich hielt jedes Mal den Atem an, wenn ein Doppeldeckerbus an ihrer wohlgeformten Gestalt vorbeisauste, während sie sich über die Kamera beugte, in den winzigen Sucher blinzelte, die unbedeutendsten Einzelheiten ganz genau nahm und drängte, drängte, drängte, bis sie exakt die Einstellung hatte, die sie haben wollte. Später sah ich ihre Bilder in etlichen internationalen Hochglanzmagazinen und lächelte bei der Erinnerung daran, dass diese Bilder um Haaresbreite gar nicht entstanden wären.

Kurz vor dem Fiasko auf dem Bhendi-Basar hatte ich eine Woche mit einer anderen Fotografin verbracht, Dayanita Singh, die beauftragt worden war, mich für ein Feature zu fotografieren, das Christopher Thomas von der ›Times‹ schrieb. Als sie bei uns zu Hause eintraf, konnte ich deutlich eine Barriere wahrnehmen. Es war, als musterte sie mich, als beobachtete sie alles sehr genau und sehr kritisch. Trotzdem mochte ich sie auf Anhieb – ihre zierliche Gestalt, die ruhige Art, das Taktgefühl, das Engagement und vor allem eine Kultiviertheit, die sich nur auf eine gute Kinderstube zurückführen lässt. Sie gefiel mir enorm, aber es war leicht zu erkennen, dass dieses Gefühl keineswegs auf Gegenseitigkeit beruhte. Später bestätigte sie mir das selbst.

»Ich bin mit sehr gemischten Gefühlen zu dir nach Hause gekommen. Ich dachte immer, du seist eine Frau von der Sorte, die ich nicht mögen würde und die ich auch absolut nicht fotografieren wollte, wenn es nicht unbedingt sein musste. Ich war darauf vorbereitet, dich als ein typisches Exemplar der Schickeria von Bombay abzutun. Alles, was ich über dich gelesen hatte, hatte mich zu der Überzeugung gelangen lassen, du seist nichts weiter als eine oberflächliche, arrogante, eingebildete Person. Als ich diesen Auftrag angeboten bekam, habe ich ihn nur angenommen, weil ich immer gern zu Besuch nach Bombay komme. Ich habe etliche Freunde hier. Ich dachte, mehr als zwei Stunden würde ich nicht darauf vergeuden, dich zu fotografieren. Ich wollte den Auftrag so schnell wie möglich abwickeln und gleich wieder verschwinden.«

Es lief darauf hinaus, dass wir fast eine Woche praktisch Tag und Nacht zusammen verbrachten. Dayanita kam am Vormittag zu uns, eine unaufdringliche, ruhige, zurückhaltende Erscheinung. Sie bereitete die Einstellung vor, wartete, bis das Licht stimmte, und unterhielt sich mit den Kindern, falls sie da waren, während ich mein Pensum fertig schrieb oder anstehende Hausarbeiten erledigte. Es lief alles ganz ungezwungen und so gar nicht störend ab. Nicht ein einziges Mal ärgerte ich mich über ihre Anwesenheit. Ganz im Gegenteil. Erst dadurch wurde die Grundlage für unsere jetzige Freundschaft geschaffen.

Während jener Tage, in denen sie an ihrem Auftrag arbeitete, gerieten wir unversehens in etliche komische Situationen. Da ausgemacht war, dass sie uns im Lauf dieser Woche auf Schritt und Tritt begleiten würde, rief ich Gastgeber, bei denen wir eingeladen waren, an, um ihnen mitzuteilen, dass wir jemanden mitbrächten, und nachzufragen, ob es ihnen recht sei. Die meisten Leute willigten sofort ein, da sie an Fotografen nichts auszusetzen hatten. Aber wahrscheinlich rechneten sie nicht damit, dass es sich um eine Frau handeln würde, die noch dazu äußerst zierlich und von einnehmendem Wesen war.

Einer dieser Anlässe war eine Veranstaltung, die dazu dienen sollte, etwas zu lancieren, was im weitesten Sinne mit Computern zu tun hatte, und Amitabh Bachchan war der Ehrengast. Als wir dort eintrafen, war er bereits da und von der üblichen Phalanx von Pressefotografen umgeben. Wir begrüßten einander, und ich stellte Dayanita vor und sagte lediglich, sie sei für die Londoner ›Times‹ in Bombay. Mr Bachchan, steif und gehemmt wie immer, deutete eine Verbeugung in ihre Richtung an und unterhielt sich weiterhin mit mir.

»Geht es in Ordnung, wenn ich ein paar Aufnahmen mache?«, fragte Dayanita.

Mr Bachchan nahm vermutlich an, dass sie seine Genehmigung einholen wollte, ihn fotografieren zu dürfen. Er nickte und redete weiter. Als er begriff, dass sie nicht ihn, sondern mich in den Mittelpunkt rückte, trat er einen Schritt zur Seite. Ihr fiel es auf. Mir fiel es auf. Später im Wagen auf der Heimfahrt machte sie eine Bemerkung dazu, wie unbehaglich ihm offenbar zumute gewesen war.

»Vielleicht ist er es einfach nicht gewohnt, dass jemand anderes im Rampenlicht steht, wenn er dabei ist«, sagte sie lachend.

Vielleicht. Die Bilder wurden nicht verwendet, und das ist auch gut so. Auf diesen Fotos muss Bachchan auffallend unangenehm berührt und ich sehr verlegen gewirkt haben.

Was mir an dieser Erfahrung ausnehmend gut gefiel, war Dayanitas Technik, sich nahtlos ins Bild einzufügen. Zur Familie zu gehören, an dem Leben der Menschen teilzunehmen, die sie in den verschiedensten Situationen und Stimmungen sehen würde. Schon bald gewöhnten sich die Kinder an ihre Gegenwart und entspannten sich genügend, um zu streiten, zu weinen, zu zanken und sich sogar ohne das geringste Schamgefühl vor ihr zu blamieren.

Auch ich war total entspannt, und dazu wäre es eben nicht gekommen, wenn der Fotograf ein Mann gewesen wäre. Tatsächlich war die Zusammenarbeit eine ganz andere, als nur wenige Monate später Pradeep Chandra, ein Fotograf, der in Bombay lebt, den Auftrag erhielt, mich für eine Titelgeschichte für ›Asiaweek‹ zu fotografieren. Obwohl ich Pradeep einigermaßen gut kannte und seine Arbeit respektierte, war ich mir während der wenigen Tage, die wir gemeinsam verbrachten, sehr deutlich seiner Geschlechterzugehörigkeit bewusst. Es ging förmlicher und angespannter zu, während wir beide darum kämpften, das richtige Bild zu bekommen. Das Problem hatte nichts mit Pradeep oder seinem Talent zu tun. Es lag an mir. Ich konnte die Falten spüren, in die sich meine Stirn vor Anspannung legte. Ich konnte nicht abschalten, und das war mir anzusehen. Trotz seiner aufmunternden Begeisterung und all der harten Arbeit, die in den Auftrag einfloss, spiegelten sich meine eigenen Vorbehalte in den Bildern wider. Am Ende lief es darauf hinaus, dass eine von Dayanitas Archivaufnahmen aufs Titelblatt kam.

Im direkten Gegensatz zu meiner Erfahrung mit Dayanita stand die Fotosession mit dem Nachrichtenmagazin ›Time‹ für die Septemberausgabe 1991. Sowie sie mich für die Kurzbiographie interviewt hatten (der Interviewer war Anthony Spaeth, ein altgedienter Mitarbeiter der Zeitschrift und selbst Romancier), wurde ein Fotograf aus Delhi, der selbst einen großen Namen hatte, mit den Aufnahmen beauftragt. Er rief mich an, um einen Termin zu vereinbaren. Ich hatte mir vorgestellt, bei dem Foto ginge es um nichts Ausgefeilteres als ein simples einspaltiges Kopfbild, und das sagte ich auch, drückte mich aber ziemlich unglücklich aus.

»Soll das denn nicht nur ein einfacher Schnappschuss werden?«

Am anderen Ende der Leitung zog sich das Schweigen in die Länge. Schließlich fauchte der Fotograf: »Wenn ›Time‹ nichts weiter als einen Schnappschuss wollte, dann hätte man mit Sicherheit nicht mich engagiert.«

Dieser Rüffel hatte mich in meine Schranken gewiesen, und ich fragte ihn, was genau er eigentlich im Sinn hätte.

»Tigerfelle, Kristallglas, Gemälde, Blumen, Kerzenleuchter, Extravaganz ... grelles Pink, grandioses Make-up, Bindi, Schmuck ... die ganze Chose.«

Ich schluckte. Das klang mehr nach einer Modeaufnahme. Ich stammelte verlegen, das mit der Farbe und einigen der Accessoires wäre vielleicht noch zu machen, aber an Tigerfelle käme ich beim besten Willen nicht heran.

»Seien Sie einfach da«, sagte er mit fester Stimme und legte auf.

Er fand seine Traumkulisse – ein prominentes Luxusgeschöpf aus Delhi hatte huldvoll eingewilligt, uns sein opulentes Wohnzimmer zur Verfügung zu stellen. Ich nahm den mörderisch frühen Flug in die Hauptstadt, ein wenig nervös und mit vor Müdigkeit getrübten Augen.

Der Fotograf und seine Ehefrau holten mich am Flughafen ab, und wir fuhren zu dem Bungalow der reizenden Dame, die uns dort erwartete. Der erste Schock: Sie war um diese Tageszeit bereits perfekt geschminkt und wie für eine Cocktailparty hergerichtet. Schlief sie etwa so? Oder war sie bei Einbruch der Morgendämmerung aufgestanden, um sich mir, dieser teilnahmslosen, zerzausten Erscheinung, derart zurechtgemacht zu präsentieren? Ich war tief beeindruckt. Ich brauchte eine halbe Stunde, bis ich einsatzbereit war. Inzwischen hatte der Fotograf in dem unglaublich luxuriösen Wohnzimmer alles umgeräumt, die Beleuchtung aufgebaut und war startklar. Der Star der Aufnahme war, wie Sie vermutlich schon erraten haben, das majestätische Tigerfell, das über einem Perserteppich von unschätzbarem Wert lag. Ich wurde aufgefordert, mich so zu positionieren, dass es wirkte, als läge ich schmachtend da, einen Ellbogen auf den fauchenden Tigerkopf gestützt. Auf Dauer war das nicht gerade eine bequeme Haltung, und ich war dankbar für meine jahrelange Erfahrung als Model, während ich meinen Körper zu einer unnatürlichen Pose verrenkte. Doch irgendetwas stimmte nicht. Der Fotograf schien schrecklich sauer zu sein. War es mein Bindi? Mein Gesichtsausdruck? Trug ich den falschen Pink-Ton? Nichts vom oben Genannten. Seine Kamera spielte verrückt. Oder war es die Beleuchtung? Die Aufnahmen gingen qualvoll langsam vonstatten, ohne dass ich schuld an der Verzögerung gewesen wäre.

Der Fotograf griff auf einen Film mit wesentlich längerer Belichtungszeit zurück. Für mich hieß das, dass ich entsprechend länger eine erstarrte Pose einnehmen musste, ohne zu blinzeln oder zu atmen. Er wollte auch keine einzige Variante ausprobieren. Er hatte seine ideale Einstellung gefunden und daran hielt er fest. Dass ich mir dabei Krämpfe einhandelte, war ihm ganz egal.

»Keine Bewegung«, befahl er jedes Mal, bevor er auf den Auslöser drückte.

Und ich blinzelte prompt. Ich glaubte schon, ich bekäme aus reiner Anspannung einen nervösen Tic. Es war überhaupt nicht lustig. Ich versuchte, eine nicht ganz so unbequeme Haltung einzunehmen, und er schnauzte mich an.

»Keine Bewegung, habe ich gesagt. Keine Bewegung.«

Gehorsam nahm ich wieder die bisherige steife Pose ein und bemühte mich dabei auch noch, einen liebenswürdigen Gesichtsausdruck beizubehalten. Ich begann diese Fotosession zu hassen. Es machte überhaupt keinen Spaß. Dann war es eben für ›Time‹. Und wenn schon.

Ich verlor den Überblick darüber, wie viele Filme er an jenem Vormittag vollknipste. Jedenfalls waren es so viele, dass es schon absurd war. Und all das für eine einzige perfekte Aufnahme. Ich hatte im Lauf der Jahre gelernt, derart sparsam mit Filmmaterial umzugehen, dass wir ein ganzes Fotofeature auf einen einzigen Film bekamen – vier Aufnahmen pro Outfit.

Mittlerweile wirkte auch die Gastgeberin ermattet, doch ihr Sohn, ein Teenager, schien jeden einzelnen Moment auszukosten und assistierte eifrig dem aufbrausenden Fotografen. Ich wollte bloß noch verschwinden. Wenige Stunden später musste ich ohnehin meinen Flug erwischen. Nachdem er wohl fünfhundertmal dieselbe Aufnahme gemacht hatte, erklärte der Fotograf die Session für beendet. Seitdem bin ich ihm nie wieder begegnet. Ich vermute, er wusste genau, was er tat, denn die Fotos von jenem Tag sind in diversen Publikationen weltweit erschienen, was wohl darauf hinweist, dass er seine Sache brillant machte, genau wusste, was seine Herausgeber von ihm wollten, und ihnen genau das lieferte.

Als das Foto schließlich erschien, gefiel es mir allerdings nicht besonders. Ich fand, es machte mich viel zu sehr zum Vamp, und außerdem drückte es mir in Verbindung mit dem Text für viele Jahre den ziemlich ärgerlichen Stempel »die indische Jackie Collins« auf. Ich habe lange gebraucht, um mich von den grotesken Schlussfolgerungen zu distanzieren. Ich habe versucht, es mit scherzhaften Bemerkungen abzutun (»Ich hätte liebend gern ihr volles Haar und ihr phantastisches Haus«), aber so ist das nun mal mit Auslandskorrespondenten: Hat der Anführer des Rudels einem ein Image angehängt, dann bleibt es an einem haften und ist sogar durch aggressives Abstreiten nicht mehr abzuschütteln. Mindestens ein halbes Dutzend Mal im Jahr wird mir die Frage gestellt: »Wie fühlt man sich als die indische Jackie Collins?« Ich kann sie im Schlaf beantworten. Ich habe gelernt, mit diesem Etikett zu leben, wenn mir auch noch so unbehaglich dabei zumute ist. Aber es ist zwecklos, mich dagegen zu sträuben.

Das alles ist jedoch nichts gegen die überkandidelte Aufnahme, die ich mit Karan Kapoor für die ›Sunday Times‹ gemacht habe. Karan war versessen auf ein stilisiertes Bild, das eine Geschichte erzählt. Dafür wurden auf die Schnelle etliche unwahrscheinliche und schwer erhältliche Requisiten benötigt, darunter auch ein Oldtimer. Seine erste Wahl war ein Silver Ghost. Stattdessen mussten wir uns mit einem bonbonrosafarbenen Buick Cabriolet aus den Fünfzigern begnügen, das uns Pranlal Bhogilal, dieser unglaubliche Sammler von Oldtimern, auslieh. Ich musste mich natürlich zum Wagen passend herrichten.

»Trag dick auf«, sagte Karan. »Wir wollen uns mächtig ins Zeug legen.«

Und genau das taten wir dann auch, unterstützt von dem Superstylisten Mickey Contractor. Ich trug einen antiken Benarasi-Sari, alten Schmuck und die mattsilberne Schmetterlingsbrille von Karans Großmutter, ein mit Strass besetztes Modell mit dunklen Gläsern von Ray Ban. Das machte das Ganze erst stilecht.

Die Fotos waren phantastisch. Karan hatte sie aufgenommen, indem er sich halsbrecherisch aus einem Jeep herausbeugte, der neben dem Buick herfuhr. Aber die Frau darauf war nicht ich. Sie war ein Phantasiegeschöpf, das der Fotograf erfunden hatte – eine absolut unaufrichtige Verkörperung, an der ich mitgewirkt hatte. Ich warf Karan nichts vor, sondern gab mir selbst einen Tritt.

Man kann sagen, was man will, aber das Modeln ist und bleibt eine kaum verschleierte Fleischbeschau. An der Haltung der Beteiligten hat sich so gut wie nichts verändert. Als ich kürzlich nach Kalkutta flog, saßen direkt hinter mir eine ehemalige Teilnehmerin an einem Schönheitswettbewerb, ein Musikdirektor, zwei Topmodels und ein Choreograph. Ich brauchte mich gar nicht erst umzudrehen, um dahinterzukommen, wer sie waren. Den Gesprächsfetzen, die ich aufschnappte, ließ es sich mühelos entnehmen.

»He, was hast du denn mit deinen Augenbrauen gemacht?«

»Ich habe beschlossen, sie zu bleichen. Hübsch, nicht?«

»Hm ... ich bin mir nicht so sicher. Mir haben sie vorher besser gefallen.«

»Man muss sich immer wieder mal was Neues einfallen lassen. Die Form hat mich gelangweilt. Was ist mit meinem neuen Haarschnitt? Gefällt er dir? Schlicht und schwarz.«

»Das steht dir. Hast du dir deshalb die Augenbrauen gebleicht?«

»Ja, ich habe Fotos für eine neue Mappe gemacht, und da dachte ich mir, ich lege mir auch gleich einen neuen Look zu. Lässt du deine Dauerwelle rauswachsen?«

»Ich muss. Meine Haare sind splissig und furchtbar brüchig. Erinnerst du dich noch daran, dass ich für diese Modenschau platinblonde Strähnen hatte? Ein riesiger Fehler.«

»Aber die haben cool ausgesehen. Mal was ganz anderes. Und sie haben zu deinen Kontaktlinsen gepasst. Welche Linsenfarbe wirst du für die Show in Kalkutta tragen?«

»Ich dachte an Grau. Aber ich habe auch die braungoldenen mitgebracht – man weiß ja nie.«

»Meine Güte, weißt du was? Ich glaube, ich habe meine vergessen. Das darf doch nicht wahr sein!«

»Keine Sorge, du kannst dir jederzeit welche ausleihen.«

»Und noch was. Ich habe meinen trägerlosen BH nicht dabei.«

»Solange du schwarze Stringtangas für das Finale hast.«

»Ich spiele mit dem Gedanken, sie nicht zu tragen. Nur einen Body. Letztes Mal hat sich der Slip ganz deutlich abgezeichnet. So was von peinlich.«

»Um wie viel Uhr sind die Proben?«

»Am Abend. Gott sei Dank. Wir können den ganzen Tag am Pool liegen und schön braun werden.«

Ich lächelte in mich hinein. Immer noch dieselbe ekelerregende Selbstverliebtheit. Dieselbe Eitelkeit. Dasselbe alberne Geplänkel über Haare, Kleidung und Make-up. Der einzig echte Unterschied ist der, dass die heutigen Models richtiges Geld verdienen. Zu meiner Zeit wurde es oft genug als ausreichende Vergütung angesehen, dass es uns faszinierte, in immer wieder andere Städte zu fliegen und in Fünfsternehotels untergebracht zu werden.

Der Hauptgrund, weshalb ich nie allzu großes Interesse am Modeln aufbrachte, war der, dass ich nicht eitel genug war. Ein Model muss leidenschaftlich selbstverliebt sein, um den Beruf ernst zu nehmen. Selbst damals, als ich dazugehörte, habe ich meine zynische Einstellung gegenüber dieser Branche beibehalten und mich über mich selbst lustig gemacht. Vielleicht hat mich genau das davor bewahrt, eine eingebildete, narzisstische Langweilerin zu werden. Ich habe mich nie so gefühlt oder benommen wie das typische Model – dazu war ich viel zu gehemmt. Ich bin zu Aufträgen ungeschminkt und so lässig gekleidet erschienen, dass ich ebenso gut eine achtlos zurechtgemachte, x-beliebige kleine Studentin hätte sein können, was ich ja in gewisser Weise auch war.

Das Modeln hat mir auch nicht das Gefühl gegeben, in irgendeiner Weise attraktiver oder schöner zu sein. Tatsächlich habe ich nie wirklich an meine sogenannte »Schönheit« geglaubt und die Motive von Menschen, die mich als solche bezeichnet haben, immer argwöhnisch in Frage gestellt. Während der Aufnahmen für Pond's (drei Jahre habe ich bei dieser Kampagne mitgewirkt) habe ich mich immer wieder gefragt, ob die Kunden verrückt waren, mich für ihr »Gesicht des Jahres« zu halten. Jedes Mal, wenn ich in den Spiegel schaute, sah ich einen absolut durchschnittlichen Menschen mit gelbbraunen Augen, einem ziemlich großen Mund, einer Hakennase, großen Zähnen und zu hohen Wangenknochen. Die Summe dessen war nicht »Schönheit«. Mein Aussehen war jedenfalls etwas, worüber ich mir keine Gedanken gemacht habe, wogegen andere es offensichtlich taten. Ich war für den Laufsteg nicht groß genug und als Fotomodell nicht umwerfend genug. Und doch habe ich es geschafft, groß rauszukommen, ohne mich wirklich darum zu bemühen. Es muss an meiner Einstellung gelegen haben. Ich war pünktlich und gut vorbereitet, und mit mir ließ sich gut arbeiten. Keine Wutanfälle. Keine Gemeinheiten. Im Gegensatz zu einigen der anderen Mädchen, die es vorzogen, sich als Prinzessinnen aufzuführen, um an die Spitze zu gelangen – herablassendes Gehabe, gewohnheitsmäßiges Zuspätkommen, unablässiges Keifen und Fauchen während der Aufnahmen –, wollte ich einen Auftrag so schnell wie möglich abwickeln und gleich wieder verschwinden. Ich trieb mich nicht mit den Werbeleuten herum (sie erschienen mir damals schon so verlogen wie heute) und hielt es auch nicht für nötig, mit dem jeweiligen Artdirector zu flirten.

Nur ein einziges Mal hat ein Mann aus der Werbebranche versucht, seine gut einstudierte Nummer bei mir abzuziehen, als ich eine Agentur aufsuchte, um meinen Scheck abzuholen. Der Geschäftsführer, ein bärtiger Mistkerl mit einem saukomischen britischen Akzent, folgte mir zum Aufzug und wollte sich mit mir verabreden. Am liebsten hätte ich etwas Dummes gesagt wie: »Haben Sie sich zufällig in der letzten Zeit mal im Spiegel gesehen?« Was ich stattdessen sagte, war noch dümmer. »Wie können Sie es wagen? Für wen zum Teufel halten Sie sich überhaupt?«

Daraufhin knurrte er: »Zufällig gehört mir diese Agentur.«

Ich drückte den Knopf zum Erdgeschoss, nachdem ich erwidert hatte: »Ach ja? Wie schön für Sie.«

Als ich das Gebäude verließ, war ich wild entschlossen, nie wieder einen Auftrag von dieser Agentur anzunehmen, falls jemals wieder einer kommen sollte. Es kam aber keiner.

Als Fashion Model hatte ich Umgang mit Menschen aus sehr wohlhabenden Kreisen – Maharadschas, Promis, Prinzessinnen, jungen Männern aus privilegierten Familien, die Privatschulen besucht hatten, jungen Frauen aus prominenten Familien im Geschäftsleben. All diese Menschen besaßen schicke Wagen, lebten im Luxus, trugen phantastische Kleidung, unternahmen ausgedehnte Reisen, veranstalteten große Empfänge und führten ein prachtvolles, verhätscheltes Luxusleben. Ich war weder tief beeindruckt noch neidisch, lediglich neugierig und fasziniert von der Unwirklichkeit ihres Daseins. Wie geriet ich in diese Clique? Das ist nicht schwierig, wenn man jung und Single ist und für schön erachtet wird. So läuft die Sache weltweit.

Ich frage mich, was diese Menschen zu jener Zeit von mir gehalten haben. Aller Wahrscheinlichkeit nach habe ich keinen großen Eindruck hinterlassen. Ich gehörte nicht zu ihrer Welt. Ich war rein zufällig hineingeraten und hatte dort im Grunde nichts zu suchen. Aber ich war hübsch genug und harmlos genug. Ich kümmerte mich um meine eigenen Angelegenheiten. Ich widersprach Männern nicht. Ich hatte kein Interesse daran, jemandem den Freund auszuspannen. Und ich wetteiferte auch nicht mit den anderen Frauen. Ich sagte nur dann etwas, wenn ich angesprochen wurde, was nicht oft vorkam, und auf Partys benahm ich mich nicht daneben. Ich trank nicht. Ich meckerte nicht herum. Wenn überhaupt, dann war ich »anders« und dekorativ, und man hatte mich gern um sich, wie eine exotische Pflanze aus Jakarta, die jedem auffällt. Diese Einstellung passte auch mir gut in den Kram. Die Leute ließen mich in Ruhe, und ich ließ sie in Ruhe. Ich langweilte mich nicht im Entferntesten. Für mich waren diese Abende wie ein Kinobesuch, vorwiegend unterhaltsam und gelegentlich glänzend.

Ich beobachtete, was sich um mich herum tat. Bis in alle Einzelheiten. Ich nahm diese Menschen und ihre seltsamen Possen unter die Lupe, sog alles in mich auf und lernte. Ich unterschied zwischen dem, was akzeptabel, und dem, was indiskutabel war. Ihre prachtvollen Villen, die mit edlen Kunstwerken, erlesenen Gemälden und geschmackvoller Einrichtung ausgestattet waren, beförderten mich in eine Welt, über die ich bis dahin nur gelesen und die ich in Hollywoodfilmen gesehen hatte. Aber diese Leute waren nicht vertraglich verpflichtet, sie waren echt. Auch ihr Leben war echt, selbst wenn es mir noch so absurd oder phantasmagorisch erschien. Wenn ich mir vorstelle, dass ich bei Tag als Model gearbeitet und die Nächte in diesen Kreisen durchgefeiert habe, ist es ein Wunder, dass meine eigene Wahrnehmung sich nicht verändert oder einen dauerhaften Schaden davongetragen hat.

Ist die Welt der Mode wirklich so schillernd, wie sie immer dargestellt wird? Von außen betrachtet, ganz entschieden ja. Aber jemandem, der nur mit ihr flirtet, was bei mir der Fall war, kann sie auf die Dauer ganz schön auf die Nerven gehen.

Als ich dieses Jahr mit meiner Familie zu einem Arbeitsurlaub in Goa war, begann jeder einzelne Interviewer seine Fragenliste mit: »Sie haben Ihre Karriere als Model begonnen … wie kommt es also, dass Sie nicht in der Glamourbranche geblieben sind? Warum haben Sie beschlossen zu schreiben?«

Ich bemühte mich, meine Gereiztheit so gut wie möglich zu verbergen. Ich war in Versuchung zu fauchen: »Ich habe mir das Modeln nicht ausgesucht, es hat sich mich ausgesucht. Ich habe mir auch das Schreiben nicht ausgesucht, es hat sich mich ausgesucht. In beiden Fällen habe ich mich nicht darum bemüht, sondern bin dazu aufgefordert worden.«

Aber natürlich wusste ich, dass es reine Zeitvergeudung gewesen wäre, ganz abgesehen davon, dass ich sehr junge, sehr leicht zu beeindruckende, sehr idealistische Journalisten, die unmöglich über das Stereotyp hinausgehen konnten, gegen mich aufgebracht hätte.

Aber nicht nur mit Journalisten passiert mir das regelmäßig, sondern auch mit anderen Leuten, die zu der Zeit, als ich Model war, noch gar nicht geboren waren. Eine Gruppe ernster Frauen in einer Kleinstadt im Maharashtra wartete eine Pause in der Rede ab, die ich vor ihnen hielt, um zu fragen: »… und Ihre Arbeit als Model? Erzählen Sie uns von dieser Phase. Was tun Sie, um immer schuppenfreies, glänzendes Haar zu haben? Was ist mit der Hautpflege? Mit Gesichtsmasken? Schlammpackungen? Wie halten Sie sich in Form?«

In dem Moment rastet in meinem Kopf jedes Mal wieder etwas aus. Dann habe ich meine »Wartung« deutlich vor Augen: Ich sehe eine riesige Garage mit einem Wagen vor mir, einem

Modell, das längst aus der Mode gekommen ist, wie es von tüchtigen Mechanikern überholt wird, die vollauf damit beschäftigt sind, es zu waschen und zu schmieren, während sich ein Ersatzteilmechaniker ständig in der Nähe aufhält, um einen Vergaser mit Fehlfunktion zu ersetzen und ein oder zwei Ventile auszutauschen.

Tatsache ist, dass mir die Arbeit als Model nicht zu Kopf gestiegen ist. Aber sie hat das Bewusstsein meiner selbst in einer Weise intensiviert, die mir in späteren Jahren eine große Hilfe war. Wenn ich heute zu meinen Töchtern sage: »Wartet nicht, bis ihr vierzig seid. Fangt heute schon an, etwas für euch zu tun«, dann will ich ihnen damit die Wichtigkeit einer gesunden Lebensweise im Alltag nahelegen. Es geht gar nicht einmal so sehr um ein »Schönheitsprogramm«, sondern vielmehr um Körperpflege im eigentlichen Sinne – grundlegende Übungen für einen verbesserten Muskeltonus und ein Hautpflegeprogramm, zu dem gründliche Reinigung zählt.

Seit in der Presse die ersten Berichte darüber erschienen sind, dass ich fünfzig werde, haben die Leute, insbesondere Frauen, begonnen, mich wie das achte Weltwunder zu behandeln – ein seltenes Museumsstück.

»Meine Güte. Fünfzig, so, so? Wie machen Sie das bloß?«

Ich sehe sie ausdruckslos an und sage: »Hier . . . ich zeige es Ihnen. Genau so . . . indem ich einatme und dann ausatme, und das in regelmäßigen Abständen. Das sollten Sie auch mal probieren. Es wird Ihnen guttun.«

Ich bin auch häufig von Frauen umgeben, die zwanzig Jahre jünger sind als ich und keuchen: »Sie sind einfach unglaublich. Worin besteht Ihr Geheimnis?«

Ich ziehe ernsthaft in Erwägung, für diese Nummer Eintritt zu verlangen.

Oft frage ich mich, ob mein Leben in entscheidender Weise anders verlaufen wäre, wenn ich anders ausgesehen hätte. Wenn ich nicht im Geringsten zum Model getaugt hätte und mir jeder Glamour abgegangen wäre. Vor einem Jahr sind die Organisatorinnen eines Treffens von Geschäftsfrauen aus ganz Indien auf mich zugekommen. »Wir hätten Sie gern als Ehrengast«, sagte eine Dame mit strahlenden Augen und in schillernde blaue Seide gekleidet zu mir. Ich fühlte mich geschmeichelt. Ich sagte, ich müsse in meinen Terminkalender sehen. »Könnten Sie auch noch zwei weitere prominente Frauen vorschlagen, von denen sich die Mitglieder unserer Organisation inspiriert fühlen würden?« Ich rasselte ein paar Namen herunter, die ich für äußerst angemessen hielt. Die Frauen sahen einander skeptisch an. Schließlich sagte die Sprecherin in aller Unschuld: »Ja ... aber denen fehlt jeder Glamour.«

»Ich dachte, Sie suchen Frauen, die gut reden können ... und etwas erreicht haben«, sagte ich.

Die Frauen tauschten einen schnellen Blick miteinander aus. »Das ist wahr, aber sie müssen auch gut aussehen. Sonst werden unsere Mitglieder enttäuscht sein.«

Ihr Mangel an schauspielerischem Talent amüsierte mich.

Als ich bei der Veranstaltung eintraf, wurde ich von mindestens dreihundert gierigen Augenpaaren verschlungen. Ich konnte erkennen, dass sie mein Äußeres anstarrten und mich von Kopf bis Fuß kritisch musterten, bis ins kleinste Detail. Ich sprach eine halbe Stunde. Ich hielt es für eine gute, vernünftige Rede. Ich bezweifle allerdings, dass diese Frauen auch nur ein Wort davon mitbekamen – sie waren viel zu sehr damit beschäftigt, ihre eigenen Fragen zu formulieren, die mit dem Thema, um das es ging, nicht das Geringste zu tun hatten. Wie zu erwarten war, schoss ein halbes Dutzend Hände in die Höhe, als ich mich bereit erklärte, Fragen aus dem Publikum zu beantworten.

»Welches Shampoo benutzen Sie?«, war die erste Frage. »Wie halten Sie Ihr Gewicht?«

Ähnliche Fragen folgten schnell aufeinander. Was als ernsthaftes Forum für den Austausch von Ansichten über die veränderten Bedingungen für berufstätige Frauen gedacht war, wurde zu einem zwanglosen Kosmetik-Workshop, mit eingehenden, tiefschürfenden Diskussionen über die Entfernung von Mitessern, Kaltwachs versus Threading, Yoga versus Aerobic ...

Eine Frage durfte natürlich nicht fehlen: »Vermissen Sie das Modeln?«

Nach dreißig Jahren? Nein, zum Teufel.

»Aber Sie sind doch immer noch Model … wir haben Ihre Shampoowerbung gesehen.«

Also erklärte ich den Unterschied zwischen Prominentenwerbung und anonymem Modeln. Sie kapierten es nicht wirklich. Aber das spielte im Grunde genommen keine Rolle.

Es ist noch gar nicht so lange her, dass ich auf einem Rückflug von Delhi am späten Abend im selben Flugzeug saß wie eine Schar von Laufstegköniginnen aus Bombay. Die meisten der jungen Mädchen kannte ich, und wir begrüßten einander herzlich. Aber wenn ich ihnen nicht schon vorher unter anderen Umständen begegnet wäre, hätte ich für den Rest meines Lebens Vorurteile davongetragen, und das nur, weil ich ihre langen Gespräche belauschte und beobachtete, wie exhibitionistisch ihr Benehmen war.

Ich dachte sofort wieder an meinen allerersten Flug nach Delhi mit Indian Airlines. Damals war ich etwa im selben Alter wie diese Mädchen, sagen wir mal neunzehn, und ganz kopflos vor Aufregung bei dem Gedanken an den Flug, die Modenschau, die folgen würde, und das Modeln überhaupt. Ich bin mir sicher, dass ich mich ebenso unreif benommen und versucht habe, während des Flugs Aufmerksamkeit auf mich zu ziehen. Ich kann mich noch lebhaft daran erinnern, wie lächerlich ich mich auf diesem Flug gemacht habe, als die Stewardess das Frühstückstablett brachte, auf dem ein Spiegelei lag, das nicht gut durchgebraten war. Da ich mir einbildete, in einem Restaurant zu sein, sagte ich so weltgewandt wie möglich: »Ich hätte es gern auf beiden Seiten gebraten.« Die Stewardess sah mich finster an und sagte unterkühlt: »Tut mir leid. Wir haben keine Bordküche.« Das brachte mich nachhaltig zum Schweigen, und ich landete unsanft auf dem Boden der Realität, mit einem Plumps, den ich immer noch rekonstruieren kann, wenn ich das Gefühl habe, dass ich etwas zu hoch hinauswill und es dringend nötig habe, wieder auf den Boden der Tatsachen zurückgeholt zu werden.

Wenn die Branche damals auch noch so unprofessionell, unorganisiert und amateurhaft war, dann herrschte dort doch eine gewisse Form von Herzlichkeit, die mir wichtig war. In dieser Hinsicht hat sich die Szene für alle Zeiten verändert.

Vor einigen Monaten kam meine älteste Tochter Radhika nach Hause und schwenkte einen Kalender vom Jahre 1968 mit drei außerordentlich aufdringlichen Fotografien von mir. Ihr damaliger Freund hatte ihn beim Frühjahrsputz gefunden – die Textilfabrik, die die Fotos in Auftrag gegeben hatte, gehörte seinem Vater. Wir vertieften uns in die grässlichen Bilder, auf denen ich in hässliche, protzige Outfits gekleidet war, mein Haar zu einer unnatürlich hohen Bauschfrisur toupiert, die Augen pfauenblau geschminkt, die Lippen mit einem unglaublich künstlichen Rosaton umrandet. Meine jüngere Tochter Arundhati wandte sich mir zu und sagte: »Mutter, heute siehst du viel besser aus.« Sie sagte es absolut aufrichtig, und ich umarmte sie dankbar. Das soll nicht heißen, dass ich jene fünf Jahre bereue. Ich bereue sie nicht im Geringsten. Heute, in meiner neuen Gestalt, muss ich oft vor der Kamera stehen, und der ganze Prozess ist mir so vertraut, dass ich mich weder gehemmt noch unbehaglich fühle. Aber mein Alter spüre ich ganz entschieden.

Als ich das letzte Mal für ein Produkt warb, hätte das Kamerateam ohne weiteres von einem anderen Planeten stammen können; die Leute arbeiteten zielgerichtet und ernsthaft (Unfug wurde hier ganz bestimmt nicht getrieben!) und umgaben mich mit Hightechgeräten, die die Welt gekostet haben mussten. Aber manches ändert sich eben nie. Die Werbung war für ein Shampoo, doch trotz des futuristischen Ansatzes und all dieser blinkenden Monitore wurde ich, als es darum ging, mein Haar für die Kameras vorzubereiten, in einen Hinterhof des heruntergekommenen Studios geführt, wo ein improvisierter »Friseursalon« eingerichtet worden war. Er bestand aus einem wackligen Stuhl, vier Plastikeimern, die mit heißem Wasser gefüllt waren, zwei brandneuen Badetüchern und einem Plastikbecher. Die Friseurin hielt ein Glas klebrige Pflegespülung bereit, die sie in ihrer eigenen Vorstadtküche selbst herstellte.

»Ihr Haar wird aussehen wie Seide«, beteuerte sie mir. »Man braucht drei Stunden für die Vorbereitung.«

»Meinen Sie die Pflegespülung oder mein Haar?«

»Ihr Haar«, antwortete sie schroff, als sie sich daranmachte, das klebrige Zeug in meine Kopfhaut einzumassieren. »Und jetzt werden wir Ihre Haare mit Wasserdampf behandeln«, kündigte sie mir fröhlich an.

»Wo? Wie?«

»Ich habe einen Dampfkochtopf dabei«, erwiderte sie.

Ich traute meinen Ohren nicht. »Sie haben vor, mein Haar in einen Dampfkochtopf zu packen?«

»Nicht direkt, warten Sie nur ab, Sie werden es ja sehen.«

Während der Dampf zischend aus dem Ventil eines alten Dampfkochtopfs quoll, der auf einem noch älteren Gasofen balancierte, brachte die Frau einen Gummischlauch an dem Ventil an. »Setzen Sie sich hierher«, wies sie mich an, und ich nahm nervös meinen Platz neben dem Herd ein. Sie nahm den Schlauch in die Hand und richtete den Dampf, der daraus strömte, auf mein verklebtes Haar. »Immer mit der Ruhe«, sagte sie, als ich vor Furcht auf meinem Stuhl erstarrte. »Es ist ganz wichtig, dass Sie locker sind. Sonst verspannen sich die Muskeln in Ihrer Kopfhaut, und wenn das passiert, wird das Haar nicht richtig fallen. Ich werde Sie jetzt massieren, um Ihre Stirn zu lockern.« Fünfzehn Minuten später, in denen unbändiger Dampf durch mein Haar strömte, wurde ich wieder auf den Hof hinausgeführt. Sie rief einen Studiohelfer herbei. In Handtücher gehüllt, ließ ich mein klebriges, mit Dampf behandeltes Haar über die Lehne des wackligen Stuhls fallen, während sie aus Gläsern heißes Wasser darübergoss. »Ganz ruhig, ganz ruhig«, wiederholte sie immer wieder. »Wenn Sie sich nicht entspannen, bewegt sich das Haar nicht.«

Bis dahin wusste ich nicht, dass von meinem Haar Beweglichkeit erwartet wurde.

»Natürlich, die Beweglichkeit ist sogar sehr wichtig. Aber die kommt erst, nachdem ich es getrocknet und es gründlich gebügelt habe.«

Bügeln? Mein Haar?

»Ja, Baba. Sonst schimmert es nicht. Der Schimmer kommt vom Bügeln.«

Mir wurde zum ersten Mal öffentlich das Haar gewaschen, aber dieser Umstand schien außer mir niemandem bewusst zu sein. Arbeiter und allerlei Herumlungernde liefen so unbeteiligt vorbei, als sei es vollkommen normal, dass eine Frau sich vor Dutzenden von Fremden das Haar waschen, dämpfen, auswringen, trocknen und bügeln lässt. Ich vermutete, sie hatten dies und noch Schlimmeres schon öfter erlebt.

Es dauerte tatsächlich drei Stunden, mein Haar vorzubereiten. Und eine weitere, mein Gesicht zu gestalten. Vier Stunden, bevor ein einziges Foto aufgenommen wurde. Ich wollte nach Hause. Ich musste unbedingt mit meinen Kindern reden und eine Tasse Tee mit ihnen trinken. Was hatte ich in dieser irrwitzigen Umgebung zu suchen, und warum nahm ich von einer Horde junger Männer mit Pferdeschwänzen Befehle entgegen, von Männern, die jung genug waren, um sie übers Knie zu legen und sie zu versohlen? Pflichtbewusst wirbelte, drehte und bog ich meinen Kopf den Anweisungen entsprechend. Das Haar bewegte sich gehorsam mit. Aber mir machte das alles überhaupt keinen Spaß. Ich hatte nichts mit diesen konzentrierten Kids zu reden, die mit hervortretenden Augen auf die Monitore starrten und dabei sagten: »Oh, Scheiße ... hast du gesehen, wie diese Strähne aus der Einstellung rausgeflogen ist? Da müssen wir noch mal ran. Zurückspulen ... zurückspulen. Dort hat sie sich zu schnell gedreht, wir haben den Schwung zur Seite verpasst. Und auf dem hier ... yeah ... das da ... probieren wir den Wasserfall noch mal. Licht an ... LICHT AN ... wo zum Teufel sind die Beleuchter? Jetzt macht schon ... ihr bekommt keine Sonderzulage. Wir müssen es in den Kasten kriegen. Richtet ihr Haar. Los, los, los. Dreh dich ... yeah ... Bewegung, Bewegung, Bewegung. Gut. Im Kasten.«

Der Haarspezialist packte meine Mähne wie ein Bündel Stroh und fragte: »Was wollt ihr als Nächstes? Trrrrrr oder fooooootschak?«

Das war eine Terminologie, die nur sie verstanden. »Trrrrrr« bezog sich darauf, das Haar zu verdrehen und es langsam wieder loszulassen, »foooootschak« hieß, es zu einem Dutt zu drehen und es wie einen Wasserfall herunterfallen zu lassen, wenn der Regisseur »Action« rief. Nach jeder Aufnahme wartete ich auf ihren Urteilsspruch. Zwölf männliche Augenpaare musterten die Bilder auf den Monitoren eingehend. Ich hätte ebenso gut eine Schaufensterpuppe mit einer Nylonperücke sein können, Hauptsache, mein Haar bewegte sich seidig.

Auf einer bestimmten Ebene genoss ich es. Ich konnte die Intensität nicht fassen, mit der sie sich auf den Auftrag einließen. Jede Strähne zählte. Ich konnte aber ebenso wenig fassen, mit welcher Intensität sie das menschliche Wesen kaltließ, an dessen Kopf die Strähnen befestigt waren. Selbstverständlich waren sie alle durchgehend höflich, respektvoll, rücksichtsvoll und all das. Aber genau darum ging es ja. Höflich, respektvoll, rücksichtsvoll etc. behandelt man Fremde, die in einer anderen Welt leben und einen nichts angehen ... die nicht dazugehören. Ich vermisste die frühere Kameradschaft, das lässige Verhältnis, die Späße und das Gelächter. Für diese Leute in ihren Zwanzigern war ich eine ferne Gestalt, ein Alien von einem anderen Planeten, jemand, über den sie lasen oder von dem sie gelegentlich vielleicht sogar etwas lasen. Sie waren nicht da, um mich kennen zu lernen. Nein, zum Teufel. Zeit war Geld. Sie hatten einen Auftrag zu erledigen. Abgabetermine einzuhalten. Sie wurden nicht dafür bezahlt, freundlich oder herzlich zu sein. Das gehörte nicht zur Abmachung. Ihre Zielstrebigkeit erschreckte mich. Ihr eingeengtes Gesichtsfeld erschreckte mich. Ihre komplette Selbstversunkenheit erschreckte mich. Ließen sich diese Menschen jemals gehen? Entspannten sie sich? Gab es in der Branche keine Spur von Freude mehr? Waren alle derart zeit- und geldbewusst? So besessen? So hyperaktiv?

Ich vermute, ich hatte Antworten auf diese Fragen parat. Ich vermute, ich wusste auch, dass das nichts mehr für mich war ... falls es überhaupt jemals etwas für mich gewesen war. Ich war erleichtert. Ich fühlte mich befreit. Falls ich so etwas jemals wieder tun muss, weiß ich eines: Nächstes Mal werde ich es mit einer anderen Haltung angehen. Ich werde nicht zu den Aufnahmen erscheinen und unbeschwertes Geplänkel und ein freundliches Lächeln erwarten. Ich werde stahlhart sein ... die tickende Studiouhr im Auge behalten und jede Sekunde in barer Münze abwiegen. Abschminken ... und nix wie weg. Das ist ein neuer Verhaltenskodex, und er ist durchaus lernenswert. Und wer weiß, vielleicht wird es mir sogar noch gelingen, etwas zu den Regeln beizusteuern. Diese fünf Jahre können doch nicht umsonst gewesen sein?

Von der Leine gelassen

Es war ein nasser, trübsinniger Vormittag Mitte 1970, als ich die breite Holztreppe hinaufstieg, die zu Creative Unit führte, einer Werbeagentur von bescheidener Größe an einer Kreuzung der Mahatma Gandhi Road. Sogar an den Maßstäben der Siebziger gemessen hatte das Gebäude nichts Beeindruckendes an sich – niedrige Decken, Trennwände aus Sperrholz, Kokosfasermatten auf dem Boden. Ich wusste weder, wem die Agentur gehörte, noch, wer zu ihrem festen Kundenstamm zählte. Ich war als Model dort, um mir die Rohentwürfe einer Werbekampagne für Textilien anzusehen, bevor die eigentlichen Aufnahmen begannen.

Shilpa Shah, die im St. Xavier's College ein paar Jahrgänge über mir gewesen war, hatte mich eingeladen. Sie teilte ihr winziges Kabuff mit einem kleingewachsenen, kahlköpfigen Kerl, der einen freundlichen Eindruck machte und den sie mir als den Cheftexter Nicholas Gonsalves vorstellte. Ich war in meinen »Modelklamotten« gekommen, und dazu gehörten auch hässliche Schuhe mit Plateausohlen, die mich zehn Zentimeter größer machten. Mir fiel auf, dass Shilpa hochschwanger war. Sie trug einen bedruckten Chiffonsari und sah noch genauso aus, wie ich sie aus unseren College-Zeiten in Erinnerung hatte.

Wir sahen uns die Layouts an, sprachen über Termine und plauderten über Leute, die wir beide kannten. Aus heiterem Himmel hörte ich eine Stimme fragen: »Kannst du schreiben?«

Shilpa hatte mir die eine Frage gestellt, die ich mir nie selbst gestellt hatte. Die Antwort hatte ich parat: natürlich. Aber konnte ich es wirklich gut? Ich hatte es nicht eilig, das herauszufinden. Diese Frage kam ohne Einleitung, ohne jede Vorwarnung. Damit hatte sie mich überrumpelt. Warum fragte sie mich das überhaupt? Was hatte das mit dem Auftrag als Model zu tun, der mich hierhergeführt hatte? Das fand ich schnell heraus, nachdem ich unbekümmert geantwortet hatte: »Ja, ich meine, das Schreiben macht mir Spaß. Es hat mir schon immer Spaß gemacht, verstehst du? Während der Schulzeit und im College. Warum fragst du?«

Shilpa sah mich an, nachsichtig und liebevoll. Das tut sie heute noch. Sie erklärte mir, dass sie jemanden suchte, der die Stellung hielt, während sie Mutterschaftsurlaub nahm. Und sie glaubte, ich sei dieser Jemand? He, das klang, als könnte es Spaß machen.

Ich erklärte mich bereit, für sie einzuspringen, ohne auch nur die leiseste Vorstellung davon zu haben, was genau sie bei Creative Unit tat. Sie sagte, sie und Nicholas seien die Texter, was hieß, wenn sie sich verdrückte, um ihr Baby zu bekommen, war Nicholas der alleinige Texter. Nach sechs Monaten am Bhawan's College für Massenkommunikation hatte ich vage Vorstellungen vom Texten, aber nicht klar genug, um die eine Hälfte eines Texterteams zu werden. Shilpa lachte. Ich auch. Ach, was soll's. Drei Monate. Abgabetermine und solches Zeug. Kein Problem. Das ließ sich mit links machen. Außerdem langweilte mich die Modelszene zu Tode, obwohl sie für mich inzwischen gutes Geld bedeutete. Shilpa legte die drei kurzen Schritte zur Glastür ihres Büros zurück und sagte: »Lass mich kurz mit dem Boss reden. Vielleicht möchte er dich sehen ... dich zur Probe etwas texten lassen.«

»Jetzt gleich?«

»Warum nicht? Du bist hier.«

»Okay. In Ordnung. Wer ist es? Wie heißt er?«

Sie warf einen Blick über ihre Schulter und sagte: »Oh ... Nari Hira. Ein netter Kerl.«

Fünf Minuten später war sie zurück. Mit einem breiten Grinsen im Gesicht.

»Was ist?«

»Er hat gesagt, er braucht jemanden, der bereit ist, hart zu arbeiten. Jemanden, der schreiben kann. Kein Glamourpüppchen.

Er glaubt, du seist eines dieser dummen Models. Geh hin und beweise ihm das Gegenteil.«

Ich sagte mir, ich hätte nichts zu verlieren.

»Hat er gesagt, dass er mich jetzt gleich sehen will?«

Shilpa nickte. Ich schluckte. Himmel! Er erschien mir jetzt schon furchterregend. Vielleicht war er ein Widerling, einer dieser schleimigen, aalglatten Werbetypen, die eine Paisleykrawatte zu einem rosa Hemd trugen.

»Parsi?«

»Nein. Sindhi.«

Es wurde immer schlimmer. Sindhi? Dann musste er fett und kahlköpfig sein und eine Wampe haben. Vielleicht benutzte er Kholstifte, ölte sein spärliches Haar und trug überdimensionale Goldringe an beiden Zeigefingern. Shilpa gab mir einen freundschaftlichen Schubs. »Geh, jetzt geh schon.«

Ich klopfte an seine Bürotür. Ein scharfes »Herein«. Ich trat ein. Fast wäre ich auf der Stelle wieder umgekehrt. In heller Panik. Das war kein fetter, kahlköpfiger, schlecht riechender Sindhi. Nari Hira sah aus wie ein Filmstar und hatte große, glänzende Augen, die einem Löcher in den Schädel bohrten. Vielleicht hatte er sich zu viel Aftershave ins Gesicht geklatscht, aber das war immer noch besser als Senföl, das von fettigen Haarsträhnen tropfte. Oder pelzige Arme. All das nahm ich im Bruchteil einer Sekunde wahr.

»Kannst du schreiben?«, fragte er mich aggressiv.

Was ging in diesem Laden eigentlich vor? Man muss sich mal vorstellen, dass einem dieselbe Frage innerhalb von einer Stunde zweimal gestellt wird. Gehörte das zur Taktik? Stellte man routinemäßig jedem, der die staubige, wacklige Treppe hinaufstieg, diese Frage?

»Ich . . . ich glaube schon«, antwortete ich zaghaft.

Komisch, wenn mir nicht an diesem ganz bestimmten Morgen während des Monsuns diese entscheidende Frage gestellt worden wäre, hätte mein Leben vermutlich einen vollständig anderen Lauf genommen, obwohl die volle Tragweite dieser drei Worte mir damals nicht bewusst war. Ich fand die Frage einfach nur albern. Was sollte das heißen, kannst du schreiben? Natürlich konnte ich es. Jeder konnte schreiben. Jeder, den ich kannte, schrieb. Das war etwas, was man gar nicht erst in Frage stellte. Man hatte etwas zu sagen, man wollte es in Worte fassen und es schriftlich festhalten, also tat man es. Ganz selbstverständlich. So hatte ich es zumindest gehalten. Na ja, nicht professionell. Nicht für Geld. Unsere Familie war kommunikativ, was das gesprochene Wort anging. Aber es war auch eine Familie, die Dinge aufschrieb. Die Frage ärgerte mich. Und der Tonfall, in dem sie gestellt wurde, noch mehr. Sie enthielt von vornherein die Annahme, dass ich es *nicht* konnte. Dass Mädchen, die als Models arbeiteten, nicht schreiben konnten. Das passte mir nicht. Ich hatte eine gute Schule und ein gutes College besucht. Ich konnte mich ziemlich gut ausdrücken. Was war am Schreiben so schwierig, dass man mich bereits zweimal gefragt hatte, ob ich es »könnte«?

Der konservativ gekleidete Mann hinter dem enormen Schreibtisch stand abrupt auf und sah auf seine Armbanduhr.

»Du wirst jetzt zur Probe etwas texten«, sagte er schroff. »Ich bin zum Mittagessen verabredet. Setz dich hierher und tu es.«

Ich nickte benommen und wagte nicht zu sagen, was ich wirklich dachte: »Eine solche Dreistigkeit. Wie kommt der Mann überhaupt auf den Gedanken, dass ich mich darum reiße, diese Vertretung zu übernehmen? Warum mache ich nicht auf der Stelle kehrt und gehe?«

Seine Anweisungen kamen in einem stakkatoartigen Redeschwall hervor. »Wenn du gut zeichnen kannst, skizziere das Layout. Wenn nicht, deute an, wie es aussehen sollte. Ich will einen Slogan, den Haupttext und das Kleingedruckte für diese drei Produkte – einen Eyeliner, Bettwäsche und einen Lippenstift.« Mit diesen Worten verschwand er.

Ich sah ihm nach. Sollte ich mir meine Handtasche schnappen und einfach verschwinden? In Shilpas Büro gehen und sagen: »So ein Witz. Hör mal, das ist nichts für mich. Tut mir leid.«

Irgendetwas ließ mich bleiben. Es war keine Frage von »Denen werde ich es zeigen«, eher ein »Warum nicht? Es scheint ziemlich einfach zu sein. Das probiere ich mal aus«. Ich dachte an Essen, nicht an Bettwäsche oder Eyeliner. Ich konnte hören, wie auf der anderen Seite der Trennwand stählerne Essensbehälter geöffnet wurden. Das Studio der Kreativen grenzte an Nari Hiras Büro. Würzige Düfte wehten unter der Tür herein. Stimmen sprachen Marathi. Gelächter. Scherze. Und da saß ich und starrte einen Schreibblock an und fragte mich, was auf Erden ich hier überhaupt zu suchen hatte.

Eine Stunde später kam der Mann zurück. Unpersönlich, geschäftsmäßig, kalt. »Fertig?«

Ich reichte ihm die Blätter wie ein Schulmädchen, das eine schlecht geschriebene Arbeit zum Benoten einreicht.

Er sah sich an, was ich mir abgerungen hatte. Ausdruckslos. Mir war das alles egal. In Gedanken war ich längst zu Hause beim Mittagessen. Meine Mutter würde mich bereits erwarten. Draußen schüttete es. An dieser verkehrsreichen Kreuzung würde es schwierig sein, ein Taxi anzuhalten.

»Mach gleich noch einen Text«, befahl er mir.

Waaas? Das war ja grausam. Ich war doch gar nicht hergekommen, um mich für einen Job als Werbetexterin zu bewerben. Der Mann war anmaßend und grob. Das konnte ich nicht gebrauchen. Ich hatte Shilpa für meine Freundin und für wohlmeinend gehalten.

Aber die Art, auf die er mir befahl, einen zweiten improvisierten Test über mich ergehen zu lassen, ließ mich auf dem Stuhl sitzen bleiben. Ich kann es nicht erklären. Besaß ich nur nicht den Mut, Nari Hiras Autorität in Frage zu stellen? Warum sagte ich nicht einfach: »Tut mir leid. Aber ich habe kein echtes Interesse am Texten. Ich habe es nur aus Spaß getan, weil Shilpa mich darum gebeten hat. Und jetzt auf Wiedersehen. Ich komme zu spät zum Mittagessen.«

Er erteilte mir neue Anweisungen, während ich brav zuhörte. Ein weiterer Blick auf die Armbanduhr. Ein weiteres forsches: »Fünfzehn Minuten ... und los.«

Diesmal saß er mir gegenüber und sah Papiere durch. Ich kritzelte wütend drauflos. Ich war stinksauer auf ihn. Stinksauer auf

Shilpa. Stinksauer auf mich selbst. Mir war vollkommen egal, was er dachte. Ich wollte nur hier raus und nach Hause. Teilnahmslos reichte ich ihm das Blatt. Von seinem Gesicht ließ sich nichts ablesen – es war so ausdruckslos wie bisher. Für mich stand nicht das Geringste auf dem Spiel. Wenn ihm nicht gefiel, was ich geschrieben hatte, dann war das sein Pech. Ich wollte den Job sowieso nicht . . . oder vielleicht doch?

Das Modeln hing mir zum Hals raus. Knapp fünf Jahre hatte ich hineingesteckt, ich war in etlichen namhaften Werbekampagnen aufgetaucht, hatte an zahllosen Modenschauen teilgenommen und ein bisschen Geld verdient – und was jetzt? Ich war zweiundzwanzig. Unruhig. Orientierungslos. Ich ließ mich treiben. Der Weg war etwas zu einfach und zu vorhersehbar gewesen. Ich wollte weiterziehen. Aber wohin? Die naheliegende Lösung wäre eine Ehe gewesen. Aber das wollte ich nicht. Einen Masterabschluss an der Universität von Bombay? Das reizte mich nicht genug. Ein regulärer, konventioneller Job bei, sagen wir mal, einer Bank? Nein, zum Teufel. Und ich hatte auch keine Lust, zu Hause rumzusitzen. In meinem Kopf spielte sich so einiges ab, aber es war keine klare Linie zu erkennen. Ich wollte etwas tun. Ich wollte, dass mir jemand ganz genau sagte, was das war.

Ich traf diese Entscheidung nicht – konnte sie nicht treffen –, weil ich nicht wirklich wusste, was ich wollte. Verwirrt und frustriert wartete ich darauf, dass mir jemand die Entscheidung abnahm. Dass ein Mensch auftauchte und mit fester Stimme sagte: »Sieh mal, jetzt reicht es. Es ist an der Zeit, dass du etwas anderes tust. Die Arbeit als Model war schön und gut, als du damit angefangen hast. Aber jetzt ist sie es nicht mehr. Du solltest Folgendes tun . . .« Ich wollte, dass mir jemand den Weg wies, mich mit starker, fester Hand durch den Tunnel führte und mir das Licht zeigte. Jemand, der einen klaren Plan hatte, wie vorzugehen war, und der sich meiner annehmen, mich irgendwo absetzen und sagen würde: »Jetzt hör mir mal ganz genau zu. Ich will, dass du Folgendes tust . . .«

Nari war diese Person. Obwohl er es nicht wusste, es immer

noch nicht weiß. Obwohl er gar nicht die Absicht hatte, diese Rolle zu spielen. Obwohl es durch einen reinen Zufall dazu gekommen war. Ich habe immer auf glückliche Zufälle gewartet. Bisher sind sie noch jedes Mal eingetroffen. Fast wie gerufen.

Diese eine beiläufig geäußerte Frage zum perfekten Zeitpunkt: »Kannst du schreiben?« – Sie veränderte die Richtung, die ich in meinem Leben eingeschlagen hatte, und zeigte mir meine zukünftige Berufung.

Eine andere Identität. Eine neue Zukunft.

Es ist an der Zeit, mich sowohl bei Shilpa als auch bei Nari zu bedanken. Sie wussten damals nicht (und wissen es vielleicht immer noch nicht), dass ich Creative Unit so verlassen hätte, wie ich hergekommen war – ein Model unter vielen, das eine Werbekampagne in der Tasche hatte –, wenn sie mich nicht dazu gebracht hätten, mir selbst diese simple Frage zu stellen.

Aber am späteren Nachmittag war das Mädchen, das auf die betriebsame Straße hinausspazierte, jemand, der gerade seine Karriere als Model hingeschmissen und einen brandneuen Job als Volontärin, die zur Werbetexterin ausgebildet werden sollte, an Land gezogen hatte. Das Gehalt? Dreihundertfünfzig Rupien.

Es war ein Wendepunkt.

Ich ließ mich nichtsahnend auf eine Laufbahn ein, über die ich nichts wusste. Nari Hira hatte eine Bedingung daran geknüpft, die ich augenblicklich ohne jedes Bedauern akzeptierte und an die ich keinen einzigen Gedanken verschwendete: Ich wurde angewiesen, mich über Nacht vom Modeln zu verabschieden. Ich gab ein lukratives Hobby auf, und das ohne die geringste Ahnung, worauf ich mich einließ. Die Entscheidung war mir leichtgefallen, aber ich hatte sie nicht durchdacht. Und ich hatte auch niemanden um Rat gefragt, noch nicht einmal meine Familie.

Ich war keine Karrierefrau. So viele Jahre später halte ich mich immer noch nicht für eine. Aber eine kleine Stimme in meinem Kopf sagte mir, dass ich das Richtige tat. Selbst wenn mein kurzer Abstecher ins Texten nichts weiter als eine vorübergehende Liebelei mit der Branche sein sollte, stand nicht wirklich etwas auf dem Spiel, und ich hatte nicht viel zu verlieren – außer meinem Taschengeld natürlich. Genau das waren nämlich meine Einnahmen vom Modeln: Taschengeld. Aber ein Einkommen von zehn- bis fünfzehntausend im Monat, das man ganz nebenbei verdiente, war in jenen Zeiten nicht zu verachten. Und doch verschwendete ich keinen zweiten Gedanken daran und begnügte mich stattdessen mit einem kärglichen Gehalt. Ich konnte ein einigermaßen bequemes Leben führen, da meine Eltern alle Rechnungen bezahlten. Was bedeutete mir dieses Geld – oder Geld überhaupt? Effektiv nicht viel. Es war dafür da, dass ich mir den einen oder anderen kleinen Luxus gönnte, Taxikosten, Kleidung, Schminke, Accessoires. Das meiste lag auf einem Sparkonto, über das ich willkürlich verfügte.

Es fiel mir leicht, der Arbeit als Model den Rücken zu kehren, aber es fiel mir keineswegs leicht, mich an eine Büroatmosphäre, regelmäßige Arbeitszeiten und pünktliches Erscheinen zu gewöhnen und auch daran, mit Leuten zurechtzukommen, die wesentlich älter waren als ich, ohne mich total lächerlich zu machen.

Ich weiß nicht, warum Nari Hira mich engagierte. Ich habe ihn nie gefragt, und er hat es mir nie gesagt. Ich weiß immer noch nicht, ob er glaubte, ich hätte es in mir – einen Funken Talent, ein gewisses Potential. Ich bekam keine Reaktion von ihm, keinen Hinweis darauf, was er von meinen amateurhaften Bemühungen gehalten hatte. Heute können wir darüber scherzen, da die Begegnung so weit zurückliegt, dass es gefahrlos ist. Heute kann ich ihn als Freund bezeichnen, obwohl ich ihn nie mit seinem Vornamen angesprochen habe. Damals war er Mr Hira, und Mr Hira ist er für mich auch heute noch.

Wie war die Arbeit bei Creative Unit, als Volontärin, die zur Werbetexterin ausgebildet wurde? Ich wusste, dass ich nur für jemanden einsprang, und vielleicht färbte das auf meine Haltung ab. Ich wollte lernen, aber ich hatte es nicht besonders eilig damit. Nicholas war ein guter Lehrer, obwohl ich ihn mit endlosem kindischem Geplapper und jugendlichen Scherzen ablenkte. Zwischen der Fahnenkorrektur und dem Brainstorming redete ich zwanghaft. Es war keine wirklich »angesagte« Werbeagentur, und das Arbeitsaufkommen ließ es zu, dass die meisten von uns trödeln, lesen, plaudern und es gemütlich angehen konnten. Die Aufträge, die mir zugeschanzt wurden, konnte man nicht gerade als anspruchsvoll bezeichnen. Wahrscheinlich waren sich alle darüber einig, dass ich nur kurze Zeit bleiben würde. Niemand nahm mich ernst – das wäre auch gar niemandem möglich gewesen. Ich war das Model für »Pond's« oder »Bombay Dyeing« oder »Vimal«, das mit dem Werbetexten ja doch nur »flirtete«. Das neue Mädchen, das zu viel redete und keine anderen Vorkenntnisse mitbrachte als die etwas dubiosen Erfahrungen, die man vor der Kamera sammelte. Sie wird sich nicht halten. Nicht hier. Ihr wird der Glamour fehlen.

Ich schaffte es, auf die Minute pünktlich zur Arbeit zu erscheinen, und dann hing ich im Studio herum und teilte mir das Mittagessen mit den Kreativen aus dem Maharashtra und den Jungs vom Umbruch und wartete im Großen und Ganzen darauf, zu »Mr Hira« bestellt zu werden. Es fanden nur wenige dieser Begegnungen statt, die übertrieben formell abliefen, jedoch ungeheuer unterhaltsam waren, und dazwischen verging viel Zeit. Ich mochte diesen Mann, seine schroffe Art, seine geistreichen Kommentare und seine respektlosen Meinungen. Er hielt zu allen Distanz, ebenso wie sein korpulenter Partner Lalu Bajaj. Sie waren die »Bosse«, die um Punkt neun Uhr dreißig antraten, nachdem sie ihre VW Käfer auf den ihnen zugeteilten Plätzen geparkt hatten, um dreizehn Uhr fünfzehn zum Mittagessen ins Bombay Gymkhana gingen, um vierzehn Uhr zurückkamen und sich gegen halb sechs verdrückten, um sich um ihre sonstigen Angelegenheiten zu kümmern – Kaltwachshaarentferner, Gesichtspackungen, Immobilien, ein vorstädtischer Schwimmverein.

Ich wusste innerhalb des ersten Monats, dass das Werbetexten nichts für mich war – ich fand es deprimierend, schablonenhaft und unbefriedigend, mir Slogans aus den Fingern zu saugen. Man brachte ganze Tage damit zu, Semikolons und Kommas auf einer Seite herumzuschieben, und dabei wollte der Kunde doch gar nichts anderes als ein hübsches Mädchen, das sexy zurechtgemacht war und sein Produkt provozierend an den Mann brachte.

Ich erinnere mich noch an die Monate, die wir mit der Kampagne für die Carefree-Monatsbinden von Johnson & Johnson verbrachten. Hitzige Debatten entfachten sich um die Vorzüge, die es mit sich brachte, die revolutionäre blaue Plastikschutzhülle hervorzuheben, der denkbar beste Schutz einer Frau gegen Peinlichkeiten in der Öffentlichkeit. Stundenlang kauerten wir über Rohentwürfen mit bunten Margeriten vor einem weißen Hintergrund. Es war, als würde die Welt sich nicht weiterdrehen, wenn uns nicht ein scharfer Slogan für die erste Monatsbinde mit dieser Verpackung einfiel. Ich war außerstande, mich für die blaue Schutzhülle zu begeistern. Mich interessierte sowohl das Budget des Kunden als auch das Produkt ehrlich gesagt einen Dreck. Interesse an etwas wachzurufen, was mich nicht im Geringsten interessierte, empfand ich als kolossal ermüdend. Außerdem hatte Shilpa inzwischen beschlossen, dass sie es nach der Geburt ihres Sohnes mit der Rückkehr in die Agentur nicht eilig hatte. Ich saß in einem Job fest, den ich allmählich zu verabscheuen begann. Mittlerweile waren mir die dummen Sprüche ausgegangen. Vielleicht hatte ich auch die Geduldreserven von Nicholas erschöpft, und mich überkam wieder einmal das altbekannte kribbelige Gefühl: Was tue ich hier überhaupt? Warum vergeude ich die Zeit aller Beteiligten? Warum feuern sie mich nicht einfach?

Hatte ich mich anfangs in der Agentur im Großen und Ganzen wohl gefühlt, wenngleich ich mich auch langweilte, so wurde mein Leben bei Creative Unit schon bald unerträglich. Mr Hira hatte beschlossen, mich probeweise als Assistentin eines leitenden Angestellten einzusetzen, der den wichtigsten Kunden der Agentur betreute. Dieser Mann war widerwärtig, oder zumindest beschloss er, mir gegenüber widerwärtig zu sein. Ich kann ihn noch deutlich vor mir sehen: glühende, blutunterlaufene Augen, dicke Lippen, die gehässig und höhnisch verzogen waren, eine heisere Stimme, die überschnappte, als hätte er den Stimmbruch nie ganz hinter sich gebracht. Aber vor allem war er unglaublich anmaßend. Ein Mann, der sich selbst eindeutig überschätzte und der Macht über Jüngere ausübte, die sich nicht wehren konnten. Er hielt sich nicht allzu lange bei Creative Unit. Er verschwand sogar vollständig von der Bildfläche und ließ nur die Erinnerung an sein billiges, penetrantes Eau de Cologne zurück. Aber nicht, bevor es ihm gelungen war, mich derart fertigzumachen, dass mir jeden Morgen bei dem Gedanken graute, das Büro zu betreten. Wie man sich vorstellen kann, harmonierten wir überhaupt nicht miteinander. Ich hasste ihn, und er erwiderte dieses Gefühl ebenso leidenschaftlich. Er war in einer Position, die es ihm ermöglichte, mir das Leben schwer zu machen, und er achtete sorgsam darauf, genau das zu tun. Ich strengte mich verdammt an, mit der Situation zurechtzukommen, obwohl mir seine laute, ungehobelte, schikanöse Art abgrundtief zuwider war. Ich sagte mir: »So geht es im wahren Leben zu, Kleines. Wenn es nicht dieser Scheißkerl ist, dann wird es einen anderen Scheißkerl geben. Vielleicht sogar einen noch schlimmeren. Werde erwachsen. Lerne, damit umzugehen. Komm zurecht. Besser wird es nicht.«

Dann fragte ich mich eines Tages, warum zum Teufel ich mir ihn und diese ganze Umgebung eigentlich gefallen ließ. Für mich sprang nichts dabei heraus, noch nicht einmal besonders viel Geld. Ich brauchte den Job nicht wirklich. In dieser feindseligen Umgebung lernte ich nichts mehr dazu. Und ich fühlte mich elend. Ganz und gar elend. Ich sagte mir, ich würde kündigen und eine Zeitlang zu Hause bleiben. Ein paar Kurse belegen. Mich vielleicht doch in der Uni einschreiben. Alles war mir recht, um aus diesem stinkigen Loch herauszukommen. Mein Selbstwertgefühl hatte einen Tiefpunkt erreicht. Langsam kam ich mir vor wie ein hirnloses Häschen, denn dieser Mann hatte es anscheinend zu seiner Lebensaufgabe gemacht, mich so zu behandeln. Ich musste mir zahllose höhnische Kommentare darüber anhören, dass ich früher Model gewesen war. Und beleidigende Bemerkungen über Frauen, die ihren Job nicht ernst genug nahmen. Ich muss irgendetwas an mir gehabt haben, das den Blutdruck dieses Mannes in die Höhe trieb. Ich habe den Verdacht, es war meine mangelnde Unterwürfigkeit, die im krassen Gegensatz zu der Haltung der anderen stand. Ich blieb zwar konsequent höflich, sogar angesichts ekelerregender Grobheiten, doch seine Einschüchterungstaktiken zogen bei mir nicht. Ich spielte keine Jeanne d'Arc der heutigen Zeit. Ich war lediglich ich selbst. Ich sah keine Notwendigkeit, in seiner Gegenwart zu katzbuckeln – er war ein bezahlter Profi, und ich versuchte, meine Arbeit zu machen, das war alles. Außerdem war ich viel zu unerfahren. Ich wusste nicht, dass Verstellung von mir erwartet wurde. Dass ich einem Menschen gegenüber, den ich verabscheuenswert und verwerflich fand, übertriebene Ehrfurcht und Respekt heucheln sollte.

Falls Nari Hira sich meiner misslichen Lage bewusst war, dann ließ er es sich zumindest nicht anmerken. Und ich heulte mich auch bei niemandem aus. Außerhalb der Arbeitszeit war ich vollständig ausgelastet. Auf den Straßen von Bombay ging es lebhaft und anregend zu, begonnen mit den endlosen Reihen von Verkaufsständen direkt vor dem Haupteingang des Bürogebäudes. Das Rhythm House war gleich nebenan, Samovar, Bombays erstes Künstlercafé, auf der anderen Straßenseite. Eine Vielzahl von Boutiquen, die billige Kleidungsstücke von der Stange und Armbanduhren verkauften; alte Bücher, die auf dem schmalen, betriebsamen Fußweg verkauft wurden, der zum Flora Fountain einen halben Kilometer weiter führte; am Ende der Straße die prachtvoll verschnörkelte Ungeheuerlichkeit, in der die Universität von Bombay untergebracht ist; Smart und Hollywood, Schneider für die Welt der Mode und des Theaters, im Army-&-Navy-Gebäude gegenüber; etliche südindische Restaurants in den Gassen hinter dem Büro – und ich hatte genug Zeit, all dies und noch mehr zu erkunden.

Gelegentlich fragte ich mich, ob ich mich benahm wie ein kleines Luder. Eine verzogene Prinzessin, die in der Welt des

Glamour, die sie hinter sich zurückgelassen hatte, verhätschelt worden war. Erwartete ich eine Vorzugsbehandlung? Erwartete ich Zugeständnisse? Nein. Das kann ich in aller Ehrlichkeit sagen. Mir war deutlich bewusst, dass ich in einer angreifbaren Position war. Ich mag mich täuschen, aber vermutlich war ich die jüngste Angestellte in diesem Büro, wenn man die Telefonistin nicht mitzählte. Trotz aller Demotivation war ich scharf darauf, mein Können unter Beweis zu stellen, scharf darauf, in die Erwachsenenwelt aufgenommen zu werden, scharf darauf, als Teil des Teams angesehen zu werden. So gab ich mir alle Mühe, ernst genommen zu werden, »eine von ihnen« zu werden. Das war ein entschiedener Fehler. Ich war nicht eine von ihnen. Und ich konnte es auch niemals werden. Mein Folterknecht wusste das nur zu gut und schlug Kapital aus meinem Eifer, indem er mich wie Dreck behandelte. Er attackierte mich ohne jeden Grund und behandelte mich derart schäbig, dass ich mich heute noch frage, warum ich ihn nicht geohrfeigt habe. Er war arrogant, anmaßend und obendrein noch hässlich, und er wurde zu meiner täglichen Strafe. Zu einer Folter, die zu ertragen ich mich zwang, weil ich nicht als jemand angesehen werden wollte, der allzu schnell das Handtuch warf.

In diesem Büro gab es niemanden, mit dem ich reden konnte oder mit dem ich gern Zeit verbracht hätte. Mit Ausnahme einer einzigen Person – des distanzierten Nari Hira, der sich betont absonderte. Und dieser wollte sich keine Zeit für mich nehmen – er war viel zu sehr damit beschäftigt, Nari Hira zu werden. Das war die Startphase in seinem Leben. Er hatte ein halbes Dutzend ehrgeizige Projekte in der Mache. Allmählich distanzierte er sich von der Werbebranche und überließ sie mittelmäßigen Angestellten und einem schwachen Generaldirektor. Er verbrachte zusehends weniger Zeit im Büro. Niemand wollte etwas mit seinem Partner zu tun haben. Nari Hiras Dynamik konnte so schnell keiner nachmachen. Sowie er nicht mehr da war und die Peitsche knallen ließ, begannen die Leute das Interesse am Tagesgeschäft zu verlieren. Ich bin sicher, dass es heute noch genauso ist – er regiert sein Medienimperium von einem Bürogebäude in Prabhadevi aus, nur wenige Meter von dem Krater, der durch gewaltige Explosionen entstanden war, die den größten Teil des nahe gelegenen Passamts in die Luft sprengten.

»NMH«, wie er von loyalen Angestellten genannt wird, ist unglaublich geschickt darin, Menschen zu motivieren. Er wird von allen als »dynamisch« bezeichnet, doch ich glaube, eine bessere und treffendere Beschreibung wäre »magnetisch«. Selbst wenn sich der ursprüngliche Zauber längst abgenutzt hat und man die sorgsam errichtete Fassade durchschaut, ist der Bann kaum zu brechen. Endlich einmal ein Mann, der seine Chancen und Projekte furchtlos in Angriff nimmt. Aber vor allem flößt er den Menschen, die er einstellt, Zuversicht ein, in erster Linie dadurch, dass er sie machen lässt. Ich kann nicht sagen, wie das in anderen Betrieben funktioniert, da seiner der einzige ist, in dem ich jemals gearbeitet habe, aber im Lauf meiner zwölf Jahre in diesem Laden ist mir von seiner Seite aus nie etwas anderes als Ermutigung und Unterstützung entgegengeschlagen. Sogar während seiner langen Abwesenheiten, als er damit beschäftigt war, sich seinen Status als Inder mit Wohnsitz im Ausland zuzulegen, gab mir das Wissen Zuversicht, dass ich in einer Krisensituation auf ihn zählen konnte. Diese Wirkung hat er auf junge, leicht zu beeindruckende Gemüter, und deshalb ist er so scharfsinnig, Menschen in ihren Zwanzigern einzustellen, weil für ihn außer Frage steht, dass er uneingeschränkte Autorität und Kontrolle über sie ausüben kann und sie es gar nicht bewusst wahrnehmen. Und gerade daher bin ich sicher, dass ich nicht mit ihm (oder irgendjemand anderem) hätte arbeiten können, sowie ich erst einmal mehr von der Welt gesehen hatte. Nari Hira war der richtige Mann zum richtigen Zeitpunkt in meinem Leben. Er hat mir die Gelegenheit gegeben, aus einem Leben auszubrechen, dem ich ohnehin entwachsen war.

Vermisste ich die Lichter, das Make-up, die Aufmerksamkeit? Keinen Moment lang. Wenn sich mir die Chance in der Agentur nicht geboten hätte, hätte ich vielleicht noch ein Jahr lang so weitergemacht, aus Mangel an praktikablen Alternativen. Das

Probetexten änderte alles. Auch wenn es mich selbst nicht davon überzeugte, dass ich schreiben kann, öffnete es doch eine Tür. So gefiel ich mir besser. Auch meiner Familie war ich so lieber. Ich hatte einen »ordentlichen« Job – obwohl meinen Eltern nicht vollkommen klar war, wie sehr sich mein neuer Job von dem Modeln unterschied. Für sie war eine Werbeagentur Teil einer Welt, von der sie nichts wussten. Ein Job bei einer Bank, ja, darunter hätten sie sich etwas vorstellen können. Ein Job bei einem Regierungsorgan? Auch das. Aber wie mein Vater hervorhob: »Wie könntest du erwarten, ohne nennenswerte Qualifikationen in eine dieser Organisationen aufgenommen zu werden? Niemand wird dir einen Job geben, es sei denn, du studierst weiter und unterziehst dich freiwillig einer Ausleseprüfung.« Er hatte Recht. Aber sein Unwille über meinen scheinbaren Mangel an Ehrgeiz und meine Wahl, erst einmal als Model zu arbeiten, wurde durch meinen Job bei Creative Unit ein wenig gemildert. Und ich fühlte mich anfangs ja auch ganz wohl dort, obgleich mir langweilig war ... bis der Tyrann die Bühne betrat und mir diese Erfahrung verdarb.

Oft setzte mich meine Schwester Mandakini auf dem Weg zur Arbeit vor dem Büro ab. Ihr Standard Herald hielt neben Nari Hiras Käfer an. Er tat so, als hätte er mich nicht gesehen, und sprang die Stufen hinauf. Meine Schwester machte immer wieder Bemerkungen über seine Grobheit, aber ich wusste, dass es zu seiner Masche gehörte – ich wette, er begrüßt immer noch keine Mitarbeiter, wenn er ihnen auf dem Weg nach oben begegnet. Im Gegensatz zu anderen Werbeleuten seiner Generation hielt er sich von den Intrigen und Partys der Branche fern. Er ging auch nicht auf Kundenfang. Er verstieß gegen etliche Regeln, darunter auch die, die besagt: »Schick die hübschesten Mädchen zu den Präsentationen – wenn sich sonst nichts bewährt, dann zieht vielleicht ein Lächeln.«

Die meisten Agenturen stellten in der Abteilung für Kundenkontakte hübsche Mädchen ein. Ihr Job bestand darin, leitende männliche Angestellte zu begleiten und den potentiellen Kunden mit allen Mitteln zu beeindrucken, die erforderlich waren, um sich den Auftrag unter den Nagel zu reißen. Ich wurde nur ein einziges Mal aufgefordert, bei einer Präsentation anwesend zu sein, und zwar auf Beharren des Scheißkerls. Wahrscheinlich machte ich meine Sache nicht besonders gut und klimperte nicht gekonnt genug mit den Wimpern, denn anschließend wurde ich nie mehr mitgeschleift.

Nachdem ich meinen Folterknecht eine Zeitlang ertragen hatte, wollte ich nur noch eins – raus. Ich brauchte eine Weile, um diese Entscheidung zu treffen. Der Mann war ein Hund. Ein tollwütiger. Ich wollte nicht länger als Laternenpfahl missbraucht werden.

Ich bin sicher, dass Nari Hira bereits damit rechnete, als ich mich über die Gegensprechanlage bei ihm meldete und darum bat, ihn sprechen zu dürfen (diese Freiheit nahm ich mir selten heraus). Ich war gekleidet wie für ein Begräbnis, wenn auch nicht absichtlich. Eine weit ausgestellte weiße Hose, eine weiße Spitzenbluse und weiße Schuhe mit Plateausohlen. Mein Teint passte farblich dazu. Ich hatte bisher nur ein einziges Mal angedeutet, dass ich es satthatte, und Mr Hira hatte gelacht und mich aufgefordert, noch ein Weilchen durchzuhalten. Ich ertrug es nicht länger. Es war zwecklos, mir noch mehr Elend einzubrocken.

Mir wurde eine Tasse Kaffee angeboten (ganz untypisch). Das hieß, dass ich gezwungen sein würde, ihm mindestens zehn Minuten lang am Tisch gegenüberzusitzen, während Dattaram, der dürre Laufbursche, die Getränke besorgte. Keine Vorrede. Ich sagte rundheraus, mir reiche es. Es sei an der Zeit, sich zu verabschieden. Mr Hira fragte mich ohne jede Vorwarnung: »Hast du schon mal daran gedacht, für eine Zeitschrift zu schreiben?«

Ich nahm an, er versuchte, nett zu sein und es mir leichter zu machen, indem er eine andere Laufbahn vorschlug. Vielleicht hatte er ja bei irgendjemandem ein Wort für mich eingelegt. Ich schüttelte den Kopf. Wozu dieser Blödsinn? Ich hatte wirklich noch nicht mit dem Gedanken gespielt. Ich hatte im Grunde genommen keinen Schritt darüber hinausgedacht, meine Handtasche zu schnappen und zur Tür hinauszugehen.

»Ich habe vor, eine Zeitschrift zu gründen«, fuhr er zügig fort. »Möchtest du dich daran probieren?«

Big Daddy bot einem weinerlichen kleinen Mädchen, das ihm ein schlechtes Zeugnis vorgelegt hatte, einen Lutscher an. Ohne eine Antwort abzuwarten, umriss er sein Projekt. Es sollte eine Filmzeitschrift werden, die monatlich erschien. Hindi-Filme? Ja. Aber ... aber ..., stammelte ich, damit kenne ich mich überhaupt nicht aus. Ich hatte insgesamt vielleicht zwanzig von diesen Filmen gesehen. Das war eine Welt, die mich nicht im Geringsten interessierte. Selbst die Namen der größten Bollywoodstars waren mir nur vage vertraut.

»Das macht nichts«, erwiderte er. »Du brauchst nicht allzu viel über die Filmindustrie zu wissen. Ich suche jemanden, der provozierend schreibt, die Stars interviewt und verschiedene Kolumnen zusammenstellt. Ich bin mir sicher, dass du das kannst. Weißt du was? Warum schreibst du nicht einfach ein imaginäres Interview mit einem Star? Mit irgendeinem Star. Ich möchte sehen, ob du den richtigen Ton triffst. Such dir aus, wen du willst, es spielt überhaupt keine Rolle. Stell ihm Fragen von der Sorte, auf die du gern Antworten lesen würdest. Denk dir die Antworten aus. Und dann sehen wir weiter.«

Der Kaffee war viel zu heiß. Obenauf schwamm eine Schicht Sahne. Ich kippte ihn trotzdem hinunter. Ich hatte immer noch einen Job. Ich würde nicht wie ein Häufchen Elend nach Hause gehen und sagen müssen: »Ich habe aufgegeben.«

Auf solch unspektakuläre Art und Weise wurde ›Stardust‹ geboren. Nari Hira hatte absolut klare Vorstellungen davon, was er wollte – einen Klon der beliebten Hollywood-Fanzines jener Zeit, wie ›Photoplay‹ und ›Screenplay‹, die inzwischen eingegangen sind.

Er wollte dieselbe Aufmachung, denselben Klatsch, dieselben Bilder, denselben Schmiss – aber indisch aufgemacht. Das sagte er mir nicht, bevor ich mein fiktives Interview mit einem Star schrieb und es ihm zur Begutachtung vorlegte. Wen wählte ich? Shashi Kapoor. Und warum? Ich vermute, er war unter den Stars der am wenigsten lächerliche (der Meinung bin ich heute noch). Ich hatte ihn in zwei oder drei Filmen gesehen, auch wenn ›The Householder‹ nicht gerade ein Kassenschlager war. Außerdem hatte ich ein paar Artikel über ihn gelesen, in denen er, wenn er wörtlich zitiert wurde, wie ein normaler Mensch sprach. Er sah irrsinnig gut aus, und er war ausreichend »verwestlicht«, so dass er Idioten wie mir gefiel.

Ich habe diesen ersten Versuch als ziemlich grauenhaft in Erinnerung – abfällig und hochnäsig und außerdem viel zu lang. Der Tonfall stimmte vorn und hinten nicht – selbstgefällig, überheblich und klugscheißerisch. Ein alberner, schulmädchenhafter Versuch, dem anderen um eine Nasenlänge voraus zu sein. Bei der Erinnerung könnte ich im Erdboden versinken. Aber he, den Job bekam ich ... kann ich mich also beklagen? Ich bin immer noch der Meinung, dass Nari Hira einem verwirrten jungen Menschen gegenüber nett war und sonst gar nichts. Niemand besitzt eine derartige Weitsicht. In meinen unausgegorenen Bemühungen kann er unmöglich auch nur eine Spur von Talent vorausgeahnt haben.

Kurz darauf wurde die Operation ›Stardust‹ ernsthaft in Angriff genommen, mit einem einzigen Kreativen, dem starken, stummen Harish, und meiner sehr unerfahrenen, aber plötzlich sehr enthusiastischen Wenigkeit.

Uns beiden, Harish und mir, wurde ein neues Büro nebenan versprochen, denn bei Creative Unit stand kein zusätzlicher Raum zur Verfügung. So oder so waren wir in der Agentur über Nacht zu Parias geworden, denn wir arbeiteten an einem Projekt, von dem niemand viel hielt. Wir waren im Weg. Und reichlich ahnungslos. Es war Nari Hiras unausrottbarer Optimismus, der Dynamik in die ansonsten flaue Atmosphäre brachte. Wir hatten keinen Schimmer, was in eine Zeitschrift gehörte, ganz gleich, welche Zeitschrift. Nari Hira machte uns glauben, es würde ein Kinderspiel werden. Da sei überhaupt nichts dabei. Wir bräuchten nichts weiter zu tun, als acht oder zehn freie Journalisten als Mitarbeiter zu rekrutieren, die Produktion mit dem stämmigen Kerl in der Druckerei seiner Wahl zu koordinieren, angemessene Bilder aufzutreiben – betteln, borgen, stehlen, plündern, erbeuten … und Bingo! Schon hätten wir eine Ausgabe zusammen. Schön und gut, aber womit sollten wir sie füllen? Mit Artikeln. Okay. Was für Artikeln? Aha – und an dem Punkt kamen seine Instinkte ins Spiel. Er hatte sehr klare Vorstellungen davon, was für eine Art von Zeitschrift ›Stardust‹ werden sollte. Frivol, klatschhaft, verrucht, geschwätzig und schockierend (für die Maßstäbe der Siebziger). Für ihn stand völlig außer Frage, dass dies die wegweisende Zeitschrift sein würde, mit der er den Durchbruch schaffen, seine schlafende Konkurrenz wachrütteln und einen nie erlebten Ansturm auf die Zeitungskioske auslösen würde. Das Wort »Skandal« wurde nie erwähnt. Der Name Stardust selbst erinnerte einen an den berühmten Song von Nat King Cole oder an das Spielkasino in Las Vegas. Aber ließ sich so etwas in Indien machen?, fragte ich naiv den Mann, von dem die Idee stammte.

»Natürlich wird es sich machen lassen«, erwiderte er unbekümmert, »das ist endlich mal was anderes.«

Aber, warf ich ein … Staub? Sterne? Wollten wir unsere geliebten Sitarey in den Schmutz ziehen?

Nari Hira lächelte enigmatisch. Er ähnelte der Katze, die gerade die Sahne geschleckt hat.

Pionierarbeit

Oft fragen mich die Leute, wie es war, für Indiens führende Filmzeitschrift zu arbeiten. Wussten wir, dass es ein solcher Erfolg werden würde? Worum ging es in den ersten Jahren? Die Wahrheit ist, dass die ganze Geschichte stank. Buchstäblich.

Unser Umzug in die neuen Räume zog sich ein paar Monate hin. Das Gebäude war weniger als einen Straßenzug entfernt und vielleicht sogar noch baufälliger als das, in dem Creative Unit untergebracht war. Da Nari Hira Kosten sparen wollte, erwies sich das Büro von ›Stardust‹ als ein feuchtes Loch neben einer öffentlichen Toilette, die vom gesamten Stockwerk benutzt wurde. Mein Zimmer lag direkt über einem Wassertank. Daran grenzte ein beengtes Studio, das sich Harish mit einem zusätzlich eingestellten Kreativen teilte. Wir benutzten weiterhin die Dunkelkammer und die Kuriere der Agentur. Um zu meinem Schreibtisch im oberen Stockwerk zu gelangen, musste ich eine schmale Treppe hochsteigen und durch eine Sperrholztür einen quadratischen Raum betreten, der mit zwei Schreibtischen spärlich eingerichtet war. Nari Hiras Büro war unten, ganze ein Meter achtzig auf einen Meter zwanzig. Somit blieb gerade noch genug Platz für eine Typistin bzw. Empfangsdame und einen Botenjungen. Man könnte behaupten, wir hätten klein angefangen, wirklich sehr, sehr klein.

Einer der ersten freischaffenden Journalisten, den ich kontaktieren sollte, war Mohan Bawa (er ist vor ein paar Jahren gestorben). Er kam ins Büro getrippelt, bat um eine Tasse Tee und erzählte zwei volle Stunden lang wie ein Wahnsinniger den neuesten Klatsch. Er wusste alles über jeden, der mit der Filmindustrie zu tun hatte. Er war klein, kräftig gebaut und sehr tuntig, konnte sich gut ausdrücken und war nicht gänzlich ungebildet. Er schrieb wie Hedda Hopper und Louella Parsons und hätte sich wohl gern auch so gekleidet wie die beiden. Er war das Beste, was wir kriegen konnten – der einzige Mensch, den ich kannte, der sich mit »Dev«, »Raj«, »Sunil« und »Dharam« duzte. Bawa war auch der einzige Filmjournalist, der anständige Texte in grammatikalisch richtigem Englisch schrieb, ganze Sätze mit Interpunktion. Das war mehr, als man von der herrschenden Göttin Devi behaupten konnte, die ›Star'n'Style‹ unter sich hatte und die Klatschkolumnistin Nummer eins war. Mohan Bawa, die arme Seele, war nichts gegen sie, aber vielleicht hatte er auch nur kein Glück gehabt. An wen hätte er sein Zeug denn schon verschachern können? ›Star'n'Style‹ schied von vornherein aus. Die beiden Primadonnen hätten einander Konkurrenz gemacht. ›Filmfare‹, die zimperliche Matrone, hätte sein Zeug niemals angerührt. Und ›Screen‹ war ein Handelsblatt, das ausschließlich die Einnahmen der Kinokassen veröffentlichte.

Bawa wurde mit der Aufgabe betraut, sich am ersten »Neeta's Natter« zu versuchen, der Kolumne, die später den Ruf von mehr Stars zerfetzen sollte als ein Messerstecher auf Speed. Bawa machte seine Sache ziemlich gut, da ihm Anonymität zugesichert wurde. Im Gegensatz zu Devis »Frankly Speaking«, einem Bericht über die Runden, die sie alle vierzehn Tage durch die Filmwelt drehte, in der ersten Person und in schmissigem, aber unbeholfenem Marathi-Englisch geschrieben, sollte »Neeta's Natter« eine kurze, knisternde Kolumne mit Beiträgen zu diversen Themenbereichen werden. Nari Hira hatte sich am Vorbild beliebter Hollywoodkolumnen orientiert. Der Titel der Kolumne war ausgiebig diskutiert worden, aber er hatte selbst dann noch glühend darauf beharrt, an dem ursprünglichen Titel festzuhalten, als ihn jemand darauf hingewiesen hatte, dass dieser grammatikalisch inkorrekt sei.

»Machen Sie wenigstens ›Neeta's Nattering‹ oder ›Neeta Natters‹ daraus«, schlug Gonsalves, der Cheftexter, vor. Nari Hira blieb beim Original, und wir ließen uns das berühmte Katzentier mit der Zigarettenspitze einfallen, das selbstgefällig oben auf jeder Seite sitzt. Der eigentümliche Bogen auf dem Titelblatt in Verbindung mit dem altbackenen Schriftbild wäre der Albtraum eines jeden Artdirectors gewesen, der auch nur die geringste Selbstachtung besaß. Aber unserer doch nicht. Wir fanden das einfach toll – mehr als fünfundzwanzig Jahre später ist immer noch alles unverändert, unberührt und, ja, grammatikalisch fehlerhaft, auch das. Dasselbe trifft auf die meisten Sparten in der Zeitschrift zu: »Court Martial«, »Snippets«, »These are a Few of My Favourite Things« und was eben sonst noch zur Grundausstattung gehört.

Die Titelgeschichte für die erste Ausgabe stand in Nari Hiras Kopf bereits. Er hatte sie von der Mutter des Starlets Anju Mahendroo anvertraut bekommen, und darin ging es um Rajesh Khanna, der bereits seit sieben Jahren der Freund ihrer Tochter war, sie aber immer noch nicht geheiratet hatte. Die Frage war nur noch, wie wir sie präsentierten – klipp und klar oder irreführend. Zu der Zeit war Rajesh Khanna der unbestrittene Superstar, weitaus größer als Amitabh Bachchan zu seinen besten Zeiten. Da er für seine kindlichen Koller bekannt war und auch dafür, wie eingebildet er war und wie leicht er einschnappte, wollte sich niemand mit dem Mann anlegen, nicht, wenn er bereits Devi als glühende Vollzeitverehrerin hatte, die ihm Woche für Woche so viele lobhudelnde Worte widmete, dass ganze Bäume dafür draufgingen. Devis Besessenheit von dem »Phänomen« – ein Begriff, der später von ›Stardust‹ geprägt wurde – war in Filmkreisen allgemein bekannt. Khanna konnte in ihren Augen nichts falsch machen, und niemand außer ihm konnte etwas richtig machen. Das war okay. Im Zusammenhang mit Berühmtheiten war dieses Syndrom weit verbreitet. Aber es gab noch einen anderen Rajesh Khanna, der sich hinter der Maske verbarg, die er der Öffentlichkeit zeigte: einen vielschichtigen, unsicheren Mann, der eine starke, eigenwillige, intelligente Frau wie Anju brauchte, damit sie seinen Haushalt führte und sein Leben für ihn in die Hand nahm. Warum also machte er die Beziehung nicht offiziell? Vielleicht hoffte Shanti Mahendroo, das Material, das sie Nari Hira so hilfreich zugespielt hatte, würde den widerspenstigen Rajesh dazu aufrütteln, ihre Tochter zu einer ehrbaren Frau zu machen.

Die erste Ausgabe von ›Stardust‹ wurde im Oktober 1971 an die Kioske geliefert, und die Schlagzeile lautete: »Ist Rajesh Khanna insgeheim verheiratet?« Für Hollywood war das ein Klassiker, aber für Indien war es etwas ganz Neues. Das gar nicht schmeichelhafte Titelbild, ein Archivfoto von Dhirendra Kishen, mit Blitzlicht aufgenommen, zeigte jeden Pickel und jede Hautunreinheit von Mr Khannas Gesicht in einer Nahaufnahme. Das Heft war innerhalb von einer Woche ausverkauft. Wenn ich es jetzt sehe, läuft mir ein Schauer über den Rücken. Dieses Machwerk wirkt unbeholfen, amateurhaft und schäbig – und genau das war es auch. Es ist nur gut, dass es niemandem auffiel. Die Leser stürzten sich begierig darauf. Im Lauf der Jahre hat sich ›Stardust‹ nie durch glänzendes Design ausgezeichnet. Wenn sich die Zeitschrift weiterhin verkauft, dann liegt das an den Texten. Die Layouts sind immer noch so lausig wie damals. Und die Fahnenkorrekturen noch ebenso oberflächlich.

Wir, die bunt zusammengewürfelte Belegschaft, hatten keine Ahnung, dass die Zeitschrift – unsere Zeitschrift – ein Erfolg war. Für uns war das einfach nur ein Job, der Monat für Monat gemacht werden musste. Aber wir machten ihn mit Begeisterung. Ich zumindest, das weiß ich mit Sicherheit. Doch die Gründe, weshalb ich mich voll und ganz darauf einließ, waren andere. Zum ersten Mal, seit ich begonnen hatte, für Nari Hira zu arbeiten, war ich auf mich selbst gestellt, und niemand blickte mir ständig über die Schulter. So funktionierte ich am besten, und daran hat sich bis heute nichts geändert. Die Atmosphäre war entspannt und locker, und es gab keine Hierarchien. Wir waren alle gleichgestellt, bis hin zu den Laufburschen. Wir saßen zusammen, aßen gemeinsam unser mitgebrachtes Mittagessen, tauschten den neuesten Klatsch aus und hatten riesigen Spaß miteinander. Hinzu kam noch, dass wir tatsächlich dafür bezahlt wurden.

Fern von der Jauchegrube mit ihren Intrigen, zu der Creative

Unit für mich geworden war, blühte ich auf. Aber das Entscheidendste von allem war, dass ich mich verliebte. In Zeitschriften. Gar nicht einmal so sehr in das Schreiben, sondern in den Herstellungsaspekt des Zeitschriftenjournalismus. Ich ging gern in die Druckerei und atmete tief durch – Druckerschwärze ist so sexy wie kein anderer Geruch auf Erden. Ich mochte den Geruch von Gummilösung im Studio. Es machte mir Spaß, in der Dunkelkammer durch den Vergrößerer Titelbilder anzuschauen, die in Frage kamen. Layouts faszinierten mich, die peinlich genaue Anordnung von Schlagzeilen, Untertiteln, Schrifttypen, Absätzen, Zitaten, Einführungen, Bildunterschriften. Auch jungfräuliche Manuskripte machten mich an. Ich verschlang jedes einzelne von ihnen gierig, oft in Anwesenheit eines nervösen freien Mitarbeiters. Da wir weitgehend von freien Mitarbeitern abhängig waren, gab es in unserem winzigen Kabuff ein gewaltiges Gedränge, wenn Journalisten, Fotografen oder Publizisten zu Besuch kamen … und schon bald auch Starlets und andere Hoffnungsvolle, die uns dazu bringen wollten, dass wir über sie schrieben.

Rekha war eine Unbekannte, als sie mit Vinod Mehra (inzwischen verstorben) hereinkam. Lassen Sie mich nachdenken … erster Eindruck? Krass. Sie war übergewichtig, laut, kicherte ständig und war auf lächerliche Weise herausgeputzt. Ihr Gesicht wies noch Ablagerungen von Babyspeck auf, ihre gezupften Augenbrauen bildeten künstliche Bögen über kleinen Augen. Relativ dunkelhäutig … ich meine … na ja, eben dunkel und dick wie ein Klops. Niemand hätte sich die heutige Rekha ausmalen können, die sinnliche Sirene, die vollendete Verführerin. Sie plapperte unaufhörlich und hatte zur großen Belustigung aller einen ausgesprochen derben Akzent.

Auf der Treppe, die zu unserem Kabuff führte, gab es einen winzigen Absatz. Dort hatten wir einen kleinen Teppich aufgehängt, den jemand irgendwo aufgetrieben hatte. Auf diesem Teppich war eine schwarze Katze zu sehen, die große Ähnlichkeit mit unserem Maskottchen aufwies. Wir baten Vinod, sich für uns davor in Pose zu stellen, ob mit seiner Begleiterin oder ohne sie. Er entschied sich für »mit«. Rekhas andauernde Liebesbeziehung mit der Kamera war nicht zu übersehen. Sie sah gebannt hinein. Sowie geknipst wurde, stellte sie ihr kindliches, albernes Plappern ein. Sie hätte auf Vinod Mehra mit Freuden verzichtet, aber sie wusste, dass sie es nur ihm zu verdanken hatte, wenn sie überhaupt auf dem Foto sein durfte. Kein Vinod, den sie Vin-Vin nannte, kein Foto. Das Foto gewann.

Sechs Monate später gab es uns immer noch, und wir verkauften uns immer noch prächtig. Nari Hira prahlte damit, dass er die Auflagenhöhe von jeder Nummer zur nächsten verdoppelte. Aber davon weiß ich nichts. Auflagenziffern interessierten mich nicht. Dafür war ich nicht zuständig. Er regelte sämtliche finanziellen Angelegenheiten und tut es noch heute. Es würde mich nicht überraschen, wenn er eines der kosteneffizientesten Unternehmen in der ganzen Stadt leitet. Nari Hira besitzt die ganz besondere Gabe, zum billigstmöglichen Preis Extravaganz zu vermitteln. Er hielt die Zügel straff in der Hand, ohne eine einzige Paisa zu vergeuden. So etwas wie ein Spesenkonto gab es nicht – niemand wurde eingeladen. Ich bezahlte meine eigenen Fahrtkosten, das heißt die Taxifahrt ins Büro und nach Hause. Und es gab auch keine anderweitigen Vergünstigungen. Das Einzige, was die Mitarbeiter umsonst bekamen, waren zweimal zwei Tassen Kaffee oder Tee am Tag. Wir sparten an allen Ecken und Enden. Falls das dem Endprodukt anzusehen war, so beschwerte sich zumindest niemand darüber. Es gab keine echte Konkurrenz. Im Vergleich zu der frechen, bunten, pikanten Mischung von ›Stardust‹ nahm sich ›Filmfare‹ wie eine verwitwete Tante aus. ›Star'n'Style‹ war, abgesehen von Devis Kolumne, kaum besser.

Ermutigt von unseren frühen Erfolgen und ohne es besser zu wissen, machten wir weiter, leichtsinnig und, offen gesagt, zeitweise auch unverantwortlich. Die ältere Generation etablierter Stars schreckte vor der Unverfrorenheit all dessen zurück – das liegt auf der Hand. Sie waren zuckersüße Besprechungen gewohnt, die selten darüber hinausgingen, haarklein festzuhalten, dass Asha Parekhs Pudel einen neuen Wurf Welpen geboren hatte oder wie goldig Waheeda Rehmans Nichten waren. Fotofeatures wagten es nicht, einen Schritt über die Grenzen hinauszugehen, an die Jitendra Aryas Kamera sie führte, was hieß, dass Aufnahmen in Ghagras an den Knöcheln endeten, und niemand besaß den Mut zu fragen, was sich hinter dem Choli von Mumtaz verbarg.

»Ist Rajesh Khanna insgeheim verheiratet?«, war nichts weiter als ein fauler Aufhänger, eine Story von der Sorte, die nicht hält, was sie verspricht. Aber sie war trotzdem meilenweit entfernt von »›Meine Mutter ist meine beste Freundin‹, gesteht Sharmula« oder »›Ich schlafe mit meinem Teddybär‹, gibt Nanda zu«.

Die galoppierenden Verkaufszahlen stiegen uns zu Kopf. Wir stellten zusätzliche Leute ein – Uma Rao, Ingrid Albuquerque, Vanita Bakshi – und begannen unser Büro »Cat House« zu nennen. Inzwischen hatte ich mir angewöhnt, zu Fuß nach Hause zu gehen. Zum einen war das so ziemlich die einzige Bewegung, die ich bekam, zum anderen arbeiteten wir meist bis spätabends, und nach Büroschluss waren Taxis schwer zu bekommen. Die Straße war gespenstisch und das Gebäude noch gespenstischer, sowie die Straßenhändler ihre Waren eingepackt hatten und aufgebrochen waren und die übrigen Büros auf unserer Etage die Rollläden geschlossen hatten. Ratten von der Größe gut genährter Welpen huschten auf der Suche nach Essensresten umher. Der Gestank der Gemeinschaftstoilette wehte herauf, von der warmen Meeresbrise zu unserem »Penthouse« getragen. Die Luft im Studio war muffig und stank nach leckenden Wassertanks und zerbrochenen Dachziegeln, die das Regenwasser eimerweise durchsickern ließen. Dessen ungeachtet schufteten wir fröhlich vor uns hin, über aufgeweichte Dosas, wässrigen Sambar und ranzige Chutney-Sandwichs gebeugt. Zum Teufel, das war für uns alle etwas ganz Neues. Unsere Arbeit machte uns Spaß, und außerdem blieb für ein Leben außerhalb der Arbeit ohnehin keine Zeit mehr übrig. Wir sorgten abwechselnd für Unterhaltung. Wir entwickelten uns zu vollendeten Imitatoren. Jede Begegnung mit einem Star wurde zur Belustigung der anderen bis ins kleinste Detail nachgespielt.

Irgendwann war die unausgesprochene Entscheidung gefallen, dass ich mich nicht aus dem Büro zu rühren brauchte, wenn ich nicht wollte. Ich wollte es nicht. Daher blieb ich dort und hielt die Stellung, während Uma, Ingrid, Vanita und später auch Prochi und diverse freie Journalisten die Runden durch die Studios drehten, die Häuser von Stars, Partys, Muharats und Premierenfeiern besuchten. Wollte ich nicht selbst dort sein? War ich denn überhaupt nicht neugierig? Offen gesagt, nein. Ich begann bei ›Stardust‹ ohne das entfernteste Interesse am Glamour, und so blieb es. Es kam für mich überhaupt nicht in Frage, mich in etwas hineinziehen zu lassen, was mich von vornherein nicht lockte.

In all den Jahren, die ich bei ›Stardust‹ verbrachte, betrat ich kein einziges Filmstudio, ich erschien zu keiner Muharatfeier, ich besuchte keinen Star zu Hause, und ich feierte auch keine Partys mit den Filmleuten. Ich erinnere mich an zwei Ausnahmen – die Premiere des Films ›Shalimar‹, dessen Hauptrollen mit Zeenat Aman und Rex Harrison besetzt waren, und eine kleine Dinnerparty im Hause des verstorbenen Shankar B. C., der geradezu zwanghaft Partys veranstaltete.

Wenn meine selbst gewählte Isolation die Filmbranche neugierig machte, dann bekam sie von mir keine Erklärung dafür. Es war die richtige Strategie, und ich bedauere sie nicht. Ich wollte mich nicht mit den Filmleuten anfreunden, und die Distanz, die ich zu ihnen hielt, wirkte sich günstig auf die Zeitschrift aus. Da es keine »Favoriten« gab, die ich in Schutz nehmen musste, wurde jeder zum potentiellen Opfer – keine Befangenheit, keine Voreingenommenheit, keine Verpflichtungen. ›Stardust‹ verschonte niemanden, und das war unsere wahre Stärke. Auf den Seiten der Zeitschrift wurde ein glaubwürdiges Maß an Objektivität gewahrt, und das trug zu ihrem Erfolg bei.

Ich werde immer wieder gefragt, ob mir Filmrollen angeboten wurden – schließlich hatte ich regen Umgang mit der Branche, selbst wenn es eine Affäre aus der Ferne war. Ja, sie wurden mir angeboten. Aber vor nichts hätte mir mehr grausen können. Ich verabscheute die Filmwelt. Es kam für mich überhaupt nicht in Frage, dort mitzumischen. Ich kann ehrlich behaupten, dass ich nicht das geringste Interesse hatte, niemals in Versuchung geriet. Noch nicht einmal, als der großartige Satyajit Ray auf einem Filmfestival in Bombay auf mich zukam und mich ganz direkt fragte, ob ich nicht Lust hätte, für die Hauptrolle seines geplanten Films vorzusprechen. Ich schluckte, blinzelte und schüttelte den Kopf. Ich hätte eine lausige Schauspielerin abgegeben. Meine Verlegenheit wäre mir anzusehen gewesen.

Und so blieb es, bis ich zehn Jahre später weiterzog. Meine Augen und meine Ohren waren derart auf Reportage eingestellt, dass ich die Schilderungen meiner Kolleginnen, in denen sie ihre Begegnungen mit den Stars beschrieben, einer persönlichen Begegnung vorzog. Aber gelegentlich blieb mir kaum eine andere Wahl, wie zum Beispiel damals, als Shatrughan Sinha mit seinen unterwürfigen Anhängern hereinstolzierte.

Die Stars, die es wagten, sich im Cat House blicken zu lassen, taten das auf eigene Verantwortung und trugen oft selbst dazu bei, dass sie auf den Seiten der Zeitschrift lächerlich gemacht wurden. Shatrughan Sinha mit seinem breiten Bihari-Akzent und seinen ungeschliffenen Manieren konnte kaum noch etwas tun, um sein Image zu retten, sowie er die Schwelle überschritten und sein Päckchen importierter Zigaretten auf meinen Tisch geknallt hatte. Er glaubte, das zeugte von Stil – wir empfanden es als erbärmliche Affektiertheit, insbesondere als er mit den Fingern schnalzte, ohne sich umzudrehen, und zwei Kriecher mit Feuerzeugen herbeieilten. Er hatte seine Dialoge offensichtlich einstudiert, bevor er sich zu uns hereingewagt hatte. Er setzte seine tiefe Stimme und seine braunen Glupschaugen vorteilhaft ein, legte los und machte sich restlos lächerlich. Und das, obwohl der Mann alles andere als dumm ist. Es lag an seiner mangelnden Erfahrung im Umgang mit Journalisten, an seinem Mangel an Kultiviertheit und an der Fehleinschätzung, wenn er sich so in Pose setzte, würden wir alle weiche Knie bekommen. Wenn ich mir seine derzeitige Sendung im Fernsehen anschaue, habe ich das Gefühl, er ist immer noch dasselbe Großmaul, das er in den Siebzigern war. Und er sieht auch keine Notwendigkeit, über die großspurige Aufgeblasenheit hinauszuwachsen, die schließlich sein Untergang war. Shatrughan war ein passabler Leinwandschurke, manchmal sogar ein überzeugender. Der Erfolg, wenn er auch noch so begrenzt war, ist ihm zu Kopf gestiegen und hat seinen Schädel zur fünffachen Größe anschwellen lassen. Und er glaubte, das Publikum würde ihn als Helden akzeptieren. Er hat sich damals überschätzt und tut es auch jetzt noch.

Shatrughan Sinha ist bei diesem Besuch in unserem Büro mehr als nur ein Fauxpas unterlaufen, aber einer ist mir besonders eindringlich im Gedächtnis geblieben. Es ging unter anderem darum, dass er mir anbot, mich nach Hause zu bringen. Da nichts darauf hinwies, dass er es mit seinem Aufbruch eilig hatte, griffen wir alle betont nach unseren Handtaschen und gaben ihm deutlich zu verstehen, dass wir den Laden dichtmachen würden. Wir begaben uns auf die dunkle Straße, auf der nicht mehr viel los war, und er blies Rauchringe in die stille Abendluft, während wir Übrigen unsere Langeweile und unsere Ungeduld kaum mehr verbergen konnten. Ein mattgrüner Mercedes war am Straßenrand geparkt.

Er deutete darauf und sagte: »Das ist mein Wagen.«

Niemand schnappte hörbar nach Luft.

»Wie kommst du nach Hause?«, fragte er mich daraufhin.

»Wie jeden Tag – ich laufe.«

»Warum lässt du dich nicht von mir in meinem Mercedes mitnehmen?«

»Nein, danke. Ich brauche ein wenig Bewegung.«

Er hätte fast geweint.

Ein anderer, der sich maßlos überschätzte, war Kabir Bedi, der in das Büro stolzierte, als wollte er für ›Tughlaq II‹ vorsprechen (eine Rolle, die er auf der Bühne unsterblich gemacht hatte, indem er in der ersten Szene mit einem roten Lendenschurz bekleidet auftrat). Seine massige Gestalt füllte den Türrahmen aus, als er eine dramatische Pose einnahm und die Arme nach beiden Seiten ausstreckte, um seine prachtvolle Statur prahlerisch ins beste Licht zu rücken. Er war weltmännisch, redegewandt, sah gut aus und war so selbstsicher, dass es einen auf die Palme bringen konnte. Leider erging es auch ihm nicht besser als Shatrughan, denn auch er klatschte ein Päckchen ausländische Zigaretten (Dunhill, wenn ich mich recht erinnere) auf meinen Tisch. Er stellte Blickkontakt her und sah mir tief in die Augen, eine Taktik, die ihm im Lauf der Jahre gute Dienste erwiesen hat, wenn man die Anzahl von Ehefrauen und Freundinnen bedenkt, auf die er es in seinen rund fünfzig Jahren gebracht hat, und ließ ein »bedeutsames« Gespräch folgen, das dazu gedacht war, das Niveau von Anfang an festzulegen. Was er sagte, war auf den Punkt gebracht schlicht und einfach Folgendes: »Seht mal, meine Damen, ich weiß, dass ich prachtvoll und ziemlich unwiderstehlich bin. Ich lasse euch jetzt Zeit, bis sich euer Herzschlag wieder normalisiert hat, und dann ist es euch gestattet, euch in mich zu verlieben.« Er war sich seiner selbst und seiner Wirkung auf Frauen derart sicher, dass ihm nicht nur die Blicke entgingen, die wir schnell miteinander austauschten, sondern auch unser unterdrücktes Wiehern.

Kabir Bedi ist trotz all seiner beeindruckenden Attribute vielleicht der egozentrischste Mensch, der mir je begegnet ist. Für Kabir Bedi zählt nichts anderes als Kabir Bedi. Er ist unfähig, einen Menschen zu lieben – von seiner Liebe bleibt nichts für andere übrig, da er sie restlos auf sich selbst verwendet. Trotzdem ist er auf gewisse Weise liebenswert, weil er so transparent ist. Das war die Phase seines Lebens, in der er den Intellektuellen aus Delhi spielte, der in die Welt des Films spaziert war, und zwar in erster Linie, um dieser Welt einen Gefallen zu tun. Er hatte den Kinobesuchern etwas zu bieten und gab gern sein Bestes. Das Problem bestand in seinem mangelnden Talent. Kabir Bedi ist nämlich auf der Bühne schwer von einem klobigen Holzklotz zu unterscheiden. Gesellschaftlich schlug er gewaltig ein, wenn man seinen Hang bedenkt, großspurig in der dritten Person von sich zu reden (»Man glaubt«, »Man meint«, »Man kann sich des Eindrucks nicht erwehren«), und dass er belesen und weit gereist und klug genug war, um sich demütig und bescheiden zu geben (»Man lernt laufend dazu«,

»Man wählt im Leben immer wieder den Weg des geringsten Widerstands«).

Kabir verstand sich prächtig auf das Recycling der buddhistischen Philosophie, des Zen-Gedankenguts, der Gedichte von Allen Ginsberg und des Werbejargons. Damit machte er sich nicht gerade beliebt bei den Filmleuten, die eher damit vertraut waren, über die Summen zu diskutieren, die Kassenschlager einspielten, und über Filmheldinnen zu reden als über J. Krishnamurtis Glanzstücke. Kabir war so vernünftig, seine Taschen zu packen und nach Westen zu ziehen, nach Italien und Hollywood, wo ihm etwas mehr Erfolg vergönnt war. Für einen Schauspieler aus dem Osten, der ein zweiter Omar Sharif hätte werden können, hatte Kabir Bedi das Pech, als die Arme-Leute-Version des ägyptischen Stars zu enden. Aber ein Mann mit Kabirs unersättlichen Gelüsten nach Ehefrauen musste sehen, dass er stets mit Arbeit ausgelastet war, um seine Rechnungen zu bezahlen. Er fand sie. Wenn man über den Narzissmus hinwegsieht, ist er gar kein so übler Kerl, nur etwas ermüdend.

Und dann war da auch noch Zeenat Aman, die Umschwärmteste von allen. Das reinste Sexsymbol. Mit einem Busen, dem nicht mit Silikon nachgeholfen worden war, sondern der durch den geschickten Einsatz eines Bügel-BHs attraktiv nach oben geschoben wurde, was anscheinend dafür sorgte, dass Gina Lollobrigida, als sie sich einmal begegneten, Komplexe wegen ihres eigenen Ehrfurcht gebietenden Busens bekam. Zeenat war jemand, den ich als übergewichtigen Teenager kennen gelernt hatte, der mit einem seltsamen amerikanischen Akzent sprach und trotz Übergewicht sehr sexy war. Ihre Mutter bedeutete ihr alles, ganz gleich, welchen Illusionen sich die Männer in ihrem Leben hingegeben haben mögen. Und »Babusha«, wie ihre Mutter sie liebevoll nannte, war für diese »ihr kleiner Liebling«. Ich traf sie beide zum ersten Mal, als sie für »Probeaufnahmen« das Studio von ›Eve's Weekly‹ betraten. Zeenat war eine sechzehn- oder siebzehnjährige Studentin, die gerade von einem Austauschprogramm in Amerika zurückgekehrt war (das erklärte ihren eigentümlichen Akzent). Auf ihren Hüften und um ihre

Taille hatten sich hartnäckige Fettreserven abgelagert, aber ihre Beine waren phantastisch, und das Gesicht (oder das, was man davon erkennen konnte, obwohl es auf den ersten Blick nur aufgedunsen wirkte) besaß eine Attraktivität, die nicht Schönheit, sondern etwas anderes war – ein schmollendes Wissen um sexuelle Macht. Für jeden unwiderstehlich, wenn dann auch noch Verstand und eine gekonnte Ausdrucksweise dazukommen.

Ich half ihr beim Schminken, während ihre Mutter mir besorgt über die Schulter sah. Ich war zwar keine Expertin, doch Zeenat vertraute mir ihr Gesicht an, und zwar nur, weil sie wusste, dass das Ergebnis ihrer eigenen Bemühungen schlechter ausgefallen wäre. Das war und ist bis heute Zeenats Stärke – sie ist klug genug, um ihre Grenzen zu kennen. Sie ist in die Filmbranche gegangen, um Geld zu verdienen, aus ihrem Körper Kapital zu schlagen, den Ruhm zu genießen und dann schleunigst wieder auszusteigen. Zu keinem Zeitpunkt hat sie sich selbst etwas vorgemacht, was ihre Absichten oder ihr Talent angeht. Insofern erreichte sie ihre Ziele und plante die Schachzüge ihrer Karriere skrupellos. Die Gelegenheiten, die sich ihr boten, hätten nicht besser sein können – an der Seite von Raj Kapoor, Dev Anand, Krishna Shah (mit Rex Harrison, ist es zu fassen?). Und fünf Jahre lang zog Zeenats Zauber ganz Indien in seinen Bann.

Mittlerweile war ›Stardust‹ zur absoluten Nummer eins unter den Filmzeitschriften aufgestiegen, und Zeenat achtete sorgsam darauf, es sich mit dem Besitzer nicht zu verscherzen. Sie erschien zu jeder seiner Partys und stand für jede Exklusivmeldung, die wir uns einfallen ließen, zur Verfügung. Es kann gut sein, dass sie deshalb von ›Stardust‹ insofern verschont wurde, als wir uns bei der Berichterstattung über ihr Privatleben und ihre Affären mit diversen verheirateten Männern zurückhielten – darunter auch Sanjay Khan, der ihr ein trügerisches Gefühl von Ehrbarkeit und Sicherheit gab, indem er sie zu seiner »Zweitfrau« erklärte. Die turbulente Beziehung fand ihr Ende schließlich im Foyer des Taj-Mahal-Hotels, wo eine stark lädierte, grün und blau geschlagene Zeenat von »Abbas« (Khans richtiger Name) und seinen gesellschaftlich hoch angesehenen Freunden öffentlich gedemütigt wurde. Das ist nach wie vor einer der schmutzigsten und schockierendsten Vorfälle in der Geschichte Bollywoods. Heutzutage wäre auf den Titelseiten unserer Tageszeitungen darüber berichtet worden. Und Abbas wäre wegen Misshandlung und Körperverletzung zu einer Gefängnisstrafe verurteilt worden.

Damals wurden wir angewiesen, den Zwischenfall herunterzuspielen. Ich rief Zeenat zu Hause an. Es war schon ziemlich spät. Sie schlug eine Spazierfahrt vor. Ich konnte es kaum erwarten. Sie fuhr in einem rostroten Mercedes (ein Geschenk von ihrem Stiefvater) mit Chauffeur vor, und wir machten uns auf den Weg zur Promenade von Worli. Eines ihrer Augen war zugeschwollen, ihr Gesicht wies ebenfalls starke Schwellungen auf, und auf ihren nackten Armen waren dunkelblaue Flecken zu sehen. Aber Zeenat lächelte. Aus den Lautsprechern der Stereoanlage drang der Song »I will survive«. Zeenat warf den Kopf zurück und lachte. »Dieser Text ist mir wie auf den Leib geschrieben.« Aber Gloria Gaynor hatte ihn bereits für sich beansprucht. Und außer ihr die Hälfte der weiblichen Weltbevölkerung. Offenbar wurde Zeenat von etwas Stärkerem als einer zermatschten Psyche beflügelt; sie hatte bereits eine halbe Flasche Champagner getrunken. Die übrige Hälfte stand in einem Eiskübel auf dem Rücksitz. Wir stießen miteinander an, und der Chauffeur fuhr uns ans Meer. Wir beobachteten, wie monströse Wellen, die den Monsun ankündigten, gegen die Betonmauer schlugen, und fühlten uns vollständig im Einklang miteinander. So nahe war ich einer echten Frauenfreundschaft zu diesem Zeitpunkt meines Leben noch nie gekommen.

Ich bewunderte Zeenat für ihre Tapferkeit unter den gegebenen Umständen. Ich war nicht sicher, ob sie mich manipulierte oder nicht (das stellte sie immer sehr geschickt an). Trafen wir uns als »Freundinnen«? Oder wollte sie tatsächlich, dass ich einen sentimentalen, zu Tränen rührenden Girlie-Bericht über unsere Begegnung schrieb? Dazu äußerte sie sich nicht. Wie ich bereits sagte, ist Zeenat ein kluges Mädchen. Es ist ein Jammer, dass ihre angeborene Intelligenz sie im Stich lässt, sowie sie sich verliebt. Und doch war Zeenats Sexappeal in ihrer Blütezeit unübertroffen – sie war nicht nur sexy, sondern auch selbstbewusst, klug und erfolgreich. Eine Freundin, mit der sich ein Mann wie mit einer Trophäe schmücken konnte, doch bedauerlicherweise schaffte sie nie den Sprung zur Ehefrau, die als Trophäe vorgezeigt wird.

Ich traf sie nach vielen Jahren wieder, als wir uns für das Titelbild von ›Society‹ fotografieren ließen, zwei Frauen über vierzig, denen dieser Umstand überhaupt nicht peinlich war. Sie war höflich, umgänglich, korrekt und amüsant, aber irgendetwas Entscheidendes fehlte. Es war das Selbstwertgefühl. Vor ein paar Jahren traf ich sie dann noch einmal. Klatschblätter hatten über die Jahre berichtet, die sie damit verbracht hatte, ihren kränkelnden Ehemann (inzwischen geschieden) zu pflegen, praktisch pleite, aber unerschrocken. An jenem Abend trug sie ein kurzes, maßgeschneidertes Cocktailkleid aus schwarzer Spitze und sah umwerfend aus. Ein Auge war beträchtlich kleiner als das andere. Der derbe Absatz von Sanjay Khans Stiefel, der sich vor so vielen Jahren hineingebohrt hatte, hatte einen bleibenden Abdruck hinterlassen. Ich bin sicher, dass er auch auf ihrer Seele einen bleibenden Abdruck zurückließ. Aber die Fassade war intakt. Das ist Stil. Oder das war Stil. Nach dem Tod ihrer Mutter ist in Zeenats Leben offensichtlich etwas entzweigerissen. Sie wirkt haltlos und preisgegeben, während sie sich treiben lässt und mit einem Begleiter, der halb so alt ist wie sie, ziellos umherzieht, ihren Altersgenossinnen entfremdet und unter Jüngeren unerwünscht.

Es heißt, es sei stets die Stimme, die die Herkunft eines Menschen verrät. Keine Lackschicht ist dick genug, wenn der Mund erst einmal aufgeht und schlecht modulierte Worte mit einem kräftigen Akzent hervorströmen. Dafür war Rekha ein Musterbeispiel – die ursprüngliche, nicht die neue, verbesserte Version. Was mir einst zusetzte, war nicht ihr Gewicht, sondern ihre Stimme, die raue, krächzende, heisere Stimme eines ungebildeten Waschweibs. Heute spricht dieselbe Person ihre Worte mit der Finesse einer Hollywood-Diva aus, die teuren Unterricht bei einem vollendeten Sprecher und Stimmausbilder (auch als das könnte man Amitabh Bachchan bezeichnen) genommen hat. Rekhas Verwandlung zeigt beispielhaft, was eine entschlossene, verliebte Frau erreichen kann, wenn sie mit Leib und Seele dabei ist und ihren Verstand und ihr Herz in ihr Vorhaben einfließen lässt. Die Person, der man heute begegnet, weist nicht mehr die geringste Ähnlichkeit mit dem Menschen auf, der einst mit einem Zug aus Madras eintraf und sich den Weg nach oben freigeboxt hat. Durchhaltevermögen, Mumm, Ehrgeiz, Phantasie und große Intelligenz haben ihren Teil zu der kompletten Verwandlung beigetragen. Heute ist Rekha eine gepflegte, kultivierte Frau von einnehmendem Wesen. Zumindest in der Öffentlichkeit. Eingeweihte beharren darauf, im Grunde ihres Wesens sei sie unverändert, sowie sie sich hinter den abschreckenden Türen ihres Bungalows aus weißem Marmor verbarrikadiert.

Ein paar Jahre nachdem ich 1980 bei ›Stardust‹ aufgehört hatte, wurde ich aufgefordert, einen Artikel über Rekha zu schreiben. Ich muss auffallend scharfe Worte gefunden haben, denn man sagte mir, sie sei beleidigt und verletzt. Die Frage, ob ich sie beschwichtigen sollte, stellte sich gar nicht erst, denn unsere Pfade kreuzten sich nie. Bis wir uns Mitte der neunziger Jahre eines Tages mehr oder weniger zur selben Zeit am selben Ort aufhielten – in Gautam Rajadhyakshas Studio. Ich hätte gehen können, sowie wir die Aufnahmen gemacht hatten. Ich entschloss mich jedoch zu bleiben, als ich hörte, dass Rekha nach dem Mittagessen erwartet wurde. Ihr Gefolge traf ein und erwies sich eher als Vorhut, die einen gewaltigen Koffer voller Accessoires und Kleidung zum Wechseln schleppte. Sie selbst erschien kurz darauf, in einem schlichten weißen Salwar Kameez und ungeschminkt, bis auf die pedantisch nachgezeichneten Augenbrauen, die ihr Markenzeichen sind. Im ersten Moment erstarrte sie bei meinem Anblick, doch sie fasste sich schnell wieder so weit, dass sie leise: »Hallo . . . wie geht es dir?« flüstern konnte. Ich glaube, die Anwesenheit von Avantika, meiner kleinen Tochter, gab den Ausschlag. Rekha drehte sich zu ihr um, und es war auf beiden Seiten Liebe auf den ersten Blick. Ich bekam eine andere Seite der bezaubernden Schauspielerin zu sehen, als sie sichtlich sanfter wurde und ungezwungen mit Avantika plauderte, die natürlich hin und weg war. Rekha setzte sich bereitwillig für einige Fotos mit meiner Tochter in Pose und ließ sich mehrfach gemeinsam mit mir aufnehmen, bis sie schließlich Gautam die Kamera aus den Händen riss und darauf bestand, uns beide selbst zu knipsen. Das war ein vollkommen anderer Mensch, kindlich, ausgelassen, warmherzig und spontan. Seitdem habe ich sie nicht mehr gesehen. Aber Gautam berichtet mir, dass sie sich stets nach Avantika erkundigt, die ihrerseits weiterhin die Frau bewundert, die von Generationen als bleibende Ikone für Schönheit und Stil angesehen wird.

Als ungehobelt, flegelhaft und derb empfand ich den verstorbenen Sanjeev Kumar. Das ist vielleicht ein Schock für diejenigen, die ihn bisher mit seinen Filmrollen identifiziert haben, in denen er einen feinen, geschliffenen, einfühlsamen Gentleman verkörpert, der zu nichts Niederem oder Geschmacklosem fähig ist. Sanjeev Kumar wurde nach ein paar Drinks zum Tier und war durchaus zu gewalttätigen Kraftproben und derbem Unfug in der Lage. Uma Rao und ich wurden bedauerlicherweise mit dieser grässlichen Seite der Persönlichkeit des großartigen Schauspielers konfrontiert, als wir während eines internationalen Filmfestivals in Delhi eine Einladung zum Abendessen in seiner Suite annahmen. Wir beobachteten voller Entsetzen, wie er sich in rasendem Tempo einen Whiskey nach dem anderen hinter die Binde kippte. Die anderen Anwesenden waren das offenbar gewohnt und sahen über seine gelallten Worte und seine glasigen Augen hinweg. Uma und ich beschlossen, so schnell wie möglich zu verschwinden. Ich entschuldigte mich, um ins Bad zu gehen und mir die Hände zu waschen. Dabei merkte ich, dass jemand direkt hinter mir stand. Als ich aufblickte, sah ich im Spiegel über dem Waschbecken das dämliche, anzügliche Grinsen unseres Gastgebers. Ich drehte mich ruhig um und erwartete, dass er zur Seite treten und mich vorbeilassen würde. Aber er stand da wie ein sturer Ochse, der mir den Weg versperrte, und seine Stimme war die eines Getreideverkäufers ... eines Ladenbesitzers ... und seine Wortwahl war ekelhaft ordinär. Schließlich stieß ich ihn mit einem Ruck zur Seite. Uma stand schon in der Nähe und wartete auf mich. Wir verschwanden schleunigst, ohne uns von den anderen Gästen zu verabschieden. Es war nicht nur abstoßend, sondern auch desillusionierend. Ein Mann, den wir beide bisher als Schauspieler sehr bewundert hatten, hatte sich wie ein ganz übler, ungehobelter Flegel benommen. Was mir noch lange im Gedächtnis haften blieb, nachdem ich den exakten Wortlaut längst vergessen hatte, war der entartete Klang seiner Stimme. Hätte ich diese Stimme gehört, ohne den dazugehörigen Menschen zu sehen, dann hätte ich sie einem unterprivilegierten, ungebildeten, frustrierten Arbeiter zugeordnet und bestimmt nicht einem begabten, kultivierten Schauspieler, der auf der Leinwand der Inbegriff von Zurückhaltung und Anstand ist. So viel zum Thema Illusionen.

Es gab Langweiler und Huren unter den Stars, und nachdem ich ein paar Jahre lang über den hohlen Glanz ihres glitzernden Daseins geschrieben hatte und mit dem Büro in feinere Räumlichkeiten umgezogen war (ein umgebautes Apartment in einem Wohnhaus an der Foreshore Road im Süden von Bombay), beschlich mich wieder einmal die vertraute Rastlosigkeit. Mittlerweile hielt sich Nari Hira kaum noch in Indien auf und verbrachte dort nur die vorgeschriebenen sechs Monate, die er in drei Happen von jeweils zwei Monaten zerstückelt hatte. Er hielt sich einen halben Tag lang bei ›Stardust‹ auf und ging dabei in erster Linie mit den Buchhaltern geschäftliche Angelegenheiten und Bilanzen durch. Wir wussten, dass er jedes einzelne Manuskript sorgfältig durchlas, bevor wir es in die Druckerei schickten, aber für eine persönliche Diskussion oder Kommentare war nicht genug Zeit. Im Zweifelsfall schickten wir ihm Telexe (Faxgeräte hatten wir damals noch nicht) und warteten auf Anweisungen. Das Leben war schwierig, wenn »Daddy« nicht da war und uns an die Hand nahm.

Trotz der gewaltigen Sprünge, mit denen die Auflagenziffern in die Höhe schossen, war es immer noch ein amateurhaftes Unternehmen. Zum Beispiel mussten wir uns mit lästigen Gerichtsverfahren befassen; ich wurde mehrfach als »Hauptangeklagte« in erster Instanz vorgeladen und musste vor dem Gericht in der Nähe von St. Xavier's, meinem früheren College, erscheinen. Ja, Nari Hira hatte fähige Anwälte, die meinen Hals immer wieder aus der Schlinge zogen. Und nach den ersten fünf Prozessen, zu denen ich vorgeladen wurde, war es mir auch überhaupt nicht mehr peinlich. Ich erschien im Gericht und stand zwischen minderjährigen Prostituierten, abgehärteten Zuhältern, Taschendieben und sogar Männern in Handschellen, die wegen Mordes angeklagt waren. Wir trieben uns so lange dort herum, bis die Nummer unseres jeweiligen Falls aufgerufen und der Termin genannt wurde, auf den sich das Gericht vertagte. Es war die altbekannte Hinhaltetaktik. Eher früher als später verloren vielbeschäftigte Stars das Interesse an dem Fall und hatten es satt, Anstrengungen zu unternehmen, damit sie von der Pflicht entbunden wurden, persönlich vor Gericht zu erscheinen, und dann zogen sie die Anklage zurück. Die Anwälte kassierten ihre Honorare dafür, dass sie nicht mehr und nicht weniger als überhaupt nichts taten, und das Leben ging wieder seinen gewohnten Gang. Falls sich meine Familie deshalb schämte, erwähnte es mir gegenüber keiner. Von einem gewissen Punkt an erzählte ich es ihnen gar nicht mehr, es sei denn, der Fall schlug so hohe Wellen, dass die Revolverblätter darüber berichteten.

Das passierte beispielsweise, als Raj Kapoor uns wegen einer Kritik an seinem ambitionierten Film ›Satyam Shivam Sundaram‹ verklagte. Nachdem wir uns eine Voraufführung angesehen hatten, brachten wir eine zweiseitige Besprechung mit der Überschrift »Satyam Shivam Langeweile«. Erbost über unsere vorschnelle Verurteilung seines Meisterwerks (mit einer narbengesichtigen Zeenat Aman in einer Mikrominiversion eines Saris, der ohne Bluse und ohne Unterwäsche getragen wurde) und möglicherweise auch besorgt, diese Besprechung könnte sich ungünstig auf den kommerziellen Erfolg des Films auswirken, schickte er ›Stardust‹ eine Benachrichtigung, in der er eine Entschuldigung und Schadenersatz verlangte. Nari Hira blieb bei seiner üblichen Vorgehensweise und weigerte sich, dieser Forderung nachzukommen, und der Fall wurde vor Gericht gebracht. Nichts passierte. Schon bald war der Vorfall in Vergessenheit geraten. Und der Film wurde ein bescheidener Erfolg.

Anfangs erschien es mir seltsam, dass dieselben Leute, deren Leben wir in der Luft zerrissen, deren Gefühle wir oft verletzten und deren Ruf wir zerstörten, uns bereitwillig zu Partys einluden und den Mitarbeitern, mit denen sie sich hätten bekriegen sollen, Interviews gewährten. Wie konnte jemand so leicht verzeihen?

Dharmendra konnte es anscheinend nicht, denn er war derjenige, der beschloss, sich nicht an den bequemen Pakt zwischen verleumdeten Stars und Reportern zu halten und Devi von ›Star'n'Style‹ auf einer öffentlichen Tagung massiv anzugreifen. Wahrscheinlich hatte das Ganze eine Vorgeschichte, aber die Version, die in der Presse erschien, machte die Kolumnistin zur Märtyrerin und ließ den volltrunkenen Schauspieler eine hilflose Frau jagen und dabei Morddrohungen ausstoßen.

Obwohl unser Tonfall provozierend war, erhielt niemand von ›Stardust‹ ähnliche Drohungen, ein Umstand, der mich bis zum heutigen Tag verwundert, wenn man die Anzahl von derben, keineswegs schmeichelhaften Spitznamen bedenkt, die wir prägten, darunter auch einen für Devis Angreifer: »Garam Dharam« (der scharfe Dharam). Yogeeta Bali hatten wir in »Asli Ghee« (Butterschmalz) umbenannt (ein Seitenhieb auf ihre üppigen Proportionen), Hema Malini, die den vom Studio gutgeheißenen Namen »Dream Girl« bei weitem vorzog, nannten wir »Idli« (eigentlich Pfannkuchen, aber in der Filmbranche für die dicke, viel zu helle Schminke der dunkelhäutigeren Mädchen aus dem Süden gebraucht), Sharmila Tagore und Raakhee nannten wir die »Bengalischen Tigerinnen«, den exzentrischen Raaj Kumar »Jaani« (Süßer) und so weiter.

Es war die Zeit, zu der Rajesh Khanna das unumstrittene Sexsymbol war, und es erschien kaum eine Ausgabe ohne Klatsch, der sich um sein Liebesleben drehte. Die überraschende Ankündigung seiner Hochzeit mit der sechzehnjährigen Dimple Kapadia, die mit ›Bobby‹ Starruhm eingeheimst hatte, überrumpelte die Filmbranche restlos. Fans des »Phänomens« drohten in ganz Indien mit Selbstmord. Es war der Knüller des Jahrzehnts, der zwei am Boden zerstörte Frauen am Wegesrand zurückließ: Devi und Anju, ganz zu schweigen von seinen Filmheldinnen wie Mumtaz (von ›Stardust‹ in »Mumu« umgetauft), die deswegen sogar Trauer trug.

Etwa um diese Zeit herum brachten wir eine britische Ausgabe der Zeitschrift heraus, um die beträchtliche indische Leserschaft in Großbritannien und Amerika zu beliefern. Ich war gerade zu Besuch dort, aber es war eher ein Urlaub als eine offizielle Reise. Das Büro teilte mir mit, Rajesh Khanna sei mit seiner jungen Braut im Hilton abgestiegen, ganz in der Nähe. Wir riefen an und luden beide ein, bei uns vorbeizuschauen. Wir rechneten nicht damit, dass er so rasch zusagen würde, wenn man bedachte, dass wir einige recht pikante Geschichten über seine Vergangenheit gebracht hatten. Er überraschte uns alle damit, dass er pünktlich und in einem schlecht sitzenden Jeansanzug auftauchte – ohne Dimple. Ich traf den Superstar zum ersten Mal. Ich starrte den eher kleinen, dicklichen Menschen mit den vielen Pickeln und der schweinchenrosa Gesichtsfarbe an, der zitternd draußen in der Kälte stand, und dachte mir: »O mein Gott! Das ist er? Das ist alles?«

Er war wirklich süß, aber alles andere als beeindruckend und viel kleiner, als er auf der Leinwand wirkte. Außerdem schien er ohne seine gewohnte Anhängerschar nervös zu sein. Ich bat ihn herein und sagte Bertram, unserem Mann in London, er solle ihm einen Scotch mit Wasser bringen. An der Bar tauschten wir kurz unsere ersten Eindrücke aus.

»Er hat Ähnlichkeit mit einem nepalesischen Gurkha«, flüsterte ich.

Bertram reichte Khanna den Drink mit ausdrucksloser Miene

und sagte in freundlichem, zwanglosem Ton: »Hier, Leute, trinkt erst mal was, prost.«

Vier doppelte Whiskeys und zwei Stunden später dachte Rajesh immer noch nicht daran, allmählich zu gehen. Uns war der Gesprächsstoff ausgegangen. Daran hatte es eigentlich von Anfang an gehapert. Ich stand auf und schlug munter einen Spaziergang vor. Bertram sah mich finster an. Draußen war es eiskalt und nass. »Wohin willst du denn? Um diese Uhrzeit?« Ich erwähnte den Hyde Park, der gleich um die Ecke war. Rajesh Khanna sprang eilig auf, nachdem er seinen Drink mit zwei großen Zügen geleert hatte. Er hatte keinen Mantel mitgebracht. Ich besaß gar keinen (und trug einen Chiffonsari). Bertram zwängte sich in seinen Mantel und meinte: »Also dann, Leute, lasst uns gehen.«

Vielleicht war Rajesh erleichtert. Für ihn konnte der Abend auch nicht gerade toll gewesen sein. Seine Braut, die sich im Hotel langweilen musste, hatte er kein einziges Mal erwähnt. Wir traten in die feuchte, kalte Nachtluft hinaus. Nachdem wir zehn Schritte gelaufen waren, sagte ich zu ihm: »Sollen wir ein Taxi rufen?«

Das war das Stichwort für Bertram, der sich sofort erbot, vor dem Churchill's-Hotel ein Taxi zu holen. »Wartet hier, Leute, das mache ich schon«, sagte er und lief los. Fünf endlose Minuten später erschien er triumphierend und bugsierte Khanna in das Taxi. Und das war auch gut so, denn sonst wäre Indiens größter Filmstar auf diesem eisigen Bürgersteig an der Seite einer frechen indischen Redakteurin, die genau richtig für einen warmen Sommertag angezogen war, vielleicht erfroren.

Frauen verlieben sich weiterhin in Rajesh Khanna, obwohl er nicht mehr der verschmitzte Gott aus ›Aradhana‹ ist. Intelligente Frauen. Was fasziniert sie bloß derart an diesem Mann? Ich hatte ein wunderschönes, künstlerisch veranlagtes Luxusweibchen in meinem Wohnzimmer sitzen, das in ihn vernarrt war und sich bei mir über die unerwiderte Liebe zu dem einstigen »Phänomen« ausweinte. Ich fragte diese Frau, was sie in ihm sähe.

»Er ist vielschichtig, paranoid, heimlichtuerisch und sadistisch«, schwärmte sie mir vor. »Er macht Frauen das Leben zur Hölle. Er verunsichert sie und gibt ihnen das Gefühl, von keinem Menschen geliebt zu werden. In Geldangelegenheiten ist er knausrig. Und er ist total egoistisch.«

Ich hatte verstanden. Er besaß also all die Eigenschaften, die einen Mann unwiderstehlich machen.

Wenn ich Dimple, seiner Exfrau, heute begegne, suche ich in ihrem Gesichtsausdruck nach Anhaltspunkten. Ich bilde mir ein, dass ich Narben sehen kann. Sie ist verwundet, sage ich mir. Sie ist entkommen. Sie hat noch mal Glück gehabt. Ihre Trennung kam nicht unerwartet. Als es so weit war, hat sich niemand dazu geäußert. Sie haben zwei bezaubernde Töchter, und das Wort »Scheidung« wird nie erwähnt. Vielleicht braucht das im Moment keiner von beiden.

Amitabh Bachchan ist eine ebenso komplexe Persönlichkeit, aber viel kultivierter. Er ist kein Typ, der einen auf den ersten Blick umhaut. Man nimmt seine Stimme und seine Augen wahr und dann nur noch seine Aura. Es ist die Aura des Erfolgs, die die gewöhnlichsten Menschen in überlebensgroße Gestalten verwandelt. Amitabh steht diese Aura sehr gut. Oder genauer gesagt, sie stand ihm gut, bis es mit seiner Karriere und seinem Image schlagartig bergab ging. Aber wie dem auch sei, er steht immer noch eine Stufe höher als Khanna. Andererseits hat Khanna nie zu dem Nehru-Gandhi-Zirkel gehört. Er war nur der Junge von nebenan, der es »geschafft« hatte. Amitabh hat seine Herkunft und seine Vorfahren nie verleugnet. Redegewandt, belesen, weltmännisch und kultiviert, ein Mann von der Sorte, die sich in den Salons aller Länder wohl gefühlt hätte. Nicht so Rajesh mit seinen unzähligen Komplexen und Selbstzweifeln. Beide Männer haben in der Politik eine Schlappe wegstecken müssen. Amitabh ist vorzeitig ausgestiegen, Rajesh dagegen dort hängen geblieben, weil sich ihm keine anderen beruflichen Möglichkeiten geboten haben. Rajesh ist von einem Verfolgungswahn gezeichnet, den er gar nicht erst zu verbergen versucht, Amitabh von seinem einstudierten Schweigen. Das Einzige, was sie gemeinsam haben, ist ihre Reserviertheit. Beide haben ihre Anhänger, aber keiner klopft den beiden auf den Rücken oder redet in einem vertraulichen Tonfall mit ihnen. Selbst für erlöschende Superstars ist es wichtig, auf Distanz zu bleiben, wenn sie ihren geheimnisvollen Nimbus bewahren wollen.

Ich fand meine wenigen kurzen Begegnungen mit beiden interessant. Das letzte Mal habe ich mich ausgiebig mit Mr Bachchan unterhalten, als er sich als einen gehetzten, hilflosen, gezeichneten Mann mit gesichtslosen Feinden darstellte, die es auf ihn abgesehen haben. Nachdem er jahrelang »einen Bann über die Presse verhängt« hatte (was auch immer diese alberne Redewendung bedeuten mag) oder die Presse über ihn, hatte er jetzt begonnen, um jeden einzelnen Schreiberling in der ganzen Stadt zu buhlen. Einige waren derart von seiner Aufmerksamkeit überwältigt, dass sie es als Ehre ansahen, seine Erklärungen ohne eine einzige Gegenfrage zu veröffentlichen. Andere fielen beim Klang seiner Stimme fast in Ohnmacht, wenn er am Telefon nach ihnen fragte. Sie ahnten nicht (oder es war ihnen egal), dass seine Kontaktaufnahme mit der Presse Teil einer gründlich ausgeklügelten Strategie war. Er hatte seinen Aufruf bis ins letzte Detail durchdacht und sich ausgerechnet, kleine Reporter von unbedeutenden Zeitungen würden sich für den Rest ihres Lebens von ihm versklaven lassen, nachdem er ihnen seine Wünsche in seinem berühmten Bariton vorgetragen hatte. Damit lag er natürlich völlig richtig. Es gibt sie immer noch, und sie stehen getreulich hinter ihrem Helden, während er darum kämpft, zu retten, was von seiner ramponierten Karriere und seinem lädierten Konzern noch übrig ist, und sie sind sogar so dumm, sich als Amitabhs »Freunde« zu bezeichnen. Sie scheinen nicht zu wissen, dass Männer wie Amitabh und Rajesh keine Freunde haben, sondern nur unterwürfige Anhänger und kriecherische Gefolgsleute.

Ich hatte keinen Anruf erwartet, doch als er kam, war ein Veteran unter den Filmpublizisten am Apparat, Gopal Pandey, der eine dramatische Pause einlegte, nachdem er gesagt hatte:

»Madam ... Mr Bachchan würde gern einen Termin mit Ihnen vereinbaren.«

Das fand ich ziemlich drollig. Ich meine, ich kannte den Typen schließlich schon, seit er beim Film angefangen hatte. Ein Mann, der, an den bizarren Maßstäben der Welt des Films gemessen, schon fast »normal« wirkte. Warum zum Teufel konnte er den Anruf nicht selbst machen? Sie wissen schon, einfach zum Telefon greifen, wählen, »Hallo« sagen und sehen, was sich daraus entwickelt? Damit hatte er schon mal einen Punkt eingebüßt. Aber mir selbst musste ich mehrere Minuspunkte dafür geben, dass ich angenommen hatte, jemand mit seinem Hintergrund sei ein ganz normaler Kerl. Bollywood hinterlässt seine hässlichen Spuren auf jedem und allem. Weshalb also sollte der erfolgreichste Star seiner Generation davon verschont geblieben sein? Weshalb hätte Amitabh sich von den anderen unterscheiden sollen? Weil er eine gute Schule besucht hatte? Das College absolviert hatte? Aus einer »guten« Familie kam? So läuft es nicht, jedenfalls nicht in der Filmbranche.

Wir vereinbarten einen Termin. Leider fiel er mit dem ersten Ferientag meiner Kinder zusammen. Ich war mitten in den Reisevorbereitungen, weil wir das Haus für die Sommermonate leer stehen lassen und noch am selben Abend ein Flugzeug nehmen würden. Dazu kam, dass es der Geburtstag meiner Tochter Radhika war. Alles in allem kein allzu glücklich gewählter Zeitpunkt im Hause De. Der Mann verspätete sich, was, wie mir versichert wurde, ungewöhnlich für ihn war. Aber diese Beteuerungen halfen mir auch nicht weiter. Ich hatte noch viel zu viele unabgeschlossene Dinge zu erledigen und war sichtlich gestresst. Gopal rief mich in regelmäßigen Abständen an, um mich darüber zu informieren, wie Amitabh auf dem langen Weg von seinem Haus in Juhu zu meiner Wohnung im Süden von Bombay vorankam.

Zu dem großen Moment kam es mit etwa zweieinhalb Stunden Verspätung. Bachchan schien schrecklich gehemmt zu sein, fast schon unbeholfen, als er seine langen Beine sortierte, um sich auf einem der Polstersessel im Wohnzimmer niederzulassen. Eine lange Pause. Ein Räuspern. Ein verkrampftes Lächeln. Kein Blickkontakt. Mein Mann, der Amitabh zu Zeiten gekannt hatte, als er noch kein Filmstar war, schloss sich uns an, und die Atmosphäre lockerte sich ein wenig auf, als die beiden über die guten alten Zeiten in Kalkutta plauderten.

Ich konnte hören, wie das Stimmengemurmel direkt vor unserer Tür anschwoll. Das Personal kriegte sich überhaupt nicht mehr ein, und sämtliche Dienstboten aus der Nachbarschaft kicherten und lugten aus sicherer Entfernung hinein. Die Kinder waren sauer, das Geburtstagskind war aufgebracht, und ich machte mir zunehmend Sorgen. Einer der beiden Kühlschränke war bereits ausgeräumt worden, und in dem anderen lagen nur Reste herum. Ich wusste nicht, was ich dem großen Star hätte anbieten können, von den offenen Flaschen mit alkoholischen Getränken in der Bar mal abgesehen, doch ich hatte bereits gehört, dass er, zumindest in der Öffentlichkeit, nicht trank. Als wir unseren Kaffee ausgetrunken hatten und das Gespräch so gestelzt klang, dass es allmählich absurd wurde, hätte ich ihn am liebsten angeschrien: »Jetzt kommen Sie endlich zur Sache. Und zwar so schnell wie möglich.« Dies war kein Anstandsbesuch, das wussten wir beide. Offensichtlich stand etwas auf der Tagesordnung, aber Amitabh ließ sich viel zu lange Zeit, um das Thema anzusprechen. Ich weiß nicht, wer schließlich auf Bofors zu sprechen kam. Vielleicht war es mein Mann, aber sowie dieser Skandal erwähnt worden war, fand Amitabh die Sprache wieder und legte los. Er sagte nichts, was ich nicht bereits gehört oder gelesen hatte. Die Platte kannte ich schon. Er hatte seinen Text gründlich einstudiert und spielte die Rolle eines gezeichneten Mannes ziemlich überzeugend. Es war eine verdammt gute Darbietung – aber eben genau das und sonst gar nichts.

Inzwischen hätten wir normalerweise längst zu Mittag gegessen. Die Kinder waren hungrig und wütend. Ich warf einen bedeutsamen Blick auf meine Armbanduhr und wandte mich an Bachchan. »Außer einem Päckchen gefrorener Samosas haben wir nichts Essbares im Haus. Sind Sie nicht am Verhungern?«

Er ließ sich nicht aus dem Takt bringen, sondern erwiderte

spontan: »Gegen gefrorene Samosas hätte ich nichts einzuwenden.«

Ich hatte es tatsächlich getan. Mich selbst in die Klemme gebracht. Ich glaubte, Radhika würde in Tränen ausbrechen. Die Menge, die draußen wartete, um Amitabh zu sehen, wenn er das Haus verließ, wurde langsam unruhig. Die Hausangestellten waren verlegen. »Wir sollen diesem Filmhelden Samosas aus der Tiefkühltruhe vorsetzen?«, entrüsteten sie sich.

»Jetzt macht schon«, fauchte ich sie an und ging wieder zu den Männern.

Als Amitabh endlich aufstand und ging (mir fiel auf, dass er trotz der drei Gläser Wasser und der zwei Tassen Kaffee nicht nach dem Badezimmer gefragt hatte), redeten meine Kinder bereits nicht mehr mit mir. Die Gaffer, die sich im Hausflur in der Nähe der Aufzüge drängten, gerieten außer Rand und Band. Er ließ sich dazu herab, die gewünschten Autogramme zu geben. Er war bereits schrecklich nett zu unserem Personal gewesen und hatte sich bereitwillig für Fotos mit den Dienstboten zur Verfügung gestellt. Als die Abzüge kamen, sah Beena, das Kindermädchen, das Bild an, auf dem sie direkt neben einem Mann stand, der in ihren Augen ein Halbgott war, und schüttelte betrübt den Kopf.

»Keiner in unserem Dorf wird mir das glauben«, sagte sie.

»Aber du hast doch das Foto, um es zu beweisen«, erwiderte ich.

Sie blieb weiterhin skeptisch. Als wir aus den Ferien zurückkamen, berichtete sie mir, die Dorfbewohner hätten sie ausgelacht und verhöhnt. Das Foto hatten sie als einen faulen Trick abgetan.

Aber Mr Bachchans Besuch hatte das Selbstbewusstsein unserer Hausangestellten gestärkt und ihre Maßstäbe in die Höhe getrieben. Wenn in den darauffolgenden Jahren weniger bedeutende Filmstars zu uns kamen, waren sie nicht bereit, sich mit ihnen gemeinsam fotografieren zu lassen. »Mit einem echten Helden, ja, aber nicht mit diesen Witzbolden«, sagten sie. Mir taten die Kerle leid, die ihren Ansprüchen nicht genügten.

Dann kam es zu dem Zwischenfall mit Urmila Matondkar. Die Erinnerung daran lässt mich bis heute erröten. Sie und ich saßen bei einem renommierten Schönheitswettbewerb in der Jury. Hema Malini war ebenfalls anwesend und spielte sich als die Königin auf (diese Rolle ist ihr wie auf den Leib geschrieben). Ich war bezaubert von der blutjungen Urmila, vor allem seit ich ihren großen Hit ›Rangeela‹ zweimal gesehen hatte und von ihrer Spontaneität begeistert gewesen war. Es half natürlich, dass auch sie aus dem Maharashtra kam. Wir müssen uns ziemlich ungehobelt benommen haben, denn wir ignorierten die anderen Jurymitglieder und plauderten hemmungslos auf Marathi miteinander.

»Wo haben Sie Ihre Kontaktlinsen gekauft? Die Farbe ist einfach toll. Sie sieht so echt aus«, sagte die temperamentvolle junge Schauspielerin unschuldig und sah mir tief in die Augen. Es brach mir das Herz, ihr zu sagen, dass ich keine Kontaktlinsen trug und sie nach dieser Farbe lange würde suchen müssen. Später fragte ich sie, ob ich sie eventuell nach der Veranstaltung zu mir nach Hause einladen dürfte. »Meine Kinder beten dich an«, sagte ich überschwänglich. Diesen Eindruck hatten sie mir jedenfalls vermittelt.

Sie war sofort dafür zu haben. Die Veranstaltung endete gegen halb elf. Urmila würde später mit Freunden in einen Nachtclub gehen, aber vorher noch schnell meine Kinder begrüßen. Ich dachte mir, ich sollte die Familie vorwarnen. Ich borgte mir Urmilas Handy und rief zu Hause an. Mein Mann reagierte neutral. Ich dachte, die Kinder würden begeistert sein. Der Freudentaumel der Hausmädchen war jedenfalls unbeschreiblich. Als ich an der Tür läutete, erkannte ich sie kaum – diese Mädchen, die für uns arbeiteten, waren hastig in besonders bunte Salwar Kameeze geschlüpft und hatten sich Talkpuder ins Gesicht geklatscht, ihre Füße steckten in Plastikschuhen mit hohen Absätzen, das Haar hatten sie sich modisch aufgesteckt, und sie strahlten über das ganze Gesicht.

Urmila war noch ein kleines Mädchen, nicht viel älter als meine Töchter. Entsprechend behandelte ich sie auch. Sie war quietschvergnügt, fröhlich, schwatzhaft und ganz natürlich, und mir hatte gefallen, wie ich sie während der Veranstaltung erlebt hatte.

»Wo stecken die Kinder?«, fragte sie enthusiastisch.

Ich sah die Hausmädchen an. Ihre angespannten Gesichter sagten mir, dass etwas nicht stimmte.

»Sie schlafen«, sagte eines der Mädchen.

»Na schön«, meinte Urmila, »dann gehen wir eben in ihr Zimmer. Ich wecke sie auf.«

Sie lief zielstrebig hinter den zaudernden Mädchen her und betrat gleich nach ihnen das Zimmer. Mir fiel auf, dass Radhika nicht in ihrem eigenen Zimmer war, sondern sich gemeinsam mit den Kleinen unter die Zudecken gekuschelt hatte. Drei schläfrige Gesichter starrten die umwerfende Schauspielerin, die sie vom Fußende des Betts anlächelte, gereizt an. Ich hörte Anandita stöhnen: »Mama, wir schlafen schon. Schalt bitte das Licht wieder aus.«

Urmila gurrte: »Hal-lo. Ju-hu. Hi. Ich bin da. Wollt ihr ein Autogramm von mir?«

Radhika machte ein finsteres Gesicht und zog sich die Bettdecke über den Kopf. Anandita scheuchte uns alle hinaus, aber nicht, ohne höflich »Gute Nacht« zu murmeln. Nur Arundhati erinnerte sich an ihre Manieren. Sie stand mühsam aus dem Bett auf und gab sich demonstrativ interessiert, wenn auch nicht sonderlich beeindruckt. Urmila wirkte geknickt. Ich war am Boden zerstört. Und wütend auf meine schrecklichen Kinder, weil sie eine ganz reizende junge Dame vor den Kopf gestoßen hatten, die auf mein Drängen hin mit mir nach Hause gekommen war, um sie zu begrüßen. Wieder einmal saß ich in der Klemme und wandte mich den Hausmädchen zu, um die Situation zu retten. Sie leisteten meinem Wunsch mit Vergnügen Folge, veranstalteten einen großen Wirbel um Urmila und bettelten, ob sie sich mit ihnen fotografieren lassen würde. Ich gelobte mir, nie wieder einem Star meine gegen Berühmtheiten immune Familie zuzumuten. Diese Erfahrung war viel zu demütigend – vielleicht nicht für die Leute vom Film, aber für mich.

Während meiner Zeit bei ›Stardust‹ wurde ich oft gefragt, ob Freundschaften zwischen Journalisten und Leuten vom Film überhaupt möglich seien. Die Antwort lautet eindeutig: nein. Ich weiß nicht, wie es in Hollywood abläuft, aber bei uns herrschen klare Verhältnisse. Die einzige passende Bezeichnung für einen Reporter, der sich nach Dienstschluss in Gesellschaft von Filmhelden oder -heldinnen herumtreibt, ist »Chamcha« (Speichellecker). Das ist ein klares Abkommen, bei dem für beide Seiten etwas herausspringt: Für jede positive Publicity erhält ein Journalist neben einem symbolischen Geschenk zum Lichterfest Diwali näheren Zugang zu der betreffenden Person. Wenn das Verhältnis noch enger wird, werden die Einsätze erhöht. Bei den meisten Zeitschriften kommt mit der Zeit eine Liste von »Unberührbaren« zusammen – persönliche Favoriten unter den Stars, denen man freundlich gesinnt ist. Neuen Reportern wird behutsam gesteckt, sie sollten die Finger von ihnen lassen. Über sie wird nichts Gemeines geschrieben, und im Austausch dafür bekommt die Zeitschrift »Exklusivmeldungen«. Diese »Knüller« werden mit Argusaugen bewacht, und sie werden mit Intrigen und viel Degengerassel vor den Konkurrenten gehütet – und all das tut man für einen bescheuerten Bericht, in dem rhetorische Fragen gestellt werden wie zum Beispiel: »Wird Soundso von Soundso betrogen?« Die Antwort kennt jeder (die Leser inbegriffen), aber der Artikel muss aufgemacht sein wie eine weltbewegende Enthüllung.

Die Leute vom Film sind zu »normalen« Gefühlen wie Loyalität, Freundschaft und Rücksicht nicht fähig. Junge Menschen, die mit weit aufgerissenen Augen die Büros einer Zeitschrift betreten, empfinden die Vorstellung, ihren Idolen tatsächlich zu begegnen, als derart überwältigend, dass ihnen die eingebauten Mechanismen zur Manipulation des ganzen Systems häufig entgehen. Aber sie lernen schnell, wie der Laden wirklich läuft, und dann werden sie ebenso herzlos wie alle anderen auch. Und das ist die einzige Grundlage, auf der diese instabilen Beziehungen funktionieren können. Selbstsüchtige, selbstverliebte Stars haben keine Zeit für Schreiberlinge, die nicht spuren. Der Journalist, der sich der Illusion hingibt, einem hohen Tier nahezustehen, versinkt in tiefe Niedergeschlagenheit, wenn eben dieser »enge Freund« ihn öffentlich demütigt, weil der arme Kerl mittlerweile entweder seinen Job verloren hat oder von einer Zeitschrift mit hoher Auflage zu einem kleineren Blatt übergewechselt ist.

Bei ›Stardust‹ wurde von solchen Freundschaften aktiv abgeraten. Das Vertrauen eines Stars zu gewinnen, der zurückgezogen lebte, war eine Sache, aber etwas ganz anderes war es, wenn man sich darauf einließ, die Person wirklich genügend zu mögen, um das Opfer während einer Kontroverse zu verschonen. Da die Stars keine Skrupel hatten, leichtgläubige Journalisten auszubeuten und ihnen unwahre Geschichten unterzujubeln, wurde den Mitarbeitern eingehämmert, dass auch ihnen ein Vertrauensbruch keine schlaflosen Nächte zu bereiten brauchte.

»Wenn es tatsächlich ein Geheimnis ist, dann erzähle es mir nicht«, lautete eine der Regeln. »Es gibt nichts, das nicht für die Öffentlichkeit bestimmt ist«, lautete eine andere.

Wenn die grundlegenden Regeln erst einmal feststanden, war alles Übrige ganz einfach. Oft schrien Stars, wir hätten sie »reingelegt«, aber dabei handelte es sich eher um einen symbolischen Protest als um echten Groll. Früher erstaunte es mich immer, wie schnell sie nach größeren Unstimmigkeiten bereit waren, einen wieder zu küssen und sich zu versöhnen . . .

Wenn die Stars durch die Bank ein dickes Fell hatten, dann waren die Journalisten kaum besser als sie. Abend für Abend trafen die Stars in ihren protzigen Bungalows zusammen, tranken auf Kosten eines zermürbten Produzenten »Scotch«, der in Indien hergestellt worden war, und ließen sich gehässig über Abwesende aus, weil sie hofften, der Eindringling in ihren Reihen – der Journalist – würde in die Falle tappen und so entgegenkommend sein, diese Verleumdungen in der nächsten Ausgabe seiner Zeitschrift zu verbreiten.

Da der Mitarbeiterstab von ›Stardust‹ vorwiegend weiblich war – Mädchen aus »gutem Hause« –, verstand sich von selbst, dass sie sich nachts nicht herumzutreiben brauchten. Die Verhaltensmaßregeln waren ebenso klar definiert. Keine Geschenke, keine Gefälligkeiten, keine Geschäfte. Die Sekretärinnen der Stars (der Abschaum der Menschheit) wurden aktiv entmutigt, unseren Mitarbeitern Empfehlungen zu geben, und sie wurden selten im Büro empfangen. Das überraschte die Filmbranche anfänglich, denn die meisten anderen Blätter hatten sich auf ein »routinemäßiges Lohntütensystem« eingelassen: Regelmäßig wurden Reportern festgesetzte Geldbeträge in gekennzeichneten Umschlägen ausgehändigt. Für die einspaltige Erwähnung eines neuen Films gab es zweihundertfünfzig Rupien, tausend für ein Titelblatt zur rechten Zeit.

Bei Außenaufnahmen kamen die echten Affären zustande – zwischen den Hauptdarstellern, zwischen Journalisten und Stars, zwischen Filmhelden und drallen Statistinnen, zwischen dem Regisseur und der Filmheldin. Die Varianten und Kombinationen waren endlos. Es war nahezu unvermeidlich, wenn man die exotische Umgebung bedachte – Luftkurorte, wo man abends nach den Dreharbeiten nichts unternehmen konnte, Beach Resorts und Schauplätze im Ausland, wo man vor neugierigen Blicken sicher war. Journalisten, die solche als Dienstreisen deklarierten Vergnügungsreisen begleiteten, kamen mit genug Material zurück, um drei Sonderausgaben zu füllen. In den Siebzigern sorgten Geschichten über verheiratete Stars, die Kolleginnen verführten, noch für ungeheure Entrüstung unter den Lesern. Inzwischen ist die Frage der Tugendhaftigkeit von Filmstars auf eigentümliche Weise neu definiert worden. Wenn heute über eine Affäre berichtet wird, müssen die sexuellen Vorlieben des Hauptdarstellers explizit genannt werden. Schwule Beziehungen sind immer noch in einer gewissen Grauzone angesiedelt, aber die Anspielungen reichen aus, um die Vorlieben deutlich klarzustellen.

Es ist eine allgemein bekannte Tatsache, dass Stars zu den knickrigsten Geizhälsen gehören, die es gibt. Je mehr Geld sie verdienen, desto rascher und fester schließen sie die Faust darum. Sie gewöhnen sich schnell daran, dass andere ihre Rechnungen bezahlen, selbst wenn es nur läppische Beträge wie die Kosten für ein kaltes Getränk oder ein Päckchen Zigaretten sind. Der Produzent muss blechen. Und der Studiohelfer wird damit beauftragt, darauf achtzugeben, dass der Star niemals seine Brieftasche zückt. Die ganz großen Stars reisen ohne einen Pfennig Geld. Filmheldinnen reisen in Rudeln und haben bis zu sechs Kletten in ihrem Gefolge. Suiten, Zimmerservice, Wagen mit Chauffeur, Reisekosten ... sogar ganze Kisten Schnaps werden dem Produzenten in Rechnung gestellt. Wenn er protestiert, meldet sich die Hauptdarstellerin für ein paar Tage krank, vielleicht sogar für einige Monate. Sie gewöhnt sich an, täglich später zu den Dreharbeiten zu erscheinen. Sie schmollt in der Garderobe, sie vergisst ihren Text, und sie beharrt auf zahllosen Wiederholungen. Der Produzent begreift schnell, woran er ist – langfristig gesehen kommt es ihn billiger, Mummyji und ihrem kleinen Liebling jeden Wunsch zu erfüllen.

In der Filmbranche bekommt man alles umsonst. Irgendwo sitzt irgendwer, dem die Rechnung aufs Auge gedrückt wird. Aber niemand stellt Fragen. Keiner will es wissen. Als ›Stardust‹ durch das Ablehnen von Geschenken neue Sitten einführte, wurde das mit Argwohn und Zynismus aufgenommen. Trotzdem gab es viele Versuche, mit tollen Geschenken um Uma, Ingrid oder Vanita zu werben, und ihnen muss hoch angerechnet werden, dass sie konsequent ablehnten. Es gab einen Vorfall, der sich um ein zinsgünstiges Darlehen drehte, das Rekha einer von ihnen gewährt haben soll, als sie gerade eine Wohnung in einem Vorort kaufte und zwischenzeitlich knapp bei Kasse war. Rekha erschien zu der Housewarmingparty, die auch ich besuchte. Ich glaubte nicht, dass die beiden einen Handel miteinander abgeschlossen hatten. Falls tatsächlich Geld in andere Hände übergegangen war, dann musste das auf einer »freundschaftlichen« Basis geschehen sein, die keine Verpflichtungen nach sich zog. Jedenfalls möchte ich das weiterhin glauben.

Wenn man bedenkt, dass diese Mädchen jung und attraktiv waren, erging es ihnen dann nicht so wie anderen jungen und attraktiven Journalistinnen, die Umgang mit gutaussehenden

Filmhelden hatten? Ab und zu hörte ich, dass getuschelt wurde – Dharmendra hätte eine von ihnen um den Tisch herumgejagt und Shatrughan Sinha böswillige Geschichten in Umlauf gesetzt. Aber an ihnen blieb nie wirklich etwas hängen. So groß war die Glaubwürdigkeit sowohl der Zeitschrift als auch ihrer Mitarbeiter. Die Stars nahmen die Seitenhiebe keineswegs gnädig hin. Aber nach den ersten zwei Jahren wurde ein Waffenstillstand vereinbart, bei dem allerdings keinem ganz wohl zumute war. Sie hassten uns insgeheim, erwiesen sich aber in der Öffentlichkeit als kooperativ. Von keiner der beiden Seiten wurde der Versuch einer Annäherung unternommen.

Soweit ich mich erinnern kann, fand die einzige Filmparty, die ich jemals besuchte, bei Shankar B. C. statt, der alle drei Tage eine Party feierte. Dort lernte ich die berühmte Klatschkolumnistin Devi kennen, die, wie üblich, Weiß trug. Sie nahm mich zur Seite, um auf Marathi über sich selbst zu sagen: »Mein Körper ist wie Alabaster, so weiß wie Milch. Ich habe die schönsten Hände in der ganzen Filmbranche.« Sie hielt sie mir zur Begutachtung hin. Sie waren wirklich auffallend schön, mit sorgfältig manikürten Nägeln und mehreren Ringen. Sie ließ durchblicken, Dilip Kumar hätte sich in Saira Banu verliebt, weil Sairas Hände ihren ähnelten. Mit ihrem vom Betelsaft geröteten Mund, dem gewellten Haar und ihrer üppigen Figur war Devi für manche Männer unwiderstehlich. Sie hatte die Angewohnheit, auf Partys Hof zu halten, und häufig sabotierte sie die Anstrengungen des Gastgebers, indem sie am Rande des Rasens oder in einem Winkel des Bungalows ihre eigene Soiree wie eine Parallelveranstaltung abhielt.

Die Fotosessions von ›Stardust‹ begründeten eine neue Tradition der fotografischen Auftragsarbeiten. Die meisten Zeitschriften begnügten sich zu der Zeit noch damit, Archivaufnahmen abzudrucken. Da wir keinen Fotografen unter den festen Mitarbeitern und somit ständig zur Hand hatten, vergaben wir die Aufträge an diverse freischaffende Fotografen. Einen dieser Fototermine beraumten wir für Jaya Bachchan an. Es wurde beschlossen, der tugendhaften »Guddi« einen neuen Look zu verpassen. Gewagte Gewänder mit hohen Schlitzen, monströse Perücken, strapazierfähige falsche Wimpern, hochhackige Schuhe, eben alles, was dazugehört. Sie war dafür zu haben. Die Aufnahmen wurden in Nari Hiras Wohnung gemacht, und Jaya steuerte mit Begeisterung eigene Ideen bei. Für die Schauspielerin, die ihr Image sorgsam so gestaltet hatte, dass sie wie die unterwürfige Pandschabi von nebenan wirkte, war das ein dramatischer Aufbruch.

Ich war schon immer der Meinung, dass Jaya eine bemerkenswert kluge Frau ist. In ihrem Fall trügt der Schein gewaltig. Keiner schaut hinter die Fassade – sie wirkt hausbacken, natürlich und in keiner Weise bedrohlich. Persönlichkeit hat sie, das steht außer Frage, aber man könnte immer noch auf der Straße an ihr vorübergehen, ohne ein zweites Mal hinzuschauen. Heute hat sie sich das »Image« einer bodenständigen, vernünftigen, reifen Frau zugelegt, die versehentlich in eine oberflächliche, verrückte Welt geraten ist. Von den beiden (Amitabh und Jaya) ist sie der klügere und weitaus motiviertere Partner. Die Fassade ist irreführend. Jaya ist so tough wie nur wenige Frauen – wenn Amitabh Bill ist, dann ist sie seine Hillary. Diese zähe kleine Person lässt sich von niemandem herumschubsen, noch nicht einmal von ihrem Ehemann. Sie hat ihre Prioritäten richtig gesetzt, und sie plant voraus. Jaya würde liebend gern Nargis als First Lady des Kinos ablösen. Und es sieht ganz so aus, als würde sie es schaffen. Ich genieße ihre Offenheit und ihre absolute Natürlichkeit. Jaya zerbricht sich nicht den Kopf über Diplomatie und Takt – das hat sie nicht nötig. Sie nennt die Dinge aus Überzeugung beim Namen. Und was andere dazu sagen, ist ihr ganz egal. Bei den meisten Leuten in der Filmbranche kommt sie damit durch.

Der Liebling der Fotografen blieb jedoch weiterhin Zeenat Aman, die Fotosessions aufgrund ihrer früheren Erfahrung als Model mit der Gelassenheit eines Profis anging. Ihre Körpersprache kommunizierte mühelos mit der Kamera. Für eine der ersten Sonderausgaben, die wir einmal im Jahr herausbrachten, ließ sie sich an einem stürmischen, regnerischen Tag mit den

Tauben vor dem Taj-Mahal-Hotel aufnehmen, und das trübe Licht verlieh ihrem dunklen Teint eine zusätzliche Dimension.

Etwa zu der Zeit, als Zeenat ihre größten Erfolge feierte, verliebte sich ein Marwari-Geschäftsmann, den ich flüchtig kannte, rasend in sie. Jeden Abend rief er mich an und setzte mir damit zu, ich solle ihn mit ihr bekannt machen. Ich sagte ihm Tag für Tag dasselbe: Such dir jemand anderen. Irgendwann war er gerade aus London zurückgekommen und hatte dort etwas aufgetrieben, was er für das perfekte Geschenk hielt, um sie zu beeindrucken – eine riesige signierte Lalique-Vase.

»Wird sie ihr gefallen? Wird sie sie annehmen?«, erkundigte er sich besorgt.

»Schicken Sie ihr die Vase, dann finden Sie es selbst heraus«, schlug ich vor.

Er klügelte einen komplizierten Plan aus, für den er seinen Chauffeur brauchte, dem er einen Anreiz bieten musste, damit der Mann gegenüber »Bhabiji« (der übergewichtigen Frau des Geschäftsmanns) den Mund hielt. Er besorgte ein schweres Silbertablett, stellte die Vase darauf und verzierte das Geschenk mit langstieligen importierten Orchideen, legte eine diskrete Visitenkarte mit erhabenem Druck dazu und schickte es an Zeenats Adresse. Er wartete neben dem Telefon. Tage vergingen, dann Wochen und schließlich Monate. Nichts. Ich weiß bis heute nicht, was aus dieser Vase geworden ist. Hat der Chauffeur sie verhökert? Hat Zeenats Hausmädchen sie entgegengenommen und vergessen, »Madam« davon zu unterrichten? Hatte Zeenat zwischen dem wüsten Sammelsurium in ihrem Haus überhaupt bemerkt, dass eine große, auffällige Vase zur Einrichtung hinzugekommen war? Und hatte sie beschlossen, die Vase zu behalten, ohne sich auch nur dafür zu bedanken?

Der Mann war am Boden zerstört und völlig desillusioniert. Jahre später stellte er auf dem Rückflug von Kalkutta fest, dass Zeenat mit ihrem damaligen Freund, einem kanadischen Beleuchter, wenige Reihen von ihm entfernt saß. Der Anblick dieser Undankbaren erboste ihn genügend, um sich lauthals über sie auszulassen und sie dafür zu verfluchen, dass sie ihn nicht einmal begrüßte, obwohl sie sein piekfeines Geschenk angenommen hatte. Zeenat stellte sich taubstumm und wirkte in dieser Rolle ausnahmsweise überzeugend. Der dumme Kerl. Er hatte Lehrgeld bezahlt, und es war eine kostspielige Lektion gewesen. Sie glaubte wahrscheinlich, sie hätte ihrem Bewunderer einen Gefallen getan, als sie ein Geschenk annahm, um das sie nicht gebeten hatte. Und was sollte dieser Unsinn mit der unterlassenen Begrüßung überhaupt? Die Identität dessen, der ihr die Vase geschickt hatte, sagte ihr nicht das Geringste. Und was hätte eine Lalique-Vase einer Schauspielerin bedeuten können, der ein betörter Freier gerade eine Wohnung in London als Liebesnest gekauft hatte?

Die meisten Filmstars sind ungehobelte, derbe, kleinkarierte Egoisten. Wer sich mit ihnen abgibt, tut das auf eigene Gefahr. Solange man nichts von dieser Verbindung erwartet, ist die eigene geistige Gesundheit nicht bedroht. Diejenigen jedoch, die es wagen, diese unsichtbare Barriere zu durchbrechen, werden am Ende desillusioniert und am Boden zerstört sein.

Es ist ja nicht gerade so, als hätte ›Stardust‹ keinen Mist gebaut und keine gemeinen Geschichten in Umlauf gesetzt, die sich als unwahr erwiesen. Es gibt zahllose Beispiele dafür, dass sich die Zeitschrift total geirrt hat. Druckten wir dann Entschuldigungen ab? Selten. Es war einfacher, sich mit den Stars handelseinig zu werden. Für jede gemeine Erwähnung, die im Druck erschien, bemühten sich spätere Ausgaben, es dadurch wiedergutzumachen, dass der Betroffene bejubelt wurde. Davon ließen sich die meisten Leute beschwichtigen. Da das Gedächtnis der Öffentlichkeit erstaunlich kurz ist, nahm sich niemand wirklich die Zeit für ausgelutschte Starskandale, wenn das anfängliche Interesse erst einmal abgeflaut war. Das begriffen die intelligenteren Stars mit der Zeit, und sie gewöhnten sich an, Stachel und Spitzen zu ignorieren. Wir leierten eine einstudierte Rede herunter (Nari Hira hatte uns gründlich geschult). Unsere Strategie zur Entschärfung wurde kaum abgewandelt. Bevor die Ausgabe mit dem verletzenden Artikel an die Zeitungskioske ausgeliefert wurde, rief ein Reporter den jeweiligen Star an und erteilte ihm eine freundliche Warnung. Das diente dazu, die betreffende Person psychologisch auf das Erscheinen des Artikels vorzubereiten und ein Vertrauensverhältnis herzustellen.

»Hören Sie ... ich bräuchte es Ihnen eigentlich nicht zu sagen, aber ich fand, Sie sollten wissen, dass in unserer nächsten Ausgabe ...«

Da der Schock niemanden umbrachte, hielten wir es für das Beste, auf diese Weise den Weg für spätere Friedensverhandlungen zu ebnen. Stars ließen sich ziemlich leicht beschwichtigen. Und sogar manipulieren. Das konnte so weit gehen, dass sie sich mit ihren eigenen Worten noch mehr in die Klemme brachten.

»Ich wollte Ihnen Gelegenheit geben, die Sachlage zu berichtigen«, wirkte im Allgemeinen Wunder.

Das galt auch für: »Wenn wir Ihre Version nicht hören wollten, würde ich Sie dann überhaupt anrufen?«

Das war eine geschickt gestellte Falle, und die meisten tappten hinein. Für die Zeitschrift bedeutete es einen weiteren Knüller, eine weitere groß aufgemachte Schlagzeile. Und den Stars trug es zusätzliche Publicity ein.

Nach zehn Jahren und hundertzwanzig Ausgaben (die Sonderhefte nicht mitgerechnet) war ich reif für eine Veränderung, ohne wirklich zu wissen, wohin mein nächster Schritt führen würde. Die Welt des Films interessierte mich immer noch genauso wenig wie zehn Jahre zuvor. Es gab keine Annäherungspunkte. Mehr als vier oder fünf Filme im Jahr sah ich mir nicht an. Die Stars waren für mich nichts weiter als gedruckte Namen. Ihr Liebesleben mochte zwar anfangs recht amüsant gewesen sein, doch von einem gewissen Punkt an wurde es langweilig, sich ständig darüber auf dem Laufenden zu halten, wer es gerade mit wem trieb. Die vertraute Unruhe hatte mich wieder einmal gepackt. Der Umgang mit den Kollegen machte mir Spaß, aber ich konnte mich nicht mehr dafür begeistern, Monat für Monat die Zeitschrift zusammenzustellen. Es war ein Job, den ich machte, so gut ich konnte. Und der mir häufig Lob vom Boss eintrug. Das war aber auch schon alles. Ich hätte ebenso gut die mehr oder weniger anonyme Chefredakteurin einer Fachzeitschrift für Ingenieure sein können. Es wäre auf dasselbe hinausgelaufen.

Außerdem war Nari Hira in Krisenzeiten oft nicht zu erreichen – zum Beispiel, als es um das Durchsetzen der »Emergency«-Maßnahmen zur Zeit des Ausnahmezustands Mitte der siebziger Jahre ging. Und ich begann die Verantwortung zu verabscheuen, die es mit sich brachte, mit vertrackten Zensurregelungen umzugehen, ohne bevollmächtigt zu sein, in dieser Angelegenheit etwas zu unternehmen. Herausgeber von Filmzeitschriften hatten beschlossen, sich zusammenzutun, um gegen die neue drakonische Gesetzgebung aufzubegehren, die Sanjay Gandhi durchgesetzt hatte. Jeder einzelne Artikel, jede Kolumne und jede Meldung musste vor der Veröffentlichung der Zensurstelle der Regierung vorgelegt werden. Das war ein mühseliges, tückisches Verfahren, nichts weiter als erbärmliche Machtspielchen, die dazu gedacht waren, diejenigen unter uns, die nicht »kooperierten«, einzuschüchtern und zu tyrannisieren.

Angesichts seiner Nähe zu Sanjay Gandhi glaubte man in weiten Kreisen, vielleicht sogar zu Unrecht, dass Amitabh Bachchan hinter diesen Gesetzen steckte. Die Herausgeber beschlossen kollektiv, fortan kein Wort mehr über ihn zu schreiben – das war unter den gegebenen Umständen die einzig denkbare Strafe. Wir trafen uns regelmäßig im Natraj-Hotel am Marine Drive. Altgediente Journalisten wie B. K. Karanjia und Gulshan Ewing führten den Vorsitz, während ich mich bemühte, Interesse an etwas aufzubringen, was ich für ein vergebliches Unterfangen hielt (nicht den Bannfluch, der über Bachchan verhängt werden sollte, sondern die wichtigere Frage, wie man Vidya Charan Shukla, den Minister, beeinflussen konnte). Der Verband beschloss, ihn zu Gesprächen nach Bombay einzuladen. Shukla quartierte sich im Raj Bhavan ein. Gemeinsam mit Mr Karanjia wurde ich auserkoren, ihn zum Treffpunkt zu begleiten. Die Gründe, weshalb ich geschickt wurde, waren mir bekannt – und wie sich herausstellte, war diese Entscheidung ein Fehler mit grauenhaften Folgen. Shukla saß, von uns beiden flankiert, auf dem Rücksitz. Nachdem wir einander vorgestellt worden waren, hatte er mich mit feindseligen Blicken bedacht und etwas Unverständliches gegrummelt. Auf der Fahrt über den Marine Drive wandte er sich im Wagen abrupt mir zu und verkündete: »Für das, was Sie in ›Stardust‹ schreiben, könnten wir Sie auf einem öffentlichen Platz hängen.« Das war kein Witz. Ich lächelte gepresst und bat ihn, das näher auszuführen. Er wandte sein Gesicht von mir ab und sah starr vor sich hin, während er eine strenge Rede über soziale Verantwortung hielt. Der Gesichtsausdruck von B.K. war steif und erstarrt. Das unbeirrbare Dauerlächeln, das ich immer mit ihm in Verbindung gebracht hatte, war verschwunden. Er wirkte sichtlich bleicher. Den Rest der Fahrt legten wir in versteinertem Schweigen zurück. Als wir das Natraj erreichten, schritt Shukla forsch aus und begab sich unaufgefordert zum Rednerpult. Er war nicht gekommen, um zuzuhören. Von einem Dialog konnte überhaupt nicht die Rede sein. Er wetterte über unsere »Verantwortungslosigkeit« und drohte uns mit der Einführung einer noch strengeren Zensur. Bar jeglichen Charmes und ohne alle Manieren verkörperte er den »Emergency« – autokratisch, despotisch, verabscheuungswürdig. Nachdem er gegangen war, herrschte vollkommene Trostlosigkeit. Die Direktiven waren streng und unrealistisch. Die Zensurstelle hatte entsprechende Anweisungen erhalten. Ihr Rotstift strich achtzig Prozent der vorgelegten Texte. Oft musste beinah das gesamte Heft in letzter Minute umgeschrieben werden.

Nari Hira verfolgte diese Entwicklungen aus dem Ausland und während seiner Besuche in Indien. Der gemäßigte Tonfall von ›Stardust‹ war nicht seine einzige Sorge. Viel größere Sorgen bereitete ihm ein von ihm geplantes Nachrichtenmagazin namens ›Peninsula‹, das von M.J. Akbar herausgegeben werden sollte. Alles war bestens vorbereitet. Der Name war im Handelsregister eingetragen, die Mitarbeiter (von Akbar handverlesen) drängten sich in einem einzigen Raum bei »Advent«, Artikel waren in Auftrag gegeben worden, und eine Probenummer war für Werbeagenturen zusammengestellt worden. Das war eine klare Kampfansage an ›India Today‹. Mit einem hitzigen, begabten

Herausgeber wie Akbar am Ruder war Nari Hira zuversichtlich, ein kommerziell lebensfähiges Unternehmen zuwege zu bringen.

Die Atmosphäre bei »Advent« war durch das Eintreffen der ›Peninsula‹-Intellektuellen einer subtilen Veränderung unterzogen worden – Akbar mit seinem handverlesenen Team von begeisterten jungen Anhängern, klugen Journalisten, für die Akbar Gott in Menschengestalt war. Wenn sie ihn anblickten, waren die Gefühlswallungen nicht zu übersehen (Anbetung? Hass? Furcht?), und sie lasen ihm jedes seiner Gebote von den Lippen ab. Wenn wir Übrigen uns herabgestuft fühlten, dann war das verständlich, denn Filmjournalisten oder den Filmjournalismus nahm ohnehin niemand ernst. Wir waren eine Randgruppe, die frivolen Klatsch zusammenstöpselte. Sie waren die echten Journalisten, die sich mit den wichtigen Dingen befassten, über das Weltgeschehen berichteten, politische Skandale aufdeckten und Minister interviewten. Sie sprachen in ihrem eigenen Idiom und bemühten sich, »nett« zu uns zu sein. Ihre Herablassung war nicht zu übersehen. Wir betraten den Raum und wurden, wie es einfältigen Menschen oft ergeht, »geduldet«. Die Intellektuellen stellten ihre Gespräche ein, betrachteten die Eindringlinge mit einem erstarrten, höflichen Lächeln und warteten geduldig ab, bis die betreffende Person verschwand, damit sie sich wieder ihrem ernsthaften Journalismus widmen konnten.

Das Projekt ›Peninsula‹ wurde angesichts des veränderten Klimas im Lande hastig wieder eingestellt. Falls Nari Hira seinen Entschluss bedauerte, ausgerechnet diesen Laden dichtzumachen, rückte er nicht mit der Sprache heraus, sondern behielt es für sich. Akbar und seine getreue Schar verzogen sich so still, wie sie angerückt waren. Sie verabschiedeten sich geschäftsmäßig und murmelten: »Bis bald.« Jetzt wurde wieder von morgens bis abends über Stars und Gemeinheiten, Klatsch und Affären und alles andere geredet, was sich sonst noch in der Welt des Films tat.

Meinen ersten Auslandsaufenthalt habe ich Nari Hira zu verdanken. Es war ein gutes Jahr für ›Stardust‹ gewesen, und mir stand, wie allen anderen auch, eine Jahresprämie zu. Er rief mich in sein Büro und fragte: »Was hättest du lieber, Bargeld oder ein Flugticket zu einem internationalen Ziel deiner Wahl?«

Für diese Entscheidung brauchte ich weniger als eine Sekunde. Ein Hin- und Rückflug nach New York. Einzelheiten interessierten mich in dem Moment überhaupt nicht, zum Beispiel, wen ich in New York überhaupt kannte. Oder wie ich zurechtkäme, wenn ich erst einmal dort war. Ich wollte hin. Unbedingt. Es war, als würde ein Wunschtraum endlich Wirklichkeit, und ich ergriff die Gelegenheit beim Schopf.

Ich teilte meinen erstaunten Eltern die Neuigkeit mit. Dieses eine Mal holte ich keine Erlaubnis von ihnen ein, sondern informierte sie lediglich über mein Vorhaben. Vielleicht waren sie bestürzt über meine offenkundige Entschlossenheit, denn auch sie stellten nicht allzu viele Fragen. Ich hatte keinen Reisepass. Ich hatte nicht die leiseste Ahnung, was ich in meinen Koffer packen sollte – damals besaß ich noch nicht einmal einen richtigen Koffer. Aber all das spielte keine Rolle. Ich würde nach New York fliegen, und damit basta. Ich hatte ein billiges Ticket von Sabena Airways, mit einer Zwischenlandung in Brüssel. Ich brachte das Reisebüro dazu, eine zusätzliche Zwischenlandung in London draufzulegen (die niemanden etwas kostete), und schon war ich startklar, mit nichts weiter ausgestattet als dem offiziellen Umtauschkurs in meiner brandneuen Brieftasche, ein paar Reiseschecks und grenzenlosem Enthusiasmus. Ich hatte mir einen mattgrünen Koffer gekauft und die denkbar lächerlichsten Kleidungsstücke eingepackt.

Um die Zeit meines geplanten Abflugs herum hatte ich ein indisches Ehepaar kennen gelernt, das in New York lebte, Akademiker, die in Queens wohnten und dort unterrichteten. Ich war ihnen so sympathisch gewesen, dass sie gesagt hatten, sie würden mir für den Anfang eine Unterkunft besorgen, mich am Flughafen abholen und mir die Stadt zeigen. Es war mir aber auch gelungen, eine frühere Klassenkameradin aufzuspüren, die dort bei der Indischen Ständigen Vertretung arbeitete. Auch sie war so großzügig, mir zu versichern, ich könnte ein Klappbett in ihrem winzigen Apartment aufstellen, das sie gemeinsam mit einer bekloppten schwedischen Masseuse bewohnte. Mehr Sicherheit brauchte ich nicht. Ich war jung und unerfahren und hatte bis zu diesem Zeitpunkt ein so übertrieben behütetes Leben geführt, dass ich nicht gewusst hätte, wie ich von meinem Elternhaus in Bombay ins hundertzwanzig Kilometer entfernte Poona gekommen wäre, ohne dabei komplett durchzudrehen. Und doch war ich bereit, mich auf diese weite Reise zu begeben, ohne irgendetwas durchdacht zu haben. Es überrascht mich noch heute, dass meine Eltern mich ohne einen Riesenaufstand ziehen ließen. An ihrer Stelle wäre ich das reinste Nervenbündel gewesen. Heute erscheint es mir beängstigend und leichtsinnig. Aber damals hätte mich nichts aufhalten können.

Ich trug einen handbedruckten Chamundi-Seidensari in den Farben von Edelsteinen (ich besitze ihn heute noch), als ich ins Flugzeug stieg. Meine Augen glänzten vor Aufregung, und mein Herz überschlug sich voller Vorfreude. Und in dem Augenblick hörte ich ein Kompliment, das ich bis heute in meinem Herzen bewahrt habe, weil es so spontan geäußert wurde. Als sie mich zu meinem Sitzplatz führte, flüsterte die belgische Stewardess: »Sie sind die schönste Frau, die ich in meinem ganzen Leben gesehen habe.« Zur Abwechslung glaubte ich ihr. Und gemeinsam mit dem schnittigen Flugzeug schwang sich meine Seele auf, als ich meine Stadt und mein früheres Leben bis zur vollständigen Bedeutungslosigkeit schrumpfen sah ... bis nichts mehr davon zu sehen war.

Ich war viel zu aufgeregt, um zu schlafen. Als ich mich umsah, entdeckte ich etliche andere »Billigreisende«, vorwiegend Studenten, die für »weiterführende Studien« ins Ausland gingen. Einen von ihnen hatte ich auf dem Flughafen bei einem tränenreichen Abschied von einer großen Versammlung von Angehörigen und Freunden gesehen. Nach der traditionellen Kleidung seiner Tanten und Onkel zu urteilen, vor denen er sich bückte, um ihre Füße zu berühren, musste er aus einem Dorf in

Saurashtra, also aus dem Bundesstaat Gujarat, stammen. Der Anblick all der Girlanden, die sie einander umhängten, und die Berührungen der Füße seiner Verwandten hatten mich tief bewegt. Im Flugzeug schien er sich elend zu fühlen, während er unverwandt aus dem Fenster schaute und jeden Imbiss und jede Mahlzeit mit den Worten ablehnte: »Vegetarier, Vegetarier.« Er trug immer noch all seine Girlanden und schnupperte an einer, die aus getrockneten Sandelholzraspeln angefertigt war. Ich empfand tiefes Mitleid mit ihm und vergaß vorübergehend vollständig meine eigene Familie – alle hatten meine Reise erstaunlich ruhig und gelassen aufgenommen. Niemand hatte mir in letzter Minute Anweisungen erteilt. Ich hatte auch keine Telefonnummern zurückgelassen, unter denen ich erreichbar war (nicht, dass es viele gewesen wären). Vor der Abreise hatte ich Briefe an das Professorenehepaar und an meine Schulkameradin geschickt und ihnen die Flugnummer und die Ankunftszeit auf dem internationalen Flughafen JFK mitgeteilt. Darüber hinaus hatte ich keine Zusicherungen oder Bestätigungen.

Ein paar Freunde, die weiter gereist waren, hatten mir die Grundlagen des Geldwechselns erklärt (immer nur in der Bank, nie bei einem Geldwechsler). Und ich war auch vor Übergepäck und den horrenden Kosten, die dafür anfielen, gewarnt worden. Jemand hatte mir etwas über Zwischenlandungen erzählt – Flughafenbusse, Souvenirs (für die man bezahlte), Mahlzeiten (für die man nicht bezahlte) und Anrufe (für die man bezahlte). Da ich keine weiteren Anweisungen erhalten hatte, fiel ich fast vom Sitz, als das Flugzeug zur Landung ansetzte. Was ich unter mir sah, war genau so, wie ich mir das »Ausland« vorgestellt hatte: Mattgelbe Halogenscheinwerfer hatten Brüssel in ein Land aus einem Disney-Film verwandelt. Ein Sommergewitter trug noch mehr zu dem warmen Schimmer bei, indem es einen blassgoldenen Dunst über die Stadt warf. Es war kurz vor neun Uhr abends, aber der Himmel war immer noch sehr hell und von lachsrosa Streifen durchzogen. Ich war verzaubert. Ja. Ich war hier. Ich war auf fremdem Boden. Mein Abenteuer würde jeden Moment beginnen.

Fast hätte es nicht begonnen. Oder genauer gesagt, es begann relativ katastrophal damit, dass ich nirgends einen Kofferkuli fand. Mein brandneuer Koffer erwies sich als reichlich sperrig, während ich unbeholfen versuchte, ihn zur Bushaltestelle zu zerren, denn man muss bedenken, dass mein Sari, modisch lang getragen, das Flughafengebäude fegte und mir ständig im Weg war. Ich zog viel zu viel Aufmerksamkeit auf mich, und doch bot mir niemand Hilfe an. In jenen Zeiten, den frühen Siebzigern, waren Europäer nicht an den Anblick von flatternden Seidensaris gewohnt, und niemand stand mir bei meinem langsamen Vorankommen bei. Stattdessen wurde ich angegafft. Schließlich fand ich den Bus und stieg ein. Der Student aus dem Bundesstaat Gujarat in seinem schlecht sitzenden, abgetragenen Anzug stieg ebenfalls ein. Irgendwie tröstete mich seine Anwesenheit. Die anderen Inder waren Regierungsbeamte auf einer Vergnügungsreise, die als Dienstreise deklariert wurde, und sie waren laut und aggressiv, derb und ungehobelt. Einer von ihnen fragte mich nach meinem Namen. Ich hatte gar keine andere Wahl, als ihn zu nennen. Er notierte ihn und reichte den Zettel an die anderen Delegationsmitglieder weiter. Niemand machte sich die Mühe, den Gujarati-Studenten, dessen Augen vom Weinen vor dem Abflug immer noch gerötet waren, nach seinem Namen zu fragen.

Wir checkten in einem billigen Hotel in der Innenstadt mit schmuddeligen Teppichen, schäbigen Vorhängen und Nylonbettwäsche ein. Obwohl mir nicht entging, wie heruntergekommen es war, begeisterte mich dieses Hotel. Von meinem Zimmer aus hatte ich einen Blick auf einen belebten Platz, der nur für Fußgänger zugänglich war. Der Flughafenbus war über einen prachtvollen Platz gefahren, der von alten Steinbauten umstanden und auch in dieses gelbe Licht getaucht war. Auf dem Dach wehten bunte Fahnen fröhlich in der Brise, und in den Sträßchen mit dem Kopfsteinpflaster, die von dem Platz abzweigten, saßen Leute zwanglos in Cafés. Die Luft war frisch und kühl. Aber was mich erschauern ließ, war weniger der kühle Hauch in der Luft, sondern vielmehr meine eigene Aufregung.

Ich wollte hinausgehen und umherschlendern und die Waffeln probieren, die an einem Straßenstand verkauft wurden. Aber vorher musste ich erst noch hier zu Abend essen, denn das war im Preis inbegriffen. Und das Hotelrestaurant würde demnächst schließen. Ich begab mich in einen trostlosen, düsteren Raum mit kläglich dreinblickenden Kellnern in fleckiger Livree. Ich vermute, uns Billigreisenden mit einem Pauschalangebot blieb kaum eine andere Wahl. Ein großer Teller Rindfleisch mit gekochtem Gemüse wurde vor mir abgestellt. Ich sah den Studenten, der immer noch die Sandelholzgirlande um den Hals trug, verdrossen auf seinen Teller starren, auf dem sich dasselbe Gericht häufte. Er sagte immer wieder vor sich hin: »Vegetarier, Vegetarier«, doch niemand schenkte ihm auch nur die geringste Beachtung. Ich beschloss einzuschreiten und griff auf mein holpriges Schulfranzösisch zurück. Zwei tatterige alte Kellner kamen angerückt und nickten. Der Student, der zu schüchtern war, um mir in die Augen zu sehen, tat seine Dankbarkeit mit einer kleinen Handbewegung kund. Wenige Minuten später wurde ihm ein Teller mit gekochten grünen Bohnen hingeschoben, und der Kellner sagte mit fester Stimme: »Das ... vegetarisch.« Da gab es nichts zu diskutieren. Man aß das Zeug, oder man ließ es stehen. Der Student aß es. Die Bohnen verschwanden. Ich unterschrieb einen Beleg und wagte mich hinaus.

Plötzlich hörte ich, wie jemand nach mir rief. »Rajadhyaksha, Rajadhyaksha.« Da ich es nicht gewohnt war, mit meinem Nachnamen angesprochen zu werden, drehte ich mich um und sah die Männer der Regierungsdelegation, die über das ganze Gesicht grinsten. »Rajadhyaksha«, setzte ihr Anführer an, »wir haben im Sinn, in ein scharfes Kino zu gehen ... du weißt?« Es dauerte eine volle Minute, bis ich begriff, wonach sie mich fragten. Ein anderer fügte hinzu: »Scharfer Film. Scharfes Kino ... verstehst du? Porno.« Ich schüttelte den Kopf und floh.

Minuten später sah ich sie entschlossen in die Richtung des Schmuddelbezirks eilen, der nur wenige Straßen entfernt war. Nach den grellen Neonreklamen zu urteilen, die »Topless Girls« und »SEX, SEX, SEX« anpriesen, war das für ein junges Mädchen ohne Begleitung nicht gerade die beste Gegend, um sich herumzutreiben. Das ahnte sogar ich. Nachdem ich eine Waffel gegessen hatte (die beste meines Lebens), beschloss ich, wieder auf mein Zimmer zu gehen und endlich zu schlafen.

Während ich nach meinem Schlüssel fragte, fiel mir auf, dass sich eine kleine Menschenansammlung um den Gujarati-Studenten drängte. Eine Horde von amerikanischen Touristen redete auf ihn ein, unter Verwendung von Zeichensprache und simplen englischen Brocken. Kleine alte Damen berührten die Girlande, die er um den Hals trug, und stellten Fragen über das rote Bindi auf seiner Stirn. Ich hörte ihn sagen: »Heilig. Heiliges Zeichen. Geweiht. Sehr geweiht.« Er hielt den verwunderten Matronen die Girlande hin, damit sie an dem Sandelholz riechen konnten. Sie schnupperten daran, bevor sie respektvoll einen Schritt zurückwichen, um das exotische Objekt zu bestaunen. »Eltern schenken«, sagte der Student und wischte sich ein paar Tränen aus den Augen.

»Ach. Ist das nicht süß?«, seufzten die Frauen. »Sei nicht traurig.«

»Eltern schenken und sagen ›Alles Gute, alles Gute‹ und ›Auf Wiedersehen‹. Ich gehen weg – vier, vielleicht fünf Jahre«, fuhr der Student fort und hielt erst vier Finger hin, bevor der Daumen dazukam.

»Du armer Kerl«, tröstete ihn die Fetteste unter den Damen. »Du bist sicher ganz unglücklich.«

Der Student schniefte von neuem.

In dem Moment beschloss einer der Ehemänner, dass er langsam von diesem Geschniefe genug hatte. »Wie viel?«, schnauzte er den Jungen an und befingerte dabei die Girlande.

Der Student riss sie aus der großen rosa Hand und sagte: »Nein. Nein. Nein. Eltern schenken. Sind nicht froh. Beten, Girlande von Gott, göttlich. Heilig.«

Der Mann herrschte ihn noch lauter an. »Schön und gut. Wie viel? Ich gebe dir zehn Dollar.«

Der Student wischte sich mit dem Handrücken über die Augen und flüsterte: »Zwanzig.«

Der Mann hörte ihn nicht.

Der Junge sah einfältig in meine Richtung, als er die Stimme erhob. »Zwanzig Dollar... ich geben für zwanzig Dollar.« Im nächsten Moment sah ich, wie zwei knisternde Geldscheine den Besitzer wechselten. Der Mann, der die Girlande gekauft hatte, hängte sie seiner Frau um den Hals. Sie gurrte vor Vergnügen und versuchte dem Studenten einen Kuss zu geben. Ich war fassungslos. Fast wäre ich auf den wankelmütigen Kerl zugegangen und hätte geschrien: »Verräter!« Aber bevor ich diesen Vorfall verarbeiten konnte, war er in der Menge untergetaucht. Vielleicht würde er sich ja den Regierungsbeamten in dem Kino anschließen, das ›Pussy Galore‹ zeigte. Alles war möglich.

Als ich mein Zimmer erreichte, war ich traurig und desillusioniert. In jener Nacht konnte ich kaum schlafen. Ich sah mir die Unterlagen meiner Pauschalreise noch einmal genauer an und stellte fest, dass auch das Frühstück im Preis inbegriffen war. Am nächsten Morgen, als ich mein hartes Brötchen aß, lauwarmen Kaffee trank und mit meiner Unterschrift den Erhalt eines »kontinentalen Frühstücks« bestätigte, sah ich die Kerle von der Regierungsdelegation mit dem Gujju-Studenten zusammensitzen und ihre Brötchen großzügig mit Butter bestreichen. Einer von ihnen rief laut: »Rajadhyaksha ... du hättest gestern Abend mit uns kommen sollen.« Die anderen winkten etwas zu überschwänglich. Sie waren auf dem Weg nach Amerika, mit einem anderen Anschlussflug, denn ich flog erst noch nach London. Wir verabschiedeten uns voneinander. Der Student vermied es, mir in die Augen zu sehen. Das verstand ich. Vielleicht brauchte er diese zwanzig Dollar ja wirklich ganz dringend, sagte ich mir.

Als ich das Hotel verlassen wollte, schob man mir an der Rezeption einen Packen Rechnungen hin.

»Was ist das?«, fragte ich.

»Die sind von Ihren Freunden. Sie haben nicht bezahlt. Und jetzt sind sie weg. Sie bezahlen«, sagte der Mann angriffslustig.

»So ein Blödsinn«, rief ich aus. »Das sind nicht meine Freunde.«

»Aber sie kommen aus Indien. Wie Sie. Und sie sind abgereist, ohne zu bezahlen.«

»Aber ... aber ... hatten sie denn keine Gutscheine von der Fluggesellschaft wie den, den ich Ihnen vorgelegt habe?«

»Nein, nein, nein. Das waren andere Flugtickets. Es war noch nicht mal dasselbe Flugzeug.«

Ich zuckte die Achseln. »Das ist ein Jammer für Sie. Aber dafür bin ich nicht verantwortlich. Ich kenne diese Leute nicht. Ich habe sie noch nie zuvor gesehen. Tut mir leid. Aber ich muss jetzt gehen – der Bus ist da.«

Ich zerrte meinen Koffer nach draußen, um ihn in den Bus zu laden. Dabei konnte ich hören, wie der Mann an der Rezeption wütend murrte: »Diese verfluchten Inder. Mistkerle. *Merde*.«

Das war kein angenehmes Gefühl. In dem Moment schämte ich mich dafür, Inderin zu sein. Und mit diesen Geizhälsen in Verbindung gebracht zu werden, aufgrund meiner Hautfarbe und meiner Kleidung über denselben Kamm geschoren zu werden wie sie. Vielleicht wäre es klüger gewesen, in einem neutraleren Aufzug herumzulaufen. In Jeans. Oder Röcken. Viele Jahre später sollte ich allerdings herausfinden, dass auch dieses universelle Outfit seine Risiken barg. Für mich jedenfalls.

Früher quälte ich mich damit herum, dass ich jedes Mal, wenn ich nach Europa reiste, ausnahmslos diejenige war, die für eine Leibesvisitation herausgegriffen wurde.

»Würden Sie bitte mitkommen?« Diese Aufforderung wurde mir mit der Zeit so vertraut, dass ich oft schon Sekunden, bevor sie an mich erging, aus der Schlange heraustrat, weil ich ohnehin damit rechnete.

Anfangs glaubte ich, es läge an den goldenen Armreifen, die ich trug. Aber verdammt noch mal, sämtliche Italiener in der Warteschlange (die Männer inbegriffen) waren mit weitaus mehr von diesem funkelnden Metall behängt. Doch wenn es nicht das Gold war, was war es dann? Mein Mann sagte einmal gereizt zu mir: »Das Ärgerliche ist, dass du aussiehst wie eines von diesen Hippiemädchen. Warum musst du ausgerechnet in Jeans reisen?«

Ich wies ihn auf mindestens dreihundert andere Frauen auf diesem Flughafen hin, die Jeans trugen und ohne das leiseste Piepsen durch die Kontrollen der Einwanderungsbehörde spazierten. Jeans schieden also auch aus. Und dann fing ich irgendwann an, nur um meinem Mann eine Freude zu machen (und ihm etwas zu beweisen), im Salwar Kameez oder im Sari zu reisen. »Das ist viel zu auffällig, warum musst du immer derart aus dem Rahmen fallen und unerwünschte Aufmerksamkeit auf dich lenken? Man wird dich noch für einen pakistanischen Rauschgiftkurier halten.«

Also gut. Ich verbannte alles, was mir einen asiatischen Anstrich gab. Als es wieder einmal so weit war, trug ich einen westlichen Hosenanzug. »Madam, würden Sie bitte mit mir kommen?«, sagte die stämmige Polizistin. Nachdem die systematische Suche abgeschlossen war, lief ich wieder durch den Metalldetektor. Er piepste unbeirrt weiter.

Mein Mann sagte: »Leg die Armreifen ab. Und gewöhn dir ab, dir solche dicken Klunker umzuhängen ... es muss an deinem Gesichtsausdruck liegen.«

»Tut mir leid, Kumpel. Daran lässt sich nichts ändern. Und ich will es auch gar nicht«, erwiderte ich beleidigt.

Und so ging es weiter, ungeachtet der Tatsache, dass ich während meiner Schwangerschaften zeitweilig eine wandelnde Tonne war und in unförmigen, undefinierbaren Säcken herumlief.

Als ich eines Tages in Frankfurt zum millionsten Mal zur Seite gewunken wurde, fragte ich die Frau, die mich einer Leibesvisitation unterzog, endlich: »Was habe ich an mir? Warum ausgerechnet ich? Woran liegt es, dass ich immer angehalten und durchsucht werde?«

Sie sah mich mitfühlend an und fragte sich wahrscheinlich, ob sie den Mund aufmachen sollte oder nicht. Dann sagte sie: »Sie entsprechen dem Computerprofil einer der meistgesuchten Personen auf Erden, der Terroristin Leila Khaled, die für das Massaker an israelischen Sportlern verantwortlich war. Erinnern Sie sich noch an die Bombenanschläge auf einen Jet von El Al auf dem Flughafen Frankfurt? Tja, Leila Khaled ist seitdem auf der Flucht. In Ihrem Fall passt alles, das Alter, die äußere Erscheinung ... solange sie am Leben ist und frei herumläuft, wird man Sie immer wieder herauswinken, darauf kann ich Ihnen mein Wort geben. An Ihrer Stelle würde ich anfangen zu beten, dass sie bald geschnappt wird ... oder für tot erklärt.«

Zumindest hatte ich jetzt eine Erklärung dafür. Damit war mir zwar nicht geholfen, aber wenigstens verstand ich endlich, woran es lag. Das genügte mir. Triumphierend erzählte ich meinem Mann die Geschichte. Als wollte ich damit sagen: »Siehst du ... es hatte doch nichts mit meinen Jeans, meinem Gesichtsausdruck oder meinen Armreifen zu tun.« Allzu überzeugt wirkte er nicht.

1996, als wir eine ausgedehnte Reise durch Europa und Amerika unternahmen, machte sich die ganze Familie über das ewige Piepsen lustig. Als ich auf einem winzigen Flughafen im Mittleren Westen tatsächlich ohne Zwischenfälle durch einen Metalldetektor lief, klatschten meine jüngeren Kinder in die Hände, hopsten aufgeregt umher und frohlockten: »Mama ist nicht rausgewunken worden!« Besonders klug war das nicht, denn ich rechnete schon damit, dass mich die muskulösen schwarzen Mamas für eine Leibesvisitation wegschleifen würden. Stattdessen lächelten sie nachsichtig und winkten uns durch.

Die erste Landung auf dem internationalen Flughafen JFK auf meiner ersten Auslandsreise hätte mir Angst eingejagt, wenn mich jemand auf die Größe des Komplexes vorbereitet hätte. Dann hätte ich wahrscheinlich sorgfältiger darauf geachtet, meinen Flug in Brüssel nicht zu verpassen und somit zu einer Zeit in New York anzukommen, zu der mich jemand in Empfang nehmen würde. Als ich in Brüssel im richtigen Terminal, aber zur falschen Zeit ankam, war mein Flug längst weg. Schon seit Stunden. Ich setzte mich hin und weinte, bis mir eine nette Stewardess vom Bodenpersonal von Sabena versicherte, sechs Stunden später gäbe es eine weitere Flugverbindung. Da ich noch nie zuvor außerhalb von Indien gereist war, fragte ich sie mit Tränen in den Augen: »Heißt das, dass ich dieses Ticket wegwerfen und ein neues kaufen muss? Ich habe nämlich kein Geld.« Sie beteuerte mir, mit ihrem Vermerk auf der Rückseite sei das Ticket, das ich in der Hand hielt, auch für den nächsten Flug gültig. So einfach war das.

Aber ich hatte nicht daran gedacht, anzurufen und meinen Freunden in New York mitzuteilen, dass ich später kommen würde. Nur gut, dass sie nicht so dumm waren wie ich. Selbstverständlich hatten sie angerufen und sich nach mir erkundigt. Deshalb wurde ich auch ständig über die Lautsprecher ausgerufen. Jedes Mal, wenn ich meinen Namen hörte, fühlte ich mich wichtig und kam mir wie jemand ganz Besonderes vor. Und als ich dann auch noch sah, wie eine schöne Frau vom Bodenpersonal ein Schild mit meinem Namen in der Hand hielt, zog es mir fast die Schuhe aus. Sie hatte eine Nachricht von meiner Schulfreundin Saroj für mich, die mir ausrichten ließ, ich solle sie anrufen, damit sie mir die genaue Adresse geben könnte. »Spring einfach in ein Taxi und komm her. Keine Sorge. Das ist ganz ungefährlich. Ich erwarte dich hier.«

Als ich aus dem Terminal kam, entdeckte ich das Professorenehepaar und rannte vor Erleichterung schnurstracks in die ausgebreiteten Arme der beiden. Ich hatte kein Taxi nehmen wollen. Mir graute davor. Und da standen sie jetzt, lächelten freundlich und waren bereit, mich nach Hause mitzunehmen. Von ihrer Wohnung in Queens aus rief ich meine Freundin an und sagte, ich würde sie am nächsten Morgen sehen, da die beiden angeboten hatten, mich dann nach Manhattan zu fahren.

Ich verliebte mich auf den ersten Blick in New York. Und daran hat sich bis heute nichts geändert. Ganz egal, was seine Kritiker sagen – eine Stadt wie New York gibt es kein zweites Mal auf Erden. Ich liebe diese Stadt bedingungslos, ihre hässlichen Schattenseiten inbegriffen (auf mich wirken sie nicht hässlich, sondern bloß faszinierend). Auf der Fahrt zur Erdgeschosswohnung meiner Freundin im Stadtzentrum verschlang ich gierig alles, worauf meine Blicke fielen, und konnte es nicht erwarten, ein Teil davon zu werden, und sei es auch nur für zwei kurze Wochen.

Die schwedische Masseuse wirkte keineswegs erfreut über meinen Besuch. Es war *ihre* Wohnung, und meine Freundin war ein »zahlender Gast« (sie teilten sich die Miete) mit eingeschränkter Nutzungserlaubnis und wenig Komfort. Es gelang uns mit Mühe und Not, ein zusätzliches Bett und meinen Koffer, den die Schwedin und ihr übellauniger Kater mit hasserfüllten Blicken musterten, in ihrem beengten Schlafzimmer unterzubringen. Aber das machte mir alles nichts aus. Ich war viel zu froh, endlich in New York zu sein. Die Wohnung war wunderbar gelegen, und alles schien sich in einem Umkreis abzuspielen, der für uns zu Fuß erreichbar war. Das Wetter war herrlich. Und obwohl ich so gut wie gar kein Geld hatte, war ich außer mir vor Begeisterung, regelrecht euphorisch.

Meine Freundin hieß mich herzlich willkommen. Die Zuneigung und die Rücksichtnahme, die sie mir entgegenbrachte, rührten mich. Doch vor der Frau im Nebenzimmer war ich auf der Hut. Sie ließ den Fernseher vierundzwanzig Stunden am Tag laufen, weil sie sich vor der Stille fürchtete, doch wenn sie uns beide fröhlich plappern hörte oder wenn meine Freundin einen Telefonanruf bekam, zeigte sie ihren Unwillen und ihr Missvergnügen deutlich, indem sie uns anfauchte: »Dieser ewige Lärm. Davon bekomme ich Kopfschmerzen.« Wir schlichen buchstäblich mit einem Finger auf den Lippen durch die Wohnung.

Wenn die Masseuse einen Kunden hatte (was nicht sehr häufig vorkam), wurden wir angewiesen, in unserem Zimmer zu bleiben und uns nicht blicken zu lassen oder aus dem Haus zu gehen und erst Stunden später zurückzukommen. Diese Frau ähnelte der Vorstellung, die ich mir von der Riesin in dem Märchen ›Hans und die Bohnenstange‹ machte. Sie war grauenhaft anzusehen und noch dazu furchteinflößend mit ihren hervortretenden Augen, der strengen Kleidung, dem kurz geschnittenen, dünnen blonden Haar und ihrem militärischen Gang. Es war nicht zu übersehen, dass ihr meine Anwesenheit nicht passte. Ich beschloss, dickfelliger zu werden und trotzdem zu bleiben.

Seltsamerweise – aber vielleicht ist es auch gar nicht so seltsam – vermisste ich weder mein Zuhause noch meine Familie, meinen Job oder meine Freunde. Keinen Moment lang. Ich dachte kaum an sie und fühlte mich vollständig losgelöst von der Welt, die ich hinter mir zurückgelassen hatte. In den allerersten Tagen wäre ich sofort bereit gewesen, mich fröhlich von alldem zu verabschieden, mein Visum in kleine Stücke zu reißen und als illegale Einwanderin in New York zu bleiben, ohne einen Gedanken an meine ungewisse Zukunft, meine schockierten Eltern oder meinen zornigen Boss zu verschwenden. Das ist das einzig wahre Leben, sagte ich mir, während ich forsch und zuversichtlich durch diese unglaublichen Avenues lief und mich über die Komplimente von wildfremden Menschen freute. Heute weiß ich, dass diese schmeichelhaften Bemerkungen alltäglich und nichtssagend sind. Klischees wie »Bist du echt?« faszinierten mich, als ich sie das erste Mal hörte.

In meinem Ticket waren auch noch Flüge nach Los Angeles, San Francisco, Montreal und der Rückflug nach New York inbegriffen. Doch im Grunde genommen wollte ich mich nicht mehr von der Stelle rühren und keinen Fuß aus Manhattan hinaussetzen. Mein vierzehntägiger Aufenthalt dort zählt zu den glücklichsten Wochen in meinem ganzen Leben.

Meine Schulfreundin war schon immer recht depressiv gewesen. Das Zusammenleben mit einer bekloppten schwedischen Masseuse hatte noch mehr zu ihrer Niedergeschlagenheit beigetragen. Aber ihre Aufrichtigkeit und ihre Zuneigung werde ich ihr nie vergessen. Ungeachtet unserer beschränkten finanziellen Mittel gelang es uns, ganz schön rumzukommen. Dazu zählte auch ein Abend an einem Ort, der damals ein Phänomen war, über das ganz Amerika redete: die erste Singlebar der Welt, die, im Gegensatz zur landläufigen Meinung, alles andere als ein Aufreißertreff war. Maxwell Plum war einfach toll, eine Bar, die zwei junge Frauen zuversichtlich betreten konnten, ohne sich wie Prostituierte vorzukommen. Ich weiß selbst nicht, woher wir den Mut nahmen, uns dort umzusehen. Aber ich erinnere mich noch deutlich an die absurde Großspurigkeit, mit der wir unsere Plätze auf hohen Barhockern am Tresen einnahmen und versuchten, uns so erfahren zu geben, als täten wir so was ständig. Wir verließen die Bar eine Stunde später, nachdem wir nichtssagende Gespräche mit einem halben Dutzend yuppiehafter Typen geführt hatten – alle sehr weiß, sehr WASP und sehr gleichgültig.

New Yorker, erkannte ich in dem Moment, interessieren sich nur für andere New Yorker, mit denen sie sich kurzschließen können, aber nicht für Touristen. Es waren auch einige Farbige da, aber nicht allzu viele. Sie ahmten das Verhalten, die Sprache und die Kleidung der Weißen nach, obwohl Black Power zu der Zeit als furchtbar schick galt. Afrofrisuren, Perlenschnüren und geballten Fäusten begegnete man nur auf Protestkundgebungen, und das Ganze war noch in einem Stadium, in dem es die Leute als Gesprächsstoff ansahen. Es sollte mehr als ein Jahrzehnt dauern, bis sich die streitbare demonstrative »Schwarze Bewusstseinsbewegung« endlich durchsetzte. Damals war großes Selbstbewusstsein zu beobachten, vor allem in den schickeren Clubs, wo Schwarze mit der dicken Kohle ihr neu entdecktes Selbstvertrauen (und ihren Wohlstand) zur Schau trugen, während ihre weniger betuchten weißen Brüder wütend oder lediglich verdrossen zusahen. Als jemand, der weder weiß noch schwarz war, sondern eine unbestimmbare bräunliche Hautfarbe hatte, gehörte ich keiner der beiden Gruppen an und wurde oft fälschlicherweise für eine »echte« Indianerin (eine Rothaut, keine Inderin) oder sogar für eine Südamerikanerin gehalten.

In New York lernte ich neue Gerüche, neue Geschmacksnoten und neue Gerichte kennen, vom Pastrami-Sandwich im jüdischen Schnellimbiss bis zum Submarine an den Werften. Von Quiches mit Spinat und Pilzen in der Brasserie zu den Salatbars gegenüber vom Plaza. Ich wagte es sogar, lässig in das Plaza zu schlendern, das als eines der besten Hotels weltweit gilt, in schäbigen Levi's und mit hawaiianischen Gummilatschen (made in Bombay) an den Füßen, wie ich zu meiner Schande gestehen muss. Niemand warf mich raus.

In dem Moment machte ich eine weitere Entdeckung: In New York interessiert sich kein Mensch dafür, wie jemand redet, aussieht oder sich kleidet. New York verleibt sich die absonderlichsten Typen ein. Dort kann jeder er selbst sein, solange er hinnimmt, was das mit sich bringt. Man kann sich ganz groß in Schale werfen oder vorsätzlich in Fetzen rumlaufen. Wenn jemand in Jeans zu einer Opern- oder Ballettaufführung in einem der piekfeinsten Theater erscheint, dann ist das einzig und allein seine eigene Angelegenheit. Manche Menschen finden diese lässige Einstellung abstoßend. Ich empfinde sie als befreiend. Niemand kennt dich. Niemand will dich kennen lernen. Wenn du schlampig rumläufst, dann wirst du auch so behandelt. Aber Schlimmeres hat man nicht zu erwarten. In den meisten Fällen nimmt einen sowieso keiner wahr. Es laufen ohnehin schon viel zu viele einheimische Spinner herum. Wie sollte man sich da an Touristen stören, die in Gummilatschen in das eleganteste aller Grandhotels schlendern? Meine große Neuanschaffung auf dieser Reise war ein schwarzes T-Shirt, das vierzehn Dollar kostete. Ich erinnere mich bis heute an den Preis, weil ich ihn so empörend fand. Der Meinung bin ich übrigens immer noch.

Damals wie heute herrschte Angst auf den Straßen. Aber dagegen war ich immun. Ich bekam selbst dann keine kalten Füße, als ich mich auf dieser ersten großen Auslandsreise ausgerechnet in Harlem verlief, und das kann ich mir nur damit erklären, dass ich viel zu naiv, vertrauensselig und in die Stadt verliebt war. New York hatte mich in seinen Bann gezogen, und seine erstaunlichen Energien hatten mich zu sehr geblendet, um die hässlichen (und gefährlichen) Seiten überhaupt wahrzunehmen.

An jenem Tag war ich mindestens fünfzig Straßen von der Adresse entfernt, die ich auf einen Zettel gekritzelt hatte. Der erste Mensch, den ich nach dem Weg fragte, war ein riesiger schwarzer livrierter Chauffeur, der an einer bedrohlich wirkenden Stretchlimousine lehnte. Er warf einen Blick auf meinen Zettel und sagte: »Sieh mal ... da bist du ganz falsch hier. Ich meine, du hast hier nichts zu suchen. Du hättest gar nicht erst herkommen sollen. Das ist Harlem. Verstehst du? Harlem!«

Ich nickte benommen.

Er probierte es noch einmal. »Wo du hinwillst, dahin braucht man mit dem Wagen zwanzig Minuten – kapiert?«

Ich nickte wieder.

Er schwieg. Schloss die Augen. Er schien in Gedanken vertieft zu sein. Schließlich sagte er: »Zum Teufel, was soll's. Komm schon. Spring rein. Ich bringe dich hin.«

Und ich sprang sofort in den Wagen.

Er fuhr mich bis vor die Tür. Dort sprach er mit dem Türsteher, reichte ihm meinen zerknitterten Zettel, wedelte, bevor er wieder losfuhr, mit einem fetten Finger vor meinem Gesicht herum und sagte streng: »Wenn du dich das nächste Mal in Harlem verläufst, kann es passieren, dass ich nicht da bin und dich auflese. Wie gesagt, hier sollte man sich nicht verlaufen. Also, pass gut auf dich auf, Mädchen.«

Ich bedankte mich überschwänglich bei ihm. Aber seine Warnung drang trotzdem nicht zu mir durch. Ebenso wenig war ich mir über die möglichen Folgen meines Entschlusses im Klaren gewesen, in die Limousine eines wildfremden Mannes zu steigen.

Offenbar hatte ich meine Lektion also nicht gelernt. Auf meiner Rückreise über Paris leistete ich mir eine ähnliche Dummheit. Ich schlenderte in einem langen, geblümten Rock (die sind jetzt wieder in Mode) und einem T-Shirt ziellos durch die reizvollen Gärten in der Nachbarschaft des Louvre (die Tuilerien) und beschloss, mich auf einer Bank niederzulassen, die einen einladenden Eindruck auf mich machte. An den Füßen hatte ich weiche weiße Lederclogs (die sind jetzt auch wieder in Mode), die zwar recht schick aussahen, sich aber schmerzhaft an meinen Hühneraugen rieben. Ich muss erschöpfter gewesen sein, als mir bewusst war, denn innerhalb weniger Minuten schlief ich auf dieser harten Steinbank mit meiner Handtasche als Kopfkissen ein. Vielleicht zwei Stunden später wurde ich von Regentropfen geweckt, die mir ins Gesicht fielen. Verwirrt und ohne jede Orientierung erwachte ich, blinzelte ein paarmal und fragte mich, wo ich war. Mein Blick auf den Himmel wurde von mehreren neugierigen Gesichtern versperrt, die mich anstarrten. Ich hatte so tief geschlafen, dass ich immer noch nicht richtig bei Besinnung war, sondern weiterhin träge liegen blieb.

Der Regen begann kräftig herunterzuprasseln. Die vier Gesichter (eine Frau und drei Männer) waren honigbraun und wunderschön. Sie fingen an zu lachen und bedeuteten mir, ich solle schnell loslaufen, bevor wir alle pitschnass wären. Irgendjemand hielt mir eine Hand hin, die ich nahm, um mich auf die Füße ziehen zu lassen, und dann rannten wir gemeinsam los und sprinteten zu einem dottergelben Käfer, der etwa hundert Meter weit von uns entfernt geparkt war. Ohne ein Wort stieg ich in den Wagen, und wir fuhren los. Bis jetzt hatte niemand etwas gesagt. Nun stellte mir einer von ihnen in melodischem Französisch eine Frage. Ich zuckte die Achseln und sagte in meinem fehlerhaften Schulfranzösisch, ich spräche die Sprache nicht flüssig genug für ein vollwertiges Gespräch. Nach zahllosen Gesten und langsamen Worten kam ich dahinter, dass sie Studenten aus Martinique waren, die in einem fernen Pariser Vorort Verwandte besuchten. Ich hatte keine konkreten Pläne ... und außerdem mochte ich ihr Gelächter und ihr ungewöhnliches Aussehen. Ich beschloss, mich ihnen für die zwei Tage, die ich noch in Paris verbringen würde, anzuschließen.

Das war eine wirklich gute Entscheidung. Der zerbeulte gelbe Käfer brachte uns überallhin – nicht in schicke Restaurants oder anrüchige Nachtclubs, sondern kreuz und quer durch die unglaublich schöne Stadt. War ich verrückt, mich in einer Stadt, in der ich selbst fremd war, einer Gruppe von Wildfremden anzuvertrauen? Wir sprachen nicht dieselbe Sprache, und außer unserer Jugend, unserer Begeisterung und unserer Energie hatten wir nicht das Geringste miteinander gemeinsam. Warum tat ich es? Die Antwort ist kurz und bündig – aus Instinkt. Ich wusste in dem Moment, als ich auf ihren Wagen zulief, dass diese Menschen mir niemals etwas Böses antun würden. Woher ich das wusste? Das lässt sich nicht so leicht sagen. Ich gebe viel auf Instinkte, und meine haben mich bisher selten im Stich gelassen. Man könnte auch von einem ausgeprägten sechsten Sinn oder von schierer Dummheit sprechen.

In den Siebzigern wurde das Wort »Vibes« oder »Vibrations« überstrapaziert, um genau das zu beschreiben. Aber es ist durchaus möglich, Signale zu deuten und in den Augen eines Menschen ziemlich viel zu lesen. Ich hüte mich vor Leuten, die mir nicht in die Augen sehen. Menschen mit unstetem Blick sind mir sofort suspekt. Vielleicht manchmal zu Unrecht. Vielleicht ist derjenige einfach nur nervös. Aber dieses Risiko kann ich nicht eingehen. Ich habe es gern mit Menschen zu tun, die transparent sind. Aber nicht ganz und gar. Sonst wären sie langweilig. Nur transparent genug, um dahinterzukommen, womit ich es zu tun habe, denn ich spiele keine Spielchen – diese sinnlose Anstrengung spare ich mir. Am liebsten ist es mir, wenn mein Gegenüber diesen ganzen Quatsch auch nicht braucht und wir offen und ehrlich miteinander reden können.

Der Aufenthalt in Paris fand einen glanzvollen Abschluss. Ich war endlich bereit, nach Hause zurückzukehren. Ich hatte neue Freunde gefunden. In einem Pariser Künstlerhaushalt bei einem reizenden alten Parsi-Paar gewohnt. Es hatte nur eines Nachts in ihrer Wohnung einen grausigen Moment gegeben, als ein riesiger Kater beschlossen hatte, sich für ein paar Stunden auf meiner Brust niederzulassen. Er war schwer und doch lautlos auf mir gelandet. Im Tiefschlaf glaubte ich, ich würde ermordet, aber noch schlimmer wurde es, als ich die Augen öffnete und in glänzende gelbe Augen blickte, die im Dunkeln leuchteten. Ich bemühte mich, nicht zu atmen, aber wie lange konnte ich die Luft anhalten? Eine Minute? Zwei? Der pelzige schwarze Kater, den ich bei Tag auf der Fensterbank hatte sitzen sehen, schien wild entschlossen zu sein, den Rest der Nacht auf meinem vor Furcht erstarrten Körper zu verbringen. Ich wagte es nicht, nach jemandem zu rufen, da ich befürchtete, damit könnte ich den Kater erschrecken, und er würde mir mit seinen scharfen Krallen die Augen auskratzen. Ich habe keine Ahnung, wie lange ich so dagelegen habe. Mir erschien es unendlich. Irgendwann im Lauf der Nacht war der Kater leichtfüßig von meinem Leib gesprungen und verschwunden. Vielleicht hatte ihn eine Maus gelockt. Wenn wir nach Paris reisen, halte ich jedes Mal mit Adleraugen Ausschau nach Katzen. In Paris wimmelt es von Katzen in Menschengestalt. Mit denen kann ich umgehen. Die echten Katzen sind es, die ich meide.

Als ich endlich von meiner ersten Auslandsreise zurückkehrte, berichtete ich niemandem von meinen Abenteuern, schon gar nicht meiner Mutter. Ich wachte eifersüchtig über meine Erinnerungen und hütete sie wie einen Schatz. Meine Familie war froh, mich wiederzusehen, nachdem ich meine Rückkehr mehrfach hinausgeschoben hatte. Und sie waren auch froh, dass ich die Reise heil überstanden hatte. Näheres wollten sie gar nicht unbedingt wissen. Ich hatte das Gefühl, im Lauf dieser acht Wochen viel erwachsener geworden zu sein. Und ich hatte buchstäblich die Welt gesehen – die Westküste, L. A., San Francisco, den Mittleren Westen, Aspen, Denver, Montreal, den hohen Norden. Ja, es war eine ganz beachtliche Reise gewesen.

Inzwischen habe ich viele Reisen unternommen und die meisten meiner Traumziele aufgesucht: Istanbul, Kairo, Berlin, Lissabon, Wien, Sevilla, Jerusalem. Es gibt Hunderte von weiteren Orten, die ich gern kennen lernen würde: Buenos Aires, Rio de Janeiro, Stockholm, Peking, Tokio, Moskau. Bei jedem Besuch und an jedem Ort habe ich genau hingesehen, Eindrücke in mich aufgenommen und Dinge dazugelernt. Nicht von Museen oder Denkmälern (die könnt ihr gern für euch behalten), sondern auf Märkten und an Straßenkreuzungen. Ruinen interessieren mich nicht. Ich habe kein Gespür für Geschichte. Für mich haben auch Fossilien nichts Romantisches an sich. Man gebe mir einen turbulenten Basar, auf dem reges Treiben herrscht, ein Straßencafé, ein Theater, Menschenmengen, Leute, Chaos, Lärm. Und man setze mir neue Gerichte vor, die den Gaumen anregen. Neue Aromen, neue Gerüche, neue Farben.

Stars und Sternchen

Obwohl ich mich in meinen Zeiten bei ›Stardust‹ weitgehend von Stars fernhielt, bin ich im Lauf der Jahre doch etlichen begegnet, und von manchen habe ich im vorangegangenen Kapitel berichtet. Es gibt aber auch noch einige andere Stars, denen ich über den Weg gelaufen bin und die es aus den verschiedensten Gründen wert sind, erwähnt zu werden.

Die mit Abstand schönste Schauspielerin, der ich während meiner Jahre bei der Zeitschrift begegnet bin, war Parveen Babi. Ich kann sie heute noch genauso deutlich vor mir sehen wie bei unserer ersten Begegnung vor mehr als zwanzig Jahren, als sie in einem weichen, weißen, griechisch anmutenden Gewand aus fließendem Chiffon in mein Gesichtsfeld schwebte. Sie als hinreißend zu bezeichnen, wäre eine Untertreibung. Ihr Sexappeal wurde von manchen Menschen mit dem von Zeenat Aman verglichen, aber dieser Vergleich erscheint mir nicht fair. Zeenat war dunkelhäutig, kraftstrotzend und drall; Parveen war dagegen weitaus ätherischer, feinknochig und zart. In Anbetracht ihres interessanten Hintergrunds, der einsamen Kindheit und ihres erstaunlichen Aussehens hatten wir es hier mit einem Mädchen zu tun, das beim Film von Anfang an eindeutig eine Außenseiterin war. In dieser derben, harten, vulgären Welt hatte sie schlicht und einfach nichts zu suchen. Sie strahlte eine seltsame Verletzbarkeit aus, eine Unsicherheit, die nur noch mehr zu ihrem Reiz beitrug. Zeenat verströmte aus jeder Pore Zuversicht. Parveen dagegen wirkte selbst dann ein wenig verloren und bestürzt, wenn sie philosophische Ergüsse von sich gab, aus gänzlich unbekannten Büchern zitierte und behauptete, sie schriebe Gedichte. Sie war alles andere als eine durchschnittliche Schauspielerin.

Nachdem ihr Bild auf dem Cover von ›Time‹ erschienen war (und das nicht etwa, weil sie Parveen Babi war – sie war rein zufällig als Vertreterin des asiatischen Kinos ausgewählt worden), kam Parveen in den Genuss, echten Berühmtheitsstatus unter den ganz Großen zu erlangen, aber nur für kurze Zeit. Zwei Männer tauchten in ihrem Leben auf und stellten es auf den Kopf – Mahesh Bhatt und Kabir Bedi.

Irgendwann zwischen diesen beiden Phasen traf ich sie in ihrer Wohnung in Juhu und stand fassungslos vor den Veränderungen, die sich äußerlich an ihr vollzogen hatten. Sie war zwar immer noch atemberaubend schön, doch sie wirkte schwer gezeichnet. Der Ausdruck in diesen hübschen, zarten Augen war regelrecht manisch. Ich schob es auf die Turbulenzen in ihrem Privatleben. Bhatt hielt sich in ihrer Wohnung auf, und die beiden sprachen, wie es damals Mode war, im Stil des »Stream of consciousness« miteinander. Das meiste, was sie sagten, war dummes Zeug, langweilig, abgedroschen und wirr. Geborgte, wiederverwertete Philosophie, die große Anleihen bei den Zen-Meistern Rajneesh und Krishnamurti sowie Marshall McLuhan machte.

Später kam mir zu Ohren, Parveen sei fortgegangen, nachdem sie einen Nervenzusammenbruch erlitten hatte. Jahrelang erfuhr man nichts über sie, bis sie eines Tages wieder in Bombay auftauchte und begann, bizarre Presseerklärungen abzugeben. In den frühen Neunzigern lief ich ihr über den Weg, als sie gerade im Taj Einkäufe erledigte, und ich schrak vor ihrem Anblick zurück. Im ersten Moment konnte ich nicht glauben, dass es sich bei der Frau, die kaum mehr als einen halben Meter neben mir edle Stoffe prüfte, wirklich um Parveen Babi handelte. Diese Person wies Ähnlichkeit mit einer Stadtstreicherin auf: Ihr Körper war bis zur Unkenntlichkeit aufgeschwemmt, das Haar wüst und ungekämmt, die Haut unrein und fleckig. Und aus den Rehaugen waren zwei schmale, tief liegende Schlitze geworden, von Fleischwülsten umgeben, die ungesund aussahen. Man hatte mir bereits berichtet, sie sei ausgeflippt und hätte Wahnvorstellungen, äße Salat und das Weiße von bis zu vierzig rohen Eiern am Tag und schriebe Berge von Seiten über Amitabh Bachchans Plan, sie zu eliminieren. Ich hatte selbst einige dieser »Presseverlautbarungen« erhalten, in denen der Schauspieler beschuldigt wurde, sich mit CIA/Mossad/FBI/MI5 und jedem anderen Geheimdienst, der einem sonst noch einfällt, verschworen zu haben, um sie umzubringen. Wüste Theorien über radioaktive Belastung, Giftpfeile und Killerstrahlen, die durch das Fernsehen übertragen wurden – es gab nichts, was Parveen ausgelassen hatte. Selbst wenn die beiden eine Affäre miteinander gehabt und sich dann zerstritten hatten, waren ihre Anschuldigungen die eines ernsthaft kranken Menschen. Sie starrte mich ein paar Sekunden lang an und schien sich dann wieder in sich selbst zurückzuziehen. Als ich sie etwa ein Jahr später wieder traf, schien sie sich etwas besser im Griff zu haben. Fest steht, dass sie schlanker war, und sie schien auch wieder gewisse Berührungspunkte mit der wirklichen Welt zu haben. Sie sagte, sie sei inzwischen eine erfolgreiche Innenarchitektin und hätte vor, ein Buch zu schreiben. Ich gestehe, dass ich keine von beiden Informationen allzu ernst nahm.

Auch Raakhee (Erinnern Sie sich noch an sie?) war ein ziemlich schräger Vogel, aber ungeheuer schön. Meine Kollegin Uma Rao hatte sich mit der eigenwilligen Schauspielerin angefreundet und stand ihr nah. Nah genug, um Raakhee zu überreden, dass sie zu einem Abendessen von ›Stardust‹ mitkam, das von Nari Hira in seiner Wohnung im Zentrum von Bombay veranstaltet wurde. Sie traf ein wie ein scheues junges Mädchen vor dem Traualtar und warf aus keusch niedergeschlagenen Augen schüchterne Blicke um sich. Sie war die reinste Vision, in zartrosa Spitze gehüllt, keine Spur von Make-up im Gesicht, das seidige Haar gelöst, und dazu kamen diese unglaublich hellen Augen, die in jenem Jahr in einer ganzen Reihe von erfolgreichen Filmen das Kinopublikum verhext hatten.

Ich wollte um jeden Preis mit ihr reden, und daher bat ich Uma, mich mit ihr bekannt zu machen. Raakhee starrte weiterhin wortlos ihre Zehen an. Ich sagte ihr, wie wunderschön sie sei, und sie ächzte. Ich machte ihr überspannte Komplimente und glaubte, sie würde in Tränen ausbrechen. Ihr war deutlich anzusehen, dass sie sich in dieser Umgebung nicht wohl fühlte. Sie ging nicht gern unter Leute, und ihr lag auch nichts am Umgang oder am Small Talk mit ihresgleichen. Raakhee war ausschließlich zu der Party erschienen, um ihrer Journalistenfreundin eine Freude zu machen. Sowie sie ihre Pflicht erfüllt hatte, wollte sie schleunigst wieder verschwinden, und genau das tat sie auch. Wenn ich sehe, wie sie heute in bedeutungslosen kleinen Nebenrollen als Gaststar verheizt wird und die Mutter von Männern spielt, die nicht viel jünger sein können als sie, bin ich aufgebracht. Raakhee hat, wie etliche andere Schauspielerinnen vor ihr und nach ihr, alles weggeworfen. Sie hatte das Aussehen, die Chancen und das Talent, und doch hat sie es nicht weit gebracht. Manche behaupten, der Alkohol hätte sie zugrunde gerichtet; andere beharren darauf, chronische Depressionen und permanente Unsicherheit seien der Auslöser gewesen. So ein Jammer.

Es ist auch ein Jammer, dass Smita Patils Leben ein so tragisches Ende nahm. Sie sah zwar nicht im herkömmlichen Sinne gut aus, aber Smita war zart und zerbrechlich und besaß doch eine starke Ausstrahlung. Die Leute konnten sich in sie hineinversetzen und sie sich in andere. Ich würde mich zwar nicht als ihre Freundin bezeichnen, aber wir verstanden uns gut. Ihre Leinwandpersönlichkeit, die vollkommen ungekünstelt war, fand ich unwiderstehlich. Es war leicht nachzuvollziehen, warum so viele Menschen beiderlei Geschlechts für Smita schwärmten – sie weckte Gefühle tiefer Zuneigung bei denen, die mit ihr zu tun hatten. Smita war verletzlich, unsicher und ungewöhnlich, und ihre Selbstachtung war trotz ihres Erfolgs auffallend gering. Sie brauchte ständig Zuspruch, insbesondere wegen ihrer dunklen Hautfarbe, und doch war es gerade ihr dunkler Typ, der von aller Welt bewundert wurde. Ich glaube, einer der Gründe dafür, dass sie Raj Babbar heiratete, war ihr Bestreben, ihr eigenes ungläubiges Staunen darüber zu verkraften, dass ein großer, hellhäutiger Filmstar aus dem Norden Indiens sich in jemanden wie sie verlieben konnte, eine dunkelhäutige Schauspielerin aus dem Maharashtra, deren Gesichtszüge Unvollkommenheiten aufwiesen. Sie fühlte sich geschmeichelt und war überwältigt, obwohl es in Wirklichkeit umgekehrt hätte sein sollen. Während sich die Leute fragten: »Was sieht sie bloß in ihm?«, fragte sie selbst sich immer noch: »Was sieht er bloß in mir?«

Vor ein paar Jahren besuchte ich eine große Veranstaltung. Im Ballsaal des Taj drängten sich Berühmtheiten und Megastars. Etliche Legenden standen herum und fragten sich, was sie als Nächstes tun sollten (so geht es den Supernovas nun mal, wenn sie zwischen zahllosen unbedeutenden Stars eingezwängt sind). Am anderen Ende des Saals sah ich eine dieser Legenden. Hema Malini. Majestätisch, gefasst und strahlend. Sie spielte immer noch die Königin der Leinwand und war in dieser Rolle obendrein sehr überzeugend. Sie hatte ihre äußere Erscheinung einer dramatischen Verwandlung unterzogen und sich von ihrem früheren Look als alte Amma aus dem Süden Indiens verabschiedet. Für die »neue« Hema kamen Tempelsaris nicht in Frage. Sie war todschick in Schwarz gekleidet. Als sie sich umdrehte, keuchten ihre Bewunderer beim Anblick ihres rückenfreien Choli, das nur von schmalen, überkreuzten Bändern zusammengehalten wurde und sehr sexy aussah. Auch ihr Haar war verändert – ein modischer Schnitt, Strähnchen, gepflegt. Die Augenbrauen sahen ein wenig seltsam aus, irgendwie pflaumenfarben. Das Augen-Make-up einer Bharatanatyam-Tänzerin war einer subtileren Technik gewichen. Hema hatte schon immer gewusst, wie man es richtig anstellte, selbst damals, als sie beschlossen hatte, den Ehemann einer anderen Frau zu ihrem eigenen zu machen. Hema ging unverfroren und unerschütterlich ans Werk, hörte auf ihr Herz und machte sich nichts aus den Reaktionen anderer. Seltsamerweise ließ man ihr die »Ehe« mit Dharmendra, die eine reine Farce war, durchgehen, und nirgends wurde Kritik laut.

Das muss an Hemas eindrucksvoller Persönlichkeit liegen. Keiner hat Lust, sich mit ihr anzulegen, noch nicht einmal der wagemutigste unter ihren zahllosen männlichen Filmpartnern. Ihr gelang es, das Image einer stolzen Brahmanin für sich zu erschaffen, die mehr oder weniger irrtümlich in der schmutzigen Filmbranche gelandet war, wo sie ihr Leben in Wirklichkeit Gott und dem klassischen Tanz hätte widmen sollen. Die Kostüme, die sie auf der Leinwand trug, waren sexy, ihre Tänze provozierend, und wenn die Szene es verlangte, flirtete sie ganz ungeheuerlich. Und doch blieb ihr Ruf unbefleckt und rein. Mit hoch erhobenem Kopf versetzte sie die Branche in helle Aufregung, und das sogar noch nach der Geburt ihrer beiden Töchter, die von Dharmendra, ihrem leiblichen Vater, offiziell adoptiert werden mussten, da die Eheschließung zwischen ihm und Hema vor den Augen des Gesetzes keine Gültigkeit besaß.

Frauen bewunderten Hema für ihren Mut. Sie wurde als jemand angesehen, der sich weigerte, unter Druck von außen nachzugeben, jemand, der sein Leben unter Missachtung der überlieferten Konventionen führte, aber im Stillen und ohne öffentlich dagegen aufzubegehren. Was sie zu verstehen gab, war ganz einfach Folgendes: Was ich tue, ist meine Angelegenheit. Meine Beziehung zu »Dharamji« (Dharmendra) geht außer uns beiden niemanden etwas an. Ich werde mein Leben nach meinen eigenen Vorstellungen leben und bin niemandem Rechenschaft schuldig. Im Lauf der Jahre hat sie sich konsequent und würdevoll über die inoffiziellen Abmachungen in ihrem Leben ausgeschwiegen. Sie hat ihr eigenes Haus, in dem sie mit ihren Töchtern lebt, und sie bezahlt all ihre Rechnungen selbst. Ihr »Ehemann« lebt gemeinsam mit seiner Familie in einem weitläufigen Bungalow, in dem auch die Söhne seiner Frau mit ihren Ehefrauen und seinen Enkelkindern wohnen. Hema führt ein produktives, mit Aktivitäten angefülltes Leben und macht einen rundum zufriedenen Eindruck. In all diesen Jahrzehnten kam nicht einmal ein Hauch von einem Skandal auf; nie hieß es, sie hätte sich mit einem anderen Mann eingelassen. Sie sieht zu, wie sie allein mit ihren Problemen fertig wird, und sie nimmt keine Zuflucht zu billigen Taktiken wie der, die Presse in ihre Privatangelegenheiten hineinzuziehen. Wenn sie von »Dharamji« spricht, dann ausnahmslos liebevoll, respektvoll und nachsichtig.

Andere, die versucht haben, in ihre Fußstapfen zu treten (dazu fällt mir sofort Sridevi ein), waren weitaus weniger erfolgreich, und zwar vor allem deshalb, weil sie sich mit ihren privaten Konflikten an Journalisten gewandt haben. Sie glaubten, wenn sie den erbärmlichen Schmutz aus ihrer Sicht enthüllen, könnten sie die öffentliche Meinung zu ihren Gunsten mobilisieren und hätten somit die erste Runde gewonnen. Aber daraus wird selten etwas, wie Neena Gupta bereitwillig zugibt. Jahrelang war es ein dunkles Geheimnis, dass sie eine Tochter von Viv Richards hat, bis Richards beschloss, Neena zu einer ehrbaren Frau zu machen. Masaba, das kleine Mädchen, das seinem Vater aus der Karibik erschreckend ähnlich sieht, muss bestimmt mit allerlei zudringlichen Fragen fertig werden. Obwohl Neena offen und kühn Viv als den Vater ihres Kindes genannt hatte, erschien es ihr notwendig, sich den Konventionen zu beugen und die Affäre mit einer Eheschließung rechtskräftig zu machen.

Sie haben etwas Tragisches an sich, diese Kinder von Filmstars, die gezwungen sind, ein unwirkliches Leben zu führen und mit Druck von außen zurechtzukommen, dem sie nicht immer gewachsen sind. Wenn sie tatsächlich daran zerbrechen, dann tun sie es im großen Stil, wie das Leben von Sanjay Dutt bezeugt. Wenn ich mir heute seine Clips im Fernsehen anschaue, überkommt mich Mitleid mit diesem verwirrten, abgewrackten großen Jungen mit seiner Armesündermiene, den traurigen Augen, dem widerspenstigen Haar und dem aufgepumpten Bizeps. Als Produkt zweier legendärer Stars der Sechziger wuchs Sanjay in einem großen Haus auf, umgeben von einer liebevollen Familie. Und doch kam es irgendwann zu einem Kurzschluss, und der gutaussehende junge Mann, dem sofortiger Starruhm vorhergesagt wurde, setzte sich, metaphorisch gesprochen, selbst außer Gefecht, als er in die üblen Nachspiele der berüchtigten Unruhen des Jahres 1993 verwickelt wurde, ein außerordentlich beschämendes Kapitel in der Geschichte

Indiens. Gewaltige Explosionen machten Wahrzeichen dem Erdboden gleich und verwüsteten eine Metropole, der ihr kosmopolitisches Image nicht mehr gefiel. Sanjay Dutt verbrachte mehrere Monate im Gefängnis und wartete darauf, gegen Kaution freigelassen zu werden. Jetzt liegt es an ihm und an den Gerichtshöfen, seine Rolle in dieser Verschwörung zu klären, aber die Geschichte zeigt deutlich, wie ernst sein verwirrter Geisteszustand wurde und, was noch schlimmer ist, dass er einfach nicht mit seiner Situation klarkam. Von Freunden der Familie wurden alle möglichen Erklärungen vorgeschoben, aber die Erklärung, die nach Sanjays eigenem Eingeständnis am ehesten zutrifft, ist Drogenmissbrauch.

Sein sprunghaftes, unstetes Verhalten wurde von der Presse als Folge elterlicher Abwesenheit erklärt. Sanjays Mutter, die legendäre Nargis, war in seiner frühen Jugend an Krebs gestorben, und sein Vater hatte sein Leben dem öffentlichen Dienst geweiht. Da er somit sich selbst überlassen war, brach er die Schule vorzeitig ab und rutschte in ein altbekanntes Muster ab, das mit Alkohol, Zigaretten, langen Nächten und Drogen begann und schließlich im Erwerb von Selbstladepistolen kulminierte, die er sich über Unterweltbosse beschaffte. Trotz einer gescheiterten Ehe, etlicher stürmischer Beziehungen und zahlreicher Unzulänglichkeiten stand zu erwarten, dass Sanjay sich in die Ränge der Helden der Spitzenklasse einreihen würde. Obwohl er von den Kritikern als hölzerner Schauspieler mit zwei linken Füßen abgetan wurde, über die er bei den im kommerziellen Film obligatorischen Tanzeinlagen stolperte, gelang es Sanjay, sich eine kommerzielle Nische zu schaffen und Verträge für Filme abzuschließen, in denen er die erfolgreichsten führenden Damen als Partnerinnen hatte. Obendrein war seine Fangemeinde beträchtlich. Was mich überraschte, war gar nicht einmal so sehr Sanjays unerklärlicher Aufstieg in die Spitzenliga (schließlich war Amitabh auch nicht gerade ein Adonis); dagegen schien die Reaktion der sonst so strengen und unversöhnlichen Presse es mir wert, genauer unter die Lupe genommen zu werden.

Im Falle Sanjay eilten die Journalisten massenhaft zu seiner Verteidigung herbei und übersahen bereitwillig ernsthafte Anschuldigungen, die von der Polizei und dem Central Bureau of Investigation gegen den Schauspieler erhoben wurden.

Das Glück ist den Dummen hold – zumindest manchmal –, und man kann wohl behaupten, dass Sanjay als ein sehr erfolgreicher und sehr wohlhabender junger Mann aus seiner schweren Prüfung hervorgegangen ist. Oh, er ist doch so ein »reizender« Mensch, sagen diejenigen, die ihn schon seit Jahren kennen. Das muss er wohl sein. So viele vorbehaltlose Bewunderer, die ihm alles verzeihen, können sich schließlich nicht irren.

Derzeit laufen mindestens ein halbes Dutzend Kinder von Stars und deren Kinder in Bollywood herum – Menschen, die schon in der dritten Generation im grellen Licht der Studioscheinwerfer aufwachsen. Dazu fällt mir als Erste die lebhafte Kajol ein, deren Ahnenreihe sich bis zu ihrer Großmutter Shobhana Samarth zurückverfolgen lässt, die sich noch mit über achtzig um keinen Preis ohne Lippenstift, hochhackige Schuhe und baumelnde Ohrringe in der Öffentlichkeit blicken lassen würde. Die junge Kajol hat dem privaten Glamour resolut den Rücken gekehrt und erscheint auf glanzvollen Veranstaltungen häufig bewusst in tristen, unauffälligen Klamotten und ohne eine Spur von Schminke im Gesicht, das federnde Haar ungekämmt und mit einer großen Brille auf ihrer noch größeren Nase. Wenn sie auf diese Weise ihre Identität geltend macht und sich gegen das System auflehnt, dann ist sie allerdings auch in einer Position, die ihr das erlaubt – wie Julia Roberts in Hollywood. Kajol zählt heute mit Sicherheit zu den zehn erfolgreichsten Schauspielerinnen und wird als jemand angesehen, der sich langfristig dort halten wird. Da sie eine endlose Reihe von Kassenschlagern für sich beanspruchen kann, hat sie keinen Grund, sich um ihr Berufsleben Sorgen zu machen. Wahrscheinlich sagt sie sich, es sei ihr Job, auf der Leinwand zu leisten, was von ihr erwartet wird, und wenn das Publikum bereit ist, eine attraktive, aber keineswegs schöne Schauspielerin zu akzeptieren, die sich nicht die Mühe macht, ihre Augenbrauen zu zupfen oder die Haare über ihrer Oberlippe zu entfernen, und die sich so gut wie gar nicht schminkt, während ihre Rivalinnen sich die Pampe so dick wie möglich ins Gesicht klatschen, dann denkt Kajol im Traum nicht daran, einen Kompromiss einzugehen und sich herauszuputzen.

Als ich ihr das erste Mal begegnete, saß sie in einem verdunkelten Voraufführungskino auf Gautam Rajadhyakshas Schoß. Gezeigt wurde ›Bekhudi‹, und Kajol war wunderbar in diesem Film, obwohl sie in einigen Szenen ungewaschen und schmuddelig wirkte. Ihre Darstellung besaß eine Spontaneität und eine Natürlichkeit, die mich an Audrey Hepburn in ›Ein Herz und eine Krone‹ erinnerte. An jenem Abend war mühelos zu erkennen, dass ein neuer Stern am Bollywoodhimmel aufgegangen war, obwohl der Film beim Kinopublikum durchfiel. Kajol war ein absolutes Naturtalent, überhaupt nicht affektiert und eine willkommene Abwechslung, wenn man sich ihre übertrieben stark geschminkten Altersgenossinnen ansah, die durch und durch synthetisch wirkten. Sie sah weder im herkömmlichen Sinne gut aus, noch hatte sie eine kurvenreiche Figur mit Wespentaille. Was sie mit Sicherheit ausstrahlte, war ein derber, glaubwürdiger Sexappeal. Auch ihr privates Benehmen war reichlich ausgefallen. Kajol glaubte offenbar nicht, sich an die feststehenden Regeln der Filmbranche halten zu müssen – sonst hätte sie sich Gautam nicht auf den Schoß gesetzt, auch wenn er sie so nachsichtig behandelte wie ein liebevoller Vater.

Als ich ihr das nächste Mal über den Weg lief, war es wieder in Gegenwart von Gautam, diesmal in seiner Wohnung, die ihm gleichzeitig als Studio diente. Sie sollte für ›Filmfare‹ fotografiert werden, als Journalistin in Kamathipura, Bombays Rotlichtbezirk. Es war ein trostloser, regnerischer Sonntagnachmittag, und die Vorstellung, in einer derart berüchtigten Gegend vor der Kamera zu stehen, machte Kajol offenbar nervös. Wenn sie gereizt war, dann war der Rest des Teams noch gereizter, und erschwerend kam hinzu, dass sie keinen Schimmer hatten, was sie in Kamathipura erwartete. Ich war, offen gesagt, sehr erstaunt. Die »Käfige« von Bombay sind weltberühmt; nicht nur für neugierige Besucher, sondern für jeden, der sich gern ein genaueres Bild vom Leben macht – hart und grausam, wie es ist –, sind sie ein absolutes Muss. Ich erbot mich, die Führung zu übernehmen.

Kajol sah mich dankbar an und fragte dann, ob ich ihr das Haar flechten könnte. In dem Moment war sie ein unsicheres Schulmädchen, das die Tapfere spielte.

»Wird sie angepöbelt ... oder sogar tätlich angegriffen werden?«, fragte jemand.

Parvez, Gautams Assistent, wurde angewiesen, beim Aufstellen der Scheinwerfer nicht zu viel Aufmerksamkeit auf sich zu ziehen, während Gautam sich fragte, wie er es schaffen sollte, den Schnappschüssen Pep zu geben, etwas, was er in seiner langen Laufbahn als Porträtfotograf im Studio noch nie ausprobiert hatte.

Es war kurz vor zwei Uhr nachmittags, eine Zeit, um die sich auf dem Streifen von einem Kilometer Länge mitten in Bombay nach einer langen, betriebsamen Nacht von Samstag auf Sonntag gerade erst wieder etwas tut. Um diese Tageszeit kann man mit etwas Glück die käuflichen Mädchen zu sehen bekommen, wenn sie sich in den schmalen Eingängen zu ihren schäbigen Käfigen ohne Tür strecken und gähnen. In den Öffnungen flattern nur fleckige, zerfetzte Vorhänge in der Brise, die von vorüberfahrenden Bussen und Taxis erzeugt wird. Es ist aber auch die Tageszeit, zu der sich Straßenverkäufer, die zum Frühstück Snacks wie hartgekochte Eier anbieten, auf der schmalen Straße drängen und mit Kupplerinnen und Zuhältern feilschen, während die Mädchen, von denen die meisten weit von der Volljährigkeit entfernt sind, sich auf den dreckigen Stufen vor ihren Bruchbuden rekeln, Babys auf der Hüfte schaukeln und miteinander plaudern und kichern, bevor eine weitere hektische Schicht beginnt.

Kamathipura kann sich ohne jede Vorwarnung in einen feindseligen Ort verwandeln. Im einen Moment ist man noch von freundlichen, neugierigen Anwohnern umgeben, und im nächsten Augenblick kann es passieren, dass man übel beschimpft wird. Ich warnte Kajol vor dieser Möglichkeit, während ich ihre dichte, ungezähmte Mähne flocht. Es wurde beschlossen, wir würden mit dem Wagen hinfahren, unauffällig hinausschlüpfen, sowie wir eine geeignete Stelle gefunden hätten, und Gautam gerade so viel Zeit geben, wie er brauchte, um die Tiefenschärfe einzustellen, auf den Auslöser zu drücken und seine Ausrüstung wieder einzupacken. Kajol war sofort dafür zu haben, obwohl sie der Rolle, die sie spielen sollte, trotz der Omabrille nicht ganz entsprach. Innerhalb von Minuten war der Auftrag abgewickelt, und wir verschwanden so schnell, wie wir aufgetaucht waren. Kajol wurde zwar trotz ihrer Verkleidung erkannt, aber als sich herumzusprechen begann, dass sie da war, sprangen wir schon wieder in die bereitstehenden Autos und flohen.

Als Kajol und ich uns das nächste Mal zufällig auf einer Veranstaltung begegneten, war sie kurz vorher zum Star der Stunde geworden. ›Dilwale Dulhaniya Le Jayenge‹ war 1997 einer der größten Kassenschlager des Jahres und Kajol der Liebling des Publikums. Es handelte sich um eine alljährlich stattfindende Gratulationsveranstaltung, die von einer Gesellschaft namens Giants International organisiert wurde. Kajol und Shah Rukh Khan, der männliche Hauptdarsteller, waren unter den Preisträgern, gemeinsam mit Dr. Manmohan Singh, Leander Paes und Rajat Sharma. P.C. Alexander, der Gouverneur des Maharashtra, führte den Vorsitz.

Kajol erschien mit vornehmer Verspätung in Begleitung ihrer Mutter, der Schauspielerin Tanuja, und ihrer Großmutter. Sie stolzierte auf die Bühne, ließ sich auf ihrem Stuhl nieder und fing an, Grimassen zu schneiden, die Zunge rauszustrecken und Bekannten im Publikum zuzuwinken, während der Vorsitzende seine Rede hielt. Eine halbe Stunde später kam Shah Rukh Khan hereinspaziert und paffte eine Zigarette, die er auf dem Teppich des funkelnden Bankettsaals austrat, bevor er auf das Podium stieg. Sowie er dort angekommen war, wechselte er die Namensschilder aus, weil er neben Kajol sitzen und den neuesten Klatsch mit ihr austauschen wollte. Minuten später zündete er sich die nächste Zigarette an und blies einer anderen Preisträgerin Rauchwolken ins Gesicht. Die beiden benahmen sich wie pflichtvergessene Kinder, die vor dem Büro des Rektors auf ihre Strafe warteten. Ihre »Dankesreden« gingen nicht über unreife Albernheiten hinaus. Ich weiß nicht, wie es dem geladenen Publikum ging, aber ich war furchtbar enttäuscht, vor allem in Bezug auf Kajol. Hier waren zwei erfolgreiche junge Stars, die stellvertretend für die Generation der neunziger Jahre standen, diese kühne neue Gattung, und was wollten sie der Weltöffentlichkeit mitteilen? Dass sie so ungezogen, von sich selbst eingenommen und unkultiviert waren, idiotisches Zeug miteinander zu plappern, während andere Leute Reden hielten (ganz egal, wie langweilig diese Reden auch sein mochten), dass sie die Arroganz besaßen, etliche ältere Mitbürger warten zu lassen, dass sie nicht den Anstand besaßen, sich für ihre Verspätung zu entschuldigen, und, was noch schlimmer war, dass ihnen niemand auch nur grundlegende Lektionen in guten Umgangsformen erteilt hatte.

Über ein solches Benehmen hätte man in früheren Zeiten vielleicht noch hinweggesehen, als Stars wie Mumtaz oder Meena Kumari buchstäblich aus heiterem Himmel beim Film landeten und den Schulbesuch (und das Kinderkriegen) übersprangen. Sie waren in keiner Weise auf ein öffentliches Leben vorbereitet, hatten keine Unterweisungen von ihren Eltern erhalten und noch nicht einmal ein Studiosystem hinter sich, das ihnen in dieser Hinsicht unter die Arme gegriffen hätte. Es gereicht ihnen zur Ehre, dass sie im Lauf der Zeit alles Schritt für Schritt lernten, und ich habe nie erlebt, dass sich einer von ihnen so schändlich benommen hat. Shah Rukh Khan ist ein gebildeter Mann, der das College abgeschlossen hat. Kajols Mutter und Tante wurden in Mädchenpensionate in der Schweiz geschickt, um dort die feine Lebensart zu erlernen. Warum hatte nichts von alldem auf die junge Kajol abgefärbt? Bei dem Abendessen im Anschluss an die Preisverleihung sah ich Shah Rukh Khan und Kajol wieder und war von neuem erstaunt über ihr allzu lässiges Benehmen.

Starqualität ist eine geheimnisvolle Angelegenheit – entweder man hat das Zeug dazu oder man hat es nicht. Oft hat es nichts mit dem tatsächlichen Ansehen eines Schauspielers in der Welt des Films zu tun. Die Aura geht nicht automatisch mit dem Erfolg einher. Ich habe diese Qualitäten an Filmleuten entdeckt, die nie den ganz großen Durchbruch geschafft haben und sie trotzdem verströmen, aber auch an ehemaligen Größen, die nicht mehr im Rennen sind. Aber vielleicht lässt sich das am besten am Beispiel von Sushmita Sen und Aishwarya Rai verdeutlichen. Beide Frauen haben die höchsten Titel im Geschäft mit der Schönheit errungen – Sushmita wurde Miss Universe, und Aishwarya wurde zur Miss World gekrönt. Die Reaktionen der beiden Schönheitsköniginnen auf ihren spektakulären Erfolg unterschieden die echte Thronanwärterin (Aishwarya) von der Heuchlerin, die unberechtigte Ansprüche geltend machte.

Wir hatten es hier mit zwei Mädchen zu tun, die einem ähnlichen mittelständischen Milieu entstammten. Beide waren von konservativen Eltern, die sich im Hintergrund hielten, unbekannt waren und nichts mit dem Showbiz zu tun hatten, in einer vergleichbaren Umgebung erzogen worden. Dem Anschein nach hatten sie einen soliden, vernünftigen Hintergrund. Und wieder einmal war der Geist der Neunziger deutlich zu erkennen. Im Gegensatz zu früheren Anwärterinnen, die aus ärmlichen Verhältnissen stammten – einfach nur hübsche junge Mädchen mit netter Figur und großem Ehrgeiz, Töchter ungelernter Arbeiter, die sich ganz groß in Szene setzten, weil es für sie keinen anderen Ausweg aus der Armut gab –, wurden Sushmita und Aishwarya als Vorläufer einer ganz anderen Klasse von Bewerberinnen angesehen: redegewandte, wohlerzogene, kluge, zielstrebige und intelligente Mädchen, die mit gewichtigerer Lektüre als Comics aufgewachsen waren. Schönheiten, die perfekte Botschafter für das neue Indien waren – direkte, selbstbewusste Frauen, die mit beiden Beinen im Leben standen. Und was passierte dann? Sowie sie die begehrten Titel errungen hatten, machten sie den vorhersehbaren Sprung in die nächste Glamour-Falle, den Hindi-Film.

Sushmita (für ihre Freunde in der Welt der Mode »Sush«) begegnete ich zum ersten Mal bei Sonnenuntergang am Chowpatty Beach. Sie war kurz zuvor zur Miss India gekrönt worden und würde in Miami bei der Wahl der Miss Universe antreten. Wir traten beide in einer Sendung von Channel 4 auf, die von Nikki Bedi moderiert wurde (wenige Monate bevor Nikki bei der kontroverseren Talkshow von Star TV rausflog). Sushmita hatte ihren Auftritt hinter sich und stand jetzt Händchen haltend mit ihrem damaligen Freund am Strand, einem jungen Mann mit traurigen Augen, der es bereits als eine Ehre zu empfinden schien, mit seiner berühmten Begleiterin gesehen zu werden. Sie trug eine weiße Hemdbluse und Bluejeans, war so gut wie gar nicht geschminkt und sah zauberhaft aus. Ihr krauses Haar war aus dem Gesicht gestrichen und zu einem mädchenhaften Pferdeschwanz zusammengebunden. Sie wirkte und benahm sich wie die Achtzehnjährige, die sie damals war. Das glaubte ich zumindest, bis ich hörte, was sie in ihrem Interview gesagt hatte, als Nikki sie fragte, auf welche Eigenschaften sie bei einem Mann besonders großen Wert legte. »Oh«, hatte Miss Sen strahlend erwidert, »Hauptsache, er ist gut im Bett.«

Die nächste Runde: Indien jubelte über ihren spektakulären Sieg in dem internationalen Wettbewerb, und Pradeep Guha, ihr einflussreicher Mentor bei der ›Times of India‹, ließ sich keine Gelegenheit entgehen, dieses Ereignis auszuschlachten. Als Sushmita zum ersten Mal wieder in Bombay war, nachdem sie zur Miss Universe gekrönt worden war, hatte Mr Guha eine tolle Party organisiert, um sie willkommen zu heißen. Nie war der Ballsaal des Taj-Mahal-Hotels hübscher geschmückt gewesen, mit silbernen Schleifen, weißen Ballons und gestaffelten Blumenarrangements im gedämpften Schein der Kronleuchter, die den Saal in ein geradezu verzaubertes Licht tauchten.

Ich beobachtete die Schönheitskönigin aus sicherer Entfernung. Sie wurde von diversen Berühmtheiten auf die Tanzfläche geführt – Filmstars wie Govinda, männlichen Models und anderen Prominenten. Sushmitas Verwandlung war deutlich sichtbar. In einem hautengen roten Kleid mit langen Schlitzen bis auf ihre schlanken Oberschenkel hatte sich ihre Körpersprache fast so sehr verändert wie ihre Ausdrucksweise. Als sie mich entdeckte, tänzelte sie auf mich zu, hauchte die obligatorischen Küsse in die Luft und begrüßte mich mit einem derart überzogenen amerikanischen Akzent, dass es schon fast wie eine vollendete Parodie wirkte. Ich blickte über ihre Schulter, und mein Blick fiel auf eine Erscheinung. Es dauerte einen Moment, bis ich Sushmitas Mutter wiedererkannte. Mrs Sen hatte sich komplett neu definiert, damit sie ihrer Vorstellung von der Managerin und Mutter einer Schönheitskönigin eher entsprach. Die biedere Hausfrau hatte sich in eine Powerfrau in einem Hosenanzug aus Polyester verwandelt, die sich in einem Ballsaal mit gedämpftem Licht hinter einer großen Sonnenbrille versteckte. Der Anblick der beiden in ihrem prunkvollen Gefieder ließ mich mehrfach blinzeln.

Im Fall Aishwarya ging Mrs Rai mit dem Erfolg ihrer Tochter dezenter oder, besser gesagt, klüger um. Sie kleidete sich – Gott sei Dank – weiterhin wie eine vorstädtische Hausfrau, aber eine feinere, mit Diamanten, die an ihren Ohrläppchen funkelten, und einem schimmernden weißen Seidensari, der ihre gut erhaltene Figur betonte. Hätte man in dem Moment vorhersagen sollen, wie sich die beiden Mädchen machen würden, indem man sich ihre Mütter ansah, dann war Aishwaryas Erfolg garantiert. Hier war eine Frau (ihre Mutter), die so klug war, an ihren ursprünglichen Wurzeln festzuhalten, während sie ihrer wunderschönen Tochter den letzten Schliff für eine blendend inszenierte Karriere gab, ohne die Fehler der Sens zu machen.

Beide Mädchen brachten vergleichbare gute Voraussetzungen mit. Beide hatten vielversprechende Erfolge. Beide veranschlagten ihren Marktwert himmelhoch. Sushmitas Kurs sank durch eine ganze Reihe von taktischen Fehlern – negative Publicity, unbedachte Interviews, eine eingestandene Affäre mit einem verheirateten Mann und ein Zerwürfnis mit der Familie – ins Bodenlose. Es wurde gemunkelt, sie sei unbeständig und unzuverlässig, ein Ruf, der eine angehende Schauspielerin augenblicklich ins Verderben stürzen kann, vor allem, wenn ihr Debütfilm beim Publikum durchfällt. Aishwarya dagegen bewahrte sich ihr Image als Eisprinzessin und konnte ihre Kollegen durch ihre tadellose Führung bei den Dreharbeiten schnell von ihrer Arbeitsmoral und ihrer Disziplin überzeugen. Jetzt brauchte sie nur noch die Bestätigung durch einen Megahit, der den Preis von zehn Millionen Rupien aufwärts rechtfertigte, den sie von Produzenten verlangte. Wenn man sich die Karrierekurven dieser beiden Mädchen genauer ansieht, ist unschwer zu erkennen, wo Aishwarya Erfolge errang und Sushmita Verluste erlitt.

Aishwarya ist ausgesprochen vernünftig, das kann ich Ihnen versichern, nachdem wir eine lange, engagierte Diskussion über eine Fernsehserie miteinander führten, zu der man uns beide mit Schmeicheleien überredet hatte. Der Mann, der mit den Aufnahmen beauftragt worden war, erwies sich als ein Volltrottel, der unglaublich von sich selbst eingenommen war. Er hielt sich für den wahren Star der Sendung, mit der man ihn beauftragt hatte, und meinte daher, als solcher behandelt werden zu müssen, samt Starallüren und allem, was dazugehört. Diese Erfahrung hätte sich unerträglich gestaltet, wenn es nicht ganz so komisch gewesen wäre. Der Mann war ein totaler Tölpel, ungebildet, linkisch und taktlos. Es war an der Zeit, etwas zu unternehmen. Ich sprach sowohl mit Aishwarya als auch mit ihrer Mutter darüber. Von beiden war ich angenehm überrascht. Sie konnten sich gut ausdrücken, sehr gut sogar. Insbesondere Aishwarya, die so viel reifer und gelassener wirkte als ihre oberflächlichen Altersgenossen. Ihre Wortwahl war einwandfrei. Das galt auch für ihre Manieren. Beeindruckend? Ja, eindeutig. Ein intaktes Familienleben und klare Richtlinien, an denen man sich orientieren kann, können den entscheidenden Unterschied zwischen Erfolg und Misserfolg ausmachen.

In Bollywood gibt es zahllose solcher Beispiele – Karishma Kapoor und Manisha Koirala fallen mir dazu ein. Und Madhuri Dixit, die Schauspielerin, die ihren Platz an der Spitze halten konnte, weil sie nicht zuließ, dass ihr »unwesentliche« Angelegenheiten wie ein Privatleben in die Quere kamen. Den entscheidenden Halt fand sie bei ihrer mittelständischen Familie aus dem Maharashtra, denn ihre konservativen Eltern waren ihr immer eine Stütze, begleiteten sie zu Außenaufnahmen und kümmerten sich um die geschäftliche Seite. Falls sie der scheinbare Widerspruch jemals verwirrt hat, dass ihre Tochter einerseits mit ihren knisternden Tanznummern, die unverkennbar sexy waren, die Leinwand nahezu in Flammen aufgehen ließ, aber andererseits ein züchtiges Privatleben ohne jeden Skandal führte, dann haben ihre Eltern dieses Thema nie angesprochen oder Madhuris Vermarktung davon beeinträchtigen lassen. Abgesehen von ihrer Sanjay-Dutt-Phase wurde Madhuri in den Klatschspalten nicht erwähnt, und man sieht sie auch nur selten in der Öffentlichkeit. Wer die Familie näher kennt, sagt, dass die Dixits ein ganz normales, unspektakuläres Dasein führen und Madhuri von ihnen genauso behandelt wird wie jede andere unverheiratete junge Berufstätige, die sich entschlossen hat, vorläufig in ihrem Elternhaus wohnen zu bleiben.

Andere junge Schauspielerinnen sind weniger glücklich dran. In meinen Jahren bei ›Stardust‹ erstaunte mich immer wieder die Aufdringlichkeit, mit der gierige Mütter ihre minderjährigen Töchter feilboten. Sie gingen regelrecht mit den Mädchen hausieren, ein besseres Wort fällt mir nicht ein, wenn ich an einen ganz bestimmten Vorfall denke. Eine übergewichtige Frau mit dunklen Ringen unter den Augen und Tränensäcken, die bis auf ihr Kinn herabhingen, war keuchend und schnaubend die schmale Treppe zu unserem Büro heraufgekommen und hatte sich schwerfällig auf den Stuhl plumpsen lassen, der mir gegenüberstand. Ohne große Umstände schob sie einige Diapositive über den Tisch. Ich hielt sie gegen das Licht ... und errötete.

»Meine Tochter«, erklärte die Frau voller Stolz. »Vierzehn, aber sehr reif für ihr Alter.«

Das konnte man wohl behaupten, sagte ich mir, als ich einen zweiten Blick auf die Aufnahmen warf. Der Teenager posierte in einer viel zu knappen, nahezu durchsichtigen Bluse, die keine

Knöpfe hatte und unter den gewaltigen Brüsten verführerisch geknotet war. Obwohl das Gesicht des Mädchens grauenhaft geschminkt war, gehörte es eindeutig einem Kind. Aber angesichts des Blickwinkels, unter dem das Foto aufgenommen worden war, hätte ihr ohnehin niemand ins Gesicht geschaut, da der Blick unwillkürlich an den Brüsten von Melonengröße hängen blieb, die aus der knappen Bluse herausquollen. Der Fotograf, von dem diese Pin-ups stammten, war ein winziges, unscheinbares Kerlchen, das man mit nichts Lasziverem in Verbindung gebracht hätte als Nahaufnahmen von Bienen, die Nektar aus vollständig aufgeblühten Blumen saugen. Diese Fotos hätten sich für das private Archiv eines Pädophilen geeignet. Und vor mir saß die Mutter der Abgebildeten und bettelte um eine Veröffentlichung der Aufnahmen.

»Meine Tochter kann tanzen. Sie ist sehr begabt«, behauptete sie, während der unscheinbare Fotograf einfältig grinste. Er war ein paar Minuten nach ihr eingetroffen. Es sollte sich herausstellen, dass die Tochter später ein halbwegs erfolgreicher Star wurde, ein einwandfreies Leben führte und innerhalb der Branche eine gute Partie machte, als sie den jüngeren Sohn einer Bollywoodlegende heiratete. Mit der Eheschließung kam die Ehrbarkeit. Die Mutter hatte inzwischen genug Geld aus ihrer Tochter herausgeschlagen und es in Geschäfte investiert. An die ordinären Werbefotos erinnern sich heute nur noch Leute, die in den Siebzigern für Zeitschriften gearbeitet haben. Aber jedes Mal, wenn ich sehe, wie ein besorgniserregend junges Mädchen auf dem Weg über halbnackte Aufnahmen in die Filmbranche gedrängt wird, denke ich an die derbe, feiste Frau, die vor fünfundzwanzig Jahren in mein Büro kam, um aus den überdimensionalen Brüsten ihrer Tochter Kapital zu schlagen. Und bei dieser Erinnerung graust mir.

Schon damals wurde mir die Frage gestellt, die mir manche Leute sogar jetzt noch stellen: Haben es Männer leichter in der Filmbranche? Ich gehe lachend darüber hinweg und sage: »Männer haben es immer und überall leichter.«

Das ist teilweise wahr. Aber besonders zutreffend ist es bei den Filmleuten des neuen Menschenschlags. Die Typen, die am ehesten im Geschäft bleiben und Erfolg haben werden, sind diejenigen, in denen sich die überzogene Arbeitsethik der Neunziger widerspiegelt, zielstrebige Menschen, die sich durch das Brimborium des Starruhms nicht von ihren Karrierezielen ablenken lassen.

Ein solcher Mensch ist Aamir Khan, der zierliche Schauspieler, der Regisseure mit seinem persönlichen »Engagement« in den Wahnsinn treibt, da diese Haltung ihm vorschreibt, bei Schlüsselszenen zahllose Wiederholungsaufnahmen zu verlangen, bis er das Gefühl hat, jetzt hätte er sie genau richtig hingekriegt. Damit macht er die anderen Hauptdarsteller und den Rest des Filmteams verrückt, aber als Perfektionist müht sich Aamir ab und verleiht jeder Rolle ihren ganz besonderen Touch, der seinen Bewunderern das Herz aufgehen lässt und die Produzenten eine Menge Zeit und Geld kostet. Aamir persönlich geht jegliche Starqualität ab, er besitzt auch keine Spur von Charisma oder Charme. Er ist ein ernsthafter junger Mann, der einen in ein gleichermaßen ernsthaftes Gespräch verwickelt, wenn er sich entschließt, etwas zu sagen, aber das kommt nicht allzu oft vor.

Aamir und ich waren zu Gast bei einer Wohltätigkeitsveranstaltung in Bangalore, und unsere Flüge landeten wenige Minuten hintereinander. Ein Empfangskomitee, das sich aus eifrigen, wohlmeinenden, gutgekleideten Damen zusammensetzte, erwartete gespannt das Eintreffen des Stars und seiner Ehefrau. Aus der Ferne sahen wir zwei junge Leute, die identisch gekleidet waren – Jeans, Sweatshirts von Tommy Hilfiger, Turnschuhe und Baseballkappen. Sie hätten junge amerikanische Studenten sein können, die mit einem Touristenvisum durchs Land reisten. Die Damen quietschten vor Vergnügen, als sie Aamir sahen, drückten ihm Blumen in die Hand, sahen die Person an seiner Seite an und sprudelten hervor: »Wie schön, dass Sie Ihren Bruder mitgebracht haben, aber wir hatten eigentlich Ihre Frau erwartet.«

Auf Aamirs Gesicht drückte sich keine Gefühlsregung aus, als er sich gelassen umdrehte und sagte: »Das ist Reema, meine Frau.«

Nach etlichen verlegenen Entschuldigungen begaben wir uns ins Hotel. Mit ihrem kurz geschorenen Haar, dem identischen Teint, braunen Augen und einem ähnlichen Körperbau hätte Aamirs Frau mühelos als sein Bruder durchgehen können.

An jenem Abend konnte man die beiden nur durch ihre Kleidung voneinander unterscheiden. Aamir trug nach wie vor Jeans, doch seine Frau war so vernünftig gewesen, den Unisex-Look gegen etwas Femineres einzutauschen.

Aber die Peinlichkeitsquote war anscheinend noch nicht erfüllt. Auf eine spektakuläre Modenschau folgte eine kurze Gratulationszeremonie, und anschließend wurden Leute aus dem Publikum aufgefordert, den beiden anwesenden Stars Fragen zu stellen – Aamir Khan und Nana Patekar. Eine Frau von Mitte dreißig eilte auf die Bühne, riss Aamir das Mikrofon aus der Hand und fragte aggressiv: »Sie waren mal in meine beste Freundin verliebt und hatten ihr sogar die Ehe versprochen. Ich will wissen, warum Sie diesem Mädchen den Laufpass gegeben und eine andere Frau geheiratet haben!«

Ohne jedes Anzeichen von Verlegenheit oder Entrüstung über die Unverfrorenheit einer derart persönlichen Frage zu einem solchen Anlass (der Reinerlös der Veranstaltung sollte einer Krebsstation zugutekommen) nahm Aamir das Mikrofon und erklärte ruhig und ehrlich, ja, er hätte sich mit Soundso eingelassen, aber leider hätte es mit ihnen beiden auf Dauer nicht geklappt. Er könnte sich glücklich schätzen, dass Reema ihn genommen hätte und seine Frau geworden wäre, nachdem sie seinen Heiratsantrag siebenmal abgelehnt hatte.

Ich fand, er hätte seine Sache brillant gemacht, ohne jede Peinlichkeit und mit enormem Taktgefühl. Ich schwor mir, dass ich mir jeden einzelnen seiner Filme ansehen würde. In ›Rangeela‹ hatte er mich begeistert, und jetzt, nach seinem glänzenden Auftritt in Bangalore, hatte er mich restlos für sich eingenommen.

Nana Patekar hielt sich an jenem Abend ebenso gut. Ich hatte Nana bereits flüchtig gekannt, bevor er ganz groß rauskam, aber etwas an seiner überwältigenden, ungezähmten Persönlichkeit hatte mich abgeschreckt. Diese Wirkung hat Nana auch auf andere Menschen. Er macht es einem nicht leicht, mit ihm umzugehen, denn mit seiner unbändigen, überschwänglichen Art und seiner direkten Ausdrucksweise kann er einen ganz schön überfordern. Nana, der sich nach oben durchboxen musste, versucht gar nicht erst, seine Ursprünge zu verschleiern, und das ist gewiss seine Stärke, aber Fremde, die es nicht gewohnt sind, bei der ersten oder von mir aus der siebzehnten Begegnung mit ihm eingehend betatscht zu werden, kann das auch erschrecken. Nana weiß es eben nicht besser. Da er sich nicht durch die Verhaltensmaßregeln der Gesellschaft einengen lässt, benimmt er sich wie ein ungeschultes Kind, das sich von seinen Instinkten leiten lässt und sich auf das stürzt, was ihm gerade gefällt, ob es sich nun gehört oder nicht. Damit muss er sich eine Menge Schwierigkeiten einhandeln. Aber Nana wäre nicht Nana, wenn er sich an sämtliche Spielregeln hielte. Da er instinktiv handelt, lässt er sich mitreißen, sogar auf der Leinwand, und setzt seine kräftige Stimme, seine glühenden Augen und seine gedrungene Figur so vorteilhaft wie möglich ein. Die Massen lieben ihn – er ist einer von ihnen. Er sieht aus wie jemand, der aus ärmlichen Verhältnissen stammt, und benimmt sich auch so. Und er denkt gar nicht daran, sich dafür zu entschuldigen. Trotz alldem ist Nana ein Charmeur. Und das weiß er.

Er ist aber auch einer der wenigen Stars, denen in der Politik eine große Zukunft bevorsteht, falls er es darauf anlegen sollte. Der Mann ist am Puls der Zeit, er kennt die Gesinnung einer breiten Bevölkerungsschicht, er versteht diese Leute, kann mit ihnen kommunizieren, wird eins mit den Massen und spielt seine eigene unprätentiöse Persönlichkeit voll aus, wenn die Situation es verlangt. Die Ganapati-Puja, die Nana jedes Jahr zelebriert, ist eine Veranstaltung, die groß propagiert wird und zu der die Öffentlichkeit Zutritt hat. Am letzten Tag, wenn die Statue des Gottes als Höhepunkt des Fests ans Meer getragen und ins Wasser getaucht wird, mischt sich Nana unter die Menschenmenge, ein demütiger Gläubiger unter vielen anderen, der tränenreich Abschied von dem Gott mit dem Elefantenkopf nimmt. Im Privatleben zeigt sich sein schlechter Geschmack, aber auch das ist eine seiner Stärken. Niemand stört sich wirklich daran, denn in einer Designer-Kurta oder in einem Smoking von Armani sähe Nana lächerlich aus, und das weiß er.

Heutzutage schlägt er Kapital aus seinem anspruchslosen Image. Er kann der ungehobelte und rowdyhafte Dada sein, der in einem Vorortzug Pendler terrorisiert, aber er kann niemals der geschniegelte Wirtschaftsmagnat sein, der die Mädchen mit Champagner betört. Nana kennt sich aus und ist der Konkurrenz aufgrund seiner angeborenen Intelligenz um Längen voraus. Was seine Karriere angeht, hat er es inzwischen weit gebracht, aber ungeachtet seiner großen Erfolge bleibt er weiterhin ein Rohdiamant, ungeschliffen, rau und scharfkantig.

Der Nana, den ich in Bangalore erlebte, war ein ganz anderer Mensch. Als er an der Reihe war, eine Rede zu halten, nahm er das Mikrofon und machte etliche Scherze auf seine eigenen Kosten, und das Publikum stürzte sich gierig auf jede seiner Bemerkungen. Dann beschloss er, es sei an der Zeit, ein paar alte Rechnungen zu begleichen, und zwar in aller Öffentlichkeit, um den Betroffenen keine Peinlichkeit zu ersparen. Als er den Regisseur seines ersten Films, Muzaffer Ali, wie einen trägen Fürsten in der ersten Reihe sitzen sah, erinnerte Nana ihn an den Umstand, dass er ihm, Nana, noch Geld schuldete. Er erzählte eine amüsante Geschichte darüber, wie er eingewilligt hatte, in Alis Film mitzuspielen, und dass ihm zehntausend Rupien (ein Hungerlohn) für die Rolle zugesagt worden waren, er aber am Ende nur fünftausend bekommen hatte. Er fügte hämisch hinzu: »Das war ein Film, der viele Preise gewonnen hat, aber ich habe meine Rolle in ihm nicht verstanden. Ich habe mir den Film tatsächlich mit meinen Brüdern und einem Nachbarn im Kino angesehen. Wir haben uns Eintrittskarten für den Balkon gekauft. Als wir das Kino betraten, stellten wir fest, dass wir die Einzigen waren, die dort oben saßen. Niemand hat sich den Film angeschaut, aber das macht ja nichts, schließlich hat er viele gute Kritiken bekommen.«

Falls Muzaffer Ali danach zumute war, sich zu winden oder Nana zu lynchen, überspielte er das blendend. Da es ihm nicht gelang, ihn zu provozieren, kündigte Nana an: »Ich bin bereit, auf der Stelle zehn Lakhs für die Krebshilfe zu spenden, vorausgesetzt, Muzaffer Ali macht den Anfang und spendet der Organisation noch heute Abend diese fünf Lakhs, die er mir schuldet.« Seine Ankündigung wurde mit tosendem Applaus aufgenommen, und doch ließ sich Muzaffer nicht dazu bewegen, seine Brieftasche zu zücken, und sei es auch nur aus Scham. Da er sich mit dem Aufsehen, das er erregt hatte, nicht zufriedengab, sprang Nana von der Bühne und löste den Tablaspieler an seinem Instrument ab. Den Rest des Abends verbrachte er in einer dunklen Ecke damit, für die musikalische Untermalung zu sorgen.

Die Mädchen in der Filmbrache sind zwar keine politischen Aufwiegler und Unruhestifter von Nana Patekars Format, aber der derzeitige Nachschub ist ganz entschieden gescheiter und viel jünger. Sie verstehen es, die Medien für ihre Zwecke zu nutzen, und schaffen es, sich raffinierter zu verpacken und klüger zu wirken, als sie es in Wirklichkeit sind. Während die Zitate von Starlets früher nicht über das Niveau von »ich und meine Stofftiere« hinausgingen, befassen sie sich heute behutsam mit »den Dingen, die wirklich zählen«. Die Starlets entwickeln im Lauf der Zeit soziales Bewusstsein und geben ihre Namen bereitwillig für ehrenwerte Projekte her – Aids, Krebs, den Blindenverband, die Umwelt. Als Aishwarya in einem Spot, der dazu aufrief, Hornhäute zu spenden (obwohl er eher wie eine Werbung für Augen-Make-up aufgemacht war, das nicht so leicht verschmiert), ihre Augen der Augenbank versprach, versank die ganze Nation angesichts ihrer »noblen« Geste kollektiv in Ohnmacht, ohne wirklich zu begreifen, dass von diesen unglaublichen Katzenaugen, die flüssigen Opalen ähneln, nur die Hornhäute in die Augenhöhlen der glücklichen Empfängerin eingepasst werden würden und, was noch schlimmer ist, dass die Augen der Empfängerin somit nicht automatisch den Augen der Spenderin ähneln würden. Auf derart grober Unwissenheit werden grandiose Kampagnen aufgebaut. Aber wozu die Haarspalterei, wenn große Berühmtheiten ihren Namen und ihr Gesicht umsonst dafür hergeben?

Wie ein emsiges Ameisenvolk scheinen heute zunehmend mehr verzogene Abkömmlinge von Stars aus den Ritzen zu kriechen und sich auf ihren Nachnamen und sonst gar nichts zu berufen, wenn sie von einem Studio zum anderen eilen. Die meisten von ihnen tun mir leid. Nehmen wir Twinkle. Da sie weder mit dem ungewöhnlichen Aussehen ihrer Mutter noch mit der romantischen Aura ihres Vaters gesegnet ist, zieht das Mädchen von Disco zu Disco und fragt gleichgültige Teenager: »Aber ... aber ... wisst ihr denn nicht, wer ich bin? Ich bin Twinkle Khanna. Meine Filme sind Superhits.« Es muss grauenhaft sein, wenn man von seinesgleichen nicht akzeptiert wird und sich gezwungen sieht, jedes Mal, wenn man anderen vorgestellt wird, derart alberne Bemerkungen vorauszuschicken. Aber das bedauernswerte Mädchen ist schlichtweg unbegabt und weiß es vermutlich. Noch grauenhafter muss das für ihre Mutter sein, die mit Mitte vierzig ohnehin schon mit der niederdrückenden Last ihrer eigenen verwelkenden Schönheit zu kämpfen hat.

Ganz gleich, ob Dimple bei dem ganzen Theater um die Schönheitsfalle mitspielt oder nicht – sie kann ihr nicht entkommen (ebenso wenig wie Rekha). Wo auch immer die beiden auftauchen, werden sie von Kopf bis Fuß eingehend gemustert. Sind irgendwo neue Fältchen zu sehen? Spuren von Facelifts? Lidstraffungen? Nachgefärbten Haaren? Abgesaugtem Fett? Wo ist nachgeholfen worden und wo nicht?

Im Lauf der Jahre bin ich Dimple immer wieder begegnet, und ich mag an ihr, dass sie einem direkt in die Augen sieht und kein Blatt vor den Mund nimmt. Nie versucht sie, ihre beträchtliche Macht, derer sie sich durchaus bewusst ist, sprachlosen Fremden gegenüber auszuspielen oder sie zu bezirzen, wenn sie fassungslos eine Frau angaffen, die gewohnheitsmäßig als das »schönste« Geschöpf des Subkontinents gefeiert wird. Ich glaube, Dimple nimmt solche Bezeichnungen nicht allzu ernst. In mancher Hinsicht muss sie noch erwachsen werden. Sie ist sich der Wirkung, die sie auf andere hat, zwar bewusst, doch eine Spur von Ungehaltenheit scheint ebenfalls mitzuschwingen. Fast so, als wollte sie sagen: »Okay, Leute, könntet ihr diese vorquellenden Augäpfel jetzt mal wieder wegpacken, damit wir zur Sache kommen können?« Sie vermittelt den Eindruck, Leute, die sie interessieren, sehr eingehend zu mustern, aber nicht etwa, um deren Reaktion auf sie abzuschätzen (was für das Verhalten von Stars sehr typisch ist), sondern eher so, als könnte sie durch die eingehende Betrachtung ihrer Studienobjekte Antworten finden und vielleicht etwas dazulernen – einen neuen Schminktrick, ein neues Wort, einen neuen Gesichtsausdruck.

Dimple ist wie ein Schwamm, der alles gierig aufsaugt, und das lieben Regisseure an ihr. Da sie sich alles selbst beigebracht hat, ohne fremde Hilfe etwas aus sich gemacht hat und letzten Endes nur auf sich selbst zurückgreifen kann, hat sie ein ausgesprochen interessantes Verhältnis zu ihren beiden Töchtern. Oft kehren sich die Rollen um, und sie lässt sich von ihnen bemuttern. Sie hat aber auch eine ganz eigentümliche Bindung an Rajesh Khanna, den Mann, für den sie erfolglos die Kindbraut spielte, bevor sie ins Haus ihrer Mutter floh. Dimple hat die Neigung, sich selbst zu bestrafen. Das lässt sich deutlich an den Entscheidungen ablesen, die sie im Lauf ihres Lebens getroffen hat, insbesondere jedoch an der Wahl ihrer Männer. Sie scheint in gestörten Verhältnissen aufgewachsen zu sein und die Kindheit übersprungen zu haben. Auch ihre Karrierekurve ist keinem vorhersagbaren Muster gefolgt, denn nach ihrem sensationellen Debütfilm ›Bobby‹ ist sie aus der Filmbranche ausgestiegen. Mit ›Sagar‹ ist sie auf die Leinwand zurückgekehrt, als getrennt lebende Ehefrau und alleinerziehende Mutter von zwei kleinen Mädchen, und hat versucht, die versprengten Bruchstücke ihres Lebens wieder zusammenzusetzen. Ihr Elternhaus war kein sicherer Zufluchtsort, denn dort hatte sie es mit rauschgiftsüchtigen Geschwistern (von denen eines, wie verlautete, wenige Jahre später an einer Überdosis starb) und mit Eltern zu tun, bei denen nach allem, was man so hört, von einem »normalen« Familienleben nicht die Rede sein konnte.

Trotz allem ist Dimple eine zähe Frau mit einem kostspieligen Geschmack und unersättlich, wenn es darum geht, große Geldsummen auszugeben, auch dann, wenn ihr Bankkonto verdeutlicht, dass sie gerade überhaupt nicht kreditwürdig ist. Da sie zu Exzessen neigt und ihr Mundwerk und ihr Charakter dem in nichts zurückstehen, bietet Dimple am Kartentisch einen furchterregenden Anblick – ihre Kiefer mahlen unablässig auf dem Kaugummi, der aus ihrem Mund nicht wegzudenken ist, und ihren Durst löscht sie mit Bier, während ein Schwall von freundlichen und doch sehr bildhaften Flüchen über ihre Lippen kommt und diese gierigen Raubtieraugen ihre Gegner mit glühender Intensität fixieren und sie mit der einstudierten Finesse eines Croupiers an den Spieltischen von Monaco die Karten austeilt. Da ich mir nichts aus Kartenspielen mache, kenne ich diese Dimple überhaupt nicht. Wenn ich ihr in Gesellschaft begegne, begrüßt sie mich herzlich mit einer knochenbrecherischen Umarmung und hält mich oft weitaus länger umklammert, als mir lieb ist. Dann stößt sie mich auf Armeslänge von sich und untersucht mein Gesicht wie ein Chirurg, der Vorbereitungen trifft, geschickt sein Skalpell anzusetzen. Nach einem liebevollen »Du Miststück, du« plappern wir drauflos wie unbändige Teenager … bis zu unserer nächsten Begegnung.

Zu glitzernden Partys erscheint sie vorzugsweise mit ihren liebsten Begleitern, an jedem Arm einen. Da Dimple ihr glamourösestes Vorzeigeobjekt ist, sind diese Auftritte immer sehr dramatisch. Sollten zufällig auswärtige Besucher zu Gast sein, behandelt sie die Leute geringschätzig, nicht etwa vorsätzlich, sondern weil das nun mal ihre Art ist – schroff, kurz angebunden und ohne jeglichen Takt. Den Abend verbringt sie zurückgezogen in einer Ecke mit ihrem Anhang von schwulen Bewunderern, für die sie eine strahlende Ikone ist. Sie können jedes schwule Modeopfer fragen, mit wem derjenige gern die Plätze tauschen würde, und Sie werden unweigerlich einen von zwei Namen hören: Dimple oder Rekha. Diese beiden Frauen sind Vorbilder für eine Generation von Schwulen, die ihre Schönheit, ihren Stil und ihr Auftreten bewundern und viele Stunden auf den Versuch verwenden, das Äußere und die Filmrollen der beiden zu kopieren. Rekhas »Murja« in ›Umrao Jaan‹ hält sich auf Platz eins der Schwulenhitlisten, und begeisterte Groupies ahmen jeden ihrer Blicke und jede ihrer Gesten nach, ganz abgesehen von ihrem Ringen, das Kostüm und das Make-up genau richtig hinzukriegen. Aus derselben Randgruppe ragt Jackie Shroffs Silhouette mit den schmalen Hüften hoch auf. Er ist ohne jeden Vorbehalt von der Schwulengruppe aufgenommen worden. Sie behaupten, sein Stil begeistere sie. Aber es steckt mehr als nur das dahinter. Jackie strahlt einen androgynen Reiz aus, dem sich keines von beiden Geschlechtern entziehen kann. Frauen empfinden ihn als Macho ... und Männer ebenfalls. Hinter dieser rauen Granitfassade verbirgt sich ein zartes, sentimentales Wesen, das furchtlos sein Herz auf der Zunge trägt und ohne jede Scham in der Öffentlichkeit Ströme von Tränen vergießt. Ist Jackie Shroff etwa der Mann des New Age? Vielleicht ist er es tatsächlich, auch wenn er es selbst nicht weiß.

Für einen Menschen, dessen Leben auf den armseligen Straßen von Bombay begonnen hat, ist Jackies derzeitiges Luxusleben der Stoff, aus dem Hindi-Filme gemacht sind. Ich sah ihn früher häufig, in den alten Zeiten, bevor er Starruhm erlangte. Damals war er ein sehr bekannter und enorm gefürchteter Rabauke, der in der Nepean Sea Road, einer der wohlhabenderen Gegenden von Bombay, eine Bande von Rowdys anführte. Nach dem Abendessen ging ich oft mit meinen Kindern in eine Eisdiele, die sich »Pastry Palace« nannte. Und da war Jackie (oder »Jaggu«), der sich in schmutzigen Jeans und mit dem Tuch über der Schulter – sein Markenzeichen – gewaltig aufspielte. Ich habe Kämpfe mit Ketten und Schlagringen miterlebt und wie sie »verweichlichte« Jugendliche aus reichen Familien zurichteten, Passanten piesackten und ständig auf Prügeleien aus waren. Es hätte als das Abreagieren der überschüssigen Energien eines zornigen jungen Mannes durchgehen können, wenn es nicht ganz so bedrohlich gewesen wäre.

Jackie Shroff gelang es meistens, nicht mit dem Gesetz in Konflikt zu geraten, und für einen jungen Kerl, der die Schule hingeschmissen hatte und aus dem normalerweise nichts weiter als ein kleiner Ganove geworden wäre, machte er sich nicht schlecht. Und dann wurde er von einem Werbemenschen entdeckt, der ihm seine erste Chance als Model in einer Zigarettenwerbung gab. Von dort aus war der Schritt zur Hauptrolle in einem Film, der ›Hero‹ hieß, gar nicht mehr so weit, wenn man bedenkt, dass Subhash Ghai den Paten spielte. Es war ein Debüt von der Sorte, für die sich jeder Neuling mit Begeisterung ein Bein ausgerissen hätte. Der Film hat zwar keine Rekordeinnahmen eingespielt, doch Jackie wurde über Nacht zum Star.

Eine der Korrespondentinnen, die für ›Celebrity‹ arbeiteten, das Klatschblatt, das ich 1981 auf den Markt gebracht hatte, war ein hübsches junges Mädchen, das als zahlender Gast bei einer gutgestellten Familie in der Nepean Sea Road wohnte ... ja, richtig, in Jackies Revier. Während sie jeden Morgen auf den Bus wartete, fiel ihr Jackie auf, und wir im Büro nahmen an, sie sei ihm auch aufgefallen. Wir beschlossen, Amor zu spielen, indem wir sie beauftragten, ihn anzusprechen, um ihn für die Zeitschrift zu interviewen. Da sie keine freche Göre aus Bombay war, schreckte sie vor diesem Vorschlag zurück, ließ sich aber später dazu überreden. Die beiden trafen sich ein paarmal für das Interview, und Jackie gewöhnte sich an, sie dort, wo sie ihr Zimmer hatte, zu besuchen. Damit brachte er das arme Mädchen, das selten männliche Besucher empfing, weil es in Bombay kaum jemanden kannte, in schreckliche Verlegenheit. Die Leute, bei denen sie wohnte (alt und spießig), fanden das gar nicht gut. Aber wir. Sie war ganz offensichtlich in ihn verknallt, denn jedes Mal, wenn sein Name erwähnt wurde, errötete sie tief. Wir drängten sie, ihn ins Büro einzuladen, und lieferten ihr sogar einen einleuchtenden Vorwand – eine Variante von »Komm mit nach oben, damit ich dir meine Briefmarkensammlung zeigen kann«. Sie lud Jackie zu uns ein, damit er sich die Fotos anschauen konnte, die wir für den Artikel in die nähere Auswahl gezogen hatten.

Der Mann, der das Büro betrat, war unschicklich gekleidet. Jackie erschien in derart unangemessenen abgeschnittenen Jeans, dass ich es nicht wagte, ihm einen Stuhl anzubieten, weil zu befürchten stand, er könnte wegen unsittlichen Entblößens verhaftet werden. Wir waren alle so ungeheuer verlegen, dass wir nicht wussten, wohin wir schauen sollten. Jackie hat eine furchteinflößende Figur und ist so muskulös, dass es von Rechts wegen nicht statthaft sein sollte. Da er sich obendrein für den Besuch bei uns in ein ärmelloses Unterhemd geworfen hatte, war die Situation doppelt peinlich. Ich beschloss, die verzwickte Lage frontal in Angriff zu nehmen, und hob hervor, er befände sich in den Büroräumen einer Zeitschrift und nicht an einem Strand in Phuket, und ob er vielleicht so freundlich wäre, an einem anderen Tag in angemessenerer Kleidung wiederzukommen? Er zuckte die Achseln und schlenderte zur Tür hinaus, nachdem er dem Mädchen, das er kannte, vielsagend zugelächelt und seine Daumen in die Luft gereckt hatte. Ich bezweifle, dass Jackie sich an diesen Vorfall erinnert, aber uns allen, die an jenem Vormittag im Büro waren, ist er lebhaft im Gedächtnis geblieben.

Die kleine Romanze, die nie wirklich in Gang gekommen war, fand ein jähes Ende. Die errötende Maid suchte sich einen besseren Job, einen gut situierten Ehemann und ein sorgenfreies Leben in bourgeoiser Häuslichkeit.

Und Jackie? Er ist immer noch beim Film. Kein anderer kann seine Jeans so tragen wie er. Ich glaube nicht, dass seine wilden Zeiten hinter ihm liegen, obwohl er seine Rolle als gezähmter Rebell recht gut spielt. Sein Privatleben und sein Berufsleben halten ihn auf Trab, und abgerundet wird das Bild durch eine Ehefrau und zwei wunderbare Kinder. Ab und zu laufen wir einander über den Weg. Er ist ausnahmslos höflich, furchtbar charmant und auf seine verhärmte, verlebte Art sehr attraktiv. Wir verständigen uns auf Marathi, und ich suche immer nach Anzeichen, die einen Hinweis auf sein früheres liederliches Ich geben, finde aber zu meiner großen Enttäuschung keine. Heute ist Jackie ein erfolgreicher Star und von einem erlesenen Zirkel demütiger Bittsteller umgeben und nicht mehr von einer Horde ungehobelter Grobiane und Schläger. Er raucht immer noch und treibt sich lieber mit Kellnern, Fahrern und Türstehern herum als mit schicken Luxusgeschöpfen auf schicken Partys, aber jetzt wirkt das eher wie eine müde Pose, ganz so, als sähe er sich gezwungen, eine unterdrückte Seite seiner Persönlichkeit hochzuspielen, um sich selbst und der Welt den Mann ins Gedächtnis zu rufen, der er früher einmal war... und vielleicht sogar noch ist.

Die üppige Sarika, der frühere Kinderstar, weist eine gewisse Ähnlichkeit mit Jackie auf. Auch sie ist auf ihre Weise eine kühne Straßenkämpferin. Sie wuchs mit einer attraktiven, beängstigend jungen Mutter auf, die ehrgeizige Pläne für ihre hübsche Tochter mit den hellen Augen hatte. Der Vater kam in Sarikas Kindheit nicht vor, sie machte ihn erst Jahre später nach einer mühsamen Suche ausfindig. Ihre Jugend verbrachte sie in den Studios, wo ihre Mutter die uneingeschränkte Kontrolle über ihre Rollen und, was noch wichtiger war, das Geld, das sie verdiente, an sich riss. Da sie über keine Schulbildung verfügte, aber den glühenden Wunsch verspürte, möglichst viel zu lernen und ihr Los zu verbessern, suchte sich Sarika die unwahrscheinlichsten Freunde. Wie zum Beispiel Karan Kapoor, den Sohn von Shashi und seiner britischen Frau Jennifer Kapoor. Einen unterschiedlicheren Hintergrund hätten die beiden gar nicht haben können, denn sie wusste nicht, welcher Welt sie außerhalb der kleinen Filmfamilie angehörte, in der sie groß geworden war, und er war ein geschliffener, kultivierter Junge aus einer reichen Familie, ein typisches Produkt des Südens von Bombay, jemand, der weit gereist war, sich blendend ausdrücken konnte und großes Selbstvertrauen besaß. Ein Typ von der Sorte, der sich unter den indischen Reichen ebenso wohl fühlte wie unter der britischen Schickeria. Ein charmanter Mann, der sich zu der Zeit, als er Sarika kennen lernte, noch nicht entschlossen hatte, was er werden wollte, Fotograf oder Schauspieler. Er versuchte sich zuerst als Schauspieler – ein spektakulärer Reinfall. Mit seinen blauen Augen und dem blonden

Haar sah er auf ungewohnte Weise gut aus, und dazu kamen noch seine amüsante Art und sein offenkundiges Savoir-faire. Die plumpe, aufdringliche Welt des kommerziellen Hindi-Films war einfach nichts für ihn, und ebenso wenig war er für die Rollen geschaffen, die man ihm anbot. Karan hatte zwar kein Geld, aber den Namen Kapoor und wurde daher als ein ziemlich guter Fang angesehen. Der Meinung war Sarikas gerissene Mutter allerdings nicht. Und schon gar nicht, als ihre Tochter begann, jede freie Minute außerhalb der Studios in seiner Gesellschaft zu verbringen und die Treffen mit ihm auch noch von dem kärglichen Taschengeld, das sie ihr zugestand, bezuschusste. Ständige Auseinandersetzungen zwischen Mutter und Tochter führten zu dem vorhersehbaren Schritt: Sarika zog aus der Wohnung aus, die von ihren Einnahmen gekauft worden war, und nahm sich ein winziges Zimmer als zahlender Gast.

Sarika saß emotional und finanziell auf dem Trockenen. Ohne ihre Mutter als treibende Kraft kam sie mit ihrer Karriere nicht wirklich weiter. Und die Schwerpunkte, die ihre Mutter setzte, hatten sich verlagert, da diese mittlerweile frisch verheiratet war und sich um ihren Ehemann kümmern musste. Sarika selbst war an den schon so oft verheirateten Kamal Hasan geraten, mit dem sie sich auf eine verzwickte Beziehung eingelassen hatte, und jetzt beschloss sie tapfer, trotz der heftigen Widerstände von Vani Ganapathy, seiner damaligen Ehefrau, mit ihm zusammenzuziehen. Kamal und Sarika setzten ihren Plan in die Tat um und brachten erst eine und dann gleich noch eine zweite Tochter zustande, bevor sie ihr Verhältnis mit einer traditionellen Hochzeit, die nur von den engsten Angehörigen besucht wurde, besiegelten.

Als Ehefrau des größten Stars aus dem Süden Indiens hatte Sarika eine brandneue Rolle zu spielen, die sie offenbar genüsslich auskostete. Da sie entschlossen war, zur Superehefrau und Supermom gekürt zu werden, stürzte sie sich mit Feuereifer auf das häusliche Leben und kehrte jeder Rolle, die ihr angeboten wurde, den Rücken. Das passte allen bestens in den Kram, insbesondere Sarika, die nie eine »normale« Kindheit gekannt hatte. Allmählich begann sie aktives Interesse an den Produktionen ihres Ehemanns zu entwickeln und fungierte als seine Modezeichnerin, Studiohelferin, Filmberichterstatterin und Standbildfotografin. Gemeinsam besuchten sie sämtliche großen Filmfestivals und verschlangen gierig alles, was die internationale Filmwelt zu bieten hatte. An die Stelle der unsicheren, lädierten Frau trat eine ausgeglichenere, selbstbewusste Ehefrau und Mutter, die sich in Anbetracht ihres neu erlangten Status sogar in den undurchdringlich geschlossenen Reihen der erzkonservativen Filmgemeinde von Madras nicht mehr davor fürchtete, sie selbst zu sein, kein Blatt vor den Mund zu nehmen und sich so anzuziehen, wie es ihr passte. Während Puristen bei ihrem Anblick zurückschreckten, da sie zu renommierten Festivals in Jeans erschien, bewunderten andere sie für ihre Individualität und ihre Courage. Ihr Trotz wurde schließlich akzeptiert und in Kauf genommen, aber keineswegs verstanden. Wenn sie beschloss, sich den Kopf zu rasieren, wurde keine einzige Frage gestellt, denn Sarika hatte es geschafft, dass man bei ihr auf alles gefasst war, sogar auf einen kahl geschorenen Schädel.

Ich war schon immer neugierig auf sie gewesen, und dieses Interesse hatte sich durch Bhawna, eine gemeinsame enge Freundin von uns beiden, noch mehr verstärkt. Unsere Begegnung spielte sich in Hyderabad ab, und rein zufällig hielt sich eben diese Freundin zu der Zeit auch in der Stadt auf, wohnte im selben Hotel und lief in derselben Etage durch denselben Flur, als ihr Blick auf Sarika fiel und sie zweimal hinschauen musste. Zum einen zeigten sich auf Sarikas kahl rasiertem Kopf jetzt platinblonde Stoppeln im Stil der Helden der Fußballweltmeisterschaft. Zum anderen war Sarika, sogar an ihren eigenen Maßstäben gemessen, seltsam gekleidet. Ich konnte es kaum erwarten, sie endlich kennen zu lernen. Nach dem Abendessen klopften die gemeinsame Freundin und ich an Sarikas Tür (sie wohnte nur zwei Zimmer weiter), und obwohl ich gründlich gewarnt worden war, was ihr verändertes Aussehen betraf, fehlten mir im ersten Moment die Worte, als sie die Tür öffnete.

Sarika trug ... Unterwäsche. Genauer gesagt, ein Korsett. Ich war weder auf den Ehrfurcht gebietenden Busen, den sie zur Schau stellte, noch auf die überschüssigen Pfunde vorbereitet, die sie zugenommen hatte. Die Sarika, die ich aus ihren alten Filmen in Erinnerung hatte, war eine Schönheit im Sinne von Aishwarya Rai gewesen, bleich, fragil und mit hellen Augen. Dieses dralle Geschöpf war eine Amazone und auf eine derbe, unflätige Art die reinste Freude. Sie war bar jeder Künstlichkeit und ohne jegliche Hemmungen, als sie in einer hauchdünnen Stoffbahn, die sie sich lose um die Hüften gebunden hatte, in ihrem Zimmer umherlief und uns begeistert ihre neuesten Errungenschaften vorführte – unglaublich kostbare antike Textilien und Saris, aus denen sie für den neuen Film ihres Ehemannes authentische Kostüme schneidern wollte. Der Gedanke an das zukünftige Los dieser sagenhaft schönen Stoffe brach mir das Herz, und das sprach ich aus.

Sie lachte und schien absolut ungerührt zu sein.

»Das können Sie nicht tun«, sagte ich, den Tränen nahe. »Sie können diese Stoffe doch nicht zerschneiden. Ich kaufe sie Ihnen ab.«

Sarika lachte von neuem und bestellte beim Zimmerservice ein Biryani.

Ich sagte mir, diese Frau ist entweder vollständig übergeschnappt oder rasend verliebt in ihren Mann. Mir ging auf, dass sie auch absolut unwissend sein könnte. Vielleicht machte sie sich tatsächlich keine Vorstellung von der Seltenheit und dem ästhetischen Wert ihrer Erwerbungen. Ich versuchte, sie zu überzeugen, an sie zu appellieren, sie anzuflehen. Es änderte nicht das Geringste. Nach einer Weile gab ich auf und konzentrierte mich darauf, diese äußerst attraktive ehemalige Schauspielerin mit den schweren milchweißen Brüsten zu beobachten, die zur Hälfte aus den Körbchen des Bügel-BHs ihres Korsetts herausquollen, während sie angeregt über ihr neuestes Projekt plauderte. Sie schien auch außerordentlich großes Interesse daran zu haben, was sich in der Filmindustrie von Bombay abspielte. Offenbar las sie jedes Klatschblatt, das auf dem Markt war, denn sie war bestens darüber informiert, wer sich gerade mit wem zusammengetan und wer gerade mit wem gebrochen hatte. Ihr Gedächtnis versetzte mich in Erstaunen. Sie zitierte ebenso flüssig aus früheren Interviews wie aus den neuesten. Sie wusste ganz genau, welche Schauspielerin was zu wem gesagt hatte und in welchem Jahr. Es war amüsant und rührend zugleich, das Ausmaß ihres Interesses und ihrer Teilnahme an einer Welt zu sehen, die sie vor Jahren hinter sich zurückgelassen hatte. Fehlte ihr diese Welt vielleicht doch ein wenig? Sehnte sie sich nach dem Rampenlicht? Genügte es ihr, Kamal Hasans Ehefrau und die Mutter seiner Töchter zu sein? Warum das platinblonde Haar und die provozierende Unterwäsche, die sie als Oberbekleidung trug? Warum der Nonkonformismus und die vorsätzlichen Verstöße gegen uralte Verhaltensmaßregeln? Ging es um die Aufmerksamkeit, die ihr all das eintrug?

Sie lachte zu viel, sie redete zu viel, sie rauchte zu viel. In diesem beengten Zimmer ballte sich eine solche Energie zusammen, dass ich anfing, die Hitze zu spüren, während sie unruhig umherlief, einen Anruf von ihrem Ehemann entgegennahm, einen Packen Filmzeitschriften durchblätterte und dabei einen nicht versiegenden Schwall von häufig unzusammenhängenden Gesprächsfetzen hervorsprudelte. Diese Frau musste etwas unter Beweis stellen, das konnte ich deutlich spüren. Ihre derzeitige Rolle genügte ihr nicht. Sie brauchte mehr, Größeres, eine echte Herausforderung, um mit sich selbst und ihrer Identität zufrieden zu sein, wenn man den Umstand bedenkt, dass sie ein Geschöpf ist, das sich alles selbst beigebracht, sich selbst erschaffen und gelernt hat, auf die Füße zu fallen. Ich würde behaupten, Sarika wird es erst an dem Tag richtig gut gehen, wenn sie sich von ihren eigenen Instinkten leiten lässt und tut, was ihr Herz, nicht ihr Verstand, ihr vorschreibt, und ihr eigenes Potential bis zur Neige ausschöpft. Meines Erachtens hat sie eine lohnendere Beschäftigung verdient, als ihren ehrgeizigen Mann Tag und Nacht zu bemuttern. Selbst die loyalsten Gefährtinnen, die für ihre Ehemänner die Sekretärinnen spielen, langweilen sich nach einer gewissen Zeit und sehnen sich nach einer Rolle, die sie als ihre eigene ansehen können.

Zu den wenigen Frauen, denen es gelungen ist, aus dem Filmgeschäft auszusteigen und ihre Aura (und ihre Schönheit) anschließend über Jahre zu bewahren, gehört Sharmila Tagore. Sie sieht heute noch bezaubernder aus als in den Zeiten von ›Evening in Paris‹. Sie hat sich außerordentlich gut gehalten. Ihre Haut verströmt einen gesunden Schimmer, und das graumelierte Haar unterstreicht ihre Persönlichkeit. Diese Frau kann sich gut ausdrücken, ist hochintelligent und sehr belesen und steht dennoch mit beiden Beinen im Leben.

Ich erinnere mich an ein Mittagessen in Lahore vor ein paar Jahren. Wir waren auf einer piekfeinen Gartenparty zu Gast, die auf den Rasenflächen des Bungalows eines pakistanischen Geschäftsmanns veranstaltet wurde. Im Hintergrund spielte eine Kapelle, diverse anwesende Damen waren dekorativ um den Pool herum verteilt. Und da waren wir, eine bunt zusammengewürfelte indische Truppe, die von den schillernden Frauen aus Lahore in den Schatten gestellt wurde, da diese nicht nur in der Überzahl, sondern auch weitaus prächtiger gekleidet waren. Sharmila trug ein schlichtes Kleid und eine schmale goldene Halskette. Zu dem Zeitpunkt wusste ich noch nicht, dass ihr Ehemann, der Nawab von Pataudi, mit dem gemeinsamen Sohn der beiden, dem Schauspieler Saif, und dessen Ehefrau Amrita so verkracht war, dass er kaum mehr mit ihnen redete. Ich fragte nach ihnen, da das Match, das am Vorabend im Stadion stattgefunden hatte, unterbrochen werden musste, weil Fans bei Saifs Anblick in ihrem Freudentaumel »Olé, olé« geschrien hatten. Der Sprechchor, den sie anstimmten, stammte aus seiner Tanznummer in einem kommerziell erfolgreichen Film, und an jenem Abend war er eindeutig der Liebling der begeisterten Menge. Zwischendurch musste die Polizei ihn vor seinen Fans retten und ihn in die Presseloge begleiten, in der sein Vater und seine Mutter saßen. Andere Anwesende waren überrascht, weil Pataudi sich selbst dann noch weigerte, seinen Sohn und seine Schwiegertochter zu begrüßen, als Sharmila ihn dazu drängte und ihm mit gesenkter Stimme Ratschläge ins Ohr flüsterte. Pataudi hatte sie ignoriert und war abrupt aufgestanden und fortgegangen, und damit hatte er den Bruch in der Familie endgültig publik gemacht.

Falls die Vorfälle des Vorabends Sharmila bei diesem Mittagessen beeinträchtigten, ließ sie sich nichts davon anmerken. Ich hatte hohes Fieber und fühlte mich reichlich benommen. Sie kam herüber und setzte sich zu mir, während sich pakistanische Frauen um sie scharten und um Autogramme und Fotos baten. Pataudi lief ein paarmal mit finsterer Miene an uns vorbei. Aber Sharmila wirkte absolut entspannt und ausgeglichen. Sie sagte, sie begeisterte sich für die Vorstellung, Großmutter zu werden, und ich malte mir aus, wie umwerfend sie sich als Großmutter machen würde – sexy, kokett, humorvoll und gut gelaunt.

Sharmilas Humor ist abwechselnd durchtrieben und schulmädchenhaft. Sie macht den Eindruck einer Frau, die weiß, was sie will, und praktisch genug veranlagt ist, um mit den erforderlichen Kniffen ihre Ziele zu erreichen. Man hat mir berichtet, sie murrt gutmütig, wenn sie nach Bombay kommt und feststellt, dass sie jede Wegstrecke mit einem Taxi zurücklegen muss, weil sie nicht mehr in den Genuss kommt, als VIP behandelt zu werden, wenn sie beispielsweise zur Teilnahme an einer Fernsehsendung aufgefordert wird. Sogar dann, wenn der Nawab gerade mal schlecht bei Kasse war und Sharmila sich in ihrem aufwendigen Lifestyle einschränken musste, tat sie es mit Anstand und Humor und scherzte, sie würden gezwungen sein, im Alter für Textilfabriken Modell zu stehen, um ihren Beitrag zur Familienkasse zu leisten. Als ihr Sohn beschloss, eine ältere Schauspielerin zu heiraten, blieb Sharmila diskret auf Distanz und bewahrte taktvoll ihr Schweigen.

Bei den wenigen Gelegenheiten, bei denen wir einander begegnet sind, hatte ich viel Spaß mit ihr. Ich denke gerade wieder an ihre Reaktion auf eine aufdringliche Frau, die ihr bei dem Mittagessen in Lahore mit ihrer übertriebenen Bewunderung auf die Nerven ging. Diese Plage kam auf uns beide zu und sprudelte dummes Zeug hervor. Zu Sharmila sagte sie: »Oh, die Rollen, die Sie spielen, sind einfach anbetungswürdig. Ich bin eine große Verehrerin von Ihnen. Ich habe jeden Ihrer Filme gesehen. Aber am liebsten mochte ich Sie in ... in ... in ...«

Sharmila warf hastig ein: »›Aradhana‹.«

Dann wandte sich die Frau an mich: »Oh, und ich liebe Ihre Kolumnen. Und Ihre Bücher. Ich habe sie alle gelesen. Am besten gefiel mir ... Sie wissen schon ... ich meine ...«

Ich folgte dem Beispiel der erfahreneren Sharmila und soufflierte ihr: »›Nächte in Bombay‹.«

Die Frau überschlug sich fast vor Dankbarkeit, als sie flink eine Kamera hervorzog und ein Foto von »den beiden grandiosesten Frauen in ganz Indien« machte.

Ich war in Versuchung, sie zu fragen: »Wie heißen wir doch schnell noch mal?«

Als sie ging, sah Sharmila mich müde an. »Das passiert mir ständig. Ich winde mich vor Verlegenheit und könnte im Erdboden versinken, wenn die Leute sich derart lächerlich machen. Und um ihnen noch größere Peinlichkeiten zu ersparen, souffliere ich ihnen prompt die Antwort, aus reiner Rücksichtnahme auf diese Idioten.«

Ich verstand ihre Gefühle restlos. Und doch dachte ich an die Zeiten zurück, als sie die Filmwelt in Indien beherrschte und mit Rajesh Khanna als Gegenüber die Nummer eins unter den Liebespaaren war. Damals stand sie in dem Ruf, arrogant, verzogen, launisch und pingelig zu sein. Aber wie unglaublich sexy sie war! Und das wusste sie. Ihr berühmtes Bikinifoto auf dem Titelblatt von ›Filmfare‹ ist selbst nach heutigen Maßstäben noch gewagt. Aber es ist nicht ordinär. Sharmila wusste damals ebenso gut wie heute ganz genau, wo die Grenze gezogen werden muss. Um diesen Punkt exakt zu bestimmen, ist überragende Intelligenz erforderlich.

Andere aus ihrer Generation haben sich im Alter nicht annähernd so gut gehalten. Bewunderer von Waheeda Rahman, die bis zum heutigen Tage für alle, die sie in ›Chaudavin Ka Chand‹ gesehen haben, der Inbegriff klassischer Schönheit geblieben ist, wären am Boden zerstört, wenn sie die einst so zauberhafte Schauspielerin heute sähen. Auch mir ging es so, als ich in Bangalore auf einer Veranstaltung neben ihr saß und den Blick abwandte, damit man mir den Schock nicht so deutlich ansah. Es ist nicht etwa so, als sähe sie grauenhaft aus. Oh nein. Viel schlimmer. Sie sieht gewöhnlich aus, wie jede Ehefrau mittleren Alters mit geschwollenen Tränensäcken unter den Augen und vom Betel verfärbten Zähnen. Sie ist eitel genug, um sich das Haar zu färben und kostbare Saris und sorgsam ausgewählten Schmuck zu tragen. Aber gemeinsam mit ihrem guten Aussehen ist auch die Aura von ihr abgefallen. Vielleicht ist sie ja rundum glücklich. Aber ich hätte mir lieber die Illusion bewahrt. Ich habe versucht, mich mit ihr zu unterhalten. Sie war nicht besonders interessiert oder interessant. Sie hat mich ihrem Ehemann vorgestellt, der aussah wie jeder andere übergewichtige Geschäftsmann. Die beiden schienen restlos gelangweilt zu sein, als sie weitere Betelblätter kauten, oberflächliche Konversation betrieben und so unauffällig verschwanden, wie sie eingetroffen waren. Ich kann ihnen nur wünschen, dass sie sich miteinander nicht langweilen. Wie Jaya Bachchan besaß auch Waheeda nie Starqualitäten, doch mit ihrer Leinwandpersönlichkeit nahm sie Herzen gefangen.

Ich konnte mich überhaupt nicht mehr daran erinnern, aber Govinda hatte mir offenbar nie verziehen, dass ich ihn in ›Cine Blitz‹, einem populären Fanzine, als wandelnde, schnatternde Sexmaschine bezeichnet hatte. Dabei hatte ich mich ausdrücklich auf seine Leinwandpersönlichkeit bezogen, den vulgären Startänzer, der seine Hüften kreisen ließ und dessen Gesangseinlagen in erster Linie aus Anzüglichkeiten und billigen Witzen bestanden. Aber ich vermute, eine solche Beschreibung kann man so schnell nicht vergessen oder vergeben.

Deshalb war ich erstaunt, als er für eine Sonderausgabe von ›Stardust‹ in ein Interview einwilligte. Nach langwierigem, kompliziertem Jonglieren wurde ein Termin festgelegt. Govinda ist dafür berüchtigt, zu einer Verabredung Stunden, wenn nicht Tage später zu erscheinen. Das ist bei ihm so üblich, und der Mann ist alles andere als reumütig. Produzenten, die ihn unter

Vertrag nehmen, wissen, worauf sie sich einlassen. Sie gehen gar nicht erst davon aus, dass der Schauspieler zur vereinbarten Zeit zu den Dreharbeiten erscheint, was bedeutet, dass ganze Filmteams ab zehn Uhr morgens bereitstehen (und dafür bezahlt werden), wogegen Govinda gegen sieben Uhr abends endlich eintrifft und ernsthaft verspricht, die ganze Nacht durchzuarbeiten, wobei er überhaupt nicht berücksichtigt, welche Kosten für die Überstunden anfallen, weil sich alle anderen nach dem Star richten müssen, der sich chronisch verspätet. So, wie die Dinge in Bollywood laufen, kann man sich alles erlauben, solange der Film ein Kassenschlager wird. Govindas Filme sind zwar nie die ganz großen Hits, aber sie spielen doch so viel ein, dass seine Produzenten ihn nicht fallen lassen.

Als vorgeschlagen wurde, ihn zu interviewen, dachte ich im ersten Moment: »Warum ausgerechnet ihn?« Doch dann freundete ich mich mit dem Gedanken an – warum denn nicht ihn? Meine Reaktion auf seine Leinwandpräsenz war heftig gewesen, und jetzt war es an der Zeit herauszufinden, was es mit diesem Kerl eigentlich auf sich hatte. Ich rief Gautam an, meinen zuverlässigen Informanten. Er schilderte mir Govinda nicht nur als charmant, sondern geriet sofort ins Schwärmen und erzählte mir von Govindas Naturtalent als Sänger, seinen starken Familienbanden und seinem impulsiven Humor.

Manches war mir selbst schon klar geworden. Der Kerl war eindeutig klug und kannte sein Publikum weitaus besser als meinesgleichen. Govinda hatte tatsächlich ein so feines Gespür dafür, was seine Fans wollten, dass es für ihn vollkommen bedeutungslos und unwichtig war, was Leute wie ich von ihm hielten. Seine gelben Anzüge, seine grünen Krawatten und sein oranger Lippenstift mochten zwar meinen Sinn für Ästhetik beleidigen, aber Millionen von Fans sahen gerade diese Dinge als einen wesentlichen Bestandteil seines einzigartigen »Stils« an. Sie wollten Govinda nicht in einem Armani-Jackett auftreten sehen – das entsprach nicht ihrer Vorstellung vom Image eines Helden. Govinda wusste das nur zu gut, und er war schlau genug, um sich über meine Seitenhiebe hinwegzusetzen. Es würde nicht so einfach werden, wie ich es mir ursprünglich vorgestellt hatte. Aber interessant würde es mit Sicherheit sein.

Ich sagte der Redakteurin, die das Feature koordinierte, sie solle mich etwa eine halbe Stunde, bevor sie bei mir zu Hause ankämen, über sein Funktelefon verständigen. Stattdessen rief sie mich von Juhu aus an. Govinda und sein Gefolge hätten bereits vor zwei Stunden bei mir eintreffen sollen. Bis zu ihrem Eintreffen würde eine weitere Stunde vergehen. Wenn man dann noch zwei Stunden für das Make-up (seines) und das Aufbauen der Beleuchtung dazurechnete, würden bereits fünf Stunden mehr als geplant dafür draufgehen, vorausgesetzt, es ergaben sich keine weiteren unerwarteten Schwierigkeiten, die behoben werden mussten.

Es läutete an der Tür. Ein Polizeibeamter (Govinda in seinem Kostüm) kam schneidig hereinmarschiert und salutierte vor jedem. Ihm folgten seine Lakaien, die von einem Ohr zum anderen grinsten, und die kichernde Redakteurin, die sich eindeutig in Govinda verliebt hatte. Wir begrüßten einander auf Marathi und beschlossen, als Erstes die Fotos hinter uns zu bringen. Er musste seine Uniform ablegen und sich umziehen. Ich deutete auf das Zimmer meines Sohnes. Govinda betrat es und zog sein Hemd aus, ohne die Tür zuzumachen. Meine beiden jüngeren Töchter kamen prompt angerannt, um mir zu berichten, in ihren Augen sei er ein »schamloser« Mann, wenn er in ihrer Gegenwart mit entblößter Brust dastand und sich noch nicht einmal dafür entschuldigte. Ich machte mir gar nicht erst die Mühe, ihnen zu erklären, dass es in der Filmbranche von »schamlosen« Menschen nur so wimmelt, die sich selbst darauf programmiert haben, sich an öffentlichen Orten umzuziehen. Als er mit einer frischen Schicht Make-up und einer weiteren Lage Lippenstift wieder auftauchte, kehrte ihm meine Jüngste ostentativ den Rücken zu und ignorierte beharrlich all seine Annäherungsversuche. Anandita würde dieser Mann gewiss nicht beeindrucken, jedenfalls nicht mehr an diesem Abend.

Wir kamen ins Gespräch. Wir unterhielten uns auf Marathi. Er erschien mir bemerkenswert entspannt. Er war sehr neugierig und zeigte echtes Interesse an dem, was ich sagte. Nach ein paar Minuten warf er einen Blick auf einen säuberlich vorbereiteten Fragebogen, den ihm die Redakteurin, die in ihn vernarrt war, zur Verfügung gestellt hatte, und sagte: »Ich möchte gar nicht, dass Sie mir diese Fragen stellen. Lassen Sie uns einfach frei reden.«

Ich war begeistert und begann mich langsam für den Kerl zu erwärmen. Selbst sein Rouge und der Lippenstift lenkten mich jetzt nicht mehr ab. Er schien das alles ganz locker zu nehmen – den Lidschatten, den Eyeliner, die Wimperntusche, das Haarspray –, und bald achtete keiner mehr darauf, sondern akzeptierte diese unpassend hergerichtete Erscheinung als genau das, was sie war: ein Schauspieler, der noch im Dienst ist.

Alles, was Gautam über Govinda gesagt hatte, entsprach der Wahrheit. Zwar brachte ich ihn nicht zum Singen und kann mich daher für diese spezielle Gabe nicht persönlich verbürgen, aber er hatte einen geradezu sprühenden Humor, und geistreiche Bemerkungen gingen ihm in etlichen Sprachen locker über die Lippen. Dieser Mann schien sich in seiner Haut wohl zu fühlen, seine Berufung zu genießen und beruflich sein Bestes zu geben (wenn auch zu reichlich absurden Tageszeiten, das steht fest). Fangfragen wich er geschickt aus, und auf andere, die eher brenzlig waren, reagierte er mit Humor, wenn nicht gar mit großer Offenheit. Aus Situationen, die anderen Filmhelden Schwierigkeiten bereitet hätten, wand er sich heraus, indem er mit weit aufgerissenen Augen eine Mischung aus der Leichtgläubigkeit eines kleinen Jungen, geheuchelter Unschuld und ungläubigem Erstaunen aufsetzte. Die Masche »Wer, doch nicht etwa ich?« brachte er ziemlich überzeugend. Er war der Lage ganz offensichtlich gewachsen, entschuldigte sich für nichts und war in keiner Weise gehemmt. Falls ihm seine eigene Leinwandpersönlichkeit absurd erschien, hütete er sich davor, es zu sagen. Aber man konnte deutlich erkennen, dass sich hinter dem »Ich bin doch nur ein einfacher Junge aus der Vorstadt, von mir aus sogar ein Bauerntrampel« ein wacher Verstand regte, dem absolut nichts entging. Govinda lässt sich von niemandem zum

Narren halten. Er macht seine Sache gut, und er weiß genau, was er will. Er weiß aber auch, wo seine Stärken liegen – in schlüpfrigen Komödien, anzüglichen Tanznummern und abgedroschenen Dialogen. Das Method Acting überlässt er mit Freuden all den armen Irren, die großartige Rollen bekommen, aber keine Kassenschlager bewerkstelligen. Im Moment ist es Govindas oberste Priorität, viel Geld zu verdienen. Und das schafft ein Held im Hindi-Film nur, indem er für die breite Masse spielt. Govinda würde so schnell vor nichts zurückschrecken, wenn er damit sein Ziel erreicht, und sollte ein Regisseur ihn in ein absolut lächerliches Kostüm stecken wollen, dann würde er sich keinesfalls weigern, sondern sogar eher noch eins draufsetzen.

Nach meiner Begegnung mit Govinda revidierte ich meine schlechte Meinung von den Leuten beim Film. Wenn man sich mit ihrem Auftreten, ihrem Lebenswandel und ihrer Ausdrucksweise in irgendeiner Form arrangieren will, bleibt einem gar nichts anderes übrig, als sich selbst zu sagen, dass sie anders sind. Sie leben in einer ganz anderen Welt, die unwirklich und bizarr ist, sich jeder Klassifizierung widersetzt und sich dem gesunden Menschenverstand und der Logik entzieht. Entweder man akzeptiert das, oder man hält sich davon fern. Und dann läuft man jemandem wie Amitabh Bachchan, Shekhar Kapur oder Ramesh Sippy über den Weg und fragt sich, was zum Teufel diese Typen in dieser Branche zu suchen haben. Was hat sie überhaupt erst angelockt, und warum treiben sie sich weiterhin dort herum?

Obwohl Geld ein entscheidender Faktor ist, liegt es als Antwort viel zu nahe. Der kommerzielle Magnet ist der Aspekt, der sich am leichtesten erschließt. Aber wie kommen diese Männer in einer Umgebung zurecht, die einem Außenseiter nicht nur vollkommen fremd erscheint, sondern obendrein noch irrsinnig? Die meisten Leute, mit denen sie es dort zu tun haben, sind Analphabeten, deren Bezugspunkte sich auf das brancheninterne Gerede beschränken. Sie wissen, wie man eine komplizierte Szene ausleuchtet, Probleme mit dem Ton bei Außenaufnahmen löst, sich aus aberwitzigen Situationen durch reine Improvisation rettet, sich mit Dialogen behilft, die in letzter Minute hastig auf Schmierzettel gekritzelt werden, und Aufnahmen ohne Anhaltspunkte in den Kasten kriegt, weil gar kein richtiges Drehbuch vorliegt. Sie können im Handumdrehen Requisiten auftreiben, die von Elefanten mit Sänften bis hin zu Burgen aus Pappkarton reichen, einen schmollenden Star beschwatzen, für eine entscheidende Aufnahme aus der Garderobe zu kommen, ein unflexibles Team dazu bringen, an einem schwierigen Drehort harmonisch zusammenzuarbeiten, sie können ohne Essen, Wasser oder anständige Badezimmer auskommen, mit eigensinnigen Statisten, betrunkenen Stuntleuten, Choreographinnen im Klimakterium und den reizbaren Müttern von Stars fertig werden – all das und noch mehr. Aber was ist mit normalen Gesprächen? Was ist mit dem Umgang mit der wirklichen Welt? Mit wirklichen Menschen? Mit wirklichen Problemen? Wie bereitet ihr Leben im Studio sie auf die Außenwelt vor, wenn sie in Wirklichkeit zu keiner von beiden Welten gehören?

Diese Männer (Amitabh und Konsorten) sind weltmännisch, gebildet und weit gereist. Sie verschlingen Bücher und hören sich andere Musik an als die Nummern, die für ihren nächsten Blockbuster aufgenommen werden; sie gehen gern ins Theater, und es macht ihnen Spaß, sich gut zu kleiden, edle Weine zu trinken und kulinarische Spezialitäten zu kosten. Und doch haben sie lange Jahre ihres Lebens in schmutzigen, schlecht ausgestatteten Studios in Gesellschaft talentierter, aber ungebildeter Menschen zugebracht. Amitabh schützt sich durch Schweigen. Er zieht sich in seinen Garderobenwagen zurück und bleibt dort, bis er für die Aufnahmen gebraucht wird. In Anbetracht seiner Berühmtheit wagt es niemand, sich ihm aufzudrängen. Er wird in Ruhe gelassen und kann genüsslich seine Musik hören, während im Studio die Vorbereitungen für die Aufnahmen getroffen werden.

Ramesh Sippy ist mit Leib und Seele ein Filmmensch und ein Teil der großen Filmgemeinschaft. Aber sogar ihm muss es schwerfallen, so eng mit Männern zusammenzuarbeiten, die oft Ähnlichkeit mit Taschendieben, professionellen Killern oder kleinen Dieben haben und sich auch entsprechend benehmen.

Shekhar Kapur mit seiner Ausbildung als Steuerberater ist der Einzelgänger, der die Arroganz zu seinem Vorteil nutzt. Angesichts seiner eigentümlichen Karrierekurve (genau zwei große Erfolge – einer im kommerziellen Bereich, der andere bei der Kritik), die fünfundzwanzig Jahre umspannt, ist er eigentlich nicht in einer Position, in der er das Sagen hat oder sich aufspielen kann. Und doch tut er genau das und kommt damit sogar durch. Shekhar hält sich für Asiens Antwort auf Steven Spielberg und hat keine Probleme damit, genau das in Interviews zu behaupten. Da er kein Mensch von der Sorte ist, die sich mit langweiligen Eigenschaften wie Bescheidenheit herumplagt, streicht Shekhar gegenüber jedem, der bereit ist zuzuhören, unverfroren seine Genialität heraus. Nachdem ›Bandit Queen‹ international großen Anklang fand, äußerte er sich noch klarer zu seiner eigenen Brillanz.

Erstaunlicherweise scheinen Frauen Kapur irrsinnig attraktiv zu finden, er wird regelmäßig unter die zehn attraktivsten Männer Indiens gewählt. In seinem Leben gab es eine Abfolge von attraktiven prominenten Frauen, aber nach allem, was man hört, ist er in der Liebe ein rücksichtsloser Partner, weil er so sehr von sich selbst eingenommen ist, dass kaum noch Raum für einen anderen Menschen bleibt. Dennoch stürzen sich die Frauen in Scharen auf ihn. Vielleicht fühlen sie sich von der Aura angezogen, die er erfolgreich für sich erschaffen hat – den Nimbus eines sprunghaften, intensiven, leidenschaftlichen Regisseurs, der fähig ist, nach seinen eigenen Vorstellungen Filme von Weltrang zu drehen. ›Bandit Queen‹ hat ihm mit Sicherheit einen neuen Markt erschlossen – einen anspruchsvollen, urteilsfähigen internationalen Markt. Nachdem der Film weltweit aufgeführt worden war, erklärte Shekhar ziemlich hochtrabend, Indien hätte er jetzt satt. Hollywood versuchte nicht nur, ihn anzulocken, es zerrte ihn fast schon gewaltsam nach Westen. Und was geschah dann? Fünf Jahre später ist er immer noch da und hat mit einem großen Projekt in England alle Hände voll zu tun. Er behauptet, er sei wählerisch und stelle hohe Anforderungen. Andere sagen, er sei einfach nur ein Quälgeist und furchtbar schwierig. Es besteht kein Zweifel daran, dass er intelligent, geschliffen und kultiviert ist, ein Mann von der Sorte, die sich blendend in die exklusive internationale Filmgemeinde einfügen und neben Quentin Tarantino oder John Woo bestehen kann. Nur in Indien ist er ein Außenseiter, und das hat er erkannt.

Da ihn meine Einstellung zu ›Bandit Queen‹ ärgerte, beschloss er, es mir mit einem kindischen, ausfallenden Artikel heimzuzahlen, dessen größter Hieb sich gegen den Mercedes meines Mannes richtete. Shekhar stellte die Behauptung auf, eine Frau, die in einem solchen Wagen durchs Leben glitte, könnte nichts über die grundlegenden Realitäten der Kastengesellschaft und der Unterdrückung wissen. Es wurde auch auf Porzellantöpfchen für die Kinder angespielt. Der Artikel brachte mich zwar zum Lachen, aber ich fragte mich auch, ob Shekhar jeden Morgen für seine Verrichtungen ein Loch in den Boden gräbt. Und ob er importierte Autos meidet und nur in bescheidenen Marutis herumfährt. Wenn er das Leben von Phoolan Devi so graphisch schildern konnte, ohne jemals selbst am Ufer des Chambal gelebt zu haben, wie konnte er dann davon ausgehen, andere, die ein ähnliches Leben führten wie er, seien weniger befähigt, sich zu seinem Hauptwerk zu äußern?

Wenige Jahre nachdem sich der Wirbel um ›Bandit Queen‹ gelegt hatte, begegnete ich ihm auf einer Party, die auf den Rasenflächen des todschicken Hauses eines prominenten Industriellen veranstaltet wurde und auf der es von Berühmtheiten nur so wimmelte. Shekhar wirkte recht entspannt, als er mit einem Glas Wein auf mich zukam und mich träge begrüßte. Das Gespräch, das auf diese Begrüßung folgte, hatte etwas Bizarres an sich. Ich schrieb es der lässigen Stimmung an jenem Abend zu, der Livemusik, der Schickeria in Jeans und dem Umstand, dass er den Mann von Welt spielte, der sich unter die begüterten Einheimischen mischte. Er stellte mir eine ziemlich seltsame Frage.

»Fühlt man sich nicht sehr einsam in achttausend Metern Höhe? Mir ist so kühl dort oben. Es gibt niemanden, mit dem man reden kann. Nur die wenigsten Menschen verstehen einen und kommen auf einen zu, wenn man in diesen Höhen weilt. Sie müssen das ja selbst erlebt haben. Ich weiß nicht, wie Ihre Lösung aussieht, aber ich persönlich habe mich entschieden, hinabzusteigen. In dreitausend Metern Höhe fühle ich mich wohler. Was ist mit Ihnen?«

Ich war zu erstaunt, um ihm darauf zu antworten. Sprachlos. Bestürzt. Vor allem, als ich begriff, dass er es ernst meinte. Ich entschuldigte mich und besorgte mir schleunigst etwas zu essen. Meine Gedanken hatten genügend Nahrung für ein ganzes Jahrzehnt bekommen. Was ich jetzt brauchte, war Futter für mein Bäuchlein.

Im gemachten Nest

Ich hatte einen Punkt erreicht, an dem es keine Rolle mehr spielte, ob Garam Dharam jede Nacht Idli Malini das Bett wärmte oder nicht. Kurz gesagt, ich kam um vor Langeweile. Mal wieder. Mit ›Stardust‹ war es Sense. Höchste Zeit weiterzuziehen. Diesmal hatte ich tatsächlich einen Plan. Eine Idee. Und noch dazu eine gute. Ich fürchtete, meine Gleichgültigkeit dem gegenüber, was ich tat, und meine Langeweile würden sich demnächst in der Zeitschrift niederschlagen. Und das wäre nicht fair gewesen. Wenn es überhaupt etwas gab, was mir heilig war, dann eine ausgeprägte Arbeitsmoral. Es wäre mir verhasst gewesen, mich dafür bezahlen zu lassen, dass ich nichts tat, oder, noch schlimmer, dafür, dass ich meine Arbeit schlecht machte. Ich dachte gar nicht daran, die Arbeitgeber übers Ohr zu hauen. Uma, Ingrid, Vanita, Binoy, Prochi – das war eine ganz beachtliche Bande, die unabhängig und mit Begeisterung arbeitete. Außerdem hielt »Daddy« die Fernbedienung fest in der Hand, ganz gleich, in welchem Teil der Welt er sich gerade befand.

Die Atmosphäre hatte einen unverwechselbaren Déjà-vu-Charakter, als ich mich endlich zu einem kleinen Plausch mit Nari Hira verabredete. Ich begehrte schon seit einer Weile lautstark gegen meine Teilnahmslosigkeit auf. Ich wusste auch, dass man mir nirgendwo anders dieselben Freiheiten zugestehen würde. Nari Hira mag zwar nicht gerade Spitzengehälter bezahlt haben, aber er war ein Boss, der sich nicht einmischte und seine Angestellten ziemlich fair behandelte – ein jährlicher Bonus und Gehaltserhöhungen, die man bekam, als stünden sie im Terminkalender. Ich hatte einen Firmenwagen und einen Fahrer, aber viel entscheidender war, dass ich flexible Arbeitszeiten hatte. Solange die Zeitung zum festgesetzten Termin erschien, ohne größere Pannen und mit knisterndem Inhalt, war es Nari Hira im Grunde genommen ganz egal, ob ich vier, sechs, zwei oder zehn Stunden im Büro verbrachte. Während meiner Zeit bei ›Stardust‹ wurden mir etliche andere Jobs angeboten, und diese Angebote erörterte ich pflichtbewusst mit ihm. Falls er es seltsam fand, dass ich ausgerechnet seinen Rat einholte, war er anständig genug, um mich objektiv zu beraten, ohne seine Verärgerung oder Voreingenommenheit zu zeigen. Es gibt aber auch noch eine andere Möglichkeit – er wusste wahrscheinlich, dass ich in jedem anderen Laden aus dem Rahmen fallen würde. Die angenehmen Arbeitsbedingungen, die er förderte, sicherten ihm Loyalität von der Wiege bis ins Grab. Wer erst einmal im Cat House aufgenommen worden war, der ging nicht wieder weg. Und wenn man doch streunen ging, dann tat man das nur, um ein neues Revier auszukundschaften und dann mit eingezogenem Schwanz wieder nach Hause zu »Daddy« zu kommen.

Ich wollte eigentlich nirgendwo hingehen und auch gar nicht erst versuchen, mich auf eigene Füße zu stellen. Aber ich wollte einen Tempowechsel. Ich hatte es so satt, mich mit narzisstischen, neurotischen Filmleuten und ihren pubertären Eskapaden herumzuschlagen.

Die Idee zu ›Society‹ hatte sich bereits in meinem Kopf festgesetzt, denn ich mochte ›People‹, die amerikanische Wochenzeitschrift, die in den Achtzigern ungemein populär war. Ich ahnte, dass es für eine ähnliche Publikation einen Markt in Indien gab. Wir hatten inzwischen eine beeindruckende Liste von Berühmtheiten, Prominenten, Sportlern, Designern, Tänzern und Malern zu bieten, aber keine Zeitschrift, die ein Forum für das Leben dieser Leute war. Berühmtheit ist sich selbst genug. Im Allgemeinen sind es andere Berühmtheiten, die solche Zeitschriften lesen, und das nur, um die Konkurrenz scharf im Auge zu behalten und die eigene Position exakt abzuschätzen. Persönlichkeitsprofile waren bis dahin den Ehefrauen von prominenten Politikern oder Kricketspielern vorbehalten gewesen. Sogar ›Illustrated Weekly‹ unter Khushwant Singh gab echten

Nachrichten (»Religion, Sex, Politik«) und Kriminalfällen den Vorzug vor dem, was zum weiten Feld der »Klatschpresse« zählt. Vor Jahren war durch ›Onlooker‹ ein Versuch in diese Richtung unternommen worden, während ›Eve's Weekly‹ und ›Femina‹ vorhersagbar schmeichelhafte kleine Berichte über die guten Werke veröffentlichten, die ein Präsident von Rotaract in Agartala vollbrachte, oder über einen Wohltätigkeitsbasar, den die großzügigen Damen im Cheshire Home organisiert hatten. Den Ehefrauen von Offizieren der Luftwaffe wurde für Sekundenbruchteile Ruhm zuteil, während sie Gelder für Kriegswitwen sammelten. Außerhalb dieses Rahmens wurde nur sehr wenig über die bildschönen, prachtvollen, schillernden Gestalten berichtet, mit denen sich reiche Industrielle schmückten, um diese Paradiesvögel wie Trophäen vorzuzeigen – Frauen, die sehr auffällig und sehr sexy waren und um die Welt reisten, sich extravagant kleideten, schamlose Affären hatten, grandiose Partys veranstalteten und das Geld ihrer Ehemänner für die Dinge ausgaben, die wirklich zählten, nämlich für ihre Designergarderobe, ihre Facelifts und ihre Gigolos. Was für phantastische Fotos das abwerfen würde! Und wie unterhaltsam die Texte sein würden! Endlich war Indien reif für Sagas aus dem wahren Leben im Stil von ›Dynasty‹, in denen umwerfende Frauen, gehörnte Ehemänner und die erstaunlichsten Häuser vorkamen. Lust und Lifestyle trafen in einer einzigen Hochglanzaufnahme aufeinander.

Dieses Konzept umriss ich Nari Hira bei einem zwanglosen Treffen. Er biss augenblicklich an – schließlich war er ein Mann, der sich in der Branche auskannte –, und so wurde ›Society‹ geboren. Er gab mir grünes Licht für eine Probenummer. Ich sollte sie komplett zusammenstellen, den Schriftzug für den Titel entwerfen und eine Aufstellung der verschiedenen Sparten machen. Zum ersten Mal seit langer Zeit fand ich ein Projekt spannend und brachte echte Begeisterung dafür auf. Ich hatte das Gefühl, das sei genau das Richtige, eine Zeitschrift, die mir wirklich lag. Das war eine Welt, in die ich durch Zufall hineingeraten war und die ich aus erster Hand kannte. Früher, während meiner Zeiten als Model, und später dann noch einmal, als Ehefrau eines Geschäftsmanns. Wenn ich als Shobhaa Rajadhyaksha, das Model, Zugang zu dieser Welt gehabt hatte, aber immer eine Außenseiterin geblieben war, dann war ich als Shobhaa Khilachand aus nächster Nähe damit vertraut und konnte das Geschehen von einem Manegenplatz aus verfolgen.

Nari Hira warnte mich jedoch, die Betroffenen nicht zu hart ranzunehmen. Das waren keine Flittchen aus dem Showbiz, die nichts zu verlieren hatten – Frauen, die sich bereitwillig auszogen, Geheimnisse ausplauderten, Klatsch weitertrugen, Anschuldigungen erhoben, andere bloßstellten, Intimitäten enthüllten etc. etc. Wir mussten genau den richtigen Ton treffen – fair und doch nicht gleich übertrieben schmeichlerisch, amüsant und doch nicht gleich beleidigend. Entscheidend war der Zugang. Schließlich waren die Filmleute dickfellig und auf Publicity versessen. Selbst wenn sie sich von uns zutiefst beleidigt fühlten, brauchten sie uns doch mehr als wir sie. Etwas ganz anderes war es dagegen mit diesen Schmetterlingen mit ihren leuchtend bunten Flügeln und den Trotteln, die sie finanzierten – ihren hingebungsvollen Ehemännern. Die nahmen wir uns als Erstes vor – sie waren nett anzuschauen und gaben gute Texte her, und es war nicht allzu schwer, an sie heranzukommen. Luxusgeschöpfe und Künstler waren unser Grundstock. Diese Leute hießen zwar die Gelegenheit willkommen, dass über sie berichtet wurde, aber nur unter der Bedingung, dass das Feature eine Lobeshymne war, die dem Ego schmeichelte und dazu diente, ihre Schönheit und den Reichtum ihrer Ehemänner im bestmöglichen Licht darzustellen. »Mach bloß kein Hackfleisch aus ihnen«, warnte mich Nari Hira. Den Atem hätte er sich sparen können. Die Idee, die hinter ›Society‹ stand, war eine Spur raffinierter. Es war ein ehrgeiziges Projekt, eher im Stil von ›Vanity Fair‹, und es sollte hipper, stilvoller und kultivierter sein als die Blätter, denen es nur darum ging, Prominente um jeden Preis runterzumachen. Das war es jedenfalls, was mir vorschwebte. Ich wollte eine Mischung aus geistreich und gemein, aus frech und notorisch, und obendrein sollten noch ein paar soziale Fragen angeschnitten werden, dazu willkürliche Modevorschriften, Berichterstattung über gesellschaftliche Ereignisse und ausgefallene Fotografien.

Das Erste, was ich richtig hinkriegen musste, war die Titelgeschichte, stets der Horror von Redakteuren auf der Suche nach dem richtigen (was da heißt: verkäuflichen) Thema. Internationale Forschungen zu dieser Frage hatten ergeben, dass sich Frauen besser verkauften als Männer, Fotos besser als Illustrationen und Babys am allerbesten. Bikinimädchen garantierten nicht immer grandiose Verkaufszahlen. Ebenso wenig religiöse Oberhäupter oder Katastrophenberichte. Die Leute interessierten sich für andere Leute, das war der schlichte Grundgedanke, der hinter ›Society‹ stand. Das Interesse der Leser am Leben derer wachzuhalten, über die wir in unserem Blatt berichteten. Und wer hätte sich für die erste Ausgabe besser geeignet als eine der kontroversesten Frauen Indiens?

Auf der Liste unserer sorgfältig getroffenen engeren Auswahl sprang ein Name ins Auge: Rukhsana Sultan, über die gemunkelt wurde, sie sei – auch in puncto Zensur – Sanjay Gandhis Handlangerin. Und was für eine Frau! Sie hatte alles, was wir brauchten: Sie sah gut aus und trug Saris aus französischem Chiffon, Diamanten und Perlen, war eine kämpferische Persönlichkeit, hatte ein flottes Mundwerk und ein monumentales Ego und war von dubioser, aber immerhin passabler Abstammung. Die arme Frau starb 1996 im Alter von fünfzig Jahren, und ich werde nicht schlecht über die Toten reden, aber Rukhsanas Welt war faszinierend, ganz gleich, welche Maßstäbe man anlegt.

Ich traf sie mehrfach in Delhi, über zwei oder drei Tage verteilt, und auch in Bombay in ihrer (wie sie es nannte) »persönlichen« Suite im Taj-Mahal-Hotel. Sie war amüsant und ganz erstaunlich. Rukhsana, eine attraktive geschiedene Frau mit einer jungen Tochter, die ein Pferdegesicht hatte (und später zu der muskulösen Schauspielerin Amrita Singh aufblühte), lebte in einem weitläufigen Bungalow in New Delhi, in der Nähe vom Jantar Mantar. Sie gab sich als Schmuckdesignerin aus, aber sie hatte ihre eigene Bande von Gangstern, die für sie arbeiteten, vorwiegend kräftige professionelle Ringer, denen es nicht gestattet war, ohne ihr Mitspracherecht Kämpfe aufzuführen. Sie war ihre Gönnerin, und ich habe den Verdacht, sie gaben ihr nicht nur Schutz, sondern auch eine Beteiligung an den eingenommenen Eintrittsgeldern. Auf ihr Beharren drehte ich mit ihr einige Runden durch diverse Fitness-Studios und war entsprechend beeindruckt, als sie die Kaiserin spielte, die zu Besuch kam und mit majestätischer Huld Girlanden entgegennahm, während ihr stämmige junge Männer zu Füßen fielen und sie um ihren Segen baten. »Meine Jungs«, sagte sie nachsichtig und wedelte mit ihren langen gepflegten Händen in ihre Richtung. Ihre schmalen verschlagenen Augen, die stets hinter einer riesigen Sonnenbrille verborgen waren, verliehen ihrem Äußeren etwas Unheimliches. Mit ihren gedehnten »Daaa-lings« und ihrem nie endenden Gerede hatte sie schon fast etwas von einer Karikatur. Wenn es darum ging, wen sie alles kannte, war Rukhsana eine eingefleischte Angeberin und warf mit so vielen großen Namen um sich (»Yunus, Daaa-ling ... der ist nichts weiter als ein Diener Gandhis«), dass man aufhörte zu zählen und lieber einfach nur zuhörte.

Unter den Menschen, die ich im Lauf meines Leben interviewte, war sie die Einzige, die einen plumpen Bestechungsversuch unternahm. Einen sehr plumpen sogar. Als ich in Delhi war, ließ sie mich in ihr »Boudoir« kommen (Frauen wie Rukhsana haben nie Schlafzimmer, sondern immer »Boudoirs«). Es war erstaunlich gewöhnlich eingerichtet – keine Kinkerlitzchen wie bei den Stars, sondern einfach nur geschmacklose, barock verschnörkelte, bemalte Möbelstücke und Janpath-Wandbehänge. »Daaa-ling«, sagte sie und rauschte an mir vorbei, um einen hässlichen Schrank zu öffnen, »damit verdiene ich meinen Lebensunterhalt.« Sie riss die Schranktüren auf und trat einen Schritt zurück, weil sie die Wirkung sehen wollte, die ihr Auftritt auf mich hatte. Der Schrank war voller Halsketten, Schnüre mit Perlen aus Basra, Rubinen und Smaragden, die meisten ziemlich abscheulich. Schmuck von der Sorte, wie ihn die Frau eines mittelständischen Geschäftsmannes zu einer besonderen

Gelegenheit anlegen würde. Ich stand mit unbewegter Miene da und schwieg. Mit einer ausholenden Bewegung erklärte sie dramatisch: »Nimm, was dir gefällt, Daaa-ling. Mach schon, du kannst haben, was du willst, du brauchst es nur zu sagen ... ich denke, Perlen würden phantastisch an dir aussehen. Hier ... leg die mal um.« Ich wich einen Schritt zurück und schüttelte lächelnd den Kopf. Doch sie kapierte nicht. Also fasste ich es in Worte. Sie tat schockiert und verletzt. »Daaa-ling, ich mag dich nun mal. Du bist für mich wie eine Schwester. Das ist nichts weiter als ein kleines Geschenk. Ein kleines Unterpfand unserer Freundschaft. Du beleidigst mich mit deiner Ablehnung.« Ich zuckte die Achseln und lächelte noch strahlender. Sie tat so, als wischte sie sich ein paar Tränen aus dem Gesicht.

Ich ließ sie allein in ihrem Boudoir zurück, damit sie sich ein wenig beruhigen konnte. Als sie wieder auftauchte, versuchte sie es mit einem schwachen Scherz. »Daaa-ling, ich bin sicher, du glaubst, ich hätte versucht, dich zu bestechen. Hör zu, so etwas würde ich nie tun. Ich mag dich wirklich. Irgendwie kann ich mir dich nicht recht als Journalistin vorstellen. Wir müssen einander in einem früheren Leben gekannt haben.« Ich beteuerte ihr, sie läge mir ebenso sehr am Herzen, und dann ging ich.

Als wir uns das nächste Mal begegneten, war sie in Gesellschaft von Haji Mastan, Bombays berüchtigtem Schmuggler und Herrn der Unterwelt (nach seinem Tod vor ein paar Jahren wurde er von seinen Jüngern nachträglich zum Messias erklärt). Er und seine Handlanger hatten es sich in »ihrer« Suite im Taj gemütlich gemacht. »Daaa-ling, er und ich, wir sind Sozialarbeiter«, sagte Rukhsana und bot mir einen silbernen Teller mit Pralinen an. »Ich möchte, dass du uns in unseren Bezirk begleitest und dir selbst ansiehst, was wir für die Armen tun.« Das Telefon läutete unablässig. Mastans Stimme veränderte sich, je nachdem, wer der Anrufer war, von einem leisen Knurren zu einem entschiedenen Befehlston. Die Drohung, die dahinterstand, war nicht zu überhören. Die beiden schienen gut zusammenzupassen und blendend aufeinander eingespielt zu sein. Ich konnte mir vorstellen, wie sie und ihre »Sozialhelfer« duckmäuserische Slumbewohner terrorisierten. »Niemand aus Pakistan kann in Indien auftreten, es sei denn, Hajibhai oder ich geben unser Okay«, brüstete sie sich. »Der Crawford-Markt liegt ihm zu Füßen, Daaa-ling. Jeder Ladenbesitzer dort hängt uns Girlanden um, wenn wir uns blicken lassen. Wir haben so viel für sie getan«, fuhr Rukhsana fort. Die Unmengen von Schmugglern und inoffiziellen Geldwechslern auf dem Crawford-Markt waren die reinste Pest. Das Komische an ihren Prahlereien war, dass wahrscheinlich jedes Wort der Wahrheit entsprach. Und dann musste man sich mal vorstellen, dass der riesige überdachte Markt direkt gegenüber von Bombays größtem Polizeirevier lag.

Ich vereinbarte ein Treffen für den kommenden Tag, da es mir nicht gelungen war, für jenen Abend einen Fotografen aufzutreiben. Als ich gehen wollte, forderte Rukhsana einen der Gangster auf, mich zum Wagen zu begleiten. »Daaa-ling, ich bin besorgt um deine Sicherheit«, sagte sie.

Exakt. Das war ich auch. Sie drückte mir ein Päckchen in die Hand, das in Geschenkpapier eingewickelt war. »Pralinen. Für die Kinder. Du hast mich in Delhi beleidigt. Das ist nicht für dich. Es ist für deine Kinder. Beleidige mich nicht noch einmal.« Ich nahm die Pralinen an.

Die Titelgeschichte erschien. Sie war nicht gerade schmeichelhaft. Sie war aber auch kein kompletter Verriss. Als Diwali, das Lichterfest, anbrach, traf ein großes Paket von Rukhsana bei mir zu Hause ein. Ich dachte im ersten Moment, es sei eine Bombe. Als ich es öffnete, fand ich einen schweren, ziemlich protzigen Sari aus Benares von der Sorte, wie ihn Haryanvi-Bräute zur Hochzeit des jüngeren Bruders ihres Ehemannes trugen. Ich packte ihn wieder ein. Als ich das nächste Mal in Delhi war, schickte ich ihn mit einer kurzen Nachricht an Rukhsana zurück. Ich sah sie nie wieder.

›Society‹ ließ sich recht gut an. Wir berichteten über zahlreiche faszinierende Menschen – Tänzer, Autoren, Maler, Industrielle. Etliche von ihnen interviewte ich persönlich, und oft konnte ich sie überrumpeln. Wie zum Beispiel den armen

George Fernandes, in dessen Haus in Delhi ich ziemlich spät am Abend mit einem gemeinsamen Freund unangemeldet auftauchte. George entspannte sich gerade im Besucherzimmer, als wir hereinmarschiert kamen. Sein Lungi war bis weit über die Knie hochgezogen. Der Lungi wurde so rasch runtergerissen, wie die Augenbrauen in die Höhe schossen. Mit rotem Kopf und sichtlich verlegen versuchte George, sich schnell wieder zu fassen, doch das gelang ihm nicht. Als mein Artikel erschien, tauchte der gemeinsame Freund eine Zeitlang unter – er war der Sohn eines Parlamentsabgeordneten, und sein Politikervater fand es überhaupt nicht komisch, was ich über seinen Freund George geschrieben hatte.

Seit meiner Zeit bei ›Society‹ hat mich die Vorstellung anderer Leute, ich wüsste ganz genau, was in der guten Gesellschaft von Bombay hinter den Kulissen abläuft und worum es dort in erster Linie geht, immer wieder amüsiert (und alarmiert). Früher wurde sie von Geld in Schwung gehalten. Einfach nur Geld. Vorzugsweise Geld, das schon lange in der Familie und mit einem Adelstitel verbunden war. Heute ist es Unverschämtheit. Wer frech ist, stürzt sich auf die große Chance. Wer es nicht ist, geht unter. Ich stelle mir gern vor, dass Nelson Wang, der gefeierte Gastronom, die Person ist, die den Geist der Stadt am deutlichsten repräsentiert. Er hat als Feuer schluckender Revuetänzer begonnen und ist heute die Nummer eins auf seinem Gebiet. Das China Garden, das Restaurant, das er ins Leben gerufen hat, gewinnt Jahr für Jahr Preise. Wang feiert Partys mit der Hautevolee. Er ist ein charmanter Hansdampf in allen Gassen, der sechsundzwanzig Stunden am Tag arbeitet und in seinem Erfolg schwelgt – und genau das hat er auch verdient. Niemand will wissen, wer seine Vorfahren waren. Niemand fragt Nelson: »Wer sind deine Eltern? Wo hast du studiert? Wie heißt der Großvater deiner Frau mit Familiennamen? Bist du verwandt mit . . .« Es interessiert keinen. Er hat es geschafft. Nichts anderes zählt. Nelsons Geschichte ist die Geschichte Bombays. Ausschweifungen sind alles.

Ich beobachte diese Veränderungen. Und halte sie in meinen

Kolumnen fest. All das ist ein Teil der Sozialgeschichte der Stadt. Es ist wichtig. Die Nelsons von morgen werden wieder anders aussehen. Ich werde Ausschau nach ihnen halten ... wenn sie unter großem Getöse eintreffen. Das ist die Musik, die die Leute in Bombay erkennen und am besten verstehen, selbst dann, wenn sie Töne verschiedener Höhe nicht voneinander unterscheiden können.

Es machte mir zwar riesigen Spaß, Chefredakteurin von ›Society‹ zu sein, doch etwas in mir bäumte sich dagegen auf: »Hör zu. Du kannst das auch allein. Warum für jemand anderen arbeiten? Mach schon. Gib deine eigene Zeitschrift heraus. Und zwar jetzt.«

Es war an der Zeit, wieder einmal in Nari Hiras Büro zu marschieren. Allmählich wurde es vorhersagbar und albern. Als ich das erste Mal meine Kündigung einreichte, hatte er mir meinen Entschluss ausgeredet. Und ich war geblieben. Aber wir wussten beide, dass meine Zeit in seinem Laden zu Ende ging. Ich wurde von den falschen Leuten »beraten«. Und ich war dumm genug, auf sie zu hören. »Zieh etwas auf, was wirklich dir gehört. Wie lange willst du noch andere reich machen? Sieh dir Nari Hira an, sieh dir das Geld an, das er gescheffelt hat. ›Stardust‹ und ›Society‹ haben ihm einen Haufen Kohle eingebracht. Sei kein Narr. Das ist Ausbeutung. Du musst deine mittelständische Haltung abwerfen. Etwas riskieren.«

Etwas riskieren. Das überzeugte mich. Ich war schon immer Risiken eingegangen. Und hatte gewonnen. Ich mochte Risiken. Risiken mochten mich. Aber nicht dieses Mal. Nicht, wenn das »Risiko« Geld erforderte, das Geld anderer Leute.

Nari Hira veranstaltete eine wunderbare Abschiedsfeier mit allem Drum und Dran für mich. Der Champagner floss, und die Stimmung war enorm gefühlsbeladen. Es fiel mir schwer, mich von den Menschen zu verabschieden, mit denen ich in den letzten zehn Jahren mehr Zeit verbracht hatte als mit meiner eigenen Familie. Aber ich war von der Vorstellung besessen, Unternehmerin zu werden. Ich würde Geschäftsfrau sein. Und ich würde die dicke Kohle machen und in meine eigene Tasche wirtschaften, nicht mehr in die Tasche anderer. Angestachelt und ermutigt, das Projekt in die Tat umzusetzen, verließ ich mein bisheriges Büro und zog in ein gemietetes Kabuff gegenüber dem Bahnhof Churchgate. Wieder einmal wurde eine neue Phase eingeläutet. Ich war beeindruckt von meiner eigenen Kühnheit. Es konnte nicht schiefgehen – es würde nicht schiefgehen. Wie sehr ich mich doch täuschte! Und wie dumm ich war.

Alleinflug

Die nächsten Jahre waren schwierig, sehr schwierig. In einer solchen Situation war ich noch nie gewesen. Nichts, aber auch gar nichts klappte – weder finanziell noch emotional. Meine Ehe ging in die Brüche. Die Zeitschrift, die ich ins Leben gerufen hatte, ›Celebrity‹, stand vor allen möglichen Problemen. Zum ersten Mal in meinem Erwachsenendasein fühlte ich mich allein, unverstanden und isoliert. Meine kärglichen Ersparnisse waren nahezu aufgebraucht. Ich hatte kein Geld für zwei komplette Mahlzeiten am Tag und behalf mir oft mit Kaffee und Keksen oder einem Eisandwich. Doch obwohl um mich herum alles zusammenbrach, gelang es mir, mich nicht so weit entmutigen zu lassen, dass ich mich vollkommen ohnmächtig fühlte. Ich machte unermüdlich weiter, gab mich fröhlich und ließ meine Mitarbeiter nie meine Verzweiflung spüren und auch nicht, wie absolut elend mir zumute war. Falls ihnen bewusst war, was ich durchmachte, ließen sie es sich nicht anmerken. Ihre Loyalität und ihr Glaube an mich, den sie sogar in jenen furchtbaren Monaten nicht verloren, als die Gehälter endlos zurückbehalten wurden und kein Geld in der Kaffeekasse war, rührten mich zutiefst.

Vielleicht zum ersten Mal in meinem Leben musste ich damit zurechtkommen, dass ich auf mehreren Ebenen gescheitert war. Nach acht Jahren als Mrs Soundso war ich nun gezwungen, mich mit einer Identitätskrise auseinanderzusetzen. Wer war ich jetzt? Welchen Stand hatte ich in der Gesellschaft? In meiner eigenen Familie? Wie wurde ich von meinesgleichen angesehen? Wie sah ich mich selbst? Was war passiert? Was war schiefgegangen? Würde mir verziehen werden – jemals?

Ich hatte Fehler gemacht, große Fehler. Ich hatte die Lage

falsch eingeschätzt. Mich verrechnet. Ich war vierunddreißig Jahre alt und bereit, noch einmal von vorn anzufangen, aber würde ich diese Chance überhaupt bekommen? Meine Selbstachtung war gewaltig ramponiert. Nur im schützenden Hafen der provisorischen Bürowände fühlte ich mich relativ sicher, einigermaßen verstanden und der Lage halbwegs gewachsen. Dort brauchte ich mich bei niemandem zu entschuldigen und musste niemandem etwas erklären. Ich musste lediglich dafür sorgen, dass der Laden weiterlief. Weiterarbeiten. Aber das war hart. Es gab keinen Ort mehr, den ich mein »Zuhause« nennen konnte. Keines der Sicherheitsnetze, an die ich mich gewöhnt hatte. Von Schuld und Scham zerrüttet, verbarg ich mich hinter einer Nonchalance, die ich nicht wirklich besaß.

Aber in einem Punkt war ich mir sehr sicher: Ich hätte nicht so weiterleben können wie bisher. Kein Preis war zu hoch, um aus einer Situation herauszukommen, in der ich mich ständig verstellen musste. Die meisten anderen Frauen, die ich kannte, hätten unter ähnlichen Umständen weitergemacht. Ich konnte es nicht. Freundinnen kritisierten mich herb: »Sei nicht so albern. An deiner Ehe ist nichts auszusetzen. Warum willst du das alles aufgeben?«

Ich hielt meinen Entschluss nicht für albern. Für egoistisch vielleicht, aber für dumm ganz bestimmt nicht. So wollte ich den Rest meines Lebens nicht verbringen. Ich wollte raus. Ich wollte so dringend raus, dass mein Herz mir mein Vorgehen vorschrieb. Verzweifelt schlug ich den ersten Fluchtweg ein, der sich anbot – eine Beziehung, die zu nichts führen würde, die ich jedoch zu jener Zeit zu schätzen wusste. Jetzt war ich quitt mit meinem Mann.

Da sich die äußeren Umstände meiner Kontrolle restlos entzogen hatten, gab ich mir nicht die alleinige Schuld an dem Durcheinander in meinem Leben. Und ich gab mich auch nicht auf, selbst dann nicht, als sogar meine Eltern mich aufgaben. Es war hart, so vollständig alleingelassen zu werden und selbst nicht zu wissen, wie es weitergehen sollte. Mein Vater verstieß mich zwar nicht ganz und gar, doch er ließ sich seine Enttäuschung und Missbilligung deutlich anmerken. In seinem Hause war ich nicht willkommen, nur als gelegentliche Besucherin. Er dachte gar nicht daran, mir meine »Lebensführung« zu verzeihen oder einen meiner Entschlüsse gutzuheißen, noch nicht einmal indirekt, indem er mich im Schoß der Familie aufnahm. Das tat weh. Ein anderes Zuhause hatte ich nicht mehr. Ich war Treibgut, sowohl buchstäblich als auch metaphorisch. Meine Mutter muss zwischen ihrer Loyalität ihm gegenüber und ihrer Liebe zu mir hin und her gerissen gewesen sein. Sie war der einzige Mensch (außer Kunda), der sich nicht von mir zurückzog, mein Verhalten nicht kategorisch verurteilte, sich weigerte, mir Predigten zu halten, und mir sogar durch ihr Schweigen zu verstehen gab, dass es, wenn schon nicht in ihrem Hause, dann doch in ihrem Herzen immer einen Platz für eine »Sünderin« wie mich gab.

Ich nahm ab. Mein Aussehen veränderte sich drastisch. Ich wirkte hager und hohläugig. Mein Energiepegel sank. Ich trug nur noch die billigsten Kurta-Pajamas. Es war eine aufreibende Zeit für mich und diejenigen, die behaupteten, meine »Freunde« zu sein. Mein Selbstwertgefühl hatte seinen Tiefststand erreicht. Elender hätte ich mich gar nicht fühlen können. Mein Cousin Gautam entpuppte sich als Retter in der Not. Mir fällt niemand sonst in meinem Bekanntenkreis ein, der mich und den Mitarbeiterstab von ›Celebrity‹ bei sich zu Hause aufgenommen hätte, ohne Fragen zu stellen.

Es kam ein Punkt, an dem wir nicht mehr wussten, wohin mit uns oder an wen wir uns wenden könnten. In meiner Verzweiflung rief ich Gautam an (er ist alleinstehend und wohnt in einer großen Wohnung im Zentrum von Bombay). »Kommt auf der Stelle her«, sagte er, ohne zu zögern. Und genau das taten wir. Wir marschierten in seiner schönen, ordentlichen Wohnung ein und stellten alles auf den Kopf. Wir blieben monatelang. Es gelang mir, ein Zimmer als zahlender Gast zu finden. Die Wolke über unseren Köpfen hob sich, wenn auch nur vorübergehend. Und wir kamen durch. Nicht ein einziges Mal beklagte sich Gautam oder deutete auch nur an, wir hätten seine Gastfreundschaft ausgenutzt und seien zu lange geblieben. Seine Geste ging über Großzügigkeit hinaus. Sie war durch und durch edel.

Mit ›Celebrity‹ war es von Anfang an wie verhext. Als es losging, herrschte in meinem Privatleben viel zu viel Aufruhr. Eigentlich hätte ich keine zusätzlichen Schwierigkeiten im Berufsleben gebraucht. Außerdem fand ich für alle zukünftigen Zeiten heraus, dass ich nicht mit Geld umgehen kann. Ich habe keinen Draht dazu. Zum ersten Mal in meinem Berufsleben musste ich mich um finanzielle Angelegenheiten kümmern und Begriffe wie »Cashflow« verstehen. Täglich wuchsen meine Schulden bei Papierhändlern, Druckereibesitzern, freien journalistischen Mitarbeitern ... und schließlich verlangten die Banken eine vorzeitige Begleichung sämtlicher Außenstände. Meine Energien wurden von dem abgezogen, was ich wirklich gern tat und auch einigermaßen gut konnte – eine Zeitschrift zusammenstellen –, und gingen ausschließlich dafür drauf, den Kopf über Wasser zu halten. In den Rechnungsbüchern herrschte das reinste Chaos. Ich strengte mich an, ernsthaftes Interesse an Buchführung zu zeigen, aber Zahlen machten mich vollkommen ratlos. Da ich auf allen Ebenen frustriert und nicht mehr in der Lage war, kreative Impulse für die Zeitschrift zu liefern, verwandte ich einen großen Teil des Tages darauf, mit Zahlen zu jonglieren und so zu tun, als blickte ich durch.

Es ist ein Wunder, dass ich unter diesem Druck nicht zusammenklappte. Oder dickfellig wurde. Es gab etliche schamlose Menschen in meiner Umgebung, Leute ohne Skrupel, Leute, die auf dem Weg nach oben hier und da mal mauschelten, Leute, die mich davon überzeugen wollten, all das gehöre unvermeidlich zum »Geschäftsleben«, zu diesem erhabenen männlichen Revier, in dem eine naive Frau wie ich nichts zu suchen hatte. »Du machst einfach nur deine Arbeit«, wurde mir geraten. Das wäre mir durchaus recht gewesen, nur wurde mir im nächsten Moment ein Packen Papier mit der forschen Anweisung unter die Nase gehalten: »Du unterschreibst hier.« Ich weiß immer noch nicht, worunter ich meine Unterschrift setzte, und der Gedanke an diese demütigenden Zeiten, als ich es hasste, ans Telefon zu gehen, weil ich wusste, dass am anderen Ende der Leitung ja doch nur ein Gläubiger war, lässt mich heute noch erschauern.

Trotz aller Probleme hinter den Kulissen schaffte es die Zeitschrift, an ihrem schwungvollen, frechen, respektlosen Tonfall festzuhalten. Das Schreiben und das Lesen machten Spaß. Wir brachten pikante Persönlichkeitsprofile, boshafte Bemerkungen von Berühmtheiten, provozierende Zitate und Parodien mit ironischem Unterton, denen es gelang, an so manchem mächtigen Ego zu kratzen. Es überraschte mich, dass unsere Kommentare den Leuten unter die Haut gingen, wenn man unsere geringe Verbreitung bedenkt. Unsere Ansichten hätten nicht zählen sollen. Wir waren Niemande. Kleine Fische. Winzige Frösche, die in einem riesigen Teich quakten, in dem es von verlegerischen Barrakudas wimmelte. Ich würde uns gern als den sprichwörtlichen David ansehen, der Goliath piesackte und ihn um den Verstand brachte.

›Celebrity‹ teilte ziemlich elegante Hiebe aus ... aber der größte blieb meiner eigenen Nase vorbehalten. Und als der Schlag kam, taumelte ich. Ich wurde darüber informiert, dass wir pleite waren. Und die Schulden waren riesig. Ich stand mit dem Rücken an der Wand und sah mich verzweifelt nach einem Ausweg um. Ich wollte die Zeitschrift nur noch loswerden und in die Freiheit ausbrechen. Aber ich war in eine ganz eigentümliche Zwickmühle geraten und saß wirklich und wahrhaftig in der Falle. Wenn die Zeitschrift von einem Tag auf den anderen ihr Erscheinen einstellte, würden wir nicht in der Lage sein, unsere armseligen Außenstände einzutreiben. Aber wenn wir weiterhin Monat für Monat eine Ausgabe herausbrachten, würden wir zusätzliches Geld borgen müssen. Inzwischen war unsere Schuldenfalle noch größer geworden. Mir erschien sie wie eine bodenlose Grube, in der ich eines Tages versinken würde. Ich war vor Angst wie von Sinnen. Und das nicht zuletzt wegen eines neuen Problems, das plötzlich aufgetaucht war – ich wurde in einem Fall von Hochverrat gegen den indischen Staat als zweite Hauptverdächtige genannt. Das muss man sich mal vorstellen. Staatsverrat. Genau das hatte mir noch gefehlt. Der Hauptangeklagte war ein gewisser Simranjit Singh Mann, ein ehemaliger Polizeibeamter, der beschuldigt wurde, einer Verschwörung angehört zu haben, die hinter der brutalen Ermordung Indira Gandhis im Jahre 1984 steckte.

Und was hatte ich damit zu tun? Die Abfolge der Ereignisse, die zu dieser absurden Anklageschrift führten, war reichlich sonderbar, um es gelinde auszudrücken. Ich hatte mich mit Simranjit Singh Mann für ein Interview verabredet, während er noch im indischen Polizeidienst war. Es war von einer Journalistenfreundin eingefädelt worden, die Mann mit seinen Ansichten tief beeindruckt hatte. Wir trafen uns in einem Künstlercafé, das einer Galerie angegliedert war, und redeten zwei oder drei Stunden miteinander. Es war schwierig, den Ausdruck in Manns Augen zu sehen, da sie hinter dicken Brillengläsern verborgen waren. Nichts an ihm war beeindruckend, nicht einmal seine Stimme, die etwas von einem Quaken hatte. Er sah aus und redete wie ein gewöhnlicher Mensch, wenn man nicht ganz genau hinhörte, denn seine Worte waren tödlich. Er händigte mir Berge von kopierten Unterlagen aus, sämtliche Briefe, die er auf diverse VIPs losgelassen hatte, darunter auch die Präsidentin Indiens. Von ihm gingen manische, fanatische Energien aus, die nicht zu übersehen waren.

Ich tat ihn als einen Spinner ab, der sich irgendwelchen irrsinnigen Zielen verschrieben hat, mit seinem Turban gegen eine Steinmauer rennt und nicht von der Stelle kommt. Für mich war er einer unter diversen Interviewpartnern mit militanten Ansichten, sonst gar nichts. Wir wollten uns am folgenden Tag noch einmal für einige Klarstellungen treffen. Diese Begegnung fand jedoch nie statt. Stattdessen kontaktierte mich seine Ehefrau und ließ mir wichtige Unterlagen überbringen. Zu diesem Zeitpunkt hatte ich keine Ahnung, dass Mann bereits in den Untergrund gegangen war, vielleicht sogar nur wenige Stunden nach unserem Treffen. Ich wusste auch nicht, dass er als Hauptangeklagter eines Komplotts gegen die Regierung und als führender Kopf hinter Mrs Gandhis Ermordung einer der meistgesuchten Männer Indiens war. Ein Mann auf der Flucht vor dem Gesetz.

Wir brachten dieses Interview in Form von Fragen und Antworten. ›Celebrity‹ war schließlich keine politische Zeitschrift. Wir hatten kein Programm. Wir wollten die Welt nicht verändern. Ich hätte nie etwas von Mann gehört, wenn meine Freundin nicht auf dem Treffen beharrt hätte. Sowie die Ausgabe ausgeliefert wurde, warf ich sämtliche Notizen, die ich gemacht hatte, und die dicken Packen Papier, die er mir ausgehändigt hatte, weg. Wir waren räumlich so beengt, dass wir buchstäblich keinen Platz für Aktenordner hatten, noch nicht einmal für Tonbänder. Bei uns wurde alles wiederverwertet. Sowie wir ein Interview vom Band abgetippt hatten, überspielten wir es mit dem nächsten. Ja, so schlimm war es. Wir konnten uns keine neuen Bänder leisten und zögerten bei jedem Telefonanruf, weil wir uns schreckliche Sorgen wegen der Rechnungen machten.

Ich frage mich, wie viele unserer Leser sich die Mühe machten, das Interview mit Mann zu lesen. Die Fotografie, die seine Frau mir zur Verfügung gestellt hatte, war verschwommen, körnig und so unattraktiv wie die darauf abgebildete Person. Wohl kaum etwas für ›Celebrity‹. Ich brachte das Interview aus zwei Gründen: um meiner Journalistenfreundin Olga einen Gefallen zu tun und weil es mir Spaß machte, kontroversen, durchgeknallten Leuten zu begegnen. Die lieferten besseres Textmaterial als selbstgerechte Pharisäer.

Als ich die Vorladung sah, war ich verwirrt und ein wenig erschüttert. Das musste ein Irrtum sein. Ich gab sie einem Anwalt und fragte mich, was ich als Nächstes tun sollte. Lange brauchte ich nicht zu warten, um das herauszufinden. Zwei stämmige Typen vom Nachrichtendienst tauchten zu einem »zwanglosen« Gespräch bei mir zu Hause auf. Sie vernahmen mich eingehend zu meiner Begegnung mit Mann und verlangten die Tonbänder. Ich sagte, die seien nicht mehr in meinem Besitz. Sie verlangten meine Notizen und die Kopien, die Mann mir ausgehändigt hatte. Ich erklärte, die hätte ich weggeworfen, wie es bei den meisten Zeitschriften üblich ist, sowie ein Interview erschienen ist. Sie gingen zur Druckerei und in unser früheres Büro und kamen dann wieder zu mir nach Hause. Der Anwalt sagte mir, ich solle mich zurücklehnen und es aussitzen, es sei unwahrscheinlich, dass dieser Fall jemals vor Gericht verhandelt werden würde, bei den anderen sei schließlich auch nichts herausgekommen. Doch da war ich mir nicht so sicher, dies war kein gewöhnlicher Fall. Mann war in Nepal aufgetaucht und nach Indien zurückgebracht worden. Er war im Hochsicherheitsgefängnis in Bhagalpur eingesperrt. Die Stimmung im Pandschab war gewalttätig und unberechenbar. Er hatte dort seine eigene politische Partei gegründet. Er wurde als Märtyrer angesehen, der für die Forderungen der Sikhs eintrat. Seine Familie wurde Schikanen ausgesetzt. Und ich wurde nur aufgrund des ungünstigen Timings in diese ganze schmutzige Angelegenheit hineingezogen – das Interview, das Mann ›Celebrity‹ gegeben hatte, war außer dem letzten, das vor seinem dramatischen Verschwinden erschien, sein einziges Interview, das je abgedruckt worden war. Die Bullen wollten eine Verbindung zwischen seinem Untertauchen und dem Interview herstellen.

Eine Vernehmung wurde in Bombay festgesetzt. Mein Anwalt wirkte grimmig, als er mir Anweisungen erteilte. Man rechnete mit Ärger, großem Ärger, trotz der strengen Sicherheitsmaßnahmen. Der Anwalt warnte mich, es könne im Gerichtssaal durchaus zu einer Schießerei kommen. In jenen Zeiten, zu denen die Extremisten abwegige Ziele in ganz Indien angriffen, war alles möglich. Er sagte mir, ich solle bloß keinen Blickkontakt mit Mann aufnehmen, der vom fernen Bhagalpur nach Bombay gebracht werden würde, und auch nicht mit seiner Frau sprechen, die ebenfalls im Gerichtssaal anwesend sein würde. Man sagte mir genau, wo ich meinen Platz im Saal einnehmen sollte, nämlich außerhalb der direkten Schusslinie, für den Fall, dass Terroristen versuchten, ihren Helden zu befreien und ihn rauszuholen.

Seltsamerweise war ich ungewöhnlich ruhig und ziemlich sicher, dass Mann nicht auftauchen würde. Sein Transport von Bhagalpur nach Bombay hätte gründlicher Planung bedurft und viele Arbeitskräfte und eine ausgeklügelte Strategie erfordert und wäre dennoch riskant gewesen. Es war die Mühe schlicht und einfach nicht wert. Der gefürchtete Augenblick kam ... und ging ohne Zwischenfälle vorüber. Und ich unterhielt mich tatsächlich ein paar Minuten mit Manns tapferer und gutaussehender Frau.

Der nächste Termin wurde in Bhagalpur anberaumt, und ich wurde aufgefordert, dort zu erscheinen. Ich wies meinen Anwalt an, eine Verlegung zu beantragen oder mich zumindest von einem persönlichen Erscheinen befreien zu lassen. Davon wollte der Richter nichts hören. Als mein Anwalt in meine Richtung deutete und um Rücksichtnahme bat (ich war zu dem Zeitpunkt schwanger), wies der Richter das Ansinnen kühl mit den Worten zurück: »Es können keine Zugeständnisse gemacht werden. Sie hätte sich Gedanken über die möglichen Folgen machen sollen, als sie das Interview durchführte.« Mich verließ der Mut. Mir graute mehr vor der Zugfahrt als vor allem anderen. Bhagalpur war ziemlich schwer zu erreichen, und so, wie es aussah, blieb mir nicht mehr viel Zeit, um meine Sachen zu packen und aufzubrechen.

Zum Glück wurde in diesem Moment die Regierung gestürzt. Und Chandra Shekhar wurde Indiens neuer Premierminister. Zu den ersten Dingen, die er nach seinem Amtsantritt tat, gehörte die Freilassung sämtlicher politischen Gefangenen, wobei Mann der Bekannteste unter den Entlassenen war. Ich brachte Arundhati zum erwarteten Zeitpunkt im Breach Candy Hospital zur Welt, während Mann als Held ins Pandschab zurückkehrte und die nächste Wahl gewann.

Die wenigen Menschen, denen bewusst war, was ich in den Monaten zuvor durchgemacht hatte, scherzten, ich solle mich selbst auf den Weg ins Pandschab machen und mich als Kandidatin für Manns Partei aufstellen lassen. »Du wirst spielend gewinnen«, versicherten sie mir. So wäre es auch gekommen. Mit Manns Segen.

Aber meine Prioritäten hatten sich verlagert. Ja. Wieder einmal. Ich war älter geworden. Ich wollte alles richtig machen, bis in jede Kleinigkeit. Nach Jahren der Rastlosigkeit erlebte ich jetzt ein Gefühl von Ruhe und Frieden. Ich hatte meine Freunde ausreden lassen, wenn sie mich warnten: »Du wirst dich langweilen. Sei nicht verrückt. Du kannst nicht zu Hause rumsitzen und nichts tun.« Ich wusste, dass sie es gut mit mir meinten. Aber ich wusste auch, was für mich jetzt das Vorrangigste war. Ich war viel zu lange gegen den Strom geschwommen. Es begann mich zu ermüden. Ich wollte langsamer treten. Seit ich siebzehn war, hatte ich aus freiem Entschluss auf eigenen Füßen gestanden. Ich hatte mein Leben bisher im Alleinflug verbracht, selbst dann, als ich die Geborgenheit einer Familie als Rückhalt hatte. Das Leben, das ich im Moment genoss, war das, wovon ich geträumt hatte, und ich dachte gar nicht daran, für irgendeinen dubiosen Ehrgeiz auch nur einen Zentimeter davon abzurücken.

›Celebrity‹ war inzwischen Geschichte. Jedenfalls beinahe. Nachdem ich mich drei Jahre lang abgemüht hatte, die Zeitschrift über Wasser zu halten, war es mir endlich gelungen, sie loszuschlagen. Aber anstelle eines Ritters in schimmernder Rüstung war es ein Knappe in weißem Khadi, der mit dem Versprechen auf sofortige Blut- (und, was noch wichtiger war, Geld-) Transfusionen angerückt kam. In meiner Eile, mir das kränkelnde Blatt vom Hals zu schaffen, wollte ich nicht hinter die aalglatten Phrasen und das aufgesetzte Lächeln des Knappen schauen. Solange er bereit war, die Gläubiger zu bezahlen und mich von der finanziellen Belastung zu befreien, war es mir nur zu recht, ihm alles zu überschreiben und zu entkommen.

Aber so geht es im wahren Leben nicht zu. Der Knappe hatte gut abgerichtete Bulldoggen (konzessionierte Buchprüfer und Möchtegernverleger), die von Zeit zu Zeit von der Leine gelassen wurden, um ihre Lefzen zu entblößen und uns die Hölle heiß zu machen. Dieses ungeschlachte Gesindel verkörperte alles, was ich an kleinen nordindischen Geschäftsleuten verabscheue: ihre schmierigen, gewissenlosen Methoden, ihre ungehobelten Umgangsformen, ihren Mangel an guter Kinderstube, ihre bombastischen Worte, ihre ärgerliche Großspurigkeit und, die größte ihrer Sünden, das Fehlen jeglicher Skrupel. Hinter all dem einschmeichelnden Gerede waren diese Kerle schleimige Opportunisten. Gott weiß, warum der Knappe aufgetaucht ist, um ›Celebrity‹ zu »kaufen« (am Ende kam nicht eine Paisa rüber). Er muss seine Gründe gehabt haben. Möglicherweise wollte er den Namen der Herausgeberin kaufen, aber ich hatte deutlich klargestellt, dass die Zeitschrift in meinen Zukunftsplänen keinen Platz hatte.

Trotzdem war ich erleichtert, als ›Celebrity‹ nicht mehr mein finanzielles Problem war. Geldangelegenheiten waren mir schon immer unangenehm gewesen. Vielleicht wäre es treffender zu sagen, dass ich immer ratlos davorstand. Ich hasse es, über Geld zu reden, obwohl es mir Spaß macht, welches zu verdienen. Wie könnte ich jemals zwei der längsten Stunden meines Berufslebens vergessen, in denen ich einem aufgeblasenen Verleger an seinem beeindruckenden antiken Schreibtisch gegenübersaß und keinen Ton herausbrachte, als er mich fragte: »Und an welche Größenordnung hatten Sie bei Ihrem Gehalt gedacht?«

Die einzige Erfahrung, die ich bis dahin mit finanziellen Verhandlungen auf dem Arbeitsmarkt gemacht hatte, war mein Einstellungsgespräch bei Nari Hira, und damals hatte ich mich vergnügt auf 350 Rupien im Monat eingelassen. Ich hatte keine Ahnung, wo ich bei diesem Gentleman, der mein Unbehagen so offensichtlich auskostete, ansetzen sollte. Schließlich stammelte ich eine Zahl, der er bereitwillig zustimmte. Ich wusste, dass ich mich unter Preis verkauft hatte. Aber jetzt war es zu spät. Diese eine Erfahrung hat mich eine wichtige Lektion gelehrt: Es ist das Beste, Klartext zu reden. Und zwar so schnell wie möglich. Je länger man sich davor drückt, desto schlimmer wird es. Man muss sich dazu erziehen, zu sagen: »Wie viel?« Soll der andere sich winden. Heute kann ich die abgebrühtesten Verträge aushandeln. Aber ich habe Lehrgeld bezahlt. Ich gehörte zu dieser gehemmten Generation von Frauen, die es als »unweiblich« empfanden, über Geld zu reden. Blödsinn. Geld ist geschlechtsneutral. Nur Vollidioten sind so dumm, einen geschlechterspezifischen Aspekt ins Spiel zu bringen.

Während ich ›Celebrity‹ herausgab, ging ein großer Teil meiner Zeit für Gespräche über Geld drauf. Wenn ich mit einer staatlichen Bank über Überziehungsmöglichkeiten sprach, setzte ich einen angemessenen Gesichtsausdruck auf, verstand aber kein Wort. Der Bankangestellte brachte mir den Monatsauszug, und ich heuchelte Verständnis. Ich war ein hoffnungsloser Fall, und das wussten die Leute um mich herum. Zum Glück waren die Redaktionsmitglieder entgegenkommender, fanden sich sogar mit verspäteten Gehaltszahlungen ab und bewahrten diskretes Schweigen, wenn die Dinge schlecht standen. Sie machten Überstunden ohne jede Erwartung, jemals dafür bezahlt zu werden, und sie gaben mir durch ihre heitere Art Auftrieb.

Zu jener Zeit arbeiteten wir in einem vollgestellten Zimmer im Ritz-Hotel im Zentrum von Bombay. Das ist eine prima Adresse. Gut gelegen, nicht zu teuer und mit guter Anbindung an das öffentliche Verkehrsnetz. Das Ritz hat den einzigartigen Ruf, der Lieblingstreff der Lokalpolitiker von außerhalb zu sein. Die Direktion behandelt ihre VIPs mit bewundernswertem Takt und achtet sorgsam darauf, verfeindete Lager in verschiedenen Flügeln unterzubringen. In den Achtzigern erlebte es einen regen Zustrom von niveaulosen arabischen Touristen, die mit ihren Harems und einer großen Gefolgschaft von Kids Bombay besuchten, vorzugsweise während des Monsuns. Der Coffeeshop des Ritz mit seiner Jukebox und der freundlichen Bedienung kam ihnen sehr gelegen. Oft wurden unseren Journalistinnen, die im Hotel ein und aus gingen, unsittliche Anträge gemacht.

Aber die Besucherin, die für die größte Aufregung sorgte, war Farah Rustom, die begabte Pianistin, die früher einmal Farouk Rustom gewesen war, ein blasser effeminierter Mann mit zarten Fingern und einem ebenso zarten Ego. Farah war eine der ersten Personen in Indien, die mit ihrer Operation zur Geschlechtsumwandlung an die Öffentlichkeit traten. Und sie ging nicht nur an die Öffentlichkeit damit, sie trieb es wirklich auf die Spitze. Kurz nachdem sie sich einen beeindruckenden Silikonbusen zugelegt hatte, kam sie in unser Büro gerauscht. Sie war so versessen darauf, mit ihrer Neuanschaffung zu prahlen, dass sie buchstäblich von Tisch zu Tisch sauste und verblüffte Layouter drängte, ihre perfekten Brüste anzufassen, sie in die Hand zu nehmen und zu bewundern. Ich beschloss, nicht den Zimmerservice zu bestellen, sondern mit ihr in den Coffeeshop zu gehen. Von allem anderen abgesehen wollte ich ihr die verstohlenen Blicke und das unvermeidliche Kichern von Hotelangestellten ersparen, die etwas oder jemandem dergleichen noch nie begegnet waren.

Farah trug einen provozierenden Chiffonsari, den sie sich tiefer als üblich umgebunden hatte. Ihre Saribluse war nicht auf Taille geschnitten wie herkömmliche Cholis, sondern hing wie ein Bolero an ihr und bedeckte kaum ihren Busen (wenn sie die Arme ein wenig hob, konnte man die untere Hälfte ihrer Brüste sehen). An ihren Unterarmen klimperten zwei Dutzend Armreifen aus Glas. Sie war viel zu stark geschminkt: dick aufgetragener Lippenstift, Eyeliner und dazu ein riesiges Bindi auf der Stirn. Ihre kindliche Begeisterung war rührend, als sie flüsterte: »Du weißt ja, wie es hübschen Damen wie uns ergeht – wir müssen uns damit abfinden, dass wir angestarrt werden.« Ich sah weg und schluckte. Dann fragte sie einen der Künstler aus dem Maharashtra mit ihrem dröhnenden Bariton: »Ich würde mir gern die Nase pudern, wo ist die Damentoilette?« Er fiel fast vom Stuhl.

Als Farah einige Minuten später wieder in den Coffeeshop stolziert kam, nachdem sie sich die Nase gepudert (und weitere zehn Lagen von einem leuchtend roten, klebrigen Lippenstift aufgetragen hatte), hörten die anwesenden Araber auf, ihre Bernsteinperlen durch die Finger gleiten zu lassen. Der Anblick schien sie zu hypnotisieren. Etliche »Mashallahs« folgten ihr. Falls Farah sich ihrer bewusst war, ließ sie es sich nicht anmerken. Stattdessen nahm sie meine Hand und legte sie behutsam auf ihren festen Busen. »Fühl mal. Mach schon. Fass sie an. Meine Brüste geben mir das Gefühl, zu hundert Prozent eine Frau zu sein.« Nichts an dieser Geste war vulgär oder auch nur im Entferntesten anzüglich, und ich war tief gerührt. Aber auf die

Araber hatte das eine ganz andere Wirkung. Wir bemerkten, dass wir von etlichen Augenpaaren interessiert angestarrt wurden. Einer der Männer am Nebentisch winkte einen Kellner heran und forderte ihn auf, »die Dame im Sari« (nicht mich) an seinen Tisch zu bitten. Farah kicherte und setzte sich in Pose. Sie genoss diese Aufmerksamkeiten.

Als wir wieder im Büro waren, schlug ich Farah behutsam vor, ihre neu entdeckte Weiblichkeit nicht gleich zu übertreiben, beim Make-up nicht ganz so dick aufzutragen, ihren Sari etwas höher zu binden, die Anzahl von Armreifen um ihre Handgelenke vorerst einzuschränken, kurz und gut, die Transformation Schritt für Schritt zu vollziehen, wenn sie nicht riskieren wollte, unerwünschte Aufmerksamkeit auf sich zu ziehen. Sie lauschte mir stumm und versonnen. Als sie aufblickte, warf sie ihren Kopf mit einer dramatischen Geste zurück und knurrte gereizt: »Weißt du, meine Liebe, kämen diese Worte von einer weniger attraktiven Frau, dann hätte ich behauptet, sie sei neidisch auf meine Schönheit. Wir Frauen besitzen nun mal dieses ausgeprägte Konkurrenzdenken ...« Ich war sprachlos. Aber ich hatte es zumindest versucht.

Meine Begegnung im Ritz mit dem Maler M. F. Husain gestaltete sich weniger dramatisch, aber ebenso interessant. Ich lief ihm über den Weg, als er mit einem eingegipsten Bein durch das Foyer humpelte.

»Warum kommst du nicht auf einen Kaffee und einen Plausch rauf?«, schlug ich vor.

Als er in unser Büro humpelte, das nur einen Raum hatte, veränderte sich die Atmosphäre schlagartig. In jenen Zeiten (heute hat es sich etwas gelegt) gab Husain mit seinem wallenden Bart (seitdem gestutzt) und seiner modischen Kleidung (daran hat sich nichts geändert) eine sensationelle Figur ab. Er war aber auch lockerer und hatte diesen herrlich verschrobenen Humor.

Der Gips war mit Kritzeleien bedeckt. Er setzte sich mir gegenüber, kritzelte weiter vor sich hin, plauderte beim Tee mit mir über die Kunstszene und machte sich am Rande über seine Zeitgenossen, aber in erster Linie über sich selbst lustig. Das war der Husain, den ich bewunderte und mochte, ein Mann, der mit dem Zeitgeist in Verbindung stand, immer ganz genau wusste, was los war, schnell schaltete und abwechselnd zwanglos, zynisch und charmant war. Irgendwo blieb dann etwas auf der Strecke. Ich weiß nicht, was passiert ist. Vielleicht erreichte er in den Neunzigern einen persönlichen Wendepunkt, von dem die Welt nie etwas erfahren wird. Aber damals war er umgänglich, liebenswert und zitierbar. Da er sich auf den Umgang mit den Medien schon immer blendend verstand, wusste er ganz genau, wie er seine Masche am besten abzog. Im Umgang mit unbedeutenderen Sterblichen war er arrogant und sogar herrisch, doch der weitreichende Wert positiver Publicity war ihm vollkommen klar, und er sorgte dafür, mit ein paar handverlesenen Presseleuten in Kontakt zu bleiben. Er machte sich sogar die Mühe, Beziehungen zu diesen wenigen Erwählten aufzubauen, während er anderen gegenüber den geheimnisvollen Nimbus eines Menschen aufrechterhielt, der schwer fassbar ist.

Was mir an Husain immer gefiel, ist sein unglaubliches Gespür für das richtige Timing. Der Mann erkennt seine großen Momente und spielt sie blendend aus. In der Vergangenheit ist es ihm immer gelungen, zur richtigen Zeit am richtigen Ort und unter den richtigen Leuten zu sein. Für einen Menschen von über achtzig ist es eine wahre Glanzleistung, dass sein Energiepegel nicht abzusinken scheint und sein Enthusiasmus nicht nachlässt, wenn es darum geht, die Werbetrommel für sich selbst zu rühren. Er ist einer der wenigen Maler, die sich über die Bedeutung einer geschickten Vermarktung im Klaren sind und keine Gelegenheit auslassen, aus kurzlebigen Modeerscheinungen oder Trends Kapital zu schlagen. Er kann sich heiser reden, um mit leidenschaftlichen Formulierungen seine Fixiertheit auf Madhuri Dixit zu verteidigen (oder zu erklären), aber ich habe trotzdem den Verdacht, er hat Madhuri deshalb herausgegriffen, weil zu der Zeit das ganze Land von ihr besessen war. Und sie war auch wirklich die Beste. Husain setzt auf Sieger. Und er kann Marketing-Gurus noch den einen oder anderen Trick über Produktplatzierung beibringen. Ich habe aber auch den Verdacht, was sich später daraus entwickelt hat (Liebe, Bewunderung), ist aus seiner ursprünglichen Verbindung mit dem klugen, schönen Star ganz natürlich entstanden. Denn heute sieht die Sache anders aus. Seine starken Gefühle sind zu hundert Prozent echt und bedingungslos. Es gibt nichts, was er nicht für Madhuri täte, und er hat keine Vorbehalte, seine Gefühle in der Öffentlichkeit zu zeigen.

Bei einem Abendessen im Hause eines Politikers und Geschäftsmanns gegen Ende 1997 diskutierten wir bei saftigen Kebabs und Kokosmilch über seine Fixierung auf Madhuri. Er machte sich gar nicht erst die Mühe, seine Gefühle zu verschleiern. Er sprach über sie in seiner unvergleichlichen Körpersprache. »Selbst wenn ich ihr in ihrem eigenen Haus bei einer ganz alltäglichen Verrichtung zusehe, wie sie Tee serviert oder von einem Zimmer ins andere geht, bin ich von ihren Bewegungen fasziniert. Der Schwung ihres Halses und wie ihre Arme sich beugen, wenn sie eine Tasse auf den Tisch stellt – perfekte Koordination und vollendete Harmonie liegen in diesen kleinen Gesten. Das ist instinktiv. Man kann es niemandem beibringen. Madhuri kann ohne weiteres noch zehn Jahre an der Spitze bleiben, aber sie macht sich nichts aus ihrem Erfolg. Sie hat es ganz nach oben geschafft. Was bleibt ihr nun noch zu tun?«

Und wie steht seine Familie jetzt dazu, nachdem er deutlich gemacht hat, was ihm wichtig ist?

»Keiner versteht es, und keiner akzeptiert es. Ich habe mich jedem gegenüber klar und verständlich ausgedrückt. Es ist mein Leben. Und es steht mir frei, es so zu führen, wie es mir beliebt. Wenn es meiner Verwandtschaft nicht passt, dann ist das deren Problem. Mein Leben lang habe ich davon geträumt, einen Film zu machen. Und genau das tue ich jetzt mit Madhuri. Nichts und niemand kann mich davon abhalten.«

Husains derzeitige Terminplanung lässt Madhuris Prioritäten nie außer Acht. Es wird gemunkelt, er hätte kürzlich spontan drei Autos angeschafft, einen Wagen für sich, einen für Madhuri und einen für ihren Buchhalter. Falls seine Familie aufgebracht ist, weil er so viel Zeit und Geld in die Schauspielerin investiert, gibt er nichts darauf und geht lässig darüber hinweg. Als ich ihn fragte, was er am meisten an ihr bewunderte, sagte er schlicht und einfach: »Alles.« Ich persönlich halte Madhuri für eine der drei gescheitesten Personen aus dem Maharashtra, die mir je begegnet sind. Gescheit im Sinne von clever und gewieft. Die Frau hat Durchblick. Die beiden anderen? Sunil Gavaskar und Sharad Pawar.

Was Husains Genie angeht, sage ich vorbehaltlos, dass ich daran glaube. Er ist quicklebendig und brillant, ein außergewöhnlicher Mann mit einem Verstand, der zu kreativen Quantensprüngen in der Lage ist. Einem Verstand, der selten ruht. Er liest mehr als so ziemlich jeder andere, den ich kenne, alles von Schundblättern bis hin zu philosophischen Wälzern. Da er nur sehr wenig Ruhe oder Schlaf braucht, sind seine wachen Stunden mit hektischen Aktivitäten angefüllt, denn er hetzt zwanghaft von einer Stadt in die andere und von einem Kontinent zum nächsten. Behände, neugierig und immerwährend auf der Suche nach neuen Anregungen, reist er unermüdlich um den Erdball, sucht nach intensiven neuen Inputs und findet sie auch.

Meine Begegnungen mit ihm waren immer spannend, obwohl er mich gelegentlich mit seinem berüchtigten Nicht-Erscheinen in Wut versetzt hat. Die Sache mit Husain ist die, dass sogar der sogenannte Unberechenbarkeitsfaktor gründlich durchdacht ist. Wenn der Anlass ein gewisses Renommee besitzt und er davon ausgehen kann, dass er der Star sein wird, dann kann man damit rechnen, dass er auftaucht. Aber man sollte nicht erwarten, dass er sich auf einer belanglosen kleinen Veranstaltung blicken lässt, selbst dann nicht, wenn sie dem besten Zweck dient. Husain tut, was er will, und er weiß, wie man Prioritäten setzt. Wie die meisten ausgebuchten VIPs fragt er sich wahrscheinlich: »Was springt für mich dabei heraus?« Wenn die Antwort »gar nichts« lautet, dann können die Organisatoren ihn glatt vergessen, auch wenn Husain die Einladung angenommen und sein Erscheinen zugesagt hat.

Husain hat mich nie im Stich gelassen. Und er hat auch keine Sonderwünsche je verächtlich zurückgewiesen. Als ich ihn bat, den Umschlag für meinen zweiten Roman ›Regen in Bombay‹ zu gestalten, hat er begeistert eingewilligt . . . und termingerecht abgeliefert. Er war so nett, mir ein Gemälde für einen weiteren Buchumschlag zur Verfügung zu stellen, für ›Uncertain Liaisons‹, die Anthologie, die ich gemeinsam mit Khushwant Singh herausgegeben habe. Zum Glück hat auch nie einer seiner Zornausbrüche mir gegolten. Wir verstehen uns gut, und unser ungetrübtes Verhältnis erlaubt einen lockeren Umgangston und Scherze, wie Husain sie mag. Eine Woche nach meiner Hochzeit mit Dilip begegnete ich Husain nicht weit von unserem Haus auf der Straße (er wohnt in der Nähe). Er zog mich mit etwas auf, was in einem Nachrichtenmagazin in der Klatschspalte gestanden hatte. Dort hieß es, Dilip hätte eine Woche lang mit einem Gemälde von unschätzbarem Wert um mich geworben (stimmt nicht). Husain erzählte mir allen Ernstes: »Wenn ich das gewusst hätte, hätte ich eines Tages mit einem Husain um dich geworben.« Ein paar Jahre später machte er mir ein Geburtstagsgeschenk, ein Porträt, das auf einem linierten Blatt skizziert war. Es weist verblüffende Ähnlichkeit mit Indira Gandhi auf, aber der Meister versichert mir, das sei ich. In zwanzig Jahren.

Ich weiß nicht, ob Husain »Freunde« hat. Es gibt genug Leute, die behaupten, ihn gut zu kennen. Husain lebt für sich selbst, noch nicht einmal für seine große Familie. Ja, er versorgt sie alle großzügig, obwohl »unbekümmert« ein treffenderes Wort sein könnte. Einerseits macht er große Summen für Flugtickets und Aufenthalte in Fünfsternehotels weltweit für seine Kinder und Enkelkinder locker, doch andererseits kann es auch sein, dass er vergisst, Haushaltsgeld für die Grundnahrungsmittel bereitzustellen. Ich war früher häufig in seiner Wohnung zu Besuch, weil ich seine Frau gern mochte, eine liebenswerte, freundliche und gutherzige Person, die ihren Mann bis zu ihrem Tod geliebt hat, obwohl sie alles über seine anderen Frauen wusste. Husain hat sich ihr gegenüber stets als respektvoll und zärtlich erwiesen, doch offensichtlich hat sie ihm intellektuell und emotional nicht genügt. Sie war die Mutter seiner sechs Kinder, die feine

Dame, die seine Wohnung wohnlich gemacht hat, und der einzige Mensch, der abends aufgeblieben ist und auf ihn gewartet hat. Und im Laufe ihres Lebens hat sie höllisch viel Zeit mit Warten zugebracht. Husain ging häufig aus dem Haus und sagte, er sei zum Mittagessen wieder da. Und ehe sie sich versah, war er nach Delhi geflogen. Ohne jede Erklärung. Ohne jede Entschuldigung. Diese plötzlichen Entschlüsse kamen impulsiv zustande. So machte er sich beispielsweise auf den Weg zur Galerie Jehangir. Unterwegs fiel ihm etwas oder jemand in Delhi/Madras/Kalkutta/Ahmedabad ein. Dann hielt er ein vorbeifahrendes Taxi an, ließ sich zum Flughafen bringen, kaufte ein Flugticket und war fort. Einfach so.

Oft fand ich seine Frau niedergeschlagen und weinend vor. Ihr schlechter Gesundheitszustand, die finanzielle Unsicherheit und die Einsamkeit hatten an ihr zu zehren begonnen. Wenige Menschen wissen, dass sie ihre eigenen Skizzenblöcke voller Zeichnungen hatte. Eines Nachmittags zeigte sie mir schüchtern ihre Skizzen und erklärte mir die seltsamen Figuren und Formen, mit denen die blassgelben Seiten bevölkert waren.

Husains Verachtung für die schillernden Luxusgeschöpfe, von denen er ständig umgeben ist, verbirgt sich meistens hinter gutem Benehmen. Aber ich war ein paarmal dabei, wenn er niedergeschlagen war, zornige Worte fauchte und diese Menschen mit ein oder zwei groben Sätzen, die ins Schwarze trafen, abtat. Am selben Abend war er dann in ihren todschicken Häusern zu Gast und flirtete und lachte, doch seine Augen waren kalt und distanziert, seine Worte leise und flehentlich. »Die verstehen nicht das Geringste von Kunst«, zischte er, während er mit einer Hand ein Nariyal-Pani und mit der anderen einen Scheck entgegennahm. Es war noch nicht einmal Verlass darauf, dass diese Damen immer zahlten. Ich erinnere mich, wie eines Nachmittags der Chauffeur eines solchen Luxusweibchens keuchend die Treppe heraufsprang und um ein bestimmtes Ölbild bat, das seine »Madam« haben wollte. Husain gab sich beschäftigt, doch er schickte seinen Sohn mit der Anweisung los, dem Mann zu sagen, er solle mit dem Geld wiederkommen, vorher bekäme er das Gemälde nicht.

Wenn er diese Menschen so verachtet, warum trennt er sich dann überhaupt von seinen besten Werken? Zum Teil liegt es daran, dass seine Bilder auf diese Weise an den richtigen Wänden hängen und Aufmerksamkeit auf sich ziehen. Aber dazu kommt noch, dass er durch ebendiese Damen die Chance hat, seine Ölbilder an betuchte Käufer im Ausland zu verhökern. Das ist eine praktische Abmachung, die allen Beteiligten zugutekommt. Er behauptet zwar, dass er sich in einer einfachen Straßenschenke ebenso wohl fühlt wie im Sommerhaus eines Milliardärs, aber Husain tut gern etwas für sein leibliches Wohl und liebt Glamour. Die am längsten bestehende Beziehung zu einer Frau außerhalb seiner Ehe hatte Husain mit einer drallen, mehrfach verheirateten Dame mit rabenschwarzem Haar aus Delhi. In ihrem Besitz sind einige seiner größten und beeindruckendsten Werke, und auf mehreren davon ist sie selbst abgebildet.

Ich war sehr scharf darauf, seine Muse zu interviewen, und daher fragte ich ihn, ob er ein Treffen vereinbaren könnte. Er schien sich zu freuen und fast schon begeistert zu sein.

Als ich Rashda sah, verstand ich augenblicklich, warum der Maler derart eingenommen von ihr war. Diese Frau war ein Vollblutweib, eine Frau von der Sorte, die einen Mann ununterbrochen verunsichern kann, weil sie genau weiß, wann, was und wie viel sie ihm vorenthalten muss. Als ich sie traf, um über das Interview und die Fotos mit ihr zu reden, wirkte sie schrecklich geschmeichelt, und die Aussicht, dass alle Welt erfahren würde, was ohnehin ein offenes Geheimnis war – die gegenseitige Bewunderung, die Husain und Rashda füreinander hegten –, machte sie nicht im Geringsten nervös. In ihrem Bungalow sah ich keinerlei Spuren, die auf das Vorhandensein eines Ehemannes hinwiesen, und ich fragte sie, ob sie geschieden sei. Rashda lachte und erwähnte, ihr Ehemann sei beim Militär und auf einem Stützpunkt in den Ausläufern des Himalaja stationiert, wo keine Angehörigen geduldet wurden. So, wie die Dinge aussahen, war er langfristig dort und kam kaum jemals nach Hause.

Rashda hatte, ebenso wie Rukhsana, ein Boudoir, kein Schlafzimmer. Sie setzte sich auf einen Hocker vor einem riesigen Spiegel. Ich ließ mich davon ablenken, dass ihr herabhängender Saripaluv häufig herunterfiel und sie ihn wieder hochzog. Diese Geste wiederholte sie zwanghaft und betrachtete dabei ihr Spiegelbild. Warum konnte sie ihn nicht einfach mit einer Nadel feststecken, damit er ihr nicht ständig von der Schulter glitt?, fragte ich mich. Jahre später fand ich es heraus. Rashda arbeitete hart daran, die Masche mit dem herabfallenden Paluv zu perfektionieren, und nach den Reaktionen der Männer zu urteilen, zahlten sich ihre Mühen reichlich aus.

Einmal traf ich sie, als ich gerade in ein Hotel in Delhi eincheckte und sie sich nach einem klassischen Konzert auf den Heimweg machte. Es war schon spät. Sie wirkte entspannt und ungehemmt. Wir plauderten unbekümmert miteinander, als ich plötzlich bemerkte, wie sich ihr Blick von mir abwandte und ihr Gesichtsausdruck sich veränderte. Damit ging einher, dass sie den Bauch einzog und die Brust vorstreckte, während sie mit phantastischem Timing diese Geste vollführte, die mich derart fasziniert hatte. Sowie der Paluv von ihrer Schulter glitt, folgte ich ihrer Blickrichtung und sah einen Medienzar zur Tür hereinkommen. Er entdeckte sie und kam auf uns zu, um mit ihr zu plaudern. Rashda schaltete sofort auf Kurtisane um, lächelte affektiert, plusterte sich auf, warf das lange schwarze Haar zurück, das Husain auf so vielen Ölbildern verewigt hatte, und, was noch bedeutsamer war, sie ließ gut synchronisiert ihren Paluv fallen. Und wie inbrünstig sie bei der Sache war! Bravo.

Das Interview handhabte sie mit bemerkenswerter Geschicklichkeit. Rashda verriet nichts. Ihre Aussagen waren diskret und scharfsinnig formuliert. Über ihre Beziehung zu Husain sprach sie in poetischen, blumigen Formulierungen, die auf nichts anderes als eine respektvolle, respektable »Freundschaft« hinwiesen. Sie erklärte sich bereit, sich am nächsten Morgen für Fotos mit Husain in Pose zu setzen. Als Hintergrund benutzten wir eines seiner zahllosen Ölgemälde von ihr. Der Tonfall des Interviews war formell und korrekt und bar jeder Anspielung und jeder Witzelei. Dabei kam ein Text von der Sorte heraus, der es einem ermöglichte, zwei und zwei zusammenzuzählen, wenn man wusste, was los war. Und wenn man es nicht wusste, dann war es eben eine zauberhafte Geschichte über Loyalität und Wohlwollen. Husain schien erfreut zu sein.

Ein paar Tage nachdem die Ausgabe erschienen war, erhielt ich einen Anruf von Rashda, die mir mitteilte, ihr Mann sei auf der Suche nach mir. Als er das letzte Mal gesehen wurde, hätte er eine Schrotflinte in der Hand gehalten. Ich machte sie darauf aufmerksam, dass sie das Interview freiwillig und ohne jede Nötigung gegeben hatte. »Ich weiß, ich weiß. Aber mein Mann ist an die Decke gegangen. Er ist sehr wütend auf dich«, flüsterte sie. Warum war er wütend auf mich? Er hätte wütend auf Husain oder auf seine eigene Frau oder auf alle beide sein sollen, aber doch nicht auf mich. Sie fügte hinzu: »Ich habe ihm deine Adresse nicht gegeben. Er glaubt, du lebst in Delhi. Ich habe nur angerufen, um dich zu warnen ... für den Fall, dass er Kontakt zu dir aufnimmt.« Sie stellte es so hin, als täte sie mir einen Gefallen. Ich wartete auf das Auftauchen des armen Mannes, obwohl ich genau wusste, dass er sich nicht blicken lassen würde. Als Nächstes hörte ich, er sei nach Ladakh oder an einen ähnlich abgelegenen Stützpunkt versetzt worden.

Mein Kontakt zu Rashda riss vollständig ab. An Husains fünfundsiebzigstem Geburtstag beschlossen seine Bewunderer und Agenten, zur Feier des Tages in einem alten Filmstudio eine riesige Fete zu veranstalten. Alle rissen sich um eine Einladung. Unter den Gästen wimmelte es von »Namen« – Filmstars, Paradiesvögeln, Medienleuten, Industriemagnaten, mit anderen Worten, von den üblichen Verdächtigen. Man hatte Husains Verwandtschaft zusammengetrommelt und hergeschleift. Um Mitternacht herum hörte ich, wie ein kleiner Tumult entstand. Man hatte mir berichtet, Rashda sei hergeflogen und hielte in einer Ecke des weitläufigen Studios Hof. Husains Ehefrau saß still im Schatten und weinte bitterlich, und eine von Husains

Töchtern hatte beschlossen, es auf eine Auseinandersetzung mit Rashda ankommen zu lassen und sie aufzufordern, schleunigst zu verschwinden. Einige andere Familienmitglieder waren dagegen, eine Szene zu machen. Inzwischen wurde schnellere Musik gespielt, und Husain war von einem der betrunkenen weiblichen Gäste auf die Tanzfläche gezerrt worden. Jemand fasste den vernünftigen Entschluss, die alte Dame nach Hause zu bringen, um ihr weitere Demütigungen zu ersparen. Ich vermute, Rashda blieb.

Namedropping

Vor ein paar Monaten stellte mich ein wohlmeinender Conférencier auf einer Veranstaltung in Poona als »Berühmtheit« und als »Puppe« vor. Ich fand beide Bezeichnungen gleichermaßen lachhaft, und das sagte ich in meiner kurzen Ansprache auch. Man hatte mir schon oft genug vorgeworfen, eine Berühmtheit zu sein. Aber niemand hatte es je gewagt, mich als »Puppe« zu bezeichnen. Eine Puppe? Der Conférencier errötete und entschuldigte sich. Das Publikum lächelte affektiert. Es ging weiter im Text.

Heutzutage wird so ziemlich jeder im weitesten Sinne als »Berühmtheit« bezeichnet, vor allem, wenn es sich um jemanden handelt, von dem nicht bekannt ist, dass er einen Beruf ausübt oder eine besondere Begabung besitzt. Der Umstand, dass ein Gesicht mehr als fünfmal in einer Veröffentlichung oder im Fernsehen aufgetaucht ist, reicht aus, um diejenige oder denjenigen mit dem Stempel der »Berühmtheit« zu versehen. Wenn ich als eine solche angesprochen werde, zucke ich zusammen und finde es abscheulich, dieses Ansehen zu haben.

So viele Jahre nach der Bauchlandung der Zeitschrift ›Celebrity‹ (Berühmtheit), die ich 1981 ins Leben gerufen hatte, glaube ich immer noch, dass der Fehler im Timing lag. Der Volkssport, über Nacht »Namen« zu erschaffen, sie groß rauszubringen und sie zu feiern, hatte noch nicht seine heutigen Proportionen erreicht. Jetzt gibt es an jeder Straßenkreuzung Berühmtheiten. Das Deprimierende daran ist jedoch, dass ein entscheidendes Kriterium, um sich als Berühmtheit zu qualifizieren, gutes Aussehen war, und so ist es auch heute noch. Im Falle der Leute aus dem Showbiz gehört gutes Aussehen nun mal dazu. Aber auf anderen Gebieten, auf denen die Betonung auf der Leistung und nicht auf der äußeren Erscheinung liegen sollte, ist Attraktivität dennoch ebenfalls das Wichtigste.

Nehmen wir den Sport: Ashwini Nachappa ist selbst dann das Glamour-Girl der Aschenbahn, wenn ihre beste Zeit nicht annähernd an die von P. T. Usha heranreicht. Die Medien zogen sie Usha nur deshalb vor, weil Ashwini die Form von unverhohlenem Sexappeal ausstrahlt, die man im indischen Sport so selten antrifft. Sie hatte das Aussehen einer Siegerin, vor allem im Privatleben. Und sie machte ständig Schlagzeilen, obwohl sie keine Rekorde brach. Dasselbe gilt für Ajay Jadeja. Und sogar für Leander Paes. Wie viele Zentimeter in der Zeitungsspalte bekommt Vishwanathan Anand in Indien? Dabei ist er derjenige, der ernst zu nehmen ist und die dicke Kohle macht.

Auf der Veranstaltung in Poona sträubten sich mir die Haare, aber als ich auf einer gut besuchten großen Medienveranstaltung einer ungläubigen Kolumnistin das Phänomen des derzeitigen Berühmtheitskults erklärte, kam ich mir vor wie der Guru der Berühmtheit. Der Anlass? Eine ungewöhnliche Werbekampagne zur Veröffentlichung eines Buchs. Da es in dem Werk (›India – The Making of a Nation‹) um fünfzig Jahre Unabhängigkeit in Indien ging, hatten die Verleger, Autoren und Promoter beschlossen, das Ganze nach Kräften auszuschlachten, indem sie die Veranstaltung an den entscheidenden Augenblicken der Jahrzehnte aufhängten, die zu dem großen Moment führten – dem 15. August 1947. Jedem der vorangegangenen und darauffolgenden Jahrzehnte wurden ein Bildelement und ein Sprecher zugeteilt. Jedem Sprecher wurden circa zwei bis drei Minuten zugestanden, in die er zehn Jahre Geschichte packen sollte. Sie finden, das klingt absurd? Nichts klingt absurd in den Zeiten der Soundbytes. Wenn Sie ein ereignisreiches Jahrzehnt nicht in zuschauerfreundliche zwei Minuten gedrängt darstellen können, dann sind Sie in der falschen Branche. Mir wurden die Neunziger zugewiesen. Mein Bildelement war eine riesige Vergrößerung von Miss Worlds ekstatischem Gesicht – das Funkfoto von Aishwarya Rai, das nach ihrem Triumph in Sun City um die ganze Welt geschickt wurde.

Ein ehrwürdiger Kolumnist im Kurta-Pajama fragte mich, warum die Neunziger durch ein so nichtssagendes Symbol wie eine Schönheitskönigin vertreten würden. Ich erklärte ihm, das sei kein Zufall. Und es sei auch kein Vorwand dafür, ein prachtvolles Porträt in einer ansonsten tristen Galerie von halb bekleideten Persönlichkeiten und Kricketspielern mit Pferdegebiss zu zeigen. Aishwarya, Sushmita und die anderen Hübschen, die beim Geschäft mit der Schönheit eine Spitzenstellung einnehmen, sind die unbestrittenen Ikonen für zahllose junge Inderinnen, die zu ihnen als Vorbildern aufblicken. Der Kolumnist wirkte betroffen, als er sagte: »Das kann nicht Ihr Ernst sein.« Kann es durchaus und ist es auch. Ich sagte ihm, er solle eine Zufallsumfrage machen und Schulkinder und junge Studenten fragen, wen sie am meisten bewunderten. Kricketspieler? Nicht mehr. Filmstars? Noch nicht mal die. VJs von Musiksendern? Ja. Radio-DJs? Oh ja. Models? Ja, ja, ja. Schönheitsköniginnen? Ohnmachtsanfall.

Woran mag das liegen? Nur am Glamour? Ich habe den Verdacht, es steckt noch mehr dahinter. Glamour und Publicity, ja, das schon. Aber was sonst noch? Könnte es der schnöde Mammon sein? Genau der ist es. Die Phantasie der Kids überschlägt sich bei dem Gedanken an die Megakohle, von der sie sich vorstellen, ihre Idole scheffelten sie und bräuchten dafür kaum etwas zu tun, außer gut auszusehen. Dafür sind keine besonderen Anstrengungen erforderlich. Keine wirklichen Merkmale oder Fähigkeiten. Also gut, ein flottes Mundwerk hilft, wenn man eine halbe Stunde lang im Fernsehen dummes Zeug quasselt und zwischendurch die neuesten Hits eingespielt werden. Und während der »ernsthaften« Interviewrunden tut die Jury bei Schönheitswettbewerben zumindest so, als benotete sie die Teilnehmerinnen nicht nur nach ihren Maßen. Aber jedem ist klar, dass die Fragen und Antworten etwa so viel Bedeutung und Tiefsinn haben wie das Make-up der Schönheitskönigin. Aber in diesen Zeiten der Political Correctness ist es obligatorisch, solche Fragen zu stellen und raushängen zu lassen, wie ernsthaft man die Antworten bewertet … und keiner nimmt Anstoß an der Dämlichkeit dieser Übung, die selten über einen banalen Wortwechsel hinausgeht, in den unweigerlich Mutter Teresa oder Nelson Mandela einfließen, deren Namen von den atemlosen Hübschen wie ein Mantra gemurmelt werden, das ihnen einen Platz in der Endrunde garantiert, wenn nicht gar die Siegerkrone.

Jugendliche können sich mit der Scheinheiligkeit all dessen identifizieren, sogar Mitgefühl für die armen Geschöpfe vor der aufwendigen Kulisse aufbringen, die sich gezwungen sehen, ihr Interesse daran zu bekunden, sämtliche Probleme auf Erden auszurotten, während sie in Wirklichkeit nichts anderes wollen als die Siegerprämie und den Schnickschnack, den solche Titel mit sich bringen. Wer braucht in einer so unverhohlen materialistischen Umgebung, in der blanker Hedonismus herrscht, herausragende Sportler oder Sozialarbeiter?

Der Kolumnist hielt mich für übertrieben zynisch. Die traurige Wahrheit sieht so aus, dass ich es nicht war. Ich habe Kinder in diesem Alter. Ich weiß genau, wie wenig ihre Generation mit den Idealen im Sinn hat, mit denen wir aufgewachsen sind – altmodischen Idealen, die altmodische Tugenden verklärten. Unsere Helden waren keine zotteligen Muskelpakete mit Pferdeschwänzen. Unsere Heldinnen liefen nicht in Unterwäsche herum, die sich als Oberbekleidung ausgab. Ich habe nichts daran auszusetzen, dass der Sittenkodex sich ändert, nichts gegen Definitionen, die sich wandeln. Jede Generation fühlt sich moralisch verpflichtet, ihrem Grauen über die sinkenden Maßstäbe Ausdruck zu verleihen. Jede Generation leidet (und das meine ich buchstäblich) an einem unerträglichen Überlegenheitskomplex gegenüber der nachfolgenden Generation. Es stellt eine große Versuchung dar, die Haltung einzunehmen: »Wir wissen es besser.« Und wie leicht wir in diese Falle gehen. Wenn Jugendliche heute auf Flughäfen Jagd auf ausgeflippte neunzehnjährige VJs machen, wenn vernarrte Fans sich bei öffentlichen Auftritten die Kleider vom Leib reißen, wenn die VJs es für notwendig halten, die Dienste von Spitzenwachpersonal mit Spürhunden in Anspruch zu nehmen, um allzu begeisterte Bewunderer in Schach zu halten, dann liegt das daran, dass sie Pop-Ikonen sind und diesen begehrten Status erlangt haben. Sie sind die vorrangigsten Berühmtheiten, ganz gleich, wie lachhaft dieser Umstand anderen erscheinen mag. Und es ist ganz erstaunlich, wie viele ansonsten ernsthafte und begabte Individuen die Form von Ruhm anstreben, die diesen Personen »aufgedrängt« worden ist.

Nehmen wir zum Beispiel die Ambitionen einer jungen attraktiven Filmemacherin, die ihre Sache brillant macht und riesige Erfolge hat. Eines Nachmittags saß sie mir im Schneidersitz gegenüber und mampfte ein Salami-Sandwich. Sie war gerade von einem anstrengenden Dreh in Südindien zurückgekehrt, bei dem sie ein männliches Model mit mehr Allüren als Mick Jagger und Madonna zusammen bei Laune halten musste. Seine Wutausbrüche hatten sie ermüdet, seine Launen hatten sie erbost, und seine Forderungen waren ihr auf die Nerven gegangen, und jetzt war sie in sich gekehrt und fragte sich, wie ihre Karriere sich nun wohl weiterentwickeln würde. In dem Moment traf meine Post ein. Ein reizender und sehr entgegenkommender Mensch in Poona hatte mir nach meinem kurzen Besuch dort etliche Zeitungsausschnitte zugeschickt. Darunter war auch eine Titelgeschichte, eine peinliche Schwärmerei. Ich sah die anderen Ausschnitte kurz an und legte sie zur Seite. Die junge Frau hatte mich aufmerksam im Auge behalten. Schließlich schlang sie die Arme um ihre Knie und verkündete: »Ich weiß, was ich sein will.« Ich wartete. Und ich schwöre, dass ich die folgende Aussage nicht hätte vorhersehen können. Sie sah mir fest in die Augen und sagte kategorisch: »Ich will berühmt sein, das ist alles.« Sie war sehr ehrlich. In diesen Zeiten des Berühmtheitswahns will jeder berühmt sein. Das ist sowohl erschreckend als auch amüsant, vor allem, wenn man bedenkt, wie weit manche Menschen gehen, um ihre fünfzehn Minuten Ruhm zu erhaschen und ihre kleine Pirouette im Scheinwerferlicht zu drehen.

Man braucht sich nur manche der Talkshows anzusehen, die ausgestrahlt werden, um zu verstehen, was für ein gewaltiger

Sprung in die Richtung »alles raushängen lassen« sich bei Fernsehgeständnissen vollzogen hat. Ich habe mir angesehen, wie bekannte Frauen freimütig über das Klimakterium, Toyboys, sexuelle Zyklen, die nicht in Übereinstimmung miteinander sind, und Brustgrößen diskutieren, mit aktiver Beteiligung der geladenen Studiogäste. Ich habe mir auch angesehen, wie Männer freimütig über Penislänge, vorzeitige Ejakulation, schwachen Sexualtrieb und kahle Köpfe reden. Mit seinen Unsicherheiten und Ängsten an die Öffentlichkeit zu treten, wäre in Anbetracht der verschlossenen Natur unserer Gesellschaft selbst vor zehn Jahren noch undenkbar gewesen. Man könnte es sich leicht machen und all das als die Oprah-Winfreyisierung der Massen abtun, aber die Wahrheit sieht anders aus – es geht nur um das eine: Ruhm. Wir entwickeln uns mit rasender Geschwindigkeit zu einem Volk von Ruhmbesessenen. Richten Sie eine Videokamera auf eine Menschenansammlung, und Sie können davon ausgehen, dass sich nicht weniger als fünfzig Personen ins Bild drängeln werden. *Vox populi* ist der neueste Zeitvertreib, und die Meinungen fliegen willkürlich und oft unverantwortlich durch die Gegend.

Meine Post hat mir im Lauf der Jahre einen ziemlich klaren Hinweis auf die sich wandelnden Ambitionen gegeben. Derzeit erhalte ich mindestens fünf Briefe in der Woche, die im Großen und Ganzen ein Echo dessen sind, was die junge Filmemacherin indirekt zum Ausdruck brachte: »Ich will berühmt werden. Machen Sie mich berühmt. Schreiben Sie in Ihrer Kolumne über mich. Mir ist ganz egal, was Sie schreiben. Beschimpfen Sie mich. Machen Sie mich schlecht. Kritisieren Sie meine Arbeit, aber erwähnen Sie mich.« Ich finde das gespenstisch.

Vor ein paar Monaten kam eine Dame mit einem Buch zu mir, das sie geschrieben und selbst veröffentlicht hatte. Es war eine pedantisch genaue Autobiographie von der Sorte, die mit »Geburtsort« und »Geburtsjahr« beginnt und dann mit qualvoller Liebe zum Detail die Familiengeschichte erzählt. Mich erstaunten ihre Zuversicht, ihre Begeisterung und die Vermessenheit, mit der sie annahm, irgendjemand außerhalb ihres kleinen Kreises hätte auch nur das entfernteste Interesse an den Ereignissen und Gedanken, die sie geformt hatten. Das sagte ich ihr nicht, während ich in den Seiten blätterte und sie mich nicht aus den Augen ließ, um bloß keine meiner Reaktionen zu verpassen. Sie hatte alles ausprobiert: Sie hatte Artikel geschrieben, als Model gearbeitet, eine PR-Agentur gegründet, eine Zeitschrift herausgegeben, unterrichtet, Consulting angeboten, für Fernsehen und Film gearbeitet ... die Patin gespielt. Sie war offensichtlich intelligent, motiviert und erschreckend ehrgeizig. Ihr Selbstwertgefühl war himmelhoch, und zu guter Letzt beneidete ich sie um ihre unverwässerte Freude an ihrem eigenen Genie.

Sie erzählte mir, ihr Ehemann fände sie umwerfend, und ein legendärer Filmemacher, den sie einmal interviewt hatte, hätte sich ausführlich zu ihrer »inneren Schönheit« geäußert. Sie war nie auf den Gedanken gekommen, ihr Mann könnte voreingenommen oder der Filmemacher bloß höflich sein. Da er sich nicht in der Lage gesehen hatte, ihr aufrichtige Komplimente zu machen, hatte er sich in Phrasen geflüchtet und eine Eigenschaft an ihr gepriesen, die bestenfalls subjektiv wahrnehmbar und schlimmstenfalls strittig war.

Nach einer halben Stunde aggressiver Eigenpropaganda kam sie zur Sache: »Ich habe gehört, wenn Sie Notiz von meinem Buch nehmen, habe ich es geschafft. Werden Sie über mich schreiben ... über mein Buch? Ich will bekannt werden. Ich will von Fernsehteams interviewt werden. Ich will es auf die Titelseiten von Zeitschriften bringen. Ich will, dass die Leute mich auf der Straße erkennen.« Ihre Offenheit war beachtlich. Und noch beachtlicher war ihre unverhohlene PR.

Wenn ich mir das von einer Kleinstädterin wie dieser aufdringlichen Dame anhören musste, dann war das eine Sache für sich, aber als die verstorbene Indrani Aikath-Gyaltsen denselben Weg einschlug, war ich, wie ich gestehen muss, entsetzt. Sie hatte viel mehr von einer Frau von Welt an sich, oder das glaubte ich zumindest. Sie war talentiert, produktiv und von jemandem wie Khushwant Singh als Schriftstellerin, die man im

Auge behalten sollte, anerkannt worden. Daher erwartete ich von Indrani mehr Selbstvertrauen, als ihre Briefe an mich zeigten. Es begann mit wenigen Zeilen, in denen sie sich vorstellte, und wuchs sich zu einer regelrechten Korrespondenz aus.

Ihr erstes Buch war von der Kritik begeistert aufgenommen worden. Sie war der gefeierte Star der Literaturszene, wenn auch nur für kurze Zeit. Damals schrieb sie mir einen längeren Brief, in dem sie mir mitteilte, sie sei aufgefordert worden, eine wöchentliche Kolumne für eine Zeitung in Kalkutta zu schreiben. Sie wollte wissen, wie ich das anstellte. Wie schrieb ich meine Kolumnen? Was war der Schlüssel zu meinem Erfolg (ihre Worte) als Kolumnistin? Gab es eine Methode? Eine Formel? Was sollte sie in ihre eigene Kolumne packen? Ich schrieb zurück und machte ein paar Vorschläge. Das ermutigte sie dazu, mich anzurufen und weitere Briefe an mich loszulassen. Ihre Fragen hatten etwas Rührendes und Wehmütiges an sich.

»Ich will, dass meine Bücher Bestseller werden. Ich will den Erfolg haben, den Sie haben. Wie machen Sie das? Warum schreibt die Presse nicht mehr über mich? Warum schreiben Journalisten so viel über Sie?«

Ich wusste, offen gesagt, nicht, wie ich mit ihren Unsicherheiten umgehen sollte, und zog mich immer mehr zurück. Monate später war sie tot. Ich habe die meisten ihrer Briefe aufgehoben und die allerletzten, die voller Verzweiflung und Frustration waren, später wieder gelesen. Ich weiß nicht genau, wie sie gestorben ist. Ich kann nur hoffen, dass ihr Tod nichts mit ihrer Enttäuschung als Schriftstellerin zu tun hatte.

Als Kommentatorin gesellschaftlicher Veränderungen habe ich mit den unterschiedlichsten Menschen zu tun gehabt. Es gibt jene, die an Direktheit glauben, gleich mit der Sprache herausrücken und offen um Publicity bitten. Andere ziehen einen raffinierteren und subtileren Weg vor. Aber das Ziel ist dasselbe. Es kann mit einem charmanten Anruf beginnen, mit einer Essenseinladung, Blumen, Champagner und einer Bitte, eine Veranstaltung zu besuchen. Was damit bezweckt wird, ist klar: Berichterstattung. Man ist abgehärtet genug, um mit diesen

Leuten umzugehen. Aber peinlich, manchmal sogar schmerzhaft wird es, wenn die Person, die sich für jemanden starkmacht, eine Freundin oder ein Familienmitglied ist. Ich habe mich schon schrecklich geärgert und mich ausgebeutet gefühlt, wenn Leute, die mir ans Herz gewachsen waren und denen ich vertraut habe, einen Schlenker gemacht und plump eine Empfehlung von mir verlangt haben. Das ist kein angenehmes Gefühl. Aber wenn eine solche Bitte an einen herangetragen wird, muss man die Möglichkeiten abwägen: Tut man demjenigen den Gefallen, oder riskiert man es, die Beziehung zu gefährden? Wenn ich bedenke, wie oft mir das passiert, will ich mir gar nicht erst vorstellen, in welchem Maß die wirklich wichtigen Menschen in den Medien gehetzt werden, Leute, die viel mehr Macht und Einfluss haben als ich. Ich schreibe lediglich meine Zeitungskolumnen. Meine gedruckten Meinungen werden wohl kaum die Welt verändern, Regierungen stürzen, Köpfe rollen lassen. Ein oder zwei Erwähnungen in meiner Kolumne verhelfen einer Dame der guten Gesellschaft vielleicht dazu, von ihren Salwar Kameezen ein paar mehr zu verkaufen. Ein paar Leser wissen hinterher von der Existenz einer bestimmten Person und dass sie etwas Interessantes tut oder dass ich mich für gewisse Fragen wirklich engagiere. Aber das ist auch schon alles. Und doch ist die Gier auf Publicity so übermächtig, dass man der ausgestreckten Hand, die darum bettelt, kaum entkommen kann.

Oft werde ich gefragt, wie wohl ich mich mit meinem Image fühle, meiner öffentlichen Identität, meiner eigenen »Berühmtheit«. Diese Frage ist nicht leicht zu beantworten. Es bringt Vorteile und Nachteile mit sich. Bisher habe ich noch nicht wirklich gelernt, die positive Seite zu genießen und die negative Seite vollständig zu ignorieren. Ich reagiere zwar selten auf feindselige Post, Kritik oder Besprechungen, aber es wäre gelogen, wenn ich behaupten würde, ich sei gänzlich immun gegen den Schmerz, der dadurch ausgelöst wird, zumindest vorübergehend. Im Lauf der Jahre ist es mir gelungen, mir eine Perspektive anzueignen, die mir dabei hilft, nicht nur mit den Komplimenten und dem hohen Lob, sondern auch mit den Spitzen und Pfeilen umzugehen und beides mit einem Schulterzucken abzutun. Ich habe mir selbst beigebracht, die Schmollphase gewaltig zu verkürzen. Früher habe ich über eine gemeine Bemerkung wochenlang herumgegrübelt, heute hake ich sie binnen Stunden ab. Einer der Gründe dafür ist der, dass ich heute viel mehr zu tun habe als früher. Ich vermute, ich habe auch etwas mehr Selbstvertrauen gewonnen. Ich versinke nicht augenblicklich in einer Depression, wie es früher der Fall war. Mir ist auch nicht nach Vergeltung oder Rache zumute. Das schreibe ich mehr der langjährigen Übung als einem tiefgreifenden Wandel in meiner Einstellung zu – ich habe einfach nicht genug Zeit, um sie für das Begleichen offener Rechnungen zu vergeuden. Außerdem habe ich durch die lange Erfahrung auch herausgefunden, dass Menschen sich ändern, Einstellungen sich ändern, ich mich ändere. Ich bin heute flexibler und aufgeschlossener für Veränderungen als vor zwanzig Jahren.

Selbstvertrauen bringt eine Schicht von Dickfelligkeit und Unbesiegbarkeit mit sich. Ich war zwar nie naiv genug, mir einzubilden, mich könnte keiner mehr treffen, aber ich bin milder geworden und kann Angriffe nachsichtiger hinnehmen und mir sagen, dass nichts von Dauer ist. Der Feind von heute kann der Freund von morgen sein (und ist es manchmal auch). Außerdem ist mir deutlich bewusst, wie einfach es ist, jemanden vorschnell zu verurteilen und ihn in eine Schublade zu stecken, denn das ist mir schließlich selbst oft genug zugestoßen.

Wenn ich über diesen ganzen »Ruhmfimmel« lachen und verhindern kann, dass er mir unter die Haut geht, dann liegt das daran, dass ich persönlich den Ruhm (oder mich selbst) nie wirklich ernst genommen habe. Aber ich weiß, wie wichtig er manchen Menschen ist. Und ich bewundere den Fernsehmoderator Rajat Sharma aufrichtig dafür, dass er das im Rausch seiner ungeheuer erfolgreichen Serie ›Aap ki Adaalat‹ (inzwischen in ›Janata ki Adaalat‹ umbenannt) zugegeben hat.

Das folgende Zitat erschien in einem Interview, als er gefragt wurde, was er an seinem neuen Status als Berühmtheit am meisten genießt. Er sagte: »Ich genieße es, auf Flughäfen und in Restaurants erkannt zu werden. Ich genieße es, um Autogramme gebeten zu werden. Ich genieße es, dass die Leute Schlange stehen, um sich gemeinsam mit mir fotografieren zu lassen. Ich genieße es, berühmt zu sein. Weshalb also sollte ich das leugnen oder so tun, als störte es mich?«

Manchen Menschen kommt Aufmerksamkeit eben viel mehr gelegen als anderen. Sunil Gavaskar beispielsweise beharrt darauf, dass es ihm unangenehm ist und dass er nie gelernt hat, sich mit unerwünschten, aufdringlichen Störungen abzufinden. Ich erinnere mich noch daran, wie er mir erzählte, dass er nie wirklich dahintergekommen sei, was von einer Gestalt des öffentlichen Lebens eigentlich verlangt wird. Was ist, wenn er, sagen wir mal, an einer roten Ampel erkannt wird und wildfremde Menschen im Chor seinen Namen rufen? Soll er die Begrüßung erwidern? Kurz winken? Lächeln? Finster dreinblicken? Sein Kinn so tief wie möglich auf die Brust sinken lassen und so tun, als hätte er es nicht gehört? Aber nehmen wir auch bei ihm einmal an, er ist auf einem Flughafen und ein paar Leute scharen sich um ihn. Sie wollen aus dieser Gelegenheit möglichst viel herausholen und setzen ihm mit ihrem Gerede über Kricket zu (»Wird Soundso in der Mannschaft mitspielen? Warum ist dieser Bowler nicht aufgestellt worden? Was für ein Gefühl war es, als Sie Ihre ersten hundert Läufe erzielt haben?«). Unter diesen Umständen gibt es kein echtes Entkommen. Er kann nicht davonlaufen. Er ist in die Enge getrieben. Bald wird er im Flugzeug sitzen und sich den Fragen nicht entziehen können. Was tut er? Duldet er diese Aufdringlichkeit, obwohl er vielleicht müde und überhaupt nicht zum Plaudern mit Wildfremden aufgelegt ist? Oder ist er unhöflich und erteilt ihnen eine schroffe Abfuhr und tut somit das, wonach ihm wirklich zumute ist? Gibt er sich selbst und den anderen mit übertriebener Höflichkeit den Rest? Antwortet er kurz und bündig und zieht sich dann mit einer Entschuldigung zurück? Das ist echt hart. Ich habe ihn auf Partys gesehen, wie er sich gewunden hat, während Dutzende von Leuten auf ihn zugekommen sind und ihm Kricket-Banalitäten aus der Nase ziehen wollten. Ich hätte mich gern eingemischt und gesagt: »Der Mann ist nicht im Dienst. Es ist sein gutes Recht, sich zu entspannen und seinen Spaß zu haben. Lasst ihn in Ruhe.« Es ist unsensibel von Seiten der Öffentlichkeit, aber unvermeidlich, der Preis, den man für Erfolg und Ruhm bezahlt. Aber muss es so sein?

Im Ausland sind Berühmtheiten auf Reisen von einer menschlichen Festung umgeben. Dazu wird es hier auch noch kommen. Ich habe Sachin Tendulkar in Sharjah und anderswo gesehen. Und beobachtet, wie unglaublich abweisend er sein kann. Es geht so weit, dass er wie ein eingebildeter Typ wirkt, der alles andere als liebenswürdig ist. Kein Blickkontakt. Kein Lächeln. Keine Unterhaltung. Und er ließ es, offen gesagt, sogar am Anstand des Siegers fehlen. Vielleicht hat er es auf die harte Tour gelernt. Vielleicht hat er schon in einem frühen Stadium des Spiels erkannt, dass man nicht immer als Sieger hervorgehen kann. Weshalb also nicht sparsam mit den eigenen Energien haushalten und gezielt tun und lassen, was man will? Vielleicht hat er ja Recht. Aber ich bin der festen Überzeugung, dass Gestalten des öffentlichen Lebens ihren Anhängern zumindest eine Kleinigkeit schuldig sind. Ein Lächeln oder ein freundliches Winken kostet einen nicht viel. Aber andererseits bin ich nicht der ehemalige Mannschaftskapitän von Indiens Kricketteam. Wie könnte ich wissen, welchem Druck man auf diesem Gebiet ausgesetzt ist?

Ich habe Sunil Gavaskar gefragt, ob er jene berauschenden Zeiten vermisst. Ich habe den Verdacht, ganz offen war er nicht, als er das verneinte. Ich habe selbst einmal beobachtet, wie er mit einem zynischen Lächeln reagierte, als er im Korridor des Clubs, den er jeden Nachmittag aufsucht, von sehr jungen Autogrammjägern angehalten wurde. Er hat auf der Papierserviette unterschrieben, die ihm hingehalten wurde, und gesagt: »Wie kommt es, dass ihr mein Autogramm haben wollt und nicht das von Sachin Tendulkar oder Rahul Dravid?«

Das erinnerte mich an einen anderen Vorfall in Sharjah, als man uns alle an einen Tisch gesetzt hatte, gemeinsam mit dem früheren Kapitän des pakistanischen Kricketteams, Zaheer Abbas. Sunil war einigermaßen entspannt, als ein Fan mit einem kleinen Kricketschläger auf Abbas zukam und ihn um ein Autogramm bat. Er wartete, bis er an der Reihe war, und lächelte schmerzlich, während er das Souvenir signierte. Sachin, der an einem anderen Tisch saß, war von Autogrammjägern umstellt. Sunil bedeutete ihm mehrfach, er solle sich uns an unserem Tisch anschließen. Keine Reaktion. Dann erklärte ein Angehöriger des Kricketverbandes, das Team sei angehalten worden, sich mit niemandem außerhalb der eigenen Reihen zu verbrüdern. Mich überraschte die Feststellung, dass Indiens legendärer Mannschaftskapitän jetzt als Außenseiter angesehen wurde, vielleicht aufgrund seiner Rolle als Fernsehkommentator. Falls Sunil sich gekränkt fühlte, ließ er es sich nicht anmerken. Er ist ein unglaublich gescheiter Kerl, der sich mit Dummköpfen nicht abgibt. Dennoch hatte ich immer das Gefühl, er leidet trotz seiner bewundernswerten Karrierekurve und all dieser beeindruckenden Rekorde an einem leichten Komplex.

Gavaskar ist ein ausgezeichneter Imitator. Er kann all seine Kollegen nachahmen, aber eine wirklich glänzende Darbietung liefert er, wenn es um Ajit Wadekar geht, seinen einstmaligen Mannschaftskapitän. Hinter dem gutmütigen Hohn verbirgt sich ein kritischer Verstand, verbunden mit einer scharfen Beobachtungsgabe. Wenn er auf Fremde steif oder sogar arrogant wirkt, dann liegt das an seiner angeborenen Zurückhaltung in Verbindung mit seiner Übung, was öffentliche Auftritte betrifft. Es ist schwierig, ihn zu überrumpeln, was auch daran liegt, dass er nicht trinkt, außer zu besonderen Anlässen, und selbst dann nur das eine Glas Wein oder Champagner. Ich habe nie erlebt, dass er ausgelassen feiert. Er ist immer reserviert und förmlich, es sei denn, er ist in Gesellschaft von Menschen, denen er vertraut und in deren Gegenwart er sich wohl fühlt, und davon gibt es nur eine Handvoll.

Ich bin gern mit Sunil zusammen und lerne unweigerlich etwas von ihm. Vor etwa fünf Jahren, als sich die Schleusen des Himmels für mich gerade geöffnet hatten, wurde ich mit Angeboten überschwemmt, die Moderation diverser Fernsehsendungen zu übernehmen. Das war ein gutes Gefühl. Ich muss gestehen, dass ich ein- oder zweimal in Versuchung kam. Und doch wusste ich, dass ich den Sprung nicht wagen wollte, ohne mir exakt darüber im Klaren zu sein, was meine Vorbehalte waren. Meine Familie war immer total dagegen, dass ich mich auf dieses eine Medium einlasse, und ich habe diesen Widerwillen akzeptiert. Ich musste es für mich selbst klarer definieren. Sunil habe ich es zu verdanken, dass er mir diese Definition geliefert hat, obwohl es gut sein kann, dass er den Ratschlag längst vergessen hat, den er mir in einer viel zu vollen, lauten, verräucherten Bar gab, in der wir vielleicht die beiden einzigen Personen waren, die keinen Drink vor sich stehen hatten.

Er drückte sehr klar aus, was eine Karriere beim Fernsehen bedeutet. Für ihn war das ein Job, und er hatte sich entschlossen, ihn so gut wie möglich zu machen. Für einen ehemaligen Kricketspieler bieten sich nicht allzu viele Möglichkeiten, es sei denn, man will im Verband oder in Komitees mitmischen. Sunil wählte eine weitaus bessere Alternative und wuchs Schritt für Schritt in seine neue Rolle hinein. Er brachte sich alles selbst bei, vom Handwerk der TV-Präsentation über die Artikulierung und die Körpersprache bis hin zu einem lockeren, zuschauerfreundlichen Auftreten, das bestimmt und respekteinflößend ist, ohne langweilig zu sein. Das ist eine seiner großen Stärken – wenn Sunil beschließt, sich auf etwas einzulassen, dann macht er keine halben Sachen. Wenn man seine frühen Fernsehauftritte sieht, fällt es leicht, seinen Vortragsstil, seine Zaghaftigkeit, seine mangelnde Redegewandtheit und seine generelle Unbeholfenheit zu kritisieren. Von alldem ist heute nichts mehr zu erkennen. Er ist ein geschliffener, souveräner Moderator, der Expertenanalysen und superbe Soundbytes mit so viel Finesse und Stil präsentiert, dass er heute von jüngeren Kollegen wie Ravi Shastri nachgeahmt wird.

In jener überfüllten Bar erzählte mir Sunil schlicht und einfach Folgendes: Das Fernsehen ist ein intimes und aufdringliches Medium, das keinen Raum für die Privatsphäre zulässt.

Sowie man den Sprung wagt, gibt es keine Zugeständnisse mehr. Er erwähnte auch, dass er in einer Menschenmenge häufig zurückschreckte und sich wand, wenn wildfremde Menschen es vollkommen normal fanden, auf ihn zuzukommen, ihm wie alte Vertraute auf den Rücken zu klopfen und ein Gespräch mit ihm zu beginnen. Das Medium trägt die Schuld daran, nicht die Zuschauer, hob er hervor. Wenn man jemanden oft genug in der vertrauten Atmosphäre des eigenen Wohnzimmers oder Schlafzimmers sieht, dann wird dieser Mensch zu einem Teil deines Lebens. Die Leute fangen an zu glauben, dass sie dich kennen. Sie denken sich nichts dabei, den Namen eines Moderators auszurufen, als begrüßten sie einen lange verloren geglaubten Cousin, bevor sie ihn in ein Gespräch verwickeln. Er strich das Naheliegende heraus: Er war ein Mann, und es fiel ihm schwer, damit umzugehen, wenn andere Leute nicht auf Distanz blieben. Würde ich in der Lage sein, mit leutseligen Fremden umzugehen? Würde meine Familie damit zurechtkommen? Die Antwort war ein klares, nachdrückliches Nein. Ich konnte es mir deutlich ausmalen, und was ich vor mir sah, gefiel mir gar nicht. Es wäre der endgültige Abschied von meinem Privatleben gewesen. Es hätte bedeutet, dass ich zum öffentlichen Eigentum geworden wäre. Das wollte ich nicht. Sunil rückte es in die richtige Perspektive und erleichterte es mir enorm, sämtliche Angebote auszuschlagen, was ich seitdem konsequent getan habe. Aber es wird zunehmend schwieriger, das Fernsehen außer Acht zu lassen. Sogar ich selbst kann nicht vorhersagen, wie lange ich es noch hinauszögern kann.

An etlichen solcher Wendepunkte habe ich seinen Rat eingeholt, wenn es um Verträge und Entscheidungen ging. Er hat mich immer bereitwillig und konstruktiv beraten, ganz abgesehen davon, dass seine Ratschläge praktisch und nüchtern sind. Sunil lebt nicht mit dem Kopf in den Wolken. Und er macht sich auch nichts vor, in keinerlei Hinsicht. Er hat klein angefangen, und heute ist er ein Senior in der Welt des Kricket.

Oft frage ich mich, wohin es eine andere große Berühmtheit noch bringen wird. Ich rede von Kiran Bedi, die als Supercop den Durchbruch geschafft hat. Hier haben wir es mit einer außergewöhnlichen Frau mit einer starken Ausstrahlung zu tun, die das Charisma und den Mediendurchblick besitzt, ihr eigenes Image in der Öffentlichkeit selbst zu bestimmen. Ihr ist bewusst, dass sie die Phantasie der Massen fest im Griff hat, und das schöpft sie bis zur Neige aus. Bedi ist eine kluge Frau, die die veränderten Bedürfnisse unserer verwirrten Zeit begriffen hat. Sie weiß, dass sie eben diese Veränderung repräsentiert, und daraus schlägt sie Kapital. Als ein Symbol für die Neue Frau ist sie mehr als jede andere in der einzigartigen Position, sich als Vorbild für eine Generation von indischen Frauen zu etablieren, die zu ihr als jemandem aufblicken, der es in einem von Männern dominierten Beruf geschafft hat. Es ist schon wahr, dass Bedi beispielhaften Mut bewiesen hat, aber es ist auch wahr, dass sich das nicht ohne ein gewisses Maß an Kompromissen in ihrem Privatleben und in ihrem Berufsleben machen ließ. Heute ist sie in einer Position, in der sich niemand gern mit ihr anlegen würde, weil irgendwer irgendwo »Schikane« oder »Diskriminierung« schreien könnte. Sie ist gegen jede Kritik bestens abgeschirmt – wer würde es da schon wagen? Darauf reagiert ein Großteil der Männer nicht nur mit Unbehagen, sondern auch mit Groll. Etliche ältere Polizeibeamte sind still und leise zu mir gekommen, um mir Leckerbissen über ihre »Schandtaten« vorzusetzen, in der Hoffnung, dass ihre heimlichen Enthüllungen irgendwann doch noch im Druck erscheinen. Bedi selbst ist sich ihrer derzeit unbesiegbaren Stellung als Supercop bewusst, die ihr Preise und Auszeichnungen eingetragen hat, und sie weiß auch, dass die Medien sie lieben. Häufig wird über sie berichtet, wenn »die am meisten bewunderte Frau Indiens« von Zeitschriftenlesern gewählt wird. Es ist ganz offensichtlich, dass sie die Aufmerksamkeit liebt, die ihr zuteil wird, obwohl ihre angreifbare Vergangenheit sie manchmal einzuholen droht.

Ich war sehr gespannt darauf, diese Frau kennen zu lernen, vor allem, da sie und ich in ausländischen Publikationen oft gemeinsam besprochen wurden, wenn es um unkonventionelle Inderinnen geht, die starre Barrieren durchbrochen haben, um sich ein eigenes Leben zu ihren eigenen Bedingungen zu schaffen. Ich habe Berichte über sie mit großem Interesse gelesen und sie in zahllosen Fernsehinterviews gesehen. Ich habe das Gefühl, Bedis Bestimmung liegt letzten Endes in der Politik. Sie wäre die perfekte Kandidatin – intelligent, selbstbewusst, informiert und ehrgeizig. Sie kennt nicht nur das System, sie weiß auch, wie sie es zu ihrem Vorteil nutzt. Außerdem hat sie gelernt, die Kunst der Manipulation zu meistern, auch wenn »Manipulation« ein hartes, hässliches Wort ist. Presseleuten gegenüber ist sie immer zugänglich und erweist sich als ungewöhnlich kooperativ, denn sie weiß instinktiv, dass es eine durchschlagende Waffe ist, sie auf ihrer Seite zu haben, während sie mit internen Kritikern Rechnungen begleicht.

Und doch konnten mindestens zwei Verlegerinnen von Büchern, die ich kenne, den Druck ihrer Gegenwart nicht über mehrere Stunden ertragen und gaben ihre Projekte schließlich auf. Eine von ihnen klagte über Bedis mangelnde Rücksichtnahme, weil Bedi sie sonntags zu sich bestellt hatte. Außerdem ließ Bedi sie stundenlang warten, ohne ihr auch nur ein Glas Wasser anzubieten. Die Verlegerin sah verschiedene Seiten der Persönlichkeit der Polizistin, insbesondere in ihrem Umgang mit ihrer eigenen Tochter und mit ihrer alten Mutter und ihrem Ehemann, der häufig dienstlich unterwegs ist. Im Privatleben war Bedi autokratisch, ungeduldig und abweisend, also alles andere als die ruhige, souveräne, selbstsichere Figur des öffentlichen Lebens. Aber das ist in Ordnung. Jeder Mensch hat seine geheimen Dämonen, die manchmal in unpassenden Momenten zum Vorschein kommen. Für Bedi war es ein Jammer, dass ihre Dämonen ausgerechnet in den ungelegensten Augenblicken urplötzlich auftauchten, während eine potentielle Ghostwriterin/Biographin kläglich im Vorzimmer saß und darauf wartete, dass sie endlich kam und auf ihren Kassettenrecorder sprach.

Diese Enthüllungen erstaunten mich, und ich habe keinen Grund, sie in Frage zu stellen. Aber von Bedi hätte ich erwartet, dass sie klüger ist, vor allem im Umgang mit jemandem, der eigens dafür aufgetrieben worden war, ihr Leben zu dokumentieren und der Welt ein schmeichelhaftes Porträt ihrer Person zu präsentieren.

Als wir uns endlich begegneten, fand das Treffen unter ungewöhnlichen Umständen statt. Kiran Bedi war in Bombay, um eine weitere Auszeichnung für »herausragende Dienste« in Empfang zu nehmen. Mein Mann und ich trafen mit etwas Verspätung ein, da wir von der alljährlichen Ganapati-Prozession aufgehalten worden waren. Sie entdeckte mich vom Podium aus, als ich vorsichtig eintrat. Unsere Blicke trafen sich, und sie reckte beschwingt die Daumen in die Luft. Ich fühlte mich geschmeichelt, obwohl ich es etwas seltsam fand, dass sie so etwas tat, während gerade eine Rede gehalten wurde. Ich lächelte ihr zu und deutete ein Winken an. Wir nahmen unsere Plätze ein, die Veranstaltung nahm ihren Lauf, und Kiran überraschte mich damit, dass sie mich ständig anlächelte, Blickkontakt herstellte und mit den Lippen Anweisungen formte wie: »Geh nicht weg«, »Wir treffen uns nach der Veranstaltung«, »Bis später«. Sie sah wunderbar aus, obgleich sie in ihrem nüchternen Pathani-Zweiteiler eine Spur maskulin wirkte.

Minuten später war sie an der Reihe, ihre Ansprache an die Versammlung zu richten. Ich hatte das Gefühl, sie hatte sich eine Masche zurechtgelegt, die sie in regelmäßigen Abständen mit den notwendigen Abwandlungen – leicht aktualisiert und dem Anlass angepasst – abzog. An jenem Abend waren ihre Lieblingswörter »Bevollmächtigung« und »organische Veränderungen«. Sie trug ihre Ansprache eindringlich und überzeugend vor, und trotzdem konnte ich das schleichende Gefühl nicht abschütteln, dass diese Rede bereits mehrfach wiederaufbereitet worden war. Das Publikum, das sich aus Einzelhändlern, Ladeninhabern und allerlei Weltverbesserern zusammensetzte, klatschte an den richtigen Stellen und ließ schallende Beifallsrufe ertönen. Bedi beherrschte offensichtlich die Kunst, für das Publikum auf den oberen Rängen zu spielen, und sie heimste mehr Pluspunkte ein als ihre Mitstreiter.

Zum Abendessen zogen wir in ein Restaurant mit Dachterrasse um. Ich brauchte eine Weile, um dort anzukommen, da wir an jenem Abend meinen Vater mitgenommen hatten. Bedi schickte einen Boten, um herauszufinden, was uns aufhielt. Als ich ihr endlich persönlich gegenüberstand, war ich vollständig geblendet von ihrer Dynamik und ihrer ungeheuren Ausstrahlung. Sie kostete es ganz offensichtlich aus, den Star zu spielen, sich für Fotografen in Pose zu setzen und Autogramme zu geben. Sie hatte sich brillant als »Heldin des Volks« platziert und besaß schon jetzt großes Geschick darin, strahlend zu lächeln und Babys abzuküssen, ein Trainingsprogramm, das ihr gute Dienste leisten wird, falls sie den Sprung in die Politik wagt.

Es war eine sehr warmherzige Begegnung, die durch die unverhohlene Bewunderung meines Vaters noch warmherziger wurde. Bedi war konsequent höflich und wohlerzogen und nannte ihn durchgehend »Sir«. Im modernen Indien haben sich nur sehr wenige Menschen den natürlichen Respekt vor dem Alter bewahrt, und das »Sir« heben sie sich ausschließlich für Menschen auf, die an der Macht sind. Und hier war ein Mann, der auf die neunzig zuging, ein ehemaliger Regierungsbeamter, ein pensionierter älterer Bürger. Es war nur angemessen, dass Bedi das erkannte und sich entsprechend benahm.

Da er nie jemand gewesen war, der sich von Stellung, Ruhm, Geld oder Status einschüchtern ließ, beugte sich mein Vater, der sich bei schönen Frauen schon immer als Charmeur erster Güte gezeigt hatte, vor und fragte Bedi schelmisch: »Würde es Ihnen etwas ausmachen, eine eher persönliche Frage zu beantworten?«

Sie antwortete spontan: »Ganz und gar nicht, Sir.«

»Warum tragen Sie diese männlichen Kleidungsstücke, die eher pakistanisch als indisch sind? Ich finde Ihre Aufmachung unangemessen und unkleidsam. Haben Sie jemals einen Sari getragen? Ich glaube, darin würden Sie fraulicher aussehen.«

In dem Moment wäre ich am liebsten gestorben. Das ging ihn nun wirklich nichts an. Und Bedi brauchte sich nicht verpflichtet zu fühlen, seine Fragen zu beantworten. Doch sie tat es, und noch dazu mit einem entwaffnenden Lachen.

»Ich finde diese Kleidungsstücke sehr bequem. Ja, ich habe

versucht, einen Sari zu tragen, aber irgendwie passt das wirklich nicht zu mir.«

Ich floh vom Schauplatz des Geschehens.

Zehn Minuten später waren mein Vater und Bedi immer noch in ein Gespräch vertieft. Ich vermute, sie hatte diese und andere aufdringliche Fragen spielend weggesteckt, und das war wirklich nett von ihr.

Beim Abendessen trafen wir wieder zusammen. Ich gratulierte ihr zu dem Magsaysay Award, der ihr verliehen worden war.

»Sie müssen ständig mit beruflichem Neid konfrontiert sein«, sagte ich zu ihr.

»Oh ja. Es ist entsetzlich. Sie können sich nicht vorstellen, was ich durchgemacht habe ... die Ablehnung ... der Neid ... die Unsicherheit. Es gibt so viele Leute, die ihrem Groll darüber Luft gemacht haben, dass ich diese Auszeichnung bekommen habe.«

Ein Anflug von Gemeinheit drängte mich dazu, etwas zu sagen, wofür ich mich im Nachhinein ein wenig schäme. Es war einfach nur meine Art, die Größe ihres Egos zu taxieren, doch ich muss zugeben, dass ihre Reaktion mich durch die transparente Naivität erstaunte. Eine klügere Person wäre geschickt ausgewichen und nicht kopfüber in die einladende Falle gestürzt. Ich fragte Bedi mit vollkommen ernstem Gesicht: »Haben Sie sich jemals überlegt, wie viel schlimmer es werden wird, wenn Sie den Nobelpreis gewinnen? Und Sie wissen ja selbst, dass Sie den mit Sicherheit eines Tages zugesprochen bekommen. Dann wird die Feindseligkeit neidischer Rivalen noch ausgeprägter sein.«

»Genau. Sie haben es erfasst«, rief Bedi in aller Unschuld aus.

Ich hatte den Anhaltspunkt bekommen, nach dem ich gesucht hatte. Später fühlte ich mich ein bisschen mies, weil ich zu diesem albernen Trick gegriffen hatte. Aber in dem Moment freute ich mich kindlich darüber, dass ich die Bestätigung dafür erhalten hatte, wie hoch ihre Meinung von sich selbst war.

Es ist immer interessant zu sehen, wie Berühmtheiten, vor allem die größten Berühmtheiten, mit ihrer Berühmtheit umgehen. Eine meiner ersten Begegnungen mit einer solchen international bekannten Person fand irgendwann in den frühen Siebzigern statt. Ich hatte einen Billigflug gebucht, mitten in der Nacht, von Paris nach London. Es war ein Flug ohne jeden Bordservice oder sonstige Extras. Die wohlgeformten, in Seidenstrümpfe gekleideten Beine einer kleinen alten Dame, die auf der anderen Seite des Ganges vor sich hin döste, waren mir aufgefallen. Ihr Haar war dünn, ihr Mund ein leuchtend rot bemalter, tiefer Einschnitt. Ich schenkte ihr keine weitere Beachtung. In Gedanken beschäftigte ich mich damit, wie ich möglichst billig ins Zentrum von London käme. Um diese Zeit würden keine Busse mehr fahren, und ein Taxi würde unerschwinglich sein ...

Nachdem wir gelandet waren, eilte ich aus dem Flughafengebäude und hing immer noch denselben Überlegungen nach, als ich von einer wild gewordenen Meute mit Blitzlichtern fast über den Haufen gerannt wurde. Ich drehte mich um, weil ich sehen wollte, auf wen die Fotografen Jagd machten – und voilà, da war sie, die kleine alte Dame, die sich hinter der riesigen Sonnenbrille verbarg, diesem Symbol von Berühmtheiten, das selbst dann lauthals herauszuschreien scheint: »Bitte, erkennt mich«, wenn die Trägerin ihre Sache noch so gut macht und sich gekonnt schockiert stellt, weil man sie identifiziert hat.

Sie ging lasziv auf den Ausgang zu, während sie die Fotografen mit einem matten Winken wegschickte. »Geht wieder nach Hause, Jungs«, schnurrte sie mit dieser unverwechselbaren tiefen, rauchigen Stimme. »Es ist immer noch dasselbe alte Gesicht ... ich bin immer noch dieselbe wie früher.«

Die »Jungs« pfiffen, klatschten und riefen: »Sieh zu mir rüber, Liebchen«, »Noch ein Foto, Süße«, »Hierher, Goldschatz«.

Ich fragte einen von ihnen, einen rothaarigen, sommersprossigen jungen Mann in einem grauenhaften karierten Jackett: »Wer ist die Dame?«

Er sah mich voller Erstaunen an. »Wissen Sie das denn nicht? Es ist Marlene. Marlene Dietrich.«

Am nächsten Tag prangte sie auf der Titelseite der meisten Boulevardblätter, und ihre Show im Grosvenor House war für die kommenden zwei Wochen ausverkauft. Die Frau, die diese erstaunlichen Beine in den Fünfzigern für eine Million Dollar hatte versichern lassen, war immer noch im Geschäft und sorgte mit siebzig Jahren für volle Häuser. Aber was mich an ihr faszinierte, war der abrupte Wechsel – die plötzliche, nahezu instinktive Verwandlung beim Anblick von Kameras. Das war eine erlernte Reaktion, die schon fast zum Reflex geworden war. Die ziemlich unansehnliche alte Dame aus dem Flugzeug hatte sich von einem Moment auf den anderen in einen alternden, aber immer noch gefragten Filmstar verwandelt. Und diese Verwandlung war sichtbar. Sowie sie die Schultern zurückgezogen, den Kopf in einem koketten Winkel geneigt, sich aufgerichtet und ihren schlurfenden Gang abgelegt hatte, war sie ein anderer Mensch, der die lästigen »Jungs« nachsichtig anknurrte, obwohl sie in ihrem tiefsten Inneren ungeheuer froh gewesen sein muss, dass sie da waren.

Wie die umwerfend schöne indische Schauspielerin, die ich einmal sah, als sie im renommierten Breach Candy Hospital in Bombay auf einer Trage aus einem Operationssaal gerollt wurde. Es war ein kurzer Weg vom Operationssaal zu dem Aufzug, der die Schauspielerin in ihr Zimmer bringen würde. Sie stand unter starken Betäubungsmitteln, und ihre Augen waren zusammengekniffen. Und doch war das Gesicht, das über den weißen Krankenhauslaken, die ihren Körper auf der Bahre bedeckten, herausschaute, vollendet geschminkt, vor allem der Mund, der mit einem Lippenstift in ihrem Lieblingsfarbton sorgfältig nachgezogen war. Mehr als rund zwanzig Leute hielten sich dort nicht auf, aber sie legte genug Wert auf ihr Image und wollte von keinem von ihnen ungeschminkt gesehen werden.

Jahre später fragte ich sie nach diesem Vorfall. Sie antwortete wahrheitsgemäß: »Das bin ich dem Publikum schuldig. Ich würde meine Fans niemals im Stich lassen. Ich weigere mich, in derselben Aufmachung wie irgendeine Nachbarin aus dem

Haus zu gehen. Ich bin nicht wie sie. Das würde den ganzen geheimnisvollen Nimbus zerstören.«

Sie hat Recht. In Filmen geht es um Verzauberung. Niemand will die Realität sehen, und schon gar nicht, wenn sie die Gestalt einer Schauspielerin in ihren Fünfzigern annimmt, die matt und bleich auf einer Bahre liegt, all ihres Zaubers beraubt. Preisgegeben. Nackt. Wie alle anderen. Eine Patientin unter vielen.

In dem Moment ging mir auf, dass es nicht einfach sein kann, mit verblassender Schönheit und glanzlos gewordenen Trophäen umzugehen. Eine alte Frau ist eine alte Frau, ganz gleich, wer sie in ihrer Jugend war oder wie begabt sie ist. Die nachwachsende Generation hat keine Erinnerung an ihre glorreichen Zeiten. Junge Menschen sind ohnehin derart mit ihrem eigenen »Jungsein« beschäftigt, dass niemand, der mehr als zehn Jahre älter ist als sie, in ihrem Leben überhaupt noch eine Rolle spielt. Ich erinnere mich, wie meine eigene Tochter Avantika im Alter von neunzehn Jahren einen vernarrten Freier als »Fossil« bezeichnete.

»Wie alt ist er?«, fragte jemand, und sie zuckte die Achseln.

»Wer weiß? Vielleicht sechsundzwanzig oder siebenundzwanzig.«

Frauen und allen voran Schauspielerinnen sind davon ganz besonders stark betroffen, da das Publikum sie in ihrer Blüte in Erinnerung behalten will und sie ausrangiert, sowie sie die magische Zahl überschritten haben – dreißig oder heute zunehmend auch vierzig, doch das ist der definitive Stichtag. Nur einer Liz Taylor gelingt es, fett, vollbusig, aufgeschwemmt und grau einer universellen Ablehnung zu entkommen. Andere Frauen müssen mit dem Verbrechen leben, alt zu werden. Manche arrangieren sich damit, andere gehen kämpfend unter.

Erstaunlicherweise sind oft gerade die Menschen, die sich um sie scharen und sich an ihrer Berühmtheit laben, auch diejenigen, die versuchen, den natürlichen Alterungsprozess hinauszuzögern und die Blütezeit so lange wie möglich auszudehnen. Aber auch der engere Kreis von Bewunderern lässt die Berühmtheit eines Tages unausweichlich im Stich, und dann wird es wirklich hart.

Ich habe gehört, wie eine junge Schauspielerin von Rekha, dem Filmstar, verächtlich als »diese Vettel« sprach. Ihr Spitzname in der Filmbranche ist »Muttchen«. Wenn solche grausamen Verhöhnungen sich schon gegen Rekha richten, dann fragt man sich, was über noch ältere und trotzdem immer noch schöne Schauspielerinnen wie Mumtaz oder Sharmila Tagore geredet wird. Natürlich gibt es den »Fluch der Schönheit«, und Schauspielerinnen müssen damit leben, obwohl nicht alle souverän mit dem Verlust umgehen können. Als Nadira, der Vamp früherer Zeiten, sich im Alter von fünfundsechzig vollständig lächerlich machte, indem sie in einer Talkshow behauptete, angesichts ihrer Schar von männlichen Bewunderern fiele es ihr schwer, sich für einen zu entscheiden, schlug die öffentliche Sympathie für die ehemalige Verführerin der Leinwand augenblicklich in Hohn und Spott um.

Asha Bhonsle dagegen trägt sehr leicht an ihrem Alter. Am Vorabend ihres sechzigsten Geburtstages hatten ihre Gratulanten beschlossen, für eine Frau, die sie offenbar sehr gern mochten, blitzschnell eine Werbekampagne auf die Beine zu stellen. Ich wurde gebeten, für die inzwischen eingestellte ›Illustrated Weekly of India‹ ein Porträt über sie zu schreiben, und musste zu diesem Zweck einige Zeit mit ihr verbringen. Ich war zwar auf ihre Mädchenhaftigkeit vorbereitet gewesen, doch die Frau, die ich traf, besaß von Natur aus die Affektiertheit eines koketten Teenagers. Als sie zu mir nach Hause kam, warf sie ständig scheue Seitenblicke um sich und kicherte haltlos. Ihre Stimme, die beängstigend jugendlich ist, trug das Ihre zu der allgemeinen Verwirrung bei. Meine Kinder schlossen sie augenblicklich ins Herz. Mir ging es genauso.

Asha ist eine unvergleichliche Schauspielerin (das gilt auch für Rekha). Sie kann jeden bis hin zum kleinsten Tick nachahmen. Aber am allerbesten kriegt sie ihre Schwester Lata (»Didi«) hin. Wenn sie die nachahmt, gelingt ihr das so gut, dass es schon fast grausam ist. An jenem Abend ergötzte sie uns mit einigen aufschlussreichen Episoden aus ihrer Kindheit. Und krönte den zauberhaften Abend schließlich damit, dass sie, um sich ihr Abendessen zu verdienen, für uns sang – und noch dazu auf Bengali.

Für die anderen war es ein entspanntes Abendessen, aber ich saß auf glühenden Kohlen. Asha ist nicht nur ein Gourmet, sondern obendrein auch noch eine phantastische Köchin. Sie bereitet die besten Shammikebabs zu, die ich jemals gekostet habe – butterzart, köstlich und perfekt gewürzt. Ihr Urteilsspruch bereitete mir Sorgen, doch unsere Küche bestand den Test. Und meine Kinder, die mich an jenem Abend mit ihrer gebannten Aufmerksamkeit überraschten, bestanden ebenfalls. Schließlich hatte Asha damals noch keine MTV-Awards gewonnen. Für die jüngere Generation war sie eine gesichtslose Playback-Sängerin, die etwas von einer freundlichen Tante von nebenan hatte. Sie nahm meine Kinder mit ihrer Herzlichkeit und mit ihrem hellen Lachen für sich ein, und mir erging es nicht anders, obwohl ich das sichere Gefühl hatte, hinter dieser unbeschwerten Fassade steckte eine scharfsinnige, gerissene Frau, die die Kunst beherrschte, ihr Publikum vollkommen zu entwaffnen, selbst wenn es sich bei diesem Publikum nur um die neugierige Familie einer Journalistin handelte.

Diese Form von Massenmanipulation hatte ich bereits bei einem Konzert auf dem Gelände einer vorstädtischen Schule beobachtet. Sie hatte dieselben Taktiken angewandt, um die Menge zu bezaubern und sie für sich einzunehmen – gutmütige Hänseleien, zum richtigen Zeitpunkt eingestreute Scherze, das Ausplaudern kleiner Intimitäten und anscheinend achtlose Enthüllungen über die berüchtigte »Mangeshkar«-Rivalität. Nichts war spontan, jedes Detail vermutlich einstudiert und bis zum letzten Kichern und der kleinsten Bemerkung ausgefeilt, eine unwiderstehliche Mischung aus der Verwundbarkeit eines kleinen Mädchens, der Unsicherheit einer Frau und verletztem Stolz. Sie zieht einen geschickt in ihre Welt hinein und enthüllt gerade genug von ihrem Leben, um den Zauber noch zu erhöhen.

Asha weiß genau, welche Register man zieht, wie kräftig und wie lange. Das ist ihre Stärke. Sie ist wie ein Chamäleon, jederzeit bereit, sich anzupassen, sich zu verändern, innovativ zu sein, mitzuhalten, zu wetteifern. Hinter den beiläufigen Bemerkungen und der zwanglosen, oberflächlichen Art steckt ein ehrgeiziger Profi, der seine Ziele nie aus dem Auge verliert und unbeirrbar darauf hinarbeitet. Sie kennt auch ihre Nische, denn die hat sie sich selbst sorgsam gemeißelt, indem sie versucht, die Generation der angehenden Teenager zu erreichen, die auf Musikkanäle fixiert sind. Sie weiß genau, womit sie sie drankriegt, wie sie während der ersten Channel V Awards unter Beweis gestellt hat. Nachdem sie für ihre Remix-Single ›Chura liya‹ nominiert worden war, erwies sie sich als die Überraschungssiegerin auf einem Gebiet, auf dem es von Sängerinnen wimmelt, die jung genug sind, um ihre Enkelinnen zu sein. Damit stellte sie nicht nur die Jugend an sich in Frage, sondern einen ganzen Lifestyle. Ihre Rivalinnen waren halb so groß wie sie und ein Viertel so alt, und sie trugen bestenfalls mit Pailletten besetzte Unterwäsche. Als sie affektiert auf die Bühne trippelte und ihre Auszeichnung an sich drückte, sprudelte sie mit aufgesetzter Unschuld hervor, ihr fehlten die Worte, da es hier von »winzig kleinen Kindchen in winzig kleinen Kleidungsstücken« wimmelte. Diese Anspielung verfehlte ihre Wirkung auf das Publikum nicht, das high vom Haschisch und vielleicht noch stärkeren Rauschmitteln war. Die Menge spendete ihr rasenden Beifall, und sie wusste, dass sie mit dieser einen sorgsam durchdachten Bemerkung eine brandneue Wählerschaft für sich gewonnen hatte.

Besucher wie Asha sind in unserem Hause immer willkommen. Was ich nicht dulde, ist der gelegentliche aufdringliche Besucher, der auf Publicity versessen ist, ganz gleich, von wem die Empfehlung stammt.

Zerbanoo Gifford, die Parsi-Dame, die sich um jeden Preis eine Nische in der britischen Politik schaffen wollte, hat mich vor ein paar Jahren vollständig überrumpelt, als ich gerade mit dem Buchhalter zusammensaß und versuchte, meine Papiere zu ordnen. Ich blickte nicht auf, als es läutete, da ich niemanden erwartete. Erst das elegante Klappern von Mrs Giffords Pumps ließ mich aufblicken. Ich war ohnehin schon mies gelaunt, weil ich es hasse, mir wegen läppischer Geldsummen die Haare zu raufen, und ich war gerade in dieses zweimal jährlich stattfindende Ritual vertieft, das ich verabscheue – die Steuererklärung –, als diese attraktive, durch und durch steife und korrekte Dame plötzlich hereinspaziert kam. Es war nicht ihre Schuld. Eine noch aufdringlichere Person hatte sie dazu gedrängt, unangemeldet bei mir aufzukreuzen – eine Parsi, die es zu ihrer Angelegenheit erhoben hat, ihre Nase in die Angelegenheiten anderer Leute zu stecken.

Diese besitzergreifende, gierige und tyrannische Frau hatte sich selbst zu Mrs Giffords Publizistin ernannt. Sie hatte sich schwer ins Zeug gelegt, um mir ihre »Klientin« schmackhaft zu machen, und vermutlich war ich irgendwann derart geschlaucht gewesen, dass ich so etwas gesagt haben muss wie: »Also gut, von mir aus kann sie am Montag oder am Dienstag oder wann auch immer vorbeikommen«, was ich dann prompt wieder vergessen hatte. Niemand hatte angerufen, um einen endgültigen Termin zu vereinbaren. Nichts hatte darauf hingewiesen, dass Mrs Gifford mir einen Besuch abstatten würde. Da saß ich jetzt also, total erledigt und verwirrt, sah mir dämlich die Abschnitte meines alten Scheckhefts an und fragte mich, wohin all mein hart verdientes Geld geflossen war, als Zerbanoo plötzlich auftauchte. Ein klarer Fall von ungünstigem Timing. Ich bat den Buchhalter zu warten, während ich mich mit dieser Fremden befasste.

»Tut mir leid . . . ich glaube nicht, dass ich Sie kenne«, setzte ich an, und meine Gereiztheit war nicht zu übersehen. Mrs Gifford stellte sich vor, worauf ich sie bat, Platz zu nehmen, bis ich die Formulare ausgefüllt hätte. Sie muss mich für schrecklich ungehobelt gehalten haben. Ich gebe zu, dass ich mich nicht von meiner besten Seite gezeigt habe. Nachdem der Buchhalter gegangen war und wir eine Tasse Tee miteinander getrunken hatten, wartete ich darauf, dass dieser Anstandsbesuch ein Ende finden und Mrs Gifford endlich gehen würde. Aber ausgerechnet in diesem Moment sagte sie strahlend: »Sollten wir nicht vielleicht mit dem Interview beginnen?«

Moment mal, sagte ich mir, welches Interview? Wollte sie mich interviewen? Ich beschloss, es sei ihre Sache, mir ein Stichwort zu geben. Das bekam ich schnell genug, als sie mir eine dicke Mappe mit Zeitungsausschnitten reichte und vorschlug: »Warum sehen Sie sich die nicht so schnell wie möglich an, bevor wir das Band einschalten?« Oh weh. Wie sollte ich mich da noch rauswinden?

»Hören Sie«, sagte ich höflich, »ich glaube, hier liegt ein Missverständnis vor.«

Das fand sie überhaupt nicht komisch. Aber da sie klug und auf Draht war, ließ sie sich nicht anmerken, wie stinksauer sie wirklich war.

». . . hat mir klar und deutlich gesagt, Sie würden mich heute Morgen interviewen. Und Sie würden nächste Woche in Ihren Kolumnen über mich berichten.«

Ah ja. Plötzlich passte alles zusammen. Aber ich dachte gar nicht daran, mich tyrannisieren zu lassen, jedenfalls nicht an ebendiesem Vormittag. Ich teilte der besorgniserregend selbstbewussten Dame mit, ich hätte diesbezüglich nie die leiseste Absicht geäußert und ich hätte diese Möglichkeit auch nie mit der anderen Person erörtert. Aber da sie jetzt schon mal bei mir zu Hause sei und die Ausschnitte mitgebracht hätte, sei ich gern bereit, einen Blick darauf zu werfen. Und genau das tat ich dann auch. Diese Frau war zäh, ehrgeizig und stahlhart. Nun . . . warum nicht?

Die Zeitungsausschnitte zeigten sie auf diversen Partys in ihrem Haus, unglaublich herausgeputzt, mit sorgsam frisiertem Haar und subtil geschminkt. Ich hatte es mit einer klugen Frau zu tun, die sich viel auf sich selbst einbildete, aber nicht wollte, dass ihr Gegenüber es merkte. Ihr Motto lautete im Grunde genommen: »Bin ich nicht wunderbar?« Und das war sogar dann herauszuhören, wenn sie über all die verschiedenen sozialen Projekte sprach, für die sie sich einsetzte. Das interessierte mich, offen gesagt, nicht die Bohne. Hier waren miserables Timing und übermäßige Aufdringlichkeit eine sehr ungünstige Verbindung miteinander eingegangen.

Ich hatte gesehen, was ich sehen wollte. Gehört, was ich hören wollte. Normalerweise finde ich so großen Gefallen an gutaussehenden, intelligenten Frauen, dass ich gar nicht mehr vorgebe, meine Objektivität zu bewahren. Aber diese hier fiel mir mit ihrem Selbstbedienungsladen, der mit Material zur Eigenwerbung vollgepackt war, auf die Nerven.

Ich erwähnte sie tatsächlich in meiner Kolumne. Ich fand meine Bemerkungen zu ihrer Person fair, wenn ich auch nicht gerade ins Schwärmen geriet. Ich kam auf das Missverständnis zu sprechen. Aber ich bezeichnete sie als »eine verdammt toughe Braut«, was für meine moderne Geisteshaltung ein Kompliment ist. Mrs Gifford war sich da nicht so sicher. Nachdem sie die genaue lexikalische Bedeutung von »Braut« im heutigen Sprachgebrauch nachgeschlagen hatte, beschloss sie, dieser Begriff sei abwertend gemeint. Die Mittelsfrau muss alle Hände voll damit zu tun gehabt haben, den Fall klarzustellen. Aber das war nicht mein Problem. Und ich bedauere meinen Kommentar nicht.

Gewissensbisse treten dann auf, wenn ein hilfloser Mensch verletzt wird. Und noch dazu unabsichtlich. Wenn es sich bei diesem Menschen zufällig auch noch um jemanden handelt, den ich wegen seiner außergewöhnlichen Begabung bewundere, dann bin ich bereit, jede Strafe, die mir zugewiesen wird, anzunehmen. Ich laufe selten davor weg, Buße zu tun, wenn ich weiß, dass ich ungezogen war.

Im Falle Kishori Amonkar war ich nicht direkt ungezogen, nur ein bisschen gemein. Vielleicht noch nicht mal das. Meine Sünde bestand darin, dass ich in ›Celebrity‹ ein Porträt über sie veröffentlicht hatte, das nicht direkt ehrfürchtig war. Es war von einer Frau geschrieben worden, deren Ansichten ich respektierte. Außerdem war es ja nicht so, als hätte sie in dem Artikel fürchterliche Dinge über Kishori gesagt. Nur in den einleitenden Bemerkungen war sie ein klein wenig gehässig gewesen, das war alles. Sie hatte sinngemäß geschrieben, als sie die großartige Sängerin in ihrem Haus besucht hätte, sei ihr der Himmel nicht auf den Kopf gefallen, und die Erde hätte auch nicht gebebt. Es gab noch ein oder zwei weitere kleine Seitenhiebe, die aber mehr mit Kishors monumentalem Ego zu tun hatten als mit ihrer Musik – wer würde es wagen, daran Kritik zu üben?

Als das Interview erschien, erhielt ich einen wütenden Anruf von der Sängerin, die mich zu sich zitierte. Sie redete unzusammenhängend und war offensichtlich vollkommen außer sich. Ich versuchte, sie zu beschwichtigen. Davon wollte sie nichts hören.

»Sie kommen hierher. Ich muss mit Ihnen reden«, rief sie aus.

»Aber was haben Sie denn an dem Artikel auszusetzen? Geben Sie mir wenigstens einen Anhaltspunkt. Entsprechen die Fakten nicht der Wahrheit? Sind Sie ungenau zitiert worden?«

Kishori hörte mir nicht zu, sondern brüllte einfach nur in den Hörer. Schließlich sprudelte sie hervor: »Diese Dreistigkeit! Können Sie sich das vorstellen – dieses Mädchen hat tatsächlich mein Alter genannt. Niemand wird ihr glauben, denn ich sehe viel jünger aus. Aber wie kann sie es wagen, so etwas zu schreiben?«

Kishori war damals über fünfzig. Und es stimmte, sie sah nicht annähernd so alt aus. Ihr Ausbruch rührte mich. Das war es also – ihre Eitelkeit war verletzt worden. Ich beschloss, hinzugehen und ihr zu beteuern, dass sie nicht älter als dreißig aussah.

Als ich in meinem gewohnten Kurta-Pajama ihr Haus in der Vorstadt betrat, war nirgends eine Spur von ihr zu sehen. Stattdessen saß in einem ziemlich großen Raum eine Schar, die den Eindruck von Trauergästen erweckte – ihre Schülerinnen, wie ich später herausfand. Sie sahen mich finster an und sagten kein Wort, während wir auf das Eintreffen der Diva warteten. Minuten später kam sie hereinstolziert, stemmte die Arme in die Hüften und starrte mich an. Ich war sicher, dass sie mich verfluchen oder mich tätlich angreifen würde, denn in ihren Augen stand ein manischer Ausdruck. Nachdem sie mich ausgiebig von Kopf bis Fuß gemustert hatte, sagte sie spöttisch: »Ich hatte gehört, Sie seien eine sehr schöne Frau, aber sehen Sie sich mal an. Sie haben Ähnlichkeit mit einer Tuberkulosekranken.«

Ich wusste selbst, dass ich abgenommen hatte, aber eine Tuberkulosekranke? Ich war freiwillig hergekommen, und jetzt blieb mir nichts anderes übrig, als ihre Bemerkung mit einem Lächeln wegzustecken.

Vielleicht war sie auf eine solche Reaktion nicht gefasst. Sie probierte es noch einmal. »Mein Gott. Ihr Äußeres schockiert mich. Sind Sie krank? Ist Ihnen nicht wohl? Sind Sie gerade nach einer langen Krankheit wieder aus dem Bett aufgestanden?« Ihre Pupillen flackerten nervös, während sie darauf wartete, dass ich auf ihren Hohn einging.

Ich lächelte die große Sängerin unbeirrt an und sagte ihr, wie wunderbar sie aussähe.

»So?« Ihre Augen sprühten Funken. »Jetzt sehen Sie es also mit eigenen Augen. Würde jemand von mir behaupten, ich sei über fünfzig? Sehe ich etwa so aus? Die Leute sagen, ich kann unmöglich älter als fünfunddreißig sein«, brüllte sie.

»Sie haben vollkommen Recht. Offenbar hat sich meine Journalistin geirrt«, sagte ich mit ruhiger Stimme. »Aber wie alt sind Sie wirklich?«

Kishori ließ sich Zeit mit ihrer Antwort. »Siebenundfünfzig.«

»Warum sind Sie dann so verärgert darüber, dass sie das erwähnt hat?«

»Weil ich nicht so alt aussehe«, brüllte sie.

Nachdem sie das losgeworden war, schien sie sich etwas zu beruhigen. Wir kamen recht gut miteinander aus, obwohl sie mich einer lächerlichen »Gerichtsverhandlung« unterzog, bei der ihre eingeschüchterten Schülerinnen und ein furchtsam wirkender Ehemann die »Geschworenen« waren.

»Fragen Sie sie«, verlangte sie dramatisch, »lassen Sie sich von ihnen erzählen, wie sie über mich denken.«

Sie wies gebieterisch mit einem Finger auf eine ihrer verschreckten Schülerinnen, die nervös stammelnd einen Lobgesang anstimmte, der den makellosen Leumund des Gurus bestätigte, obgleich dieser nie in Frage gestellt worden war. Nachdem wir diese Runde hinter uns hatten und Kishori in ihren eigenen Augen siegreich daraus hervorgegangen war, hielt sie meine Demütigung für vollkommen und bot mir Tee an, den ich dankend annahm. Plötzlich erhob sie sich. »Ich werde persönlich einen reinen Ghee Sheera für Sie zubereiten – das setzt man rekonvaleszenten Tuberkulosekranken vor, damit sie wieder zu Kräften kommen. Sie müssen dringend zunehmen. Kosten Sie meinen Sheera und sagen Sie dann jemandem bei sich zu Hause, dass er ihn täglich für Sie zubereitet.« Inzwischen hatte sie sich offenbar davon überzeugt, dass ich schwindsüchtig war. Ich brachte es nicht übers Herz, sie zu korrigieren. Sie war so kindlich, ob in ihrer Verletztheit oder in ihrer Begeisterung.

Ich plauderte mit ihrem Ehemann, dessen Existenz ich erst jetzt wirklich zur Kenntnis nahm. Er schien in Ordnung zu sein und sich vor seiner feurigen Frau zu Tode zu fürchten.

Wenige Minuten später kehrte sie mit einer Schale heißem Sheera zurück, blieb hinter mir stehen und ließ mich nicht aus den Augen, als ich behutsam einen Löffel von dem fettigen, süßen Zeug zum Mund führte. Ich wagte nicht, ihr zu sagen, dass ich eine Aversion gegen alles allzu Gehaltvolle und allzu Süße hatte. Ich war in Versuchung, eine kleine Geschichte darüber zu erzählen, dass ich mich im Lauf der Jahre konsequent geweigert hatte, ein Stück von meiner eigenen Geburtstagstorte zu essen, weil meine Geschmacksknospen gegen diesen Anschlag rebellierten. Der Sheera war köstlich – wie hätte es auch anders sein können, wenn man die erstaunlichen Zutaten und die Klumpen hausgemachten Butterfetts bedachte, die darin schwammen? Ich flehte stumm, doch sie hatte kein Erbarmen. Ich glaubte, an dem klebrigen Zeug zu ersticken. Sie wollte nichts davon hören. »Das tut Ihnen gut«, schnatterte sie wie eine Glucke. »Machen Sie schon, runter damit, ich fülle Ihre Schale nach.«

Glauben Sie mir, V. C. Shuklas Drohung erschien mir in dem Moment gnädiger. Dem, was ich hier durchmachte, hätte ich es vorgezogen, öffentlich am Flora Fountain aufgehängt zu werden. Kishori hatte doch noch eine Möglichkeit gefunden, sich an mir zu rächen – und süßer hätte ihre Rache nicht sein können.

Markennamen tragen stets ein Preisschild. Es hat Gelegenheiten gegeben, bei denen ich es überhaupt nicht genossen habe, Shobhaa De, die Gestalt des öffentlichen Lebens, zu sein, und dann habe ich mich an Gavaskars Worte erinnert. Ich frage mich, ob das geschlechterspezifisch ist oder ob es Männern auch passiert. Sagen wir mal, ich esse mit meinen Kindern in einem ganz gewöhnlichen Restaurant eine Pizza. Jemand kommt auf den Tisch zu (meine Antennen nehmen einen wild entschlossenen Quälgeist augenblicklich wahr) und fragt: »Shobhaa De?« Mir bleibt gar nichts anderes übrig, als gequält zu nicken, manchmal mit einem Mund voll Pizza, der jede verbale Verständigung verhindert. Instinktiv will ich den Blick schnell wieder abwenden und die Kinder in ein Gespräch verwickeln. Der Quälgeist weigert sich natürlich, das zu kapieren. Er bleibt unbeirrt stehen und setzt zu einer hochgradig persönlichen, einseitigen Ansprache an. »Ich dachte mir schon, dass Sie es sein müssen, aber ich war mir nicht sicher. Die Fotografien, die man von Ihnen sieht, ähneln Ihnen überhaupt nicht. Ich dachte immer, Sie wären viel größer. Sind das alles Ihre Kinder? Alle miteinander? Madam ... welche Ansichten haben Sie zur Familienplanung?«

Ärgerlich, stimmt's? Aber was tut man in einer solchen Situation? Offen gesagt, ich weiß es nicht. Wie Gavaskar bin auch ich hin und her gerissen und kann mich nicht entscheiden, ob ich nichtssagend lächeln, denjenigen anfauchen, die Störenfriede ignorieren, den Rest der Pizza unberührt von mir schieben oder mich höflich entschuldigen soll. Leider bewährt sich nichts von alldem, wenn es sich um einen dickfelligen Menschen handelt.

Andererseits kann es zu absolut zauberhaften Augenblicken kommen, die sich beispielsweise in einem Zugabteil ganz spontan ergeben. Kürzlich reiste ich zweiter Klasse von Poona nach Bombay. Es war einer dieser vertrackten Vormittage, an denen nichts klappt. Ich hatte meine Fahrkarte verloren, im letzten Moment eine neue gekauft und war von meinen verlegenen Gastgebern in Poona, denen es nicht möglich gewesen war, mir einen reservierten Sitzplatz zu besorgen, feierlich verabschiedet worden. Ich hatte die Arme voller langstieliger Rosen, die mir bei einer Veranstaltung am Vorabend überreicht worden waren. Ich war vielleicht die einzige Frau in dem überfüllten Waggon. Meine Mitreisenden waren gebildete Berufstätige, von denen einige täglich nach Bombay und zurück fuhren, Pendler, die sieben Stunden für die Anfahrt und die Heimfahrt brauchten. Ich konnte ihre Blicke auf mir spüren, als ich meine kleine Reisetasche auf das Gepäcknetz stellte und mich hinsetzte, um meine Zeitungen zu lesen.

Ups – die erste, die ich aufschlug, hatte auf der Titelseite ein Foto von der Veranstaltung, zu der man mich eingeladen hatte und bei der es um Bücher ging. Ich faltete sie hastig wieder zusammen. Die Männer neben mir tauschten Blicke miteinander aus und starrten mich weiterhin aus den Augenwinkeln an.

Sowie der Zug aus dem Bahnhof fuhr, rückte der Fahrgast zu meiner Rechten von mir ab, als hätte ich eine ansteckende Krankheit. Der Typ, der mir gegenübersaß, begann ein freundliches und doch formelles Gespräch mit mir. Er sagte, er hätte erst kürzlich begonnen, meine Kolumnen zu lesen, da er achtzehn Jahre lang in San Diego gewesen sei. Wir plauderten ein Weilchen miteinander. Er war begierig darauf, zu erfahren, was ich von diversen Leuten hielt – insbesondere Arun Shourie und Khushwant Singh. Wir sprachen über Shouries Ambedkar-Buch und die Kontroverse, die sich daran entfacht hatte, und allmählich nahmen auch andere Fahrgäste an unserem Gespräch teil. In dem Moment drängte sich ein junges Paar an den Reisenden vorbei, die im Gang standen. Die beiden streckten ihre Hände aus und hielten mir Autogrammbücher hin, die ich signieren sollte. Das ließ sich nicht so leicht machen, wie man meinen sollte, denn ich musste gleichzeitig aufpassen, dass der kochend heiße Kaffee aus meinen Styroporbecher sich nicht auf die Hose meines Sitznachbarn ergoss. Es war so voll im Waggon, dass es so gut wie unmöglich war, an Knien, Armen und Füßen vorbeizukommen. Und doch hatte das junge Pärchen genau das geschafft, und die beiden strahlten ebenso sehr über die Begegnung mit mir wie über die Leistung, die sie gerade vollbracht hatten, als sie die zahllosen Hindernisse auf dem Weg erfolgreich bewältigt hatten.

Ich nahm ihre Bücher entgegen und signierte sie. Sie bahnten sich einen Weg zurück zu ihrem eigenen Abteil. Minuten später wurde mir eine Nachricht zugesteckt. Darin standen schmeichelhafte Dinge über mich und ihre Namen und Telefonnummern. »Beehren Sie uns bitte mit einem Besuch bei uns zu Hause, wenn Sie das nächste Mal in Poona sind«, endete die Nachricht. Ich war gerührt. Es war eine schlichte, unschuldige Geste voller echter Herzlichkeit.

Endlich brach der Mann neben mir sein Schweigen. Er sagte steif: »Ich habe Sie auf dem Bahnhof gesehen. Ich wusste, wer Sie sind. Dann habe ich beobachtet, wie Sie in das Abteil gekommen sind. Aber ich wollte mir nicht anmerken lassen, dass ich Sie erkannt habe. Sagen Sie mir eines – wie fühlt man sich bei alldem?« Er machte eine umfassende Handbewegung und wies dann auf die Nachricht, die ich gerade erhalten hatte. Inzwischen drehte der Kaffeeverkäufer die Runde, um das Geld einzukassieren. Drei junge Männer erboten sich, für meinen Kaffee zu bezahlen. Mein Sitznachbar schnaubte missbilligend.

»Ist das nicht nervenaufreibend? Wollen Sie nicht in Ruhe gelassen werden?«

Ja und nein. Wenn man doch bloß die Wahl hätte.

Die Wahrheit ist ziemlich komplex. Ich würde lügen, wenn ich behaupten würde, es hätte mir nicht das Geringste ausgemacht, wenn an jenem Vormittag niemand meine Anwesenheit zur Kenntnis genommen hätte. Andererseits hätte ich ein kleines Nickerchen gebrauchen können. Es spielte aber auch das Gefühl mit hinein, in einer Situation gefangen zu sein, der man sich nicht so leicht entziehen kann. Einige Fragen später fühlte ich mich restlos erschöpft, obwohl mich die unverhohlene Neugier meiner Mitreisenden rührte. Zwei Wochen später erhielt ich von vier dieser Reisebekanntschaften herzliche Briefe, in denen sie zum Ausdruck brachen, wie sehr sie sich über die Begegnung gefreut hätten. Ich weiß, dass ich mich möglicherweise nicht an ihre Gesichter oder an ihre Namen erinnern werde, falls ich ihnen noch einmal über den Weg laufen sollte. Und in dem Moment werden sie verletzt und enttäuscht sein, weil sie sich noch gut an unsere gemeinsame dreistündige Zugfahrt und die lebhaften, ungezwungenen Gespräche erinnern. Auch Ernüchterung wird einsetzen, wenn sie zu der Schlussfolgerung gelangen: »Diese Leute sind doch alle gleich – hochnäsig und von sich selbst eingenommen.« Das ist die Kehrseite.

Was mich rührt, ist eigentlich nicht die Aufmerksamkeit, die mir entgegengebracht wird, und es sind auch nicht die Autogrammwünsche oder die Bitten um Fotos. Damit und mit noch viel mehr wird heute jeder sechzehnjährige VJ bei einer Chartshow konfrontiert. Die Momente öffentlicher Anerkennung, die ich zu schätzen weiß, sind jene, bei denen zumindest ein paar Leute, die mit vorgefassten Meinungen über mich zu einer Veranstaltung erschienen sind, ihre Vorurteile abgelegt haben, wenn sie wieder nach Hause gehen.

Ich würde gern glauben, genau dazu sei es an einem späten Abend gekommen, als ich das jährliche Treffen eines Verbandes für Marathi-Literatur besuchte. Diese spezielle Veranstaltung gilt nicht nur als renommiert, sondern wird auch als Feuerprobe angesehen, da sich das Publikum vorwiegend aus bestens informierten Intellektuellen aus dem Maharashtra zusammensetzt, die überaus kritisch sind und sich mit ihrem Urteil nicht zurückhalten. Sie erscheinen auf dem Schulgelände in der Vorstadt, wo dieses Treffen stattfindet, mit einer nüchternen Sachlichkeit, die keine Spur von dummem Gewäsch duldet, ganz gleich, wer der geladene Ehrengast auch sein mag. Es ist schon vorgekommen, dass sie in Scharen aufgestanden und gegangen sind, wenn der Redner sie enttäuscht oder verärgert hat. Sie haben keine Scheu, den Redner mit Zwischenrufen in die Enge zu treiben oder ihrer Erbostheit Ausdruck zu verleihen, wenn sie sich langweilen. Da diese Veranstaltung für die breite Öffentlichkeit zugänglich ist und ein großes Areal dafür bereitsteht, sorgen die Organisatoren für Mikrofone, eine schlichte Bühne mit Matratzen auf dem Boden, eine begrenzte Anzahl von Stühlen für die älteren Besucher und Bodenmatten für die Übrigen.

Der einwöchigen Veranstaltung ist auch eine Buchmesse angegliedert, die eine beträchtliche Menge von Besuchern anlockt, deren Interesse Büchern zu herabgesetzten Preisen gilt. Obwohl ich von den Organisatoren einige Informationen erhalten hatte, war ich nicht im Entferntesten darauf vorbereitet, welche Bedeutung der Veranstaltung von den Besuchern beigemessen wird, die sich Jahr für Jahr darauf freuen. Es stellte sich aber auch die Frage, in welchem Maß diese Veranstaltung »maharashtrisch« war und inwieweit das auf mich zutraf, was ich bei diesem Anlass als »ungenügend« beantwortet hätte. Wie konnte ich mich in einer Sprache, die zwar im wörtlichen Sinne meine »Muttersprache« ist, aber schon lange nicht mehr die, die ich vorwiegend verwende, umständlichen, vergeistigten Diskussionen gewachsen zeigen? Als ich mit einem der Organisatoren über meine Befürchtungen sprach, beteuerte man mir, wenn ich mich falsch ausdrückte, würde mir das niemand vorwerfen, solange das Publikum das Gefühl hätte, ich bemühte mich ernsthaft.

Auch die Frage, wie ich mich für diesen Abend anziehen sollte, beschäftigte mich. Leider ist mir dieser ärgerliche »Glamour«-Stempel schon vor allzu langer Zeit aufgedrückt worden. Wenn ich mich zu unauffällig herrichtete, würden sich die Organisatoren persönlich ein wenig betrogen fühlen. Wenn ich mich so kleidete, wie ich es tat, wenn ich abends ausging, hätte das in dieser Umgebung zu protzig wirken können. Jeder Versuch, mich so zu kleiden, wie es typisch für das Maharashtra war, hätte aufgesetzt gewirkt. Eine Hose war unangemessen. Ich entschied mich für einen Sari aus Chamoisseide und eine Samtbluse mit weiten Ärmeln. Während der Zugfahrt nach Poona war mir nur allzu deutlich bewusst gewesen, dass ich eine kanariengelbe Bluse und einen kanariengelben Schal trug, doch an jenem Abend fühlte ich mich in meinem meergrünen Sari unsicher. Ich schluckte, als der Wagen vor den Schultoren anhielt und ich die ersten Besucher forsch nahen sah, um sich gute Plätze zu sichern. Wenn ich eine Wahl gehabt hätte, hätte ich den Fahrer gebeten, umzukehren und mich wieder nach Hause zu fahren.

Das Schulgelände war mit Flutlicht ausgeleuchtet. Ich konnte das Empfangskomitee am Eingang sehen. Jetzt war es zu spät. Ich musste es auf die eine oder andere Weise überstehen. Ich begab mich ins Lehrerzimmer, wo eine Teegesellschaft stattfand. Meine Nervosität steigerte sich noch mehr, als ich den Anhängern des Marathi-Journalismus und der Marathi-Literatur vorgestellt wurde. Mein Gott. Wenn diese Menschen Zeugen meiner Vernichtung wurden, meiner öffentlichen Demütigung, dann sollte es eben so kommen. Minuten später wurde ich zu dem niedrigen Podium geführt und bereitete mich innerlich darauf vor, Harakiri zu begehen ... oder zumindest ausgebuht zu werden.

Nachdem ich umständlich und übertrieben schmeichelhaft vorgestellt worden war, wurde mir die erste Frage gestellt. Inzwischen war das Gelände brechend voll, und einige Menschen beugten sich von den Balkonen angrenzender Gebäude. Rentner waren mit Gehstöcken ausgerüstet und in dicke Schals gemummt, und in den vorderen Reihen saßen die Jüngsten, deren Augen erwartungsvoll glänzten. Zu meiner Linken drängte sich eine Abordnung der Marathi-Presse, die Stifte über Stenoblöcken gezückt. Ich fürchtete, meine Stimme würde versagen, und die wenigen Worte Marathi, die ich kannte, würden mich im Stich lassen.

Warum war meine Reaktion derart übertrieben? Ich würde schließlich keine Wahlkampfrede halten. Das waren nicht die Leser meines Wahlbezirks. Und doch war es mir sehr wichtig, an jenem Abend einen guten Eindruck auf diese Menschen zu machen – auf die Volksgruppe, zu der ich selbst gehörte. Leute, die mich danach beurteilen würden, was für ein Mensch aus mir geworden war, und nicht danach, wo meine Ursprünge lagen, also als eine von ihnen. Die Frau auf dem niedrigen Podium hatte Ähnlichkeit mit einem außerirdischen Geschöpf und war es vermutlich auch. Das würden sie sofort erkennen, und sie würden mich dafür hassen. Irgendwie war dieser Abend in meiner Vorstellung nicht nur eine Veranstaltung unter vielen, es war ein Test, dem ich mich unterzog. Würde mein eigenes Volk mich akzeptieren oder würde es mich ablehnen? Ich fühlte mich in jeder Hinsicht gehemmt und nervös. Es begann schon mit meinem Äußeren – hatte ich mich zu sehr herausgeputzt? Vielleicht hätte ich keine Ringe tragen sollen? Vielleicht zeigte ich viel zu viel Haar? Und die Absätze – ich wusste, dass flache Schuhe angebrachter gewesen wären. War meine Haltung in Ordnung? Eine Ewigkeit war vergangen, seit ich das letzte Mal im Schneidersitz auf einer dicken Matratze gesessen hatte.

Meine Stimme war kaum zu hören, als ich den Mund aufmachte. Außerdem überschlug sie sich. Das Mikrofon wurde eingepegelt, und ich fing noch einmal von vorn an. Ich konnte die Befürchtungen der Organisatoren deutlich fühlen. Mein Marathi klang wacklig und gestelzt. Sogar die einfachsten Formulierungen weigerten sich, mir locker über die Lippen zu gehen. Ich stolperte über den Grundwortschatz des Alltags. Es würde eine Katastrophe werden.

Weitere Fragen folgten. Und plötzlich klingelte es bei mir. Das war einfach lachhaft. Ich benahm mich wie der letzte Idiot. Was sollte dieser ganze Blödsinn? Wieso wollte ich diese Leute unbedingt »beeindrucken«? Scheiß drauf, sagte ich mir. Sei, wie du bist – sprich Englisch, wenn dir wohler dabei ist. Sei ehrlich. Sei wahrhaftig. Sei du selbst. Sag dem Publikum, dass dein Marathi beschissen ist. Und nimm das hin, was du dir damit einhandelst – Buhrufe, Hohn und Spott.

Das war, wie sich herausstellte, eine kluge Entscheidung. Eineinhalb Stunden später schwitzte ich zwar vor lauter Stress, aber ich war glücklich. Ich hatte eindrücklich gesprochen, und was ich gesagt hatte, war von Herzen gekommen. Man kann nichts falsch machen, wenn man sich an dieses simple Prinzip hält. Für mich bewährte es sich an jenem kühlen Abend. Und seitdem hat es sich immer wieder bewährt. Mit anderen Worten, niemand buhte mich aus. Alle blieben.

Das »Berühmtheitssyndrom« blähte sich mit dem Eintreffen des Satellitenfernsehens zu einer landesweiten Manie auf. Andy Warhols unsterbliche Prophezeiung, jeder würde seine fünfzehn Minuten Ruhm bekommen, begann sich zu erfüllen. Bis vor nicht allzu langer Zeit gab es in Indien nur drei Kategorien von Berühmtheiten: Filmstars, Kricketspieler und Politiker. In den späten Achtzigern waren Schönheitsköniginnen und Supermodels dazugekommen. Als die Neunziger anbrachen, wurden Popstars, VJs und die Moderatoren von Talkshows in farbigen Wochenendbeilagen von der Presse und in zahllosen Kabelsendern gefeiert. Jeder kleine Sonstwas beanspruchte Ruhm für sich. Wenn die alte Ordnung sich dagegen sträubte, nutzte ihr das überhaupt nichts, denn Teenager, die so gut wie nichts anhatten, stürmten an Ikonen von eigenen Gnaden vorbei und hängten sie lässig ab. Sie brachten es auf die Titelblätter von neuen internationalen Edelpublikationen voller Werbung für unbezahlbare Schweizer Uhren, französische Parfums, amerikanische Kosmetikartikel, britische Lingerie und deutsche Autos.

Davon profitierten vor allem Jugendliche, die gerade erst die Highschool abgeschlossen hatten und gescheit, rotzfrech, aggressiv und begabt waren. So war es nicht immer. Früher hatte man es tatsächlich mit Erwachsenen zu tun, auch wenn es heute noch so schwerfällt, das zu glauben. Ich erinnere mich an den Schock, den ich kürzlich bei Werbeaufnahmen bekam. Der verantwortliche Artdirector war ein Einundzwanzigjähriger aus dem Maharashtra, der so erschreckend selbstsicher war, dass es mir den Atem verschlug. Offenbar verstand er sein Handwerk, wusste genau, was der Kunde verlangte, und war kompetent genug, um während der drei Tage, die wir im Studio verbrachten, das Sagen zu haben. Auch andere im Team waren unter dreißig – ein Regisseur mit Pferdeschwanz, der bereits Preise gewonnen hatte, eine Stylistin, die in Paris gearbeitet hatte, ein Haarexperte, der sich alles selbst beigebracht hatte, und zahllose kluge junge Kerlchen, die ihr Handwerk verstanden und bei den Aufnahmen weder Zeit noch Geld noch Energie vergeudeten. Sie waren coole Kunden, geschäftsmäßig und professionell, und sie hatten es eilig, ihre Arbeit zu Ende zu führen und in die Disco zu gehen.

Mir gefiel ihre Energie, aber vor allem gefielen mir ihre Effizienz und ihr Selbstvertrauen. Es war geradezu lehrreich für mich, sie bei der Arbeit zu sehen. Besonders amüsant war der Anblick zwanzig männlicher Augenpaare, die nach jedem Take einen Fernsehbildschirm anstarrten. Sie betrachteten keine Frau – sie sahen lediglich die Anwendung des Produkts, das sie vermarkteten. Ich hätte am liebsten gewimmert: »Aber was ist mit mir? Zähle ich denn überhaupt nicht?« Ich sparte mir den Atem. Ich kannte die Antwort. Ich war nichts weiter als der Name, an dem sie ihre kostspielige Werbekampagne aufhängten. Sie behandelten mich konsequent respektvoll, aber absolut unpersönlich. Als die Mittagspause kam, schnappte sich jeder einen Teller, stellte sich bei der Essenausgabe an, aß schweigend, wusch sich die Hände und ging wieder an die Arbeit.

Ganz anders als in den alten Zeiten, als wir zwischen den Aufnahmen herumsaßen, plauderten und lachten. Beziehungen entstanden, und es entwickelten sich langjährige Freundschaften, die mir noch heute etwas bedeuten. Ich erinnere mich insbesondere an zwei Drehs – der eine in Aurangabad mit Zeenat Aman und Asha Puthlie, der andere in Agra, ebenfalls mit Zeenat. Sie dienten dazu, Taj Tea auf dem Markt einzuführen (ja, genau den Tee, der heute von Ustad Zakir Hussain mit »Wah« oder »Aah« kommentiert wird). Asha Puthlie war ein echter Freigeist, ein wahres Kind der Sechziger. Unbezähmbar, hemmungslos und auf Abenteuer aus, mit einem Körper wie eine Ellora-Skulptur, ziemlich dunkler Haut, schelmisch funkelnden Augen und einer unkonventionellen Garderobe. Sie hätte mühelos der größte aller Popstars werden können, wenn sie nicht aus reiner Dummheit alles hingeworfen hätte. Das Talent dazu besaß sie. Sie bekam ihre Chancen. Was ihr fehlte, war Disziplin.

Als wir nach Aurangabad flogen, war sie eine bekannte Jazzsängerin mit einem gewissen Ruf. Wir würden uns ein Zimmer teilen, eine Aussicht, die mich nach den ersten Begegnungen mit Beklommenheit erfüllte. Ashas Energiepegel ist für diejenigen unter uns, die nicht mit einem ähnlichen Überschuss gesegnet sind, nämlich fast schon erschreckend. Sie kann mit einem solchen Kraftaufwand reden, lachen, singen, tanzen, weinen und sich freuen, dass es einen umhaut. Ich vermute, die Agentur wollte für ihren Spitzentee mit zwei ganz unterschiedlichen Ansätzen werben, der eine sehr indisch, der andere sehr westlich. Asha und ich wurden für das erstere Image fotografiert.

Da es damals niemanden gab, der uns schminkte und frisierte, mussten wir uns selbst herrichten, so gut wir es eben konnten. Ich hatte inzwischen etwas mehr Routine und behalf mir mit dem, was gerade da war, darunter auch Plakatfarben, Kreidepulver, industrieller Goldstaub, Talkpuder, Klebstoff und eine Auswahl an schlecht gearbeiteten Haarteilen und Perücken um der Abwechslung willen. Asha, die früher für BOAC geflogen war – unter diesem Namen war British Airways damals bekannt –, erschien mit einem Kosmetikkoffer voller importierter Ware. Auch Zeenat hatte eine beeindruckende Sammlung von Kosmetikprodukten dabei. Während wir uns für die Aufnahmen anzogen, war Asha hilfreich, herzlich und großzügig. Sie drängte mich, mir aus ihrem Koffer alles, was ich wollte, ins Gesicht zu klatschen (ich lehnte ab), und wir begaben uns an den Drehort. Der anwesende Bonze der Werbeagentur war ein aufgeblasener Bengale mit intellektuellen Ambitionen. Er war so hässlich wie eine vollgefressene Kröte und versuchte sein grauenhaftes Äußeres damit wettzumachen, dass er mit seinem Wortschatz angab. In Zeenat, die sich nicht nur erschreckend gut ausdrücken konnte, sondern auch beim Scrabble und in Buchstabierwettbewerben gewann, fand er einen würdigen Herausforderer. Der Werbebonze schien von ihrem Busen mindestens so tief beeindruckt zu sein wie von ihrem Können auf anderen Gebieten. Sinnlicher hatte man Zeenat nie zuvor erlebt. Es versteht sich von selbst, dass die Kröte die Aufnahmen mit ihr liebevoll überwachte und sie die Werbekampagne am Ende an sich riss.

Das störte weder Asha noch mich. In dieser Branche wimmelte es von Amateuren und Stümpern. Wir alle taten so, als seien wir Profis, und verdienten doch so gut wie nichts mit unseren Bemühungen. Werbebonzen haben sich in der Zwischenzeit nicht allzu sehr verändert. Sie sind immer noch eingebildet, hochnäsig und unausstehlich.

So wie dieser fette Kröterich eines Abends, als er Asha zu einem Striptease aufforderte ... und sie bereitwillig ihr Einverständnis gab. Minuten später kam sie in unser Zimmer gestürzt, um sich umzuziehen, wie sie behauptete, und als sie sich wieder dem Werbebonzen zeigte, war ihr Körper von Zeitungspapier bedeckt, das sie in winzige Streifen riss, wobei sie schmachtend vor sich hin summte. Als sie das Zeitungspapier bis weit über ihre Knie zerrissen hatte und der Kröterich schon fast sabberte, schwenkte sie die Streifen unter seiner Nase und sagte liebreizend: »So ... da hast du deinen Striptease. Hier sind die Streifen (strips), und ich bin diejenige, die dich an der Nase herumführt (tease).« Er tat so, als hätte er den Witz begriffen, und lächelte verkrampft, während sie in unser Zimmer zurückkehrte, sich aufs Bett fallen ließ und sich kaputtlachte.

Auf jede Runde, die eine »Berühmtheit« gewinnt, kommen zehn absolute Reinfälle. Ich habe gesehen, wie die »Namen« von gestern von neueren, auffälligeren Herausforderern gedemütigt wurden. Und ich habe den Schmerz und die Gier in ihren Augen gesehen. Die »Ruhmspritze« ist schlimmer als jede Droge. Es gibt keine Rehazentren für gefallene Engel auf Entzug. Man muss sich damit abfinden, dass auf jeden Rausch die Ernüchterung folgt, auf jedes »High« ein Absturz. Und man sollte sich nie in eine Situation bringen, die ausschließlich bedeutungslosen Niemanden vorbehalten ist, die sich wichtigmachen und ständig die eine Frage stellen, die eine wahrhaft berühmte Person niemals zu stellen braucht: »Wissen Sie, wer ich bin?« Schätzchen, wenn du es nötig hast, diese Frage zu stellen, kannst du unmöglich jemand sein, der wichtig ist. Man möchte sich vor Scham winden. Sich übergeben. Aber es passiert immer wieder. Und manchmal klappt es sogar.

Am besten geht man mit sogenannter »Berühmtheit« um, indem man sie ignoriert. Mit etwas Glück verschwindet sie. Aber nicht jeder hat so viel Glück. Wenn man sie nicht abschütteln kann, nimmt man sie eben in Kauf. Und bleibt locker. Hauptsache, man lechzt nicht danach. Und blickt nicht zurück. Denn wenn man sich über die Schulter schaut, sieht man schon den nächsten Möchtegern am Anfang einer langen Schlange von Ruhmsüchtigen. Von diesem Pack will man sich doch nicht einschüchtern lassen. Es riecht nämlich äußerst unangenehm nach nervösem Schweiß.

Als Sudip Mazumdar von ›Newsweek‹ nach Bombay kam, um mich zu interviewen, traf er mit der üblichen vorgefassten Meinung ein. Die Frau, der er begegnete, hatte jedoch so gut wie nichts mit seiner Version oder Vision von ihr zu tun. Als er sich nach ein paar Stunden endlich traute, es in Worte zu fassen, sagte er: »Ich hatte erwartet, eine Frau zu treffen, die um die Mittagszeit aufwacht, in Rosenwasser badet und sechs Zofen hat, die mit einem Dutzend kompletten Garderoben zur Auswahl bereitstehen.«

Wäre das nicht ein schönes Leben, sagte ich lachend, aber meines sieht leider nicht so aus.

War er enttäuscht, anstelle einer Traumfrau, die mit beneidenswerter Dekadenz ein überspanntes Luxusleben führt, eine ganz normale, gewöhnliche, berufstätige Mutter anzutreffen?

Nein. Erleichtert.

Seitdem sind wir befreundet.

Sudip war einfühlsam genug, sofort zur Sache zu kommen und das Interview durchzuführen. An jenem Tag trug ich eine Bluse meiner Tochter Radhika oder, genauer gesagt, ein Hemd, das ihr damaliger Freund meinem Mann geschenkt hatte. Mit einem düsteren graubraunen Batikmuster. Ungeschminkt. Holzaccessoires. Sachlich und nüchtern. Er führte das Interview im Konferenzraum eines Luxushotels. Und ich sah mehrmals aus dem Augenwinkel auf die Uhr an der Wand, geschäftsmäßig und unpersönlich. Sein Tonfall stand meinem in nichts nach. Ja, ich wusste, dass dieses Interview für ›Newsweek‹ war. Ich hatte mich darauf vorbereitet. Aber ich war entschlossen, nicht noch einmal in dieselbe alte Falle zu tappen und als »die indische

Jackie Collins« abgestempelt zu werden. Ich tappte tatsächlich nicht hinein.

Solche Verbindungen werden immer seltener. Im März 1998 tauchte das Kamerateam eines Musikkanals unangemeldet zu einem spontanen Interview bei mir auf. Ich hätte die drei Männer rauswerfen und einen anderen Termin mit ihnen vereinbaren können. Aber das hätte mich neuerliche Anstrengungen gekostet. Daher beschloss ich, es irgendwie über die Bühne zu bringen.

»Tun Sie etwas total Bekloppptes. Etwas, was kein Mensch mit Ihnen in Verbindung bringt«, schlug der junge Produzent vor, und sein kahl rasierter Schädel schimmerte in der Abendsonne.

»Was zum Beispiel?«

Er brauchte keine Minute, um sich etwas einfallen zu lassen. »Nehmen Sie einen Besen und kehren Sie den Fußboden ... oder ... oder ... stauben Sie im Wohnzimmer die Möbel mit einem Staubwedel ab ... oder ... oder ... springen Sie aus einer Wäschetruhe ... Hauptsache, es ist etwas, was nicht Ihrem Image entspricht ... aber ... aber ... ich meine, Hauptsache, Sie sehen nicht unglaublich sexy aus, das ist alles.«

Ich ging auf keinen seiner absurden Vorschläge ein. Ich ließ mir selbst etwas einfallen.

Als ich versuchte, Arundhati und Anandita zu überreden mitzumachen, sträubten sie sich mit Haut und Haar.

»Meine Kinder verkaufen sich immer teuer«, scherzte ich.

Er zog die Augenbrauen hoch und fragte schelmisch: »Tja ... ich frage mich, von wem sie *das* wohl haben.«

An manchen Abenden schalten mein Mann und ich bereits auf Autopilot, bevor wir aus dem Haus gehen. Wir wissen, was wir über uns ergehen lassen müssen. Wir werden einer Einladung aus verschiedenen Gründen Folge leisten. Uns ist vollkommen klar, warum wir uns das Bevorstehende zumuten. Wir rechnen selten damit, jemandem zu begegnen, den wir gern näher kennen lernen würden. Und ich bin sicher, dass diese Gefühle auf Gegenseitigkeit beruhen.

Das Gespräch geht selten über albernes Geschwätz hinaus. Es hilft, wenn wir im Lauf des Abends ständig in Blickkontakt miteinander bleiben und uns gegenseitig beteuern, dass wir bald wieder zu Hause sein und die grenzenlose Langeweile hinter uns zurückgelassen haben werden, die es mit sich bringt, unter Leuten zu sein, die wir nicht besonders mögen und die uns auch nicht leiden können. Wenn das denjenigen unter Ihnen, die so glücklich dran sind, sich keinen ähnlichen selbstauferlegten Folterqualen aussetzen zu müssen, absurd und überflüssig erscheint, dann seien Sie froh. Wir sind nicht in dieser glücklichen Lage. Wenn man die Art seiner Geschäfte und meiner Berufung bedenkt, scheidet ein zurückgezogenes Leben als Möglichkeit von vornherein aus.

Derzeit besteht meine einzige Schutzmaßnahme darin, mich hinter eine dicke Eisschicht zurückzuziehen, wenn ich belästigt werde oder mich unbehaglich fühle. Wenn das nicht klappt, habe ich Pech gehabt. Dann bleibt mir nichts anderes übrig, als stumm zu leiden und mir selbst zu sagen, dass es bald vorbei sein wird. Eine Journalistenfreundin, die einmal sah, wie ich mit ärgerlichen Fremden umging, bemerkte zynisch: »Du beherrschst wahrhaftig die Kunst, unliebsame Personen zu ertragen und das Ganze auch noch so aussehen zu lassen, als ginge es dir locker und ohne Mühe von der Hand.«

Wenn ich mir beigebracht habe, mich zu distanzieren, ohne andere unnötig zu verletzen, dann kann ich nur sagen, dass es mir nicht leichtgefallen ist.

Mindestens dreimal im Jahr tauchen selbsternannte »Akademiker« und »Intellektuelle« von anderswo zu ausgedehnten Interviews in Bombay auf, die dazu gedacht sind, ihnen bei der einen oder anderen unklar umrissenen Doktorarbeit zu helfen. Meistens ist der Beweggrund für ihr Erscheinen unbändige Neugier, die schon an Besessenheit grenzt. Selten gestatten sie mir, über meine eigene Arbeit zu sprechen, denn sie ziehen es vor, die Zeit zu nutzen, um mir von sich selbst und ihren Motiven für den Antritt dieser Reise zu erzählen.

Das sind wohlmeinende Menschen, Akademiker, die stolz auf

ihre Gelehrtheit sind. Was mir dann letzten Endes nahegeht, ist ihre transparente Ernsthaftigkeit. Ich darf mir nicht erlauben, die Geduld mit ihnen zu verlieren. Und ich darf mir auch nicht meine Belustigung über die naiven Fragen anmerken lassen, mit denen sie mich aushorchen. Das sind Menschen, die eine ganz andere und weitaus unkompliziertere Welt bevölkern. Ich beneide sie um ihre Ideale und um ihre hehren Ziele. Sie glauben noch an altmodische Tugenden wie die Hingabe an ihren Beruf. Sie sind von weither gekommen, beispielsweise von völlig unbekannten Universitäten in Madhya Pradesh. Und es ist ihnen Ernst mit dem Wunsch, ihr Projekt abzuschließen. Ich respektiere diese Form von Ernsthaftigkeit und nehme mir Zeit für sie – und zwar genauso viel, wie sie sich ausbitten –, obwohl ich weiß, dass alles, was schließlich bei diesen ausgedehnten Begegnungen herauskommt, aller Wahrscheinlichkeit nach schon vorher für sie feststand. Das Treffen ist eine reine Formsache. Sie wollen nichts Neues herausfinden. Sie wollen sich lediglich ihre Theorien bestätigen lassen, wenn sie auch noch so einseitig sind.

Ich erinnere mich noch an einen Professor aus Kalkutta, der im Lauf einer Woche viele Stunden mit mir verbrachte. Die Begegnungen waren in erster Linie Monologe, bei denen ich dem winzigen Gentleman, der Ähnlichkeit mit einem Vogel hatte, stumm gegenübersitzen musste, während er mir in einem wunderlichen Singsang ausgedehnte Vorträge hielt. Seine Wortwahl war archaisch. Er gehörte nicht nur einer anderen Welt, sondern auch einem anderen Jahrhundert an. Die meisten Dinge, die er sagte, waren für mich vollkommen unverständlich. Aber ich brachte es nicht übers Herz, ihm das zu sagen. Tag für Tag zog er Notizen aus seiner Aktentasche aus Kunstleder und las sie laut vor. Er hatte unglaublich lange Abhandlungen über meine Romane geschrieben und deutete Dinge in sie hinein, die überhaupt nicht beabsichtigt waren. Das war eine ergreifende und sogar eine demütigende Erfahrung. Ich fragte mich immer wieder, warum jemand wie er so viel Zeit, Mühe und Energie darauf verwandte, Recherchen zu meinen Büchern anzustellen. Wie konnte es möglich sein, dass er sich überhaupt dafür interessierte? Hatte ich diese Form von hingebungsvoller Aufmerksamkeit verdient? Die Antwort darauf war ein klares Nein. Und das sagte ich ihm auch.

Er schien verletzt und aufrichtig schockiert zu sein. Ein paar Minuten schwieg er, während ich nervös auf meine Zehen hinabblickte. Augenblicklich erkannte ich, wie töricht meine Worte gewesen waren. Ganz gleich, was ich über sein Interesse an meinen Büchern dachte – ich hätte es für mich behalten sollen und seine Gefühle nicht verletzen dürfen. Ich versuchte, meine Spuren zu verwischen, aber es war mir unmöglich, überzeugend zu klingen. Ich hätte mir selbst in den Allerwertesten treten können.

In dem Moment beschloss ich, den Zynismus, der so typisch für mich ist, bei solchen Gelegenheiten im Zaum zu halten. Ich hatte nicht das Recht, jemand anderem etwas zu verderben, das ihm so wichtig war. Das Zartgefühl des guten Professors war verletzt worden, vielleicht sogar so tief, dass es nicht in meiner begrenzten Macht stand, die Wunde wieder zu heilen. Von jenem Punkt an stimmte ich lammfromm seinen Theorien zu (und denen anderer, die folgten) und stellte nur dann etwas richtig, wenn es sogar meinem bekehrten besseren Ich zu absurd erschien, um es kommentarlos durchgehen zu lassen.

Ich erhalte ständig Anfragen von fernen Universitäten, von denen ich noch nie gehört habe und die mich auffordern, entweder dort zu erscheinen und einen Vortrag zu halten oder in eine Kooperation bei Projekten einzuwilligen, die sich auf meine Werke stützen. Beide Bitten sind schwer zu erfüllen. Ich bemühe mich wirklich, jedem Einzelnen zu antworten, der diese Form von Beistand sucht, doch meistens wird diese schlichte Geste, die der Anstand gebietet, falsch interpretiert, selbst dann, wenn ich die Angebote höflich ablehne. Ich vermute, für jemanden in, sagen wir mal, Bhatinda, ist es nicht leicht, sich eine Vorstellung von den anstrengenden Anforderungen zu machen, die das Leben in Bombay an einen stellt. Vielleicht noch schwieriger zu verstehen ist es für jemanden, der dort lebt, dass ich an meinem Esstisch arbeite und ohne Sekretärin auskomme. Oder dass ich kein Ablagesystem habe, das diesen Namen verdient hätte, nur Haufen von Plastiktüten, die meine Manuskripte, Papiere, Zeitungsausschnitte und meine Korrespondenz enthalten. Das Wiederauffinden von Informationen ist ausgesprochen kompliziert. Ich wüsste beispielsweise nicht, wie ich an alte Artikel herankommen könnte. Einmal rief mich ein Redakteur an und bat mich um ein Interview, das ich vor vielen Jahren mit Sunil Gavaskar gemacht hatte. Meine einzige Möglichkeit, das Jahr festzustellen, bestand darin, mir ins Gedächtnis zurückzurufen, wie alt meine Kinder an dem Tag waren, als Sunil für das Interview zu mir nach Hause kam. Nachdem ich das ausgerechnet hatte, ließ sich das Jahr beziffern, und das etwaige Erscheinungsdatum konnte eingegrenzt werden. Aber darüber hinaus war das tatsächliche Auffinden des Artikels ein Ding der Unmöglichkeit. Ich rief Marshneil an, Gavaskars effiziente Ehefrau. Ich wusste, dass sie Sunils Presseausschnitte emsig sammelte und sorgfältig ordnete. Aber im Lauf der Zeit hatte sich, wie sie mir sagte, ein solcher Berg angesammelt, dass selbst sie sich bei allem guten Willen geschlagen geben musste.

»Die alten Zeitungsausschnitte liegen in diversen Schränken«, sagte sie voller Verzweiflung. »Ich werde versuchen, meine Nichten dazu zu bringen, dass sie sie durchsehen, aber ich kann nichts versprechen.«

Bei mir sieht das alles noch viel schlimmer aus. Sunils Presseberichte sind wahrscheinlich weit verstreut, aber wenigstens sicher aufbewahrt, wogegen meine überall in Kartons ohne Aufschrift und in Plastiktüten herumliegen. Soweit ich weiß, könnte all das längst feucht und ein einziger Matsch geworden sein. Oder achtlose Hausangestellte könnten alles weggeworfen haben. Hilfreiche Freunde fragen sich immer wieder, warum ich nicht eine Teilzeitkraft beschäftige. »Du kannst es dir schließlich leisten«, heben sie schnippisch hervor. Klar kann ich das. Aber will ich an Tagen, an denen ich lieber als totale Schlampe in einem ausgeblichenen Kaftan, mit Öl in den Haaren und ohne konkrete Pläne herumlaufe, wirklich eine fremde Person um mich haben, die auf meine Anweisungen wartet? Ich würde die

Anwesenheit dieser Person als äußerst störend empfinden und mir aus reiner Rücksichtnahme auf ihn oder sie unnütze Beschäftigungen einfallen lassen. Das ist der große Haken, wenn man selbständig ist und sich entschlossen hat, zu Hause zu arbeiten. Da unsere häusliche Umgebung alles andere als geschäftsmäßig ist, fällt es schwer, dort strenge Regeln aufzustellen und sich daran zu halten. Noch schwieriger ist es, eine unbeteiligte, sachliche Miene aufzusetzen und die Dinge anzupacken, wenn um einen herum das Chaos tobt. Meine Kinder denken sich nicht das Geringste dabei, mich mitten im Satz zu unterbrechen oder von mir zu verlangen, dass ich bei ihren kleinen Streitigkeiten den Schiedsrichter spiele, auch dann nicht, wenn ich mich anstrenge, eine unpersönliche Arbeitsatmosphäre aufrechtzuerhalten. Und unser Hund trägt nur noch mehr zu dem ganzen Durcheinander bei.

Besucher, die zum ersten Mal kommen, sind entgeistert, wenn unser Boxer hereingestürmt kommt, um sie überschwänglich zu begrüßen. Er ist ein freundlicher Kerl, aber das weiß nur ich. Ein Journalist, von dem ich später erfuhr, dass er Todesängste vor Hunden hatte, weil er in seiner Kindheit von einem besonders heimtückischen Exemplar gebissen worden war, hätte beinah einen Herzstillstand erlitten, als King Tuts beschloss, seine Zuneigung zu zeigen, indem er sich dem armen Mann auf den Schoß legte. Als ich aus meinem Zimmer kam, um den Besucher zu begrüßen, fand ich einen aschfahlen jungen Mann vor, der vor Furcht erstarrt war. Offenbar hatte er vollständig aufgehört zu atmen und lief rasend schnell blau an. Wenn ich mir mit meinem Erscheinen auch nur ein paar Sekunden mehr Zeit gelassen hätte, hätte ich ihn wohl ohnmächtig vorgefunden. Er blieb fast eine halbe Stunde lang in einem mehr oder weniger katatonischen Zustand, während Tuts fröhlich umherlief und ihn beschnupperte, ohne auch nur wahrzunehmen, was er dem armen Kerl angetan hatte.

Deutsche Autoren und Kamerateams sind ungeheuer eingenommen von dem Hund, weil sie der Überzeugung sind, dass alle Boxer im Grunde ihres Wesens deutsch sind. Sie reden

Deutsch mit Tuts und freuen sich gewaltig, wenn er mit seinem Stummelschwanz wedelt. »Sehen Sie, er versteht jedes Wort«, rufen sie triumphierend aus. Ich bringe es nicht übers Herz, ihnen zu sagen, dass dieser Hund viel zu dumm ist, um etwas anderes zu tun, als breit zu grinsen und zu bellen. So fotogen, wie er ist, stiehlt er mir bei gemeinsamen Fernsehauftritten mühelos die Schau. Tatsächlich ist er so eingebildet, dass er annimmt, die Kameras und Lichter gälten allein ihm, und oft springt er in die Höhe und leckt in seiner Begeisterung das Objektiv ab. Ich bin sicher, dass eine Zeit kommen wird, zu der all diese Fernsehwallahs zu uns nach Hause kommen, Tuts ablichten und mit einem höflichen Nicken in meine Richtung wieder gehen werden.

Meine jüngeren Kinder lehnen diese Besuche ab und bringen mich oft in große Verlegenheit damit, dass sie ihren Unwillen deutlich bekunden. Mir machen diese Besuche auch keinen Spaß, aber ich bin mir im Klaren über ihren Stellenwert im Kontext dessen, was ich tue. Und ich versuche, mich als einigermaßen kooperativ und freundlich zu erweisen. Nicht so meine Kinder. Sie sehen überhaupt keinen Grund, weshalb sie Fremde in unserem Haushalt dulden sollten, obwohl ich mich aktiv bemühe, an Feiertagen sämtliche Interviewer fernzuhalten und diese Kontakte auf die Stunden des Tages zu beschränken, die sie in der Schule verbringen. Eine meiner Töchter (Arundhati) dachte sich, als sie jünger war, gar nichts dabei, in die Rolle des Artdirectors zu schlüpfen. Als Clive James seine Kameraausrüstung für seine Serie ›Postkarten aus Bombay‹ in unserem Wohnzimmer aufbaute, teilte meine Tochter dem Team des Fotografen mit, denselben Blickwinkel und denselben Hintergrund hätten schon ein Dutzend anderer ausländischer Fernsehsender gewählt. Sie deutete auf eine andere Ecke des Zimmers und sagte: »Warum stellt ihr eure Lichter nicht dort auf? Da hat schon eine Weile keiner mehr Fotos gemacht.« Dem Himmel sei Dank für Menschen mit Humor, denn sie war noch lange nicht am Ende, sondern erzählte ihnen, welche Sorte Fragen mir im Allgemeinen gestellt wurden, und fügte hilfreich hinzu: »Meine Mutter langweilt sich schrecklich, wenn sie die beantworten soll. Ich hoffe, Sie fragen sie mal was anderes.« Die Rechercheassistenten von Mr James, die in ihrem Job einsame Spitze sind, versicherten ihr, sie würden darauf achten, dass ihre Fragen ganz anders als sonst ausfielen.

Das war mal ein Interview, das mir wirklich Spaß machte. Ich mochte Clive James (viele, die er interviewt, mögen ihn nicht). Mir gefiel sein abgefahrener Humor und auch die Energie, mit der er seine Arbeit anpackt. Ursprünglich war ich gebeten worden, ihn durch Bombay zu begleiten und die Dokumentation mit einem laufenden Kommentar zu unterlegen. Es als witzige, verschwörerische Plauderei aufzuziehen. Das widerstrebte mir in zwei Punkten – ein erschreckender Terminplan, der von mir verlangte, Mr James in ferne Vororte zu begleiten, und, was noch entscheidender war, an der Form von Veräppelungen beteiligt zu sein, für die er berüchtigt ist. Mir soll es recht sein, wenn er sich über unser Volk und dessen Schwächen lustig macht. Und ich finde es auch in Ordnung, wenn ich das von mir aus tue. Aber es kam mir nicht richtig vor, mich mit einem Briten zu verbünden (selbst wenn er in Australien geboren ist) und als jemand angesehen zu werden, der sich auf seine Seite schlägt und gemeinsam mit ihm die Inder verulkt. Ich glaube, dass ich die richtige Entscheidung getroffen habe.

Ich muss gestehen, dass ich mir, als ich Clive James kennen lernte, nicht über den Sonderstatus bewusst war, den er in der Welt des Fernsehens einnimmt. Ich dachte, er sei nichts weiter als ein auffallend fröhlicher Kerl, dem es schwerfiel, mit der Hitze in Bombay fertig zu werden. Es hatte mir Spaß gemacht, seine Rechercheassistenten kennen zu lernen, und ich hatte mein Vergnügen an ihnen gehabt. Während die Scheinwerfer aufgestellt wurden, kamen Mr James und ich miteinander ins Gespräch. Er berichtete mir von seinen Missgeschicken in der Stadt, darunter auch ein irrsinnig komischer Tag, den er als Statist bei den Dreharbeiten zu einem extravaganten Hindi-Film verbracht hatte. Er hatte ganz unten angefangen und sich im Büro des Unternehmens vorgestellt, das Produzenten mit jungen Künstlern versorgte. Und er hatte gemeinsam mit den hungrigen Desperados ausgeharrt, deren Tageseinnahmen davon abhingen, ob ihre Dienste erforderlich waren oder nicht. Da es sich bei dem Film, für den Mr James schließlich engagiert wurde, um ein Kostümdrama handelte und seine »Rolle« darin bestand, innerhalb der ersten drei Minuten zu sterben, war der Auftrag nicht allzu schwierig für ihn, obwohl er sich in ein bizarres Kostüm zwängen und sich einen gigantischen Schnurrbart in Form eines Fahrradlenkers über die Oberlippe kleben musste. Wenn man bedachte, dass er derartiges Zeug zwanzig Jahre lang auf der ganzen Welt getan hatte, hing es ihm dann nicht zum Hals heraus? Wie schaffte er es immer wieder, auf Knopfdruck in eine Rolle zu schlüpfen? Das sollte ich bald herausfinden.

Seine Fragen an mich, die ihm so glatt und so »spontan« über die Lippen kamen, waren ihm von seinen effizienten Assistenten vorgesagt worden. Minuten, bevor die Kameras einsatzbereit waren, traf er bei mir ein, wischte sich den Schweiß von der klatschnassen Stirn und zeigte sich ohne lange Vorrede sofort von seiner professionellen Seite. Sein Ausdruck vor der Kamera war voller Belustigung und Interesse. Das war eine Technik, die er meisterlich beherrschte. Als die Worte »Wir sind auf Sendung« ertönten, verwandelte sich sein Gesichtsausdruck wie durch Magie, und er verwickelte mich in einen anscheinend ernsthaften Dialog, bei dem es sich in Wirklichkeit um nichts weiter handelte als ein paar Sätze, die er Sekunden zuvor auf den Stichwortgeber eingescannt hatte. Das war echte Professionalität, sagte ich mir verwundert, während ich beobachtete, wie er diese Nummer abzog. Absolut beeindruckend. Während wir uns zwischen den Aufnahmen unterhielten, fand ich heraus, dass er gemeinsam mit Germaine Greer das College besucht hatte. Ich erwähnte, wie sehr ich sie als Frau bewunderte und wie privilegiert ich mich fühlte, weil ich die Gelegenheit gehabt hatte, sie ein wenig kennen zu lernen, als sie einen Workshop in Bombay veranstaltet hatte. Mr James zuckte mit den Augenbrauen und sah mich mit einem Blick an, der besagte: »Jedem das Seine. Aber ich bin kein Fan von ihr.«

Ich begann seine Gründe zu verstehen, als ich ein paar Jahre später in London zufällig eine besonders grausame Fernsehshow sah, in der die Greer von Andrew Neil interviewt wurde. Es war eine Sendung, die sich ›This Is Your Life‹ nannte, wenn ich mich recht erinnere. Und ich war entschlossen, sie nicht zu verpassen. Worauf ich nicht vorbereitet war, das war der Inhalt. Diese Sendung zieht einen nackt aus und legt durch einen ganz simplen und doch verheerenden Einfall jeden Fehler und jede Schwäche bloß. Das Team, das mit den Recherchen beauftragt ist, schwärmt in die entlegensten Winkel der Erde aus und spürt Angehörige, Freunde, frühere Partner, Geliebte, Feinde, Rivalen und allerlei Geister aus der Vergangenheit desjenigen auf, der in der Sendung interviewt wird. Diese Personen werden auf Video aufgenommen, wenn sie in einem lockeren Unterhaltungston freimütig über die jeweilige Persönlichkeit reden. Der Interviewte erfährt nicht vorab, an welche Personen man herangetreten ist und was diejenigen gesagt haben.

Neil stellt eine präzise Frage wie: »Hatten Sie ein gutes Verhältnis zu Ihrer Volksschullehrerin?«

Und die Greer strahlt. »Ein tolles Verhältnis. Das waren wirklich wunderbare Jahre.« Die Kamera schwenkt auf die Lehrerin, und eine Aufnahme, die zuvor in irgendeinem Winkel von Australien aufgezeichnet wurde, wird eingeblendet. Und diese Lehrerin erzählt von einer grauenhaften Begebenheit während der Schulzeit der Greer. Aber es kommt noch viel schlimmer.

»Haben Sie jemals bei einer Orgie mitgemacht?«, wirft Neil der Greer an den Kopf.

Und die erwidert: »Nein, nie. Also, das heißt . . . es kann schon sein, dass ich in Amsterdam mal mit einem Freund losgezogen bin, der fand, ich sollte mich mal in der Szene umsehen.«

Schnitt zu Xaviera Hollander, der berüchtigten Puffmutter und Kolumnistin von ›Penthouse‹, die mit Nachdruck sagt: »Germaine hat laufend Orgien besucht. Ich kann mich noch erinnern, dass sie zahllose junge Männer in dunkle Zimmer abgeschleppt hat.«

Am Ende dieser Stunde war die Greer am Boden zerstört, von jeder einzelnen Person, die sich entschieden hatte, mit ihren Ansichten über die Autorin an die Öffentlichkeit zu gehen, zerstampft, zu Brei geschlagen und in der Luft zerrissen worden. Nicht ein einziger Mensch hatte etwas Positives über sie zu sagen gehabt, noch nicht einmal eine Nichte, von der die Greer behauptet hatte, sie möge sie sehr gern.

»Meine Tante denkt noch nicht einmal an Weihnachten an uns«, hatte das kleine Mädchen genörgelt.

Auch ich war am Boden zerstört. Nicht etwa von der Gehässigkeit dieser Attacken, sondern davon, wie sehr sich die Greer in die Defensive hatte drängen lassen. Das war nicht die Frau, bei der ich mich wie ein Groupie benommen hatte. Diese Person trug zu viel Lippenstift und war viel zu aufgedonnert, aber noch schlimmer war, dass sie das Blaue vom Himmel herunter log und bei jeder Lüge ertappt wurde. Das war demütigend. Und es war furchtbar. Ich krümmte mich und litt, und ich hasste Andrew Neil dafür, dass er meine Heldin auseinandergenommen und in Schutt und Asche gelegt hatte.

Warum musste sie lügen? Ausgerechnet sie? Sie, das große Vorbild für eine Generation von Frauen auf der ganzen Welt. Die einzige Person weit und breit, die es sich leisten konnte, ganz und gar sie selbst zu sein, der Wahrheit ins Gesicht zu sehen, sie schamlos herauszuschreien und sich nicht das Geringste daraus zu machen, ob sie sich jemandem von ihrer besten Seite zeigte. Ehrlich zu sein und sich zu ihren Fehlern und Schwächen zu bekennen. Ich hätte geglaubt, die Greer sei zu groß, um sich auf eine derart erbärmliche Ebene herabzulassen, auf der sie lustvoll von einem Mann entblößt wurde, dessen eigener Leumund schmierig und fragwürdig war. Sie war nicht auf Publicity angewiesen. Sie hatte es nicht nötig, sich zu rechtfertigen. Sie hatte es nicht nötig, Bereiche ihres Lebens zu erklären oder zu verteidigen. Oder zumindest hatte ich das geglaubt.

Ich frage mich immer noch, warum sie sich das zugemutet hat. Aber meine Bewunderung für die Greer ist so groß, dass ich es vorziehe, sie weiterhin so in Erinnerung zu behalten, wie ich sie während ihres kurzen Aufenthalts in Bombay erlebt habe, als sie sich entweder sehr gelangweilt hat oder tatsächlich so freundlich war, Zeit für einen Fan zu erübrigen, der mit weit aufgerissenen Augen an ihren Lippen hing, um sich bloß kein Wort entgehen zu lassen, und der sie eifrig durch die Gänge von überfüllten Basaren begleitete, während die kräftige indische Sonne durch ihren Baumwollrock strömte und keinerlei Ungewissheit darüber bestehen ließ, dass sie darunter keine Unterhose trug.

Ich fragte mich auch, was Steven Seagal wohl unter seinen voluminösen ockergelben buddhistischen Gewändern trug, als ich ihn 1995 auf der Premiere seines Films ›Alarmstufe: Rot‹ kennen lernte. Das war, bevor er zum Lama oder zur Inkarnation eines Lamas erklärt worden war. Zu der Zeit war er lediglich ein Möchtegernbuddhist, der sich seinen Lebensunterhalt zufällig damit verdiente, auf der Leinwand Wirbelsäulen auf seinem Knie zu zerbrechen. Die Premiere wurde von einer Abendzeitung gesponsert, und ich war aufgefordert worden, als Gast zu erscheinen, dessen Aufgabe ausschließlich darin bestand, dafür zu sorgen, dass der Ehrengast (Seagal) sich nicht schrecklich im Abseits fühlte. Hunderte von Fans erwarteten das Erscheinen des Stars im Sterling Theatre im Süden von Bombay. Auch die Sicherheitsmaßnahmen waren beeindruckend. Rauschende Walkie-Talkies verfolgten Seagals Vorankommen auf dem Weg von seinem Hotel zum Kino. Das Foyer war gerammelt voll, und ich stand da, hielt meine Tochter Avantika an der Hand und wartete darauf, dass dieser Fleischberg mit dem Pferdeschwanz erscheinen würde.

Der Wagenkorso war Ehrfurcht gebietend mit seinem motorisierten Polizeischutz, persönlichen Leibwächtern und einer noch persönlicheren Blondine, die an Seagals Arm hing. Er stieg aus der Limousine und faltete die Hände zum Gruß. Obwohl die Bullen, die Absperrung und etliche schwere Blumentöpfe den Weg verstellten, brach plötzlich, während wir einander gerade vorgestellt wurden, eine Mauer von schreienden Menschen über uns herein. Ein starker Arm wurde um meine Taille geschlungen, und ein zweiter legte sich schützend vor mein Gesicht. Meine Füße befanden sich mittlerweile einige Zentimeter über dem Fußboden, und wir wurden mehr als drei Meter weit in das Foyer geschleift. Ich war zu besorgt um meine Tochter, deren Hand von meiner losgerissen worden war, und dass sie in dem Gedränge verletzt werden könnte, um zu begreifen, dass die Person, die derart instinktiv und mit Lichtgeschwindigkeit gehandelt hatte, kein anderer gewesen sein konnte als ein Experte in den asiatischen Kampfsportarten, der es gewohnt war, sich in Notfällen auf Reflexhandlungen zu verlassen – Steven Seagal persönlich. Er stellte mich behände ab und fragte: »Alles in Ordnung?«

Ja, von ein paar Kratzern abgesehen. Ich sah mich hektisch nach meiner Tochter um. Sie war von einem der Angehörigen seines Kommandos auf ähnliche Weise in Sicherheit gebracht worden.

Ich war immer noch erschüttert von diesem Erlebnis, als wir uns für die Vorführung auf den Balkon begaben. Die Blondine nahm pflichtbewusst ihren Platz links neben Seagal ein, ich saß auf seiner rechten Seite. Der Film war vollkommen absurd, schlimmer als alles, was ich je im Kino gesehen hatte. Wir sahen ihn uns schweigend an. Ich versuchte mich an höflicher Konversation mit dem wuchtigen Star auf dem Platz neben mir. Doch offensichtlich hatte er daran nicht das geringste Interesse. Er murmelte einsilbige Antworten ... und meditierte. Als in der Pause die Lichter angingen, wurde er auf die Bühne gerufen, um ein paar Worte zu sagen. Er segnete die versammelten Fans, zog seine seidenen Gewänder enger um seine massige Gestalt, kehrte auf seinen Platz zurück und meditierte von neuem. Die Blondine kaute Kaugummi und betete ihn an. Ich gab jeden Versuch eines Gesprächs auf und versuchte, mich auf den grauenhaften Film zu konzentrieren. Ich hatte mich dazu überreden lassen, bis zum Schluss zu bleiben. Wenige Sekunden vor dem Ende der Vorführung standen Seagal und seine Begleiterin auf und drängelten sich an mir vorbei, ohne sich auch nur zu entschuldigen oder zu verabschieden. Ich war entsetzt über seinen Mangel an guten Manieren. Er mochte zwar einer der größten Macker von Hollywood oder ein erhabener spiritueller Meister sein, doch der Anstand hätte geboten, dass er und die

Blondine sich wenigstens ein »Tschüs« abgerungen hätten. Ein ungehobelter Lama ohne Manieren? Es wird interessant sein, zu beobachten, wie weit er es bringt.

Als ich V.S. Naipaul während einer seiner Indienreisen begegnete, stellte ich fest, dass auch er mit einer Begleiterin und Organisatorin unterwegs war. Wir hatten Gäste zum Abendessen eingeladen, und er erschien mit einer befreundeten Journalistin. Zu dieser Zeit wurden sie von seiner Gefährtin begleitet, einer üppigen, vereinnahmenden Südamerikanerin, die Margaret hieß und ihm als Späher, Fremdenführer, Leibwächter, Antenne und Butler diente. Er trat mit seiner gewohnt finsteren, gedankenverlorenen Miene ein, sah sich um und bedachte einige unserer Gäste mit einem Blick, in dem sich eindeutig sein Unwille und seine Verachtung ausdrückten. Die ehrfürchtige Menge teilte sich für ihn, und niemand wagte, ein Gespräch zu beginnen. Margaret, die einen grimmigen, aber kommunikativen Eindruck machte, sah sich ebenfalls um und befand, dass es im Raum tatsächlich ein oder zwei Personen gäbe, die es würdig waren, dieselbe Luft wie das Genie einzuatmen.

Irgendwann wurde eine Platte mit winzigen Pfannkuchen (Idlis) herumgereicht. Sie waren wirklich zu klein, um sie als etwas anderes als Fingerfood anzusehen. Naipaul starrte die Idlis voller Entsetzen an und fragte: »Was um Himmels willen ist das?«

»Idlis«, erwiderte ich und sparte mir die Mühe, mich eingehender darüber auszulassen.

»Und wie isst man die?«, erkundigte er sich barsch.

Ich nahm einen, steckte ihn mir in den Mund und sagte: »So.«

Der unausgesprochene Vorschlag, er solle einen probieren und sich die Finger schmutzig machen, schien ihn zu entsetzen. Er sah sich verzweifelt nach Margaret um. Innerhalb von Sekunden kam sie an seine Seite geeilt und schwirrte besorgt um ihn herum, während sie ihm beteuerte, er könne ruhig einen Happen probieren, die Idlis seien genießbar ... und sie würde ihm sofort einen Teller und eine Gabel besorgen.

Naipaul blickte noch finsterer und wirkte ausgesprochen verstört. Später erfuhr ich, dass er ein sehr pingeliger Esser ist, der auf seinem Teller herumstochert und nur gelegentlich einen Bissen zum Mund führt, und dass die Vorstellung, etwas, was er sich in den Mund stecken soll, mit den Fingern anzufassen, ihm ein Gräuel ist.

Während seines Besuchs in Bombay veranstaltete eine gesellschaftlich ehrgeizige Person ihm zu Ehren ein Abendessen. Sie rief alle »richtigen« Leute an und sagte: »Hör mal, ich habe V. S. Naipaul zu uns eingeladen. Im kleinen Kreis. Kommt bloß nicht zu spät.«

Schon bald sprach man von »Naipauls Essen«, und in gewissen Kreisen riss man sich um eine Einladung.

»Gehst du auch hin? Du weißt doch, dass es zu Ehren von Naipaul veranstaltet wird. Er bekommt dieses Jahr den Nobelpreis. Das wurde aber auch Zeit.«

Rund vierzig Personen drängten sich erwartungsvoll in dem vollgestellten Wohnzimmer der kunstbeflissenen Gastgeberin und sahen dem Erscheinen des Genies gespannt entgegen. Sie hatten sich die Mühe gemacht, sein letztes Buch durchzublättern und sich die Titel seiner früheren Bücher sorgsam einzuprägen, und sie hatten sich für diesen Anlass betont unauffällig gekleidet. Schließlich handelte es sich um ein literarisches Ereignis und nicht um eine Cocktailparty.

Naipaul erschien, das schon – mit größtem Widerwillen, wurde später gemunkelt. Aber er machte sich nicht die Mühe, sich in der Wohnung blicken zu lassen. Stattdessen schickte er Margaret zum Auskundschaften vor und wartete unten im Wagen. Sie selbst kam nicht über das Vorzimmer hinaus. Nachdem sie ihren Kopf durch die Tür zur Partyzone nebenan gesteckt hatte, erschauerte sie und trat einen hastigen Rückzug zu dem finster blickenden Mann an, der im Wagen wartete. Er glaubte ihr aufs Wort, als sie sagte, es sei die Mühe nicht wert, sich anstandshalber wenigstens dort zu zeigen. Sie brachen auf, ohne sich auch nur für ihr Fernbleiben zu entschuldigen, während die Gastgeberin ständig im Hotel anrief, um herauszufinden, wo sich Naipaul aufhielt.

Aber Bombay ist nun mal Bombay, und nachdem genug Scotch konsumiert worden war, spielte es eigentlich überhaupt keine Rolle mehr, dass Naipaul sich nicht mal hatte blicken lassen. Die Party kam trotzdem in Schwung. Aber es sagte einiges über die Intoleranz, die Rücksichtslosigkeit und den mangelnden Anstand dieses Mannes aus. Zugegeben, Genies leben nicht nach den Regeln, die gewöhnlichen Sterblichen wichtig sind. Aber ein Minimum an guten Umgangsformen sollte man von jedem erwarten können.

Seitdem hat sich bei Naipaul viel getan. Er ist jetzt Sir Vidiadhar. Und seine neue Ehefrau besteht darauf, von allen als »Lady Naipaul« angesprochen zu werden. Das erzählte mir ein Interviewer, den ich in Delhi traf und der sich, gelinde gesagt, amüsiert über diese Dünkelhaftigkeit zeigte. Aber Naipaul macht einen glücklichen Eindruck – es scheint, als hätte er einen Kontrollfreak in seinem Leben durch einen anderen ersetzt. Offenbar will er es so haben. Gewiss trägt man schwer an der Last, einer der größten lebenden Schriftsteller auf Erden zu sein. Und noch dazu so »tiefschürfend«, um das Lieblingswort des Schriftstellers zu gebrauchen. Heute scheint er wesentlich eleganter damit umzugehen, nach seiner neuen Garderobe, die einem Filmstar alle Ehre machen würde, und nach den neueren Werbefotos zu urteilen, auf denen man ihn in einem blutroten Rollkragenpullover unter einem gut geschnittenen, taubengrauen Jackett sieht, aufgenommen von jemandem, der in der Glamourfotografie einen Namen hat. Vielleicht hätte ich ihn etwas mehr gemocht, wenn er mich etwas mehr gemocht hätte.

Manche scheinen an der Last des Ruhms leichter zu tragen als andere, und dazu zählt Ryszard Kapuscinski, der polnische Autor. Als ich zum Festival der Autoren in Melbourne eingeladen wurde, war ich neugierig und fühlte mich geschmeichelt, als ich zu meiner großen Freude hörte, in welcher Gesellschaft ich mich befinden würde. Einer der Geladenen war beispielsweise John Berendt, dessen Buch über die Stadt Savannah im US-Bundesstaat Georgia, das den Titel ›Mitternacht im Garten von Gut und Böse‹ trägt, weltweit auf den Bestsellerlisten stand. Unter den Geladenen war auch Kapuscinski, der von weiten Kreisen als der größte lebende Korrespondent auf Erden angesehen wird und der Autor von Büchern wie ›König der Könige‹ ist, die von der Kritik bejubelt werden.

Als ich ihm im Foyer des Hotels erstmals begegnete, ging ich an ihm vorbei, ohne ihm größere Beachtung zu schenken. Naipaul ist selbst dann, wenn man nichts von ihm oder seinen Werken gehört hat, schwer zu übersehen. Er hat die Persönlichkeit und das Auftreten eines Menschen, der sich über seine Bedeutung auf Erden im Klaren ist. Kapuscinski dagegen wirkte nahezu kleinlaut, als sei er der Klempner, der im Hotel einen undichten Spülkasten reparieren sollte. Sein Benehmen war so bescheiden und unaufdringlich, dass niemand Notiz von ihm genommen hätte, wenn sein Bild nicht auf den Titelseiten der Tageszeitungen geprangt hätte. Ob es nun am Veranstaltungsort des Festivals oder auf überfüllten Pressekonferenzen war – er war eindeutig der Star jeder Veranstaltung, trotz seiner schäbigen Kleidung und seiner gebeugten Haltung. Denn wenn er sprach, kamen seine wahre Demut und Menschlichkeit deutlich zum Vorschein.

Das führte einen unweigerlich zu der Überlegung, wie die Genialität unterschiedlichen Personen zu Gesicht steht. Manche tragen sie wie eine elegante Abendrobe, stolzieren darin herum und tun aller Welt ihren geheiligten Stand kund. Andere behandeln sie wie ihr liebstes Tweedjackett – ein Kleidungsstück, das ihnen im Lauf der Jahre zu einer zweiten Haut geworden ist und übersehen werden sollte.

Bescheidenheit ist kein Charakterzug, den man automatisch mit Dr. Christiaan Barnard in Verbindung brächte, und doch schien er geradezu der Inbegriff von Bescheidenheit zu sein, zumindest anfänglich, als er für eine Vortragsreihe nach Indien kam. Der Vortrag, den ich in Bombay besuchte, war für ein Publikum von Kapazitäten gedacht – Ärzte, vor allem Herzchirurgen und die Chefärzte diverser Krankenhäuser.

Die Kulisse war angemessen opulent, ein eleganter Ballsaal mit Kronleuchtern in einem Luxushotel mit hochflorigen Teppichen und edlen Draperien. Dr. Barnard gehört inzwischen unter den Vortragsreisenden zum festen Inventar, und es gibt genug Sponsoren, die gern bereit sind, ihn für ein dickes Honorar rund um die Welt fliegen zu lassen. Warum auch nicht? Wozu ist es gut, eine Berühmtheit zu sein, wenn man nicht immer dann, wenn es erforderlich ist, einen Scheck einlösen kann? Für zahllose Menschen meiner Generation war der südafrikanische Chirurg mehr als nur eine beflügelnde Gestalt, die es schlagartig zu internationalem Ruhm brachte, nachdem er eine Glanzleistung bewerkstelligt hatte, die damals als nahezu unmöglich galt – das menschliche Herz durch das eines Spenders zu ersetzen. Was die Phantasie aller noch mehr als sein chirurgisches Können beflügelte, war sein ereignisreiches Leben in Verbindung mit dem Aussehen eines Filmstars und unbestreitbarer Extravaganz: eine Affäre mit Gina Lollobrigida unter anderen berühmten Schönheiten; Diplome in Karate, Stierkampf und Weinproduktion; Auszeichnungen von so ziemlich jeder renommierten Körperschaft; und, was noch interessanter war, ein gewisser schlechter Ruf, der noch mehr zu seinem Charisma beitrug. Diesen Vortrag wollte ich mir um keinen Preis entgehen lassen.

Mein Mann und ich gingen früh hin, wie eifrige Schulkinder, die einen Platz in den vordersten Reihen ergattern wollten. Ich wusste, dass der Arzt mittlerweile in seinen Siebzigern war, dass ihm der größte Teil seiner Haare ausgefallen war, dass er ein künstliches Gebiss trug und an rheumatischer Arthritis litt. Das alles war mir egal. Er war ein Held, ja regelrecht umschwärmt in den Jahren, in denen ich heranwuchs, und ich wollte ihn unbedingt sehen.

Er erschien mit einer halben Stunde Verspätung, und sein Gang war ein unbeholfenes Schlurfen. Aber sowie er auf dem Podium stand, war er brillant. Und während er Anekdoten und Geschichten erzählte, die er auf seinen Vortragsreisen schon eine Million Mal ausgeschlachtet und zu Tode geritten haben musste, ging mir auf, dass ich es hier mit einem hochintelligenten Profi zu tun hatte, der den gesunden Menschenverstand besessen hatte, sein Lebenswerk pauschal als ein attraktives und hochgradig einträgliches Ganzes zu vermarkten. Da er das Skalpell, das er einst mit solcher Geschicklichkeit gehandhabt hatte, nicht mehr einzusetzen vermochte, hatte Dr. Barnard beschlossen, aus seiner eigenen Legende Kapital zu schlagen, indem er sich im weltweiten Vortragszirkel der ganz großen Namen zum Profi entwickelte. Um sich dort zu halten und seinen früheren Ruhm auszuschlachten, hatte er sich ein zuhörerfreundliches Programm einfallen lassen, das Humor, ergreifende menschliche Schicksale und eingestreute wissenschaftliche Fachbegriffe miteinander verband. Dazu kamen dann noch einige alte Dias und genügend emotionale Nostalgie, um selbst das zynischste Herz zu rühren. Er hatte dieses Programm raffiniert gestaltet, und in seiner derzeitigen Form ist die Wirkung verblüffend.

Während des Vortrags kam es zu einem ganz besonders schaurigen Moment, als er klinisch exakt beschrieb, welche Blutgefäße im Herzen von Prinzessin Diana durchtrennt worden waren. Dazu benutzte er eine riesige Nahaufnahme des Organs mit einem Laserstrahl, der exakt auf die Stellen gerichtet war, die durchtrennt worden waren. Das Ganze war grausig, hochdramatisch und offenbarte ein präzises Gespür für das perfekte Timing – der tragische Unfall war erst vor wenigen Wochen passiert. Dr. Barnards Masche war darauf angelegt, genau die richtigen Knöpfe zu drücken.

Er war so klug, seine individuelle Rolle bei der Herztransplantation, die längst in die Geschichte eingegangen ist, herunterzuspielen und den Erfolg phantastischem Teamwork zuzuschreiben. Gleichzeitig war er gerissen genug, um durchblicken zu lassen, dass die Welt, ganz gleich, wie unmaßgeblich er seine Leistung darstellte, offenbar anderer Meinung war. Und wie konnte er sich anmaßen, der Meinung aller anderen zu widersprechen?

Während ich seinem einstündigen Vortrag lauschte, war ich gebannt und sogar tief bewegt. Aber nachdem es vorbei war und er ein paar ehrfürchtige Fragen geschickt beantwortet hatte, verspürte ich nicht das geringste Bedürfnis, auf ihn zuzugehen und ihm die Hand zu drücken. An einem bestimmten Punkt hatte ich ihn als das erkannt, was er war: eine wohlhabende Superberühmtheit im Ruhestand, die einigermaßen kaltblütig Kapital aus sehr beeindruckenden früheren Leistungen schlug und mit einer sechzigminütigen Darbietung, die genau den richtigen Tonfall traf und unweigerlich die erwarteten Tränen in die Augen seiner Bewunderer trieb, um die Welt reiste. Daran ist nichts auszusetzen. Im Grunde genommen stellte sich die Frage der Moral hier gar nicht. Und doch nahm es ihm ein wenig von seinem Glanz und trübte das Bild, das ich mir als Teenager von einem Mann gemacht hatte, von dem ich einmal gesagt hatte, er sei der einzige Mensch, mit dem ich gern auf einer einsamen Insel Schiffbruch erleiden würde.

Da bin ich mir jetzt nicht mehr so sicher. Nicht, wenn ich eine Tonbandaufnahme seiner »spontanen« Ansprache über mich ergehen lassen müsste, mit dem Flair und den schwungvollen Gebärden eines erfahrenen Schauspielers vorgetragen, der seinen Text und dessen Wirkung auf den Mann in Reihe drei, Platz einundzwanzig, genau kennt. Es war eine beeindruckende Darbietung. Lawrence Olivier hätte sie sicher zu würdigen gewusst. Aber ich war enttäuscht. Ich war hingegangen, um zu hören, wie eine lebende Legende Szenen aus einem außergewöhnlichen Leben schildert. Stattdessen war mir ein ausgefeiltes einaktiges Schauspiel geboten worden, einschließlich blendend eingeplanter Pausen, Gelächter und sogar Tränen. Ich erhob mich nicht, als Dr. Barnard stehende Ovationen bereitet wurden. Ich war zu sehr damit beschäftigt, mich mit meiner eigenen Ernüchterung abzufinden.

Es ist wirklich furchtbar. Vor allem für jemanden, der ohne ein Pantheon von Helden aufgewachsen ist. Schon als Kind ließ ich mich von Menschen in hohen Positionen nur selten beeindrucken. Daran hat sich bis heute nichts geändert. Wenn überhaupt, dann suche ich als Erstes nach den Makeln – nicht weil ich gemein bin, aber vielleicht ist es eine ungeschickte Form von Selbstschutz. Während meiner Jahre bei ›Society‹ und auch noch später begegnete ich etlichen extrem wichtigen Leuten – nicht eine einzige dieser Personen hat einen wirklich starken

Eindruck bei mir hinterlassen. Noch nicht einmal der alte Ramnath Goenka.

Als er mich das erste Mal zum Mittagessen einlud, war ich neugierig. Der verschlagene Fuchs war nicht gerade für seine feine Lebensart oder für seine Großzügigkeit bekannt. Meine Antennen waren ausgefahren, als ich zu ihm ging. Der Aufzug des ›Express‹, der ausschließlich der Penthousewohnung vorbehalten ist, brachte mich geradewegs in sein spartanisches Wohnzimmer. Die Wohnung wies Ähnlichkeit mit einem vernachlässigten Gästehaus der Regierung auf, obwohl eine dralle, gut gekleidete Dame dafür zuständig war, dass VIP-Besucher gut versorgt wurden. Der alte Mann musterte mich durchtrieben und bestätigte sich das, was er sich bestätigen wollte, was auch immer es sein mochte. Wir unterhielten uns bei einem üppigen vegetarischen Mittagessen, das in silbernen Thalis serviert wurde. Er nahm Anrufe entgegen. Er beschimpfte diverse Leute. Ein paar weitere brüllte er an. Er kratzte sich ungeniert. Und er achtete keineswegs auf seine Ausdrucksweise oder seine Manieren. Seine abgrundtiefe Verachtung für die Welt im Großen und Ganzen und insbesondere für seine Redakteure war ihm deutlich anzumerken.

Zu der Zeit hatte er Schwierigkeiten mit einer ganz bestimmten Person – Arun Shourie. Und er zahlte es ihm mit Beckett heim – erinnern Sie sich an diesen wunderbaren Satz: »Schafft mir denn keiner diesen lästigen Priester vom Hals?« Vermutlich rechnete er sich aus (zu Recht, wie sich erweisen sollte), dass ich anbeißen würde. Die Story war viel zu gut, um sie sich entgehen zu lassen. Meine Zeitschrift, die sich vergeblich abmühte, konnte wahrhaftig einen echten Knüller gebrauchen. Er war gerissen genug, um meine Gier zu erkennen. Er gab mir sämtliche vertraulichen Informationen und betonte dabei immer wieder, das sei alles »inoffiziell«, obwohl mein Kassettenrekorder mitten auf dem Tisch stand, nicht zu übersehen und ganz offenkundig angeschaltet war. Es war eine großartige Geschichte, die jede Menge brillanter Sprüche hergab. Shouries Tage beim ›Express‹ waren offensichtlich gezählt … Goenka wartete nur noch auf den richtigen Augenblick, um ihn zu feuern. Nach diesem Mittagessen ging ich ins Büro zurück und rief Shourie in Delhi an. Ich sagte ihm, ich hätte vor, den Artikel zu bringen, und fragte ihn, ob er mir seine Version erzählen wollte.

Im Lauf der beiden darauffolgenden Tage sprach ich mehrfach mit Ramnathji und stellte deutlich klar, dass ich über unser Treffen schreiben und ihn zitieren würde. Er protestierte schwach und schlug vor, ich solle ihn zitieren, ohne ihm diese Zitate zuzuschreiben. »Schreiben Sie es einfach in Ihren eigenen Worten«, sagte er lachend. Ich teilte ihm noch einmal mit, ich täte nichts dergleichen. Wenige Stunden vor Redaktionsschluss stoppelte ich den Text hektisch zusammen und versah ihn mit einem Kurzinterview mit Shourie in einem eingerahmten Kasten. Ein paar Tage nach dem Erscheinen des Artikels legte Shourie seine Arbeit beim ›Express‹ nieder, wie Kollegen vorhergesehen hatten. Andere Journalisten, die Goenka zu einer Stellungnahme aufforderten, schmetterte er ab. Ich glaube, der alte Knabe war begeistert über die Folgen – Shourie kündigte, und Goenka konnte die Kontrolle über seine Zeitung wieder vollständig an sich reißen. Ich sah ihn nie wieder.

Es dauerte Jahre, bevor ich Shourie über den Weg lief. Ich hatte ihn in seiner netten, bescheidenen Wohnung in Delhi aufgesucht, bevor der Artikel erschienen war. Und dann hatten sich unsere Wege mehr als fünfzehn Jahre lang nicht gekreuzt. Als wir uns endlich wiedersahen, war er freundlich und ungeheuer charmant. Jemand, der keine Ahnung von dem Vorspiel hatte, fragte höflich: »Kennt ihr euch?«

Und Shourie setzte das strahlende Lächeln auf, das sein Markenzeichen ist, bevor er antwortete: »Ja, natürlich. Das ist diejenige, die dafür gesorgt hat, dass mir meine Stellung beim ›Express‹ gekündigt wurde.«

Ich hatte gehofft, ich würde ein paar saftige Beschimpfungen zu hören bekommen, die nicht zwangsläufig mir gelten mussten, aber Shourie war an jenem Nachmittag schrecklich zurückhaltend. Vielleicht hatte er diese Gewohnheit von seinem früheren Boss übernommen. Im Übrigen sind Fremde oft verblüfft, wenn sie explizite Hindi-Kraftausdrücke aus Shouries Munde hören. Von einem Mann, der das Gesicht eines Heiligen der letzten Tage hat, kommt so etwas unerwartet. Aber manchmal kann er auch Groucho Marx und Charlie Chaplin ähneln.

Bei diesem einen Besuch in seiner Wohnung in Delhi hatte ich herausgefunden, was für ein großartiger Imitator Shourie war. Mit einem feinen Ohr für überzogene Formulierungen und der Begabung, seltsame Gesten wahrzunehmen, kann Shourie ein äußerst unterhaltsamer Gesellschafter sein, wenn er erst einmal loslegt. Der arme Mann, wahrscheinlich sieht er sich gezwungen, die erdrückende Last der späteren Heiligsprechung mit sich herumzutragen. Er hat seine begeisterten Anhänger, und er kann es sich nicht leisten, sie zu enttäuschen, indem er sich anders gibt als der Denker, Philosoph und Intellektuelle, der er, wie wir alle wissen, ist. Aber wie viele von uns hatten das Glück, seine witzigen Nachahmungen von Politikern, Kollegen und seinem früheren Arbeitgeber zu erleben?

Eine andere Begegnung, die mir großes Vergnügen bereitet hat, war die mit dem großen alten Mann der indischen Politik: Morarji Desai. Ich hatte gehört, er sei unglaublich exzentrisch, grob und selbstherrlich. Als ich ihm das erste Mal begegnete, schien er all das und noch Schlimmeres zu sein – ein Gujarati in Bombay (ein ganz eigener Menschenschlag), der in dieser Stadt lebte und trotzdem alles an ihr zu verabscheuen schien, begonnen mit den Frauen von Bombay. Leuten wie mir. Das Treffen war von seinem stämmigen, redegewandten Sohn Kanti arrangiert worden. Ich freute mich sehr darauf. Ich mag mürrische alte Männer mit scharfer Zunge, und ich war darauf vorbereitet, von dem früheren Premierminister brüskiert zu werden. Ich ging mit einem jungen Kollegen hin, Salil Tripathi, ebenfalls ein Bombay-Gujarati, klug, aggressiv und ehrgeizig, der mit einem liebenswerten Lispeln sprach. Er war ein Journalist von der Sorte, die ihre Hausaufgaben gründlich machte und sich mit einer Beharrlichkeit, die manchmal zu harten Worten führte, in seinen Interviewpartner verbiss. Er wollte nicht verletzend sein. Nur seine Unerfahrenheit und sein ungezügelter Enthusiasmus führten dazu, dass er sich auf Gebiete vorwagte, um die erfahrenere Journalisten einen Bogen gemacht hätten.

In dem Moment, als wir in Morarjibhais Zimmer geführt wurden, wusste ich, dass wir nicht allzu weit kommen würden. Schließlich schaffte das niemand bei einem Gegenüber, das jede Frage mit einer Gegenfrage beantwortet. Aber mein enthusiastischer Kollege dachte gar nicht daran, sich diese Gelegenheit entgehen zu lassen. Er hatte einen Fragebogen ausgearbeitet, und der Teufel sollte ihn holen, wenn er diese Fragen nicht von A bis Z an den Mann brachte. Auch ich hatte einen Fragebogen vorbereitet, aber wie auf Erden konnte ich auch nur eine einzige Frage loswerden, wenn der Mann sich weigerte, meine Anwesenheit überhaupt zur Kenntnis zu nehmen? Morarjibhais Abneigung gegen Frauen war allseits bekannt. Mir war nur nicht klar gewesen, wie ausgeprägt sie war, bis wir einander gegenübersaßen und er seinen Blick abwandte, als sei ein wahrhaft grässliches Geschöpf eingetreten und verpeste die unverdorbene Atmosphäre seines ordentlichen Zimmers. Er ignorierte mich weiterhin, meine Begrüßung und sogar den Klang meiner Stimme (ich versuchte immer wieder, mich einzumischen, jedoch ohne den geringsten Erfolg).

Seine häusliche Umgebung überraschte mich. Ich hatte ein spartanisches Ambiente im Stil von Gandhi erwartet, nicht Tierfelle und Klimaanlagen und den Gesamteindruck von Luxus. Er war reizbar und ungeduldig, aber diese Haltung war sein Markenzeichen im Umgang mit der Presse. Ich amüsierte mich köstlich über seine Entschlossenheit, meine Existenz zu leugnen. Meine Reaktion bestand in dem ebenso entschlossenen Versuch, ihn dazu zu bringen, dass er in meine Richtung sah. Es wurde zu einem Spiel, aber außer mir spielte niemand mit.

Es war zwar noch Vormittag, aber dennoch schon Zeit für sein Mittagessen, und wir waren scharf darauf, ihn zu fotografieren. Dagegen hatte er erstaunlicherweise nicht das Geringste einzuwenden. Der Fotograf war ebenfalls ein Bombay-Gujarati; möglicherweise war das hilfreich. Wir sahen dem großen Moralisten dabei zu, wie er sein »frugales« Mahl zu sich nahm. Die rein vegetarischen Zutaten wurden voneinander getrennt in schimmernden silbernen Schalen serviert. Blanchierte Mandeln, Obstscheiben, Joghurt, Honig – es war ein Mahl für einen sehr wohlhabenden, sehr gesunden Menschen. Und genau das war er, ganz gleich, was er öffentlich kundtat.

Viel kam bei dem Interview nicht heraus. Morarji war nicht umsonst für sein aufbrausendes Naturell bekannt, das im Abstand von Minuten immer wieder hervorbrach. Wir konnten nur sehr wenig aus ihm herausholen. Trotzdem war es ein Erlebnis, das ich ungern verpasst hätte. Seltsamerweise ließen ihn seine krampfhaften Versuche, so zu tun, als sei ich überhaupt nicht da, so wehrlos erscheinen wie ein Kind, das sich bemüht, den schwarzen Mann in Schach zu halten. Ich fühlte mich nicht brüskiert. Ich war nicht verärgert. Ich hätte mich gern vorgebeugt und ihn umarmt. Seine ablehnende Haltung mir gegenüber störte mich nicht im Geringsten – ich verstand sie sogar. Lieber ein Morarji mit seinen schlechten Umgangsformen als ein arroganter und widerwärtiger Kerl wie ... wie ... Imran Khan.

Wenn ich es mir recht überlege, hat Imran viel mit Morarji Desai gemeinsam. Ich bin der festen Überzeugung, dass er Frauen nicht ausstehen kann (die arme Jemima). Und von Respekt ihnen gegenüber kann gar keine Rede sein. Das lässt sich aus seinem Benehmen deutlich ersehen. Er muss wohl seine Gründe dafür haben. Während der berauschenden Jahre, als er der umwerfende, unglaublich gutaussehende Kapitän des pakistanischen Kricketteams war, muss Imran Frauen von ihrer schlechtesten Seite erlebt haben. All diese stark geschminkten Damen der feinen Gesellschaft, die sich ihm an den Hals warfen und bereit waren, zu nehmen, was sie kriegen konnten, selbst wenn es ein gezielter Fußtritt war, solange der Fuß in dem Stiefel bloß Imran gehörte. Angesichts dieser Form von weiblicher Aufdringlichkeit und Unterwürfigkeit und wenn man dann auch noch bedenkt, wie er aufgewachsen ist, war es nur zu verständlich, dass Imran ein gewisses Maß an Verachtung für Partnerinnen entwickelte, die allzu leicht zu haben waren und für eine Nacht mit dem Krickethelden bereitwillig ihre Ehe aufs Spiel gesetzt hätten. Insbesondere indischen Frauen gegenüber wurde er zum Tier. Ob die grauenhaften, herablassenden Bemerkungen über indische Frauen, die ihm zugeschrieben werden, tatsächlich von ihm stammen oder nicht, spielt eigentlich gar keine Rolle, denn es gelang ihm ohnehin, genau diesen Eindruck zu vermitteln, wenn er in die Stadt kam und die Wahl zwischen den begehrenswertesten Damen von Bombay hatte.

Als ich ihn kennen lernte, hatte Imran gerade Allah wiederentdeckt und war vernarrt in seine neue Rolle als moralischer Retter Pakistans. Wir begegneten uns nach einer Premiere bei einem formellen Abendessen, das an Tischen serviert wurde, also keiner Stehparty, auf der man sich ungezwungen hätte bewegen können. Mein Mann und ich saßen am selben Tisch wie Goldie Hawn. Imran nahm steif und gehemmt seinen Platz rechts neben mir ein. Inzwischen sah er schon nicht mehr so gut aus wie früher, sondern eher wie ein müder Playboy in seinen mittleren Jahren, dem man die Ausschweifungen anzusehen begann. Er hatte dicke Tränensäcke unter den Augen und sah reichlich angegriffen aus. Er führte sich auf, als hätte er eine schwere Last zu tragen – Pakistan musste um jeden Preis gerettet werden. Es war seine Bestimmung, sein Volk aus der Erniedrigung herauszuführen, der es sich willig überlassen hatte. Sein Volk war tief gesunken, und seine persönliche Aufgabe bestand darin, es zur Erleuchtung zu führen. Das war das hoffnungsvolle Gerede des zukünftigen Premierministers, der eine naive Mischung aus Mullahgewäsch und Politik miteinander verband. Der Kerl tat mir leid. Es muss ungeheuer anstrengend für ihn gewesen sein, sich den Anschein zu geben, er sei gut informiert, beunruhigt und intelligent. Er hielt sich konsequent an frisch gepressten, gesüßten Limonensaft und belächelte voller Hohn die Kristallglasflöten mit Dom Perignon, die an unserem Tisch vorbeischwebten. Sein Gesichtsausdruck war starr und einstudiert. Eigentlich erweckte er den Eindruck, er müsste dringend mal auf die Toilette und würde sich gleich viel wohler fühlen, sowie er einen ganz besonders harten Stuhlgang ausgeschieden hätte, der seine Gedärme verstopfte.

Es war unmöglich, höfliche Konversation mit ihm zu betreiben. Er zog seine Predigernummer ab und belehrte alle am Tisch über die Übel des Satellitenfernsehens.

»Ich erlaube meinen Nichten und Neffen nicht, Musikkanäle zu sehen«, wetterte er. Dann hielt er eine lange Rede über den Sittenverfall des Westens. Wir Asiaten, sagte er, müssten zusammenhalten und unsere Identität und unser kulturelles Erbe schützen.

Mir war der Appetit vergangen. Ich hätte liebend gern mit meinem Mann die Plätze getauscht und mit Goldie Hawn gekichert.

Imran rührte sein Essen so gut wie gar nicht an. Er war damit beschäftigt, sich auf einen fernen Punkt zu konzentrieren, als könnte ihm das dabei behilflich sein, seine eigenen Perlen der Weisheit nicht aus dem Blick zu verlieren. Während ich sein hageres Profil und die dünnen Haarsträhnen musterte, die ihm schlaff über die Stirn hingen, erinnerte ich mich an den früheren Imran, den anmutigen, umwerfend gut aussehenden Kricketspieler, der sich wie ein geschmeidiger Panther über den Fernsehschirm bewegte, jeder einzelne Muskel seines durchtrainierten Körpers perfekt koordiniert und die Lippen zu einem Fauchen verzogen, die Augen konzentriert zusammengekniffen. Das war der Mann, den seine Fans in Erinnerung behalten würden. Das war der Mann, auf den unsere Zeitschrift Jagd gemacht hatte, um an ein Interview zu kommen. Die Jagd war erfolgreich gewesen.

Das Interview selbst hatte zwar nicht viel hergegeben (es war etwa um die Zeit, als Gerüchte in Umlauf waren, er würde Zeenat Aman heiraten), aber die Pin-up-Fotos von ihm waren einsame Spitze. Derselbe begabte Fotograf, Rahul, dem es gelungen war, Morarji Desai abzulichten, während er Pistazien mampfte, hatte Imran dazu überreden können, sein Hemd auszuziehen und sich für das Titelblatt von ›Society‹ mit entblößtem Oberkörper fotografieren zu lassen. Diese Ausgabe wurde auf beiden

Seiten der Grenze auf dem Schwarzmarkt gehandelt. Exemplare, die nach Pakistan geschmuggelt worden waren, fanden für zweihundert Rupien pro Stück reißenden Absatz.

Das Erscheinen dieser Ausgabe führte auch dazu, dass Imran die Gerüchte seiner bevorstehenden Hochzeit mit dem indischen Sexsymbol heftig abstritt. Nicht ganz so vehement hatte er die Anwesenheit von Ms Aman in einer angrenzenden Suite in dem Fünfsternehotel im Süden von Bombay leugnen können, in dem er sich längere Zeit aufgehalten hatte. Wir hatten sie aufgespürt und mit ihr gesprochen, und sie hatte die (reichlich lahme) Behauptung aufgestellt, sie sei nur ins Hotel gezogen, weil ihre Wohnung gerade renoviert würde. Darauf laufen die Geständnisse von Berühmtheiten nämlich meistens hinaus – alles Zufall, reiner Zufall.

Mir hat es schon immer Spaß gemacht, den Voyeur zu spielen. Leute, die mich interessieren, zu beobachten. Und vielleicht dahinterzukommen, was sie dazu bringt, zu sagen, was sie sagen, und sich so zu benehmen, wie sie sich benehmen. Erst kürzlich lieferte mir mein Mann den Schlüssel zu dieser Frage, als er über eine bekannte Person, die wir recht gut kennen, schläfrig bemerkte: »Zweihundert Prozent ihrer Zeit spielt sie Theater. Glaub ihr bloß nicht alles, was sie sagt. Keine einzige Bemerkung ist aufrichtig und ungekünstelt.« Während ich seine Worte noch verarbeitete und ein wenig enttäuscht war, fügte er hinzu: »Oft wächst ihr der Stress, nonstop eine Rolle zu spielen, über den Kopf, und dann bricht sie physisch zusammen und bekommt all diese eigentümlichen Allergien.«

Er hatte Recht. Auch ich spiele manchmal eine Rolle (ich vermute, dazu sehen wir uns alle ab und zu gezwungen). Aber ich bin mir dessen stets bewusst, wenn ich es tue. Ich mache weder mir noch meiner Familie etwas vor. Oft tauschen wir verstohlene Blicke aus oder zwinkern einander sogar zu. Ich kann meine Kinder flüstern hören: »Oho . . . Mom legt mal wieder los. Um Gottes willen, sie spielt wirklich miserabel . . . jemand sollte dafür sorgen, dass sie sofort damit aufhört.« Dieses Spiel spiele ich dann, wenn ich entweder furchtbar müde bin oder mich schrecklich langweile. Es ist aber auch nützlich, diese Technik zu beherrschen, wenn eine gewisse Erwartungshaltung besteht und man nicht die Energie aufbringt, Fremde umzuerziehen. Einige meiner Freunde fragen mich laufend, warum ich mir nicht die Mühe mache, mit der Vorstellung aufzuräumen, ich sei genau das, wofür die Leute mich halten. Übermüdung, das ist eine ziemlich ehrliche Antwort. Eine andere ist Gleichgültigkeit. Ich habe das Gefühl, ein Alter erreicht zu haben, in dem es mir nichts mehr ausmacht, was Menschen mit vorgefassten Meinungen denken und wie sie mich beurteilen.

Aber es stört mich immer noch, ständig im Rampenlicht zu stehen. Ich beklagte mich einmal bei einer Freundin, einer der Aspekte, die es mit sich bringt, das zu sein, was im weitesten Sinne als »Berühmtheit« bezeichnet wird (wie sehr ich dieses Etikett verabscheue), sei der, dass Leute auf einen zukommen und unaufgefordert Bemerkungen machen, die sich in meinem Fall in erster Linie auf mein Aussehen beziehen. Als wir kürzlich den Geburtstag meines Sohnes Aditya in einem neu eröffneten mexikanischen Restaurant feierten, war ich sprachlos, als mich am Nebentisch ein Mann mittleren Alters auf dem Weg zum Ausgang abfing und sagte: »Hallo, Shobhaa De. Ich hätte nicht erwartet, dass Sie so dünn sind. Ich dachte immer, Sie seien eine sehr große, sehr grobknochige Frau. Haben Sie in der letzten Zeit abgenommen?«

Was tut man unter diesen Umständen? Die Bemerkung ignorieren? Genau das versuchte ich. Aber der Kerl war hartnäckig. »Auf Fotos sehen Sie so aus, als sei viel mehr an Ihnen dran«, fuhr er fort und musterte mich unverschämt von Kopf bis Fuß. Meine Kinder waren erbost. Zum Glück hatte mein Mann den kleinen Auftritt verpasst, denn sonst hätte er diesem aufdringlichen Kerl mit Sicherheit Manieren beigebracht.

Meine Freundin sagte mir, das sei ein verbreitetes Problem unter den Leuten, die sie am besten kannte – Filmstars. Dimple Kapadia hasst es ganz besonders, unter die Lupe genommen zu werden, und sie gerät ständig in diese unvermeidliche Situation. Vor allem Frauen scheinen von der äußeren Erscheinung anderer Frauen besessen zu sein. Auf einer Vernissage in Bangalore trieb sich eine andere Freundin von mir in den Besucherscharen herum und schnappte zu ihrer Belustigung ein paar unbedachte Bemerkungen über mich auf.

»Sie muss sich einem Facelift unterzogen haben«, sagte eine Dame zu einer Gruppe von Frauen.

Sie musterten mich kritisch und stimmten im Chor an: »Eindeutig. Anders lässt sich das nicht erklären. Vielleicht war sie bei demselben Schönheitschirurgen in New York, du weißt schon, der, den Rekha aufgesucht hat?«

Das wurde in einem so bestimmten Tonfall vorgebracht, dass niemand sich die Mühe machte zu fragen: »Welcher Chirurg?« Oder auch nur: »Woher weißt du überhaupt, dass Rekha ihr Gesicht einem Skalpell anvertraut hat?«

Auf derselben Veranstaltung kamen wildfremde Menschen auf mich zu und machten Bemerkungen, die von »Ihre Fotografien werden Ihnen nicht gerecht« und »Sie sehen nicht so aus wie auf den Fotos« über »Haben Sie wirklich sechs Kinder?«, »Was benutzen Sie, damit Ihre Haut so rein bleibt?«, »Wo haben Sie diesen Sari gekauft?«, »Wie halten Sie Ihr Gewicht?« und »Was ist das Geheimnis Ihres Aussehens?« bis hin zu »Wann finden Sie die Zeit zu schreiben?« reichten. Schmeichelhaft? Bis zu einem gewissen Punkt ja. Aber in erster Linie zum Verzweifeln.

Im Rahmen eines Online-Chats nach der Veröffentlichung meines Buches ›Surviving Men‹ fragte mich eine Inderin aus Cincinnati: »Wie konservieren Sie sich?«

Ich antwortete: »In Essig.«

Sie hackte in die Tasten und fragte an: »Wow. Das wüsste ich gern genauer.«

Ich schrieb zurück: »Ich fülle eine Wanne voll und imprägniere mich über Nacht damit.«

Sie loggte sich wieder ein: »Verstehe. Aber spritzen Sie ihn sich auch ins Gesicht?«

Zu dem Zeitpunkt hätte ich eigentlich alarmiert sein sollen und klarstellen müssen, dass ich nur scherzte. Aber dann sagte ich mir mit einer Anwandlung von Sadismus: Na bitte, von mir aus soll sie es ruhig tun. Soll sie ruhig einer verschrumpelten Backpflaume ähneln. Was interessiert mich das schon?

Mein Mann und ich gehen abends oft zu zweit zum Essen aus. Das scheint viele Leute, die wir kennen, in Erstaunen zu versetzen – und das wiederum erstaunt mich. Ist es denn so ungewöhnlich für ein Ehepaar, abends miteinander auszugehen? Nur wir zwei? Es scheint fast so, wenn ich die ungläubigen Ausrufe bedenke, die ich schon zu hören bekommen habe. »Wieso denn das?« »Ist heute euer Hochzeitstag?« »Meine Güte, wie romantisch.« »Kommt sonst noch jemand mit?« Unsere Ruhe haben wir selten. Wenn niemand sonst uns stört, beschließen eifrige Kellner und Restaurantinhaber, Schwung in einen Abend zu bringen, von dem wir uns erhofft hatten, er würde ruhig und entspannt verlaufen. Auch in diesem Fall geht fast die gesamte Zeit für Kommentare zu meinem Aussehen drauf.

»Ich war Ihr Kellner in Hyderabad«, teilte mir ein junger Geschäftsführer vor ein paar Monaten mit. »Als wir gehört haben, dass Sie anwesend sein würden, wollten wir uns alle anschauen, wie Sie in Wirklichkeit aussehen.« Hätte er es dabei belassen, wäre es ja noch in Ordnung gewesen. Aber er hatte es überhaupt nicht eilig, ein Ende zu finden. »Sie trugen ein so wunderschönes traditionelles Gewand.« Es war mehr als vier Jahre her, und ich konnte mich nicht mehr erinnern. Er war wild entschlossen, das Geschehen vor unseren Augen wiederaufleben zu lassen, und erzählte uns, was mein Mann und ich gegessen beziehungsweise nicht gegessen hatten. »Ma'am, seitdem haben Sie viel zu viel abgenommen«, sagte er voller Bedauern und schüttelte heftig den Kopf. Meine Nackenmuskulatur war verkrampft, da ich gezwungen war, zu ihm aufzublicken, während er am Tisch stand. Mein Mann und ich hatten gerade ein ernsthaftes Gespräch geführt, als wir unterbrochen wurden, und jetzt würde sich der Faden nicht wieder aufgreifen lassen. Ich fühlte mich elend. Mir war der Appetit vergangen. Jener Abend würde zu einem weiteren Gewichtsverlust führen.

Alter. Gewicht. Aussehen. So viel scheint von diesen Dingen abzuhängen. Ich saß im Coffeeshop eines exklusiven Einkaufszentrums und wurde von einem ausländischen Korrespondenten interviewt, als ein Mann mittleren Alters, der in Begleitung seiner jungen Tochter war, mir wie ein guter Bekannter zurief: »Wie alt sind Sie eigentlich? Meine Tochter und ich haben eine Wette darüber abgeschlossen.« Mein Alter ist in jedem einzelnen meiner Bücher veröffentlicht worden. Es ist nichts, was ich geheim halten oder leugnen will. Für mich ist das nichts weiter als eines von vielen Details, die mich langweilen. Aber offenbar geht es nicht allen so. Ich bin immer noch ratlos, wie man damit umgehen sollte. Ich habe einen direkten und unverblümten Ansatz gewählt: forsch antworten und es hinter sich bringen.

Eines Tages kam eine Frau zu mir nach Hause, um mich zu interviewen. Aus der Zielstrebigkeit ihrer eindringlichen, forschenden Fragen schloss ich, dass sie keine der üblichen Allerweltsjournalistinnen war. Alles an ihr machte mich neugierig, ja, es verwirrte mich. Als sie angerufen hatte, um den Termin zu vereinbaren, war ich fasziniert von ihrem melodischen Singsang, der kultivierten Stimme und den makellosen Manieren. Die Person, die pünktlich bei mir auftauchte, war von Kopf bis Fuß in eine bedruckte Burka eingehüllt, deren Säume mit Spitze eingefasst waren. Nur ihre Augen schauten heraus. Das überrumpelte mich vollständig. Als sie Platz genommen hatte, um mich zu interviewen, war ich weiterhin fasziniert, denn ihre Wortwahl vertrug sich nicht recht mit ihrer Aufmachung. Ihr Name war mir aus der Presse vertraut, aber ich hatte eine ganz andere Frau erwartet. Vielleicht ist »modern« das Wort, nach dem ich suche. Hier saß sie jetzt, ausgesprochen modern in ihrer Ausdrucksweise und in ihrem Denken, aber warum dieses mittelalterliche Kleidungsstück? Ich fand, es stünde mir nicht zu, ihr diese Frage zu stellen. Sie beobachtete, wie ich ein halbes Dutzend Anrufe entgegennahm und mich mit den üblichen Banalitäten des Haushalts befasste. Sie hörte, wie ein Hausangestellter jemandem mitteilte, ich sei gerade mitten in einem Interview. Als sie bei mir aufgetaucht war, hatte derselbe Mann ihr fröhlich mitgeteilt, ich sei noch in der Badewanne und käme in fünf Minuten.

Sie sah mich mit einer Mischung aus Schock und Mitgefühl

an. »Warum sollte ein beliebiger Fremder derart intime Einzelheiten Ihres Alltags erfahren?«, fragte sie. »Warum reden Sie überhaupt über sich selbst? Warum geben Sie Interviews? Warum enthüllen Sie Dinge aus Ihrem Leben?«

Ich stellte ihr eine Frage, eine ganz simple Frage. »Warum sind Sie hier? Warum interviewen Sie mich? Warum respektieren Sie nicht mein Bedürfnis, meine Privatsphäre zu wahren, und lassen mich in Ruhe?«

Es dauerte einen Moment, bis sie sagte: »Ich habe den Auftrag für diese Geschichte bekommen.«

»Sie hätten ihn ablehnen können«, erwiderte ich.

»Ich empfinde es als sehr unfair Ihnen gegenüber – das Interesse der Medien. Den Voyeurismus. Das ist eine Attacke auf Sie. Eine Störung. Sie dürfen das nicht mitmachen.«

»Würden Sie denn zu Ihrer Zeitung gehen und sich weigern, diesen Artikel zu schreiben? Wenn Sie wirklich hinter dem stehen, was Sie sagen, wenn Sie wirklich der Meinung sind, dass alle Interviews widerlich und unnötig sind, dann sollten Sie nicht in dieser Branche arbeiten.«

Sie sah mir tief in die Augen und fragte: »Warum tränen Ihre Augen?«

Ich sagte: »Nur das rechte ... ich habe eine leichte Allergie.«

Sie schüttelte den Kopf. »Das ist doch gar keine Allergie. Es ist ein Zeichen von Stress.«

»Das ist gut möglich«, stimmte ich ihr zu.

»Sie müssen sehen, dass Sie aus alldem rauskommen. Es werden zu viele Forderungen an Sie gestellt. Damit kann ein Einzelner unmöglich fertig werden.«

Ich hörte ihr zu.

»Sie haben zugelassen, dass man Sie zu einer Ware macht, die von anderen ausgebeutet wird. Alle um sie herum sind an dieser Ausbeutung beteiligt – sie stehlen Ihre Zeit oder beuten Sie emotional oder finanziell aus, ganz gleich, wer es ist, Ihre Familie, Ihre Freunde, Ihre Verleger oder die Presse.«

»Beuten Sie mich dann nicht auch aus, indem Sie hier sind und mich diesen Belehrungen aussetzen?«

Sie schlug die Augen nieder. Vielleicht mache ich mir etwas vor, aber ich bildete mir ein, ihre Augen hätten sich getrübt. Sie nahm ihre Notizen und ging zur Tür. Ich begleitete sie bis zum Aufzug. Das war vor mehr als sechs Monaten. Sie hat das Interview nicht veröffentlicht. Ich würde sie gern eines Tages wiedersehen und mich bei ihr bedanken. Nach ihrem verwirrenden Besuch tat ich mindestens eine Woche lang nichts, was ich nicht unbedingt tun musste. Ich machte mir Gedanken über ihre Einschätzung, stimmte ihr in einigen Punkten zu und verwarf andere. Und jetzt, viele Monate später, schreibe ich über diese Begegnung. Das Gespräch ging nicht spurlos an mir vorüber. Es hinterließ einen starken Eindruck. Wenn ich schon derart gestresst bin, wie gestresst muss dann erst eine richtige, echte Berühmtheit unter den ganz Großen sein? Jemand aus dem Showbiz, ein Politiker, ein Spitzensportler. Was ich über mich ergehen lassen muss, ist nichts dagegen – eine Busladung voller Touristen auf dem Apollo Bunder, die meinen Namen rufen, ein paar unerwünschte Briefe und Anrufe, ein bescheidenes Maß an Aufmerksamkeit und Neugier von Seiten der breiten Öffentlichkeit. Nichts, was einem wirklich über den Kopf wächst.

Habe ich mir das zum Teil oder sogar vorwiegend selbst zuzuschreiben? Ja und nein.

Nach dem Tod von Prinzessin Diana hat sich fast jeder, der mit unliebsamer Publicity umgehen muss, diese Frage gestellt.

Wenn ich darüber nachdenke, vermute ich, ich muss mich schuldig bekennen, den Berühmtheitsrummel mitzuspielen. Ich bewundere keineswegs alle Menschen, die mich zu sich nach Hause einladen. Es ist wahr, dass ich hinter ihrem Rücken schlecht über sie rede. Ich weiß, dass sie mich ebenso wenig mögen wie ich sie. In jeder Stadt, in der die Konkurrenz groß ist, geht es so zu. Ich habe ein Stadium erreicht, in dem ich mich derart ausgeklinkt habe, dass es mir vollkommen egal ist, ob eine Frau mich in den Printmedien laufend schlechtmacht oder ob eine andere jeden Aspekt meines Lebens mit wahrer Besessenheit verfolgt.

Meine Schwestern sind überrascht, wenn sie zu Besuch kommen. Ihr Leben ist so viel einfacher verlaufen. Manchmal sehen sie Leute bei uns zu Hause, von denen sie wissen, dass ich sie verabscheue. Dann sehen sie mich fragend an … und im nächsten Moment sehe ich, wie ihre schwesterliche Loyalität die Oberhand gewinnt. Es ist ganz reizend, wie sie den betreffenden Personen böse Blicke zuwerfen. Ich versichere ihnen, dass in dem Dschungel, in dem ich lebe, wo jeder nur auf sich selbst bedacht ist, nichts von alldem wirklich eine Rolle spielt. Ich sage ihnen, dass ich inzwischen groß geworden bin und mich wehren kann. Gegen jeden. Sie wirken nicht allzu überzeugt, wenn sie mich mit einem strahlenden Lächeln und leuchtenden Augen von einem feindseligen Grüppchen zum nächsten schweben sehen. Man bekommt Übung darin, teile ich ihnen mit besonders weltkluger Stimme mit. Sie wirken immer noch skeptisch. Das wäre ich an ihrer Stelle auch. Eine solche Vergeudung. Dieser ganze Stress. Aber andererseits … was bleibt einem anderes übrig?

Ich schreibe drauflos

In den frühen siebziger Jahren wurde ich vom Chefredakteur von ›Onlooker‹, S. Venkat Narayan, aufgefordert, meine erste regelmäßig erscheinende Kolumne zu schreiben. Ich nahm das Angebot an, ohne es gründlich zu durchdenken. ›Onlooker‹ hatte diverse Reinkarnationen hinter sich und rang unter Venkat darum, eine seriöse politische Zeitschrift mit Biss und einer klaren Linie zu werden. Meine Kolumne war als leichte Kost zur Entspannung gedacht. Sie erwies sich keineswegs als »leichte« Kost, denn ich fing an, sie im selben Tonfall wie »Neeta's Natter« zu schreiben, samt Biss etc. Womit ich nicht gerechnet hatte, war, dass diese Kolumne im Gegensatz zu »NN« mit Namen und Foto versehen sein würde. Ich schrieb trotzdem weiter – unverschämte, anmaßende, zynische Momentaufnahmen des Gesellschaftslebens, in denen es oft um Leute ging, die mühelos zu identifizieren waren. Die Beobachtungen trafen meist ins Schwarze, aber sie waren grausam.

Ein bestimmter Bericht führte zu einem Jahrzehnte anhaltenden Krieg. Darin ging es um eine Königin der Gesellschaft und ihre ziemlich ungewöhnliche Beziehung mit einem jungen Kerl, der sich redlich abmühte. Ich sah meinen Bericht als einen Kommentar zu einem vorherrschenden Trend. Sie sah ihn als einen Angriff auf ihre Person. Heute kann ich es aus ihrer Perspektive sehen, aber damals fragte ich mich, warum ihr der Kragen platzte, wenn es um etwas ging, was noch nicht einmal eine Privatangelegenheit war. Schließlich war sie selbst damit an die Öffentlichkeit gegangen. Jahrelang brodelte es in ihr, und sie verfluchte mich jedes Mal, wenn mein Name genannt wurde. Heute gehört das natürlich alles längst der Vergangenheit an und ist friedlich beigelegt, obgleich ihr Ehemann es nicht lassen kann, gelegentlich einen Witz darüber zu machen, wenn wir zum Abendessen in ihrem prachtvollen Haus eingeladen sind. Der junge Kerl ist kein Teenager mehr, aber es gibt ihn immer noch. Heute kann ich ihm an einem Tisch gegenübersitzen, und keiner von uns beiden zuckt zusammen.

Nachdem Venkat mir Starthilfe gegeben hatte, erschien Fatma Zakaria auf der Bildfläche, ihr Gesicht wie ein strahlend heller Vollmond. Damals war sie Chefredakteurin der ›Sunday Review‹, einer Publikation der ›Times of India‹. Sie forderte mich auf, für ihre renommierte Zeitung eine vierzehntägig erscheinende Kolumne zu schreiben, und ich sagte prompt zu. Was sie mir nicht sagte, war, wie viel Widerstand ihr in ihrem Büro entgegengesetzt wurde. Da ich nichts davon wusste, schrieb ich in aller Unschuld meine Texte, die sich gewaltig von den Kolumnen im ›Onlooker‹ unterschieden. Hier war der Tonfall eher seriös und nachdenklich gehalten, und inhaltlich befasste ich mich mit den Sorgen des Alltags. Es machte mir Spaß, diese Kolumnen zu schreiben, und angesichts der Reaktionen von gewöhnlichen Lesern, die anriefen, glaube ich, dass sie recht gut ankamen. Es freut mich, dass es heute noch Menschen gibt, die sich zu Texten äußern, die ich vor fast zwanzig Jahren geschrieben habe.

Das Verfassen dieser einen Kolumne führte zu allen weiteren, die folgen sollten. Ich hatte das Gefühl, endlich entdeckt zu haben, wo meine wirkliche Stärke lag. Die Ereignisse der vergangenen Woche oder der beiden letzten Wochen in aller Kürze wiederzugeben und sie unter einem subjektiven Gesichtspunkt in knapper Form abzuhandeln, war etwas, was mir großes Vergnügen bereitete und was mir mit der Zeit immer besser gelang. Heute beschränke ich mich auf drei Kolumnen pro Woche. Es gab Zeiten, zu denen ich wöchentlich sechs geschrieben habe. Ohne zu klagen. Sogar damals hatte ich nie das Gefühl, mich zu wiederholen oder die Texte mechanisch runterzuhacken. Ich wählte meine Publikationen und Themen mit großer Sorgfalt, um Überschneidungen unter allen Umständen zu vermeiden, was größter Wachsamkeit bedurfte.

Ich schrieb über das Fernsehen, über Essen, Filme, Leute, Ereignisse, Mode, Trends, Entwicklungen und das politische Geschehen. In meinen Kommentaren, die häufig recht scharf ausfielen, spiegelten sich meine eigenen Anschauungen wider. Häufig stimmten Leser nicht mit mir überein oder fanden es ganz abscheulich, was ich über eine bestimmte Situation gesagt hatte, aber ich war der festen Überzeugung, dass Kolumnen dazu gedacht sind, Diskussionen auszulösen, und das setzt einen klaren Standpunkt voraus. Da ich im wahren Leben nichts für eine unparteiische Haltung übrighabe, fielen auch meine Kolumnen lebhaft und temperamentvoll aus. Wenn manche Herausgeber die Kontroversen dazu nutzten, die Verkaufszahlen anzukurbeln – warum nicht? Dazu sind Texte, die eine persönliche Meinung mit Nachdruck vertreten, schließlich da. Es mag sein, dass einige meiner Verrisse etwas zu weit gingen, aber ich bedaure es nicht, den Kopf hingehalten zu haben.

Ich erinnere mich noch daran, wie eine pummelige Dame auf einem eleganten Empfang auf mich zukam und mit honigsüßer Stimme sagte: »Sie haben mal wieder für helle Aufregung gesorgt. Das macht Ihnen Spaß, nicht wahr?«

Ich war perplex. Ich hatte keine Ahnung, wovon sie redete. »Wie meinen Sie das?«, fragte ich.

Sie erklärte zuckersüß: »Mit Ihrer letzten Kolumne haben Sie viele einflussreiche Damen aus meinem Kreis enorm verärgert. Seitdem läutet bei mir ununterbrochen das Telefon.«

Ich wusste immer noch nicht, wovon die Rede war.

Sie nahm mich zur Seite, damit eben diese einflussreichen Damen uns nicht sehen konnten. In der relativen Sicherheit, die eine gewaltige Säule bot, hinter der sie nicht zu sehen war, erwähnte sie eine Kolumne, in der ich mich über ehrgeizige Luxusweibchen lustig gemacht hatte, deren reichen Ehemännern es nichts ausmachte, die Hobbys ihrer Frauen zu finanzieren, vorausgesetzt, sie konnten sich ihre Frauen damit vom Leib halten. Sie deutete auf eine solche Frau. »Sie hat es sehr persönlich genommen.«

Na bitte, sagte ich, wenn ihr der Schuh passt ... Und damit war der Fall für mich erledigt. Diese Frau hatte ich überhaupt nicht im Sinn gehabt, als ich den Text geschrieben hatte, aber wenn sie sich darin wiedererkannte, wie kam ich dann dazu, ihr zu widersprechen?

Es ist schon wahr, dass für einen Kolumnisten alles zum denkbaren Gegenstand wird. Man lebt in einem Zustand andauernder Gier – so viele Zeilen einer Spalte wollen gefüllt werden. Das hat einen Vorteil: Man ist stets auf der Hut und am Puls der Zeit. Der Nachteil ist natürlich der, dass man nie vollständig abschalten kann. Man ist immer im Dienst und hat nie frei, sondern heftet in Gedanken Notizen ab, ob man sich dessen bewusst ist oder nicht. Wenn man außerdem auch noch Romane schreibt, kommt man überhaupt nicht mehr wirklich davon los, noch nicht einmal im halbwachen Zustand. Ich merke es schon gar nicht mehr. Es ist zu einem festen Bestandteil meines Lebens geworden. Jeden Morgen, wenn ich wach werde, gilt mein erster Gedanke der Kolumne. Um zwölf Uhr mittags muss sie fertig sein. Ich darf auf keinen Fall vergessen, dies zu erwähnen, jenes zu überprüfen und etwas anderes zu bestätigen. Das Schema ist so fest gefügt, dass ich mich an Tagen, an denen ich nicht verpflichtet bin zu schreiben, verwirrt fühle. Ich weiß wirklich nicht, was ich mit meiner Zeit anfangen soll, wenn die Kinder aus dem Haus gegangen sind und ich auf ihre Rückkehr warte. Ich verspüre nicht den Wunsch, nach dem Telefon zu greifen und mit jemandem zu plaudern, ich habe kein Verlangen, aus dem Haus zu laufen und einkaufen zu gehen oder mich zum Mittagessen zu verabreden. Mein ganzes Dasein wird von Abgabeterminen der einen oder anderen Art bestimmt. Ich brauche diese Droge. Manchmal erschreckt mich diese Sucht, denn genau das ist es. Ich weiß, dass ich wahrscheinlich demnächst Entzugserscheinungen bekomme, aber ich weiß auch, dass ich mich nach den ersten Krämpfen wieder fangen werde. Das ist eine vergleichsweise neue Erkenntnis für mich. Früher hätte mich eine solche Überlegung gelähmt. Aber heute geht es mir nicht mehr so. Es macht mir wirklich großen Spaß, die Kolumnen zu schreiben und fast augenblicklich ein Feedback zu bekommen, aber ich weiß auch, dass ich bereits dabei bin, mich auf die Socken zu machen und eine neue Richtung einzuschlagen, die möglicherweise überhaupt nichts mit dem Schreiben zu tun haben wird. Diese Behauptung begründet sich auf reiner Intuition und sonst gar nichts. Zur Zeit habe ich keine anderen Pläne. Und es hat mir auch niemand die Schlüssel zu einem neuen Königreich ausgehändigt. Es ist einer dieser Fälle von weiblicher Intuition, die man nicht erklären kann. Man könnte von einem ausgeprägten Verdacht sprechen, von einer Ahnung, die sich aufdrängt. Aber ich fühle mich bereit für den Aufbruch, ganz gleich, wohin mich die Reise führen wird.

Das ist jetzt mein achtzehntes Jahr bei ›Sunday Midday‹. Ich habe seit ihrem erstmaligen Erscheinen Kolumnen für die Zeitung geschrieben. So vieles hat sich inzwischen verändert, aber die Kolumne besteht weiterhin und hat ihr ursprüngliches Konzept mittlerweile mehrfach neu definiert. Redakteure sind gekommen und gegangen, dasselbe gilt für eine Generation von Lesern. Diese Kolumne hat mir enormes Vergnügen bereitet, denn durch sie ist es mir gelungen, den veränderten Rhythmus der Stadt wahrzunehmen. Die Leser von ›Sunday Midday‹ sind nicht mehr vom Glamour besessen, an dessen Stelle Themen getreten sind, die die Leserschaft persönlich betreffen. Der Glamour hat seinen früheren Glanz verloren; in sämtlichen anderen Zeitungen wird er viel zu breit ausgewalzt.

Die Schlagwörter in der Zeitungsbranche während der späten achtziger und der frühen neunziger Jahre waren »Designerkram« und »Massenware«. Redakteure waren bereit, wertvollen Platz für echte Nachrichten und Informationen zu opfern, um Kinkerlitzchen und Firlefanz unterzubringen. Ich glaube fest daran, dass diese Haltung aus der Mode gekommen ist. Auch der intime Klatsch hängt einem irgendwann zum Hals heraus. Meine eigene Kolumne in der Zeitung hat diese Veränderungen getreulich widergespiegelt. Zu verschiedenen Zeiten habe ich alles ausprobiert, von Fernsehkritiken, Filmen, Partys, Mode und Menschen bis hin zu dem, was ich derzeit schreibe – eine lässige, subjektive Kolumne, die sich mit den Ereignissen der Woche auseinandersetzt, ohne allzu große Betonung auf Glitter und Glamour zu legen.

Die Kolumne hat sich der jeweiligen Zeit fast unbewusst angepasst. Ich habe mich weiterentwickelt, und das trifft auch für das zu, was ich schreibe. Ich bin nicht mehr derselbe Mensch, der ich vor achtzehn Jahren war (zum Glück), und auch die Kolumne ist nicht mehr dieselbe. Eine wesentlich jüngere Lesergeneration in der Stadt lernt mich gerade erst kennen, und das Feedback dieser jungen Leute ist lehrreich für mich. Diese Leserschaft hat keinerlei Interesse an Nostalgie. Ich auch nicht. Ich habe keine Lust, sie mit aufgewärmten Heldentaten zu langweilen, vor allem deshalb nicht, weil diese Geschichten auch für mich nicht mehr von Bedeutung sind. Wen interessiert schon, ob ich in den Sechzigern in einer Bar in London irgendeinem unglaublich berühmten Fossil begegnet bin? Oder was mir ein irischer Dichter während einer Kneipentour in Belfast im Vollrausch gestanden hat? Das Schreiben einer Kolumne in einer Tageszeitung dreht sich ausschließlich um das Hier und Jetzt. Wenn es Bezugspunkte aus der Vergangenheit gibt, die es wert sind, eine Kolumne damit auszuschmücken, schön und gut, aber es ist ratsam, sie mit Vorsicht und nur sparsam zu verwenden. Die Leser, sogar diejenigen, die zwanzig Jahre älter sind, wollen wissen, was los ist und was die Leute heute anmacht. Für Rückblenden interessieren sich noch nicht einmal Greise. Die Welt ist nun mal rasend auf die Jugend fixiert. Wer schreibt, muss mithalten oder aussteigen.

Bei Akademikern liegt der Fall anders, denn dort zählen zum repräsentativen Querschnitt der Leser auch jene, die auf der Suche nach einem sachkundigen Kommentar sind. Meine Kolumnen haben immer einen temporeichen, pikanten Überblick über Trends, Einstellungen und gesellschaftliche Veränderungen geboten. An diese Merkmale sind die Leser gewöhnt, und genau das suchen sie bei mir.

Da ich nun schon seit etlichen Jahrzehnten ein Medienmensch bin, hat es mir immer Spaß gemacht, meine Kollegen in den Medien zu beobachten und dahinterzukommen, was in ihnen vorgeht. Es ist jedes Mal wieder amüsant, auf einer Medienveranstaltung anwesend zu sein und zu beobachten, wer seine Messer gezückt hat und auf wen er es abgesehen hat. Wenn mehr als ein Superstar aus der Zeitungsbranche anwesend ist, sei es nun ein Redakteur, ein Herausgeber oder ein Kolumnist, dann hält jeder von ihnen Hof, und die Party löst sich in individuelle Gruppen von Höflingen auf, zwischen denen unabhängige Groupies herumschwirren, die ihre Zeit zu gleichen Teilen an den einzelnen Höfen verbringen. Der Himmel möge demjenigen beistehen, der die Party als Erster verlässt. Er oder sie wird schon gnadenlos in der Luft zerrissen, bevor der Aufzug das Erdgeschoss erreicht hat.

Da das Saufen als Hochleistungssport und als unerlässliche Pflicht angesehen wird, geht man oft mit Worten und mit Fäusten aufeinander los, und das verleiht Abenden, die andernfalls mit nichts Anregenderem als Fachsimpeleien verbracht würden, zusätzliche Spannung. Ein einziger Gefühlsausbruch im Vollsuff genügt, um die Monotonie eines stumpfsinnigen Austauschs darüber, wer zu einem anderen Arbeitgeber überwechselt und für welche sprunghafte Lohnerhöhung, zu durchbrechen. Viele Journalisten sehen das Erregen von Anstoß als ein persönliches Vorrecht an, das ihre Berufung mit sich bringt. Und von diesem Privileg machen sie hemmungslos Gebrauch. Da sie ohnehin schon unangenehm, schroff, streitlustig und anmaßend sind, erheben sie es zu ihrer Pflicht, zwischen den harten Getränken und den Pakoras jemanden in der Luft zu zerreißen. Häufig steht das Opfer eines besonders gehässigen Angriffs von Seiten seiner Kollegen nur wenige Schritte entfernt und lässt sich in scharfen, selbstbewussten, herablassenden Tönen weitschweifig über die Lage der Nation aus. Ein Publikum findet sich immer, und was macht es schon aus, wenn es sich aus vollbusigen Luxusweibchen oder aus Geldsäcken in Satinhemden zusammensetzt? Oder dass das Gespräch selten ein gewisses Niveau überschreitet und sich auf Fragen beschränkt wie: »Also, was halten Sie denn von Chidambarams neuer Politik? Wann sind die nächsten Wahlen? Ist es wahr, dass die Regierung in drei Monaten gestürzt werden wird?« Je bescheuerter die Frage, desto mehr Spielraum bietet sie für einfallsreiche Ausführungen.

Gewisse »Meinungsmacher« stecken ihr eigenes, präzise definiertes Territorium ab und bezeichnen sich als Spezialisten für bestimmte Themen. Das kann die Zerstörung der Babri-Masjid-Moschee, die Hindu-Diaspora, die Politik der Angleichung rückständiger Regionen oder die drawidische Geisteshaltung sein. Sie haben die Kunst erlernt, jedes Gespräch in einer Form zu manipulieren, die ihnen erlaubt, es zu steuern und mit ihren »sorgsam durchdachten« subjektiven Meinungen zu diesen Themen den Abend zu bestreiten. Einige von ihnen sind Halbprofis, die von einem Seminar zum nächsten jetten und dieselbe ausgelutschte, zahllose Male wiederaufbereitete Masche einem neuen Publikum vorsetzen. Andere verlassen sich auf ihre Persönlichkeit und ein flottes Mundwerk, um ihre Zuhörer mit ihren vorgefassten Meinungen plattzuwalzen und zur Kapitulation zu zwingen. Wie dem auch sei, es ist eine glänzende Gelegenheit, absurde Machtspiele zu beobachten und sich anzusehen, wie Lobbyisten mit Feuereifer ihr nächstes Ziel anpeilen, wobei das Ziel heutzutage im Allgemeinen eine nach ihnen benannte Talkshow im Fernsehen ist.

Einmal habe ich belustigt zugesehen, wie sich eine bunt zusammengewürfelte Schar von gierigen Bewerbern um einen Boss vom Satellitenfernsehen drängte und fast vor ihm zu Kreuze kroch. Aber ausgerechnet dieser Mann hatte es absolut nicht nötig, sich auf Cocktailpartys umwerben zu lassen. Er hatte ohnehin schon das Kunststück vollbracht, sämtliche Gegner auszuschalten, indem er sie aufkaufte. In dem Moment war er eindeutig der King, und es machte ihn an, zu beobachten, wie ihm eine Gruppe von gierigen Schwachköpfen öffentlich die Stiefel leckte. Bei diesem Mann würden sie nicht das Geringste erreichen, so viel stand fest. Aber das hielt ihn keineswegs davon ab, lustvoll mit ihnen zu spielen. Sein Stil gefiel mir. Es muss ihn gewaltig angetörnt haben – der Anblick dieser Trottel, die erbärmlich vor ihm krochen und hofften, sie würden ihn genügend beeindrucken, um einen Vertrag zu bekommen, einem Vorschlag Gehör zu verschaffen, eine Show unter Dach und Fach zu bringen oder Stars zu werden. Und damit wären wir wieder einmal beim Ruhm angelangt. Und dabei, welche verzweifelten Anstrengungen manche Menschen bereitwillig dafür unternehmen, dass man sie auf der Straße erkennt und dass sie endlich »jemand« sind.

Ruhm setzt einen schrecklich unter Druck und bringt vorgefasste Meinungen mit sich. Menschen, sogar diejenigen, mit denen man aufgewachsen ist, erwarten von einer berühmten Person, dass sie sich verändert und sich so benimmt wie eine Berühmtheit. Manche von ihnen fühlen sich um etwas betrogen und sind beinah enttäuscht, wenn sich eine Berühmtheit als durch und durch normal, absolut zugänglich und obendrein zurechnungsfähig erweist. Obwohl ich mich diesem geheiligten Bund nicht zurechne, reagiere ich immer ein wenig gereizt und aufgebracht, wenn jemand von mir bestimmte Verhaltensweisen oder Charakterzüge erwartet. Von allem anderen mal ganz abgesehen, geht für eine solche Erwartungshaltung unnötig viel Zeit drauf, die man sich sparen könnte. Zuerst muss man einem Fremden versichern, dass man gar nicht so ist, wie er glaubt. Dann steht man wieder ganz am Anfang und erklärt ihm, wie man wirklich ist. Das ist langweilig, anstrengend und ermüdend.

Ich erinnere mich noch daran, dass mir monatelang damit zugesetzt wurde, zu einem Fernsehinterview in einem Sender zu erscheinen, den sich ohnehin niemand ansieht, für eine Sendung, die von einem besonders ärgerlichen Exemplar Mann mit Pferdeschwanz moderiert wird, der noch dazu an einem ernsten Fall von grandioser Selbstüberschätzung leidet. Vielleicht lag es nur daran, dass von ihm vernichtend als einem »billigen Abklatsch« von Prannoy Roy gesprochen wird, aber ich wusste schon in dem Moment, als ich das Studio betrat, dass wir beide nicht miteinander klarkommen würden. Dieser Kerl hatte sich bereits feste Vorstellungen von mir gemacht und würde sich nicht davon abbringen lassen. Na schön, von mir aus. Ihm lag sowieso nichts daran, die Entdeckung zu machen, dass er möglicherweise weit danebenlag oder dass ich überhaupt nicht die Person war, für die er mich hielt.

Während wir die Beleuchtung und den Ton checkten, zwängte er so viele Informationen wie möglich über sich selbst in die zehn Minuten, die uns zur Verfügung standen. Ich täuschte Interesse vor, obwohl mir seine bisherigen prominenten Interviewpartner vollkommen egal waren. Er bestand darauf, sie trotzdem alle zu nennen, und dann fügte er triumphierend hinzu, ein oder zwei dieser Personen seien wutentbrannt von der Bühne gestürmt. Ich bemühte mich um einen möglichst neutralen Gesichtsausdruck. Er teilte mir mit, er hätte sich geschworen, nie mehr ein Buch von mir zu lesen, nachdem er das erste gelesen hatte. Ich sah ausdruckslos in seine Richtung. Dann legte er seine eigenen Referenzen vor – College-Abschlüsse, bisherige Jobs, veröffentlichte Artikel. Inzwischen war bei mir die Eiszeit angebrochen, und ich fragte mich, was ich in diesem elenden Studio und in dieser elenden Sendung zu suchen hatte. Mir war vollkommen egal, dass der Sender in ganz Asien ausgestrahlt wurde. Ich wollte das Interview hinter mich bringen und auf der Stelle verschwinden.

Sekunden bevor die Kameras angeschaltet wurden, kratzte er seinen ungepflegten Bart und gestand: »Ich bin nervös. Jemanden wie Sie habe ich noch nie interviewt. Ich habe mit Abgeordneten im Landtag geredet, mit Industriekapitänen ... eben mit so ziemlich jedem.«

Ich deutete milde an, es gäbe eben immer ein erstes Mal. Zwei Sekunden später waren wir auf Sendung. Seine Fragen waren schlecht recherchiert und unnötig aggressiv. Außerdem hörte er meinen Antworten gar nicht erst zu und ging auch nicht auf das ein, was ich sagte. Er war viel zu sehr damit beschäftigt, an seine nächste kluge Frage zu denken. In seiner Vorstellung brachte er mich in die Klemme. In Wirklichkeit stellte er sich selbst als einen Vollidioten hin. Am Ende der Sendung sah er mich erwartungsvoll an. Vielleicht rechnete er mit einem Wutausbruch oder einer Explosion. Da konnte er lange warten. Ich packte meine Sachen zusammen.

»Und?«, erkundigte er sich.

»Danke«, sagte ich unbeschwert.

»Ich hoffe, Sie haben mich nicht als rüpelhaft empfunden.« Seine Augen leuchteten voller Vorfreude.

Ich lächelte honigsüß. »Sie haben nur Ihre Arbeit getan.«

Er machte einen Freudensprung. »Genau das habe ich zu Deve Gowda gesagt, als er mir vorgeworfen hat, ich sei ekelhaft.«

Als ich zur Tür ging, kam die Produzentin seiner Sendung, eine kluge Frau, hinter mir hergelaufen. Sie erging sich in ausgiebigen Entschuldigungen. Und ich stand da, tätschelte ihre Hand und beschwichtigte sie.

»Ich bitte Sie, seien Sie nicht gekränkt«, wiederholte sie immer wieder.

»Ich bin nicht gekränkt«, beteuerte ich müde.

Im Wagen fragte ich mich, warum ich mich ausgerechnet auf diese Sendung eingelassen hatte, da ich mich doch bisher immer geweigert hatte, zu ähnlichen Sendungen zu erscheinen, wenn sie erforderten, dass ich aus dem Haus ging. Diese Frau hatte mir mit ihrer Beharrlichkeit zugesetzt. Ich dachte an Mr Pferdeschwanz und fragte mich, warum er sich wohl verpflichtet fühlte, scharfe Geschosse aufzufahren. Um mir etwas zu beweisen? »Wer hat Angst vor Shobhaa De?« Himmel noch mal, die Mühe hätte er sich sparen können. Ich beiße nicht. Sieh mal, Mama – keine Reißzähne.

Es ist bestenfalls amüsant, aber auch ärgerlich, wenn ein Klugscheißer beschließt, es sei an der Zeit, es mir mal so richtig zu zeigen. Was diese Kerle am Ende meistens zeigen, ist ihre eigene Unsicherheit. Und ihr geringes Selbstwertgefühl. In den ersten Jahren war es ja noch ganz witzig, was sie sich einfallen ließen, aber inzwischen sind die ewig gleichen Wortspiele mit meinem Namen nur noch repetitiv und ermüdend.

Von einem ausländischen Journalisten wurde ich einmal gefragt, ob ich mir meinen Nachnamen ausgedacht hätte.

»Es klingt viel zu sehr nach einem Markennamen«, sagte er. Er hatte Recht, aber es war keine Erfindung. So hat die Familie meines Mannes ihren Namen schon seit Generationen buchstabiert. Als ich ihm das erklärte, sagte er nachdenklich: »Der Name geht einem so leicht über die Zunge ... er ist so einprägsam ... und er passt zu Ihnen.«

Vermutlich stimmt das. Ich mag diesen Namen. Aber er führt auch zu komischen Situationen, vor allem, wenn wir auf Reisen in Europa sind und uns am Telefon vorstellen müssen.

»De was?«, werden wir gefragt.

Und darauf antworten wir: »Nur De. De genügt.«

Und dann schreibt die Person am anderen Ende der Leitung gewissenhaft auf: »Shobhaa de Genügt. Dilip de Genügt.«

Sich seinen Lebensunterhalt mit Schreiben zu verdienen, ist etwas, das die wenigsten Menschen ernst nehmen. Als George Bernard Shaw gefragt wurde: »Was tun Sie, Sir?«, antwortete er: »Ich bin Schriftsteller.« Woraufhin der Fragesteller entgegnete: »Das ist ja schön und gut. Aber was ich meinte, war, womit Sie Ihren Lebensunterhalt verdienen?«

Als ich diese Episode in einem Workshop für kreatives Schreiben erzählte, fassten es viele der ernsthaften Teilnehmer (angehende Journalisten und Autoren) so wörtlich auf, dass sie anschließend zu mir kamen, um zu fragen: »Ist es wirklich so schlimm? Sollten wir stattdessen etwas anderes tun?«

Nein, nein, ihr Herzchen, versicherte ich den Kursteilnehmern, schreibt ruhig weiter. Es kann durchaus lohnend sein.

In dem Gebäudekomplex, in dem ich wohne, werde ich häufig von Schülern aufgesucht, die auf die Schnelle einen Aufsatz brauchen, Gesprächspunkte für eine Debatte, Titel für ein Projekt, fehlende Wörter in einem Kreuzworträtsel oder sogar einen Werbetext für das Faltblatt, in dem ihre Mütter Sommerkurse in »Schneller Küche« anbieten. Ich schreibe gehorsam alles, worum ich gebeten werde, und denke mir nichts dabei. Noch nicht einmal, wenn der junge Ladenbesitzer in der Geschäftspassage nebenan die vielen Namen, die ich ihm für die Boutique für Herrenbekleidung vorgelegt habe, die er demnächst eröffnet, nicht zu würdigen weiß. »Madam, es muss ein zugkräftiger Name sein«, teilt er mir kläglich mit, während ich verdrossen meine brillanten Vorschläge anstarre. Schließlich lädt er mich dann zur Eröffnung ein. Und welchen Namen hat er für sein Schmuckstück aus Glas und Chrom gewählt, in dem er billige Versace-Imitationen, made in Taiwan, verkaufen wird? »Macho's Man«. Okay, damit kann ich umgehen. Auch mein Ego wird spielend damit fertig. Aber wenn die Klassenlehrerin meiner Tochter »ihre« Arbeit, ein Poster für eine Blutspendenkampagne, mit den Worten ablehnt: »Das ist doch Unsinn«, dann bin ich am Boden zerstört. Und grauenhaft verletzt. Nicht weil die Lehrerin ihr gesagt hat, es sei nicht gut genug, sondern weil meine Tochter es inzwischen selbst glaubt. Also lächele ich gepresst und sage: »Das macht doch nichts, Liebling. Nächstes Mal strengen wir uns mehr an.« Und genau das tue ich dann auch. Ich liebe solche Bitten, vor allem, wenn sie von jemandem wie meinem Schneider Suresh an mich herangetragen werden.

Suresh ist etwas ganz Besonderes. Wenn er mich bittet, alles stehen und liegen zu lassen und einen Reklamezettel für seine Schwägerin in dem Dorf, aus dem er stammt, zu schreiben, weil sie von einem Stoffhändler eine Zweigstelle für den Verkauf von Resten übernommen hat, dann lasse ich das, woran ich gerade arbeite, augenblicklich im Stich und tue ihm den Gefallen. Suresh kann Englisch weder lesen noch schreiben. Dennoch starrt er das, was ich mir abringe, kritisch an und sagt: »*Chalega.*« (»Das passt schon.«)

Danke, vielen Dank, stammele ich überwältigt.

Beim Schreiben geht es um Reaktionen. Die Reaktionen, die ich bekomme, sind nicht immer positiv. Aber ich bin bereit, mich mit jeder Form von Reaktion zu begnügen, vorausgesetzt, sie ist aufrichtig gemeint. Bedauerlicherweise erwarten viele Leute, dass jemand, der schreibt, auf jedem Gebiet Experte ist. Obwohl ich mir bereits den Mund fusselig geredet habe, um zu erklären, dass ›Surviving Men‹ eine sehr subjektive Stellungnahme zu einem ausgesprochen heiklen Thema und keine soziologische Abhandlung ist, werde ich laufend nach den Recherchen gefragt, die ich für dieses Buch angestellt habe. Was für Recherchen? Ich habe Beobachtungen angestellt, so viel steht fest. Jede Menge Beobachtungen. Der Rest beruht auf (begrenzter) Erfahrung und (grenzenloser) Verallgemeinerung. Es war ein ironischer Versuch, männliches Verhalten zu dechiffrieren. Keine akademischen Urteile wurden gefällt. Und zu gelehrten Schlussfolgerungen bin ich mit Gewissheit nicht gelangt. Und doch wurde ich immer wieder gedrängt, meine Bemerkungen zu »rechtfertigen« und meine Ansichten zu erhärten. So was Albernes. Im Westen sind solche Bücher an der Tagesordnung. Die Leute sind es gewohnt, die individuellen Ansichten eines Autors über diverse Aspekte des Lebens zu lesen. Man lacht, kichert in sich hinein, geht über manches hinweg, schneidet Grimassen, ist anderer Meinung, tut das eine oder andere mit einem Achselzucken ab oder nimmt es zur Kenntnis. Man wandelt einen solchen Text nicht in einen persönlichen Angriff um. Jedenfalls dann nicht, wenn man auch nur eine Spur von Humor besitzt. Doch ich habe festgestellt, dass nur sehr wenige Menschen (insbesondere unter den Männern) bereitwillig über ihre eigenen absurden Verhaltensmuster gelacht haben. Sie haben sich benommen wie verwundete Schoßhündchen, die sich wie Märtyrer geben und doch beleidigt schmollen. Manche wurden aber auch ausfallend und benahmen sich flegelhaft. Aber zum Teufel damit, ein provozierender Standpunkt ist schließlich dazu gedacht, zu provozieren. Ich beklage mich nicht.

Das Schöne an Kolumnen sind die vielfältigen Reaktionen, die sie hervorrufen, doch es ist ärgerlich, wenn man sich seine eigenen wunderbaren Formulierungen nicht merken kann und jemand auf einer Großveranstaltung auf einen zukommt, um zu fragen: »Übrigens, was genau meinten Sie mit …?«, und man diese Person verständnislos anstarrt. Meine Familie zieht mich mit meinem schlechten Gedächtnis auf. Aber Außenstehende glauben entweder, ich täte nur so, als wüsste ich nicht, wovon die Rede ist, wenn ich gestehe, dass ich nicht die geringste Erinnerung daran habe, oder sie glauben, ich wollte sie abschütteln. Das Problem liegt in der Menge – drei Kolumnen pro Woche, die vor Redaktionsschluss fertig sein müssen, kann man sich beim besten Willen nicht Wort für Wort merken. Selbst an dem Tag, an dem sie im Druck erscheinen, kann ich mich nicht mehr an den exakten Inhalt erinnern, da inzwischen bereits drei weitere geschrieben und abgeschickt worden sind. Das ruft ein gewisses Maß an Peinlichkeiten hervor, aber ich habe gelernt, damit umzugehen.

Von einer Kolumnistin erwarten die Leute aber auch, dass sie auf gänzlich unverwandten Gebieten eine Autorität ist. »Schließlich schreiben Sie . . . Sie sollten das doch wissen«, bekomme ich manchmal vorwurfsvoll zu hören. Stimmt. Aber ich bin keine Soziologin, keine Anthropologin und auch keine politische Analystin. Meine Kolumnen sind immer aus »jedermanns« Sicht geschrieben. Ich nehme nicht für mich in Anspruch, Expertin zu sein, sondern empfinde mich lediglich als eine sehr interessierte Beobachterin, die den einen oder anderen (stichhaltigen, hoffe ich) Kommentar zu ihren Beobachtungen abzugeben hat.

Wenn ich heute einige meiner frühen Kolumnen lese, bin ich bestürzt über den ausfallenden Ton. Jetzt ist meine einzige Entschuldigung oder Erklärung dafür, dass es leicht war, mit zwanzig unverfroren und unverschämt zu sein. Wie verhasst ich vielen Menschen gewesen sein muss – nichts und niemand wurde von mir verschont. Tatsächlich frage ich mich oft, wie ich mich wohl selbst in der Luft zerrissen hätte, wenn ich nicht ich gewesen wäre. Ich hätte eine ziemlich gute Zielscheibe abgegeben (die ich ja in späteren Jahren auch wurde). Wenn die Neugier in jenen Zeiten dem Wahrheitsgehalt dessen galt, was ich geschrieben habe, und der nur spärlich verschleierten Identität der Betroffenen (vorwiegend die eine oder andere Grande Dame der besseren Gesellschaft und aufgeblasene Esel, die sich als Intellektuelle ausgaben), dann kam später dieselbe Neugier hinsichtlich der Figuren in meinen Büchern auf. War das . . .?

Konnte es vielleicht ...? Das musste doch ... Zahllose Spekulationen wurden angestellt, obwohl in Wirklichkeit nur Schatten bekannter Persönlichkeiten auf den Seiten herumgeisterten.

Die Kolumnen waren wesentlich direkter, und es wurden durchaus auch Namen genannt. Wenn mich jemand fragt, ob sich meine Meinung über diese Menschen, die ich damals verspottet habe, geändert hat, sage ich mit Nachdruck: »Nein.« Heute scheint diese Meinung es bloß nicht mehr wert zu sein, so viel Raum einzunehmen, das ist alles. Nichts, was ich geschrieben habe, war erfunden. Vielleicht war manches übertrieben, aber frei erfunden war nichts. Wenn man Mitte zwanzig ist, verkraftet man Heuchelei nicht so ohne weiteres. Man kann sich leichter vormachen, die Macht starker Worte könnte die Welt verändern. Das ist dummes Geschwätz. Leute, die von dem, was im Druck erscheint, nicht direkt betroffen sind, lesen die Kolumnen, stimmen ihnen insgeheim zu, haben einen Moment lang ihr billiges Vergnügen auf Kosten dessen, der sein Fett abkriegt, und sympathisieren in der Öffentlichkeit mit dem Betroffenen. Rein gar nichts verändert sich. Fünfundzwanzig Jahre später sind all die Charaktere, die mich zu meinen frühen Kolumnen angeregt haben, immer noch auf der Bildfläche, spucken immer noch große Töne, blasen sich immer noch auf und sind immer noch unerträglich. Und wütend. Aber wenn wir einander irgendwo begegnen, geht das altbekannte Theater weiter. Küsschen hier, Küsschen da. »Wie geht es dir? Du siehst phantastisch aus. Hm, ein neues Buch? Von deiner letzten Kolumne war ich wirklich begeistert. Es ist ja so wahr, was du über Sonia geschrieben hast.« Heute kann ich über diese Scheinheiligkeit lachen. All das ist nicht mehr wichtig. Vielleicht ist es nie wichtig gewesen.

Niemand traut Journalisten. Das kann sich keiner leisten. Jedenfalls kein allzu großes Vertrauen. Selbst innerhalb der Familie gibt es ein Element der Paranoia, das direkt unter der Oberfläche lauert. »Wirst du darüber schreiben? Wage es bloß nicht«, warnen mich meine Kinder oft.

Ein erfahrener Verleger fragte mich einmal: »Ist jedes Gespräch, das jemand mit dir führt, irgendwo für den zukünftigen Gebrauch abgespeichert? Muss jede Formulierung druckreif sein? Gibt es in deinem Leben irgendetwas, das nicht für die Öffentlichkeit bestimmt ist?«

Er hielt sich für klug. Ich glaube, dass es eine rhetorische Frage war. Und gerade er hätte es besser wissen müssen.

»Wenn du mit mir sprichst, tust du das auf eigene Gefahr«, sage ich zu Leuten, die sich von mir beruhigen lassen wollen. Das ist so sehr Teil meines Lebens, dass ich gar nicht mehr darüber nachdenke. Und doch gibt es ein paar Regeln, an die sogar ich mich halte – es sei denn, ich bin so dumm, mir einzubilden, niemand würde es bemerken und niemand würde sich etwas daraus machen. Aber die Betroffenen bemerken es stets und machen sich etwas daraus, selbst wenn sie nur am Rande in Mitleidenschaft gezogen werden. Und sie verzeihen einem selten.

Ich erinnere mich noch daran, dass ich das vor ein paar Jahren selbst zu einem Journalisten sagte, nachdem er mich in einem seiner Artikel fix und fertig gemacht hatte. Wir liefen einander im Urlaub über den Weg. Anfangs erkannte ich den Mann in dieser Umgebung nicht (er besitzt keine Persönlichkeit). Da ich ihn für jemand anderen hielt, war ich freundlich (das kann im Urlaub passieren, weil ich in meiner Wachsamkeit nachlasse). Stunden später fiel plötzlich der Groschen – das war der Mistkerl, der mich einmal in einer Zeitschrift mit großer Auflagenhöhe heimtückisch angegriffen hatte. Als wir uns beim Abendessen in Begleitung unserer Familien am Büfett trafen, behandelte ich ihn wie Luft. Am nächsten Morgen kam er etwas verlegen auf mich zu und sagte: »Erzähl mir bloß nicht, dass du immer noch wütend auf mich bist.« Ich lächelte, wechselte ein paar dumme Bemerkungen mit ihm und ließ ihn stehen. Ja, ich war wütend. Ich war außer mir vor Wut. Und ich würde es niemals vergessen.

Zu dem Zeitpunkt dachte ich an die zahllosen Menschen, die *mir* wegen etwas, was ich über *sie* geschrieben hatte, ebenso sehr grollen mussten. Inzwischen hatte ich nicht nur viel ausgeteilt, sondern auch einiges eingesteckt. Aber das machte es auch nicht besser.

Oft vertrauen mir Fremde unter den seltsamsten Umständen ganz erstaunliche Dinge an, und manchmal habe ich fast den Verdacht, insgeheim wollen sie diese Dinge gedruckt sehen. Bei Leuten vom Film kommt das laufend vor. Aber dasselbe Syndrom schleicht sich mittlerweile auch bei »Normalbürgern« ein. Seit fünf Jahren werde ich bereits von einer beharrlichen und ziemlich lästigen Anruferin verfolgt. Ihre einzige »Verbindung« zu mir ist die, dass wir denselben Vornamen haben. In ihrer Vorstellung genügt dieses Bindeglied, um ihr sofortigen Zugang zu mir zu gewähren, wenn sie deprimiert ist, einen schlechten Tag hat, sich mit ihrem Mann gestritten oder eines ihrer Kinder geschlagen hat oder von ihrer Schwiegermutter verflucht worden ist. Über ihr Leben weiß ich so gut wie alles, wovon sie will, dass ich es weiß, darunter auch Einzelheiten aus ihrem Sexualleben (die sexuelle Abstinenz ihres Ehemannes hat ihr ebenfalls Abstinenz auferlegt). Ich bin dieser Frau nie begegnet und verspüre auch nicht den Wunsch, sie jemals kennen zu lernen. Und doch nehme ich weiterhin ihre Anrufe entgegen, wenn ich nicht gerade selbst alle Hände voll zu tun habe. Offenbar ist sie einsam und frustriert darüber, dass sie durch den familiären Druck gezwungen war, ihren Beruf in der Reisebranche aufzugeben, der ihr großen Spaß gemacht hat, und sie verzehrt sich danach, mit jemandem zu reden, der in ihrer Vorstellung etwas ganz anderes repräsentiert. Sie kann sich gut ausdrücken, ist aggressiv und direkt und spricht freimütig über die häufigen Auseinandersetzungen mit ihrem Mann und darüber, dass sie seine Bier trinkenden Kumpel nicht leiden kann und sich weigert, sie bei sich zu Hause feiern zu lassen, womit sie ihren Mann derart in Verlegenheit bringt, dass er seine Zechkumpane, wenn er an der Reihe ist, in einem vor der Tür geparkten Wagen empfängt.

»Stört ihn das denn nicht?«, fragte ich sie.

»Weshalb sollte es ihn stören? Ich schicke die Hausangestellte mit warmen Snacks zu ihnen runter.«

Was geschieht nach der Sauferei? Kommt er dann reumütig die Treppe heraufgewankt und bittet um Verzeihung?

»Keineswegs. Er geht aufs Klo, zieht sich um und schläft ein. Keine Gespräche. Kein Sex.«

»Und am nächsten Tag?«

»Es wird mit keinem Wort erwähnt.«

Es hat Journalisten gegeben, die kamen, um mich zu interviewen, und die dann blieben und Freunde geworden sind. Sogar unter denen, die mit den üblichen vorgefassten Meinungen und Vorstellungen bei mir aufgetaucht sind. Es waren vorwiegend Frauen, deren Leben mich genügend interessiert hat, um diese Brücken überhaupt erst zu errichten. Ich weiß ihre Freundschaft zu würdigen und mache mir die Mühe, sie zu pflegen. Schließlich gehören wir einer Art loser Vereinigung an – wir haben etliche Bezugspunkte miteinander gemeinsam. Wir können über Kollegen plaudern, über berufliche Veränderungen, sich wandelnde Muster in Beziehungen und darüber, was sich so »tut«, aber viel entscheidender als all das ist, dass wir eine Verbundenheit als Frauen spüren und offen über unser Leben reden können.

Oft gehören diese Frauen einer anderen Generation an als ich. Das hat bisher noch nie eine Rolle gespielt. Uns ist es gelungen, den entscheidenden Sprung zu machen und ein Umfeld zu erschaffen, das beide Seiten befriedigt. Manchmal bin ich die große Schwester, die sie nie hatten (und die ich als Jüngste in meiner Familie im wahren Leben nicht sein kann), und in anderen Konstellationen bin ich die erfahrene, weltkluge Frau, die sie bei ihren Problemen mit Männern beraten kann, die idealisierte Mutterfigur, die sie »versteht«. Ich genieße diese Beziehungen. Sie liegen mir am Herzen. Und ich investiere in sie.

Einem Fremden Vertrauen entgegenzubringen, war für mich immer ein gewisses Problem. Entweder ich tue es instinktiv, vollständig und unbewusst, oder er oder sie wird jahrelang auf die Probe gestellt. An einem bestimmten Punkt setzen Ermattung und Langeweile ein und wir entfernen uns voneinander, ohne dass einer dem anderen etwas übel nimmt. Sich mit Menschen anzufreunden, die denselben Beruf haben, ist schwierig, wenn man die Natur des Berufs bedenkt. Mir fällt zwar keine wirklich ganz, ganz üble Erfahrung ein, und ich grolle auch niemandem, aber ich weiß, dass es nicht einfach gewesen ist, mich jemandem anzuvertrauen oder ihn überhaupt etwas näher an mich heranzulassen, wenn ich auch nur den leisesten Argwohn hatte. Ich spreche aus Erfahrung.

Eine der unangenehmsten Formulierungen, mit denen alle Journalisten ständig in Berührung kommen, ist: »Ich möchte doch hoffen, dass Sie mich nicht zitieren werden.« Oft werden diese Worte von vollkommen unbedeutenden Menschen geäußert, die man nur aus Gründen der Höflichkeit erträgt. Man ist versucht zu sagen: »Weshalb sollte ich Ihnen diesen Gefallen tun?« Aber aus Höflichkeit hält man auch dann den Mund.

Schlimmer ist es, wenn eine sogenannte Freundin beschließt, sich bei einem auszuheulen, um am nächsten Tag anzurufen und zu bitten: »Pack es bloß nicht in deine Kolumne oder in ein Buch, okay? Wenn mein Mann das herausfindet, bringt er mich um.«

Ich erinnere mich an die Frau eines prominenten Juweliers, die auf einer Party auf mich zukam, um mir eine pikante Geschichte über eine anwesende Industriellengattin zu stecken. Sie unterbrach sich auf halbem Wege und flehte mich an: »Bitte ... ich bitte Sie ... vergessen Sie, was ich gerade gesagt habe. Geben Sie es bloß nicht in Ihrer Kolumne wieder.«

Ich kann es ihr nicht vorwerfen. Sie hatte die Taktlosigkeit besessen, etwas in Worte zu fassen, was sich die anderen nur dachten. Oder ... bin ich vielleicht die Dumme? Möglicherweise hoffte sie ja tatsächlich, ich würde mich öffentlich zu dieser anderen Frau äußern – ohne meine Quelle anzugeben. Die Gier nach Publicity und Anerkennung nimmt so viele verschiedene Formen an, dass es verwirrend und zum Verzweifeln ist.

Die durchgeknallte Ehefrau eines durchgeknallten Stümpers wollte mich mit allen Mitteln zu einem ihrer nachmittäglichen Frauentreffen einladen, als sie hörte, dass ich derartige Veranstaltungen bisher immer erfolgreich gemieden hatte.

»Sie müssen unbedingt kommen«, gurrte sie.

»Was tut sich denn da?«, fragte ich belustigt.

»Machen Sie sich selbst ein Bild davon. Wir treffen uns und tauschen Ideen miteinander aus.«

»Welcher Art?«

»Sie stellen zu viele Fragen. Warum kommen Sie nicht einfach mal zu mir rüber?«

Mir war natürlich nicht klar, dass sie all den anderen Frauen von dieser Einladung erzählt hatte und dass sie sich selbst überboten hatten, was die Speisen und das Ambiente anging, da sie glaubten, ich erschiene dort, um über das Treffen zu berichten und die Gastgeberin berühmt zu machen. Da ich von alldem nichts ahnte, fand ich den Nachmittag recht unterhaltsam. Es war eine Luxuswohnung mit einer phantastischen Aussicht. Das Essen (vegetarisch) wurde von einem Partyservice geliefert, der Barkeeper mixte die schärfsten Margaritas in ganz Bombay, und die rund dreißig anwesenden Frauen waren erschienen, um ihren Spaß miteinander zu haben. Das Gelächter wirkte spontan – nach ein paar Shots kommt einem alles schrecklich komisch vor. Ich bekam eine Privatführung durch die Wohnung und erfuhr sogar den Preis, der auf dem Immobilienmarkt für sie veranschlagt wurde. Die Gastgeberin führte mich ins Schlafzimmer, um mich dort mit ihrer Garderobe zu beeindrucken. Einige der anderen Frauen hatten sich mit Schmuckstücken behängt, ihren neuesten Errungenschaften, die sie stolz vorführten. Alle schwärmten von den raffiniert präsentierten Speisen und lobten die Gastgeberin für die Wahl dieses speziellen Partyservice. Ich fragte mich, was sich der Caterer wohl dachte. Oder der Barkeeper. Oder all diese gründlich ausgebildeten Kellner, denen es gelang, ihre einstudiert teilnahmslose Miene zu bewahren, während sie zusahen, wie eine Schar von extrem reichen, extrem angesäuselten Damen unkontrolliert kicherte, wie sie miteinander tanzten und intime Einzelheiten über den Sexualtrieb ihrer Ehemänner ausplauderten.

Das Treffen zog sich hin bis kurz vor fünf, als eine der Frauen auf ihre mit Edelsteinen besetzte Armbanduhr schaute und ankündigte: »Wir sollten jetzt besser nach Hause gehen … bevor die Männer heimkommen.« Sie brachen in Zweier- und Dreiergrüppchen auf, hackevoll und rundum mit sich selbst zufrieden. Ich fuhr mit vier weiteren Frauen im Aufzug nach unten. Ich war stocknüchtern (bedauerlicherweise bin ich das immer). Es überraschte mich überhaupt nicht, dass sie die Party in der Luft zerrissen und das Essen, die Getränke, die Kleidung, die Schminke, die Kinder und so ziemlich jeden Aspekt des Lebens unserer Gastgeberin kritisierten, ihre Moral inbegriffen.

»Sie schläft sich durch die Betten wie verrückt«, sagte eine der Frauen.

»Stimmt. Begonnen hat es mit ihrem Schwager. Und jetzt geht es in ihrem Leben zu wie auf einem Bahnhof. Ständig steigen neue Männer zu und über sie drüber.«

Sie fielen grausam über ihren Ehemann her, der die Party finanziert hatte, und behaupteten, er sei ein nichtsnutziger Schwächling. Plötzlich fiel ihnen wieder ein, dass ich, eine Wildfremde, anwesend war.

»Bitte ... bitte ... erzählen Sie ihr bloß nicht, was wir über sie gesagt haben ... schreiben Sie nicht darüber.«

Eine Frau fiel ihnen ins Wort

»Wie kommt ihr überhaupt dazu zu sagen, sie soll nicht darüber schreiben? Unsere Gastgeberin wäre wahnsinnig enttäuscht. Sie hat bereits aller Welt erzählt, dass Sie nächste Woche in Ihrer Kolumne über dieses Frauentreffen berichten werden. Wann hat sie uns jemals so gutes Essen vorgesetzt? Oder Champagner angeboten? Seid nicht so dumm. Sie will, dass darüber berichtet wird.«

Eine andere Frau warf ein: »Das kann schon sein, aber nicht über dieses Nachspiel.«

Ich stieg erschöpft in den Wagen. Vorher fiel mir noch auf, wie scharf die anderen Frauen darauf waren, dass mir ihre noblen, importierten Autos auffielen. Sie plärrten ihre Chauffeure an, sie sollten vor der Veranda vorfahren, damit ich sie einsteigen und in diesen Schlitten davongleiten sah. Mir taten diese Frauen leid. Aber ich bin sicher, dass sie mich ebenso sehr bemitleideten wie ich sie.

Ich schrieb tatsächlich über die Party und bot mein gesamtes Taktgefühl und jeden Funken Selbstbeherrschung auf. Es wäre grauenhaft gewesen, die Gastfreundschaft einer Person zu missbrauchen, die in ihrem Eifer, Eigenwerbung zu betreiben, eine absolute Außenseiterin überredet hatte, eine Party zu besuchen, die sie selbst als eines der großen Ereignisse in ihrem Leben ansah. Allzu schmeichelhaft fiel mein Bericht allerdings nicht aus. Ich nahm an, diese Frauen würden mich in Zukunft feindselig schneiden. Raten Sie mal, was passierte? Im kommenden Monat wurde ich wieder eingeladen.

Es ist wahr, dass die meisten Journalisten immer im Dienst sind, ob es ihnen nun bewusst ist oder nicht. Sie schalten nie ab, sondern machen sich ständig im Geist Notizen und heften sie zur späteren Verwendung ab. Das tun sie beim Essen, beim Plaudern, auf Autofahrten, in der Badewanne, beim Kochen und sogar im Schlaf. Jetzt schreibe ich nach so vielen Jahren über eines dieser mir so artfremden Frauentreffen. Trotz meines sonst so schlechten Gedächtnisses kann ich mich noch lebhaft daran erinnern. An alle Einzelheiten. Ich kann mich sogar an die kostspieligen Kleider erinnern, die manche der Frauen dort trugen. Wenn Sie mich nach dem Fabrikat fragen, könnte ich sogar diese Frage beantworten, denn eine der Frauen hatte vergessen, das Etikett zu entfernen. Eine andere verbesserte mich: »Das hat sie keineswegs vergessen. Sie will, dass wir alle erfahren, wo sie ihre Kleidung kauft und wie viel sie dafür bezahlt hat.«

Es ist mir unmöglich, irgendwo hinzugehen und ohne kleine Begebenheiten, Gesichtsausdrücke oder Personen, die sich in den unsichtbaren Aktenordner in meinem Kopf eingeschlichen haben, zurück nach Hause zu kommen. Das wäre anstrengend, wenn es nicht so selbstverständlich für mich wäre. Als mich einmal jemand aufforderte, mich zu entspannen und zu vergessen, dass ich schreibe, fand ich diese Bemerkung ziemlich schwachsinnig. Ich kann es unmöglich vergessen. Ich kann mich vor keinem einzigen Anblick verschließen, der mich interessiert. Es ist alles da, direkt vor meinen Augen.

Vielleicht wird auf Partys und Veranstaltungen, die von Journalisten besucht werden, mehr Klatsch verbreitet als sonst irgendwo. Aber obwohl es schön und gut ist, ab und zu gemeinsam zu feiern, kann ich mich nicht dazu bringen, einen meiner Journalistenkollegen wirklich zu mögen, und ich habe nicht den geringsten Zweifel daran, dass sie meine Gefühle leidenschaftlich erwidern. Wir haben ein produktives, professionelles Verhältnis. Und damit hat es sich.

Es ist nicht etwa so, dass unsere Jovialität im öffentlichen Umgang miteinander ganz und gar geheuchelt wäre – es ist immer äußerst unterhaltsam, Erfahrungen auszutauschen, grässliche Geschichten über jemanden zu hören, dem wir alle schon begegnet sind, nicht zu verantwortende Ansichten über alles und jeden in Worte zu fassen und währenddessen zu wissen, dass alles, was wir sagen, demjenigen, den wir aufs Korn nehmen, persönlich zugetragen oder, was noch schlimmer ist, im Druck aufgegriffen und zu einer Sensation aufgebauscht werden wird. Das ist ein Berufsrisiko, mit dem wir leben. Alles, was man sagt, sagt man auf eigene Gefahr. Trotzdem und selbst mit einer großzügig aufgetragenen Schicht Zynismus lassen mich einige meiner Erfahrungen mit diesem Verein erschauern. Wie die Frau, die im Namen der »Freundschaft« mindestens zwei gehässige Berichte für ihr sehr bekanntes Blatt schrieb und dann anrief, um zu sagen: »Aber sieh mal ... ich finde, ich war dir gegenüber sehr fair.« Sie lag mit ihren Einschätzungen so weit daneben, dass mich mehr als alles andere ihr Mangel an Einfühlungsvermögen erstaunte. Und doch sprang ich jedes Mal ein, um sie in Schutz zu nehmen, wenn jemand sie als »Miststück in den Wechseljahren« bezeichnete. Es ist so einfach, eine Frau in einem bestimmten Alter zu verurteilen, indem man eine Hormonattacke gegen sie ins Feld führt. Das gehört sich nun mal nicht. Und in den Medien kommt auf jedes Miststück in den Wechseljahren ein Dutzend impotenter Männer, die der Welt mit gedruckten Worten eins auszuwischen versuchen, weil sie ihr mit ihrem Penis nichts mehr anhaben können.

Letzten Endes ist unsere Branche so inzestuös wie jede andere auch. Alles läuft genauso ab wie im notorischen Netzwerk der alten Knaben – der Vetternwirtschaft. Man kennt jemanden, der jemanden kennt, und so weiter. Oft treten Neulinge mit ihren Texten, die sie sich mühsam abgerungen haben, an jemanden heran und bitten plump um Empfehlungen. Wenn das, was sie schreiben, etwas taugt, warum nicht? Schließlich erfordert es nicht mehr als ein paar Telefonanrufe. Wenn man ihnen erst einmal den Einstieg ermöglicht hat, liegt alles Weitere ausschließlich bei ihnen. Einem gut geschriebenen Manuskript kann ich bis heute nicht widerstehen. Als Redakteurin habe ich sie verschlungen, und so ist es auch jetzt noch. Ich fand Worte schon immer äußerst verführerisch. Wenn sie auf eine verblüffend originelle Weise angeordnet sind, will ich sie augenblicklich gedruckt sehen und scheue keine Anstrengung, um dafür zu sorgen, dass es dazu kommt.

Aber ob Neulinge oder Veteranen, ich habe gelernt, dass man sich vor Journalisten hüten muss. Nett sind sie nicht. Sie können faszinierend, amüsant, anregend und geschwätzig sein, das schon. Aber auch verschlagen, heimtückisch, rachsüchtig und kleinlich. Die meisten Journalisten sind eingebildete, verabscheuungswürdige Mistkerle mit Schuppen und Eiterfluss. Stellen Sie Ihre eigenen Beobachtungen an und teilen Sie es mir mit, falls ich mich irren sollte. Die meisten führen ein ziemlich elendes Privatleben (sie geben absolut unerträgliche Ehemänner ab). Ihnen geht ein bekömmlicher Sinn für Humor restlos ab – lachen können sie nur auf Kosten anderer. Sie laufen mit einem intellektuellen Bruchband durch die Gegend, weil sie an den Problemen der Welt so schwer zu tragen haben. Ich ziehe es vor, mich von ihnen fernzuhalten ... eine Randexistenz zu führen.

Es geht vorwärts

Nur ein Telefonanruf. Das ist alles. Nichts weiter als ein einziger Anruf führte zu der Reise, die für mich immer noch nicht abgeschlossen ist. Es passiert mir oft, dass eine bloße Stimme am Telefon bei mir einen starken, bleibenden Eindruck hinterlässt. Wenn man es recht bedenkt, sagt eine körperlose und gesichtslose Stimme eine ganze Menge über den Anrufer aus. Schon die Begrüßung ist ziemlich bezeichnend. Ein freundlicher Tonfall beim ersten »Hallo« weist auf einen Menschen hin, der dem Gespräch einen lockeren Plauderton geben möchte. Ein forsches, geschäftsmäßiges »Hallo« bedeutet, wir wollen hier gar nicht erst Zeit verlieren. Klingt es unsicher, dann vermittelt es Aufregung oder Nervosität; ein entschiedenes, gebrülltes »Hallo« dagegen stammt im Allgemeinen von einer aggressiven, ungeduldigen Person mit vorgefassten Meinungen. Das genügt schon. Das »Hallo«, das mir meine neue Berufung gab, fiel zwischen zwei Kategorien. Es war geschäftsmäßig, das schon, und es war auch recht freundlich, aber nicht anbiedernd.

Das gefiel mir. Aber der Name verwirrte mich. David Davidar. Wozu machte ihn das? Den Nachnamen hatte ich bisher noch nie gehört, und daher war ich nicht sicher, ob er ausländisch war oder nicht. Der zunächst schwer bestimmbare Akzent trug noch mehr zu meiner Verwirrung bei. Mr Davidar kam schnell zur Sache (damals wusste ich noch nicht, dass der Herausgeber und Verleger und seit Neuestem auch Hauptgeschäftsführer von Penguin Books India nicht gern telefoniert). Er erwähnte in knappen Worten, er hätte gerade die indische Niederlassung des internationalen Verlagsgiganten gegründet und hielte nach neuen Autoren Ausschau. Er sagte, er hätte meine Kolumnen im Lauf der Jahre gelesen und sei der Überzeugung, da stecke irgendwo ein Buch drin. Ach ja? Wenn er meinte. Schließlich war er derjenige, der daran glaubte, nicht ich. Ich hörte zu, wenn auch nicht besonders aufmerksam, das muss ich zugeben. Er riefe wegen seines bevorstehenden Besuchs in Bombay an, sagte er. Könnte ich etwas Zeit erübrigen, um mich mit ihm zu treffen? Er hätte einen Vorschlag im Sinn, und er hätte das Gefühl, dieses Projekt könnte mein Fall sein. Er erklärte nicht genauer, worum es ging. Ich stellte keine Fragen. Ich würde es schnell genug herausfinden.

Mein Mangel an Konzentration und Interesse ließ sich darauf zurückführen, dass ich abgelenkt und verträumt war – ich erwartete gerade Anandita, mein jüngstes Kind, und fühlte mich reichlich abgehoben und benommen zugleich. Das sei kein Alter, um noch einmal schwanger zu werden, hatten mich einige gleichaltrige Frauen ausgescholten. Bist du verrückt?, hatten sie mich gefragt. Vielleicht war ich es ja, aber nur ein klein wenig. Aber wir beide, mein Mann und ich, wussten genau, dass wir noch ein Kind haben wollten, und sowie das beschlossen war und meine Gynäkologin ihre Unbedenklichkeitserklärung abgegeben hatte, bekam ich es. Daher watschelte ich, als die schicksalhafte Begegnung endlich zustande kam, zur Tür, um eine große, breit gebaute Person einzulassen, die den Türrahmen fast vollständig ausfüllte. Das Bild, das ich mir am Telefon gemacht hatte, war ausnahmsweise nicht besonders akkurat. Die Stimme, die ich gehört hatte, hätte besser zu einem wesentlich älteren Mann gepasst. Vielleicht war es gar nicht einmal so sehr die Stimme an sich, sondern die Art, das Thema anzupacken, die mir zwar wortkarg, aber sehr reif vorgekommen war. Dieser Mensch, der jetzt vor mir stand, schien erschreckend jung zu sein, wenn man bedachte, dass er der Chef eines Verlagshauses war. Und für einen solchen Posten viel zu zwanglos gekleidet – ein blau gestreiftes Hemd, das lässig in eine dunkle Hose gesteckt war, und dazu vernünftige schwarze Schnürschuhe. Konservativ, ja, das schon. Aber auch eine Spur langweilig. Das Gespräch, das wir anschließend miteinander führten, war auch nicht viel besser. Mit der Überzeugungskunst hapert es bei David, und seine Masche war alles andere als zugkräftig.

»Ich bin der Meinung, dass Sie ein Buch über Bombay schreiben könnten. Durch die Lektüre Ihrer Kolumnen ist bei mir der Eindruck entstanden, dass Sie Ihre Hand am Puls dieser Stadt haben. Es gibt keine guten Bücher, die den Geist von Bombay einfangen. Sie könnten die richtige Person sein, um diesen Aspekt herauszuarbeiten.«

Er erzählte mir ein wenig von sich und seinen Hintergründen als Journalist und Redakteur und von seinem Zusammentreffen mit Peter Mayer, der zu der Zeit in weiten Kreisen als einer der drei Götter der internationalen Verlagsszene angesehen wurde. Ich hörte unbeteiligt zu und war in Gedanken nicht ganz bei der Sache.

»Aber ich habe noch nie ein Buch geschrieben«, wandte ich lahm ein. Ich hoffte, damit sei das Treffen beendet, ich hätte mich jeder Verpflichtung entzogen und könnte wieder in Ruhe Pakori Chaat und Paani-Puri mampfen, die beiden Snacks, von denen ich gar nicht genug bekommen konnte. Ein Buch über Bombay fand ich ohnehin nicht besonders spannend, und genau das sagte ich ihm auch. David hatte augenblicklich einen anderen Vorschlag parat – dann eben kein Sachbuch. Schreiben Sie einen Roman, der in Bombay spielt. Ach du meine Güte. Das wurde ja immer mühsamer. Ich musste eine Dreijährige füttern und fühlte mich selbst schon ganz erschlagen. »Also gut, ich werde darüber nachdenken«, sagte ich fröhlich. David nahm seinen braunen Briefumschlag (er trägt immer geheimnisvolle Briefumschläge mit sich herum) und verabschiedete sich mit den Worten, in einem Monat käme er wieder.

Ihn und meine Beteuerung, ich würde mir etwas einfallen lassen, vergaß ich auf der Stelle. Sowie er gegangen war, schüttelte ich ungläubig den Kopf. Bücher? Ich? Ein Roman? Das konnte nicht sein Ernst gewesen sein. Ich hatte noch nie etwas Fiktives geschrieben, noch nicht einmal Zeug von der Sorte, die junge Leute für College-Magazine einreichen. Was wusste ich schon von Prosa? Vielleicht hatte er nicht gewusst, wie er sich verabschieden sollte, sich keine Gedanken über einen guten Abgang gemacht. Vielleicht war er in Hinblick auf sein Angebot so unsicher wie ich in Hinblick auf meine zaghafte Zusage.

Ein Monat verging. Mein Bauch wurde noch dicker und ich noch dösiger. In meiner Vorstellung bestand kein Zweifel daran, dass die Schwangerschaft eine gute Idee gewesen war, aber jetzt begann ich mir Sorgen zu machen, ob ich das Baby gefahrlos bis zum Ende würde austragen können. Ganz gleich, welchen Maßstab man anlegte, es war eine späte Schwangerschaft. Ja, ich war fit genug, agil genug ... und ... und tapfer genug. Meine Gynäkologin, die mich von den anderen Babys entbunden hatte, war voller Zuversicht und sprach mir Mut zu. Den Keim des Zweifels hatten meine sogenannten »Freundinnen« gesät, Frauen, mit denen ich aufgewachsen war und die ich während der Schulzeit und der Jahre am College gekannt hatte.

»Bis das Kind volljährig ist, wirst du über sechzig sein. Ist das dem Baby gegenüber etwa fair? Alle anderen Kinder sind schon so viel älter. Wirst du diesem Baby genauso viel Zeit und Aufmerksamkeit widmen können?«

Das waren die harmloseren Fragen. Die beängstigenden hoben sie sich für später auf, als ich selbst schon mit meinen eigenen Befürchtungen kämpfte. »Was ist, wenn das Baby nicht ... du weißt schon ... normal ist?«, fragte eine Frau und heuchelte große Besorgnis. Nichts lag mir ferner als der Gedanke an ein Buch, auch wenn ich einem jungen Verleger zugesagt hatte, mir Gedanken darüber zu machen, ob ich es schreiben würde.

Der Anruf kam. Und zwar exakt einen Monat später. »Steht das Exposé?«, fragte David mit seinem schneidigen britischen Akzent.

Ich geriet in Panik. Mit seiner Haltung brachte er es fertig, dass ich mich wie ein ängstliches Schulmädchen fühlte. Als hätte ich die Hausaufgaben nicht gemacht, die mir für die Ferien zugeteilt worden waren. Ich fürchtete die Strafe. Vielleicht fünftausend Zeilen schreiben? Ich stammelte. Und dann flunkerte ich.

»Ja, es steht.«

Hilfe. Und was jetzt?

»Schön. Ich komme in einer Stunde vorbei und sehe es mir mal an.«

O mein Gott. Ich presste mir die Hände auf den Bauch. Ich schwöre, dass ich spüren konnte, wie mir das Baby einen kräftigen Tritt versetzte. So, ich hatte es also schon wieder getan. Jetzt würde ich als die miese kleine Schwindlerin entlarvt werden, zu der ich nie hatte werden wollen. David würde hier erscheinen und gebieterisch beschriebenes Papier von mir verlangen. Und ich hatte nichts anderes vorzuzeigen als mein dummes, schuldbewusstes Gesicht. Nein. Das war zu erniedrigend. Irgendetwas musste ich vorzuweisen haben, ganz egal, was. Ich watschelte zu meinem Tisch, zog einen Schreibblock heraus und fing an zu kritzeln.

So viele Jahre später kann ich mich immer noch an den Adrenalinschub während dieser wenigen Minuten erinnern, als der Entwurf für ›Nächte in Bombay‹ auf den linierten Seiten eines billigen Blocks Gestalt annahm. Ich kann bis heute nicht erklären, woher ich die Geschichte nahm, doch als ich anfing, sie aufzuschreiben, hatte ich das Gefühl, ich müsste dringend alles niederschreiben, bevor es in Vergessenheit geriet und für alle Zeiten verschwand.

Es war ein sehr grober Entwurf. Vielleicht vier oder fünf Seiten, die ich in rasender Eile vollgeschrieben hatte. Von Kontinuität konnte keine Rede sein, eher von einer Aufzählung. Jeder der einzelnen Punkte war mit einem Sternchen markiert, das einen Hinweis auf eine Weiterentwicklung der Handlung geben sollte. Ich hatte keine Zeit, das Geschriebene noch einmal durchzulesen, denn es läutete bereits an der Tür. Das war David, der Schuldirektor. Und der ungehorsamen Schülerin war es gerade noch gelungen, die liegen gebliebenen Hausaufgaben zu erledigen.

David ist für höflichen Smalltalk oder den Austausch von Förmlichkeiten nicht zu haben. »Wo ist es?«, fragte er, und seine Stimme klang gepresst, sein Tonfall steif.

»Hier«, sagte ich und reichte ihm die Blätter wie das eingeschüchterte Schulmädchen, zu dem ich mich freiwillig hatte machen lassen. Seine Miene war vollkommen ausdruckslos, als er mir die Blätter aus der Hand nahm und sie stumm durchlas. Es war gespenstisch – ich fühlte mich in der Zeit zurückversetzt, zu meiner ersten Begegnung mit Nari Hira im Büro von Creative Unit. Ich war auch genauso nervös wie damals, obwohl ich im Grunde genommen keinen Grund zur Sorge hatte. In diesem Stadium war ich viel zu sehr mit der neuerlich bevorstehenden Mutterschaft und meinen tagesfüllenden häuslichen Angelegenheiten beschäftigt, um mich mit der Möglichkeit einer brandneuen beruflichen Laufbahn zu befassen. Und doch rumorte mein Magen, während David gleichmütig weiterlas und mich mit seiner Unverfrorenheit erboste. Ein Urteilsspruch würde gefällt werden. Und ich bebte innerlich. Mehr als alles andere erschreckte mich die Aussicht, von einem wesentlich jüngeren Mann, dessen Referenzen mir zu der Zeit noch unbekannt waren, »abgeurteilt« zu werden. Warum setzte ich mich einem solchen Test überhaupt aus? Ich weiß es immer noch nicht.

Er las den groben Entwurf in weniger als fünf Minuten. Ich wartete. Ich hoffte fast, er würde sagen: »Nun ... gar kein so übler Versuch. Aber vielleicht ist das doch nichts für Sie. Falls Ihnen irgendwann etwas einfällt, woraus sich etwas machen ließe, sollten Sie mich auf jeden Fall anrufen. Es hat mich gefreut, Sie kennen zu lernen.«

Aber so kam es nicht. David schob seine Brille höher auf seine Nase und sagte: »In Ordnung.«

Was hatte das zu bedeuten? Ich wagte nicht, ihn um eine Klarstellung zu bitten. Inzwischen weiß ich, dass ein »In Ordnung«, wenn es mit fester Stimme und in einem sachlichen Tonfall aus Davids Mund kommt, auf untypische Begeisterung für ein zukünftiges Projekt hinweist. Zu der Zeit konnte ich nur denken: »Jetzt kommt es, bereite dich darauf vor. Er wird dir sagen, dass es nichts taugt.«

Stattdessen sprach er die Worte aus, die meiner beruflichen Laufbahn – die ich hinter mir gelassen zu haben glaubte, als ich mich für die tagesfüllende Rolle der Ehefrau und Mutter entschieden hatte – eine ganz neue Richtung gaben.

»Ich finde, Sie sollten es darauf ankommen lassen«, sagte David ernst.

Ich verstand immer noch nichts. Was sollte das heißen, »es darauf ankommen lassen«? Worauf ankommen lassen? Auf meinem Gesicht drückte sich die Frage aus, die meine Stimme nicht in Worte fassen wollte.

»Ich glaube, daraus lässt sich ein gutes Buch machen. Also los, tun Sie's, schreiben Sie es.«

Wie bitte? Ihm gefiel der Entwurf? War es das, was er mir damit sagen wollte? Er wollte, dass ich ein Buch für ihn schrieb – ein ganzes Buch? Aufgrund dieser achtlos hingekritzelten Notizen? Es klang ganz danach. Aber ich wollte es genauer wissen.

»Wie soll ich das anstellen?«, fragte ich und schaute ebenso ernst, als sei dies ein bedeutsamer Moment zwischen dem Verleger und seiner Autorin, den ich mit dem gebührenden Respekt behandeln musste. Dieser hochheilige Augenblick musste unantastbar bleiben. Ich war entschlossen, ihn nicht zu bagatellisieren oder laut zu lachen (denn das hätte ich in Wirklichkeit am liebsten getan).

David starrte mich an, als sei ich total bescheuert. »Tja«, sagte er mit Bedacht, »ich werde wieder nach Delhi fliegen und Ihnen einen Vertrag zur Unterschrift zuschicken. Und dann setzen Sie sich hin und schreiben Ihr Buch. So einfach ist das.«

Ich nickte und tat so, als hätte ich ihn verstanden.

»Okay. Na schön. Danke.«

Das war alles. Er nahm seinen braunen Briefumschlag und ging. Wir hatten einander nicht einmal die Hand gegeben.

Sowie David wieder nach Delhi zurückkehrte, war ich ratlos. Ich hatte nicht die leiseste Ahnung, wie man es anstellt, ein Buch zu schreiben. Ich hielt es für das Beste, jemanden zu fragen. Aber wen konnte ich fragen? Ich kannte nicht allzu viele Autoren, die ich anrufen konnte. Zu wem konnte ich unverblümt sagen: »He, rate mal, was passiert ist? Penguin hat mir gesagt, ich soll ein Buch schreiben. Ich weiß, dass du Bücher geschrieben hast. Ich habe mir überlegt ... ich meine ... wie hast du das eigentlich gemacht?«

Gab es Kurse, in denen einem beigebracht wurde, wie man Bücher schreibt? Oder wurde von einem echten Schriftsteller erwartet, dass er instinktiv weiß, wie man das macht? Vielleicht war ich gar keine echte Schriftstellerin. Ja, so musste es sein. Wäre ich das nämlich gewesen, dann hätte auch ich gewusst, wie es geht. Aber die Wahrheit sah so aus, dass ich keinen Schimmer hatte. Und jetzt hatte ich meine Fühler behutsam ausgestreckt, und es gab kein Zurück mehr. Verdammt noch mal. Das konnte ich nicht gebrauchen. Ich war schwanger, und mein Bauch schwoll mit jeder Minute mehr an. Ich musste mich unbedingt auf das kleine Leben konzentrieren, das in mir wuchs. Stattdessen quälte ich mich mit einem blöden Buch herum, weil ich mich voreilig bereit erklärt hatte, es für einen arroganten Fremden zu schreiben, der sich benahm, als erwiese er mir mit dieser Aufforderung eine große Ehre.

Eine Woche lang war meine Haltung feindselig und ablehnend, und ich hoffte, das Buch würde weggehen. Ich führte Streitgespräche mit mir selbst. Ich brauchte es nicht zu schreiben. Niemand würde mich gerichtlich belangen, wenn ich es nicht tat. Was war das Schlimmste, was passieren konnte, wenn ich mich drückte? David würde eine schlechte Meinung von mir haben. Das war alles? Wen interessierte das schon? Na bitte, von mir aus sollte er ruhig schlecht über mich denken. Er war schließlich nicht mein Freund oder mein Bruder. Ich wollte keinen Job in seiner Firma haben. Ich brauchte ihn nicht zu beeindrucken oder mich bei ihm einzuschmeicheln.

Aber das Buch wollte einfach nicht von meinem inneren Radarschirm verschwinden. Inzwischen war es mir lästig, wie hartnäckige Ohrenschmerzen. Ich benahm mich so durchgedreht, dass mein Mann fragte, ob ich einen Arzt bräuchte. »Es ist das Buch«, murrte ich, wenn auch so leise, dass er es nicht hörte, denn sonst hätte er auf seine gewohnt direkte und pragmatische Art gesagt: »Wenn das so ist, dann schreib es halt.«

Genau das war ja das Problem. Ich wollte es unbedingt schreiben, damit die Ohrenschmerzen vorübergingen. Aber ich wusste nicht, wie. Ich brauchte jemanden, der mich unterwies, einen Guru, der mich an der Hand nahm und mir Schritt für Schritt alles zeigte . . . der mir den Weg wies. Ich beschloss, in Delhi anzurufen. Verdammt noch mal, der Mann wollte von mir, dass ich ein Buch schrieb. Dann konnte er mir wenigstens sagen, wie man das machte. Ich ging das Risiko ein, wie eine Schwachsinnige dazustehen. Nur eine einzige Überlegung schützte mich – er hatte mich dazu aufgefordert. Ich hatte mich nicht flehentlich an ihn gewandt.

»David Davidar? Ja? Hallo. Shobhaa De. Sehen Sie mal . . . ich möchte dieses Buch wirklich gern schreiben. Die Sache ist nur die, dass ich nicht weiß, wie man das macht. Ich meine . . . wie schreiben Autoren Bücher? Womit beginnen sie? Und wie finden sie ein Ende? Was ist mit Kapiteln und solchem Zeug? Woher soll ich wissen, wie man ein Kapitel beendet?«

So. Ich hatte es ausgesprochen.

Eine lange Pause.

»Shobhaa . . . da ist nichts weiter dabei. Sie haben eine gute Story – erzählen Sie sie einfach. Und machen Sie sich keine Sorgen, was die Gestaltung angeht. Sie schreiben es so, wie es zum Vorschein kommt. Die Unterteilung in Kapitel wird sich beim Schreiben von selbst ergeben. Und Sie werden wissen, dass das Buch fertig ist, wenn Sie Ihre Geschichte zu Ende erzählt haben. Viel Glück. Und viel Spaß beim Schreiben.«

Das war im Grunde genommen alles. Jetzt begann der Alleinflug. Die Vorstellung einer Bruchlandung gefiel mir nicht. Noch am selben Vormittag begann ich mit der Arbeit, nachdem ich ein kurzes Gebet gesprochen und sehr optimistisch ein »OM« auf die erste Seite gemalt hatte. An dieser Gewohnheit halte ich bis heute fest.

Sowie der Prozess in Gang gekommen war, konnte ich nicht mehr aufhören. Mein Leben war damals weniger hektisch. Arundhati war schon fast drei Jahre alt, und ihr genügte es, in meiner Nähe zu sein, wenn sie mit ihren Puppen spielte. Die älteren Kinder gingen zur Schule. Mein »Arbeitszimmer« war ein heller, luftiger Raum mit großen Fenstern, die einen spektakulären Meerblick boten. Ich ertappte mich dabei, dass ich allzu oft auf das wechselnde Licht auf den Wellen hinausschaute. Daher rückte ich meinen Schreibtisch an eine Wand. Direkt über meinem Kopf hing ein großes Ölbild von Bikash Bhattacharya. Es war ein umwerfendes Porträt von einer wunderschönen Frau, der Gemahlin eines prominenten Industriellen aus Delhi. Was hatte es überhaupt in unserer Wohnung zu suchen? Eine gute Frage. Dem Industriellen, der das Gemälde in Auftrag gegeben hatte, gefiel nicht, wie der Künstler das Aussehen seiner Frau interpretiert hatte. Aufgrund dieser Ablehnung landete das Bild schließlich in einer Verkaufsausstellung, wo mein Mann es erwarb. Wir waren beide ganz begeistert von diesem Werk. Und mir machte es Spaß, dass ein reich geschmücktes, erlesen hergerichtetes Luxusgeschöpf mit traurigen Augen und einem melancholischen Zug um den sorgsam geschminkten Mund über mich wachte. In gewisser Weise stellte sie alles dar, worum es in meinem Buch ging – sie hätte Anjali sein können, die Hauptperson mit ihrem reichen Mann und ihrem leeren Leben. Oft blickte ich beim Schreiben zu ihr auf und sah der Frau in die Augen. Ich konnte verstehen, warum ihr Mann das Gemälde nicht mochte – es enthielt viel zu viel Wahrheit.

Nichts war dem Schreiben förderlich, begonnen mit meinem Stuhl und seiner eigenartig gebogenen Lehne, meinem Schreibtisch, auf dem viel zu viel herumlag, und der Lage des Arbeitszimmers genau gegenüber der Küche und etwas zu nah an der Wohnungstür. Auch die Anordnung der Telefone im Haus war ungünstig. Den ganzen Tag über konnte ich die verschiedensten Geräusche hören, oft in einer Lautstärke, die in hohem Maß störend war: Dienstboten, die in der Küche miteinander plauderten, Töpfe und Pfannen, die lärmend geschrubbt wurden, die Türklingel, die immer dann läutete, wenn es nicht gerade eines der Telefone war, und Arundhatis unaufhörliches Gebrabbel, wenn sie auf mir herumkletterte, während ich versuchte, meine Konzentration nicht von dem anderen Kind in meinem Leib unterbrechen zu lassen, das oft um sich trat, wenn es seinen Körper im warmen, behaglichen Fruchtwasser drehte und wendete. Es war außerordentlich unbequem für mich, längere Zeit zu sitzen. Und doch wollte ich, während ich hektisch einen Block nach dem anderen vollschrieb, in Wirklichkeit nichts anderes tun, als einfach nur weiterzuschreiben. Es war eine Erfahrung, die mich auf seltsame Weise überwältigte und noch dazu vollkommen neu für mich war. Bis zu diesem Zeitpunkt war mir nicht klar gewesen, wie viel Vergnügen es mir bereitete, Worte zu Papier zu bringen. Oft hatte ich Autoren schlagfertig sagen hören: »Ach, die Geschichte hat sich eigentlich selbst geschrieben.«

Genau das widerfuhr jetzt auch mir. Ich hatte keinen Einfluss mehr darauf. Ich schrieb stundenlang am Stück durch und legte nur für die Mahlzeiten und den Schlaf Unterbrechungen ein. Es gab nichts, absolut nichts, was ich lieber getan hätte, als an meinen Schreibtisch zurückzukehren und weiterzuschreiben. Ich wollte mich mit niemandem unterhalten, auch für Freunde hatte ich keine Zeit. Der Gedanke, aus dem Haus zu gehen, war mir ein Gräuel, selbst dann, wenn ich Dinge zu erledigen hatte. Ich sprach mit niemandem über das Buch. Noch nicht einmal mit früheren Kolleginnen, wenn sie zum Plaudern vorbeikamen. Es war eine ganz persönliche Angelegenheit, und ich wollte, dass es so blieb.

Mir fiel auf, dass ich abergläubisch wurde. Ich hatte eine Reihe von Ritualen ersonnen, die das Schreiben enorm erleichterten. »Das Buch« wurde zu meinem größten Geheimnis. Ich schwelgte in der Macht, die mir dieser Umstand verlieh. Niemand wurde in den Pakt, den ich mit mir selbst geschlossen hatte, einbezogen. Ich wachte über meine eigenen Worte wie über einen Schatz. Zum Glück interessierte sich niemand allzu sehr dafür. Im Grunde genommen wusste keiner, was in diesem Arbeitszimmer vorging. Ich hatte mir gesagt, ich würde die Zeit, die ich mit der Familie verbrachte, durch mein Schreiben nicht beschneiden lassen. Das bedeutete, dass mein Mann mich selten am Schreibtisch sah, und wenn es doch einmal dazu kam, nahm er an, dass ich an einer meiner Kolumnen feilte. Die älteren Kinder waren derart mit Lernen und Hausaufgaben ausgelastet, dass sie nicht neugierig darauf waren, was ich trieb. Ich klinkte mich so weit wie möglich aus dem gesellschaftlichen Trubel aus und verspürte kein Bedürfnis nach dem Umgang mit anderen – noch nicht einmal nach Gesprächen mit David. Einmal kam er während dieser Zeit nach Bombay. Da ich begierig auf ein Feedback war, legte ich ihm das Manuskript zur Begutachtung vor. Seine Reaktion? Ein lakonisches: »In Ordnung. Schreiben Sie weiter.«

Es entwickelte sich zu einer Art Wettlauf – wer würde zuerst das Ziel erreichen, das Baby oder das Buch? Anandita sollte im März zur Welt kommen. Bis dahin wollte ich das Buch längst zur Seite gelegt haben. Und so kam es auch. Als es fertig war, wusste ich es. Ein Gefühl enormer Erleichterung durchflutete mich, als ich den letzten Satz schrieb.

»Schicken Sie es her«, sagte David.

Und das tat ich.

Es hatte noch keinen anderen Titel als den ursprünglichen Arbeitstitel. Und es war auch nicht in Kapitel unterteilt. Ich hatte das Buch in einem Stück geschrieben, ein riesiger Packen handschriftlicher Notizen, die achtzehn oder zwanzig Blöcke füllten. Somit war das vereinbarte Soll von hunderttausend Wörtern bei weitem überschritten. David hatte mir die hilfreiche Angabe gemacht, das sei der Umfang eines Romans von mittlerer Länge. Die Niederschrift hatte mich viereinhalb Monate gekostet. Das heißt, dass ich etwa fünfzehnhundert Wörter am Tag geschrieben hatte. Inzwischen weiß ich, dass das mein natürlicher Rhythmus ist. Ich kann es nur so und nicht anders tun. Ich hatte es nicht darauf abgesehen, Geschwindigkeitsrekorde zu brechen, aber wenn ich in einem derart fieberhaften Tempo geschrieben habe, muss ich es rasend eilig gehabt haben, das Buch zu beenden.

War ich zufrieden, als ich diese Aufgabe hinter mich gebracht hatte? Ich weiß es nicht. Um das zu beurteilen, fehlte mir die Distanz. Außerdem hatte sich der Reiz des Neuen bei dieser Erfahrung noch nicht abgenutzt. Es war eine Form von berauschendem Glücksgefühl. Ich hatte es geschafft. Ich hatte es tatsächlich geschafft. Ein verdammtes Buch geschrieben. Ob dieses verdammte Buch etwas taugte, war eine ganz andere Frage. Die Tatsache, dass es mir gelungen war, eine ziemlich lange Geschichte zu erzählen, war in meinen Augen bereits eine ausreichende Leistung. Aber in dem Moment wusste ich auch, dass ich es, wenn ich es einmal geschafft hatte, wieder tun könnte. Nichts anderes zählte. Noch nicht einmal Davids Urteilsspruch. Um die Wahrheit zu sagen: Ich war noch nicht einmal auf den Gedanken gekommen, er könnte das Manuskript ablehnen. Ich glaube, hier war eher meine Ignoranz am Werk und nicht etwa übersteigertes Selbstbewusstsein. Ich wusste nicht, wie es bei den Buchverlagen zuging. Mir war nicht klar, dass sogar Bücher, die in Auftrag gegeben worden waren, mit einer glatten Abfuhr rechnen mussten oder dass der Verlag vom Autor verlangen konnte, das Buch umzuschreiben. Wäre mir das passiert, dann hätte ich diese Erfahrung als einen Versuch abgeschrieben, der mir Spaß gemacht hatte, aber das in einem Bereich, der mir offenbar nicht lag.

David, der nie verschwenderisch mit Lob um sich wirft, half mir auch nicht gerade weiter, als er anrief, um zu sagen, das Buch gefiele ihm, aber es müsste erst noch überarbeitet werden. Er erwähnte, er hätte eine Lektorin damit beauftragt, und in der Endphase würde ich mit ihnen beiden zusammenarbeiten.

Was ich hören wollte, war eine detaillierte Kritik meiner Mühen. Stattdessen wurde mir eine Liste von »Lücken« zugeschickt, die gefüllt werden mussten. Da ich das, was ich geschrieben hatte, so gut wie nie hinterher noch einmal gelesen hatte, hatte ich offenbar einige der zweitrangigen Personen ohne jede Erklärung auf halber Strecke in der Luft hängen lassen. Manche verschwanden vollständig von der Bildfläche, wogegen andere ohne jede Logik und ohne jeden Grund immer wieder unvermittelt untertauchten und an einer ganz anderen Stelle wieder auftauchten. Das wurde als »Ordnen« des Manuskripts bezeichnet. Nur einem pingeligen Lektor fallen sogar die kleinsten Diskrepanzen in der Kontinuität auf – Daten, Orte, Ereignisse, Personen –, die behoben werden müssen. David war auch der Meinung, ich sollte einen Prolog und einen Epilog schreiben. Ich war nicht seiner Meinung, tat es aber trotzdem.

In dieser Phase entdeckte ich etwas Seltsames an mir: Sowie das Buch fertig und abgeschlossen war, interessierte mich sein weiteres Schicksal überhaupt nicht mehr. Nun war es auf sich selbst gestellt, ob im freien Fall oder im Höhenflug. Jede emotionale Bindung war abrupt abgerissen. Ich verspürte nicht den geringsten Wunsch, mich weiterhin daran zu klammern. Und ich sah keinen Grund dafür, weiterhin mit ihm in Verbindung zu bleiben. Die Worte waren auch nicht in Stein gemeißelt. Es war mir vollkommen egal, ob sie rausgeworfen wurden oder ob sie drinblieben. Ich kämpfte nicht mit der Lektorin, um etwas zu »retten«, was ihr überflüssig erschien. Das Buch war fertig, die Erfahrung abgeschlossen. Ich hatte mich so gründlich davon befreit, dass der Gedanke, während der Fahnenkorrekturen immer wieder zu dem Text zurückzukehren, für mich zu einer Art Strafe wurde. Ich wollte andere Aspekte meines Lebens in Angriff nehmen. Meine Schwangerschaft war weit fortgeschritten. Das Buch interessierte mich nicht mehr. Es war unwiderruflich vorbei, wie eine Beziehung, die nicht mehr zählt, sowie der Entschluss getroffen ist, sie zu beenden.

Aber so läuft es nicht im Verlagswesen, stellte ich fest. Das Lesen der ersten Probeabzüge war für mich die reinste Qual. Es war mir unerträglich, meine eigenen Worte noch einmal zu lesen, ohne sie grauenhaft zu finden. Ich schreckte zurück und wand mich vor Verlegenheit, während ich Fehler verbesserte, Sätze strich und ganze Absätze einfügte. Mein Gott, es war grauenhaft. Und wir hatten immer noch keinen Titel. »›Nächte in Bombay‹«, teilte mir David bei einem Besuch kategorisch mit. »Dabei bleibt es. Mir gefällt der Titel. Er klingt hübsch. Sag ihn dir mal vor – ›Nächte in Bombay‹.«

Ich erhob keine Einwände. Es war mir, offen gesagt, egal. Das Buch war mir aus den Händen genommen worden. Ich hatte es weggegeben. Ich war nicht mehr dafür verantwortlich. Diese Leute schienen etwas von ihrem Geschäft zu verstehen. Ich nahm an, David wüsste, was er tat. Auf dem Gebiet war er der

Experte. Und überhaupt war sein Vorschlag weitaus besser als jeder der Titel, die mir eingefallen waren. Ich erinnere mich noch daran, dass die meisten wie die Namen von billigen Boutiquen klangen. Auch die Umschlaggestaltung überließ ich David und stellte ihm lediglich die Dias von meinem Cousin Gautam Rajadhyaksha zur Verfügung. Heute finde ich den Umschlag überfrachtet, aber als ich einen ersten Abzug davon mit der Post erhielt, war ich außer mir vor Freude.

Das Komische ist, dass ich mich, als ich die Fahnen gründlich durchging, überhaupt nicht mit meinen eigenen Worten identifizieren konnte. Vielleicht lag es an meiner langjährigen Erfahrung als Chefredakteurin, aber ich las die Seiten vollkommen unbeteiligt durch, und mein geübtes Auge pickte Fehler, die sich erst beim Satz eingeschlichen hatten, und falsche Rechtschreibung heraus, doch ich blieb gänzlich teilnahmslos. Ich hatte mir immer vorgestellt, Autoren und insbesondere die Autoren von Erstlingswerken seien rasend in ihre eigenen Worte verliebt. Ich hatte gehört, es sei ihnen unerträglich, wenn eine einzige Zeile herausgeschnitten wurde oder gar ein ganzer Absatz wegfiel. Und hier saß ich jetzt und nahm mit klinischer Sachlichkeit operative Eingriffe vor, ohne um ein einziges ausgelassenes Wort, einen Absatz oder eine ganze Seite zu trauern, die gestrichen worden waren. Das war ein interessanter Lernprozess. David schlug vor, ich sollte den Anfang umschreiben (ich finde den ursprünglichen immer noch besser), und er forderte mich auf, die Reihenfolge einiger lose aneinandergereihter Kapitel umzustellen. Abgesehen davon waren keine größeren Nachbesserungen erforderlich.

Als mir ein Kurier das erste Exemplar brachte, war ich allein zu Hause. Ich riss das Päckchen nicht auf. Meine Hände zitterten nicht, als ich das Buch erstmals in den Fingern hielt. Ich war auch nicht in Hochstimmung. Ich betrachtete ›Nächte in Bombay‹ kritisch und objektiv und fand prompt ein halbes Dutzend Kleinigkeiten, die ich daran auszusetzen hatte. Dann rief ich meinen Mann im Büro an, um ihm zu berichten, ich hätte das Vorabexemplar erhalten.

»Das müssen wir feiern«, sagte er aufgeregt.

In der todschicken Wohnung des Großhändlers war eine kleine Party zum Erscheinen des Buchs geplant. Und ich hatte M. F. Husain überredet, zu kommen und das Buch vorzustellen. Aber vorher wollte ich es meinen Eltern überreichen und mir ihren Segen geben lassen. Das war für mich entscheidender als alles andere. Als ich bei ihnen eintraf, waren sie von dem ganzen Drumherum etwas verwirrt – surrende Videokameras, Blitzlichtgewitter. Etwas Derartiges war in unserer Familie noch nie vorgekommen, und niemand wusste so recht, was von ihm erwartet wurde. Wir umarmten einander ziemlich unbeholfen, nachdem ich die Füße meiner Eltern berührt und mich wieder erhoben hatte. Ich wusste, dass mich der Gefühlsüberschwang spätestens jetzt überwältigen sollte, aber es war nicht so. Ich hatte lediglich das vage Gefühl, in meinem Leben spielte sich etwas Ungewohntes ab, das ganz anders war als alles zuvor, doch ich wusste nicht, was dieses Etwas war oder auch nur, wie anders es war.

Vom Haus meiner Eltern begaben wir uns zu der Party, die sich in keiner Weise von allen anderen Cocktailpartys in Bombay unterschied. Dieselben altbekannten Gesichter tranken Champagner und wirkten erwartungsvoll. Husain erschien in einem interessant geschnittenen Seidenhemd, mit Manschetten und Kragen aus einem kontrastierenden Material. Ich hatte nicht gewusst, dass man mich auffordern würde, eine Rede zu halten, aber vermutlich gehörte das zum Ritual. Da ich nichts vorbereitet hatte, sagte ich das, was mir als Erstes in den Sinn kam – das heißt, ich bedankte mich bei den versammelten Gästen für ihr Erscheinen, da das Buch ohne Menschen wie sie, von denen ich meine Anregungen bezogen hätte, nicht möglich gewesen wäre. Das entsprach durchaus der Wahrheit, obwohl es einen leicht schneidenden Beiklang zu haben schien.

Nichts änderte sich danach. Das hatte ich auch gar nicht erwartet. Mein Leben vor dem Buch unterschied sich nicht wirklich von meinem Leben nach dem Buch. Ich musste mich immer noch mit der Rechnung für die dreckige Wäsche befassen. Ich aß immer noch zwei Hauptmahlzeiten am Tag, ich badete weiterhin meine jüngeren Kinder. Ich fühlte mich nicht wie eine »Autorin« und auch nicht so, wie sich Autoren in meiner Vorstellung fühlten. Ich versuchte mehrfach zu mir selbst zu sagen: »He, ich bin jetzt Autorin. Ich habe ein Buch geschrieben. Hast du gehört? Ich habe ein Buch geschrieben. Ein Buch. Ein Buch. Wow.« Dann kam ich mir doof vor und ließ es bleiben.

Ich erinnere mich noch daran, wie aufgeregt mein Cousin Gautam war, als das erste Exemplar von ›Faces‹, seinem Prachtband mit Starporträts, persönlich bei ihm zu Hause abgeliefert wurde. Er hatte einen Flug nach Goa gebucht, wo in der winzigen Ortschaft Mangeshi bei Ponda der Schrein unserer Familiengottheit steht. Er rief mich an, und seine Stimme klang erstickt, als er sagte: »Ich bringe das Buch dorthin, um es von Shanta Durga segnen zu lassen. Ich werde ihr das erste Exemplar zu Füßen legen und eine Puja vollziehen, und erst dann werde ich bereit sein, das Buch der Öffentlichkeit zu übergeben.« Er unternahm ehrerbietig die Reise und legte ein in Seide eingeschlagenes Exemplar von ›Faces‹ in das Allerheiligste, während er glühend darum betete, dem Buch möge Erfolg vergönnt sein. Er hatte mir auch erzählt, wie spontan seine Tränen wenige Wochen vorher beim Anblick eines grob gebundenen Vorabexemplars geflossen waren.

Ich erinnere mich auch an eine Großveranstaltung zum Erscheinen eines Buchs, die ich Mitte 1997 besuchte. Ayaz Memon und Ranjona Bannerji hatten ›India – The Making of a Nation‹ geschrieben, und das Buch wurde rechtzeitig zum fünfzigsten Jahrestag der Unabhängigkeit veröffentlicht. Der prunkvolle Empfang fand unter Kronleuchtern im Ballsaal eines Fünfsternehotels statt. Und in dieser vornehmen Versammlung waren drei Personen vor Freude ganz aus dem Häuschen: Ranjonas Mutter, ihr Vater und ihre Schwester, die so selig über die Leistung eines geliebten Familienmitglieds waren, dass das Glück regelrecht aus jeder Pore ihrer angespannten Körper strömte. Als das erste Exemplar, wie es derzeit Mode ist, von einem VIP mit großer Geste enthüllt wurde und im ganzen Saal tosender Beifall ausbrach, klammerten sich vier überwältigte Menschen mit tränenfeuchten Wangen aneinander – Ranjona und ihre nächsten Angehörigen. In dem Moment wünschte ich, ich hätte wenigstens für mein erstes Buch einen größeren Rummel verlangt und eine riesige Show abgezogen.

Ich las ›Nächte in Bombay‹ nie wieder. Ebenso wenig wie jedes andere meiner Bücher. Es war abgeschlossen. Aus und vorbei. Außerdem arbeitete ich schon schwer am nächsten Buch. Eines änderte sich jedoch tatsächlich: Ich hatte entdeckt, wie viel Freude es mir bereitete, Romane zu schreiben. Ich konnte nicht genug davon bekommen. Und das war auch gut so, denn die ersten Kritiken waren erschienen, und sie waren schrecklich. Wirklich ganz, ganz grauenhaft. Wäre ich nicht bereits vollständig in meinem zweiten Buch aufgegangen, dann hätten sie mich bestimmt so tief getroffen, dass ich es nie mehr gewagt hätte, mich an einem Roman zu versuchen. Aber so, wie die Dinge standen, war mein nächstes Projekt bereits über die Hälfte hinaus gediehen, und der Teufel sollte mich holen, wenn ich es in diesem Stadium aufgab, und das nur, weil die Medien mich zerrissen. Das war zwar keine schöne Erfahrung, aber lähmen ließ ich mich davon nicht. Mir blieb gar nichts anderes übrig, als diese Reaktionen mit Humor und der größtmöglichen Distanz, die ich aufbieten konnte, hinzunehmen. Verdammt noch mal, es war schließlich nur ein blödes Buch. Und außerdem musste ich mich fragen, wie ich mich wohl dazu geäußert hätte, wenn ich nicht ich, Shobhaa De, sondern eine ihrer Zeitgenossinnen gewesen wäre und man mich dazu aufgefordert hätte, ›Nächte in Bombay‹ zu besprechen. Hätte ich die Autorin etwa nicht in der Luft zerrissen? Doch, da bin ich ganz sicher. Und zwar nicht nur aufgrund des Buchs, sondern aufgrund all dessen, was diese Person in den Augen anderer darstellte. Es war ein Glück, dass mein Mann den ganzen Wirbel spielend wegsteckte und mir riet, es ebenso zu halten.

»Schreib einfach weiter. Lass die Kritiker das tun, wofür sie bezahlt werden«, sagte er beschwichtigend.

Ich vermute, eine bessere Alternative gab es nicht – falls es überhaupt eine Alternative gab.

Manche Besprechungen trafen mich mehr als andere, nämlich die verschlagenen und subversiven, die versuchten, mit den krassest denkbaren Mitteln mich, mein Privatleben und meine Karriere zu zerstören. In einer Kritik wurde angedeutet, ›Nächte in Bombay‹ sei von einem Ghostwriter geschrieben worden, und zwar von David persönlich. In einer anderen hieß es, die Lektorin hätte das Buch über weite Strecken umgeschrieben und von »meinem« Werk könnte überhaupt nicht mehr die Rede sein. Dem konnte ich nur noch zynisch hinzufügen: »Klar. Und ich habe auch gründlich geschulte Kobolde und Elfen, die meine Kolumnen und Features schreiben.«

Diese Angriffe kamen oft aus unerwarteten Ecken und waren daher nicht so leicht wegzustecken. Ich gebe zu, dass mich die Vehemenz der Reaktionen erstaunte, aber dann rief ich mir wieder ins Gedächtnis zurück, was ich selbst zu meinen Anfangszeiten geschrieben hatte. Das war auch nicht immer fair oder objektiv gewesen. Ich brauchte eine Weile, um mich mit den Attacken abzufinden. Noch länger brauchte ich dafür, nicht im kleinlichen, rachsüchtigen Geiste von »Wie du mir, so ich dir« zurückzuschlagen. Etliche Male war ich gewaltig in Versuchung. Wahrscheinlich erlag ich dieser Versuchung in zwei oder drei Fällen. Aber irgendetwas hielt mich von Vergeltungsmaßnahmen ab, obwohl ich nichts lieber getan hätte, als diese grauenhaften Menschen zu erwürgen, die derart über mein Buch herfielen, dass man fast meinen könnte, es sei das einzige lausige Buch, das jemals geschrieben worden war.

Es ist übrigens keineswegs lausig. Wenn ich heute bei Lesungen daraus vorlese, gefallen mir die scharfen Kanten, die ungeschliffene Prosa und die ungehemmte Erzählform sogar ausgesprochen gut. Ich finde diese Eigenschaften äußerst reizvoll, selbst dann, wenn sie keine gediegenen Beispiele für die makellose Beherrschung des Handwerks sind.

›Nächte in Bombay‹ war kein Schlüsselroman, aber das war die populäre Auffassung, die von den Medien verbreitet wurde. Auf die Veröffentlichung folgte eine endlose Fragerunde (»Kommst du auch darin vor?«), und es wurden zahllose Ratespiele um die kaum verschleierte Identität einiger Randfiguren angestellt. Von einem gewissen Punkt an langweilte es mich schlichtweg, Dementis herauszugeben. Natürlich kamen einige Leute vor, die große Ähnlichkeit mit Personen im wahren Leben aufwiesen, aber dabei ging es jeweils um einen ganz bestimmten Menschenschlag. In das Buch floss nicht das gesamte Leben dieser Personen ein, sondern nur ihre typischen Merkmale. Abgesehen von einem ganz besonders widerwärtigen Schriftsteller (der inzwischen spurlos verschwunden ist) handelte es sich um bloße Skelette, denen ich Fleisch auf die Rippen gepackt hatte.

Es gab nur eine echte lebende Person in dem Buch . . . und die erkannte sich auf der Stelle wieder. Sie war in meinen Entwicklungsjahren eine Mentorin und Freundin gewesen, eine einsame Dame mit einem prachtvollen Körper und einem noch prachtvolleren Verstand, den sie vor der High Society, der sie angehörte, geheim hielt. Sie las ›Nächte in Bombay‹, während sie auf einem eingeschneiten Flughafen in Kanada auf einen verspäteten Flug wartete. Und sie schrieb mir ihre Reaktion auf das Briefpapier der Fluggesellschaft, einen langen, eindringlichen Brief, in dem sich deutlich ausdrückte, dass sie tief verletzt war.

»Mir war nicht klar, dass du mich so gesehen hast«, begann der Brief. »Ich selbst habe mich nicht so gesehen. Nicht in deinen Augen. Ich glaubte, du bewundertest mich. Aber nachdem ich jetzt das Buch gelesen habe, wird mir bewusst, wie klar du alles durchschaut hast . . . die Dumpfheit meines hohlen Lebens. Die Scheinheiligkeit und die Kompromisse. Auf den Seiten deines Buches stehe ich als eine ganz erbärmliche Gestalt da. So grässlich fand ich mein Leben nie. Aber ich weiß auch, dass das, was du geschrieben hast, die Wahrheit ist.«

Ich weinte, als ich ihren Brief las. Ich wusste nicht, wie ich ihr in die Augen sehen konnte, wenn wir einander wieder begegneten. Sie löste dieses Problem für mich, als sie das nächste Mal nach Indien zu Besuch kam. Sie umarmte mich und hielt mich lange Zeit an sich gedrückt. Als wir uns voneinander lösten, rannen Tränen aus unseren Augen. Ich wusste, dass wir die Zerreißprobe überstanden hatten. Sie war würdevoll genug, weder ihren Brief noch mein Buch auch nur mit einem Wort zu erwähnen. Jetzt war ich an der Reihe, mich nackt und bloßgestellt zu fühlen.

Warum rief ›Nächte in Bombay‹ einen solchen Aufruhr hervor?, frage ich mich jetzt. Der Text war harmlos und fad. Keine expliziten Bettszenen, keine unflätige Sprache. Könnte es an dem Thema gelegen haben? Daran, dass eine Frau aus reiner Langeweile aus der Geborgenheit einer intakten Ehe ausbrechen könnte? Karuna, die Hauptperson, ist kein Miststück; wenn überhaupt, dann ist sie viel zu vernünftig und zu beherrscht. Aber sie ist diejenige, die ihre Ehe als das erkennt, was sie ist – hohl und leer. Ihr Mann schlägt sie nicht, er ist kein Trunkenbold und auch kein Spieler. Es gibt überhaupt keinen Grund dafür, ihn zu verlassen, und doch tut sie genau das. Für sie ist der Mangel an Verständigung eine ausreichende Erklärung. Sie rechtfertigt ihre Entscheidung nicht, sie deutet nicht mit dem Finger auf andere, sie weist keine Schuld zu. Und das hat Indien restlos aus der Fassung gebracht.

Die Reaktionen kamen rasch, und sie waren gnadenlos. Menschen, die nicht mit dem gesellschaftlichen Leben in Bombay vertraut sind, weigerten sich zu glauben, dass meine Schilderungen, wie es in dieser Metropole zugeht, wahr sind. Sie muss Beverly Hills in Malabar Hill verwandelt haben, sagten sie naserümpfend.

Jeder, der auch nur vorübergehend mit der Hautevolee dieser Stadt geliebäugelt hat, wird sich bereitwillig bis in jede Kleinigkeit mit dem Inhalt dieses Buchs identifizieren und bestätigen, dass nicht das kleinste bisschen Übertreibung im Spiel ist. Habe ich mich in dieser Gesellschaft wohl gefühlt? Ganz und gar. Ich habe nie aus den Augen verloren, woher ich kam. Ich habe nie vorgegeben, jemand anderes zu sein als die Person, die ich war oder als die ich mich zumindest sah: ein Mädchen, das von einer mittelständischen Familie stolzer Berufstätiger aus dem Maharashtra abstammt und dem man von klein auf eine hohe Arbeitsmoral eingeimpft hat. Uns wurde schon in jungen Jahren beigebracht, dass einem nichts in den Schoß fällt. Das hat mich gerettet.

Aber die Kontroversen, die sich darüber entfachten, wer in dem Buch wer war, begannen mir Spaß zu machen, als ich erst einmal gelernt hatte, wie man damit umgeht. Das war die entscheidende Phase der »Image Promotion«, auch wenn es mir zu dem Zeitpunkt nicht bewusst war. Mir wurde eine bestimmte Rolle zugeteilt, und darauf hatte ich wenig Einfluss. Mir und dem Buch wurden etliche Stempel aufgedrückt. Ich machte mir nicht die Mühe, zu widersprechen oder mich dagegen zu wehren. Das wäre ohnehin reine Zeitvergeudung gewesen. Einige dieser Stempel blieben an mir haften, doch die meisten verblassten innerhalb kürzester Zeit. Manchen begegne ich sogar heute noch, aber selbst diejenigen, die versuchen, immer noch auf dem alten Blödsinn herumzureiten, begreifen allmählich, dass sich daraus keine Story mehr machen lässt. Die Neugier wich der Verwirrung und schließlich der Anerkennung, aber bis dahin verging ein ganzes Jahrzehnt.

Mit den meisten späteren Büchern ist die eine oder andere Anekdote verknüpft. Die einzige Ausnahme bildet ›Glitzernacht‹. Das war eine Ansammlung von zahllosen Bildern und Erinnerungen, die ich während meiner Zeit bei ›Stardust‹ zusammengetragen hatte. Über ein ganzes Jahrzehnt hinweg hatte ich die Filmbranche genauestens beobachtet, und obwohl sich meine direkten Kontakte auf ein Minimum beschränkten, hatte ich dank der lebhaften und detaillierten Schilderungen unseres Teams von begabten Journalisten alles, was sich dort tat, aus nächster Nähe miterlebt. Mir war alles zu Ohren gekommen, auch wenn ich es nicht mit eigenen Augen gesehen hatte. Während ich einen fiktiven Bericht über Bollywood schrieb, konnte ich all diese Inputs dazu nutzen, die Romanfiguren zu erschaffen. Ich werde bis heute gefragt, ob dem Buch die Romanze von Rekha und Amitabh zugrunde liegt. Ich kann wahrheitsgemäß sagen, dass die Beziehung zwischen den beiden mir einen der Ansatzpunkte für den Roman geliefert hat, es sich aber ansonsten keineswegs um eine getreuliche Nacherzählung ihres Privatlebens handelt. Aasha Rani trägt zweifellos Spuren von Rekha, wogegen Akshay nur ein bleicher Schatten von Amitabh Bachchan ist. Die Geschehnisse in dem Buch haben sich nicht wirklich zugetragen, fußen aber auf Vorfällen, die sich in Wahrheit abgespielt haben. Da ich das Geschehen aus der Nähe verfolgt hatte, versuchte ich die Dinge so zu schildern, wie sie sich in der Welt des Films abspielen, ohne die Abläufe in der Branche zu beschönigen.

Die meisten Figuren in dem Buch basieren auf echten Personen, denen ich begegnet bin oder von deren Existenz ich wusste, aber der Schlüsselbegriff ist »basieren«. Die schmutzigen »Seths«, die schleimigen »Dons« aus der Unterwelt und die sexy Starlets in meinem Buch gibt es tatsächlich, was durch spätere Ereignisse in der Filmbranche immer wieder bestätigt wurde, aber zu der Zeit, als ich das Buch geschrieben habe, war Divya Bharti, die junge Schauspielerin, die später Selbstmord beging, noch am Leben, und die Verknüpfung zwischen Bollywood und D-Company gehörte noch der Sphäre reiner Spekulationen an und war nicht die erwiesene Tatsache, vor der wir heute stehen. Der Schmutz der Filmbranche wurde in all seiner Verkommenheit dargestellt, aber auch mein eigener Abscheu drückte sich in der Schilderung deutlich aus. Ich versuchte gar nicht erst, ihn zu verbergen. Der Widerwille, den ich schon immer gegen die Filmbranche gehegt habe, ergoss sich auf die Seiten – das, womit ich mich befasste, war ein schmutziges Geschäft, und ich verspürte nicht den Wunsch, es keimfrei zu machen. Die Sprache, die ich für meine Schilderungen benutzte, war derb, grob und explizit. Ich sah keine andere Möglichkeit, um die unterschwellige Tragödie von Aasha Rani einzufangen, die Tiefe der Erniedrigungen herauszustreichen, denen sie unterworfen wird, und das Ausmaß der Ausbeutung klar zu definieren, die in dieser Welt des Scheins und der Verstellung betrieben wird.

›Glitzernacht‹ ist ausfallend und grob, setzt den schmutzigen Jargon der Gosse ein und löste bei seinem Erscheinen einen beträchtlichen Sturm der Entrüstung aus. Mein bewusster Einsatz von Hindi-Kraftausdrücken und anschaulich geschilderten

Bettszenen sorgte für gewaltige Aufregung, was wirklich köstlich war, denn in dem Buch stand nichts, was der Öffentlichkeit nicht bekannt war, nichts, worüber die Fanzines nicht längst berichtet hatten. Nichts, was nicht auf Reklametafeln in der ganzen Stadt herausgeschrien wurde. Jeder wusste, wie schmutzig es in dieser Welt zuging, doch meine Schilderung dieser Vorgänge wurde als obszön und anstößig empfunden.

Es folgten weitere Bücher – vor allem ›Die Halbschwestern‹ und ›Strange Obsession‹ sorgten für ähnlichen Tumult. Interessanterweise wurde ich zu den ›Halbschwestern‹ durch ein einziges fesselndes Bild angeregt. Als ich eines Nachmittags im Foyer des Taj-Mahal-Hotels auf jemanden wartete, sah ich einen schnittigen Sportwagen vorfahren. Die Person, die ihm so elegant entstieg (ein Bein in einem Seidenstrumpf kam behutsam hervor, ehe das andere folgte), hätte überall auf Erden einen Verkehrsstau ausgelöst. Die Frau, in deren Gang sich ungeheures Selbstvertrauen ausdrückte, war jung, schön und schick, und ihre Augen waren hinter einer Designersonnenbrille verborgen. Wer war sie? Ein Model? Eine Schauspielerin? Eine Designerin? Ich fand es kurz darauf heraus, als wir einander vorgestellt wurden. Sie war die Tochter eines erfolgreichen Geschäftsmannes, die gerade zurückgekehrt war, nachdem sie an einer renommierten amerikanischen Universität ihr Studium in Business Management abgeschlossen hatte. Sie würde als stellvertretende Generaldirektorin in den Familienbetrieb einsteigen und sorgte jetzt schon dafür, dass man ihre Anwesenheit im Sitzungssaal wahrnahm.

Für mich stellte diese Frau das neue Gesicht dar, das im Wandel begriffene Gesicht Indiens, eine schillernde Gestalt, tüchtig, ehrgeizig und erfolgreich, der Inbegriff der Karrierefrau. Wie bei jedem Buch musste ich ein klares Bild der Hauptperson vor Augen haben, um die herum ich alles aufbaute – und das war sie. Ich wusste ansonsten nichts über ihr Leben und weiß immer noch nichts Näheres, obwohl ich ihr häufig über den Weg laufe. Das spielte keine Rolle. Ich hatte meine Romanfigur gefunden, und das Buch entstand.

Ganz anders verhielt es sich mit ›Strange Obsession‹. Bereits seit fünfundzwanzig Jahren überschüttet mich eine Frau geradezu besessen mit Aufmerksamkeit. Diese Person ist zwar nicht die psychotische Minx aus dem Buch (oder zumindest wäre mir nichts davon bekannt), doch sie ist ebenso verschlagen und komplex. Ich versuchte, in die Haut eines solchen Individuums zu schlüpfen, bei dem sich jeder Atemzug so zwanghaft, dass es zum Gruseln ist, um die Existenz eines anderen Menschen dreht. Das Buch entwickelte sich im Lauf der Zeit zu einem Thriller, in dem es mit Minx ein böses Ende nimmt. Im wirklichen Leben gibt es die Frau noch, die mich zu Minx angeregt hat. Ihr Leben geht weiter, und das gilt auch für meines. Sie kann mir nichts mehr anhaben, denn meine frühere Wut ist verraucht. Ich nehme ihre täglichen Anrufe mit weitaus mehr Gleichmut entgegen als noch vor zehn Jahren. Inzwischen tut sie mir fast leid. Als ›Strange Obsession‹ angekündigt wurde, schrieb sie mir einen langen Brief, weil sie eine Bloßstellung fürchtete, und drohte mit Selbstmord. Sie hätte sich nicht zu quälen brauchen. Bis auf einige wenige Personen (die Clique von ›Stardust‹, die sich so sehr daran gewöhnt hatte, sie im Schatten herumlungern zu sehen, dass alle sie wie ein freundliches Gespenst behandelten) weiß so gut wie niemand außerhalb meiner Familie etwas von ihrer Existenz oder gar davon, wie ungeheuer lästig sie mir ist. Ihr Geheimnis ist bei mir gut aufgehoben. Und so wird es auch bleiben, bis eine von uns beiden stirbt . . . und selbst dann noch.

›Snapshots‹ kam ganz unerwartet zustande. Ich wurde von einer früheren Klassenkameradin zu einem Mittagessen mit ehemaligen Mitschülerinnen eingeladen. Es wurde zu Ehren einer Dame veranstaltet, die gemeinsam mit uns zur Schule gegangen war und schon lange in London lebte. Sie kam nach vielen Jahren, in denen sie allerlei Wunderbares erreicht hatte, nach Bombay zurück. Da ich zu dieser bestimmten Gruppe so gut wie keinen Kontakt unterhalten hatte, beschloss ich hinzugehen, eher aus Neugier und weniger aufgrund von emotionaler Bindung. Wir hatten uns fünfzehn Jahre nicht gesehen, vielleicht sogar länger. Einige von uns waren kaum wiederzuerkennen, andere so gut wie unverändert, bis hin zu schulmädchenhaftem Gekicher und dem affektierten Verhalten von Teenagern. Uns allen war nahegelegt worden, Fotoalben anzuschleppen, damit wir uns gegenseitig auf den neusten Stand der Dinge bringen konnten – wer von uns wie viele Kinder hatte, wie die Ehemänner aussahen, wo wir wohnten und wo wir Urlaub machten. Schon bald ging es darum, dass jede die anderen ausstechen wollte. Die verschiedenartigsten Triumphe wurden gefeiert. (»Meine Tochter ist eine begnadete Tänzerin/Pianistin/Tennisspielerin.« »Mein Sohn konnte schon mit sechs Monaten stehen.« »Mein Mann arbeitet für den größten multinationalen Konzern.« »Ich habe mein eigenes Möbelgeschäft.« »Meine Schwiegermutter ist tot.«) Eines der »Mädchen« hatte eine Videokassette mitgebracht. Es gab kein Entkommen. Sie ließ uns vor dem Fernseher Platz nehmen und überredete uns, ihre Darbietung anzuschauen. Auf der Kassette war sie in verschiedenen Kostümen bei diversen Tätigkeiten zu sehen. Sie war zweifellos vielseitig begabt, aber musste sie uns das unbedingt unter die Nase reiben?

Als ich nach Hause kam, schwirrte mir der Kopf, obwohl ich nicht an dem Zechgelage teilgenommen hatte. Ich fühlte mich unbehaglich und angewidert. Der Nachmittag hatte mir überhaupt keinen Spaß gemacht. Ich hatte die forschenden Blicke verabscheut, ebenso wie die neugierigen, aufdringlichen, unsensiblen Fragen, die unterschwellige Grausamkeit, den kaum verhohlenen Neid. Mir wurde klar, dass ich für keine dieser Frauen das Geringste empfand und auch nie etwas für sie empfunden hatte. Wir hatten nichts miteinander gemeinsam. Wir sprachen nicht einmal mehr dieselbe Sprache, falls das überhaupt jemals der Fall gewesen war. Das Ganze war eine widerwärtige Übung gewesen, bei der jede darauf versessen war, die anderen mit allen Mitteln zu beeindrucken. Die selbstgefällige Frau aus London, die ein grauenhaftes Kostüm aus Synthetik trug und mit einem affektierten Akzent redete, war mit ihrer aufdringlichen Prahlerei und mit ihren noch aufdringlicheren Urkunden und lobenden Erwähnungen die Ekelhafteste von allen gewesen – sie hatte sie allen Ernstes in ordentlichen Plastikheftern mitgebracht.

Ich legte mich auf mein Bett und war froh, wieder zu Hause zu sein. In meinem halbwachen Zustand dachte ich an das Buch. Romanfiguren nahmen ihre Plätze ein. Die Geschichte drehte sich um die Fotos, die eine Gruppe von ehemaligen Schulfreundinnen zu einem ähnlichen Mittagessen mitbringt. Nur war die Protagonistin von ›Snapshots‹ nicht die fette Dame in einem blauen Kostüm, das schlecht saß, sondern eine großartige, in London ansässige Macherin im Sinne von Pamella Bordes. Keine der anderen Personen ähnelte den Frauen bei diesem Mittagessen. Aber das Buch wurde in diesem grauenhaften Wohnzimmer einer Neureichen geboren, in dem Frauen versammelt waren, die sich für diesen Anlass viel zu sehr in Schale geworfen hatten und einander gewaltsam überbieten wollten. Wenigstens brachte dieser unerfreuliche Nachmittag etwas Positives hervor – einen Bestseller.

›Regen in Bombay‹ war eine Verbeugung vor meinen Sommersemestern im St. Xavier's College in den sechziger Jahren. »Gott«, die männliche Hauptfigur, besaß mit niemandem Ähnlichkeit, den ich damals kannte. Er war eine Mischung, die sich aus etlichen Charakteren zusammensetzte. Nisha, die weibliche Hauptfigur (oder »Nasha«, wie Deb sie nennt), war bei weitem nicht ich. Und doch machte es mir Spaß, für die Dauer des Schreibprozesses in ihre Haut zu schlüpfen. Es war mir ein großes Vergnügen, dieses Buch zu schreiben, die schlichte Geschichte einer zum Scheitern verurteilten Liebe, und zwar schon allein deshalb, weil es meine Zeit am College und mein Dasein am äußeren Rand der Welt der pseudokünstlerischen Intellektuellen wieder aufleben ließ, diesen Kreisen, mit denen ich vorübergehend flirtete, bevor ich hastig den Rückzug antrat. In dem Roman wimmelt es von Typen aus diesem konfusen Jahrzehnt, den selbst ernannten Bohemiens, die die Welt verändern, aber ihre Unterwäsche nicht wechseln wollten, den schmutzigen alten Männern von Bombay, den Ehefrauen von leitenden Angestellten in internationalen Firmen, die mit den Problemen des von ihnen so hochgeschätzten »guten Lebens« fertig zu werden versuchten, den Pseudointellektuellen, Parias und Parasiten, die sich von den Reichen durchfüttern ließen, während sie gleichzeitig deren »kapitalistische Wertvorstellungen« anprangerten. Und für jene unter uns, die in dieser Ära in Bombay aufgewachsen sind, waren viele vertraute Echos herauszuhören, und es gab Bezugspunkte, die beim nachträglichen Erzählen große Belustigung auslösten. Ich halte »Gott« für eine meiner besser herausgearbeiteten Romanfiguren und kann nur bedauern, dass es ihn nicht in Wirklichkeit gibt.

›Second Thoughts‹ war ein wesentlich stilleres Buch und enthielt nicht eine einzige zotige Zeile. Das Buch eignete sich schlichtweg nicht dazu – oder zumindest war ich dieser Überzeugung. Die Kritiker waren natürlich anderer Meinung: »Was? Kein Sex?« Sie waren überzeugt, ich hätte einen Rückzieher gemacht. Und endlich das Handtuch geworfen. Vielleicht waren sie aber auch einfach nur enttäuscht. Von »zu viel Sex« zu »null Sex«. Da konnte etwas nicht stimmen. Sie zerrissen mich so oder so. Ich sprach scherzhaft von meinem »vegetarischen« Roman, doch dieser Witz kam bei den Kritikern nicht an, die vergessen hatten, was sie mir beim Schreiben ursprünglich übel genommen hatten: die Überdosis »Masala«. Jetzt lag ein nüchterner, keineswegs pikanter Blick auf eine moderne Ehe in der heutigen Zeit vor. Zufällig war diese Ehe auch noch eine Ehe ohne Sex.

»Warum hat De in dem Fall nicht über die Phantasien der Frau geschrieben? Warum ist die Hochzeitsnacht nicht detaillierter geschildert worden – was genau hat Ranjan mit seiner Frau Maya im Bett getan? Und wenn sie die Ehe in jener Nacht nicht vollzogen haben, was ist dann mit anderen Paarungsversuchen?«

Da musste ich mich doch fragen, wer mehr Sex im Kopf hatte – ich oder die?

Wenn ich zwei oder drei Anlässe herausgreifen sollte, bei denen ich es ganz toll fand, Autorin zu sein, dann fiele meine Wahl auf meinen Besuch der Buchmesse in Kalkutta 1994 und auf meine Reise nach Sri Lanka 1996. Als ich zwei Bücher bei UBSPD veröffentlichte, einem Verlag mit Sitz in Delhi, tat ich das, weil mir der Ansatz des Verlegers gefiel. Ashok Chopra ist ein zurückhaltender Mensch, der vernünftige Bücher mit durchschnittlichem Anspruch verlegt. Ich habe das Gefühl, ihm ist ziemlich egal, was seine Zeitgenossen von ihm halten; er kennt sich in der Branche aus und macht seine Sache offenbar gut. Die fünf doppelten Whiskeys in der piekfeinen Bar eines Fünfsternehotels und das gestelzte pseudoliterarische Gerede bei gerösteten Mandeln, das ist nichts für ihn. Chopra akzeptiert die ganz und gar unromantische Tatsache, dass das Verlegen von Büchern ein Geschäft wie jedes andere ist. Das heißt, Bücher müssen sich verkaufen. Und damit sie nicht im Regal stehen bleiben, muss der Verleger in Indien etwas von Marketing verstehen. Die beiden Bücher, die ich für seinen Verlag schrieb (er ist inzwischen nicht mehr bei UBSPD), unterschieden sich insofern von den anderen, als eines von ihnen eine Sammlung meiner Kolumnen aus vielen Jahren war. Und das andere war ein Band mit Kurzgeschichten.

›Shooting from the Hip‹ war ein Triumph der Beharrlichkeit über massive Widerstände und sonst gar nichts. Es war Chopras Idee, einige repräsentative Kolumnen zusammenzustellen. Aber wie? Ich hatte mich an kein Ablagesystem gehalten. Meine Zeitungsausschnitte waren überall verteilt. Ich hatte nicht die Zeit und die Energie, gedrucktes Material aus zwanzig Jahren durchzusehen. Ich hätte gar nicht gewusst, wo ich anfangen sollte. Ich glaubte, schon allein dieser Umstand würde ihn abschrecken. Dem war aber nicht so.

»Überlass das ruhig mir«, sagte er. »Pack einfach das, wo du leicht rankommst, in einen Koffer, und ich lasse ihn bei dir abholen.«

Genau das tat ich. Ich hatte nicht die leiseste Ahnung, was dieser schwarz und grau gemusterte Koffer enthielt. Ich war sicher, die Aufgabe, diese Papiere zu sichten, würde Chopra viel zu beängstigend erscheinen und er würde das Vorhaben wieder aufgeben. Etwa einen Monat später rief er an, um mir zu sagen, es sei ihm gelungen, alles durchzusehen und eine gewisse Ordnung hineinzubringen. Er hatte das Material in verschiedene Bereiche unterteilt: Leute, Politik, Reisen und gesellschaftliche Fragen. Es ließ sich recht gut miteinander verbinden. Bevor wir wussten, wie uns geschah, hatten wir ein Buch auf die Beine gestellt. Jetzt fehlte nur noch ein zugkräftiger Titel. Ich schlug ›Shooting from the Hip‹ vor. Damit war sogar meinem Aberglauben bezüglich des Buchstabens »S«, mit dem all meine Buchtitel im Original beginnen, Rechnung getragen. Und schmissig klang es auch noch. Wir waren im Geschäft. Wie immer »spendete« Gautam das Dia für den Umschlag, und fertig war das Buch. Als ich das Vorabexemplar durchblätterte, ging mir auf, dass ich einige dieser Kolumnen vollständig vergessen hatte. Ich konnte mich nicht einmal mehr daran erinnern, sie geschrieben zu haben. Als ich sie jetzt in dieser Form vor mir sah, mit richtigen Titeln und effizient geordnet, hatte ich das Gefühl, die Mühe (Ashoks Mühe) sei nicht vergebens gewesen. Wenn ich diese Kolumnen heute noch einmal lese, kann ich lauthals darüber lachen.

›Small Betrayals‹ war meine Idee. David versprach sich nicht allzu viel von Kurzgeschichten, und zwar vor allem deshalb nicht, weil es, wie er hervorhob, als ich ihm den Vorschlag unterbreitete, für Kurzgeschichten keinen Markt gibt – weder in Indien noch irgendwo sonst auf Erden. Das überzeugte mich nicht. Außerdem war ich versessen darauf, dieses Buch zu schreiben. Also tat ich es. Nicht für David, sondern für Ashok.

Beide Bücher waren in keiner Weise umstritten, und Ashok hatte im Grunde genommen keinen starken Aufhänger für sein Marketing. Als er vorschlug, ich solle ›Small Betrayals‹ auf der von der Besucherzahl her größten Buchmesse Indiens vorstellen, war ich aus zwei Gründen scharf darauf. Erstens sah ich Kalkutta als meine zweite Heimat an, und zweitens gibt es in Kalkutta einen großen und sehr interessierten Käuferkreis, was Bücher anbelangt. Aber nichts hätte mich auf das vorbereiten können, was Chopra ausgeheckt hatte. Er wollte mich damit überraschen, und das gelang ihm wahrhaftig. Als wir auf dem Flughafen Dum Dum landeten, wurden wir mit großen Blumensträußen empfangen, eine gängige Praxis, die allgemein akzeptiert wird. Aber was meine Aufmerksamkeit wirklich gefangen nahm, war ein riesiges blau-silbernes Transparent aus Satin in der Ankunftshalle. Darauf stand: »Kalkutta heißt SHOBHAA DE willkommen – die Königin der indischen Belletristik«. Es war beeindruckend und nicht zu übersehen. Trotzdem kam ich mir ein wenig unbescheiden vor, als ich es mit unverhohlener Freude anstarrte.

Alles war so sorgfältig geplant worden, dass dieselben Männer, die das Transparent trugen, bereits im Foyer standen, als wir im Hotel eintrafen, mit weiteren Blumen und Girlanden. Chopra flüsterte mir zu: »Das ist erst der Anfang.«

Ich sollte zu einer festgelegten Zeit am Nachmittag am Veranstaltungsort erscheinen, dem Messestand von UBSPD. Ich stellte fest, dass eine Sondergenehmigung erforderlich war, um mit einem Wagen auf das Messegelände zu fahren. Chopra hatte die notwendige Erlaubnis eingeholt und sechs Sicherheitsbeamte engagiert, die den Job mit großer Begeisterung übernommen hatten. Als der Wagen anhielt, fragte ich mich, warum wir nicht bis zum Stand fuhren. Das fand ich schnell genug heraus. Als ich aus dem Fahrzeug stieg, wurde ein roter Teppich ausgerollt, der zum Stand führte. Und dort standen im strahlenden Sonnenschein sechs Tänzerinnen aus Santiniketan in ihrer traditionellen Festtagskleidung. Zwei von ihnen hielten einen wunderschön geschmückten Zeremonienschirm über meinen Kopf, während die anderen ein eigens für diesen Anlass komponiertes Lied zur Begrüßung sangen. Rosenblüten wurden auf meinen Weg gestreut, als Musiker und Tänzerinnen mich über den Teppich zum Stand begleiteten. Dort kündigte ein großes Plakat meine Anwesenheit an, und meine zwei Bücher waren so ausgestellt, dass sie sofort ins Auge sprangen. Ich wurde aufgefordert, in einem abgesperrten Bereich auf einem thronartigen Stuhl Platz zu nehmen, und die Wachen bezogen ihre Posten um mich herum.

Kameras surrten, als Menschenscharen sich vorwärtsdrängten, um zu sehen, was hier vorging. Mit den Büchern, die innerhalb von einer Stunde verkauft und signiert wurden, stellten wir einen neuen Rekord auf. Und glauben Sie mir, die Verkaufszahlen hatten mehr damit zu tun, wie Chopra die Signierstunde organisiert hatte, als mit dem Eifer der Besucher, meine Bücher zu kaufen. An jenem Nachmittag landete er einen ganz großen Coup und stellte unter Beweis, dass es mittels einer durchdachten und gründlichen Planung durchaus möglich war, mit einer gelungenen Veranstaltung für Aufregung und Interesse in einer Branche zu sorgen, die für den Durchschnittsmenschen nicht besonders spannend ist.

Mir wurde ein Erinnerungsstück in Form eines aufgeschlagenen Buchs überreicht. Diese Geste rührte mich ganz besonders – es ist eines der wenigen Souvenirs, an denen ich wirklich hänge, weil es mich an das Hochgefühl erinnert, das ich an diesem einen Wochenende erlebte, als ich das Gefühl hatte, für all die Mühe, die ich darauf verwandt hatte, meine Identität als Autorin zu etablieren, am Ende doch noch reichlich belohnt worden zu sein. Ich fühlte mich auf die denkbar beste Weise anerkannt und respektiert. Jeder Spott und sämtliche Spitzen und Seitenhiebe, die diesem Moment vorangegangen waren, verflüchtigten sich, als ich mir Zeit ließ, um in der betörenden Süße dieser sorgsam inszenierten Belohnung zu schwelgen. Das Schreiben ist ein außerordentlich einsamer Prozess. Nur in Augenblicken wie diesem nimmt man wahr, wie es von ebenjenen Menschen wirklich aufgenommen wird, für die man sich jahrelang abgemüht hat. Ich kann Ihnen versichern, das ist ein schönes Gefühl. Wenn ich an den Anblick dieser anmutigen Tänzerinnen denke, läuft mir heute noch ein wohliger Schauer über den Rücken. Ja, ich weiß, dass sie von Chopra engagiert worden waren und nur ihre Arbeit machten, aber ich fühlte mich trotzdem sehr geehrt, und nichts kann mir diese lustvolle Erinnerung nehmen.

Etwas Ähnliches passierte, als ich kurz nach dem Erscheinen von ›Surviving Men‹ nach Sri Lanka eingeladen wurde. Der

Veranstalter war ein enthusiastischer junger Mann, der Bandula hieß. Ich kannte ihn nur als Stimme am Telefon. In Anbetracht der Häufigkeit seiner Anrufe fragte ich mich, wer seine Telefonrechnungen wohl bezahlte. Was mir an seiner Masche gefiel, waren sein offenkundiger Patriotismus und sein Eifer, bessere Beziehungen zu Indien herzustellen. Es war ihm überhaupt nicht peinlich, diese Gefühle in Worte zu fassen, und als ich ihn besser kennen lernte, begriff ich, dass seine Aufrichtigkeit einen großen Teil seines Charmes ausmachte.

Mein Mann war bereits mehrfach in Sri Lanka gewesen. Ich war (wie bei jedem Ort, an dem ich noch nie war) neugierig darauf. Bandula hatte sich mit der größten Verlagsgruppe in Sri Lanka zusammengetan und, über vier Tage verteilt, ein volles Programm auf die Beine gestellt. Dazu gehörten eine Pressekonferenz, Signierstunden, Interviews, ein Besuch in der Residenz unseres Hochkommissars und außerdem todschicke Teegesellschaften und Einladungen zum Mittag- und Abendessen. Air Lanka hatte Tickets erster Klasse bereitgestellt, und das alles klang sehr verlockend.

Als wir auf dem kleinen Flugplatz in Colombo landeten, stellten wir fest, dass Bandula mit seinem Charme am Sicherheitspersonal vorbeigekommen war und bereitstand, um uns mit Girlanden aus Orchideen und riesigen Blumensträußen zu empfangen. Der dunkelhäutige, gut gebaute Bandula mit seinem entwaffnenden Lächeln erwies sich als ein echtes Original. Als er uns in Bombay einen kurzen Besuch abgestattet hatte, um die Einzelheiten der Reise formell zu regeln, hatte er mir seine Lebensgeschichte erzählt – in einer redigierten Version. In Colombo war er entschlossen, sämtliche ausgelassenen Einzelheiten einzufügen. Offenbar sah er sich als einen Rebellen mit mehreren Anliegen an, darunter auch, bessere Beziehungen zu Indien zu etablieren. Auf der Fahrt zu unserem Hotel, das er ebenfalls mit größter Sorgfalt gewählt hatte, um die besten Traditionen der Gastfreundschaft in Sri Lanka hervorzuheben, redete er unaufhörlich.

»Ich wollte Sie nicht in einem indischen Hotel unterbringen,

Sie müssen schon in diversen Häusern der Oberoi-Kette gewohnt haben. Die haben Ihnen nichts Neues zu bieten. Das Mount Lavinia ist mehr als hundert Jahre alt. Sie werden schon sehen, was ich meine. Ich bin sicher, dass Sie beide begeistert sein werden.«

Das waren wir tatsächlich. Es begann schon mit der Begrüßung durch eine Gruppe von Kandyan-Tänzern und Trommlern. Als ich die zeremonielle Öllampe im Foyer anzündete, fiel mein Blick auf etliche ausländische Touristen, die dieses Spektakel mit offenen Mündern verfolgten: Da stand ich jetzt in meiner recht legeren Reisekleidung – Hose, Seidenbluse und Schal –, während kunstvoll kostümierte »Eingeborene« ein Begrüßungsritual vollzogen, um uns willkommen zu heißen. Diesen Fremden mochte es exotisch und äußerst seltsam vorkommen, aber mich rührte diese Geste, vor allem, da ich wusste, dass sie zu Bandulas Strategie gehörte, uns mit Aspekten der Kultur von Sri Lanka, auf die er so stolz war, bekannt zu machen.

Das erste Interview sollte ich einem der führenden Kolumnisten geben. Es war für den späteren Nachmittag im Coffeeshop am Pool des Hotels angesetzt. Von dort aus hatte man einen unglaublich schönen Blick aufs Meer. Ich war sehr milde gestimmt, als der Journalist auftauchte, vor Feindseligkeit strotzend. Anfangs glaubte ich, der Mann versuche sich zu profilieren, indem er sich besonders klug gab und vorsätzlich provozierende Fragen stellte. Das kommt laufend vor. Ich ging mit ihm um wie mit den anderen auch, nämlich sanft und gutmütig. Aber der Kerl hatte es darauf abgesehen, mich zu ärgern. Ich konnte spüren, wie sehr es ihn frustrierte, dass ich nicht anbiss. Er zählte zu diesen Menschen, die offenbar ein Problem damit haben, ihrem Gegenüber in die Augen zu sehen. Lieber richtete er seine unverschämten Fragen an die Möwen auf einer nahen Balustrade. Am liebsten hätte ich zu ihm gesagt, er solle sich beruhigen, ein Bier trinken und das Ganze etwas entspannter sehen. Von mir aus konnte er meine Bücher hassen, aber warum hasste er mich? Ich konnte nahezu sehen, wie der Rauch aus seinen Ohren kam. Nachdem er mich zwanzig Minuten beharrlich gepiesackt hatte, sagte ich ihm, wir vergeudeten beide unsere Zeit, und erklärte das Interview für beendet. Er zog eingeschnappt ab.

Er gehörte einem ganz bestimmten Typus Mensch an; Leuten von seiner Sorte begegne ich häufig. Oft handelt es sich um gescheiterte Schriftsteller, deren Manuskripte von ebenjenen Verlagen abgelehnt wurden, bei denen die Bücher der Person erscheinen, die sie interviewen sollen. In ihren eigenen Augen sind sie mir enorm überlegen (und einige sind es tatsächlich). Sie sind der festen Überzeugung, ihnen sei Unrecht zugefügt worden und sie hätten eine unfaire Zurückweisung erfahren. Wenn sie dann auch noch ganz erbärmlich aussehen, ist ihre Wut umso größer. Sie verabscheuen den veröffentlichten Schriftsteller auf mehreren Ebenen – der beruflichen und der privaten.

Am späteren Abend erschien der Journalist zu der Pressekonferenz und hielt sich mit einem hämischen Feixen im Hintergrund, während ich auf ziemlich unangenehme Fragen konterte. Wohl die komischste kam von einer Frau, die aggressiv fragte: »Glauben Sie nicht, dass eine Witwe, die sich mit dem Leichnam ihres Mannes verbrennen lässt, ihre grenzenlose Liebe zu ihrem Ehemann unter Beweis stellt? Warum ist das in Ihrem Land verboten?« Ich war entsetzt und sagte das auch. Sie führte weitere Einwände an und beschuldigte mich einer geradezu militant unromantischen Haltung, weil ich eine barbarische Praxis nicht guthieß. Ich war ein wenig bestürzt über die grundsätzliche Richtung, die die Fragen einschlugen, denn darin zeigte sich unter dem Schleier höflicher Gastfreundschaft ein tief verwurzelter Groll gegen Indien und die Inder. Eine solche Grundhaltung hätte mich eigentlich nicht erstaunen dürfen, wenn man die Geschichte unserer schwierigen Beziehungen zueinander bedenkt. Aber ich war ganz naiv davon ausgegangen, dass der Durchschnittsbürger den alten Argwohn als das ansehen würde, was er war – politisch unaufrichtige Manipulationen durch eine Reihe von korrupten Regierungen. Ich hatte gehofft, mehr Verständnis und Klugheit anzutreffen. Es war eine Enttäuschung, stattdessen verletzte Gefühle und hartnäckigen Widerstand anzutreffen.

Nach der einstündigen Konferenz gesellten sich etliche Journalistinnen zu mir, um privat mit mir zu plaudern. Nachdem sie ihre offiziellen Rollen abgelegt hatten, kamen jetzt ganz andere Personen zum Vorschein. Die meisten von ihnen wollten wissen, wie mein Mann »es aufnahm«.

»Fragen Sie ihn doch selbst«, sagte ich. »Da ist er.«

Anschließend verlor ich Dilip für eine Stunde aus den Augen. Er war von einer Schar von Frauen umringt, die ihn fragten, wie er zu meinen Büchern und zu meinem »Image« stünde. Der bärbeißige Typ, der mich am Nachmittag interviewt hatte, schloss sich der Gruppe später ebenfalls an und versuchte meinen Mann in die Mangel zu nehmen. Leider kam er damit nicht allzu weit bei Dilip, der ihn vollständig entwaffnete, indem er lächelte, statt finster dreinzublicken. Vielleicht hatte der Journalist gehofft, er könnte ihn derart provozieren, dass die Fetzen flögen. Aus einer Schlägerei hätte sich eine gute Zeitungsmeldung machen lassen.

In der Zwischenzeit hatte Bandula den Raum im Griff wie ein Impresario in Las Vegas. Er wollte, dass ich den bestmöglichen Eindruck von seinem geliebten Land mit nach Hause nahm. Er wollte nicht, dass unser Besuch auch nur durch die kleinste Unannehmlichkeit getrübt würde. Ich versicherte ihm, ich sei unverschämte Fragen gewohnt und sähe sie als einen festen Bestandteil meines Programms an. Ich sei weder übermäßig verletzt noch beunruhigt. Vielleicht ein klein wenig aufgebracht.

»Ich möchte, dass Sie beide die besten Köpfe unseres Landes kennen lernen. Nicht diese ignoranten Journalisten.«

Wir sagten ihm, er solle das ganz locker sehen und es mit der »Imagepflege« bloß nicht übertreiben. Bandula, der sich nicht so schnell geschlagen gab, packte unsere verbleibenden Tage mit Einladungen zum Mittagessen, zum Tee und zum Abendessen bei einigen ganz außergewöhnlichen Menschen voll – Malern, Autoren, Verlegern. Wir besuchten sie in ihren geschmackvollen Häusern, kosteten die erstaunlichsten regionalen Delikatessen, plauderten in einer ungezwungenen Atmosphäre mit ihnen und hatten Gelegenheit, manches über die Bewohner von Sri

Lanka herauszufinden und über deren Einstellung zu ihren Nachbarn – uns.

Wir unternahmen weitere Reisen und besuchten andere Buchmessen, doch die Erfahrungen, die ich auf der Buchmesse in New Delhi machte, zählen eindeutig zu den komischsten, aber auch zu den verrücktesten. Ich habe mir immer noch kein klares Bild von dem durchschnittlichen Besucher dieser Messe gemacht, die zweimal jährlich auf dem weitläufigen Pragati Maidan veranstaltet wird. Ich habe den Verdacht, viele Leute, die müßig von einem Stand zum anderen schlendern, kommen nur, weil es eine billige Art zu sein scheint, sich einen Abend in der Stadt um die Ohren zu schlagen (die Eintrittskarten kosten so gut wie nichts). Für manche ist es wahrscheinlich ein Familienausflug, ähnlich wie ein Picknick – die Kinder laufen durch die Gegend und sammeln kostenlose Broschüren, Bleistifte, Anspitzer, Radiergummis und Aufkleber ein, die an einigen der Stände verteilt werden, während die Eltern draußen an der nächsten Imbissbude warten.

Mein Besuch im Penguin-Pavillon war auf den späten Abend angesetzt, wenn das Getümmel am dichtesten ist. Als es mir endlich gelungen war, mir einen Weg durch die Horden zu bahnen, mein Ziel zu erreichen und meinen Posten hinter dem Schreibtisch neben der Kasse einzunehmen, wuselten Hunderte von Neugierigen umher, die sich fragten, wer zum Teufel ich war, da ein paar Kamerateams, die über die Messe berichteten, anwesend waren und auf Interviews aus dem Stegreif hofften. Sowie ich das hinter mich gebracht hatte, begab ich mich wieder an den mir zugewiesenen Platz und begann, einige Exemplare meiner Bücher zu signieren, wobei ich mehrfach von Besuchern unterbrochen wurde, die mich fragten: »'tschuldigung bittschön ... wo sind Managementbücher?« Oder: »Madam, Madam, Nachschlagwerke? In welchem Bereich?« »Madam ... was kostet dieses Lexikon?« Oder: »Bitte, sagen Sie mir, was die alle miteinander kosten ...«

Einige dieser Fragen wurden auf Pandschabi oder in bäurischem Hindi gestellt. Und doch waren die Menschen, die diese

Fragen stellten, bereit, fünfhundert Rupien und mehr für Bücher hinzulegen, die sie unter gar keinen Umständen lesen konnten.

Ähnlich verhielt es sich mit den Autogrammjägern, die zwar keine Ahnung hatten, wer ich war, es aber trotzdem für eine gute Idee hielten, sich anzustellen, da es das Autogramm schließlich umsonst gab. Sie hielten mir schäbige Zettel hin, zerrissene Banknoten, Taschenkalender, die Rückseiten von Flugblättern, doch sie wurden von den Sicherheitsbeamten verscheucht. Andere standen einen oder zwei Meter entfernt und starrten mich minutenlang wie versteinert an. Oder sie kauften an einem anderen Stand das billigste Buch, das es gab, und brachten es mir dann zum Signieren. Es war zwecklos, sie »erziehen« zu wollen. Ich fand es einfacher, die Bücher anderer Autoren zu signieren, um die Leute rasch wieder loszuwerden.

Besonders amüsant fand ich den Mann, der eines meiner Bücher zur Hand nahm, zehn Minuten lang darin las, ein paar Kumpel holte, weiterlas und dann beschloss, den ganzen Schwung zu kaufen – sämtliche ausgestellten Titel –, weil er hoffte, viele »scharfe« Passagen darin zu finden. Ich hätte den Kerlen sagen können, es sei weitaus billiger, sich bei einem der Straßenhändler ein »Herrenmagazin« zu kaufen, wenn es das war, wonach sie suchten, aber schließlich waren wir hier, um Bücher zu verkaufen, meine Bücher. Mir konnte es ganz egal sein, was einen potentiellen Kunden zum Kauf animierte. Letzten Endes ging es uns doch darum, Umsatz zu machen. Und zum Glück verkauften wir gar nicht mal so wenig.

Ich sah die missliche Lage der Autoren von Erstlingswerken, die mit der Erwartungshaltung auf der Messe erschienen waren, man würde sie sofort erkennen, die Leute würden Schlange stehen, um sich ihre Exemplare signieren zu lassen, Blitzlichtgewitter würden auf sie herabprasseln, und eifrige Leser könnten es kaum erwarten, über sie herzufallen – doch jetzt mussten sie feststellen, dass Signierstunden in Indien eine demütigende, wenn nicht gar erniedrigende Erfahrung sein konnten. Zwei oder drei hervorragende Schriftsteller warteten länger als eine

Stunde darauf, dass sich auch nur ein einziger interessierter Käufer blicken ließ. Schließlich entschieden Mitarbeiter von Penguin, sich als Leser auszugeben und einige Exemplare signieren zu lassen, um die Autoren aus ihrer peinlichen Lage zu befreien. Diese Erfahrung kann sehr schmerzlich sein, wenn man bedenkt, dass die meisten Schriftsteller ein sensibles Ego haben. Sie fassen das mangelnde Interesse von Seiten der Leser als eine Zurückweisung ihrer Werke auf, die ihnen so sehr am Herzen liegen. Dabei stimmt diese Deutung überhaupt nicht. Man muss es in die richtige Perspektive rücken: Der Teil der Öffentlichkeit, der Bücher kauft, ist außerordentlich klein. Bücher werden als eine Art Luxusgut betrachtet. Den meisten Familien fallen Dutzende von Dingen ein, denen sie ganz selbstverständlich den Vorrang vor dem Erwerb eines Romans einräumen würden. Unter solchen äußeren Bedingungen ist es schwierig für einen Schriftsteller, zur Kenntnis genommen zu werden, und Bücher bleiben allzu leicht in den Regalen stehen.

Außerdem existiert die Tradition, Bücher zu kaufen, in den Metropolen so gut wie gar nicht. Auch hier verkaufen sich Romane nicht so gut wie Selbsthilfebücher aus dem Ausland. Leute, die Buchmessen besuchen, machen Jagd auf teure Fachzeitschriften aus technischen Bereichen. Sie kommen nicht, um Bestseller zu erwerben, die kauft man auf Bahnhöfen und Flughäfen und an roten Ampeln. Schriftsteller ohne dickes Fell sollten Buchmessen meiden, solange sie sich nicht genügend etabliert haben. Ich habe die Niedergeschlagenheit in den Augen einiger sehr begabter Autoren nach Signierstunden gesehen, während derer nicht ein einziges Exemplar verkauft wurde.

Ich bin der Überzeugung, all das ließe sich verhindern. Mit einer erprobten Methode, die sich bereits vielfach bewährt hat. Denn uns fehlt es bloß am Willen und an der Erfahrung, das kommerzielle Potential eines Buchs auszuschöpfen, indem wir dem Autor eine angemessene Infrastruktur zur Verfügung stellen. Wenn jemand so idealistisch ist zu glauben, letzten Endes gelänge es einem guten Buch von selbst, seinen Leserkreis zu finden – auch dann, wenn sein Autor sich nicht übermäßig durch das hervortut, was wir »Charisma« nennen, und das Interesse der Medien nicht weckt –, dann ist das eine gewaltige Fehleinschätzung, vor allem in Indien. Jahr für Jahr werden Hunderte von ausgezeichneten Büchern aufgrund armseliger Verkaufszahlen von den Verlegern eingestampft. Autoren klagen, miserable Verkäufe seien auf die Unkenntnis der Öffentlichkeit zurückzuführen – wie käme jemand auf den Gedanken, ein Buch zu kaufen, von dessen Existenz niemand etwas weiß? Und aus ebenjenem Grund kann für diesen unterbewerteten Berufsstand, von dem sich die meisten Menschen ein vollkommen falsches Bild machen, gar nicht genug Werbung gemacht werden.

Wenn abgestumpfte VJs, auf die die Teenies fliegen, Schlagzeilen machen und ihr Foto auf den Titelblättern von Zeitschriften erscheint, dann sollte das doch gewiss auch den Autoren vergönnt sein? Hier liegt das Problem in vorgefassten Meinungen. Von Autoren wird ein ganz bestimmtes Aussehen und Auftreten erwartet, aber auch eine klar definierte Ausdrucksweise. Die Neigung, zuzuordnen, zu etikettieren und in Schubladen zu packen, ist nun mal weit verbreitet. Endlose und willkürliche Debatten über Kategorien wie intellektuell und anspruchslos, literarisch und ohne jeden literarischen Wert, gehobene Unterhaltung und niveauloser Schund lenken von dem größten Anliegen eines Schriftstellers – jedes Schriftstellers – ab, nämlich dem Ziel, einen Leser zu finden. Ohne Leser gibt es keine Bücher. Nur Selbstbeweihräucherung und Eitelkeit. Auf diesem Markt herrscht ein dichtes Gedränge, und die Konkurrenz ist groß. Ein Schriftsteller wird wohl oder übel dazu degradiert, in einem Flohzirkus aufzutreten. Sogar einem ehemaligen Premierminister – Narasimha Rao – bleibt es nicht erspart, durch die Talkshows zu tingeln. Man könnte von einem Pferderennen sprechen. Man könnte von Kommerzialisierung sprechen. Aber letzten Endes geht es auch in der hochfliegenden Verlagsbranche nur um Verkaufszahlen.

In der Phase, die direkt auf die Unabhängigkeit folgte, war es, als warteten die Leute geradezu auf »Stimmen«, die sie inspirieren und leiten würden, die Stimmungslage eines Volkes aufzeichnen würden, das erst jüngst seine Unabhängigkeit errungen hatte, die Erleichterung, die Frustration und die Ängste der Leute festhalten und ihre Sorgen widerspiegeln würden. Wenn nebenbei auch noch eine gute Geschichte erzählt wurde, na wunderbar. Aber die Person, die diese Geschichte erzählte, musste aus einer gesellschaftlich rückständigen Region stammen, vorzugsweise wirtschaftlich benachteiligt sein und im Idealfall auch noch grauenhaft aussehen. Das bewährte sich in den ersten dreißig Jahren blendend. Bücher, die sich mit Entbehrungen, dem Kastensystem, der Klassengesellschaft und mit Armut befassten, wurden als Klassiker, ja, sogar als Meisterwerke angesehen, da sie sich bestens in das pseudosozialistische Modell einfügten, das gerade en vogue war.

Zu der Zeit mussten Schriftsteller vorübergehend ein Gewissen haben, und wehe ihnen, wenn sie es nicht hatten. Es war die Ära des »kleinen Mannes«, der im Namen einer Nation sprach. Schön und gut. Und was passierte dann? Die Autoren der Nation schöpften genug Mut, neue Seiten aufzuziehen und eine ganz andere Form von Büchern zu schreiben, in denen sich eine neue Realität widerspiegelte, die gerade erst zum Vorschein kam und so konfus war wie die Nation selbst. Ein neuer Tonfall wurde angeschlagen, doch die Ohren waren noch an die alten Weisen gewöhnt. Alles andere war ihnen suspekt.

Ich war zwischen den beiden Fronten gefangen, weder da noch dort wirklich zugehörig. Meine Bücher wurden, vielleicht aufgrund des Aufsehens, das sie erregten, mit Argwohn und Skepsis aufgenommen, weil sie kommerziell erfolgreich waren. Wir klammerten uns immer noch an die Tugend der unauffälligen, heruntergespielten, leisen Töne konformistischer Texte auf Englisch, die den Status quo nicht ins Wanken brachten. Autorinnen, die mir vorausgingen, waren entweder belesene ältere Damen oder grimmige alleinstehende Frauen, die wirklich etwas zu sagen hatten. Ich passte nicht in das Schema. Es war weitaus einfacher, über meine Bücher hinwegzugehen und sich auf die Publicity zu konzentrieren, die, an den Maßstäben der damaligen Zeit gemessen, phänomenal war, sich jedoch im Vergleich zu heute sehr bescheiden ausnimmt.

Ich bin der Überzeugung, dass ich mich in dem Jahrzehnt seit dem Erscheinen meines ersten Buchs enorm verändert habe und nicht mehr so impulsiv wie damals bin. Von jemandem, der in zahllosen Interviews freimütig seine Meinung geäußert hat, bin ich zur abgebrühteren Zynikerin herangereift, die weiß, wann sie besser den Mund hält. Die Publicity war ein entscheidendes Handwerkszeug, ein wesentlicher Bestandteil des Ganzen. Aber Publicity ist eine zweischneidige Angelegenheit, die oft gerade der Person, der sie förderlich war, den Todesstoß versetzen kann. Außerdem wird die Last, die man gezwungenermaßen trägt, mit wachsendem Bekanntheitsgrad schwerer. Publicity folgt ihren eigenen Gesetzen. Niemand kann behaupten, sie vollständig im Griff zu haben. Wenn man sich jedoch ihrer Fallstricke bewusst ist und vorsichtig zu Werk geht, hat man die Möglichkeit, zwischendurch eine Bestandsaufnahme zu machen, eine Verschnaufpause einzulegen und erst dann den nächsten Schritt zu tun. Ja, das klingt nach einem grauenhaften strategischen Spiel – und als genau das sehe ich es an.

Es hat keinen Zweck, sich ein Image aufzwingen zu lassen, auf das man absolut keinen Einfluss hat. Es ist entscheidend, sich die Kontrolle nicht aus der Hand nehmen zu lassen und das eigene Image bewusst zu manipulieren, statt sich von ihm manipulieren zu lassen. Aber wie ich bereits sagte, klappt das nicht immer. Wenn ein Schuss nach hinten losgeht, muss man seinen eigenen Rettungstrupp bereitstehen haben. Die Kehrseite der Medaille lässt sich nicht umgehen, ganz gleich, wie geschickt man seine Position ausgebaut hat. Das kann jedem passieren, sogar den Besten. Michail Gorbatschow ist ein ausgezeichnetes Beispiel dafür – vom »Master of the Universe« zum »Pizza-Hut-Promoter«. In Indien genügte eine einzige geschäftliche Fehlentscheidung, um Amitabh Bachchan von seiner Spitzenposition in der Filmbranche zu stürzen. In einer Leserumfrage, die 1997 von einer Stadtzeitung durchgeführt wurde, stand Bachchans Name auf der Liste der »zehn meistgehassten Inder«.

Wir leben in mediengesteuerten Zeiten. Ich muss Bücher schreiben und ihren Verkauf fördern – das ist heute zu einem festen Bestandteil des Literaturbetriebs geworden, dem man sich nicht entziehen kann. Beide Aspekte gehen Hand in Hand. Nicht einmal einem Gorbatschow oder einer Maggie Thatcher bleibt der Drill erspart. Wer ein Buch schreibt, muss es auch verhökern. Oder er darf nicht weinen, wenn es unbemerkt und ungelesen in den Regalen stehen bleibt und sang- und klanglos untergeht. »Hype«, dieses ärgerliche, überstrapazierte Modewort der Neunziger, wird oft unbedacht dafür verwendet, wie laut ein Autor die Werbetrommel für seine Bücher rühren muss. Häufig werde ich auf die Irrelevanz groß angekündigter Veranstaltungen zum Erscheinen eines Buchs angesprochen. Ich bin zwar auch der Meinung, dass solche Veranstaltungen meistens ein verdammt lästiges Ärgernis sind, doch inzwischen sind sie untrennbar mit dem Prozess des Schreibens verknüpft. Niemand, aber auch wirklich niemand ist so bekannt oder so erfolgreich, dass er sich weigern kann, an einem strukturierten Programm teilzunehmen.

Ich erinnere mich noch daran, wie ich kurz nach dem Erscheinen von ›Nächte in Bombay‹ Dominique Lapierre kennen lernte. Mir war ganz schwindlig von den grauenhaften Kritiken. Ich redete quengelig über Signierstunden und die Anspannung, die sie mit sich brachten. Was ist, wenn keiner kommt? Was ist, wenn kein einziges Exemplar verkauft wird? Was ist, wenn niemand in dem Laden oder am Veranstaltungsort auch nur ahnt, dass der Autor anwesend ist? Was ist, wenn die Leute es wissen und sich keiner dafür interessiert?

Er erzählte mir fröhlich, er hätte sich eine ganz simple Strategie ausgedacht, als er seine Laufbahn als Autor begann. »Ich bin in den Buchhandlungen erschienen und habe darauf gewartet, dass die Leser über mich herfallen. Dazu kam es in den ersten Jahren nicht. Ich war jedes Mal aufs Neue niedergeschlagen und kam mir ganz klein und hässlich vor, weil mich sogar die Kunden, die sich nur umsehen wollten, vollständig ignorierten. Also habe ich beschlossen, etwas dagegen zu unternehmen. Ich habe mich mit meinem Buch in der Hand hingestellt und möglichst viel Aufmerksamkeit auf mich gezogen. Ich bin auf nichtsahnende Kunden zugegangen und habe gesagt: ›Entschuldigen Sie, das ist mein Buch. Ich habe es geschrieben. Sehen Sie – da steht mein Name. Das bin ich, Dominique Lapierre. Ich bitte Sie, kaufen Sie ein Exemplar. Ich signiere es Ihnen.‹ Manchmal klappte es. Manchmal aber auch nicht. Ich war bereit zu singen und zu tanzen, die Leute zu unterhalten und den Clown zu spielen ... ich hätte alles getan, um sie auf mich und mein Buch aufmerksam zu machen.«

Mir wurde berichtet, wie engagiert er sich mit der Vermarktung seiner Titel befasste. Dominique und seine Frau, die auch so heißt, sich aber Dominic schreibt, hatten gemeinsam ein Mitspracherecht für jeden einzelnen Aspekt der Verkäufe weltweit für sich erwirkt. Sie beteiligten sich an sämtlichen Entscheidungen, von der Formulierung der Anzeigen über den Entwurf der Plakate bis hin zum grundlegenden Ton der Werbung. Lapierre war der Überzeugung, sein Produkt besser als jeder andere zu kennen und zu verstehen, und empfand es daher als sein volles Recht, die Form der Vermarktung in jeder Hinsicht zu überwachen.

Viele andere Autoren arbeiten in diesem Punkt eng mit ihren Agenten zusammen. Das ist ungeheuer zeitraubend, aber angesichts der scharfen Konkurrenz scheint es kaum eine Alternative zu geben. Wenn man es schafft, ruhig und professionell zu bleiben, ist es durchaus eine lohnende Erfahrung. Durch reines Herumprobieren habe ich herausgefunden, dass es eine richtige und eine falsche Methode gibt. In meinen Anfangszeiten hatte ich alles falsch gemacht, was man falsch machen kann. Ich hatte mir eingebildet, es sei klug, mich selbst in der Luft zu zerreißen, bevor andere Gelegenheit dazu haben, und so hatte ich zu meinem Selbstschutz jede Kritik vorweggenommen und potentiellen Kritikern genügend Munition geliefert, um mich abzuschießen. Ich war so gehemmt und verlegen, dass ich schon von alleine viel zu sehr in die Defensive ging. Die schärfsten Kritiken, die ›Nächte in Bombay‹ erhielt, kamen von Zeitgenossen, mit denen ich mich gut verstand. Wenn sie mich interviewten, sprach ich in scherzhaftem Ton über das Buch und tat es als unwesentlich ab, weil ich befürchtete, wenn ich den Eindruck vermittelte, mich selbst und das Buch allzu ernst zu nehmen, würde sie mich dafür verhöhnen. Das war ein Fehler. Meine Zugänglichkeit und meine ungezwungene Haltung wurden gegen mich verwendet. Mein verkrampftes Lachen und der unsichere Ton meiner Bemerkungen wurden als Schwächen ausgelegt. Der Fehler lag bei mir. Kritiker und Autoren können ganz einfach nicht miteinander befreundet sein. Jeder Schriftsteller auf Erden sehnt sich nach Lob und aufmunternden Worten. Das ist sein wahrer Lohn. Kritiker fühlen sich gezwungen, das zu tun, was sie für ihre Aufgabe halten, nämlich zu kritisieren.

Kein Autor »mag« Kritik, noch nicht einmal »berechtigte« Kritik. Er will eine Bombenkritik oder gar keine. In jeder Branche gibt es den Herdentrieb, und warum sollte das bei den Literaturkritikern anders sein? Der Tonfall aller weiteren Besprechungen wird von der ersten Kritik, die erscheint, vorgegeben, vor allem, wenn sie der Feder eines Kritikers entstammt, auf dessen Meinung man etwas geben kann. Andere richten sich danach, und nur in den seltensten Fällen hält jemand den Kopf hin und sagt: »Tut mir leid, aber mir hat das Buch mächtig gefallen, und ich schließe mich Soundsos Einschätzung nicht an.«

In allen Berufen gibt es Cliquen, und die Welt der Literaturkritik ist im Grunde genommen eine kleine, geschlossene Gesellschaft. Das heißt noch lange nicht, dass eine positive Besprechung zwangsläufig zu hohen Verkaufszahlen führt. Der Autor fühlt sich lediglich weniger drangsaliert. Und wenn das Buch trotz guter Kritiken bei den Lesern durchfällt, dann kann man niemandem wirklich die Schuld daran zuschieben.

Ich brauchte lange Jahre, bevor ich mich als Autorin bezeichnete. Das ging mir erst bei einer zufälligen Begegnung mit dem britischen Autor Julian Barnes auf. Dazu kam es bei einer Esseneinladung im kleinen Kreis, die ihm zu Ehren von einer hochkarätigen Unternehmerin in Bombay veranstaltet wurde. Mich hatte man eingeladen, weil ich zu dem Zeitpunkt als die kontroverseste Gestalt im Literaturbetrieb galt und es immer gut ist, wenigstens eine solche Person unter den Gästen zu haben, um eine ansonsten triste Zusammenkunft aufgeblasener Individuen aufzupeppen. Ich hatte noch nie etwas von Barnes gehört. Ich hatte nichts von ihm gelesen. Und jetzt saß ich neben ihm, und er balancierte, ebenso wie ich, seinen schweren Keramikteller auf den Knien.

Es ist schon schwierig genug, traditionelle indische Speisen mit silbernem Besteck von feinen Porzellantellern zu essen. Noch schwieriger ist es, wenn man sich gezwungen sieht, seinen Teller mit verschiedenen Currys zu beladen, die dort alle ineinanderfließen und sich zu einer unappetitlichen, trüben braunen Masse vermischen, sich damit zwischen andere Leute auf ein Sofa zu quetschen, das viel zu niedrig ist, als dass man dort bequem essen könnte, und behutsam mit einer Hand die Serviette mit der Spitzenborte auszubreiten, während man in der anderen den schweren Teller balanciert. Und dann auch noch neben einen Fremden sitzen zu müssen und ohne viel Blickkontakt höfliche Konversation zu machen versuchen, während man die zerlaufenden Flüssigkeiten auf dem flachen Essteller im Auge behält, um zu verhindern, dass die Soße überläuft und auf einem Lieblingssari Flecken hinterlässt ... tja, das war exakt mein Problem.

Barnes war in Begleitung einer Frau erschienen (ich habe vergessen, ob es seine Freundin, seine Frau oder seine Agentin war), die nicht gerade übermäßig erfreut darüber zu sein schien, dass sich der gefeierte Autor auf ein belangloses Partygeplänkel mit einer unbekannten Inderin einließ, deren Aufmerksamkeit vor allem dem Essen galt. Er fragte mich, wenn auch unaufdringlich, was ich denn so täte, und ich wich einer Antwort aus und stellte ihm die Gegenfrage. Die Frau sah mich finster an. Charmant und außerordentlich bescheiden erzählte er mir, er schriebe Bücher. Einer der Titel kam mir vage bekannt vor, da er in der britischen Presse mit enthusiastischen Besprechungen aufgenommen worden war. Aus irgendwelchen Gründen war mir meine Unwissenheit überhaupt nicht peinlich.

Und ich war auch nicht dazu aufgelegt zu flunkern. Trotz der vernichtenden Blicke und der offenkundigen Ungehaltenheit der Frau unterhielten wir uns ungezwungen miteinander. Ich fand Barnes ganz außerordentlich nett und entgegenkommend. Vielleicht empfand er es als wohltuend, auf einer sorgsam geplanten Soiree von Intellektuellen jemandem zu begegnen, der noch nie von ihm gehört hatte und sich nicht zierte, es offen zuzugeben.

Nach etwa zwanzig Minuten gestand ich, ich hätte auch schon Bücher geschrieben. Drei. Er unterbrach sich beim Essen. »Warum haben Sie mir das nicht schon eher gesagt?«, fragte er und sah mich ernst an. Ich murmelte und stammelte und verhedderte mich hoffnungslos in meinen eigenen Worten. Er schien mein Unbehagen und meine Unbeholfenheit zu verstehen. Er fragte mich nach meinem Leben und nach meiner beruflichen Laufbahn aus. Ich erzählte ihm das, was sich in dieser kurzen Zeit leicht übermitteln ließ. Und dann erzählte er mir eine kleine Begebenheit aus seinem eigenen Leben, die mir sehr naheging. Er sagte, in den ersten Jahren sei es ihm schwergefallen, sich selbst als Schriftsteller anzusehen. Erst wesentlich später, als er einen Antrag für seinen Reisepass ausfüllte und auf das Wort »Beruf« stieß, hätte er sich dabei ertappt, dass er sich fragte, was er hinschreiben sollte. Nach langem Zögern schrieb er in Druckbuchstaben das Wort hin, vor dem er sich bisher gescheut hatte – Schriftsteller. »Dieser Moment hat mein Leben verändert. Ich habe angefangen, mich selbst viel ernster zu nehmen. Als ich meine Berufung erst einmal akzeptiert hatte, sah ich keine Notwendigkeit mehr, davor fortzulaufen.«

Diese Begebenheit hatte eine starke Wirkung auf mich. Ich fand die Kraft, nach der ich gesucht hatte. Von dem Moment an war ich nicht mehr bereit, einem sehr wichtigen Bereich meines Lebens den Rücken zu kehren. Ich war mir meiner selbst und dessen, was ich tat, plötzlich viel sicherer. Was auch immer geschehen würde, ich war Autorin und nahm in Kauf, was das mit sich brachte. Meine Haltung veränderte sich sehr langsam, aber immerhin veränderte sie sich. Von diesem Punkt an konnte ich ganz anders damit umgehen, die gemeinsten Kritiken leichter wegstecken, feindselige Besprechungen mit einem Lachen abtun und das lachhafte Image, das man mir angehängt hatte, drehen und biegen, wie es mir behagte. Als mich ein paar Jahre später eine Interviewerin fragte, ob ich »Männer zum Frühstück verspeiste«, sah ich ihr fest in die Augen und erwiderte: »Da habe ich weitaus bessere Alternativen. Offen gesagt, mir sind Haferflocken lieber.«

Ich beobachtete Vikram Seth während seiner Lesung aus ›Eine gute Partie‹ im Auditorium des British Council in Bombay und war erstaunt über sein forsches, professionelles Auftreten. Hier hatten wir es mit einem Schriftsteller zu tun, den die ganze Welt als Genie anerkannt hatte – Indiens erste literarische Erfolgsstory (Rushdie zählt nicht, es fällt mir schwer, ihn als Inder anzusehen). Die erste Überraschung: Vikrams zierliche Gestalt. Er ist wirklich äußerst klein. Das erkennt man auf Fotografien nicht, weil die meisten Porträts sind, die sein Gesicht verzerren und es wesentlich breiter erscheinen lassen (von den Proportionen her ist sein Kopf auffallend groß im Vergleich zu seinem Körper).

Das Auditorium war bis auf den letzten Platz besetzt. Vikram ließ einen flüchtigen Blick über das Publikum gleiten, öffnete eine schäbige, ramponierte Aktentasche, zog behutsam sein Buch heraus und begann ohne jede Einleitung daraus vorzulesen. Er las sehr gut, passte seine Stimme dem jeweiligen Inhalt der Absätze an, strich Gespräche dramatisch heraus und modulierte seinen Tonfall. Später trafen wir uns bei einem leichten Imbiss, der direkt nach der Lesung gereicht wurde. Er kam auf mich zu, stellte sich vor und setzte sich, während Dutzende von eifrigen Jüngern um uns herumstanden und es nicht wagten, das charmante, kokette Gespräch zu unterbrechen, in das er mich verwickelte. Ich lud ihn zum Abendessen zu uns nach Hause ein. Er nahm die Einladung ganz selbstverständlich an, fügte jedoch hinzu: »Ich würde liebend gern Ihre Familie kennen lernen, aber keine Außenstehenden. Ich bin erschöpft.«

Das war er tatsächlich, als er zwei Stunden später unsere

Wohnung betrat. Ich war in Versuchung, ihm anstelle eines Getränks und einer Mahlzeit ein bequemes Bett mit weichen Kissen anzubieten.

Wir nahmen ein frühes Abendessen ein, und währenddessen unterhielt er sich ungezwungen und freundlich mit meinen Kindern. Den einzigen Hinweis auf seine übermächtige Ermattung bekam ich, als mein Boxerwelpe (Tuts war damals erst ein paar Monate alt) schläfrig angewatschelt kam, nachdem er eine große Schüssel Babynahrung zu sich genommen hatte. Vikrams Augen weiteten sich vor Ekel und Entsetzen, als sich Tuts an seinem Hosenbein die Schnauze abwischte und sich gleich wieder trollte, um in unserer Nähe in eine Ecke des Wohnzimmers zu pinkeln. »Ich reise morgen früh nach Kalkutta weiter. Ich habe keine Hose zum Wechseln dabei.« Auch das noch! Vikram wurde ins Badezimmer geführt und versuchte dort, den hartnäckigen Fleck zu entfernen. Das schlechte Benehmen meines kleinen Lieblings war mir peinlich, aber es gab nichts, was ich tun konnte. Vikram war mir auf Anhieb sehr sympathisch gewesen, und jetzt würde ich ihn nie wieder zu uns einladen können.

Auch Pico Iyer mochte ich gleich, als wir uns trafen, weil er beauftragt worden war, für ein Hochglanzreisemagazin über Bombay zu schreiben. Wie Vikram ist auch Pico ein winziger, ernsthafter Mann mit riesengroßen glühenden Augen. Auch die elegante, höfliche, altmodische und gepflegte Ausdrucksweise hat er mit Vikram gemeinsam. Und wie Vikram schreibt auch er einfach göttlich. Wie Vikram war auch er bei unserer ersten Begegnung allein, aber eindeutig nicht bereit, sich unters Volk zu mischen. Ich hätte beide augenblicklich mit offenen Armen in meine Familie aufgenommen und sie adoptiert, aber offenbar war keiner von beiden auf der Suche nach einer Mutterfigur. Schade. Mit diesen beiden Männern verstand ich mich gut, weil sie vorurteilsfrei waren. Sie fühlten sich wohl in ihrer Haut und wollten mit niemandem tauschen. Ihr Erfolg war ihnen nicht unbehaglich. Vor allem waren sie anständige Menschen. Dass sie obendrein noch von einer Brillanz waren, die einen regelrecht blendete, war lediglich eine kleine Zugabe. Und sie waren absolute Naturtalente, die sofort sahen, was sich hinter dem »Image« verbarg, und dafür war ich ihnen dankbar.

Eine berühmte Schriftstellerin, die ich kennen lernte und die mich bezauberte, war keine andere als die Autorin des sensationellen Buchs ›Mein Herr und Gebieter‹. Mein Mann und ich waren in Pakistan zu Besuch, und die Reise hatte sich gar nicht gut angelassen (ich hatte hohes Fieber und musste mit Tabletten vollgepumpt werden). An unserem letzten Abend waren wir zu einer Party eingeladen, die als das Ereignis der Saison angepriesen wurde. Sie sollte im Stolz von Lahore stattfinden – einer auffallend protzigen Villa, die man schon als Monstrosität bezeichnen konnte und der Snobs den vernichtenden Beinamen »Hilton Lahore« gegeben hatten. Man berichtete uns, die Tochter der legendären Sängerin Noorjehan würde an jenem Abend auftreten, und die Crème de la crème der Gesellschaft würde sich einfinden. Wir trafen weit nach Mitternacht ein (also ziemlich früh, an den Maßstäben von Lahore gemessen).

Die Kulisse schien geradewegs aus einem Kitschfilm zu stammen – Fellini in einem pakistanischen Ambiente. Die grandiose Villa bot alles, was man mir angekündigt hatte (einschließlich der nummerierten Suiten), und noch vieles mehr: neoklassische italienische Marmorstatuen, Pools und Springbrunnen im Haus, abscheuliche Gemälde, Wandteppiche, Blattgold, Kronleuchter, Chrom, Panzerglas, Silber ... und eine Bar, die den Vergleich mit der Bar des Hilton nicht zu scheuen brauchte. Leute, die sich grauenhaft übertrieben herausgeputzt hatten, bewegten sich von Raum zu Raum und von Stockwerk zu Stockwerk, hielten ihre Cocktails umklammert und pafften unaufhörlich. Erlesen gekleidete Frauen sahen mit leeren Blicken vor sich hin und wagten es nicht, den Kopf zu schütteln, damit ihre Frisuren nicht aus der Form gerieten. Die Sängerin war im Wohnzimmer untergebracht worden und zog das Publikum mit ihren schrillen Filmmelodien und Quawwalis anscheinend in ihren Bann. Ich fragte mich, inwieweit ihre Beliebtheit auf ihr Talent zurückzuführen war und ob nicht vielleicht die schneeweiße Haut, die ihr tiefer Ausschnitt freizügig zur Schau stellte, eine mindestens ebenso große Rolle spielte. Sie ähnelte einer Alabasterstatue in Chiffon mit Pailletten. Und sie wirkte ebenso leblos.

Unter diesen Umständen war es schwierig, ein Gespräch zu beginnen. Ich hätte ohnehin nicht gewusst, was ich mit dieser angesäuselten Horde anfangen sollte. Als wir uns gerade über einen diskreten Rückzug unterhielten, kam eine Frau in Schwarz auf mich zu und drückte mir einen Zettel in die Hand.

»Rufen Sie sie an«, zischte sie. »Sie erwartet Ihren Anruf.« Ich warf einen Blick auf den Zettel. Darauf stand die Telefonnummer von Tehmina Durrani. Wenige Sekunden später kam die Frau zurück und brachte mir ein Handy. »Unten wartet ein Wagen auf Sie. Sie möchte Sie treffen, aber nicht hier«, sagte die Frau.

Ich wählte die Nummer. Eine wunderbare Stimme meldete sich. Ich brauchte mich nicht vorzustellen. Tehmina, die Frau, deren Buch, ein Bericht von schonungsloser Offenheit über die Gewalt in ihrer Ehe mit einem dämonenhaften Politiker, Pakistan schockiert hatte, sprach in einem verführerischen, einschmeichelnden Tonfall mit mir und drängte mich, zu ihr zu kommen. Inzwischen war es halb zwei Uhr morgens. Und mir war nicht wohl dabei zumute, in einem fremden Land zu einer so ungewöhnlichen Uhrzeit in den Wagen Unbekannter einzusteigen und mich zu einer mir unbekannten Adresse bringen zu lassen. Daher versuchte ich sie zu überreden, dass sie stattdessen ins Hilton Lahore kam. Zu meinem Erstaunen erklärte sie sich dazu bereit.

Die Frau in Schwarz war restlos überrascht. »Tehmina führt das Leben einer Einsiedlerin. Sie geht normalerweise überhaupt nicht aus dem Haus. Aber sie war wirklich ganz versessen darauf, Sie kennen zu lernen.«

Ich fühlte mich geschmeichelt. Und ich war sehr neugierig. Ich hatte ›Mein Herr und Gebieter‹ nicht gelesen, nur einige Buchbesprechungen.

Jetzt konnte ich mir eine Vorstellung davon machen, wie es für Frauen in Pakistan sein musste, Frauen, die sich weigerten, sich anzupassen und zu spuren, und die wahnsinnig genug waren, den Mund aufzumachen. Tehmina, sagten ihre Freunde, war sich vollkommen über den Preis im Klaren gewesen, den sie dafür würde zahlen müssen, ihre Sichtweise einer mittelalterlichen Ehe (ihrer eigenen) preiszugeben, und sie hatte ihn bereitwillig gezahlt. Mit Zinseszins. Gewisse einflussreiche Kreise der guten Gesellschaft von Pakistan hatten sie ausgestoßen und verfemt (eine der führenden Persönlichkeiten, der wir begegneten, tat sie als eine »Irre« ab). Tehmina beharrte auf ihrem Standpunkt und weigerte sich, von der Bildfläche zu verschwinden. Der »Herr und Gebieter« aus dem Buch heiratete zum siebten Mal, zeugte zwei weitere Kinder und wurde Minister in Benazir Bhuttos Kabinett. Lahore hatte sich säuberlich in zwei Lager aufgespalten – die Anhänger Tehminas und diejenigen, die zu einer Hetzjagd gegen sie aufriefen. Mir war keine einzige Person begegnet, die eine neutrale Haltung einnahm. Ich konnte es kaum erwarten, Tehmina kennen zu lernen.

Sie traf ein wie eine Königin im Exil, strahlend, schön und schlicht. Sie brauchte keinen Schmuck und keine edlen Gewänder. Ihre Anwesenheit und ihre Schönheit genügten vollauf. Als wir gemeinsam den Partybereich betraten, senkte sich Schweigen über die Menge, denn die Gäste hörten augenblicklich auf zu reden und zu trinken und starrten nur noch. Ich bin sicher, dass sie an diese Reaktion gewöhnt war. Sie tat so, als hätte sie es nicht bemerkt, und nahm meine Hand, als wir uns einen Weg durch das Getümmel bahnten. Das Interessante war, dass niemand Blickkontakt zu Tehmina herstellte. Die Männer starrten missmutig in ihre Gläser, wogegen die mit Juwelen behängten pakistanischen Frauen die Blicke unter den mit Haarspray fixierten blonden Frisuren zum Himmel verdrehten. Das Schweigen sprach für sich selbst.

Tehmina kannte sich in diesem monströsen Haus offenbar bestens aus. Sie winkte einen Kellner zu sich, bestellte eine Flasche Rotwein und bat ihn, diese in einer der nummerierten Suiten zu servieren. »Da können wir uns in Ruhe unterhalten«, sagte sie lächelnd. Ich war wie verhext von ihr. Ihre Stimme war rauchig und melodisch. Ihre großen, glänzenden Augen waren achtlos mit einem Kholstift umrahmt. Sie trug einen zerknitterten weißen Kurta-Pajama und hatte sich eine Dupatta über die Schultern geworfen, als sei ihr dieser Gedanke erst nachträglich gekommen. Silber ... ich erinnere mich vage an den Schimmer von mattem, antikem Silber. Es könnten Armreifen oder Ohrringe gewesen sein. Ich mochte sie augenblicklich. Und sie mich auch, wie ich glaube, wie ich hoffe. Wir ließen uns in einem unpersönlichen Raum nieder, der Ähnlichkeit mit einem Tagungsraum aufwies, nur das Faxgerät fehlte. Sie wirkte gelassen und seelenruhig. Ich hatte gehört, sie hätte eine Schar von glühenden Verehrerinnen, die sich allabendlich bei ihr einfanden und sie im Großen und Ganzen vor der wahren Welt abschirmten. Tehminas Zirkel, ihr Salon. Wie angemessen. Die Colette von Lahore. Die Anaïs Nin des Subkontinents. Andere hatten gehöhnt: »Sie kann nicht schreiben. Sie ist keine Intellektuelle. Ihr Buch ist von jemand anderem geschrieben worden.« Was spielte das schon für eine Rolle? Die Stimme war unverkennbar ihre. Das war schon nach den ersten Minuten mühelos zu erkennen. Die Geschichte war ihre. Die Erfahrungen gehörten ganz allein ihr. Die Albträume auch. Und das war das Einzige, was zählte, zumindest für mich.

Sie kannte die Gastgeber. Die Frau zählte zu ihren Freundinnen und Bewunderern. Aber sie mied Partys. Ich verstand sehr gut, warum. Wir sprachen viel zu kurz miteinander. Es ging schon auf drei Uhr zu. Dilip und ich mussten am kommenden Tag unseren Rückflug erwischen. Und doch genügte sogar diese kurze Begegnung. Ich fasste eine gewaltige Zuneigung zu dieser fragilen Gestalt, die sich auf einem kleinen Sofa zusammengerollt hatte, an ihrem Weinglas nippte und mit zarter, melodischer Stimme sprach. Diese Frau hätte sich so leicht zur tragischen Gestalt und zur Märtyrerin hochstilisieren können. Stattdessen tat sie ziemlich mutig, vielleicht sogar trotzig, alles, um ihr Leben wieder in den Griff zu kriegen. Für eine Frau wie sie konnte es unmöglich ein Kinderspiel gewesen sein, den Mund aufzumachen und damit, dass sie das tat, in ein Wespennest zu stechen, nein, es gar gegen eine ganze Wespenkolonie aufzunehmen. In unserer Gesellschaft und in jeder anderen Gesellschaft ist Doppelmoral nichts Neues, aber in Pakistan kann man unmöglich darüber hinwegsehen, dass mit zweierlei Maß gemessen wird. Selbst in den kultiviertesten, vornehmsten und wohlhabendsten Familien sind die Alltagsabläufe weiterhin derart feudalistisch, dass man sich winden könnte. Aber vordergründig wirkt alles aufgeklärt und ausgeglichen – die prachtvollen Ehefrauen, mit denen man sich wie mit Trophäen schmückt, die weltgewandten Ehemänner in ihren Armani-Anzügen, das Luxusleben. Aber unter der Oberfläche ist alles so sauer wie das Achchar, das zum Biryani serviert wird. Es war rundum reichlich dekadent und deprimierend. Und doch war es Tehmina gelungen, in dieser düsteren, inzestuösen Umgebung zu gedeihen. Und Kinder großzuziehen. Im Grunde genommen ist mir ganz egal, wer ihre Bücher schreibt. Ich las ›Mein Herr und Gebieter‹ mehr oder weniger in einem Rutsch. Minuten vor unserer Abfahrt zum Flughafen war ein signiertes Exemplar im Haus unseres Gastgebers abgegeben worden. Als ich die herzliche Widmung las, wusste ich, dass sie ernst gemeint war.

Die Öffentlichkeit springt viel grausamer mit Frauen um als mit Männern. Die meisten Frauen, die viel Aufmerksamkeit bekommen (Teilnehmerinnen an Schönheitswettbewerben, Models, Schauspielerinnen, Popsängerinnen), machen aufgrund ihres Aussehens Schlagzeilen. Aishwarya Rai ist heute keine Spur weniger schön als an dem Tag, als sie 1996 den Titel der Miss World errang. Und doch hat in dem Moment, als sie zum Film gegangen ist, dieselbe Presse, die ihr bis dahin zu Füßen lag, eine Kehrtwendung gemacht und sie in der Luft zerrissen. Dasselbe gilt auch für Sushmita Sen. Insofern ist mein Fall einzigartig, da ich nie im Showbiz war, aber ständig an den Maßstäben des Showbiz gemessen wurde. Die meiste Zeit fand ich das komisch, und so sehe ich es bis heute. Einige meiner Zeitgenossinnen fanden es überhaupt nicht komisch. Ich erinnere mich noch an eine ernsthafte Ärztin, die den Ehrgeiz hatte, kommerziell erfolgreiche Romane zu schreiben, und ihrem Zorn darüber

Ausdruck verlieh, dass sich die Presse überhaupt nicht für sie interessierte, weil sie nicht genügend »Glamour« besaß. Zu der Zeit konnte ich ihr die Frustration nachempfinden (sie war zu mir gekommen, um mir ihr Manuskript zu zeigen), und ich fand sogar einen Verleger für sie. Ein paar Jahre später trat sie mit einem völlig neuen Buch und einem neuen Look an die Öffentlichkeit. Jegliche Vorbehalte gegen zu viel Publicity, jegliche Hemmungen, die sie zuvor angeblich zurückgehalten hatten, waren mit einem Mal von ihr abgefallen. Bei der Feier zum Erscheinen ihres Buchs zog sie sämtliche Register. Sie ging mit der Aufmerksamkeit, die ihr plötzlich zuteil wurde, wie ein Profi um und setzte sich gekonnt für die Kameras in Szene, und was sie von sich gab, schien gründlich einstudiert zu sein. Mit aggressiven Verkaufstaktiken brachte sie ihr Paperback an den Mann. Was gut war für sie. Mit der Form von Presseresonanz, die sie jetzt vorzuweisen hat, wird es ihr viel leichter fallen, einen Vertrag für ein weiteres Buch abzuschließen.

Es gibt zahllose andere – einen bärtigen Poeten, der mir gegenübersaß und mich inständig bat, ihn in einer meiner Kolumnen zu erwähnen, als sein erster Gedichtband erschien. (»Ich bin sehr sensibel. Sehr schüchtern. Ich weiß nicht, wie ich es anstellen soll, auf Leute zuzugehen.«) Es hatte ihm allerdings keine Probleme bereitet, an mich heranzutreten. Als er sein zweites Buch fertig gestellt hatte, war er ein alter Hase. Alles war gut organisiert, er hatte zugkräftige Sprüche und Fotos parat. Manche Leute würden von Eigenwerbung sprechen. Ich nenne das Professionalität.

Ausländische Korrespondenten haben oft geschrieben, ich sei die erste Schriftstellerin in Indien, die die Dienste eines Glamour-Fotografen in Anspruch nähme. Ich hatte das Glück, dass wir einen solchen in der Familie hatten und es für Gautam ein Liebesdienst und eine Frage des Stolzes war. »Wage es bloß nicht, dich von jemand anderem fotografieren zu lassen«, hatte er zu mir gesagt. Ich habe nie eine Notwendigkeit dafür gesehen. Er ist ohnehin der Beste. Wir verstehen uns ganz ausgezeichnet. Eine Stunde in seiner Wohnung, in der auch sein Studio untergebracht ist, und alles ist gelaufen. In dem Punkt war ich glücklich dran. Und ich bedauere andere Autoren, die nicht dieselben Möglichkeiten haben. Aber es wäre dumm von mir, diese Chance und dieses Privileg nicht zu nutzen. Jeder Mensch möchte möglichst gut aussehen. Dieses Bedürfnis ist ganz natürlich. Weshalb sollte ich auf den Einbänden meiner Bücher grauenhaft aussehen wollen, wenn sich mir ein zuvorkommender Cousin zur Verfügung stellt, der mich (und jede andere Frau, die er fotografiert) wie eine Göttin aussehen lässt?

Ich erinnere mich noch daran, wie mir eine Journalistenkollegin in einem ihrer Artikel einen Seitenhieb dafür versetzte, wie methodisch ich meine Publicity angehe. Ich wurde hinterhältig dafür angegriffen, wie gut ich mich auf eine Signierstunde in einer anderen Stadt vorbereite. »Sie reist mit einer Fotomappe, Buchumschlägen und Plakaten an«, hatte die Frau geschrieben. Aber gewiss doch. Wer tut es denn, wenn nicht ich? Weshalb sollte ich mich von irgendeinem Amateur mit einer Boxkamera knipsen lassen, wenn ich mir doch die Mühe gemacht habe, Werbefotos zusammenzustellen? Schließlich habe ich selbst Zeitschriften herausgegeben und weiß, wie gelegen es Redakteuren und dem Artdirector kommt, wenn sie Fotografien von hoher Qualität als Vorlagen haben. Warum das Risiko eingehen und sich auf miserable, unscharfe, verschwommene Bilder einlassen, wenn man für ein neues Buch eine spezielle Fotomappe angefertigt hat?

In Wahrheit sieht es so aus, dass die meisten Leute »billige« Publicity so lange kritisieren, bis sie selbst in den Genuss kommen. Sowie sie ihren eigenen Namen gedruckt sehen, wollen sie ihn groß hervorgehoben haben. Sowie sie öffentliche Anerkennung finden, wollen sie den Augenblick verewigen. Sowie sie ihr erstes Autogramm geben, wollen sie, dass es immer so weitergeht. Amitabh Bachchan hat sich entschieden, ehrlich zu sein, als er das kürzlich in einem Fernsehinterview zugab. Ich habe es bei den Zurückhaltendsten unter ihnen erlebt, bei Menschen, die wirklich schüchtern sind. Ich habe sie im Scheinwerferlicht erröten und gleich darauf aufblühen sehen. Sie haben immer noch beteuert, dieses Aufsehen sei ihnen unangenehm, aber sie haben inständig gebetet, es möge nicht nachlassen. Diejenigen, die so klug waren, den anderen Weg einzuschlagen (»Ich lebe sehr zurückgezogen, ich verabscheue Publicity«), haben am meisten davon profitiert. »Engagierte« Berichterstatter, die den »Champagnerjournalismus« verspotten, tun das nur so lange, bis sie selbst an dem prickelnden Zeug genippt haben. Wenn sie erst einmal auf den begehrten Partylisten stehen, lernen sie schleunigst den Boogie. Und hören nicht auf, bevor sie auf der Tanzfläche tot umfallen.

Als V.S. Naipaul kürzlich in Bombay zu Besuch war, hat er sich von Jitendra Arya fotografieren lassen. Er setzte sich mit dem Flair eines alternden Hollywoodstars in Pose, wie ein John Wayne, der des Schreibens mächtig ist. Ich bin sicher, dass er ziemlich enttäuscht gewesen wäre, wenn sein Besuch nicht zur Kenntnis genommen und nicht dokumentiert worden wäre. Es mag zwar sein, dass er wählerisch war und nicht jedem ein Interview gegeben hat, aber deshalb hat er Interviews noch lange nicht grundsätzlich abgelehnt. Meiner Erfahrung nach trifft das auf jeden einzelnen selbsternannten »Einsiedler« zu. Das ist eine der Möglichkeiten, seinen Marktwert hochzuschrauben. Man braucht nur eine Aura der Exklusivität zu erschaffen und so zu tun, als scheute man jede Publicity, damit die Medien Jagd auf einen machen. Häufig bekommen solche Menschen mehr Publicity als andere, die freimütiger sind. Das ist eine ziemlich kluge Taktik, vor allem dann, wenn derjenige außer einer verschwommenen und enigmatischen Persönlichkeit nicht viel zu bieten hat.

Schriftsteller in Indien beginnen gerade erst, den Rausch des Ruhms zu entdecken. Und alle vorhandenen Indizien sprechen dafür, dass sie gar nicht genug davon kriegen können. Jeder, der je etwas zu Papier gebracht hat, bemüht sich jetzt aktiv um den Status einer Berühmtheit. Viele bedeutungslose Schreiberlinge haben die Macht eines geschickt aufgenommenen Fotos entdeckt. Ich habe diese Verwandlung an Menschen beobachtet, die ich gut kenne. Ich habe gesehen, wie sie im Anfangsstadium mit Besprechungen und ihrem Bild in der Zeitung umgehen. Sie tun so, als sei es ihnen furchtbar peinlich ... und dabei lassen sie dich nicht aus dem Auge, weil sie auf eine Reaktion lauern. Kommen sie weiterhin in den Genuss von Publicity, dann sind sie weniger verlegen, heucheln aber Gleichgültigkeit. Kurz darauf folgt die Unbekümmertheit. Aber ebendiese Leute achten darauf, dass jeder Zeitungsausschnitt sorgsam eingeklebt, datiert und abgeheftet wird.

»Ich tue es für meine Mutter – sie gibt mit Begeisterung vor den Verwandten an.«

»Mir ist das vollkommen egal, aber meine Frau macht das unglaublich an.«

»Mein Gott! Könnt ihr euch das vorstellen – ein einziger Auftritt im Fernsehen, und auf jeder Veranstaltung stürzen sich die Leute auf einen.«

»Vor ein paar Tagen bin ich an einer roten Ampel erkannt worden – Himmel, war das seltsam.«

Ich habe Freunde, die sich so geben, als graute ihnen vor jeder Publicity, und doch rufen sie an, um zu sagen: »Ach, übrigens, haben die Zeitungen in Bombay letzte Woche über mich berichtet? Meinst du, du könntest die Besprechungen heraussuchen und sie für mich in die Post stecken?«

In den meisten Fällen sollten die Leute, die von sich selbst behaupten, Publicity zu scheuen, ihre Einstellung anders formulieren. In Wirklichkeit meinen sie nämlich, dass sie ihm Grunde genommen nichts gegen Publicity einzuwenden haben, vorausgesetzt, sie ist positiv. Aber ein einziger nachteiliger Kommentar, und sie drehen durch. Ihre Haut wird zu Reispapier, und sie reden unermüdlich über die »Verantwortungslosigkeit« der Presse. Publicity, die ihrem Ego Auftrieb gibt, nehmen sie als selbstverständlich hin, auch dann, wenn sie mit gespielter Entrüstung ausrufen: »Finden die denn keine anderen Leute, über die sie schreiben können?«

Derzeit werden die »Gesellschaftsnachrichten« derart aufgebauscht, dass sich sogar absolute Nieten Illusionen über ihren Status hingeben. Ich hörte zufällig, wie ein zweifelhafter »Geschäftsmann« geziert zu seiner Begleiterin sagte: »Ich muss mich heutzutage vorsehen. Leute wie wir, die im Rampenlicht stehen, werden leicht zur Zielscheibe, weil jeder sie erkennt.« Dieser Mann hätte seinen Namen in Leuchtbuchstaben auf einem Schild um den Hals tragen müssen, damit auch nur einer der Anwesenden gewusst hätte, wer er war. Aber er glaubte tatsächlich, er hätte es geschafft, und das nur, weil eine gänzlich unbekannte Kolumnistin seinen Namen als Besitzer einiger todschicker Wagen genannt hatte. Selbst in dem Punkt war seine Begeisterung verfrüht, denn ihm gehörten diese Autos gar nicht. Er hatte sie lediglich für kurze Zeit geleast, eine Tatsache, die kurze Zeit später von derselben Kolumnistin enthüllt wurde. Doch während der Mann sich an seinem eigenen Status berauschte, wagte es niemand, der näher mit ihm zu tun hatte, seine Illusionen zu zerstören. Das konnten sich seine Günstlinge nicht leisten, da er es war, der ihre Rechnungen bezahlte.

Oft werde ich gefragt, wie ich die frühen Besprechungen verkraftet habe – die ganz, ganz gemeinen. Schlecht, um die Wahrheit zu sagen. Zuerst kam der Schock (»Wie können sie mir das antun«). Dann blanke Ungläubigkeit (»Nein ... damit kann ich nicht gemeint sein, nicht mein Buch, das mir so sehr am Herzen liegt«). Dann die Wut (»Denen werde ich es heimzahlen«). Und schließlich Resignation (»Vergiss es, schreib einfach unbeirrt weiter«). Ich glaube, der Tonfall ärgerte mich noch viel mehr als der Inhalt. Dann rief ich mir ins Gedächtnis zurück, dass ich selbst in genau diesem höhnischen Tonfall über andere geschrieben hatte, ohne mir Gedanken über die Wirkung meiner Kritik auf den Menschen zu machen, dem sie galt. Ich zwang mich, Vernunft anzunehmen. Monatelang sagte ich mir: »Wenn du austeilen kannst, dann musst du auch lernen einzustecken, wenn du an der Reihe bist.« Meine rationale Seite akzeptierte dieses Argument, aber emotional war ich am Boden zerstört.

Dilip verharmloste die ganze Geschichte, und damit gelang es ihm, erbarmungslosen Angriffen die Schärfe zu nehmen. Im Rückblick muss ich sagen, es kann auch für ihn nicht immer leicht gewesen sein – als Ehemann einer Frau, die von der gesamten Kritikergemeinde als Pornografin bezeichnet wurde. Es muss Momente gegeben haben, in denen Bekannte im Club an der Bar auf ihn zugekommen sind und versucht haben, ihn auf die Palme zu bringen. Auf Abendeinladungen oder sogar bei geschäftlichen Besprechungen muss es dazu gekommen sein. Er hat mir aber nie von solchen Vorfällen berichtet. Und wenn jemand in meiner Anwesenheit eine gemeine Spitze anbringen wollte, hat er sie geschickt abgewehrt – stets mit einem strahlenden Lächeln. Wenn er anders reagiert hätte, glaube ich kaum, dass ich die Motivation oder auch nur den Mut gehabt hätte weiterzuschreiben.

Zu der Zeit, als die Kritiken am krassesten waren, waren meine Kinder noch sehr klein und blieben daher von den potentiellen Peinlichkeiten, die solche Besprechungen verursachen können, verschont. Und meine Eltern lebten in einer anderen Welt, obwohl wir mit dem Wagen nur fünf Minuten voneinander entfernt wohnten. Außerdem ist mein Vater ein ungewöhnlicher Mensch mit erstaunlich modernen Ansichten. Ebenso wie mein Mann fand auch er an meinen Büchern nichts Obszönes. Und das machte er mir nicht nur vor. Nur einmal hörte ich, wie er meine Mutter in der Küche ein wenig verwirrt fragte: »Meine Liebe ... woher weiß Shobhaa eigentlich so viel über Sex?«

Meine Mutter antwortete auf ihre schonungslos pragmatische Art: »Du vergisst wohl, dass sie eine verheiratete Frau von einundvierzig Jahren ist und Kinder hat. Sie mag zwar deine jüngste Tochter sein, aber ein Kind ist sie schon lange nicht mehr.«

Die Antwort stellte ihn zufrieden, und damit war auch diese Frage ausgeräumt.

Erst kürzlich rief er mich eines Abends um elf an, um zu sagen: »Ich finde einfach keine Antwort auf etwas, was mich schon seit einer Weile beschäftigt. Vielleicht gelingt es dir ja, zur Lösung dieser Frage beizutragen. Mir ist aufgefallen, dass in Umfragen über das Sexualverhalten immer die Männer diejenigen sind, denen Fragen zur Häufigkeit gestellt werden – wie viele

Male in der Woche? Im Monat? Im Jahr? Frauen wird diese Frage selten gestellt. Woher kommt das?«

Ich hielt ihm einen zehnminütigen Vortrag über das Thema, und er hörte mir äußerst aufmerksam zu.

»Ich danke dir, meine Liebe«, sagte er dann höflich. »Heute Abend habe ich viel gelernt.«

Das alarmierte mich. Ich fügte hastig hinzu: »Baba, ich bin auf dem Gebiet keine Expertin.«

Aber er hatte die Antworten bekommen, die er gesucht hatte.

Ich mag es nicht besonders, über meine Bücher zu »diskutieren«, und ich bemühe mich, jeden Versuch einer Diskussion abzublocken. In den ersten Jahren biss ich die Zähne zusammen und ließ mir alle möglichen lachhaften Fragen gefallen, in erster Linie sexueller Natur. Es gab einen ganz bestimmten Politiker und Geschäftsmann, der mich gleich nach dem Erscheinen eines neuen Buches anrief, um den Inhalt detailliert zu analysieren. Trotz seines Bemühens, der Diskussion ein »intellektuelles Niveau« zu geben, war leicht zu erkennen, dass er in Wirklichkeit nichts anderes wollte als unflätiges Gerede. Zufällig war ich einmal im Hause einer Journalistin anwesend, als er beschloss, ein »kultiviertes Gespräch« (so seine eigenen Worte) über Sex in die Wege zu leiten. Ich hielt mich vollständig aus dem Gespräch heraus, da ich mir seine Motive denken konnte – wie sonst könnte ein derart verklemmter, unattraktiver Kerl die Aufmerksamkeit einer Gruppe lebhafter Frauen auf sich ziehen?

Bedauerlicherweise ging ihm eine redegewandte und ebenso gutgläubige Redakteurin ins Netz und sprach sofort von sich aus über weibliche Sexualität und darüber, wie sehr sie von den Männern missverstanden wird. Das Funkeln in den Augen des Mannes war unverkennbar; er sah aus, als würde er jeden Moment zu hecheln beginnen. Sie plapperte naiv und freimütig drauflos, und er spornte sie zwischendurch an, damit sie bloß nicht aufhörte. Es war ein Gespräch von der Sorte, wie er es mit seiner stumpfsinnigen, ungebildeten Ehefrau niemals hätte führen können. Dafür hätte er schon eine der internationalen Sexlines anrufen müssen. Und hier bekam er es umsonst und noch dazu von einer anständigen, geachteten Frau von gutem Ruf. Im Lauf dieses Abends versuchte er mehrfach, Blickkontakt mit mir herzustellen und das Gespräch auf meine Bücher zu lenken, indem er Schlüsselstellen aus dem neuesten Buch zitierte. Ich ignorierte ihn und weigerte mich selbst dann noch, mich in die Debatte hineinziehen zu lassen, als die Frau, die unablässig redete, ihr Bestes tat, damit ich mich an der Unterhaltung beteiligte. Anschließend nahm ich die Anrufe des Mannes gar nicht mehr entgegen. Er begriff schnell, dass er mit mir seine Zeit vergeudete.

Etwas Ähnliches passierte beim Abendessen nach einer Lesung in einer Stadt im Süden. Die geladenen Gäste waren in Scharen erschienen, wobei gut gekleidete, mit Schmuck behängte Frauen den Männern zahlenmäßig überlegen waren. Ich hatte aus ›Surviving Men‹ gelesen und bei der Auswahl der Abschnitte, die ich vorlas, sorgsam darauf geachtet, alle Stellen zu meiden, die sich explizit mit Sex befassten. Wir befanden uns in einer konservativen Gegend, und ich war nicht hergekommen, um jemanden zu schockieren oder das regionale Anstandsempfinden zu verletzen. Die Lesung lief glatt. Was als vereinzeltes nervöses Kichern begonnen hatte, wuchs sich schnell zu herzlichem Gelächter und sogar zu Beifall aus. Als das Publikum aufgefordert wurde, Fragen zu stellen, erhob sich ein aufgeblasener Kerl in der ersten Reihe und hakte die Daumen in seine Hosenträger. Er verkündete: »Diese Hosenträger habe ich heute bewusst angelegt ... für alle Fälle. Sie wissen schon ... ich war nicht sicher, ob ich meine Hose nach der Lesung noch anhaben würde.« Niemand fand das komisch. Er ließ ein paar weitere Bemerkungen in diesem Sinne folgen. Eine Frau buhte ihn aus. Mehrere andere fielen in das Buhen ein. Schließlich ertönte es im Chor.

Die anderen anwesenden Männer hielten es für das Klügste, sich still und leise zurückzuziehen. Aber ein Mann blieb. Er kam zögernd auf mich zu, und die Intensität, mit der er sprach, verblüffte mich. »Ich bräuchte fünf Minuten mit Ihnen allein«, flehte er. Wir befanden uns am Rande des Pools im Innenhof eines Fünfsternehotels. Ein formelles Abendessen sollte demnächst serviert werden. Ich reiste in Gesellschaft einer guten Freundin. Sie und ich tauschten einen schnellen Blick aus. Ich sagte dem Mann, ich würde mich mit ihm unterhalten, sowie ich den üblichen Rummel hinter mich gebracht hätte, der auf Lesungen folgt. Er hielt sich stumm im Abseits und wartete, während ich Exemplare signierte und denjenigen, die mit mir reden oder mit mir fotografiert werden wollten, bot, was von mir erwartet wurde.

Nach einer halben Stunde zog ich einen weiteren Stuhl heran und forderte ihn auf, sich zu setzen. Ohne Einführung sagte er: »Meine Frau hat mich verlassen. Ich liebe sie sehr. Ich verstehe es nicht. Wird sie zu mir zurückkommen? Ich will sie nicht verlieren. Wenn sie nicht zurückkommt, bringe ich mich um.« Er hatte Tränen in den Augen und hielt ein Exemplar meines Buchs an sich gepresst. Er wirkte verzweifelt und verstört. Ich stellte ihm ein paar Fragen zu seiner Ehe. Es kam deutlich heraus, dass sie sich in einen anderen verliebt hatte. Wie so oft war dieser andere sein bester Freund. Ebenso deutlich kam heraus, dass sie ihn nie geliebt hatte. Es war ganz ausgeschlossen, dass diese Frau jemals wieder zu ihm zurückkehren würde, noch nicht einmal um der beiden kleinen Jungen willen. Ich brachte es nicht übers Herz, ihm das zu sagen. Er erhoffte sich Lösungen von mir. Mir, einer Wildfremden. Daran ließ sich seine Verzweiflung ermessen. Ich konnte ihn aber auch nicht belügen. Oder ihm versichern, alles würde wieder gut werden. Ich versuchte ihm zu sagen, er solle seine eigenen Schwerpunkte setzen und die Möglichkeit in Betracht ziehen, dass er seine Kinder eventuell alleine großziehen müsste.

Er brach in Tränen aus. »Ich liebe sie. Ohne sie kann ich nicht leben«, schluchzte er. In einer anderen, weniger verklemmten Gesellschaft hätte ich ihn in meine Arme gezogen und ihn getröstet wie ein Kind. Es schmerzte mich, dass ich gezwungen war, meine Hände in meinem Schoß liegen zu lassen und unangemessene Worte zu gurren, um ihm falsche Hoffnungen zu machen. Die Leute begannen bereits, uns anzustarren. Der Mann erhob sich abrupt und ging.

Sein offenkundiges Leid verstörte mich, als ich zu dem geplanten Abendessen erschien. Was hatte ich dazu beigetragen, dass ihm wohler zumute war? Warum hatte er sich von mir Antworten erhofft, die ich ihm nicht geben konnte? Vielleicht hätte ich sie ihm sogar geben können, aber wie sagt man einem gebrochenen Mann, dass seine Frau nie mehr mit ihm zusammenleben wird? Er hatte Berichte über mich gelesen und war zu dieser groß aufgezogenen Veranstaltung erschienen, weil er hoffte, eine erfahrene, weltkluge Frau würde in der Lage sein, ihm Einsichten zu vermitteln und eine Lösung aus dem Ärmel zu schütteln. Er hatte sich eingebildet, ich sei die Retterin in der Not und würde ihm Ratschläge erteilen, wie er seine Frau wieder für sich gewinnen konnte. Ich fühlte mich elend. Und hilflos. Ich war nicht zu kultivierten und charmanten Gesprächen mit den Veranstaltern dieses üppigen Banketts aufgelegt. Ich brachte keinen Bissen von dem Kakori-Kebab hinunter, selbst dann nicht, als der Küchenchef herbeizitiert wurde, um die über Jahrhunderte überlieferte Kunst der Zubereitung dieser Delikatesse zu erklären.

Ich fragte mich gerade, wie ich den Rest des Abends mit seinen zahllosen Gängen und dem geistlosen Geschwätz überstehen sollte, als sich zu meiner Rechten eine Stimme erkundigte: »Madam, ist es wahr, dass die Frauen in Indien keine echte Lust erleben ... Sie wissen schon, was ich meine ... und dass sie ihre Ehemänner zum Narren halten, indem sie so tun? Wie hoch ist Ihrer Einschätzung nach der Prozentsatz der Damen, die ... die ... echten Lustgewinn erfahren?«

Am liebsten hätte ich ihm den Teller mit dem köstlich duftenden Biryani in sein selbstgefälliges Gesicht geschleudert. Für wen zum Teufel hielt er mich? Für eine Expertin in Sachen Sex, die Statistiken parat hatte? Für jemanden, der eine Studie über weibliche Orgasmen durchgeführt hatte? Ich sah den Ausdruck in den Augen meiner Freundin. Sie bedeutete mir, mich zu beruhigen und überhaupt nicht darauf einzugehen. Während ich langsam an meinem Wasser nippte, um Zeit zu gewinnen, legten alle am Tisch ihr Besteck nieder und warteten gebannt darauf, was ich sagen würde. Er herrschte exakt die Form von Stille, die einer hitzigen Diskussion vorausgeht. Mir fiel auf, dass die parfümierten Vorzeigegattinnen angespannter wirkten als ihre schmerbäuchigen Ehemänner. Wir oft hatten sie schon simuliert? Würde ich sie bloßstellen, indem ich alles enthüllte? Würde ich in einer so offensichtlich ahnungslosen und ignoranten Gesellschaft aus dem Nähkästchen plaudern? Würden die Ehemänner an jenem Abend nach Hause gehen, über diese Frauen herfallen und hinterher fragen: »War das jetzt echte Lust, die du empfunden hast, oder hast du mich schon wieder reingelegt? Shobhaa De behauptet, dass neunundneunzig Prozent der Frauen heucheln. Woher soll ich wissen, dass du nicht zu dieser Mehrheit gehörst?«

Zum Glück nahm meine Freundin die Dinge sehr geschickt in die Hand. Sie ist eine Frau von der Sorte, in deren Gegenwart sich Männer wohl fühlen. Sie sieht »häuslich« aus, falls Sie verstehen, was ich meine. Und daher wirkt sie nicht bedrohlich. Sie sagte, ich sei sehr erschöpft ... Lesungen könnten ungeheuer anstrengend sein ... und dann auch noch all diese Fragen, die im Anschluss gestellt würden. Für ein Thema dieser Tragweite sei ein anderes Forum erforderlich, um es eingehend zu erörtern. Vielleicht bei einem künftigen Besuch? Zu einem anderen Zeitpunkt? Aber bestimmt nicht jetzt – nicht heute Abend.

Die Bestecke setzten sich klappernd in Bewegung. Die Luxusweibchen begannen wieder zu atmen. Und die Männer wirkten so verzagt, als seien sie gründlich reingelegt worden.

Ich schützte Müdigkeit vor und zog mich zurück, nachdem meine Freundin mir den Weg so großartig geebnet hatte. Sowie wir in unserem Zimmer waren, wurde ich fuchsteufelswild. Die Unverfrorenheit dieses Kerls. Sie beruhigte mich. Diese Männer hätten nie Gelegenheit, mit »kühnen« Frauen zu reden, erklärte sie. Der Mann musste sich schon seit Monaten auf diesen Abend gefreut haben.

Nachdem ich mich wieder etwas abgeregt hatte, verstand ich,

was sie mir sagen wollte: Dieses Abendessen war eine erbärmliche Kundgebung gewesen, ein akkurater Spiegel unserer Gesellschaft, in der Männer und Frauen nicht offen miteinander reden und Ehemänner und Ehefrauen ein säuberlich voneinander getrenntes Leben bar jeglicher Kommunikation führten. Mir war schlecht, aber so ging es mir jetzt schon, seit ich kurz nach dem Erscheinen meines ersten Buchs seltsame Post erhalten hatte. Ich hatte gehofft und fest daran geglaubt, dass diejenigen, die ein billiges Vergnügen suchten, im Lauf eines Jahrzehnts von der Bildfläche verschwinden würden. Aber dieses Glück war mir versagt geblieben.

Gerade erst vor ein paar Monaten war eine Flut von Briefen über mich hereingebrochen, nachdem ein Hindi-Wochenblatt mit gewaltiger Auflagenziffer einen groß aufgemachten Bericht über mich gebracht hatte. Unter den Zuschriften waren auch Heiratsanträge von Männern, die Fotos in Passbildgröße, Lebensläufe und andere relevante Einzelheiten beigelegt hatten (»Kein Anhang und keine Verpflichtungen, körperlich und geistig gesund«). Ein auffallend unattraktiver Herr hatte ein Gedicht beigefügt, das seiner Meinung nach seine Gefühle auf den Punkt brachte. »Wir sind Seelenverwandte«, schrieb der ehemalige Bankangestellte, der heute arbeitslos war, »und es ist uns bestimmt, unser Leben gemeinsam zu verbringen.« Aha.

Auf jeden dieser fehlgeleiteten Versuche kommen aber auch andere, die mich durch ihren Charme tief berührten. Wenige Wochen nach der Veröffentlichung von ›Surviving Men‹ kamen mein Mann und ich aus Kochi zurück. Am selben Tag hatten wir die kleine Buchhandlung im Taj Malabar betreten und dort mein Interview in ›Newsweek‹ entdeckt. Es war ein ganz besonderer Moment an einem ganz besonderen Ort. Wie es bei internationalen Nachrichtenmagazinen häufig vorkommt, war die Veröffentlichung dieses Interviews mehrfach verschoben worden, da weltweit mit angehaltenem Atem der Tod einer Legende erwartet wurde – das Leben des Vorsitzenden Deng hing seit Wochen am seidenen Faden. Etliche China-Experten waren interviewt worden, die letzte Seite hatte man frei gehalten, und der Termin für den Druck wurde bis zum letzten Moment hinausgezögert. Falls Deng um die Wochenmitte herum starb, würde man mich rauswerfen und stattdessen einen der Experten bringen. Wie sich herausstellte, war Deng tatsächlich gestorben. ›Newsweek‹ brachte eine umfangreiche Titelgeschichte, aber ich schaffte es trotzdem auf die Interviewseite. Das muss all diese China-Experten erbost haben, aber interessierte mich das etwa?

Ich war nie in Kerala gewesen und hatte oft sehnsüchtig davon gesprochen. Mein Mann hatte diese Kurzreise als Geschenk für unseren Hochzeitstag geplant. Wir hatten uns einlullen lassen und schwelgten in der VIP-Lounge des Flughafens in wohltuender romantischer Benommenheit, immer noch träge und von der Schönheit der Provinz gebannt, als uns ein junger Mann auffiel, der ein Exemplar meines Buchs in der Hand hielt. Gleich nach dem Start versank ich im Flugzeug in einen leichten Schlaf, hatte aber vorher noch wahrgenommen, dass sich der Mann begeistert und mit großem Interesse in die Lektüre vertieft hatte. Trotzdem stellte ich mich schlafend, als er auf uns zukam – mein Mann würde schon mit ihm fertig werden, ganz gleich, was er wollte. Falls er vorhatte, mir eine reinzuhauen, dann sollte mir auch das recht sein, denn dafür würde er zu Brei geschlagen werden.

Ich hörte ihn leise zu meinem Mann sagen: »Könnten Sie die Dame bitten, mein Exemplar zu signieren?« Er reichte Dilip das Buch und wartete, während mir behutsam auf die Schulter geklopft wurde, als müsste ich aus einem Tiefschlaf geweckt werden. Ich stellte mich im ersten Moment verwirrt und hörte, wie mein Mann leichthin sagte: »Ein lustiges Buch, finden Sie nicht auch?«

Und der junge Mann erwiderte lebhaft: »Nein, Sir, das ist ein sehr ernstes Buch. Ihre Frau hat darin ein paar wesentliche Dinge klargestellt.«

In meiner Erleichterung darüber, dass es nicht zu einer großen Szene kommen würde und dass meine Ehre intakt war, gab ich schwungvoll ein Autogramm. Der Mann nahm das Buch entgegen und zögerte … »Sie sind ein großartiger Mann, Sir«, sagte er zu meinem belustigten Ehemann. Ich frage mich, was das wohl heißen sollte. Vermutlich weiß ich es. Die Leute reden sich gern ein, für das Zusammenleben mit jemandem, der kontroverse Texte schreibt, seien ganz außerordentliche Eigenschaften erforderlich und mein Mann müsse Tag für Tag durch die Hölle gehen, während ich Drachen töte und der Welt eine Kampfansage erteile. Die Realität unseres gemeinsamen Lebens gestaltet sich allerdings weitaus weniger dramatisch. Aber es ist mir ein Gräuel, Menschen zu enttäuschen, die gern mit offenen Augen träumen. »Sie sind ein großartiger Mann, Sir«, ist eine zweischneidige Bemerkung, denn sie beinhaltet: »Mein Gott! Wie haben Sie es geschafft, an der Seite dieser Frau zu überleben?« Aber es kann auch bedeuten: »Ich ziehe meinen Hut vor Ihnen. Ein Mann, der nicht Ihr Format besitzt, wäre längst zerbrochen.«

Komisch, aber so habe ich weder mich selbst noch meine Texte jemals empfunden. Oft werde ich gefragt, ob meine Bücher dazu gedacht sind, zu schockieren. Darauf kann ich nur mit einem nachdrücklichen Nein antworten. Ich wüsste nicht, was sonst und wie sonst ich schreiben könnte. Das sind die Bücher, die ich in mir habe, und ich denke gar nicht daran, mich dafür zu entschuldigen. Von mir aus können Sie sie hassen, sie als Schrott abtun, sie zu schätzen wissen oder sie sogar schlicht und einfach ignorieren. Im Ernst. Was ich taktlos finde und worüber ich mich schrecklich ärgern kann, ist, wenn irgendein Idiot auf mich zukommt und eine blöde Bemerkung macht wie: »Ich muss schon sagen, Ihr Artikel im ›Cosmopolitan‹ hat mich wirklich begeistert. Er war ja so anregend. Ich muss mir endlich mal die Zeit nehmen, Ihre Bücher zu lesen.« Spar dir die Mühe, Süßer, liegt mir dann als Antwort auf der Zunge. Aber selbst dafür ist mir der Atem zu schade.

Es gibt noch eine andere Variante, und zwar Frauen, die auf Partys hervorsprudeln: »Wir sind begeisterte Leserinnen Ihrer Kolumnen. Aber Ihre Bücher haben wir bisher noch nicht gelesen.« Lasst euch Zeit, Schätzchen. Bloß keine Eile. Bis dahin habe ich zehn weitere Bücher geschrieben ... und ihr werdet Vollprothesen tragen. Sage ich das etwa laut? Kommt gar nicht in die Tüte. Ich vergeude meine Zeit damit, lächelnd zu murmeln: »Keine Sorge, noch ist es nicht gesetzlich vorgeschrieben. Niemand wird Sie für dieses Vergehen ins Gefängnis schleifen.« Albern, ich weiß. Und kindisch. Aber ich wüsste nicht, wie ich sonst damit umgehen sollte.

Am schlimmsten sind die Leute, die mir von meinen Büchern vorschwärmen, ohne jemals eines davon gelesen zu haben. Und dann gibt es auch noch Ladenbesitzer, deren Ehefrauen die Fernsehserie ›Swabhimaan‹ sehen und die mich in aller Unschuld fragen: »Sie schreiben doch auch Bücher, nicht wahr?« In dem Fall nicke ich belämmert und lenke das Thema schnell wieder in andere Bahnen.

Das Dasein als Autor hat aber auch seine amüsanten Momente. Als ich im Rahmen einer Werbekampagne für mein Buch nach London reiste, war ich auf die Form von Fragen, die mir gestellt wurden, absolut nicht vorbereitet. Wie im Himmel war es dazu gekommen, dass sich all diese Reporter derart seltsame Vorstellungen von mir machten? Nari Hira war derjenige, der schließlich Licht in die Angelegenheit brachte. Sein Londoner Büro hatte ebenfalls eine Pressemitteilung von der Presseabteilung meines Verlags (Simon & Schuster) bekommen. Die Presseabteilung ihrerseits hatte sich auf einen absolut unzutreffenden, durch und durch gehässigen Bericht verlassen, den ein kümmerlicher englischer Autor vor ein paar Jahren für die ›Sunday Times‹ geschrieben hatte. Ohne die Fakten von mir absichern zu lassen, hatte die Presseabteilung in ihrem Überschwang von sich aus schillernde Einzelheiten hinzugefügt und ein derart verzerrtes Bild von meinem Leben gezeichnet, dass mir die Luft wegblieb. Jetzt war es zu spät, um die ärgerlichen Pressemitteilungen zurückzurufen. Ich würde es irgendwie hinkriegen und den Schaden nach Möglichkeit beheben müssen.

Die ersten Interviewer waren überhaupt nicht darauf gefasst, dass sie es mit jemandem wie mir zu tun haben würden, und wer hätte ihnen das vorwerfen können? Sie hatten sich darauf eingestellt, einem Ungeheuer gegenüberzutreten, einer empörenden Orientalin, die sich unanständig ausdrückte, unanständige Bücher schrieb und ein unanständiges Leben führte. Ein Jammer, aber das war nun mal nicht die Person, mit der sie es zu tun bekamen. Daher fragten sie mich restlos bestürzt: »Was ist passiert? Wie kommt es, dass solche Dinge über Sie geschrieben wurden? Hat man Ihnen die Pressemitteilung etwa nicht zur Genehmigung vorgelegt? Haben Sie sie überhaupt gesehen?«

Im Rückblick ist mir klar, wie nachteilig sich Unerfahrenheit in solchen Dingen auswirkt. Ich war mir nicht einmal über den Inhalt dieser Presseerklärung bewusst, und dabei hätte ich sie voll unter Kontrolle haben müssen. Im Radio, im Fernsehen und im Druck wurden so viele kostbare Minuten darauf vergeudet, die Fakten richtigzustellen. Ich war genau acht Tage lang in London, und der größte Teil dieser Zeit ging für Dinge drauf, die vermeidbar gewesen wären. In einer beliebten Frühstückssendung zerriss der Radiomoderator die Presseerklärung, zerknüllte sie so geräuschvoll wie möglich und warf sie demonstrativ in den Papierkorb.

»Was hier steht, ist kompletter Unsinn«, teilte er seinen Zuhörern mit. »Die Dame, die mir gegenübersitzt, weist keinerlei Ähnlichkeit mit dem Lebenslauf auf, den man ihr angedichtet hat. Ich werfe ihn in den Müll und fange noch mal ganz von vorn an.«

Ich hätte ihn vor Dankbarkeit küssen können. Wären doch nur alle anderen so aufgeschlossen und entgegenkommend gewesen! Ich bedauerte in erster Linie die Zeit und die Mühe, die dafür draufgingen, die irreführenden Informationen richtigzustellen, wenn ich beides dafür hätte nutzen können, über meine Bücher zu sprechen und nicht über die Version meines Lebens, die von der Presseabteilung in Umlauf gesetzt worden war.

Der Lernprozess hatte begonnen. Und ich lernte schnell. Presseleute können gefährlich und schädlich sein. Und der Schaden, den sie anrichten, ist hinterher kaum noch zu beheben. Ihre Aufgabe ist es, deiner Persönlichkeit sensationelle Züge zu verleihen und deine Erfahrungen möglichst dramatisch darzustellen. In einer Branche mit großer Konkurrenz erkennen sie die Werbewirksamkeit eines saftigen Skandals oder einer schlüpfrigen Geschichte. Sie sind sich aber auch über die Aufmerksamkeitsspanne der Redakteure im Klaren, mit denen sie es zu tun haben. Sowie man ihnen eine Geschichte vorsetzt, die umstritten genug ist, um etwas daraus zu machen, hat man sein Schäflein im Trockenen. Weshalb sonst sollte sich jemand für das Buch einer Inderin interessieren, die schwer einzuordnen ist? Es dauerte eine Weile, bis ich das kapiert hatte, aber sowie es bei mir angekommen war, beschloss ich zu spuren und meinen Spaß daran zu haben.

Bei einer der Fernsehaufnahmen stieß ich auf ein sonderbares Wesen, das ich weder vom Namen noch vom Gesicht her kannte. Es stellte sich heraus, dass sie Englands Nummer eins auf dem Gebiet der Horrorliteratur war, und so sah sie auch aus. Wir saßen in der Maske nebeneinander und ließen unsere Gesichter von Kaugummi kauenden Kids herrichten, die unaufhörlich über unsere Köpfe hinweg miteinander redeten. Die Frau auf dem Stuhl neben mir sah diese jungen Leute feindselig an, während sie ihre viel zu stark geschminkten Lippen schürzte, um sich zu vergewissern, dass die Farbe nicht verschmiert war. Es war ein junger Fernsehsender mit einem total verrückten Team. Die meisten Leute, die dort arbeiteten, waren Anfang zwanzig. Der Regisseur trug knallgelbe Lacklederschuhe. Seine Assistentin, eine attraktive junge Schwarze mit Piercings an allen sichtbaren Körperteilen, hüpfte durch das weitläufige Studio und sprach nonstop in ein Walkie-Talkie. Ich hatte meine helle Freude daran. Die Pressefrau, eine ziemlich griesgrämige Dame mit konstant gesenktem Blick, saß steif auf einem hochlehnigen Stuhl und machte sich Sorgen wegen unseres nächsten Termins. Ich fragte sie, ob die britische Autorin sich einer Operation zur Geschlechtsumwandlung unterzogen hätte, denn ich hätte schwören können, dass sie noch vor kurzer Zeit ein Mann gewesen war. Die Pressefrau wirkte aufrichtig schockiert, als sie mir von den allseits bekannten Kindern der Frau berichtete.

Nichts für ungut. Die britische Reiseschriftstellerin Jan Morris hat schließlich auch Kinder gezeugt. Was ist schon dabei?

Der Regisseur mit den gelben Schuhen kam auf mich zu und sagte fröhlich: »Zeit, Grimassen für die Kamera zu schneiden, Schätzchen.« Genau, und ich tat es aufs Stichwort. Inzwischen wusste ich, was von mir erwartet wurde – es ging um den Reiz des Neuen, eine Frau aus dem Osten, die einen sittsamen Eindruck erweckte und einen Sari trug, aber dennoch provozierend über das Sexualverhalten der Einheimischen sprach (die Briten sind von Sex geradezu besessen). Es wäre schrecklich gewesen, wenn ich beschlossen hätte, meinen Humor zu verlieren und diesen ganzen Wanderzirkus ernst zu nehmen. Für mich war es eine neue Erfahrung, und ich schnappte wertvolle Tipps auf. Die Pressefrau, die mir zugeteilt worden war, hatte vor meinem Eintreffen bereits zwei international sehr bekannte Autoren überlebt – Carrie Fisher, die ihren Friseur, ihren Personal Trainer, ihren Leibwächter, ihre Kinder und das Kindermädchen mitgebracht hatte, und Kurt Vonnegut, der sich für die Reise mit einem chronischen Fall von Depressionen ausgerüstet hatte. Im Vergleich zu den beiden sei ich eine willkommene Abwechslung, versicherte sie mir. Gib mir noch ein paar Jahre und den Erfolg dieser beiden Autoren, lachte ich in mich hinein.

Für unbekannte Autoren, die in London Aufsehen erregen wollten, war es eine harte Woche. Maggie Thatcher war schon durch. Joan Collins' neuestes Machwerk prangte überall – der auffällige Umschlag in grellem Pink war auf den Londoner Bussen, die die Piccadilly-Circus-Route fuhren, abgebildet. Für fünf bis zehn Buchtitel großer Namen von internationalem Rang wurde täglich mit aggressiven Methoden geworben, und der Berichterstattung über literarische Soireen wurde ebenso viel Zeit eingeräumt wie Filmpremieren. Simon & Schuster mussten meinen kurzen Besuch nach Kräften ausschlachten. Wer hätte sich schon für die Signierstunde einer unbekannten Inderin bei Harrod's interessiert?

Im Nachhinein betrachtet hat mir die ganze Erfahrung in erster Linie Spaß gemacht. Die Presseabteilung hatte mich auflaufen lassen, einige Interviewer waren ziemlich unangenehm, und der Terminplan sorgte für Hektik, aber all das wurde durch die Annehmlichkeiten gemildert, die mir zur Verfügung standen – eine großartige, gut eingerichtete Wohnung in London, äußerst zuvorkommende, nette Verleger und fast alle Abende zur freien Verfügung. Die kleinen Aufmerksamkeiten rührten mich: sorgsam ausgewählte Blumen mit einer Karte zur Begrüßung im Wohnzimmer, zwei meiner Bücher diskret in einem Regal aufgestellt, im Kühlschrank eine Auswahl von Käsesorten und Marmeladen, diverse Tee- und Brotsorten, im Wohnzimmer lagen internationale Zeitschriften verstreut und auf dem Bett zusätzliche Kissen. Man hatte sich wirklich Gedanken darüber gemacht, wie man uns den Aufenthalt möglichst angenehm gestalten könnte, und das wusste ich sehr zu schätzen. Ich fühlte mich verhätschelt und, was viel wichtiger war, respektiert. Da einige der Interviews in der Wohnung durchgeführt werden sollten, hatten die Verleger darauf geachtet, dass außer einer gut sortierten Bar auch genügend Plätzchen, Kaffee und Knabbereien bereitstanden, um die Interviewer zu bewirten. Die Reise hätte einen glanzvollen Abschluss gefunden, wenn ich nicht am Abend vor unserem Abflug nach Amsterdam in den Büros der BBC auf einer Rolltreppe den Halt verloren hätte.

Ich war zu einem mitternächtlichen Interview in einer Sendung mit dem treffenden Titel »Up All Night« erschienen. Die Produzentin organisierte Sicherheitsausweise für uns und begleitete mich ins Studio in einem höheren Stockwerk. Mein Mann hatte widerstrebend mit zwei Freunden aus London, die nicht davon abzubringen waren, ebenfalls auf mich zu warten, einen kurzen Spaziergang unternommen, nachdem ich ihm beteuert hatte, es würde nichts weiter als ein routinemäßiges Interview sein und er bräuchte seine Zeit nicht damit zu vergeuden, in einem schalldichten Raum herumzusitzen, während die Aufnahme lief. Normalerweise wäre zwanzig Minuten später alles vorbei gewesen. Ich erinnere mich noch daran, dass ich auf dem Weg zum Studio dachte, wie finster und schäbig die Korridore wirkten, da die meisten Lichter ausgeschaltet waren.

Sowie wir das Aufnahmestudio erreicht hatten, zogen wir das vorhersehbare locker-flockige Geplänkel ab, hatten kurz darauf die Sendung im Kasten und machten uns auf den Rückweg zu den Rolltreppen, die stillstanden. Ich trug Schuhe mit hohen Absätzen und einen Sari und war daher besonders vorsichtig, als ich die Metallstufen der stählernen Vorrichtung hinabstieg. Wir befanden uns im neuen Flügel der alten Bush House Studios, und der Produzent erklärte mir, wie die beiden Gebäude miteinander verbunden waren. Kein Wunder, dass die Neigung der Rolltreppe einen so seltsamen Winkel zu haben scheint, dachte ich gerade, als Gott weiß was passierte, was sich nicht mehr rekonstruieren lässt, jedenfalls rutschte ich diese stählernen Stufen in einem solchen Tempo hinunter, dass sich die Decke über mir zu drehen begann, während mein Körper heftig gegen die Seiten der Rolltreppe schlug. In blankem Entsetzen schrie ich auf, als sich mein Griff von dem Geländer löste und ich spürte, wie sich mein Rumpf unnatürlich verrenkte, während meine Füße weiterhin rasch nach unten glitten. Nur durch meine erstaunliche Fitness und die Überreste des früheren Trainings als Leichtathletin lässt sich erklären, dass ich einen letzten verzweifelten Versuch unternahm, meinen Sturz zu bremsen, indem ich nach dem rutschigen Geländer griff. Meine Hand fand in dem Moment Halt, als ich spürte, wie sich harte, metallische Klauen durch mein rechtes Knie bohrten und dann, während mein Körper ein letztes Mal herumgewirbelt wurde, in den unteren Bereich meines Rückens. Plötzlich war es vorbei. Ich war nicht tot. Aber ich wünschte, ich wäre es gewesen. Nie zuvor in meinem ganzen Leben hatte mich ein solches Entsetzen gepackt, helle Panik und gewaltiger Schmerz. In diesen wenigen schwindelerregenden Sekunden, als das Muster des Rolltreppengitters wie verrückt um mich herumwirbelte, hatte ich nur ein einziges Bild vor Augen gesehen, nur eines begriffen und nur an einen einzigen Menschen gedacht – meine Mutter. Und an die körperlichen Schmerzen, die sie drei Jahrzehnte lang stoisch ertragen hatte. Und daran, dass ich selbst derartige Schmerzen nie erlebt hatte und mir die Intensität dieser Empfindung niemals hätte vorstellen können. Ich sagte mir, wie tapfer sie und wie unsensibel ich gewesen war. Ich glaubte, auf diese Weise wollte Gott mir eine Lektion erteilen und meine Augen für das Leiden anderer öffnen, und er ließ mich hohes Lehrgeld dafür bezahlen. In diesem einen grauenhaften Augenblick war ich zum Schmerz meiner Mutter geworden. Und ich weinte wie eines meiner eigenen kleinen Kinder.

Ich hörte kaum, wie die Produzenten oben auf der Rolltreppe Hilfe herbeiriefen. Ich wiederholte wimmernd: »Ich will meinen Mann sehen. Bitte, holen Sie meinen Mann.« Vier oder fünf Sicherheitsbeamte kamen auf die Rolltreppe zugerannt und untersuchten meinen blutenden Rücken und mein Knie. In dem ganzen Gebäude gab es nirgends Eis. Noch nicht einmal einen gut bestückten Erste-Hilfe-Kasten. Und auch keine Trage. Ich konnte mich nicht rühren. Mein Sari war zerrissen, mein Gesicht geschwollen. Durch meine zugeschwollenen Augen konnte ich sehen, wie mein Mann auf mich zugerannt kam, und ich konnte nichts dagegen tun, dass meine Tränen von neuem flossen.

Heute erstaunt mich, wie zurückhaltend diejenigen, die in den Büros der BBC anwesend waren, auf diesen Unglücksfall reagierten. Vielleicht fürchteten sie ein Gerichtsverfahren zu sehr, um sich einzumischen. Daher versuchten sie, den Unfall herunterzuspielen und uns so schnell wie möglich loszuwerden. Rasch wurde ein Taxi bestellt, und uns wurde gesagt, wir sollten zum nächstgelegenen Krankenhaus fahren, nachdem mir ungeschickt ein provisorischer Verband angelegt worden war. Die Produzentin sagte immer wieder, wie leid es ihr täte. Aber ich denke, es war mehr Nervosität als Mitgefühl im Spiel. Sie war nervös, wir würden Ernst machen und Schadenersatz verlangen. Warum brannte in einem öffentlichen Bereich so wenig Licht? Warum war die Rolltreppe abgeschaltet worden? Warum gab es keine Verhaltensmaßregeln für den Notfall, keinen Arzt und keine Krankenschwester im Gebäude, noch nicht einmal so etwas wie einen Sanitäter? Wie konnte man von Interviewten erwarten, dass sie die Wege im Dunkeln zurücklegten?

Ich glaube immer noch, die BBC wäre haftbar gewesen. Aber ich brachte weder die Energie noch die Willenskraft auf, der Angelegenheit nachzugehen, obwohl uns etliche englische Freunde dazu rieten. Der Unfall hätte mich so leicht das Leben kosten können. Was wäre gewesen, wenn ich mir bei dem Sturz den Schädel gebrochen hätte? Was wäre gewesen, wenn es mir nicht gelungen wäre, die Geschwindigkeit abzubremsen, mit der mein Körper hinuntergewirbelt war? Der ganze Albtraum hätte viel, viel ernster enden können. Und wer wäre dann verantwortlich gewesen? Nicht die BBC? Nicht die Produzentin?

Ein Amerikaner in meiner Position hätte innerhalb von Minuten einen Anwalt hinzugezogen. Ja, sogar in diesem benommenen Zustand. Keinen Arzt. Einen Anwalt. Auf Schadenersatz geklagt und gewonnen. Meine einzige Sorge war die, wieder nach Hause zu kommen, zu den Kindern. Nach diesem Vorfall wollte ich keine Minute länger in England bleiben. Später bin ich wieder dort gewesen. Ich war so vernünftig, mich gewaltsam über meine Rolltreppenphobie hinwegzusetzen.

Als wir nach Bombay zurückkehrten, brachte ›Society‹ einen Bericht über meinen nahezu tödlichen Unfall. Die Reaktionen rührten mich unglaublich. Wildfremde Menschen aus ganz Indien schrieben mir, um mir ihr Mitgefühl auszudrücken. Insbesondere eine Karte amüsierte mich und schmeichelte mir. Darauf stand schlicht und einfach: »Es gibt Tausende von Rolltreppen auf Erden. Aber nur eine Shobhaa De.« Sie konnte nur von einem preisgekrönten Werbetexter kommen – Freddy Birdy.

Als wir das nächste Mal ins Ausland reisten, schärfte ich mir ein, beim Anblick dieser stählernen Raupen, die in Einkaufszentren auf- und abkrochen, keine Überreaktionen zu zeigen. Und doch konnte ich meine absolut überspannte Reaktion nicht unterdrücken, als mein Blick auf meine beiden jüngeren Kinder fiel, während sie in einem Spielzeugladen in San Francisco auf der Rolltreppe hintereinander herjagten. In dem Moment sah ich deutlich vor meinem geistigen Auge, wie eines von ihnen ausrutschte, wie sich ein aufgegangener Schnürsenkel in diesen Klauen verfing und mein Kind so, wie es mir ergangen war, die Rolltreppe hinuntergewirbelt wurde und sich an niemandem festhalten konnte, während ich aus der Ferne hilflos zusah.

Ich rannte blindlings hinter Arundhati und Anandita her, denn ich war außer mir vor Angst, und es war mir ganz egal, wie der Anblick einer geistesgestörten Inderin, die auf zwei kleine Kinder zustürmte, auf die übrigen Kunden in dem vollen Laden wirken musste. Ich schrie wie eine Furie, als ich ihnen befahl, auf der Stelle stehen zu bleiben, ihr blödsinniges Spiel zu beenden und auf mich zu warten. Sowie ich die beiden eingeholt hatte, schlug ich der Älteren fest ins Gesicht. Umstehende starrten mich entgeistert und mit blankem Entsetzen an. Ich war sicher, jemand würde die Bullen holen und man würde mich wegen Kindesmisshandlung einsperren. Das war mir alles vollkommen egal. Mein Herz schlug mittlerweile wieder. Sogar so heftig, dass es meinen Brustkorb zu sprengen drohte. Meine Kinder waren in Sicherheit. Sie hatten sich nicht verletzt. Sie waren nicht gestürzt. Sie hatten nicht durchgemacht, was ich durchgemacht hatte. Nur das zählte.

Während meine Tochter beschämt den Kopf hängen ließ (nicht etwa, weil sie sich für das schämte, was sie getan hatte, sondern weil sie sich von der öffentlichen Ohrfeige gedemütigt fühlte), schrie ich unermüdlich weiter. Ich erinnerte die beiden an meinen Unfall und daran, dass ich hätte sterben können. Ich machte ihnen klar, wie gefährlich ihr Spiel war. Ich schüttelte die Kleine mehrfach und brüllte: »Wie oft habe ich euch schon gesagt, dass ihr auf Rolltreppen nicht rennen und nicht spielen sollt? Warum hört ihr nicht auf mich?« Ich war in Tränen aufgelöst. Die beiden Mädchen waren in Tränen aufgelöst. Mein Mann versteckte sich, glaube ich, hinter dem größten Teddybär im ganzen Laden, weil er sich zu sehr für mich schämte, um öffentlich einzugestehen, dass er zu dieser tränenüberströmten hysterischen Schar gehörte. Selbst das war mir egal. Mir fielen die merkwürdigen Blicke auf, die auf uns gerichtet waren. Und wie wir angestarrt wurden. Die geflüsterten Bemerkungen. Ich scheuchte meine Kinder zur Tür hinaus. Keine Dalmatiner. Keine Pocahontas. Wir würden uns augenblicklich auf den Rückweg ins Hotel machen, schnauzte ich sie an.

An der Kreuzung standen ein paar Polizisten zusammen, bedrohlich und mit dicken Bäuchen. Meiner Tochter hing der Kopf inzwischen bis auf die Knie. Sie wollte einfach nicht aufhören zu weinen. Ich fühlte mich hundeelend. Ich hatte restlos die Selbstbeherrschung verloren. Ich hatte mich abscheulich benommen. Ich war eine miserable und verrückte Mutter. O Gott, es war alles so furchtbar. Wir liefen kläglich am Hard Rock Café vorbei. Dort würden wir heute nicht einkehren, so viel stand fest. Und es würde auch keine Eisbecher geben.

Ich brauchte Stunden, um mich wieder abzuregen. Vor meinem geistigen Auge lief immer wieder dieselbe Szene ab. Zwei fröhliche kleine Mädchen springen auf der Rolltreppe zwei Stufen auf einmal hinunter, ihre Augen funkeln schelmisch, und in Gedanken sind sie schon bei ihrem nächsten Streich und nehmen die Gefahr überhaupt nicht wahr. Ein falscher Schritt … und … und … Nein. Ich musste sofort damit aufhören. Ich war nahe daran durchzudrehen. Ich setzte mich mit den beiden auf eine Bank gegenüber von einem belebten Park. Eine Straßenbahn rollte geräuschvoll an uns vorbei. Ich zog die beiden in meine Arme. Ich drückte sie an mich und küsste sie. Sie tauschten Blicke miteinander aus. Mutter spinnt mal wieder, sagten ihre Blicke. Ja, Mutter war vorübergehend komplett ausgerastet. Aber als ich wieder anfing zu weinen, diesmal vor Erleichterung, hatte ich das Gefühl, mich von dem Grauen befreit zu haben. Es war ein strahlend schöner Nachmittag. Der ideale Zeitpunkt, um das Leben … die Kindheit … die Unschuld zu feiern. Dieser Moment würde nicht wiederkehren. Ich hielt meine Töchter an den Händen, und wir rannten durch den Park und suchten einen Eisverkäufer. Dann würden wir uns nach den Dalmatinern umsehen. Und nach Pocahontas. Meine Töchter waren am Leben. Ich war am Leben. Das war das Einzige, was zählte.

Wie stehe ich jetzt, nachdem ich gewisse Einblicke in den Literaturbetrieb gewonnen habe, zu dem Rummel, der um das Schreiben veranstaltet wird? Zuerst einmal bin ich der Überzeugung, dass es Teil meiner Verantwortung als Schriftstellerin ist, möglichst viel Aufsehen zu erregen, wenn ein neues Buch veröffentlicht wird. Die Kritiken, die folgen, gehören nun mal dazu und treffen mich nicht mehr ganz so sehr wie früher. Sagen wir es mal so: Ich rechne damit und bereite mich mental auf den Umgang mit diesen Angriffen vor. Ich glaube, sogar den Kritikern hängt es irgendwann zum Hals heraus, immer wieder dieselben Phrasen zu dreschen. Im Grunde genommen ist alles unverändert, aber die Gehässigkeit hat nachgelassen. Eine neue Generation von gescheiten jungen Autoren ist auf der Bildfläche aufgetaucht. Die Kritiker haben neue Zielscheiben und neue Themen gefunden, über die sie sich auslassen können. Das ist eine Wohltat. Ich habe meinen Weg fortgesetzt und sie ihren. Es ist kein offizieller Waffenstillstand vereinbart worden – noch nicht –, aber die Lage hat sich ein wenig entspannt.

Mittlerweile ist ein Sammelband erschienen, außerdem weitere Titel und etliche »gelehrte« Abhandlungen über meine Bücher. Woche für Woche erhalte ich Briefe von Universitäten in verschiedenen Teilen Indiens. Der Leiter des Fachbereichs Englisch bittet um Mitwirkung bei einer Doktorarbeit. Das Thema? »Das Bild der Frau in Shobhaa Des Romanen.« Übersetzer rufen an, um Rechte zu erwerben. Der Vorsitzende der Royal Shakespeare Society in Indien möchte ein landesweites Seminar über meine Werke abhalten. Das ist ein gutes Gefühl.

Ich schreibe weiterhin in dem irrsinnigen Tempo, das ich bei ›Nächte in Bombay‹ vorgelegt habe. Ich wüsste gar nicht, wie ich es sonst angehen sollte. Und ich bin auch nicht sicher, dass ich anders schreiben würde, wenn ich mir mehr Zeit ließe oder zu einer anderen Technik greifen würde. Mein Schreiben entspricht meinem natürlichen Rhythmus. Etwas anderes habe ich nicht gelernt, und es ist das Beste, wenn ich dabei bleibe und schaue, was dabei herauskommt.

Ich kann die Richtung nicht vorhersagen, die meine Texte

einschlagen. Ich folge lammfromm jedem Pfad, den sie mir weisen. Ich glaube fest an die Macht der Intuition und habe stets auf meine Instinkte gehört, selbst dann, wenn sie absurd erschienen. Ich bin noch nicht einmal sicher, ob ich weiterhin schreiben werde. Aber eine Gewissheit habe ich: An dem Tag, an dem ich es nicht mehr spannend finde, werde ich es bleiben lassen. Es gibt einige Versprechen, die ich gern halten würde, in erster Linie meinen Kindern gegenüber. Die jüngeren wünschen sich Liebesromane für Teenager. Und ich habe entdeckt, dass es mir Spaß macht, mir solche Geschichten auszudenken, um Arundhati und Anandita damit zu unterhalten. Dieses Jahr wird Arundhati dreizehn. Ich wünschte, ich könnte ihr ein Geburtstagsgeschenk machen, das in keinem Laden erhältlich ist – einen Band mit Teenietexten, manche alt, einige vertraut, andere ganz neu, und all das für sie ganz persönlich eingebunden. Bis zu ihrem Geburtstag sind es ja noch ein paar Monate. Vielleicht schaffe ich es.

Anandita wünscht sich ein Kinderbuch mit vielen bunten Bildern, vollgepackt mit Phantasiegeschöpfen. Das hat sie auch verdient. Ich sehe mir ihre Zeichnungen an, die ganz anders sind als alles, was ich bisher gesehen habe. Beim Malen spricht aus ihrem Gesicht vollkommene Konzentration. Wenn ich sie frage, was sie gemalt hat, hat sie immer eine phantasievolle Geschichte dazu zu erzählen, und ich beginne den Quantensprung zu erkennen, den ihr stilles Gemüt vollzogen hat. Dann staune ich über die unschuldige Vielschichtigkeit der Welt eines Kindes, einer Welt, die für mich schon viel zu weit zurückliegt und zu der ich heute keinen Zugang mehr habe. Für mich besteht nicht die geringste Hoffnung, ihre Fabeln jemals zu übertreffen, aber ich würde mich gern mal daran versuchen, und sei es auch nur, um meine eigenen Fertigkeiten als Geschichtenerzählerin zu erproben ... und meine jüngste Tochter vielleicht ein klein wenig zu beeindrucken, bevor auch sie weiterzieht und in die unentrinnbare Falle des Erwachsenendaseins tappt.

Es ist seltsam, aber wenn ich auf die Jahre zurückblicke, in denen ich geschrieben habe – ganze achtundzwanzig sind es mittlerweile –, kann ich kaum glauben, dass so viel Zeit vergangen ist und ich so viele Worte zu Papier gebracht habe. Ich schlage mich immer noch mit Selbstzweifeln herum (»Was habe ich hier überhaupt zu suchen?«), halte das Schreiben weiterhin für einen Zwischenstopp auf halber Strecke (wohin?); es erscheint mir immer noch wie eine Übergangsphase, bevor ich meine wahre Berufung finde, worin auch immer sie liegen mag. Es gibt Autoren, die »wissen«, dass sie Autoren sind. Das ist alles, was sie sind, und alles, was sie sein wollen. Ich habe es nie wirklich »gewusst«. Ich habe nie bewusst eine »Wahl« getroffen. Das Schreiben ist mir zugestoßen, wie so viele andere wunderbare, unerwartete Dinge in meinem Leben, die sehr wichtig für mich waren. Mit Sicherheit habe ich diese Erfahrung genossen. Sogar sehr. Keine andere Erfahrung lässt sich damit vergleichen. Aber andererseits war ich mit keiner anderen Tätigkeit jemals so eng vertraut, als dass ich den Vergleich anstellen könnte. Wenn mir das Schreiben durch Zufall zugestoßen ist, dann kann ich mich nicht beklagen. Weitaus Schlimmeres hätte mir widerfahren können.

Aber wenn ich jetzt, da man hinterher oft klüger ist, eine Alternative wählen sollte, fiele meine Wahl vielleicht auf eine Laufbahn im Hotelfach. Ich finde die Hotelbranche sehr spannend und sehe darin eine echte Herausforderung. Als Camelia Panjabi, die legendäre Grande Dame der Hotelindustrie in Indien, mir einmal erzählte, sie hätte tatsächlich »gesehen«, wie zukünftige Hotelprojekte in ihren Träumen bis ins letzte Detail Gestalt annahmen, glaubte ich ihr. Spektakuläre Hotels setzen diese visionäre Gabe voraus, die sie offenbar besitzt. Für mich ist Monotonie tödlich. Und das Schreiben hat mir immer das Gefühl gegeben, lebendig und am Puls der Zeit zu sein. Ich bin sicher, dass eine Laufbahn im Hotelfach ähnlich anregend für mich gewesen wäre. Ich kann stundenlang in Hotelfoyers sitzen und die Leute beobachten, die einchecken und auschecken und umherlaufen. Ich kann mir ihr Leben ausmalen, ihre Gründe dafür, sich ausgerechnet an diesem ganz bestimmten Ort aufzuhalten, und was sie ungestört in ihren unpersönlichen Hotelzimmern am ehesten tun. Was sie essen, wie sie duschen, wohin sie sich als Nächstes begeben.

Ich persönlich halte mich liebend gern in Hotels auf. Ich empfinde einen Hotelaufenthalt nie als klaustrophobisch oder langweilig. Es macht mir auch nichts aus, weniger Platz und Komfort als zu Hause zu haben. Solange das Badezimmer sauber ist und es Zimmerservice und Fernsehen gibt, habe ich keine Klagen. Ich lasse mich zufrieden auf ein federndes Bett plumpsen, mit der Fernbedienung in der Hand, einem Sandwich auf dem Beistelltisch und Pralinen in greifbarer Nähe, und zappe nach Herzenslust durch die Kanäle. Es kommt äußerst selten vor, dass ich mich ganz allein in einem fremden Zimmer aufhalte, aber wenn ich ausnahmsweise einmal ohne ein anderes Familienmitglied gereist bin, habe ich das Alleinsein und die Ungestörtheit, die einem ein Hotelzimmer bietet, genüsslich ausgekostet. Keine Anrufe. Keine Unterbrechungen. Ein Gefühl von Ruhe. Das Gefühl, Raum für mich zu haben, selbst wenn er nur vorübergehend gemietet ist.

Die meisten Frauen sind selten allein, ganz allein. Sie vergessen, was für ein Gefühl das ist. Manche geraten in Panik, wenn sie gezwungenermaßen in eine Lage geraten, in der sie sich isoliert fühlen. Andere kosten diesen Luxus aus. Wenn ich es mir recht überlege, war ich im Lauf der letzten zwanzig Jahre nur im Krankenhaus nach meinen Entbindungen wirklich allein. Ich hatte es nie eilig, mit dem Baby nach Hause zu kommen. Ich wollte die langen Stunden der Abgeschiedenheit zwischen dem Füttern und der Besuchszeit genießen und das Beste daraus machen, dass ich endlich einmal Zeit fand, ungestört zu lesen. Ohne Schuldbewusstsein in der verordneten Bettruhe zu schwelgen, mit weichen, frisch aufgeschüttelten Kissen im Rücken, und auf die Minute pünktlich warme Mahlzeiten auf schweren Tabletts serviert zu bekommen. Ich genoss sogar die Schwammbäder, denen mich freundliche Krankenschwestern mit Namen wie »Sunny« oder »Shiny« unterzogen.

Im Gegensatz zu den meisten Müttern, die sich vier Tage Zeit lassen, blieb ich immer eine volle Woche. Ich sagte mir, das hätte ich verdient. Mich eine herrliche Woche lang verhätscheln zu lassen, bevor die Realität schlafloser Nächte und schmutziger Windeln wieder einsetzte. Eine Woche, in der mir der Luxus vergönnt war, dass nicht ständig jemand (im Allgemeinen Kinder) an die Badezimmertür oder an die Schlafzimmertür klopfte und wehleidig jammerte: »Darf ich reinkommen? Wie lange dauert es denn noch? Bist du endlich fertig? Mach die Tür auf... bitte... mach einfach nur die Tür auf.«

Auch das Schreiben ist eine Möglichkeit, Abgeschiedenheit für sich zu beanspruchen. Nur du allein mit dem Papier. Keine Eindringlinge. Niemand wird geduldet. Die meisten Leute stellen sich das Schreiben als eine sehr einsame Tätigkeit vor. Vermutlich ist es das. Aber mir gefällt diese Form von Einsamkeit. Sie deprimiert mich nicht. Wenn ich in meine Arbeit vertieft bin, zählt nichts anderes, selbst dann nicht, wenn ich körperlich mehrere Hausarbeiten gleichzeitig verrichte. Aber geistig habe ich eine Tür fest hinter mir geschlossen, und niemandem ist Zutritt gestattet, solange ich nicht bereit bin, Besucher zu empfangen.

Oft tauchen tatsächlich Besucher auf, wenn ich mitten in einem schwierigen Abschnitt stecke. Das macht nichts. Ich lege ruhig meinen Stift zur Seite und setze einen Ausdruck von tiefem Interesse auf. Aber in Wirklichkeit bin ich nicht bei der Sache. Und Leute, die mich gut kennen, mein Mann zum Beispiel, bemerken den glasigen Ausdruck in meinen Augen und verschwinden schleunigst wieder. Anrufe, Hausierer, Forderungen von Seiten der Kinder und andere Verpflichtungen – kein Problem. All das bewältige ich mit einem beherrschten, gepressten Lächeln. Der Prozess des Schreibens setzt sich dessen ungeachtet in meinem Kopf fort. Es gilt nur noch, das so Entstandene bei der ersten sich bietenden Gelegenheit zu Papier zu bringen.

Vielleicht habe ich mir das mühsam anerzogen. Vielleicht hätte ich ganz anders geschrieben, wenn mein Leben einfacher gewesen wäre. Vielleicht hätte ich überhaupt nicht geschrieben. Wer weiß? Das sind nun mal die Gegebenheiten. Damit muss ich umgehen und nicht mit etwas, was für mich nicht existiert. So sieht mein Alltag aus. Ich habe diese Realität gewählt. Ich will auch eigentlich gar nichts daran ändern. Gewiss gibt es Zeiten, in denen ich mich danach sehne, mehr Stunden ungestört für mich zu haben, doch selbst diese Wehmut ist eher süß als bitter.

Es kann gut sein, dass noch mehr Bücher darauf warten, aus mir herauszukommen. Ich weiß es nicht wirklich, und im Grunde genommen ist es mir ganz egal. Vielleicht werde ich endlich erwachsen, obwohl meine kindliche Ungeduld und Maßlosigkeit immer noch manchmal zutage treten, aber heute kommt das seltener vor, und paradoxerweise trauere ich dieser Selbstsucht nach. Ein Teil von mir ist immer noch das aufsässige Schulmädchen, das den Feueralarm ausgelöst hat, auf die Gefahr eines Verweises hin. Na und? Ohne diese irrationalen Impulse wäre das Leben eintönig. Wenn Kritiker mich weiterhin fragen, ob ich schreibe, um zu provozieren, lautet die ehrliche Antwort: »Vielleicht.« Aber es geht mir nicht nur darum. Als ich ›Die Halbschwestern‹ und ›Strange Obsession‹ geschrieben habe, wollte ich offenbar sehen, wie weit ich gehen kann, aber nicht bewusst. Es waren schamlos kommerzielle Bücher. Das, was oft den Stempel »Sex-und-Shopping-Romane« aufgedrückt bekommt, prall gefüllt mit exotischen Designer-Labels und hektischen, fiebrigen Paarungen. Denkbar schamlose Romane für die breite Masse. Das war mir klar, als ich beschloss, sie zu schreiben. Möglicherweise sagte ich mir ja: »Lass uns das mal ausprobieren«, und erwartete von vornherein das Geheul der Entrüstung, mit dem anschließend zu rechnen war. Kindisch? Ganz entschieden. Inzwischen habe ich es als das erkannt, was es war, nämlich die Entsprechung zu einem Kind, das seinem Klassenlehrer die Zunge rausstreckt und gespannt auf die Reaktion wartet. Dieses pubertäre Spiel erwies sich als sehr zeitraubend und kostspielig, aber es gibt nichts, was sich nicht ungeschehen machen oder wieder beheben lässt, wenn ein echter Wille dahintersteckt. Ich hatte meinen Spaß und kam auf meine Kosten, und dann entwickelte ich mich weiter. Die Kritiker sind diejenigen, die sich weigern, von ihrem Standpunkt abzurücken.

Vor einigen Monaten besuchte ich eine »literarische« Soiree. Eine alleinstehende Frau in mittleren Jahren hatte ein äußerst persönliches Buch geschrieben, das sich um ihre Sexualität drehte. Das Buch behandelte das Thema mit größter Offenheit. Es war unvermeidlich, dass der Autorin die eine Frage gestellt wurde, der sich alle Autorinnen stellen müssen: »Wie weit beschreibt dieses Buch Ihr eigenes Leben, und wie viel davon ist frei erfunden?« Sie sagte mir, das sei eine Frage, die sie immer wieder empörte. Ich nickte verständnisvoll (»Kenne ich. Alles schon gehabt.«) und verkniff mir ein Lächeln. Aber niemand bezeichnete diese Frau als Pornografin. Und das wird auch in Zukunft keiner tun. Ihre sorgsam inszenierte »Veranstaltung« wurde nicht zur Zielscheibe des Spotts, und das Wort »Hype« fiel auch nicht, obwohl ein Filmstar dafür gewonnen worden war und man etliche Personen von Rang und Namen eingeladen hatte, damit Schwung in die Bude kam. Obwohl ihr diese demoralisierenden Faktoren erspart geblieben waren, war die Autorin unglücklich darüber, wie ihr Buch aufgenommen worden war, und sie fürchtete das, was ihr bevorstand.

Ich saß mit der gepeinigten Frau da und hielt ihre Hand. Ich hatte nichts gegen sie oder gegen ihr Buch. Ich habe schon immer den Standpunkt vertreten, dass ich von Tabus nichts halte. Sie hatte eine sensible Schilderung ihrer Ängste vorgelegt, doch das Thema war trotzdem dasselbe – weibliche Sexualität. Ich versicherte ihr, sie bekäme wohlwollende, positive Besprechungen, selbst dann, wenn kein einziger Kritiker ihr Buch tatsächlich lesen würde. Die Dame war schüchtern, aber sie hatte Beziehungen zu den Medien und kannte die richtigen Leute. Sie würde es spielend schaffen, und genau das hatte sie verdient.

Es war schon ziemlich spät am Abend, als die literarische Soiree endete. Mein Mann und ich fuhren schweigend an der wunderschönen Bucht entlang, die in spätwinterlichen Dunst gehüllt war. Ich war nicht zu Zynismus aufgelegt. Keineswegs. Und ich war auch nicht aufgebracht oder verärgert. Ich hatte das, was ich tun wollte, nach meinen Vorstellungen getan, und die Kritiker hatten darauf nach ihren Vorstellungen reagiert.

Keine von beiden Seiten konnte es sich leisten, vorwurfsvoll mit dem Finger zu deuten oder kleinliche Diskussionen darüber zu entfachen, was fair und was unfair ist. Jeder Autor ist ein Produkt seiner unmittelbaren Umgebung. Vor zehn Jahren sah alles ganz anders aus. Indien erwachte gerade erst und entdeckte seinen Platz im internationalen Zusammenhang. Alles war neu und ein wenig beängstigend, darunter auch meine Bücher. Mädchen aus »gutem Hause« schrieben keine schlüpfrigen Romane. Geld wurde als ein Übel angesehen und nicht als ein Aphrodisiakum, und der große wirtschaftliche Aufschwung stand noch bevor. Ebenso Harshad Mehta und der Skandal, der zum Börsenkrach führte. Die bessere Gesellschaft in den Großstädten täuschte eine Kultiviertheit vor, die sie nicht besaß. Autoren, die in englischer Sprache schrieben, rangen noch darum, diese ganz besondere »Stimme« zu finden, die nur echtes, ungekünsteltes Selbstvertrauen einem Schriftsteller verleihen kann.

Vor einem solchen sittlichen Hintergrund fielen meine Bücher auf, und das galt natürlich auch für mich. Was die Leute verwirrte, muss in erster Linie die Unvereinbarkeit von Autor und Werk gewesen sein. Wäre ich in meiner Jugend Flitzer gewesen oder wenigstens ein verbürgtes Mitglied der Gegenkultur der sechziger Jahre, dann wären die Bücher vielleicht als eine Art dubioser »Statements« aufgefasst worden. Aber so hatte man es ausschließlich mit mir und mit den Büchern zu tun und fand keine geeignete Schublade, in der man uns unterbringen konnte. Wir hatten die Torpfosten verschoben. Die Parameter neu gesteckt. Ts, ts. Eine solche Rücksichtslosigkeit. Und noch dazu so unbequem.

Nach ›Second Thoughts‹ beschloss ich, mir eine kurze Pause von der Belletristik zu gönnen. Kurz darauf begann ich dann doch wieder einen neuen Roman, aber ich war nicht mit Leib und Seele dabei. Ich schrieb fünfzig Seiten und erkannte, dass es zu nichts führen würde. Ich hätte mühelos weitere dreihundert Seiten runterhacken können, denn die Handlung war stark, aber es war die Mühe nicht wert. Außerdem machte es mir Spaß, ›Swabhimaan‹ zu schreiben, die Soap, die von Doordarshan täglich ausgestrahlt wurde.

Wie mit dem Schreiben allgemein und vielen anderen Entwicklungen in meinem Leben ergab sich auch meine Bekanntschaft mit dem Drehbuchschreiben auf höchst unerwartete Weise. Mahesh Bhatt war mir schon seit Jahren ein Begriff, und ich mochte ihn nicht. Ich fand ihn etwas zu ungezogen und zu aufdringlich. Zu meinem größten Erstaunen hatte ich festgestellt, dass wir gleichaltrig waren. Das hätte ich eigentlich aus seinem Hippiegeschwätz schließen können. Aber er sah älter aus und kam mir auch älter vor. Ich hatte ihn in meinen Artikeln schon mehrfach schlechtgemacht und ihn weitgehend gemieden, weil mich seine krasse Haltung und seine sensationellen Sprüche (»Ich bin ein Leprakranker, der mit seinen Wunden hausieren geht«) abstießen. Zwei oder drei seiner frühen Filme hatten mir gefallen, und ich fragte mich, wie ein Mann, der persönlich so derb war, so heikle Themen wie Ehebruch, Alter, Entfremdung und Unehelichkeit auf derart einfühlsame, geschickte Weise präsentieren konnte. Wir waren uns ein paarmal begegnet und wachsam umeinander herumgeschlichen.

Daher war ich reichlich erstaunt, als ich einen Anruf von Amit Khanna bekam, Maheshs Partner und Freund und außerdem der Chef von Star Plus Channel. Er fragte mich, ob ich Interesse daran hätte, ein Drehbuch für eine TV-Soap zu schreiben, und ich bejahte, sagte aber gleich dazu, dass ich vom Drehbuchschreiben keine Ahnung hätte.

»Da ist nichts dabei«, sagte Khanna. »Du brauchst nichts weiter als eine gute Geschichte. Mach dir Gedanken darüber. Mahesh und ich kommen in vierzehn Tagen zu dir, dann sehen wir weiter.«

»Okay«, sagte ich und fing an, mir Gedanken zu machen.

Ich dachte über einige mögliche Themen nach. Nichts hörte sich richtig an. Es hätte klappen können, wenn ich mich mehr bemüht hätte, aber das Konzept klang einfach nicht richtig in meinem Kopf. Die Tage vergingen im Nu. Ich hatte nichts zu erzählen. Keine Geistesblitze. Und dann passierte es eines Morgens, als ich unter der Dusche stand. Wie durch Zauberhand erschien auf dem Bildschirm vor meinem inneren Auge die komplette Story in ihren Grundzügen. Teilweise ließ sich dieses Wunder damit erklären, dass ich in der vergangenen Woche in Bangalore einer faszinierenden Frau begegnet war, die sehr sexy und clever wirkte. Ich sah sie in meiner Phantasie – und hatte die Hauptperson. Sowie das geklärt war, folgte die Geschichte. Ich konnte die Frau so deutlich vor mir sehen: sexy, sinnlich, gerissen, skrupellos, eine Überlebenskünstlerin. Ich sprang aus der Dusche, schnappte mir einen Wäschebeutel, das einzige unbeschriebene Papier, das ich in dem Moment fand, und entwarf darauf in groben Zügen eine Handlungsskizze, aus der später ›Swabhimaan‹ werden sollte. Mein Arbeitstitel lautete ›Die Mätresse‹, denn so sah ich diese Frau, obwohl sie die ehrbare Ehefrau eines abtrünnigen Industriemagnaten war. Mir war sofort klar, dass wir damit einen ganz großen Knüller landen würden.

Als Amit und Mahesh zu dem vereinbarten Treffen bei mir erschienen, brauchte ich nichts weiter als dieses eine entscheidende Wort zu sagen: »Mätresse.«

Amits Reaktion war zurückhaltend. »Was ist mit ihr?«, fragte er.

Ich erklärte es in knappen Worten. »Ihr Leben.«

Mahesh sprang auf. »Das ist es.«

Amit schien interessiert zu sein, hatte aber noch nicht angebissen. Ich führte die Handlung näher aus und hauchte einigen der Nebendarsteller etwas mehr Leben ein.

Nach fünfzehn Minuten zog Amit einen Scheck heraus. »Wir sind im Geschäft«, sagte er.

Ich sah den Scheck an und lächelte. Dann war mein Handlungsabriss also das reinste Theater gewesen? Sie waren mit dem Vorsatz erschienen, mich unter Vertrag zu nehmen. Blindlings. Weshalb sonst hatten sie den Scheck mitgebracht? Ich hätte mich geschmeichelt fühlen sollen. Stattdessen war ich entmutigt. Sie hatten lediglich meinen Namen gekauft. Wie ein sogenannter Kunstliebhaber eine Option auf eine von Husains leeren Leinwänden erwarb. Na und? Das war eben das Showbiz. Wie es da zuging, wussten die beiden viel besser als ich. Wenn mein Name in ihren Augen eine vernünftige Investition war, warum hatte ich mich dann so? Hier bot sich mir aus heiterem Himmel eine Gelegenheit. Was ich daraus machte, lag ganz und gar bei mir. Ich bekam die Chance, ein neues Handwerk zu erlernen. Und diese Leute waren bereit, mich für diese Erfahrung zu bezahlen. Es wäre blödsinnig gewesen, nicht das Beste daraus zu machen.

Amit kam zur Sache, sowie ich den Scheck entgegengenommen hatte. »Wir brauchen bis zum Monatsende einen detaillierten Abriss und zusätzlich die Aufgliederung der ersten fünfundzwanzig Episoden.«

»Moment mal«, sagte ich. »Ich weiß wirklich nicht, wie so was läuft. Wie lang ist eine Episode? Aus wie vielen Szenen besteht ein Segment?«

Amit lächelte. »Du schaffst das. Ich sehe selbst, dass du den Dreh schon raus hast.«

Und das aufgrund von ein paar unzusammenhängenden Szenen (der dramatische Beginn mit dem Begräbnis des Magnaten Keshav Malhotra) und Dialogschnipseln, die ich aufgeschrieben und den beiden vorgelesen hatte.

Mahesh war weitaus überschwänglicher. »Du hast es hingekriegt. Wir haben es hingekriegt. Das wird ein Knüller.«

Das ermutigte mich, und doch lächelte ich nervös, denn mir graute gleichzeitig vor dem, worauf ich mich eingelassen hatte. Ich wusste, dass ich mich auf unerforschtes Territorium vorwagte. Das war etwas ganz anderes als alles, was ich bisher gemacht hatte. Im Gegensatz zum Verlagswesen, wo niemand ein Vermögen verlor, wenn sich ein Titel nicht verkaufte, stand hier viel Geld auf dem Spiel. Ich hatte keinen blassen Schimmer, wie man ein Drehbuch schrieb. Es war höchste Zeit, Fragen zu stellen. Und etwas in Erfahrung zu bringen. Genau das tat ich.

Ich fand schnell heraus, was für eine einzige Sendung von dreiundzwanzig Minuten Länge erforderlich war. Jede Episode musste in sieben oder acht temporeiche Szenen unterteilt sein. Jede Szene musste mit einer geistreichen Bemerkung enden. Und bei den Dialogen musste jeder einzelne Satz forsch und schmissig klingen. Das waren die wesentlichsten Grundlagen. Jemand sagte: »Stell es dir vor wie einen ungeheuer langen Schal, den du besticken musst. Merk dir jeden Faden, den du schon hineingewoben hast, um sie alle später wieder aufzunehmen, wenn es gilt, das Muster auszuschmücken.«

Wenn man es mit einer so großen Besetzung zu tun hatte, war das ein wichtiger Ratschlag, denn mehrfach vergaß ich, dass wir in einer früheren Episode eine neue Person eingeführt hatten, und ließ sie einfach in der Luft hängen, ohne sie später wieder aufzugreifen. Als ich die ersten fünfundzwanzig Episoden geschrieben hatte, war ich geistig und körperlich ausgelaugt. Jede Episode belief sich auf zwanzig Seiten, wenn nicht mehr. Ich begann die Anzahl der Wörter grob zu überschlagen. Es war Wahnsinn. Wenn diese Serie fertig gestellt war, würde ich mehrfach ›Vom Winde verweht‹ geschrieben haben. Es war zwar alles sehr spannend, aber ich fühlte mich ausgebrannt und brauchte dringend eine Pause.

Zu dieser Zeit kamen bis spät in den Abend Anrufe vom Studio. »Ist die nächste Episode fertig?« Beim Aufwachen war ich oft in Angstschweiß gebadet und fühlte mich schuldbewusst, weil ich einen Termin nicht eingehalten hatte. Ich schrieb, bis mir die Finger fast abfielen. Ich rief Amit an. Er munterte mich mit den beschwichtigenden Worten und dem ruhigen Auftreten eines Arztes auf, der sich bestens auf den Umgang mit Kranken verstand. Wir arbeiteten gemeinsam eine zumutbare Vorgehensweise aus. In Zukunft würde ich die groben Skizzen schreiben, und ein Koautor würde sie ausschmücken. Daran haben wir uns bis heute gehalten.

Durch ›Swabhimaan‹ entdeckte ich ein völlig neues Publikum, und ein völlig neues Publikum entdeckte mich. Da die Serie eine der ersten indischen Soaps war, die der überregionale Sender ausstrahlte, war die potentielle Zuschauerzahl riesig … und diese Massen waren begierig auf etwas Neues. Als wir die ersten Sendungen übertrugen, bereitete uns allen das Thema Sorgen. Es war keine tugendhafte Soap, die wunderbare Menschen mit tadellosen Manieren und rechtschaffenen Motiven vorführte. Im Mittelpunkt von ›Swabhimaan‹ stand eine sehr schöne Frau, die (ausgerechnet) Svetlana hieß. »Die Mätresse.« Und sie war alles andere als ein goldiges kleines Ding. Als feurige geschiedene Frau mit einem Sohn aus ihrer früheren Ehe und zwei weiteren Kindern von ihrem Mentor und Geliebten Keshav Malhotra ging Svetlana auf die Barrikaden, kämpfte für die Rechte ihrer beiden unehelichen Kinder und legte sich nebenbei auch noch mit einer mächtigen Familie an (den anderen Malhotras).

Wie würde man das in den rückständigen Gebieten Indiens aufnehmen? Wenn Svetlana als Hexe oder als Vamp angesehen wurde, würde die Serie ein Reinfall werden. Dann stand sogar zu befürchten, dass sie als »unmoralisch« verworfen wurde und man uns aufforderte, von weiteren Sendungen abzusehen. Aber nichts dergleichen geschah. Schon bald trafen Briefe aus ganz Indien ein, in denen Zuschauer ihre uneingeschränkte Liebe zu Kitu Gidwani als Svetlana bekundeten. Uff. Das war gerade noch mal gut gegangen.

Diese Reaktion überraschte uns alle, doch insbesondere staunten wir, als dieselben Zuschauer auch ihrem Zorn Ausdruck verliehen. Wem dieser Zorn galt? Keshav Malhotras Witwe, gespielt von Anju Mahendroo.

Dank der Serie hatte sich mir eine vollständig neue Perspektive eröffnet. Und das wurde mir immer wieder klar, wenn ich aus meinem behaglichen selbstgefälligen Kokon des städtischen Lebens herauskam und mich in weite, unbekannte Gefilde begab. Der Fernsehsender Doordarshan hatte fast alle Ortschaften in Indien miteinander verknüpft. Leute, denen mein Name als Autorin von Romanen oder als Kolumnistin nicht vertraut war, kamen plötzlich auf mich zu und begannen derart engagierte Diskussionen über die Handlung von ›Swabhimaan‹, dass ich mich nur noch wundern konnte. Andere schlugen Änderungen vor oder äußerten sich so zum Benehmen der einzelnen Personen, wie sie über die Lebensführung ihrer eigenen Angehörigen geredet hätten.

»Also wirklich, Madam, Rishabh hätte nicht derart verantwortungslos handeln dürfen. Hat er denn nicht gemerkt, wie sehr er Medha damit verletzt hat?« Oder: »Dieser Mahen, der behandelt seine Frau gar nicht gut. Kein Wunder, dass sie sich schlecht benimmt.«

Meine erste Reaktion bestand darin, es mit einem Lachen leichthin abzutun: »Das ist doch nur eine Fernsehsendung.« Aber schon bald begriff ich, dass es für die Zuschauer viel mehr als nur das war. In aller Unschuld nahmen sie regen Anteil am Leben unserer Charaktere. Ich hatte nicht das Recht, sie auf den Boden der Tatsachen zurückzuholen. Daher gewöhnte ich mir schnell ab, über ›Swabhimaan‹ zu scherzen, und lauschte stattdessen aufmerksam, wann immer ich von einem begeisterten Fan der Serie angesprochen wurde. Auf diese Weise lernte ich sehr viel.

Ich stellte aber auch fest, dass Mahesh Bhatt nicht das oberflächliche Großmaul war, als das ich ihn abgestempelt hatte. Hinter der schroffen, fast schon abstoßenden Fassade verbarg sich ein bemerkenswerter Mensch – ein ernsthafter, leidenschaftlicher, unkonventioneller Mann, der es auskostete, gegen Verhaltensmaßregeln zu verstoßen. Das bereitete ihm offenbar ein lausbubenhaftes Vergnügen, und schon bald durchschaute ich seine aufgesetzte Grobheit und seinen verwegenen Charme.

Es fällt leicht, einen Mann wie Mahesh zu verurteilen. Aber ebenso leicht kann man sich von seinem anscheinend ungehobelten Wesen restlos entwaffnen lassen. Maheshs Energien sind geradezu beängstigend. Er macht immer weiter und ist einfach nicht kleinzukriegen, bevor er seinen Geist und seinen Körper an die äußersten Grenzen getrieben hat. Ich vermute, ein anderes Leben kennt er gar nicht, und er würde sich elend fühlen, wenn er einen Gang runterschalten würde. Es kann einem auf die Nerven gehen, und oft tut es das auch. Es ist anstrengend, diesen anscheinend unermüdlichen Kerl um sich zu haben, den nichts anderes antreibt als ein unermesslicher Lebenshunger.

Mit der Zeit begann ich mich auf unsere Treffen zu freuen. Um elf Uhr erschien das Team von ›Swabhimaan‹ bei mir, und wir setzten uns hin, um das Drehbuch zu besprechen. Mahesh war jedes Mal ungeheuer aufgeregt, wenn sein Handy läutete, wie ein kleiner Junge mit einem neuen Spielzeug. Und er war ein scharfer Beobachter. Einmal war mein lebhafter Boxer, der damals noch ein Welpe war, nicht bereit, uns in Ruhe zu lassen, sondern hatte es sich in den Kopf gesetzt, um jeden Preis die Donuts mit Schokoladenüberzug, die auf dem Tisch standen, mit uns zu teilen. Ich stand auf und jagte ihn durchs Wohnzimmer. Mahesh fand diese Szene sehr komisch. »Endlich darf ich Shobhaa De mal in heller Aufregung erleben. Gut, sehr gut«, sagte er mit unverhohlener Schadenfreude.

Drei Jahre vergingen, und ›Swabhimaan‹ konnte sich immer noch behaupten. Mit der Zeit wurden wir alle recht gut darin, Gott zu spielen: Vinod, mit dem ich gemeinsam die Serie schrieb, Anand, der die Dialoge schrieb, aber auch andere aus dem Team. Wir fühlten uns ungeheuer mächtig, wenn wir über das Schicksal unserer Charaktere entschieden. »Schick ihn nach Toronto.« »Bring ihn um die Ecke.« »Scheidung.« »Tod.« »Krankheit.« »Unfall.« »Gedächtnisverlust.« »Herzinfarkt.« »Selbstmord.« Wir konnten mit diesen Personen tun, was wir wollten, und wir hatten riesigen Spaß daran. Jemand machte bei den Dreharbeiten Ärger? Wir schickten ihn in die Verbannung. Mit der Hochnäsigkeit eines anderen Schauspielers war schlecht auszukommen? Dann setzten wir die Person, die er spielte, eben für drei oder vier Monate außer Gefecht. Gewichtszunahme? Raus mit ihr. Mangelnde Einsatzbereitschaft? Die Rolle wurde gestrichen. Ich lernte eine Menge. Heute besäße ich die Zuversicht, mich an ein anderes Drehbuch zu wagen. Der Gedanke daran erschreckt mich nicht mehr. Es ist ein Handwerk, dessen Beherrschung man lernen muss – und jeder Fehler, den man macht, wird furchtbar teuer. Die Einschaltquoten sind ausschlaggebend, und man kann es sich nicht leisten, Zuschauer zu verlieren. Im Gegensatz zu einem Buch bekommt man sofort eine Reaktion.

Eine Zeitlang wurde ›Swabhimaan‹ in Bengali und Tamil synchronisiert. Reisen nach Kalkutta oder Madras bedeuteten lange Diskussionen mit Fans der Serie, noch dazu oft in einer Sprache, mit der ich nicht allzu vertraut war.

»Aber Sie haben die Geschichte doch geschrieben«, hoben die Fans hervor.

»Ja. Auf Englisch«, hätte ich gern gesagt. Aber es war klüger, den Mund zu halten und ihnen die Illusionen zu lassen. Die Reaktion überwältigte mich. Die meisten dieser Menschen hatten nur im Zusammenhang mit ›Swabhimaan‹ meinen Namen gehört. Sie hatten keine Ahnung, dass ich Kolumnen oder Bücher schrieb, und kamen auch gar nicht auf den Gedanken, ich könnte ein Leben außerhalb der Serie führen. Bei einer renommierten Preisverleihung in Kolhapur hob der Conférencier für das breite Publikum mehrfach meine Verbindung zu ›Swabhimaan‹ hervor, weil er sich sagte, dass nur wenige der Anwesenden Englisch lasen. Nach der Veranstaltung wurde ich von etlichen Frauen belagert, die mir sagten, dass sie sich keine einzige Episode entgehen ließen.

Dasselbe passierte wieder, als ich die Allgemeine Station im Tata Memorial Cancer Hospital in Bombay besuchte. Ein Mann mittleren Alters, der sich gerade einer Chemotherapie unterzog, versuchte matt, mich mit gefalteten Händen zu begrüßen, als ich ihm vorgestellt wurde. Seine Frau stand mit leuchtenden

Augen von ihrem Stuhl auf, als sie das Zauberwort ›Swabhimaan‹ hörte. »Einer der größten Haken an dieser Station ist, dass es hier keinen Fernseher gibt und wir unsere Lieblingssendung verpassen.«

Ich konnte nicht glauben, dass ich unter diesen Umständen so etwas hörte. Ich war erschüttert vom Anblick so vieler Menschen in dieser beängstigenden Lage, die um ihr Leben kämpften. Einige waren sich der unerbittlichen Realität der Diagnose nicht bewusst. Dass es ausgerechnet hier zwei Menschen gab, die, selbst wenn es nur für fünf Minuten war, die Tragödie vergessen konnten, die über sie hereingebrochen war, um stattdessen mit solcher Begeisterung und solchem Engagement über eine eskapistische Soap zu reden, erschien mir grotesk und fast schon surreal. Vielleicht war das die wesentlichste Aufgabe von ›Swabhimaan‹ – den Zuschauern an fünf Nachmittagen in der Woche vorzugaukeln, dort draußen gäbe es eine solche Welt, in der sich vor exotischen Kulissen stürmische Liebesgeschichten abspielten und schöne Frauen so mächtig waren, dass sie nichts weiter als messerscharfe Dialoge und künstliche Wimpern brauchten, um in Windeseile an die Spitze der Gesellschaft zu gelangen.

Andere Drehbuchwünsche wurden an mich gerichtet. Bisher habe ich nicht angebissen. Entweder war die Bezahlung zu schlecht, oder das ganze Drum und Dran erschien mir schäbig. Inzwischen hatte ich ein so gutes Verhältnis zu Mahesh und Amit, dass ich mir nicht wirklich vorstellen konnte, mich mit mittelmäßigen Typen aus der Unterhaltungsbranche abzugeben. Die Treffen bei mir zu Hause waren ein weiterer Hemmfaktor. Mir war nicht wohl dabei zumute, dass alle möglichen Fremden aus dieser Branche mit dubiosen Vorschlägen bei mir hereinspazieren würden. Schließlich hatte ich durch ›Swabhimaan‹ einiges gelernt. Zum einen ist es ganz entscheidend, Monate im Voraus zu arbeiten und problematische Details im Vorfeld aus dem Weg zu räumen. Amit hatte beschlossen, einen Abstand von neunzig Tagen zwischen den Dreharbeiten und der Ausstrahlung einer Episode einzuräumen und diesen Vorsprung konstant beizubehalten. Damit eine Soap finanziell Sinn macht, ist es wichtig, am Drücker zu bleiben und eine Episode täglich zu drehen. Leichter gesagt als getan, wie Ihnen jeder bestätigen kann, der mit diesem Medium in Indien Erfahrungen gesammelt hat.

Generell herrscht ein notorischer Mangel an Vorausplanung. Noch schlimmer sind das fehlende Engagement und die fehlende Professionalität der Beteiligten. Obwohl sich der Spielraum für Starallüren beim Fernsehen in Grenzen hält, kann es in einem Team ein oder zwei Störenfriede geben, die den ganzen Ablauf für alle anderen verlangsamen. Disziplinarmaßnahmen helfen selten, es sei denn, der Produzent macht Ernst, was bedeutet, dass er den Star ungeachtet der Konsequenzen rauswirft. Das funktioniert, wie ich während der Arbeit an ›Swabhimaan‹ herausgefunden habe. Und genau da erwiesen sich die drei Monate Vorlauf als äußerst hilfreich. Niemand kann einem in der Hoffnung, dass die Serie über Nacht einen gewaltigen Einbruch erleidet, damit drohen, von einem Tag zum anderen auszusteigen. Wir hatten vor der Ausstrahlung drei ganze Monate Zeit, um uns etwas einfallen zu lassen, eine frische Rolle hineinzuschreiben oder die Handlung so abzuändern, dass das abrupte Ausscheiden eines unkooperativen Schauspielers keine Probleme mit der Kontinuität aufwarf.

Bis auf die Regisseure, die Dialogschreiber, den Produktionsstab und meinen Mitverfasser traf ich selten jemanden, der an der Serie mitarbeitete. Aber ich sah mir Nachmittag für Nachmittag pflichtbewusst jede Episode an, und für mich wurden die Rollen viel realer als die Leute, die sie spielten. Ich muss zu meiner Schande gestehen, dass ich nicht einmal die richtigen Namen der Schauspieler kannte. Das führte zu der einen oder anderen peinlichen Situation, wenn mich beispielsweise gute Schauspieler anriefen, mit denen Nebenrollen besetzt waren, und ich mich entschuldigen musste, weil ich ihre Namen, mit denen sie sich am Telefon meldeten, nicht gleich erkannte.

Nur einmal schaffte ich es quer durch die Stadt zu den Aufnahmen, in Begleitung eines japanischen Filmteams. Sie waren nach Bombay gekommen, um einen halbstündigen Dokumentarfilm über mein Leben zu drehen, und den Regisseur schien das Thema der Serie zu faszinieren. Daher wurde beschlossen, dass wir hinfahren würden, um über die Dreharbeiten zu berichten. Als ich die Kulisse betrat, erschien mir jeder einzelne Gegenstand unglaublich vertraut: die billigen Gemälde an den Wänden aus Pappe, das Bücherregal mit den Nippes aus Plastik, die künstlichen Blumen in der hässlichen Vase – ich fühlte mich vollkommen zu Hause. Es war schon für sich allein genommen eine lohnende Erfahrung, Rohit Roy, Anju Mahandroo und Chenna Ruparel in einer besonders gefühlsbetonten Szene mit dramatischen Dialogen zu erleben. Keiner von ihnen verpatzte eine einzige Textzeile. Ein Paradebeispiel für Disziplin und hohen Einsatz. Ganz im Gegensatz zu den verzogenen Bälgern aus der Filmbranche hatte man es hier mit erfahrenen Schauspielern zu tun, die an fünf Tagen in der Woche erschienen, acht Stunden täglich auf der Matte standen und perfekt aufeinander eingespielt waren. Es erfüllte mich mit großem Stolz, unter Bedingungen, die alles andere als komfortabel waren, ihren großen persönlichen Einsatz zu sehen. Ich hätte das nicht geschafft.

Ich stelle fest, dass meine eigenen bescheidenen Ambitionen im Lauf der Zeit schrumpfen. Was möchte ich heute noch »erreichen«? Im Grunde genommen sind es Kleinigkeiten. Mein großes Projekt schiebe ich vor mir her – Fahrstunden zu nehmen, mich ans Steuer eines Wagens zu setzen und in einen grandiosen Sonnenuntergang hinauszufahren. Dieses Szenario erscheint mir als ein unerreichbarer Traum, seit ich mit vierzehn zum ersten Mal probierte, Auto zu fahren. Zu der Zeit glaubte ich, meine Reflexe seien grauenhaft unterentwickelt, dabei war ich noch viel zu jung, um mit einem geborgten Wagen zu experimentieren. Schuldbewusstsein in Verbindung mit Nervosität wurde zu meinem Alibi (ich fuhr den Wagen eines Freundes im Rückwärtsgang mit sechzig Stundenkilometern in eine Steinmauer und verursachte einen Totalschaden). Ich frage mich, wie er das seinem Vater erklärt hat (es war ein Firmenwagen). Im Lauf der

Jahre habe ich etliche Versuche unternommen, fahren zu lernen. Jeder einzelne war eine Katastrophe. Ich schob es auf mangelndes Geschick. Erst als meine Kinder begannen, mich damit aufzuziehen (»Mutter, jeder Mensch auf Erden kann Auto fahren, nur du nicht«), beschloss ich, das Autofahren zu meinem großen Projekt zu erklären. Und das ist es leider bis heute geblieben.

In unseren Zeiten scheint es eine Schande zu sein, eine so simple Fähigkeit nicht zu beherrschen. Jedenfalls rufen mir meine Kinder diesen Tatbestand laufend ins Gedächtnis zurück. Ich weiß ganz genau, dass ich eines Tages das Gaspedal durchtreten würde, wenn ich auf die Bremse steigen sollte. Das ist deprimierend. Dabei sehne ich mich so sehr danach, mir die Autoschlüssel zu schnappen, lässig zum Parkplatz zu schlendern, mich hinter das Steuer zu setzen, geschickt zurückzusetzen und stilvoll loszubrausen. Jedes Mal, wenn eine Frau am Steuer an mir vorbeifährt, folgen meine Augen ihrem Wagen, aber da es bei mir mit der motorischen Koordination hapert, kann ich nur seufzen. Da ist nichts zu machen. Es ist nicht anzunehmen, dass ich das Autofahren jemals lernen werde. Im Grunde habe ich aufgegeben. Aber meine Kinder nicht. Sie weisen mich auf diverse Fahrschulen in unserer Nachbarschaft hin. »Wir lachen auch bestimmt nicht«, sagen sie. Aber ich weiß, dass sie mich auslachen werden. Vor allem die Jüngeren hängen ihren Phantasien nach. »Unsere Freunde werden von ihren Müttern in die Schule gefahren ... warum nimmst du nicht in den Sommerferien Fahrstunden? Stell dir das mal vor, am ersten Schultag nach den Ferien fährt Mama uns im Auto zur Schule.« Es wäre einfacher für mich, ihrem Wunsch nachzukommen, wenn sie mich auffordern würden, einen Schnellkurs im Tiefseetauchen zu belegen – trotz meiner Wasserphobie und der Tatsache, dass ich schon in meiner Schulzeit keine besonders gute Schwimmerin war.

Es verhält sich genauso wie mit dem Unterricht im Tango. Immer wieder drohe ich mir selbst an, Stunden zu nehmen. Im Grunde genommen gibt es nichts Einfacheres auf Erden. Eine alte Freundin aus meinen Zeiten als Model erteilt in dem Gebäudekomplex, in dem ich wohne, Unterricht. Meine Tochter Arundhati sieht sich nach drei Jahren, in denen sie regelmäßig Stunden genommen hat, als Expertin an. Ich sage mir: »Nächsten Monat, jetzt mach schon, De. Schreib dich dafür ein. Es ist doch nur Salome. Und es wird großen Spaß machen.« Bisher ist es noch nicht dazu gekommen, aber noch habe ich nicht aufgegeben. Irgendetwas hat es auf sich mit der Macht, die dieser ganz spezielle Rhythmus über mich hat. Ich weiß selbst nicht, wann oder wo es mich überkam, aber ich brauche nur die ersten Takte eines Tangos zu hören – irgendeines Tangos –, und ich bekomme weiche Knie. Immer wieder sehe ich mir ›Der Duft der Frauen‹ und ›Valentino‹ an, ausschließlich wegen der Tangosequenzen. Einmal waren mein Mann und ich für nur zwei Tage in London, als ich herausfand, dass im West End für begrenzte Zeit ›Tango Argentino‹ aufgeführt wurde. Wir riefen im Theater an. Natürlich waren sämtliche Vorstellungen ausverkauft. Unbeirrt nahmen wir die Hilfe unserer einfallsreichen Concierge in Anspruch. Die Schwarzhändler verlangten Preise, die schon obszön waren. Das macht nichts, argumentierte ich, ich verzichte für die nächsten Tage auf Mahlzeiten in schicken Restaurants. Wir sahen uns die Show an, und ich saß während dieser zweieinhalb Stunden gebannt da.

Wenn es um Tango geht, dann muss es Argentinien sein. Reisen an ferne, unbekannte, aufregende Orte sind für mich immer noch berauschende Erlebnisse. Ich koste die Vorfreude mit kindlichem Vergnügen aus. Ich muss zu den wenigen Vielreisenden zählen, die Flughäfen und den Anblick dieser großen schönen Vögel auf der Rollbahn tatsächlich mögen. Es gibt noch so viele Orte zu entdecken. Aber der Ort, der mich am meisten reizt, ist Buenos Aires. Ich würde auch gern eines Tages meine Füße in den gewaltigen Brahmaputra eintauchen. Ich habe, wohlgemerkt, nicht gesagt, dass ich ein Bad in dem legendären Fluss nehmen würde. Da steht mir meine latente Furcht vor dem Wasser im Weg. Die muss ich erst noch überwinden, und ich bezweifle, dass es jemals dazu kommen wird. Aber ich träume weiterhin sehnsüchtig von dem Tag, an dem es mir gelingen wird, am tiefen Ende in den Pool zu springen und wie eine Nixe mit kräftigen Zügen zwanzig, dreißig oder vierzig Bahnen zu schwimmen, während meine Kinder vom Beckenrand aus zusehen und keuchen: »Wow! Seht euch das an. Mom kann schwimmen.« Es macht mir noch nicht einmal Spaß, in der Badewanne zu liegen und angestrengt meinen Kopf über Wasser zu halten. Vielleicht hat mir deshalb ›Titanic‹ nicht besonders gefallen. Ich sah nichts anderes als das steigende Wasser, während meine eigenen tief verwurzelten Ängste vor dem Ertrinken von diesen grässlichen Bildern ausgelöst wurden. Eines Tages werde ich den Sprung wagen. In ferner Zukunft.

Ebenso wie ich eines Tages meinen Argwohn gegenüber jedem elektronischen Krimskrams überwinden und lernen werde, mit einem Computer umzugehen. Da ich nicht tippen kann und immer alles mit der Hand geschrieben habe, wird das ein echter Sprung in die moderne Welt sein. Bis dahin werde ich mich mit meinen steifen, überarbeiteten Fingern begnügen müssen, die da, wo ich den Stift umfasst halte, von Schwielen überzogen sind. Sehen Sie jetzt, was ich mit schrumpfenden Ambitionen meine?

Es gibt aber noch einen anderen Ehrgeiz, den ich mit meinem Mann gemeinsam habe. Wir träumen beide von einer Zeit, in der wir frei von großen Verantwortungen sein werden und uns die Freiheit herausnehmen können, auszusteigen, von der Tretmühle abzuspringen und das Leben, das wir gekannt haben, hinter uns zurückzulassen, um wieder ernsthafte, wissbegierige Studenten zu werden. Wir reden ständig darüber. In seinem Falle ist es grimmige Entschlossenheit, in meinem Fall nur eine Sehnsucht.

Wir reden über die Kurse, die wir belegen könnten, die Freuden des Universitätsbetriebs, die wir erleben würden, über die Rückkehr zu unserer frühzeitig abgebrochenen akademischen Laufbahn. Ich weiß, dass es eine Erfahrung ist, die wir genießen werden. Ich habe zunehmend das Gefühl, dass dieses Projekt zustande kommen wird, und zwar vor allem deshalb, weil er es ermöglichen wird und ich mit Vergnügen mitmachen werde. Als wir vor ein paar Jahren durch Oxford schlenderten, spürten wir beide kleine Knoten im Herzen – ich nenne sie verpasste Gelegenheiten, er zieht es vor, von »zukünftigen Projekten« zu sprechen. Ich bin bereit, Kompromisse zu schließen. Ich würde gern unterrichten, ganz egal, was, bloß um noch einmal am Universitätsbetrieb teilzuhaben.

Ich sehne mich nach nichts Grandiosem. Mich gelüstet es nicht nach Besitztümern – den Diamanten oder der Villa meines Nächsten. Ich liebe die guten und schönen Dinge des Lebens, ohne mich wirklich nach etwas zu verzehren. Nur so fühle ich mich frei und unbeschwert. Ich will keine Gipfel stürmen. Niemandem etwas beweisen. Was das Schreiben angeht – es wird mich immer begleiten, in der einen oder anderen Form. Wie eine behagliche Decke, in die ich mich hüllen kann, wenn Kühle in der Luft liegt. Früher glaubte ich, ohne Stift in der Hand sei ich gelähmt. Es ist aber nicht so. Es gibt ein Leben nach dem Schreiben und über das Schreiben hinaus. Ein Leben, das mit Musik, Gelächter und gutem Essen angefüllt ist. Ich habe diese Erfahrung bereits gemacht. Ich weiß, dass es möglich ist.

Jetzt wird's persönlich

Eine meiner liebsten Phantasien dreht sich darum, das Leben einer Freundin, die Sunita heißt, zu kopieren. Vor Jahren, als ich sie regelmäßig in Delhi besuchte, beneidete ich sie um ihr unkompliziertes, stressfreies Dasein. Sie saß in ihrem Garten, genoss die sanfte Wintersonne von Delhi, nippte an ihrem Tee, häkelte oder strickte und sah zu, dass ihre Hände stets beschäftigt waren, während ihre Augen nach einer langen, entspannten Nachtruhe funkelten. Worin bestanden ihre Hauptsorgen im Alltag? Mal sehen ... Ob die Masseurin rechtzeitig kommen würde oder nicht, ob ihre Stammfriseurin im Salon sein würde, um ihr die Haare zu schneiden, ob der Schneider die Saribluse liefern würde, die sie am Abend tragen wollte, ob ihre Köchin daran gedacht hatte, das Fleisch aufzutauen, ob das Hausmädchen genug Äpfel eingelagert hatte, um Gelee zu kochen, ob der Chauffeur daran gedacht hatte, ihre Briefe abzuschicken und die Avocados für den Dip zu besorgen, den sie für die Cocktailstunde zaubern wollte.

Ich beobachtete sie, wie sie entspannt mit Freundinnen plauderte, Pullover für ihre Kinder strickte, im elterlichen Schlafzimmer neue Gardinen aufhängte oder ihre Armreifen nach Farben sortierte, und ich gelobte mir: Eines Tages wirst auch du so viel Muße haben. Und du wirst dich mit nichts Wesentlicherem befassen müssen als mit der Hochzeit eines Neffen. Auch du wirst einen Küchengarten haben und viele Stunden dort verbringen. Auch du wirst unter der milden Wintersonne Orangen schälen und im Hinterhof eine Kuh halten.

Nichts von alldem ist jemals eingetroffen. Heute haben wir einen Bauernhof und einen Garten, aber kaum Zeit, uns daran zu erfreuen. Ich fürchte, ich habe mich den Rängen der extremen Workaholics angeschlossen. Ich brauche den Druck, unter den mich Abgabetermine setzen. Mich plagen Schuldgefühle, wenn Zeit »vergeudet« wird. Und ich leide schrecklich, wenn ich mich gezwungen sehe, meine Schreibroutine für etwas zu unterbrechen, was ich als bloße Zeitverschwendung ansehe. Wenn es mich erwischt hat, brauche ich nichts und niemanden. Ein Schriftsteller hört niemals auf zu schreiben. Tatsächlich ist meine Definition eines Schriftstellers schlicht und einfach »jemand, der schreibt«. Und zwar regelmäßig. Im Idealfall täglich. Mehr ist nicht nötig, um Schriftsteller zu werden. Und sich als einen solchen zu bezeichnen. Wenn junge Leute auf mich zukommen und sagen: »Ma'am, ich möchte Schriftsteller werden«, fragte ich immer: »Und was hält dich davon ab? Du willst schreiben? Prima. Tu es.« Keine Investitionen sind erforderlich. Kein Kapital. Es ist ein billiges Vergnügen. Du kannst es dir so einfach und so schmerzlos gestalten, wie du willst. Du kannst es überall tun. Und zu jeder Zeit.

Ich lasse selten zu, dass mich etwas in meiner Routine stört. Vor allem dann nicht, wenn ich »mit einem Buch schwanger gehe«. Ich habe wirklich keine überzeugende Antwort parat, wenn mein Vater mit kaum verhohlener Wut fragt: »Wann wirst du endlich aufhören zu schreiben und dir Zeit für andere Dinge nehmen?« Ich weiß es nicht. Ich bin mir noch nicht einmal sicher, ob ich das überhaupt will. Alles und jeder, der mich bei diesem heiß geliebten Zeitvertreib unterbricht, bekommt meine Ungeduld zu spüren. Kein angenehmer Wesenszug, ich weiß, und zudem lästig. Sogar mir selbst.

Da meine Schwestern beide im Ausland leben, fällt es uns schwer, die Zeitunterschiede so zu koordinieren, dass wir für einen Plausch eine Tageszeit finden, die für alle angenehm ist. Allzu oft kommt es vor, dass sie anrufen, wenn ich gerade mitten in einem Artikel stecke oder mit einem Interview beschäftigt bin. Da sie die Gereiztheit in meiner Stimme wahrnehmen, fassen sie sich kurz und legen schnell wieder auf. Ein derart unbefriedigender Anruf tut keiner von uns gut. Klagen werden auf dem Umweg über meinen Vater weitergeleitet, und es besteht nie auch nur der geringste Zweifel daran, auf wessen Seite er steht. Nach einem Gespräch, bei dem ich besonders kurz angebunden war, fragte er mich eines Tages, warum ich eigentlich so viel schriebe. Nur um des Geldes willen? Ich antwortete ihm nachdenklich (und wahrheitsgemäß), Geld sei mit Sicherheit ein Anreiz, aber nicht der wesentlichste. Viel Geld ließe sich mit diesem Beruf nicht verdienen. Dann erkundigte er sich ziemlich behutsam, wie viel ich im Monat verdiente, und brachte hilfreich eine Summe ins Spiel, die so niedrig angesetzt war, dass es mich schon peinlich berührte. Ich hätte unverbindlich nicken und es dabei belassen können, beschloss jedoch, es ihm zu sagen, indem ich eine ungefähre Summe nannte.

Er schwieg eine Zeitlang, bevor er sagte: »Du verdienst genug ... aber warum zeigt sich das nicht in deinem Lebensstil?«

Ich fragte ihn, woran es mir seiner Meinung nach mangelte. Nach welchen Zeichen und Symbolen hielt er Ausschau? Wie sah in seinen Augen ein Leben aus, in dem sich mein Einkommen widerspiegelte (das, an den heutigen Maßstäben gemessen, keineswegs hoch ist, aber doch hoch genug, um einen ehemaligen Regierungsbeamten zu beeindrucken)?

Er schlug vor, ich solle mir einen neuen Wagen kaufen, eines der schickeren brandneuen Modelle. Ich hob hervor, dass ich selbst die Autos, die wir bereits besaßen, kaum benutzte, da ich nicht allzu oft aus dem Haus ginge.

»Aber wenn du einen Wagen hättest, der rund um die Uhr unten für dich bereitsteht, dann fiele dir bestimmt eine Verwendung dafür ein ... es werden so viele Ausstellungen in der Stadt gezeigt«, beharrte er. Ich wandte nachsichtig ein, selbst wenn zehn Autos unten bereitstünden, fände ich keine Zeit, um mir Ausstellungen anzusehen.

»Du führst kein verschwenderisches Leben, du veranstaltest nicht jede Woche große Abendgesellschaften, und du kaufst dir auch keine teuren Kleider. Welchen Zweck hat es, viel zu arbeiten und gut zu verdienen, wenn man es nicht nach außen hin zeigt?«

Seine Bemerkungen überraschten mich. Ich fand, mir fehlte

es an nichts. Und es war absolut zutreffend, dass ich nicht die Zeit hatte, jede Woche extravagante Abendgesellschaften zu organisieren oder durch die Stadt zu schlendern und von einer Ausstellung zur nächsten zu bummeln. Wenn ich mir keine prächtige Garderobe zulege, dann liegt das daran, wie ich gern herumlaufe. Ich bezweifle, dass sich daran etwas ändern würde, selbst wenn ich das Fünffache meines Einkommens verdiente. Ich kann mir nicht vorstellen, mit meinen Manuskripten, billigen Stiften und noch billigeren Schreibblocks an meinem Esstisch zu sitzen, mit Kilos von Diamanten und Perlen behängt und in Saris von unschätzbarem Wert gehüllt, Einzelstücke aus den meisterlichsten Webereien. Sowohl im Grunde meines Herzens als auch in der Praxis fühle ich mich der arbeitenden Bevölkerung zugehörig, und so wird es auch bleiben. Für meinen Vater mit seiner wesentlich aristokratischeren Weltsicht muss das eine Enttäuschung sein. Seiner Ansicht nach sollte ich meine Tage so verbringen wie Sunita, nur noch luxuriöser. Und ich sollte einen unzweifelhaft reichen Eindruck erwecken.

Diese Ansicht vertritt auch Sunita. Ich erinnere mich noch, wie sie vor ein paar Jahren zu mir sagte: »In unserem Alter sollten wir uns nur noch in den kostspieligsten, edelsten Stoffen und mit prachtvollem Schmuck blicken lassen. Unsere Accessoires sollten exklusiv und erlesen sein, unsere Armbanduhren vom Feinsten und unsere Schuhe Maßanfertigungen. Wir haben es uns verdient. Es steht uns zu.« Ihre Bemerkung amüsierte mich gewaltig, und das sagte ich ihr auch, während sie das Armband ihrer mit Diamanten besetzten goldenen Rolex zurechtrückte, die Solitäre in ihren Ohrläppchen genüsslich befingerte und einen liebevollen Blick über ihre Armreifen mit den zahllosen Diamanten gleiten ließ – ihre »Basics« für den Alltag, wie sie es nannte.

Es liegt mir nicht, die Grande Dame zu spielen, als die mich mein Vater gern sähe. Jedes Mal, wenn ich ihn in Jeans besuche, kann ich ihm die Enttäuschung und die Missbilligung ansehen. Ihm wäre es am liebsten, wenn ich ganz dick auftrüge, mich herausputzte und seine Nachbarn mit meinem »Reichtum« beeindruckte. Manchmal möchte ich ihm den Gefallen tun, doch wenn ich mir dann tatsächlich die Mühe mache, um ihm eine Freude zu bereiten, bin ich gereizt und komme mir lächerlich vor. Wie sehr sich meine Mutter doch in dieser Hinsicht von ihm unterschied.

Meine Schwester erinnert sich, wie Aie einmal sehr krank und sehr zerbrechlich im Bett lag und auf meinen Wagen wartete, der sie und meinen Vater abholen sollte. Mein Vater sah aus dem Fenster und verkündete voller Stolz: »Der Mercedes ist eingetroffen.« Meine Mutter murmelte tonlos: »Ja. Aber weshalb sich mit geborgten Federn schmücken?« Er hörte es nicht oder tat zumindest so, als hätte er nichts mitbekommen.

Er ist auch sehr eigen, wenn es um meine Auftritte im Fernsehen geht. Er macht sich die Mühe, sie aufzuzeichnen, und oft spielt er mir ein Interview vor, um mich darauf hinzuweisen, wo mir Irrtümer unterlaufen sind – nicht einmal so sehr in dem, was ich gesagt habe, sondern in meiner äußeren Erscheinung.

»Sieh dich an, meine Liebe. Du solltest aufhören, Diäten zu machen, und anfangen zu essen. Eine Frau sollte gut gepolstert sein. Du solltest den Eindruck von blühender Gesundheit und Wohlstand erwecken. Und du kleidest dich viel zu nachlässig. Warum bestehst du darauf, keinen Goldschmuck, sondern Silber zu tragen? Dein Make-up ist grauenhaft. Du solltest keinen Lippenstift benutzen. Das steht dir nicht.«

Ich nicke kläglich, vor allem dann, wenn ich gerade diesen einen Auftritt im Fernsehen gar nicht so furchtbar fand. Ich habe es aufgegeben, ihm zu sagen, dass ich keine Diät halte, es nie getan habe und es auch nie tun werde. Dazu esse ich viel zu gern. Diesen Genuss würde ich mir nicht nehmen lassen. Er deutet auf Fotos von meiner Mutter, die in meinem Alter recht mollig war, und sagt: »Wenn das nicht eine wahre Schönheit ist. Sieh dir die Wangen an. Sie sind nicht eingefallen. Sie hat immer gut gegessen. Sie war glücklich und entspannt.«

Vielleicht hat er damit den Nagel auf den Kopf getroffen. Glücklich und entspannt. Heute ist niemand mehr in diesem Sinne »glücklich«. Und was Entspanntheit angeht, weiß ich kaum, was dieses Wort bedeutet. Wenn man mir den Stress ansieht, dann sieht man ihn mir eben an. Daran kann ich auch nichts ändern.

Manchmal bereitet es mir Sorgen, dass meine Familie so übertrieben auf mein Äußeres bedacht zu sein scheint. Dem kritischen Blick meiner kleinen Tochter Arundhati kann ich mich kaum entziehen. Und ihren kritischen Bemerkungen ebenso wenig. Wie mein Vater wird sie es nie müde, sich zu jedem Aspekt meiner Persönlichkeit zu äußern. Ebenso wie er regt sie sich darüber auf, dass mir ganz egal ist, wie ich herumlaufe, vor allem, wenn sie ihre jungen Freundinnen nach Hause mitbringt und sie mich in meiner (wie sie es vernichtend nennt) »Hauskleidung« erwischen. Und Gott steh mir bei, wenn ich zu einer Veranstaltung in der Schule zu salopp erscheine und ihren strengen Ansprüchen nicht gerecht werde.

Es gibt Momente, in denen ich gegen dieses übertriebene Interesse an meinem Äußeren aufbegehre und mich jeder Bitte, ich möge mich umziehen, trotzig widersetze. Andererseits finde ich es geradezu rührend, dass mich meine Familie derart in Schutz nimmt. Mir macht es nichts aus, als Schlampe angesehen zu werden, und schon gar nicht an Tagen, an denen mir danach zumute ist, mich gehen zu lassen. Offenbar teilen meine Kinder diese Ansicht nicht. Häufig kommen sie während eines Interviews oder eines Fototermins ins Zimmer und sind entsetzt, wenn sie mich ungeschminkt und nachlässig gekämmt dasitzen sehen. Ein- oder zweimal war meine pingelige Tochter derart alarmiert, dass sie zu meiner Kommode gelaufen und mit Ohrringen zurückgekommen ist, die sie mir unauffällig in die Hand gedrückt hat. »Steck dir die wenigstens für die Fotos an«, flüsterte sie mir ins Ohr. »Hast du überhaupt in den Spiegel geschaut?« Ich bin sicher, dass dieses Kind zu einem heiklen Artdirector heranwachsen und nicht lockerlassen wird, bevor jede Kleinigkeit ganz genau stimmt.

Vor ein paar Jahren war ich für Channel 4 unterwegs. Die Sendung wurde von Nikki Bedi moderiert. Wir zogen für Außenaufnahmen kreuz und quer durch Bombay und filmten im dicksten Getümmel. Es wurde immer später und rasch dunkel, das Kamerateam war müde und unruhig. Wir wollten gerade anfangen zu drehen, als meine Tochter, die den Monitor im Auge behalten hatte, auf mich zukam und flüsterte: »Dein Gesicht ist nicht gut genug ausgeleuchtet. Die andere Dame sieht viel besser aus.«

Mittlerweile hatte ich gelernt, ihre Beobachtungen nicht leichthin abzutun. Ich bat den Kameramann, den Monitor zu mir herumzuschwenken, damit ich es mir selbst ansehen konnte. Tatsächlich stimmte die Beleuchtung nicht, denn sie war für wesentlich hellere Haut gedacht und schmeichelte mir keinesfalls. Das sagte ich, und da das Team meiner Meinung war, gelang es uns, rechtzeitig einen Ausgleich zu schaffen. Ich sehe das Benehmen meiner Tochter nicht als altklug an, sondern eher als den instinktiven und sehr ausgeprägten Wunsch eines ungewöhnlichen Kindes, dafür zu sorgen, dass seine Mutter im bestmöglichen Licht zu sehen ist – wortwörtlich in diesem Fall.

Auch wenn es gelegentlich zum Verzweifeln sein kann, habe ich Gott schon zahllose Male für das echte Interesse meiner Familie an meinem Leben gedankt, obwohl es manchmal zu kleinen Auseinandersetzungen und Streitigkeiten geführt hat. Mir gefällt, dass sie mich und das, was ich tue, so selbstverständlich hinnehmen. Ich versuche daher meinerseits, sie in alle Aspekte meiner Welt einzubeziehen. Jedes Mal, wenn ich jemanden kennen lerne, einen Menschen, der einen Eindruck bei mir hinterlässt, komme ich nach Hause und erzähle meiner Familie davon. Da die Familie inzwischen größer geworden ist und meine Schwestern im Ausland leben, ist das nicht mehr so leicht möglich wie früher, denn selbst in den längsten Brief lässt sich nicht alles packen.

Wir sind alle begeisterte Briefschreiber. Oder wir waren es zumindest, bis uns das Telefonieren so leicht gemacht wurde. Gegen die Versuchung, einfach eine Nummer zu wählen und miteinander zu plaudern, muss aktiv angekämpft werden. Wenn Kunda anruft, und das tut sie jede Woche, erzählt sie mir kleine Geschichten aus ihrem Leben in Muscat und schildert alles so lebhaft, dass ich es deutlich vor mir sehen kann. Dasselbe gilt für Mandakini und Ashok. Meine Mutter war eine besonders gute Erzählerin mit einem erstaunlichen Gedächtnis für Kleinigkeiten. (»Ist dir Rajus Taschentuch aufgefallen?«)

Wenn wir Geschwister zusammentreffen, geht es immer hoch her, weil jeder von uns jemanden nachahmt, den wir alle kennen, oder auch Fremde, die wir alle schon gesehen haben. Diese kleinen Darbietungen sind nicht wirklich grausam, aber sie sind so treffend, dass man sich alles, was hier in Szene gesetzt wird, lebhaft ausmalen kann. Diese Gabe, die oft ziemlich ungezogen wirkt, ist in unserer Familie weit verbreitet – ich kann mich noch deutlich daran erinnern, wie Tanten und Cousinen mütterlicherseits andere arglose Verwandte und Freunde der Familie mit übertriebenem Akzent und ihren kleinen Ticks so gut nachahmten, dass wir uns alle darüber kaputtlachten. Auf einen Außenstehenden hätte das vielleicht boshaft und gemein wirken können, aber so war es nie gemeint. Bedauerlicherweise bürgerte sich das so sehr ein, dass es irgendwann kaum noch möglich war, von einem Vorfall zu erzählen, ohne den Protagonisten ihre eigenen Stimmen zu geben. Es ist schon fast zu einer Art Reflex geworden, der auch in Gegenwart von Fremden nicht mehr zu unterdrücken ist.

Heute fehlen mir meine Schwestern. Ich bedauere es, sie nicht in derselben Stadt zu haben und unsere Erlebnisse nicht Tag für Tag miteinander austauschen zu können. Es ist wohltuend, auf der Grundlage gegenseitigen Vertrauens frei und offen mit anderen Erwachsenen zu reden. Und zu wissen, dass es außer den eigenen unmittelbaren Angehörigen auch noch andere Menschen gibt, auf die man jederzeit zählen kann, Personen, deren Verstand und Integrität man zu schätzen weiß, deren Instinkten man vertraut und deren Urteil mit dem eigenen übereinstimmt. Obwohl wir viel engeren Kontakt zueinander haben als die meisten anderen Familien, die in alle Winde verstreut sind, frustriert es uns manchmal, wie viel Zeit zwischen den Ereignissen und Entwicklungen in unserem eigenen Leben und den Reaktionen unserer Geschwister auf diese Vorfälle vergeht.

Vielleicht habe ich gerade deshalb, weil ich aus einer großen

Familie komme, beschlossen, mehr als ein Kind zu haben. Wenn ich mir meine Kinder heute ansehe, habe ich das Gefühl, sie werden das Vorhandensein der anderen in zukünftigen Jahren immer mehr zu schätzen wissen, auch wenn sie das bisher noch nicht erkannt haben. Ich war als Kind nie einsam. Und ich war auch als Erwachsene nie einsam. Die Familie war immer da, stets eine Stütze, Menschen, mit denen man reden, lachen und sogar weinen konnte, obgleich wir nie zu Tränen ermutigt wurden, noch nicht einmal als Kinder. Aus reiner Gewohnheit und weil ich selbst von meiner Kindheit an darauf konditioniert bin, schalt ich Arundhati kürzlich, als sie weinerlich war. »Siehst du mich etwa jemals weinen?«, fragte ich sie empört. Das Kind sagte leise: »Vielleicht solltest du das aber mal tun. Jeder muss manchmal weinen. Ich würde dich niemals davon abhalten.«

Oft werde ich nach Freundschaften gefragt. Bei einem meiner ersten Fernsehauftritte sagte ich wahrheitsgemäß, in Freundschaften würde ich nicht allzu viel investieren – das emotionale Bedürfnis war schlichtweg nicht vorhanden. In meinem Leben gab es Scharen von Verwandten, und so wollte ich es haben. Ich vertraue Menschen nicht allzu leichtfertig, und gute Freundschaften begründen sich nun mal auf Vertrauen (auch wenn dieses häufig missbraucht wird). Die Frau, die mich interviewte, war wild entschlossen, meine Aussage so zu deuten, dass sie ihrer eigenen Meinung entsprach. Meine freimütige Bemerkung wurde als ein Eingeständnis von Einsamkeit ausgelegt. So verhielt es sich aber überhaupt nicht. Ich fühle mich im Schoß der Familie sehr geborgen, mir fehlt es an nichts. Ich habe nicht mehr die Zeit, neue Beziehungen zu pflegen, und ich verspüre auch keinen Wunsch danach. Häufig begegnen mir Menschen, die mich faszinieren oder zumindest interessieren, aber doch nie so sehr, dass ich auf diesem ersten Eindruck aufbauen und das Entstehen einer dauerhaften Beziehung zulassen würde. Ich habe weder die Reserven noch die Ressourcen, mich neuen Freunden zu widmen. Vielleicht verpasse ich etwas, aber da wäre ich mir gar nicht mal so sicher.

Je älter und je zynischer ich werde, desto mehr Distanz nehme ich zu anderen ein und halte mich nur noch an Leute, die mich weder physisch noch emotional auslaugen. Ich sehe Frauen in meiner näheren Umgebung, die sich von kaputtgegangenen Beziehungen aus dem Gleichgewicht bringen lassen und über das Scheitern von Freundschaften, in die sie zwanzig Jahre, wenn nicht länger, großzügig investiert haben, restlos schockiert sind. Sie sind verwundert und wütend, weil der andere Mensch gleichgültig weitergezogen ist und sie ganz allein mit dem Verlust fertig werden müssen. Ich glaube nicht, dass ich mit dieser Art von Schmerz umgehen könnte. Es ist schwierig genug, sich dem, womit mein Leben ohnehin schon vollgestopft ist, dauerhaft gewachsen zu zeigen. Zusätzliche Lasten kann ich nicht gebrauchen.

Es ist nicht etwa so, dass ich ein abgeschiedenes Leben führe. Für die wenigen Menschen, aus denen ich mir wirklich etwas mache, nehme ich mir Zeit. Aber es bleibt immer eine winzige Barriere, ein unsichtbares Band, das sagt: »Bis hierher und nicht weiter.« Es ist von vornherein klar, dass niemand, aber auch wirklich niemand, einfach mal bei uns »vorbeischaut«, und das gilt auch für die Familie. Ich täte es umgekehrt schließlich auch nicht. Wir alle haben Telefon – ein kurzer Anruf genügt. Und doch sehe ich, dass Freunde meiner Freunde eine weitaus ungezwungenere Haltung zueinander haben. Sie tauchen unangekündigt auf; wenn es spät wird, bleiben sie über Nacht; sie tauschen ihre Kleidung und ihre Geheimnisse miteinander aus; sie verbringen gemeinsame Urlaube; und sie sind so gut über den Alltagsablauf des anderen informiert, dass es mich erschreckt. In dieser Form von Nähe ist jede Privatsphäre undenkbar.

Diese Menschen finden es seltsam, dass ich meine kleine Insel mit dem tiefen Burggraben vorziehe. Ich sehe, wie ungezwungen sie miteinander lachen und weinen und ihr Bett mit anderen teilen, und ich frage mich, ob ich mich nicht viel zu sehr anstelle. Selbst wenn ich meine Schwestern zu Hause besuche, würde ich mich nicht auf ihren Sofas herumräkeln, ohne vorher zu fragen. Ebenso wenig würde ich in ihre Schlafzimmer oder

Badezimmer vordringen, ohne vorher ihre Erlaubnis einzuholen. Im Haus meines Vaters ist es dasselbe. Wenn ich ihn besuche, setze ich mich selten auf sein Bett, sondern ziehe einen günstig platzierten Stuhl vor.

Es liegt wohl daran, wie wir aufgewachsen sind – man hat uns selbst den anderen Familienmitgliedern gegenüber zu einer gewissen Förmlichkeit und Distanz erzogen. Jetzt ist es zu spät, um alles Gelernte zu vergessen, obwohl ich meinen eigenen Kindern gegenüber mittlerweile ein ganz kleines bisschen weniger streng bin. Ich bin so sehr an diese Lebensweise gewöhnt, dass es mir immer einen kleinen Schock versetzt, wenn ich Angehörige von zwei verschiedenen Generationen wie Kumpel miteinander umgehen sehe.

Freundinnen von mir, Frauen, die ich seit zwanzig Jahren kenne, klagen in der letzten Zeit darüber, dass ihre jungen Töchter jeden Versuch, eine größere Nähe herzustellen, schroff zurückweisen. Eines der Mädchen hatte seine Mutter »beschuldigt«, eher eine Freundin als eine echte Mutter zu sein. Dieser Ausbruch und die Härte der gefallenen Worte führten dazu, dass die Mutter am Boden zerstört war. »Und ich dachte, wir seien Seelenverwandte«, rief sie aus, als wir an meinem Esstisch ein spätes Mittagessen zu uns nahmen. Ich erinnerte mich an all die gemeinsamen Ausflüge und Spritztouren von Mutter und Tochter, an die Abende, die sie in diversen Diskotheken und Pubs verbracht und mit Bekannten getanzt hatten, die die Kluft zwischen den Geschlechtern mühelos überbrückten. Ich erinnerte mich auch an das verschwörerische Kichern und die detaillierten Gespräche über Partyflirts und klammheimliche Telefonanrufe, die gemeinsame Garderobe und die gemeinsam benutzte Schminke, die häufigen Besuche beim Juwelier, um Schmuckstücke zu erwerben, die beide tragen konnten, an Nachtfilme, die sich Mutter und Tochter gemeinsam ansahen, aneinandergekuschelt in einem behaglichen Doppelbett, während der Hausherr in einem angrenzenden Zimmer ein Buch las. Sie erweckten den Eindruck, als hätten sie etwas spitzgekriegt, als seien sie einer ganz tollen Sache auf die Schliche gekommen. So viel Nähe, so viel Vertrauen … und so viel Spaß.

Was passiert sei, fragte ich meine Freundin, deren Augen vom Weinen geschwollen waren.

»Gestern Abend ist sie gegangen – kannst du dir das vorstellen? Sie will allein leben. Sie hat so furchtbare Dinge zu mir gesagt, ich kann es einfach nicht glauben.«

Ich konnte es durchaus glauben. Ich hatte selbst ein paarmal gesehen, wie sie auf Partys miteinander getanzt hatten. Mutter und Tochter hatten ein sehr attraktives Paar abgegeben. Und noch dazu ein provozierendes. Vielleicht hatte meine Freundin tatsächlich nicht das Geringste von dem Konflikt geahnt, der sich in dem jungen Mädchen zusammenbraute, weil es mit der Form von Aufmerksamkeit, mit der seine Altersgenossen seine Mutter bedachten, einfach nicht umgehen konnte. Die Mutter, die gerade noch ihre beste Freundin gewesen war, war plötzlich zur Rivalin geworden. Die jüngere Frau brach als Erste zusammen. Das hätte ebenso gut meiner Freundin passieren können. Es war nur eine Frage der Zeit. Entsetzt über das, was sie als die Undankbarkeit ihrer Tochter ansah, machte meine Freundin die Schotten dicht. Inzwischen haben sie schon seit ein paar Monaten nicht mehr miteinander geredet. Wenn sie sich nicht bald wieder versöhnen, könnte es zu einem dauerhaften Bruch kommen.

Die Tochter einer anderen Freundin empfindet es als traumatisch, mit den zahlreichen sexuellen Abenteuern ihrer Mutter umgehen zu müssen. In manche ist sie hineingezogen worden, wenn auch nur als hilfloser Voyeur. Jetzt hat ihr schwieriges Verhältnis zueinander einen dramatischen Wendepunkt erreicht, und die Tochter hat sich den Schädel kahl rasiert. Teils dient es dazu, die derzeitige Mode mitzumachen, aber in dieser Tat schwingt auch offene Rebellion mit – das sagt das junge Mädchen selbst.

»Meine Mutter hat mir ständig damit in den Ohren gelegen, ich soll mich ordentlich frisieren, mich ordentlich anziehen, mich ordentlich schminken, mein Leben ordentlich gestalten.

Es hing mir zum Hals raus. Eines Tages habe ich mir den Kopf kahl rasiert. Als ich nach Hause kam, hat sie laut geschrien. Ich habe zu ihr gesagt: ›Jetzt lass mich endlich in Ruhe, wenn deine Freunde zu uns nach Hause kommen. Hör auf, mich ihnen vorzuführen wie einen dekorativen Gegenstand, den du hervorgebracht oder, noch schlimmer, den du irgendwo aufgetrieben hast.‹«

Seit sie sich den Schädel kahl rasiert hat, hat die Tochter beschlossen, ihr eigenes Leben zu führen. Sie begleitet ihre Mutter nur noch, wenn es sich gar nicht anders machen lässt, aber dann wirkt sie verdrossen und lässt sich ihre Ablehnung deutlich anmerken. Davon fühlt sich meine Freundin furchtbar verletzt.

»Was habe ich ihr denn getan? Ich dachte, wir stünden einander so nahe wie keine zwei anderen menschlichen Wesen auf Erden. Ich dachte, wir hätten Verständnis füreinander. Warum benimmt sie sich so, als hasste sie mich?«

Wahrscheinlich hasst sie ihre Mutter tatsächlich – nicht für immer, aber während dieser grässlichen Übergangsphase, in der sie selbst mit ihren ambivalenten Gefühlen gegenüber der Mutter fertig werden muss und von tiefen Schuldgefühlen geplagt wird.

Es ist nicht einfach, Töchter großzuziehen, aber es braucht nicht gleich derart traumatisch zu sein. Frauen meiner Generation fällt es schwer, sich mit dem Älterwerden abzufinden. Sie verspüren einen ungeheuren Widerwillen gegen das Altern und setzen ihm Widerstände entgegen, die unsere Mütter nie gekannt haben. Im Alter von fünfzig Jahren hatte sich meine Mutter würdig in die Ränge der älteren Mitbürger eingereiht. Ein paar Krähenfüße hier oder eine Falte dort haben ihr keine Sorgen bereitet. Auch ihr Gewicht und ihre Figur sind für sie nicht zur Zwangsvorstellung geworden. Ihr machte es nichts aus, dick zu sein, und sie war darauf eingestellt, demnächst Großmutter zu werden. Mein Vater hat sie so, wie sie war, geliebt. Auch wir haben sie so, wie sie war, geliebt. Sie wirkte so zufrieden und »mütterlich« und schien sich in ihrer eigenen Haut wohl zu fühlen. Es war keine Verstellung im Spiel, und sie war nicht dem

Druck ausgesetzt, einem bestimmten Bild oder Verhaltensmuster entsprechen zu müssen oder etwas anderes als sie selbst zu sein. Im Rückblick beneide ich sie um ihr immenses Selbstvertrauen – für sie standen ihre Prioritäten und Ziele ohne jeden Zweifel fest: die Familie und das Heim.

Als sie fünfzig wurde, standen ihre Kinder auf eigenen Füßen und wussten, was sie wollten, und somit stand es ihr frei, ihr Leben in dem ihr gemäßen Tempo weiterzuführen. Es schien ein so unkompliziertes Leben zu sein, und das drückte sich in ihrem Gesicht aus: der klare, offene Blick, das stets verfügbare Lächeln und ein vollkommen natürliches Auftreten, dem man unmöglich widerstehen konnte. Der Gedanke, sie könnte einer ihrer drei Töchter »Konkurrenz« machen, lag ihr genauso fern wie uns. Sie akzeptierte die Unterschiede ebenso, wie wir sie akzeptierten, und deshalb verspüre ich großes Mitleid, wenn ich Frauen in meinem Alter sehe, die verzweifelt darum kämpfen, ihren Status als Verführerinnen krampfhaft gegen Jüngere aufrechtzuerhalten, vor allem dann, wenn es sich zufällig um Frauen handelt, die ich mag.

Zahllose andere Frauen glauben wie meine Freundin, deren Tochter ihr den Rücken gekehrt hat, in aller Unschuld, sie könnten die Liebe ihrer Kinder nur erringen, indem sie sich so wie sie verhalten. Frauen vertrauen anderen begeistert an, dass sie ihre BHs und Jeans mit ihren heranwachsenden Töchtern austauschen, dass sie von Fremden für die Schwestern ihrer Töchter gehalten werden, dass die Freunde der Töchter sie oft zum Tanzen auffordern, wie viel Spaß es macht, mit den jungen Leuten in den Bars der Nachbarschaft Tequila-Shots in sich hineinzuschütten oder mit ihnen einen Nachtclub zu besuchen, wenn die Väter auf Reisen sind. Es macht bestimmt großen Spaß, es kann sehr entspannend sein, und es ist sicher eine von vielen Möglichkeiten, mit der nächsten Generation Schritt zu halten. Aber es kann genauso gut süchtig machen und unbeabsichtigte Folgen haben.

Meine beiden Freundinnen hatten sich so nahtlos in den Lifestyle ihrer Kinder eingefügt, dass sie sich mit ihrem eigenen

Lifestyle nicht mehr identifizieren konnten. Beide Mütter besuchten weiterhin Aerobic-Kurse, färbten sich weiterhin Strähnchen in die Haare und waren immer noch total auf modische Kleidung fixiert, nachdem der anfängliche Reiz, gemeinsam mit ihren Müttern Partys zu feiern, für die Töchter längst verflogen war. Beide konnten den veränderten Status nicht verstehen und weigerten sich, ihn zu akzeptieren. Die jungen Mädchen brauchten nicht lange, um sich etwas Neues zu suchen, das sie ganz toll fanden. Zurück blieben zwei am Boden zerstörte Mütter, die schwer mit dem Gefühl zu kämpfen hatten, ihre Töchter hätten sie im Stich gelassen. Die Discoszene erschien ihnen plötzlich gar nicht mehr so aufregend, jedenfalls nicht dann, wenn das Durchschnittsalter am Tisch über vierzig lag und der Mann, der sie zum Tanzen aufforderte, spärliches Haar und einen Schmerbauch hatte. Wo waren die strammen jungen Bewunderer mit den Muskelpaketen geblieben? Diese unwahrscheinlich fitten Jünglinge, die das College besuchten und all die fetzigen neuen Tanzschritte kannten? Es bedurfte etlicher offener Gespräche, damit die Mütter begriffen, dass das Spiel aus war, ganz gleich, wie erfolgreich sie ihre Taillen bis auf Größe sechsunddreißig runtergehungert hatten oder wie oft sie in der Schummerbeleuchtung eines piekfeinen Clubs für ihre Töchter gehalten worden waren, vor allem dann, wenn sie deren Kleiderschränke geplündert hatten und in einem heiß geliebten bauchfreien Spaghettitop mit Pailletten erschienen waren, damit besonders gut zur Geltung kam, wie flach ihr Bauch trotz ebendieser Kinder, die sie geboren hatten, immer noch war.

Ich fürchte um die Frauen meiner Generation – sie gehören nirgends wirklich hin. Sie wollen ganz entschieden nicht so sein wie ihre Mütter (warum eigentlich nicht?), und sie möchten um jeden Preis die Plätze mit ihren Töchtern tauschen (wozu denn das?). Wir reden von den Möglichkeiten, den Gelegenheiten und der Entscheidungsfreiheit, die wir haben, und was fangen wir in der Praxis damit an? Wir verdienen Geld, wir unternehmen Reisen, wir prassen … und wir weinen. Ist es wirklich all diese zusätzlichen Tränen wert gewesen, die unsere Mütter nie vergossen haben, weil sie keinen Grund dafür sahen? Also gut, sie kamen nicht dazu, in piekfeinen internationalen Bars Champagnercocktails zu schlürfen oder erster Klasse nach Budapest zu reisen, um dort ein Referat zum Thema Ökologie zu halten ... aber ihre Stirn war auch nicht ständig von Falten zerfurcht. Sie schliefen nachts einen erholsamen Schlaf, sie fühlten sich beim Aufwachen frisch und munter, sie hatten Zeit für sich, Zeit für ihre Familien, Zeit, um die kleinen Freuden des Lebens zu genießen. Klingt das jetzt so, als sei ich von der unstillbaren Sehnsucht erfüllt, mit meiner Mutter die Plätze zu tauschen?

Nein, ich vermute, es klingt einfach nur so, als würde ich alt. Als verklärte ich die Lebensumstände meiner Mutter. Vielleicht war sie gar nicht so selig. Vielleicht hat es sie tatsächlich geärgert, dass sie kein aufregenderes und erfüllteres Leben geführt hat. Vielleicht hat sie indirekte Befriedigung aus meinen Abenteuern geschöpft. Vielleicht hatte sie das Gefühl, vieles von dem, was mir zugestoßen ist, verpasst zu haben. Ach ... ich weiß es nicht. Wir kamen nie wirklich dazu, diese Dinge anzusprechen. Ich habe nicht daran gedacht zu fragen. Und jetzt ist es zu spät.

Als junges Mädchen habe ich meine Geheimnisse nur mit meiner Schwester Kunda geteilt. Es gab nichts, was ich vor ihr verbarg. Und sie hat mich nie verpetzt. Nicht einmal dann, wenn sie dadurch Kopf und Kragen riskierte, was häufig der Fall war. Ich musste vierzig werden, ehe ich offen mit meinem Vater reden und mich ihm gegenüber wie eine Erwachsene benehmen konnte, wenn auch nicht wie eine Gleichgestellte. Er denkt sich bis heute nichts dabei, mich auszuschelten, wenn er das Gefühl hat, ich hätte es nötig. Manchmal tut er das sogar im Beisein meiner Kinder, und ich habe den Verdacht, sie sehen es mit Begeisterung, wie ihre Mutter in ihre Schranken gewiesen wird. Und doch nehme ich mir selbst heute noch keine »ungebührlichen Freiheiten« bei ihm heraus (seine Worte). Ich mache selten unpassende Bemerkungen (hier würde er mir widersprechen) oder lasse mir meine Gereiztheit, Ungeduld oder

Verärgerung anmerken. Meine Geschwister dächten ohnehin nicht daran. Sie sagen mir, ich würde sie oft schockieren mit meiner Verwegenheit, unseren Vater auszufragen ... oder sogar mit ihm zu scherzen. Der Übergang hat sich für mich reibungsloser vollzogen ... aber im Falle meiner Geschwister ist es viel zu spät.

Wenn meine Schwestern zu Besuch kommen, stellt mein Vater diesen Damen gegenüber (eine Ende fünfzig, die andere Anfang sechzig) deutlich klar, dass er während ihres kurzen Aufenthalts das Sagen hat. Er überwacht alles, von ihrer Ernährung bis hin zu der Tageszeit, zu der sie nach Hause kommen.

»Solange ihr unter meinem Dach wohnt, trage ich die Verantwortung für euch, und ihr habt euch mir gegenüber zu verantworten. Das ist mein Haus, da habt ihr euch an meine Vorschriften zu halten.«

Und er sorgt tatsächlich dafür, dass sie befolgt werden. Oft ruft er um Mitternacht an, um sich zu erkundigen, warum sie noch nicht zurück sind. Falls es sie stört, zeigen sie ihren Groll nicht, sondern lassen ihm seinen Willen. An ihrer Stelle täte ich dasselbe. Jedes Mal, wenn ich zu ihm gehe, benehme ich mich wie ein ungezogenes Schulmädchen und werde auch so behandelt. Anschließend fühle ich mich ausnahmslos ein wenig schuldbewusst wegen irgendeiner unerwähnt gebliebenen Missetat, die ich unabsichtlich begangen haben könnte. Es ist schwierig, alte Schuldgefühle abzuschütteln.

Ich habe nie gesehen, dass meine eigenen Eltern sich umarmt haben. Als ich größer war, hat auch mich keiner von beiden mehr in den Arm genommen. Deshalb muss es meinen Vater enorm verblüfft haben, dass ich ihm an seinem achtzigsten Geburtstag einen Kuss auf die Wange drückte, als in dem Restaurant, in dem wir waren, die Kapelle »He's a jolly good fellow« anstimmte. Als ich eigene Kinder hatte, gelobte ich mir, ihnen gegenüber zärtlicher und anschmiegsamer zu sein, und ich bin froh, dass ich meine Hemmungen durchbrochen habe. Jahrelang konnte ich mich selbst in Liebesbeziehungen nicht dazu durchringen, diese drei magischen Worte (»Ich liebe dich«) auszusprechen. Heute gehen sie mir leicht über die Lippen, wenn ich mit meinen Kindern spreche, und jedes Wort ist ernst gemeint. Ich kann die Liebe meiner Kinder annehmen. Und ich erziehe mich dazu, auch mit ihren Ausbrüchen von Feindseligkeit umgehen zu lernen. Ja, auch das kommt vor, oft ohne jede Vorwarnung. Ich bin froh, dass sie sich frei genug fühlen, um ihren Empfindungen Ausdruck zu verleihen – sowohl den positiven als auch den negativen. Wir hatten diese Möglichkeit nicht. Ich halte es für wesentlich gesünder, die Dinge auszusprechen und sich damit auseinanderzusetzen, als einen Groll über Jahrzehnte zu unterdrücken.

Aditya und Avantika brauchten mehr als zehn Jahre, um mich zu fragen, warum ihr Vater und ich uns hatten scheiden lassen. Diesen Moment hatte ich seit Jahren kommen sehen und mich darauf vorbereitet, aber mir hatte davor gegraut. Als es schließlich dazu kam, war ich völlig überrumpelt (wir fuhren gerade von einem Arztbesuch nach Hause). Ich war mir der Anwesenheit des Chauffeurs, unseres plötzlichen Gefühlsausbruchs und des dichten Berufsverkehrs deutlich bewusst. Noch deutlicher bewusst war mir die Zeit, die wir damit verbracht hatten, auf Zehenspitzen um ebendieses Thema herumzuschleichen, das unsere Welt unwiderruflich verändert und ihr die Wärme und Geborgenheit genommen hatte. Die Scheidung selbst war zwar »zivilisiert« und ohne erbitterte Kämpfe über die Bühne gegangen, doch in der Vorstellung der Kinder hatten die Trennung und der Schmerz absolut nichts »Zivilisiertes« an sich gehabt. Aditya und Avantika hatten das Glück (ein seltsames Wort unter den gegebenen Umständen) gehabt, in einer liebevollen, aufmerksamen Umgebung bei Großeltern, die in sie vernarrt waren und sie stets verhätschelten, und ihrem Vater Sudhir aufzuwachsen, der etwa ein Jahr nach der Scheidung Smita heiratete, eine prachtvolle Frau. Es hatte sich keineswegs als die klischeehafte Horrorgeschichte erwiesen, aus der fesselnde TV-Soaps gestrickt sind. Ganz im Gegenteil.

Nach der Scheidung und auch während der Monate, die ihr vorausgingen, hatte ich täglich Kontakt mit meinen Schwiegereltern und war ständig über alles informiert, was die Kinder betraf. Meine ehemaligen Schwiegereltern sind kluge, aufgeklärte Menschen, denen bewusst war, wie sinnlos es ist, eine negative Haltung zu fördern, insbesondere in den Gemütern kleiner Kinder. Ich spreche regelmäßig mit meiner früheren Schwiegermutter und mit Smita, und ich bin froh, dass nicht nur oberflächliches Interesse vorhanden ist, sondern rege Anteilnahme am Leben derer, die wir lieben – den Kindern blieb das Trauma von lautstarken Auseinandersetzungen, von Beschuldigungen und Gegenbeschuldigungen aller Beteiligten erspart.

Aber es wäre absurd zu behaupten, sie wären damals nicht verwirrt oder verletzt gewesen. Mein einziger Trost bestand in dem Wissen, dass sie im Hause der Eltern ihres Vaters Geborgenheit, Zärtlichkeit und Liebe fanden. Es gab nichts, was ich ihnen in jener Phase meines Lebens hätte geben können – außer der Beteuerung, dass ich nur einen Anruf und ein paar Meilen von ihnen entfernt war. Jederzeit für sie da und ihnen bedingungslos zugetan. Ich hatte kein Geld, kein Zuhause und überhaupt keine Vorstellung von meiner Zukunft. Ich hatte nichts verlangt, nur meine Freiheit. Es wäre selbstsüchtig, wenn nicht gar grausam gewesen, Aditya und Avantika in meine turbulente, unsichere Welt hineinzuziehen. Ich hätte ihnen zu jenem Zeitpunkt wenig bieten können, noch nicht einmal meine ungeteilte Aufmerksamkeit. Und doch war ich vollkommen sicher, dass wir es unbeschadet überstehen würden, mit intakten Bindungen und unangezweifelter Liebe daraus hervorgehen würden. Es würde seine Zeit brauchen, vielleicht sogar Jahre. Aber wir würden es schaffen. Und so kam es tatsächlich. Das Fundament unserer Beziehung ließ sich durch nichts erschüttern. Die Kinder sollten meine Motive für diesen Entschluss erfahren, wenn sie alt genug waren, um meine Beweggründe zu verstehen und sie zu akzeptieren. Die Schwierigkeit würde darin liegen, die Zeit bis dahin zu überbrücken.

Und dafür war ich auf die Unterstützung meiner früheren Familie angewiesen. Diese Unterstützung wurde mir von ganzem Herzen zuteil. Dafür und für vieles mehr bin ich der Familie meines Mannes dankbar. Nicht ein einziges Mal wurde ich schlechtgemacht. Ich bekam keine harten Worte zu hören. Wie Indumatiben, meine ehemalige Schwiegermutter, an einem Spätnachmittag sagte, als ich mit ihr im Schlafzimmer des Bungalows saß, in dem ich schon bald nicht mehr zu Hause sein würde: »Du wirst immer ihre Mutter sein. Daran kann nichts etwas ändern. Wenn ich dich nicht respektiere, werden deine Kinder mich niemals respektieren.« Wie viele Schwiegermütter besäßen den Takt und die Weisheit, auf eine so naheliegende Tatsache zu kommen und sich daran zu halten?

Ich freute mich, als Sudhir wenige Monate nach meiner Hochzeit mit Dilip beschloss, ebenfalls wieder zu heiraten. Smita, seine Frau, war in keiner beneidenswerten Lage. Und doch hat sie im Lauf der Zeit immer wieder auf prachtvolle Weise ihre Charakterstärke bewiesen, noch dazu unter äußerst heiklen Umständen. Als sich Aditya viele Jahre später im Breach Candy Hospital einem kleinen Eingriff unterziehen musste, warteten Smita und ich besorgt vor der Tür des Operationssaals. Das Verhältnis zwischen uns war nicht belastet und auch in keiner Weise peinlich. Seltsamerweise kam sich keine von uns beiden im Umgang mit der anderen jemals unbeholfen vor. Als Aditya nach vielleicht einer halben Stunde auf einer Trage hinausgeschoben wurde, konnten wir ihn erschöpft nach mir rufen hören, als die Wirkung der Narkose nachließ und er aus dem Nebel auftauchte. Ich hielt seine Hand und ließ sie nicht wieder los. In dem Moment war er nicht mehr der Achtzehnjährige mit der tiefen Stimme und den dichten Bartstoppeln. Er war zu einem wimmernden Kleinkind geworden, das kläglich nach seiner Mutter rief. Smita stand still und würdevoll daneben, während Adityas beharrliche Rufe (»Mummy? Bist du da? Mummy … lass mich nicht allein«) durch das Vorzimmer hallten. Wenige Minuten später kam der Chirurg, um sich die äußerliche Wunde auf der Stirn meines Sohnes anzusehen. Er hob das Pflaster an, und Blut spritzte wie eine Fontäne heraus. Da ich den Anblick von Blut nicht ertrage, schwirrte mir der Kopf, mein Herz hörte auf zu schlagen, und ich wurde ohnmächtig. Die erste Person, die an meiner Seite war und mich auffing, war Smita. Ich konnte hören, wie sie die Krankenschwestern anwies: »Besorgen Sie ihr einen schwarzen Kaffee. Schnell. Sie muss sich irgendwo hinlegen.« Im nächsten Moment war Sudhir an ihrer Seite und rief Hilfe hinzu. Diesen Augenblick werde ich niemals vergessen. Den Edelmut und die Güte zweier Menschen, die allen Grund gehabt hätten, gleichgültig, wenn nicht gar boshaft zu sein, vergisst man nicht so schnell. Aber schließlich waren sie keine Durchschnittsbürger – warum vergaß ich das immer wieder? Hier zeigten sich gute Herkunft und gute Erziehung von ihrer glanzvollsten Seite. Als ich wieder klarer sehen konnte, lächelte Smita. »Alles in Ordnung? Mach dir wegen Aditya keine Sorgen. Ich habe mit dem Arzt gesprochen. Es geht ihm gut. Entspann dich . . . trink einen Schluck Kaffee.«

Eine andere Krisensituation. Jahre zuvor. Wenige Monate nachdem ich mein neues Leben begonnen hatte. Ich lebte allein. Es würde das erste Lichterfest werden, das ich ohne meine Kinder verbrachte. Ohne Lichter. Ohne Bonbons. Ohne ein Fest. Aber weshalb mit einer Tradition brechen? Warum nicht eine gewisse Kontinuität bewahren? Ich hatte die Kinder immer zu den Einkäufen im turbulenten Zentrum von Bombay mitgenommen, denn dort stand der Bungalow, in dem wir früher alle lebten. Dieses Ritual folgte jedes Jahr zu Diwali demselben Schema. Wir nahmen die Kinder des Gurkha mit und kauften ihnen zuerst Kleider von der Stange. Dann kamen die winzigen Papierlampions, die vor der Haustür aufgehängt wurden, dann farbige Puder, Öllampen, duftendes Badeöl und Kracher. Wie immer klammerte sich eine ganze Kinderschar an mich. Avantika mit ihren sechs Jahren hielt acht bunte Lampions an sich gedrückt. Aditya war hellauf begeistert über seine Feuerwerksraketen und Knaller. Als ich nach Kleingeld kramte, ließ ich die Hände der Kinder für einen Moment los. Es konnte nicht mehr als dreißig Sekunden gedauert haben, doch anschließend war eines der Kinder verschwunden. Meines. Nirgends in dieser schwach erleuchteten Seitenstraße, in der dichtes Gedränge herrschte, war Avantika zu sehen.

Mit weit aufgerissenen Augen und pochendem Herzen zerrte ich die übrige Kinderschar hinter mir her und erkundigte mich verzweifelt bei jedem Straßenhändler. Sie zeigten alle in dieselbe Richtung. Wie konnte sich eine Sechsjährige innerhalb von wenigen Sekunden so schnell voranbewegt haben? Unsere nächste Station, den Juwelierladen, in dem ich nach ihr fragte, hatte sie schon wieder verlassen. Ein halbes Dutzend Kinder klammerten sich an mich, als ich wie eine Besessene weiterrannte und Avantikas Namen rief. Nach fünfzig Metern hielten mich zwei Männer auf.

»Suchen Sie ein kleines Mädchen mit Lampions?«

»Ja«, schrie ich.

»Sie ist nach Hause gegangen«, sagten sie seelenruhig.

»Woher wissen Sie das? Wer sind Sie?«

»Wir haben sie angesprochen, weil sie geweint hat. Eine von unseren weiblichen Freiwilligen hat sie nach Hause gebracht. Sie wohnen doch ganz in der Nähe, nicht wahr? Sie hat der Frau sogar eine Abkürzung gezeigt. Keine Sorge, sie ist in Sicherheit. Die Frau hat sie zu Hause abgeliefert.«

Ich war unendlich erleichtert.

Ich hatte die Fragen meiner Kinder immer so direkt wie möglich beantwortet, ohne allzu sehr ins Detail zu gehen oder Schuldzuweisungen vorzunehmen. Heute sind sie junge Erwachsene, die in der Lage sind, sich selbst ein Bild zu machen. Ich liefere ihnen lediglich das Gerüst und überlasse ihnen alles Weitere. Sie müssen wissen, dass Sudhir und ich nur ihr Bestes wollen. Und dass sie Fragen zu dieser schwierigen Zeit stellen können. Wir haben nichts vor ihnen zu verbergen. Wir lieben unsere Kinder. Das ist das Einzige, was zählt. Ich will nichts vertuschen und nichts beschönigen. Der Tag, an dem ihre Mutter die Flucht ergriff und nach Delhi flog, um nie wieder in einem gemeinsamen Haushalt mit ihnen zu leben, wird ihnen ohnehin für alle Zeiten im Gedächtnis bleiben. Das ist brutal genug. Diese Narbe kann noch nicht einmal ich beseitigen, denn es steht nicht in meiner Macht. Werden sie dafür entschädigt? Nur dadurch, dass es nicht später zu der Trennung kam. Dass eine

Ehe, mit der es bergab ging, nicht zu einem hässlichen Kampf ausartete. So weit ist es nie gekommen. Wir haben es nicht dazu kommen lassen. Keine wüsten Beschimpfungen. Keine Keilereien. Nur der Rückzug in sich selbst und das Schweigen. Tödliches Schweigen, das allemal. Aber selbst das ist vorzuziehen.

Meine eigenen Eltern hatten häufig genug Auseinandersetzungen, und uns Kindern hat vor diesen finsteren Momenten gegraut. Meistens wurden die Meinungsverschiedenheiten im Schlafzimmer ausgetragen, aber die Spannung konnte man beim besten Willen nicht übersehen. Als Kind ängstigte mich das – ich konnte nicht glauben, dass Erwachsene miteinander stritten, nicht mehr miteinander redeten oder dass sie weinten. Dann fühlte ich mich unbehaglich. Aber ich fühlte mich auch schuldig, als sei ich auf eine verworrene Art und Weise die Ursache für die Unstimmigkeiten gewesen.

Es war noch nie einfach, Eltern zu sein, aber heute ist es schwieriger denn je. Vor ein paar Tagen musste Avantika zu ihrer ersten Fernsehaufnahme. Alles war im Voraus arrangiert worden, einschließlich des Maskenbildners. Und doch geriet sie eine halbe Stunde vor dem Auftritt in helle Panik. Ich sah ein kleines Mädchen vor mir, dem die Nerven durchgingen und das den Tränen nahe war. Sie hatte solche Angst, dass sie einen Nesselausschlag bekam, ihre Augenlider waren geschwollen, und sie fühlte sich offensichtlich elend. »Mutter, du schminkst mich. Ich will nicht, dass eine fremde Person mein Gesicht berührt.« In dem Moment war sie keine »coole« Neunzehnjährige, sondern ein unsicheres Kind, dem bei der Aussicht graute, vor der Kamera zu stehen. Es rührte mich, dass sie genug Vertrauen in meine Fähigkeiten setzte, sie so herzurichten, dass sie unter diesen Umständen so gut wie möglich aussah. Ich versuchte meine eigene Nervosität durch Flachsereien zu überspielen und mich total lässig zu geben. Als ich in ihre verzweifelten Augen sah, konnte ich mich selbst in ihrem Alter deutlich sehen. Und in dem Moment begriff ich, dass es meiner Mutter unmöglich gewesen wäre, sich in meinen Augen widergespiegelt zu sehen. Wir gehörten vollkommen verschiedenen Welten an. Sie war immer ein viel, viel älterer Mensch gewesen, der einer anderen Generation angehörte. Keine meiner Erfahrungen und keines meiner Abenteuer konnten mit den Dingen übereinstimmen, die sie erlebt hatte, noch nicht einmal zufällig.

Meine Träume waren nicht ihre Träume. Meine Gedanken gehörten nur mir allein. Es war ihr ebenso wenig möglich, Zugang zu meiner Welt zu finden, wie es mir möglich gewesen wäre, eine Brücke zu ihrer Welt zu bauen. Und doch glaube ich, dass sie mich verstanden und mich vorbehaltlos akzeptiert hat, mit all meinen Fehlern und Schwächen. Der Altersunterschied zwischen meiner Mutter und mir ist fast derselbe wie zwischen meiner Tochter Avantika und mir. Trotzdem kann ich mir aufgrund meines ereignisreichen Lebens und der Zeit, in der wir leben, alles, was sie durchmacht, vorstellen, mich in sie hineinversetzen und ihre Ängste voll und ganz nachvollziehen, denn ich habe das alles selbst erlebt. Ich habe getan, was sie heute tut – und ich habe dieselben Fehler gemacht. Ich verstehe sie. Wie hätte meine Mutter auch nur das Geringste über Tricks beim Schminken wissen können? Über Ärger mit dem Freund oder Spritztouren auf dem Motorrad? Oder Treffen bei Mondschein und schwülstige Gedichte? Über gespaltene Haarspitzen oder Pickel vor der Periode? Sie war eine Frau, die es nie für nötig erachtet hatte, Kosmetika zu benutzen oder »sich fein zu machen«. Sie hatte nie ein »Rendezvous« mit jemandem gehabt, noch nicht einmal mit dem Fremden, den sie im Alter von siebzehn Jahren geheiratet hatte. Niemand hatte ihr je ein Gedicht geschrieben, noch nicht einmal mein Vater. Und Motorräder wurden in ihrer Welt nur von Automechanikern und Rowdys gefahren.

Die einzige Creme, die es in unserem Haushalt gab, trug sie nur auf ihr Gesicht auf, weil sie fürchtete, sich sonst den Zorn meines pingeligen Vaters zuzuziehen, der ihr immer wieder ihre trockene Haut vorhielt. Sie tupfte sich großzügige Mengen Talkpuder ins Gesicht und war auch später nicht davon abzubringen. Auf ihrer breiten Stirn prangte ein knallroter Punkt. Und ihre Frisur (ein geflochtener Nackenknoten) blieb ihr Leben lang unverändert. Sogar die gebogenen Haarnadeln aus Aluminium, die sie benutzte, damit ihr Knoten nicht verrutschte, waren immer noch dieselben wie zu Beginn ihrer Ehe. Und doch wirkte sie nie »altmodisch« oder »unmodern«. Sie war einfach nur sie selbst, eine stolze Frau, die in sich ruhte und der weder ihre Gewichtszunahme noch ihre spärliche Garderobe jemals peinlich waren. In ihrer Jugend hatte sie genau zwei »gute« Saris besessen, einen pfauenblauen Seidensari mit schwarzem Druck und einen Coimbatore-Baumwollsari. Zu beiden trug sie eine weiße Bluse und darunter einen Unterrock aus weißer Baumwolle. Diese zwei Kleidungsstücke genügten ihr für jeden Anlass, vom Rashtrapati Bhavan bis zum Gouverneurspavillon, wo alle anderen Frauen eitel ihre weitaus edlere Kleidung vorführten.

Das einzige Schmuckstück, an dem meine Mutter wirklich hing, und auch das Einzige, worum sie meinen Vater jemals gebeten hatte, war ein Paar Kudis (Ohrringe mit sieben kleinen Diamanten, die um einen größeren Diamanten in der Mitte angeordnet sind, ein Schmuckstück, das im Maharashtra unter Frauen aus der Mittelschicht in einem ganz bestimmten Alter heiß begehrt war). Eine ihrer eigenen Schwestern, die einen ehrgeizigen Mann geheiratet hatte, bekam schon in weitaus jüngeren Jahren ein Paar, und das rieb meine Großmutter meiner Mutter immer wieder unter die Nase.

»Kann dir der wichtige Regierungsbeamte, den du geheiratet hast, nicht einmal das schenken? Hast du gesehen, wie viele Tolas Gold deine Schwester besitzt?«

Auf diesen Spott erwiderte meine Mutter ungerührt: »Mein Mann verdient sein Gehalt auf ehrliche Weise. Er wird mir die Kudis schenken, wenn er sie sich leisten kann.« Falls sich in dieser Bemerkung eine Kränkung oder eine Anspielung verbarg, erschien es meiner Großmutter offenbar klug, sich nicht dazu zu äußern.

Selbst jetzt erinnert sich mein Vater, wenn er von meiner Mutter spricht, und das tut er häufig, vor allem an ihre Zufriedenheit. Er sagt, sie hätte sich nie beklagt. Und er prahlt, als sei all das erst gestern gewesen: »Ganz gleich, wie sie gekleidet war, es ist ihr immer gelungen, allen anderen Memsahibs die Schau zu stehlen.«

Es fällt mir leicht, ihm das zu glauben. Ihre wahre Schönheit, mit deren Glanz sie andere in den Schatten stellte, lag in ihren Augen – vertrauensvoll, kindlich, offen. Und in ihrer erstaunlich guten Haut. Sie war durch und durch natürlich, und genau das machte ihre Schönheit aus. Meine Mutter war immer sie selbst. Nichts und niemand konnte sie einschüchtern. Ihre Haltung gegenüber anderen blieb unverändert, ganz gleich, mit wem sie es zu tun hatte. Nie hatte sie das Gefühl, im Umgang mit Kollegen und Vorgesetzten meines Vaters sei es nötig, dem Ego der Männer zu schmeicheln oder vor ihren eingebildeten Ehefrauen im Staub zu kriechen.

Ich möchte gern glauben, dass ich diese Eigenschaft von ihr geerbt habe. Ich kann mich nicht daran erinnern, jemals von einem anderen Menschen so tief beeindruckt gewesen zu sein, dass ich es für nötig hielt, mein Verhalten zu ändern und vorzugeben, ich sei jemand, der ich nicht bin.

Natürlich betreibe ich oft Spielchen mit meinen Mitmenschen, aber ich tue es bewusst und in erster Linie zu meiner eigenen Belustigung. Jedes Mal, wenn mich die Versuchung überkommt, eine winzig kleine Show abzuziehen, denke ich an meine Mutter und daran, wie sie mit der jeweiligen Situation umgegangen wäre – sie hätte lediglich den nüchternen und direkten Standpunkt vertreten, so sei sie nun mal, ob es den Leuten passte oder nicht. Ich sage mir, wenn sich das für sie bewährt hat, dann sollte es sich für mich eigentlich auch bewähren. Aber da liege ich natürlich falsch. Mein Leben hat nun mal keine Ähnlichkeit mit ihrem. Es gibt durchaus Momente, in denen ich mir das wünsche.

Ich erinnere mich noch gut daran, wie sie sich einmal mit meinem Bruder stritt. Damals war sie schon krank und zerbrechlich, aber noch nicht so schwach, dass sie nicht die Energie aufgebracht hätte, ihren eigenen Sohn in seine Schranken zu weisen. Das Verhältnis zwischen ihr und meinem Bruder Ashok war locker, liebevoll und ungezwungen und erlaubte es ihnen, sich häufig gegenseitig aufzuziehen und einander freundlich zu necken. Eines Abends ließ er sich immer wieder über ihre Mittelständischkeit aus, bis sie beschloss, jetzt reiche es ihr. Mit bebenden Nasenflügeln, funkelnden Augen und erhobener Stimme warf sie ihm temperamentvoll an den Kopf: »Ich bin ganz deiner Meinung, ich bin mittelständisch. Aber was um alles in der Welt bringt dich auf den Gedanken, du seist ein Aristokrat?«

So war meine Mutter. Schonungslos, nüchtern und ehrlich bis ins Mark. Diplomatie und Takt waren ihr restlos fremd, obgleich sie nie vorsätzlich die Gefühle anderer verletzte. Im Gegensatz zu meinem Vater, der seine Worte mit größerer Sorgfalt wählte und nur, wenn es sein musste, grob und direkt wurde, war meine Mutter viel zu offen und arglos. Sie kam gar nicht erst auf den Gedanken, ihre Meinungen zurückhaltend zu äußern, wenn sie schon danach gefragt wurde. Und sie traf bei Menschen aus jeder Gesellschaftsschicht mit nachtwandlerischer Sicherheit den richtigen Ton, der immer ihr eigener war, ganz gleich, mit wem sie es zu tun hatte.

Meine eigenen Kinder nehmen viel zu viele Dinge als selbstverständlich hin. Sie kennen kein anderes Leben. Ich kann nicht von ihnen erwarten, dass sie den kleinen Annehmlichkeiten des Alltags, die ich in meiner Jugend als unerreichbaren Luxus ansah, denselben Wert beimessen. Diese Kinder sind privilegiert. Ich war es nicht. Aber ich habe es nie so empfunden. In meiner Schule gab es Mädchen, die aus wesentlich wohlhabenderen Familien stammten, enge Freundinnen, die der Chauffeur vor der Schule absetzte und denen untertänige Ayahs ein warmes Mittagessen brachten, die Schuluniformen aus kostbarem Mischgewebe trugen und nicht aus rauem Drillich, die in wunderschönen Häusern am Meer lebten, in denen es vier oder fünf Dienstboten gab, die ihre Ferien im Ausland verbrachten und eindeutig ein wesentlich luxuriöseres Leben führten als ich. All das fiel mir durchaus auf. Die Unterschiede, meine ich. Und doch kann ich mich nicht erinnern, jemals das Gefühl gehabt zu haben, mir mangele es an etwas, weil sie Dinge besaßen, die ich nicht besaß. Das war nie ein Thema. Weder heute noch damals. Es gibt zahllose Menschen in unserem engen Freundeskreis, die viel reicher sind, Frauen mit Schmuck von unschätzbarem Wert, einem unbegrenzten Budget für ihre Einkäufe und phänomenalen Plänen für Reisen an exotische Orte. Aber bis zum heutigen Tage hat es mich noch nie nach einem der Dinge gelüstet, die sie protzig zur Schau stellen. Ich mag manches bewundert haben, und ab und zu hat es mir den Atem verschlagen. Und ich habe mich gefragt, was das wohl gekostet haben mag. Aber deshalb habe ich noch lange nicht den Wunsch verspürt, etwas Derartiges selbst zu besitzen.

Bei den seltenen Gelegenheiten, wenn ich meine Schulfreundinnen zu Hause besuchte, nahm ich fast automatisch jede Kleinigkeit zur Kenntnis, blieb dabei aber immer recht gleichgültig. Als würde ich sagen: »Ah, ja. Dieses Klavier ist wirklich gut gestimmt.« Oder: »Hübsch, diese Tischwäsche. Phantastische Kristallgläser.« Nichts blieb mir verborgen, weder das livrierte Personal, das zum Mittagessen Fisch nach Müllerinart servierte, noch die elegant gekleideten Mütter in Chiffon mit Blumenmuster, die die Speisenfolge überwachten, und auch nicht die ständigen Telefonanrufe ... ja, die Telefonanrufe, die diese Mütter entgegennahmen, faszinierten mich tatsächlich. Meine eigene Mutter bekam so gut wie nie einen Anruf, außer von ihren Neffen und Nichten. Und schon gar nicht von schnatternden Damen. Ich lauschte leidenschaftlich, wenn die gepflegten Mütter meiner Freundinnen Geistlosigkeiten von sich gaben und ihr albernes Geschwätz mit perlendem Gelächter durchsetzten, und irgendwann dankte ich Gott dafür, dass meine Aie nicht so war wie diese spröden, oberflächlichen Frauen. Dass sie einfach nur Aie war: stark, schlicht, leicht zu durchschauen und noch leichter einzuordnen – eine Mutter. Meine Mutter. So eine Mutter wäre ich meinen Kindern gern, obwohl ich weiß, dass dieser Wunschtraum unrealistisch und töricht ist. Weshalb sollte ich sie mit meinem lachhaften »Image« belasten? Weshalb sollte ich das Recht haben, ihren Träumen gewaltsam diesen

Stempel aufzudrücken? Wenn ich besonders streng mit mir ins Gericht gehe, denke ich, vielleicht irre ich mich ja. Vielleicht bin ich vermessen. Vielleicht hätten sie sich gar keine anonyme, konventionelle Mutter gewünscht. Woher sollten sie den Unterschied kennen? Ich bin die einzige Mutter, die sie haben, ob es ihnen passt oder nicht. Dann tröste ich mich mit Erinnerungen an Momente, die mir als etwas ganz Besonderes für mich und meine Kinder im Gedächtnis geblieben sind. Und gleich fühle ich mich wieder besser. Aber das hält nicht lange vor.

Wenn wir am Bahnhof Churchgate vorbeifahren, weise ich meine ungläubigen jüngeren Kinder darauf hin – ein schäbiges, aber wichtiges Wahrzeichen meiner Kindheit.

»Das war mein Bahnhof. Da bin ich in den Zug zur Schule gestiegen. Und das ist die Bushaltestelle, von der aus ich gelaufen bin.«

Sie können es kaum glauben, wenn sie die Menschenmassen sehen, die aus dem Bahnhof strömen oder hineineilen. »Hast du dich denn nicht gefürchtet? Hatte Aie keine Angst um dich, wenn du den Zug genommen hast?«, wollen sie wissen.

Nein, ich hatte keine Angst. Sie auch nicht. Was wäre mir denn anderes übrig geblieben? Ich nahm einen Zug zur Haltestelle Grant Road, sprang dort ab und lief den restlichen Kilometer zur Schule. Auf dem Heimweg nach dem Training lief ich den Kilometer zu einer anderen Bushaltestelle bei Nana's Chowk, nahm einen Doppeldeckerbus, stieg in der Nähe des Eros-Theaters aus und sprintete nach Hause. Lange Jahre bestand mein Mittagessen aus einem abgepackten Sandwich. Mein Taschengeld? Selten mehr als die abgezählten Münzen für die Busfahrt, vielleicht wurden auch noch fünfundzwanzig Paise draufgelegt. Trotzdem hatte ich nie das Gefühl, ich sei zu kurz gekommen.

Meine Kinder werden immer zur Schule gebracht und von dort wieder abgeholt. Sie haben noch nie öffentliche Verkehrsmittel benutzt. Sie brauchten es nie zu tun. Mit Ausnahme meiner älteren Tochter Radhika, die in einem weit entfernten Büro arbeitet und beschlossen hat, jeden Morgen den Bus zu nehmen. Das Leben meiner Kinder ist von der Wirklichkeit abgeschirmt und für meine Begriffe etwas zu bequem. Ich prahle manchmal damit, dass ich mich bereits im Alter von zwölf Jahren in der »wirklichen« Welt zurechtfand. Ich war auf mich selbst gestellt und konnte viele Dinge allein entdecken. Ich kannte sämtliche Busverbindungen und hatte die Fahrpläne der Züge im Kopf. Ich kannte die meisten Seitenstraßen dieser riesigen, überbevölkerten Stadt. Ich kam ohne Begleitpersonen, Ayahs oder Chauffeure viel herum.

Diese Erfahrung hat mich abgehärtet, und heute weiß ich das zu schätzen. Aber abgestumpft hat es mich nicht. Ich habe gelernt, mit Leuten aus jedem Milieu umzugehen, selbst um meine Sicherheit besorgt zu sein, halbwegs unabhängig und sogar erfinderisch zu werden. Meinen Schwestern und mir war es zwar nicht erlaubt »auszugehen«, es sei denn in Begleitung eines Elternteils, doch wir hatten trotzdem unseren Spaß. Sogar bei den Picknicks, die uns regelmäßig aus der Stadt herausführten, schlichen wir uns für kurze Zeit davon, um miteinander zu kichern und zu tuscheln, während unsere Eltern im Schatten eines Gulmohurbaums ein Nickerchen machten. Wir reisten ausschließlich in ihrer Gesellschaft. Es gab lange Autofahrten in ferne Städte mit Übernachtungen unterwegs. Den Geschmack dessen, was diese Rasthäuser »Chickencurry« nannten, was aber Taube oder Krähe in einer öligen Sauce gewesen sein muss, werde ich nie vergessen. So sahen unsere simplen Abenteuer aus – ungefährlich und ohne jeden Nervenkitzel.

Als ich meine erste »richtige« Arbeit annahm, wurde ich weiterhin von meiner näheren Umgebung verhätschelt. Es war ein bequemes Leben. Ich wachte auf, zog mich an, ging zur Arbeit, ging abends aus, kam nach Hause und legte mich schlafen. Die Familie und mein Zuhause nahm ich als selbstverständlich hin, insbesondere all die kleinen Annehmlichkeiten und den Komfort im Alltag – Telefone, warme Mahlzeiten, fließendes Wasser, die gewaschene Wäsche, ein frisch bezogenes Bett, gebügelte Kleidung, das eingepackte Mittagessen, Geld, wenn ich zwischendurch knapp bei Kasse war. Als Gegenleistung erhielten meine Eltern nicht das Geringste von mir, weder meine Zeit noch meine Zuwendung.

Ja, es mag schon sein, dass ich an den Wochenenden ein paar Pflichten hatte, aber es waren wirklich nur kleinere Hausarbeiten. Gemüse einkaufen, bügeln, Teig ausrollen, Fisch braten. Ich erledigte sie unter ständigem Murren. Aber im Großen und Ganzen war mein Zuhause für mich ein Wohnheim mit freier Unterkunft und Verpflegung. Und dazu kam noch eine Heimleiterin, der stets ein Lächeln im Gesicht stand und die mir gelegentlich einen Kuss gab ... einfach nur, weil ich ich war. Es ist erstaunlich, dass meine Mutter nie über meine Gleichgültigkeit jammerte. Oder über meine Lebensweise, die ihr gänzlich fremd gewesen sein muss. Natürlich war meine ältere Schwester Mandakini schon seit zehn Jahren Bankdirektorin, als ich meine berufliche Laufbahn antrat, und Kunda schloss gerade ihre Ausbildung zur Augenchirurgin ab. Daher waren meine Eltern es gewohnt, dass ihre Kinder weniger Zeit als früher mit ihnen verbrachten und auch im Haushalt weniger mithalfen. Trotzdem weiß ich von etlichen Eltern, die nicht so großzügig oder entgegenkommend sind, wenn ihre Kinder darum ringen, sich auf eigene Füße zu stellen.

Meine Mutter bekam mich in dieser hektischen Zeit kaum zu Gesicht. Mein Vater sah noch weniger von mir. Die Zeit, die ich zu Hause verbrachte, war Telefongesprächen vorbehalten. Und meinen egoistischen Interessen. Die Wochenenden waren dazu da, abzuschalten, mich zu entspannen und ins Kino zu gehen. Sogar zu dieser Zeit hatte ich nur wenige Freunde, da ich mich nie einer bestimmten Clique anschloss. Einige dieser Menschen waren außerordentlich reich – man kann sie heute noch zu den reichsten Leuten in dieser Stadt zählen. Ich besuchte ihre Abendgesellschaften in den abgelegten Sachen meiner Schwester oder in irgendwelchen lächerlichen Klamotten, die von einer Modenschau übrig geblieben waren, ohne mich deshalb jemals gehemmt zu fühlen.

Wenn ich mich recht an den Inhalt »unseres« Schranks (ich teilte ihn mir mit Kunda) erinnere, war es ganz schön kärglich darum bestellt. Meine Schwestern waren beide so großzügig, immer dann, wenn sie etwas Geld übrig hatten, meine Garderobe zu ergänzen – handbedruckte Seidensaris von Sohan, Baumwollkurtas von Handloom House, hübsche Venkatgiris von reisenden Händlern, Klunker von tibetanischen Flüchtlingen, Mojris von Janpath, Chiffondupattas vom Mohta Markt –, denn sie nahmen rege und liebevoll Anteil an meinem Äußeren. Ich hatte nichts dagegen einzuwenden, da ich zu der Zeit knapp bei Kasse war. Mein eigenes Gehalt ging für weitere Kleidungsstücke und für die Taxikosten drauf – vier Fahrten täglich ins Büro und zurück, denn ich kam zum Mittagessen nach Hause. Da ich schon immer gern zum Essen ausgegangen bin, aß ich im Allgemeinen in einem der kleinen Restaurants in Colaba zu Abend, wobei das Paradise mein absoluter Favorit war.

Meine Mutter fragte mich nie, um wie viel Uhr ich nach Hause kommen würde. Mein Vater hatte eine simple Regel aufgestellt: Nach Mitternacht würde die Sicherheitskette vorgelegt sein, was hieß, dass ein Türschlüssel unbrauchbar war und ich klingeln musste. Und das war keine verlockende Aussicht, denn mein Vater würde derjenige sein, der die Tür öffnete ... und zwar bestimmt nicht mit einem Lächeln, das nach »Willkommen zu Hause, mein Liebling« aussah, das kann ich Ihnen versichern. Um mir das zu ersparen, ließ ich, egal, wo ich war, alles stehen und liegen, um es gerade noch rechtzeitig nach Hause zu schaffen, denn sonst riskierte ich, zu mitternächtlicher Stunde angeschrien zu werden.

Die beiden hatten ein interessantes System ausgeklügelt: Vor den Kindern stellten sie eine geeinte Front dar, obwohl wir wussten, dass unsere Mutter nicht immer mit unserem Vater einer Meinung war. Oft schwächte sie besonders harte Worte von seiner Seite ab, indem sie unter vier Augen das Kind tröstete, das seinen Zorn abgekriegt hatte, doch sie stellte es geschickt an, ohne ihrem Mann in den Rücken zu fallen. Sie sagte nie: »Er hatte Unrecht und du hast Recht gehabt.« Aber durch ihre mitfühlende Haltung und ihr geduldiges Zuhören stellte sie deutlich klar, dass sie Verständnis hatte. Mir genügte das. Ich fürchte, ich bin nicht so klug und so rücksichtsvoll, wenn es um meine eigenen Kinder geht. Wenn ich explodiere, dann explodiere ich. Ich neige dazu, sie als Gleichgestellte zu behandeln, was nicht immer die beste Lösung ist. Ich lege die Maßstäbe von Erwachsenen an und wähle einen irritierend rationalen Ansatz, wo sich doch etwas mehr Ruhe, Intuition und Gelassenheit viel besser bewähren würden.

Es ist wichtig, dass zumindest ein Elternteil ständig ansprechbar ist, und in unserer Familie war das meine Mutter. Die meisten Bitten wurden über sie weitergeleitet – wir wandten uns selten direkt an unseren Vater, es sei denn, er begann das Gespräch. Ein Elternteil stand für Autorität und Disziplin, der andere für Verständnis und Nachsicht. Die Rollen wurden selten getauscht. In meiner eigenen Familie haben wir diese Form der Improvisation inzwischen eingeführt. Wenn ich gerade nicht ansprechbar bin, spielt mein Mann manchmal »Mama« und besänftigt die Gemüter. Ich stelle fest, dass er in Punkten, in denen ich unbeugsam bin, oft viel einfühlsamer ist. Zu meinen Zeiten hielt man sich an die gesetzten Fristen und kam rechtzeitig nach Hause. Heutzutage ist es unmöglich durchzusetzen, dass Kinder sich an solche Vorgaben halten. Und es ist zwecklos, sich deshalb graue Haare wachsen zu lassen. Er kann auch mit den Veränderungen im sozialen Umfeld, zu denen es mittlerweile gekommen ist, wesentlich besser umgehen. Während ich dazu neige, zu moralisieren, zieht er es vor, zu reden. Von Mann zu Mann. Von Mann zu Frau. Ich glaube, die älteren Kinder reagieren wesentlich besser auf diese Einstellung.

Und der Mann, der mir einst solche Furcht eingeflößt hat – mein Vater –, ist heute für mich ein naher Vertrauter. Vermutlich musste ich erst »richtig« erwachsen werden, um würdigen zu können, was er alles für seine Familie getan hat. Und worauf er und meine Mutter unseretwegen verzichtet haben. Sie hatten vier heranwachsende Kinder zu ernähren und einzukleiden und für ihre Ausbildung aufzukommen, und all das vom bescheidenen Gehalt eines Regierungsbeamten. Erst jetzt, da ich selbst Mutter bin, staune ich über den Gleichmut meiner Eltern während dieser schwierigen Jahre, in denen mein Vater unauffällig Geld borgte, um Schulgebühren oder die Rechnungen beim Krämer zu begleichen.

Heute, im Alter von neunzig Jahren, ist er ein stolzer, beherzter Mann, der ein sehr würdevolles Leben führt. Er ist allseits für seine Großzügigkeit und seinen Sinn für Gerechtigkeit bekannt. Der Trödler von der Straßenkreuzung kommt geradewegs zu ihm, wenn für die Pflege seiner Mutter im Krankenhaus zusätzliche Mittel benötigt werden. Auch der Wächter mit dem geschwollenen Bein wendet sich an keinen anderen »Saab« in der Wohnanlage, in der mein Vater lebt. Er weiß, auf wen er zählen kann, wenn er sofortige Hilfe braucht. Kürzlich läutete ein wildfremder Mann an der Tür, als ich gerade bei meinem Vater zu Besuch war, und klagte ihm überzeugend sein Leid. Mein Vater ist kein reicher Mann. Er ist Rentner mit ausreichenden Ersparnissen für einen komfortablen Lebensabend, aber er hat mit Sicherheit keine überschüssigen Mittel. Ich sah, wie er auf den Holzschrank zuging und seine abgegriffene alte Lederbörse herausholte.

»Warum gibst du einem Mann, den du überhaupt nicht kennst, Geld?«, fragte ich ihn.

Er sah mich an. »Ich brauche ihn nicht zu kennen. Er ist arm und braucht Hilfe. Mehr brauche ich nicht zu wissen. Was sind schon zweihundert Rupien? Ich stelle keine großen Ansprüche. Es gibt wirklich nichts, was ich noch will. Ich habe ohnehin schon zu viel. Wenn ich meinen Kindern und meinen Enkelkindern teure Geburtstagsgeschenke machen kann, kann ich dann etwa nicht eine kleine Summe für einen Armen erübrigen?«

Seine »Darlehen« werden selten zurückgezahlt. Schon während er die Scheine abzählt, schreibt er den Betrag ab. Und so war es immer, sogar zu Zeiten, zu denen seine eigenen Mittel nicht genügten. Und es gereicht meiner Mutter bis in alle Ewigkeit zur Ehre, dass sie nicht ein einziges Mal versucht hat, ihn zu beeinflussen oder ihn von seiner Hilfsbereitschaft abzuhalten, obwohl unter den Begünstigten auch Undankbare waren, die eine solche Gefälligkeit vergaßen, sowie sie das Geld in ihren raffgierigen Fingern hielten, und die den Mann, der es ihnen gegeben hatte, nicht wiedererkannten, wenn sie ihm Jahre später zufällig begegneten.

Insbesondere eine Anekdote rührt mich jedes Mal wieder, wenn die Rede darauf kommt. Als mein Vater nach Delhi versetzt wurde, stellte er fest, dass er seinem Vermieter in Satara, einem wohlhabenden Kaufmann, noch dreißig Rupien schuldig war. Meinem Vater war es peinlich, dass er nicht über die erforderlichen Mittel verfügte, um die ausstehende Miete zu bezahlen, und daher suchte er den Mann auf und bat ihn, ihm das Geld zu stunden. Der Kaufmann lachte. »Ein so unerheblicher Betrag, darüber brauchen wir kein Wort zu verlieren.« Die Familie zog nach Delhi um. Ich war damals zwei Jahre alt. Die Regierung stellte uns eine Unterkunft zur Verfügung, aber das nächste Gehalt war erst in einem Monat fällig. Mein Vater belieh sein Gehalt. Und sowie er das Geld hatte, schickte er eine Geldanweisung über dreißig Rupien an den reichen Kaufmann. Als Nächstes kaufte er das Notwendigste für seine kleinen Kinder – Schuluniformen, Lehrbücher und warme Kleidung für den Winter in Delhi. Niemand bekam zu spüren, in welcher Bedrängnis er war, und das aufgenommene Darlehen wurde nie erwähnt.

Dieser Tage ertappe ich mich oft dabei, dass ich meinen Vater stumm anflehe, mir den Weg aus der Ratlosigkeit zu weisen. Und er tut es. Mit seinem unverwüstlichen gesunden Menschenverstand und seiner praktischen Veranlagung weist er mich immer in die richtige Richtung. In meiner Jugend war ich zu sehr von meiner eigenen Identitätskrise geblendet, um auf seine scharfsinnigen Ratschläge zu hören. Was er vorschlug, entstammte nicht dem Reich der höheren Philosophie. Es war nicht unerreichbar oder fernliegend. Er sah die Dinge pragmatisch. Lass dir nichts zuschulden kommen. Bezahle deine Steuern. Liebe deine Familie und dein Land. Tu das, was moralisch unanfechtbar ist. Wähle den richtigen Weg. »Ein Mann, der Charakter hat, kann immer zwischen Gut und Böse unterscheiden«, sagte er einmal zu mir. Am Bezirksgericht war er ständig mit Dingen konfrontiert, die anderen als schwierige Entscheidungen erschienen wären, da man die Interessenkonflikte berücksichtigen musste. Aber für ihn gab es, wenn er sein Urteil fällte, nur einen denkbaren Urteilsspruch – den gerechten.

Einmal musste ein mächtiger Mann, der zufällig auch sein Vermieter war, vor Vaters Gericht erscheinen, weil schwerwiegende Anklagen wegen Betrugs gegen ihn erhoben worden waren. Da er sicher war, dass mein Vater zu seinen Gunsten entscheiden würde, brachte der Mann seine Kumpel mit und trat großspurig auf. »Schuldig«, verkündete mein Vater ohne jedes Zögern.

Der Mann sprang entrüstet auf. Sein Gesicht war vor Schock und Wut verzerrt. »Ich gebe keinen roten Heller auf Ihr Urteil«, brüllte er, während mein Vater seelenruhig die Dokumente unterschrieb. Mit seinen einflussreichen Kontakten ging der Mann in Berufung und erreichte, wie zu erwarten war, dass das Urteil aufgehoben wurde.

Mein Vater bezahlte weiterhin seine Miete und sah keinen Widerspruch darin, im Umgang mit seinem missmutigen Vermieter einen höflichen Ton zu wahren. »Seinem Ego ist eine Kränkung zugefügt worden«, sagte mein Vater. »Das kann ich voll und ganz verstehen. Aber mein eigenes Gewissen ist rein. Vor Gericht war ich nicht sein Mieter, sondern er ein Angeklagter in meinem Gerichtshof.«

Mein Vater erinnerte sich auch noch an einen unschätzbaren Rat, den ihm kein anderer als Ram Jethmalani vor langer Zeit erteilt hatte. »Wenn Sie einen Fall verlieren, dann sorgen Sie dafür, dass Sie nicht auch Ihren Klienten verlieren. Wenn Sie den Klienten verlieren, dann nehmen Sie nicht auch noch den Richter gegen sich ein. Aber wenn Sie sogar den Richter nicht mehr auf Ihrer Seite haben, dann büßen Sie nicht auch noch Ihr Gewissen ein.« Es kann gut sein, dass Mr Jethmalani seine eigenen weisen Worte längst vergessen hat, aber mein Vater hat sie nicht vergessen. Er hat danach gelebt. Zahllose Male hat er uns, seiner Familie, deutlich vor Augen geführt, dass »Charakterfestigung« nicht nur ein leeres Schlagwort ist, mit dem man achtlos um sich wirft. Damals war mir die Tragweite dieses Begriffs nicht klar, aber jetzt weiß ich, was er damit meinte. Vor allem, da ich selbst heute noch täglich Beispiele dafür sehe, dass er im Einklang mit seinem Glaubensbekenntnis handelt.

In jeder Form von moralischem Dilemma wende ich mich häufig und instinktiv an ihn. Als während der Wahlen 1998 gewisse politisch aktive Personen an mich herantraten, berichtete ich ihm von unserem Gespräch und legte dabei besonderen Nachdruck auf das Beharren meiner Gesprächspartner, ich solle meine Religionszugehörigkeit deutlich herausstreichen.

»Sag einfach ganz entschieden zu ihnen: ›Ich mache keine Unterschiede zwischen den Menschen.‹ Auf diese Antwort solltest du dich beschränken«, riet er mir.

Ich nahm diese Versuche ohnehin nicht ernst. Aber dieser eine Satz machte es mir wesentlich leichter, Nein zu sagen, als ich das nächste Mal darauf angesprochen wurde.

Schloss er wirklich nie Kompromisse? Geriet er nie in Konflikte? In Versuchung? Doch, aber, soweit ich weiß, nur ein einziges Mal. Meine Mutter galt früher als das hübscheste Mädchen im ganzen Viertel. Die Nichte meines Vaters besuchte dieselbe Schule wie sie (St. Columba's), und die Familien waren miteinander bekannt. Als ein Heiratsvermittler mit einem förmlichen Antrag eintraf, der sich an den jüngsten Sohn der Rajadhyakshas richtete, war mein Vater ein unbeschäftigter Anwalt und ganz und gar auf die Großzügigkeit seines ältesten Bruders angewiesen. Er bildete sich auch nicht gerade viel auf sein Äußeres ein. (»Ich hatte zwar ebenmäßige Gesichtszüge und war ziemlich groß, aber meine Zähne standen vor, und ich trug eine Brille. Dafür nahm ich es mit der Körperpflege und der Hygiene sehr genau.«) Mein Vater konnte nicht glauben, dass die Götter es so gut mit ihm meinten. Ihm war die sechzehnjährige Shakuntala auf dem Schulweg aufgefallen, und er hatte sein Herz an sie verloren. Und jetzt kam dieser Antrag! Mein Vater wurde gar nicht erst gefragt, wie er dazu stand. Die Entscheidung wurde »Tatya« überlassen, seinem selbstherrlichen Bruder, der siebzehn Jahre älter war als er.

»Wir wollen erst einmal die Horoskope miteinander vergleichen lassen, dann sehen wir weiter«, sagte er.

Eine Woche verging mit angespanntem Warten. Als die Horoskope endlich zurückgegeben wurden, lautete der Kommentar, bedauerlicherweise stünden die Sterne für diese Verbindung nicht günstig. Mein Vater war so wild entschlossen, die zierliche, hellhäutige, langhaarige, dunkeläugige älteste Tochter der Pandits zu heiraten, dass er sich entschied, Einfluss auf die Sterne zu nehmen. Er suchte den Geistlichen auf und überredete ihn, einen zweiten Blick auf die Geburtshoroskope zu werfen. Um den Prozess zu erleichtern, bot er dem Geistlichen einen kleinen Anreiz (in bar) für die zusätzliche Mühe. Wie zu erwarten, meldete sich der Geistliche wenige Tage später bei dem Mittelsmann, um zuzugeben, er hätte sich bei seinen ursprünglichen Berechnungen geirrt, und die Horoskope vertrügen sich prächtig miteinander. Kurz darauf wurden die beiden getraut, und ihre Ehe blühte und gedieh im Lauf der nächsten neunundfünfzig Jahre.

Heute lacht mein Vater bei dieser Erinnerung in sich hinein. Die beiden hatten sich so sehr darauf gefreut, im Dezember 1995 ihren sechzigsten Hochzeitstag zu feiern. Fast hätten sie es geschafft, es fehlten nur noch sieben Monate. Doch im Mai starb meine Mutter, und daher erreichten sie diesen entscheidenden Meilenstein in ihrem Leben bedauerlicherweise nicht.

Ich habe immer noch die katastrophal kolorierte Fotografie, die an ihrem fünfundzwanzigsten Hochzeitstag von meinen Eltern aufgenommen wurde. Beide haben sich mächtig in Schale geworfen – meine Mutter trägt einen Sari aus bedruckter Kaschmirseide mit einer Bluse aus Kunstseide, die überhaupt nicht dazu passt, und mein Vater steckt in einem Anzug aus brauner Wolle. Sie strahlt vor Glück und wirkt vollkommen natürlich, wogegen mein Vater einen finsteren Eindruck macht und sich unbehaglich zu fühlen scheint (er konnte sich auf Fotos nie leiden). Ihre vier Kinder, die formell um sie herumgruppiert sind, wirken ... ja, wie eigentlich? Vielleicht ein wenig verlegen. Ich erinnere mich noch an meine eigene Aufmachung für diesen Anlass: Ich trug einen karierten Salwar Kameez, der meine Figur betonte, und dazu eine passende Dupatta, das Prunkstück meiner Garderobe. Das Foto ist ein zauberhaftes und aufschlussreiches Porträt einer Familie, der es trotz der unterschiedlichen Temperamente recht gut gelungen ist, den Zusammenhalt nicht zu verlieren. Das haben wir in erster Linie derjenigen zu verdanken, die dieses labile Gefüge zusammenhielt – meiner Mutter.

Als sie am 7. Mai 1995 starb, war ich nicht da. Dieser Umstand quält mich inzwischen auf eine seltsame und bedrückende Weise. Ich war nicht da. Ich hätte da sein sollen. Ich hätte da sein können. Ich hätte da sein müssen. Aber die tragische Tatsache bleibt weiterhin bestehen – ich war nicht da. Und wo war ich? Eigentlich gar nicht mal weit weg. Ich entspannte mich mit meinem Mann auf unserem Bauernhof, gegenüber vom Hafen, auf der anderen Seite der Bucht. Ich könnte mir leicht sagen: »Tja, was kann man da tun ... ihr Zustand war nicht kritisch. Sie war nicht ins Krankenhaus eingeliefert worden. Sie war alt und gebrechlich, aber das war sie schließlich schon seit Jahren. Ich hätte ein so plötzliches Ende unmöglich vorhersehen können. Nicht ausgerechnet in dieser Nacht. Ich hätte ihr ohnehin nicht das Leben retten können. Außerdem war es vielleicht sogar gut so. Ich musste sie ohnehin loslassen. Etwas Besseres als ein Ende der rasenden Schmerzen, verursacht durch die chronische Staungslunge und die Arthritis deformans, mit der sie so tapfer gelebt hatte, hätte man ihr nicht wünschen können.« Aber das sind nur leere Worte, die kaum Trost spenden. Tatsache ist: Ich war nicht da. Nur mein Vater war bei ihr. Und eine unpersönliche bezahlte Pflegerin, die nichts taugte und der ohnehin alles egal war – für sie war meine Mutter wahrscheinlich nur eine Patientin unter vielen, die gestorben war.

Es fällt mir schwer, die Szene vor meinem geistigen Auge wieder aufleben zu lassen. Es sind zu viele Schuldgefühle im Spiel. Und Scham. Während ihrer letzten Lebensjahre war ich ihr keine »gute« Tochter gewesen. Und nicht annähernd mitfühlend genug. Oft hatte ich meine Ungeduld und meinen Ärger über ihre offensichtlichen Beschwerden deutlich gezeigt. Es war mir nicht möglich gewesen zu verstehen, warum sie nicht mehr die Frau war, die ich als meine Mutter gekannt und geliebt hatte. Ich nahm ihr die Veränderung übel, die sich an ihr vollzogen hatte – nicht physisch, sondern geistig. Sie wirkte fern, verwirrt und desinteressiert, doch während ich wütend und ungeduldig darauf reagierte, dass sie mir nicht aufmerksam zuhörte, rang ihr Gehirn darum, weiterhin zu funktionieren, obwohl es durch mangelnde Sauerstoffzufuhr beeinträchtigt war, denn ihre arme Lunge war nicht mehr in der Lage, ausreichend Sauerstoff in den Körper zu transportieren, während das Herz mühsam weiterpumpte und sich weigerte aufzugeben, nachdem es den größten Teil seiner normalen Funktionsfähigkeit längst eingebüßt hatte.

Warum konnte ich diese elementaren, leicht verständlichen Erklärungen selbst dann nicht hinnehmen, nachdem man mir alles kristallklar auseinandergesetzt hatte? Warum glaubte ich, sie simulierte oder übertrieb ihr Leiden? Es ist ein trauriges Eingeständnis, aber ich muss es machen: In diesen letzten Jahren habe ich sie im Stich gelassen, und sie hat nicht ein einziges Mal ihrem Kummer oder ihrer Enttäuschung über mein abscheuliches Benehmen Luft gemacht. Ich begegnete dieser hilflosen Frau, deren Funktionen allmählich nachließen, bis von ihrem Körper und ihrem Geist nur noch eine hohle, eingefallene Hülle zurückblieb, mit zu wenig Mitgefühl und viel zu viel Kritik. Ich sah zu, wie sie dahinsiechte, und doch empfand ich nicht das Geringste, abgesehen von einer eigentümlichen Wut. Warum benahm sie sich so? Warum sah sie so anders aus? Ich wollte meine wunderschöne Mutter wiederhaben – ein egoistischer, kindlicher Wunsch. Nicht diese mürrische, distanzierte Dame, die nicht wiederzuerkennen war, eine Gestalt, die geistesabwesend ins Leere starrte, zwanghaft mit den Fingern trommelte, sehr wenig aß, sehr wenig sprach und uns allen gegenüber absolut gleichgültig zu sein schien. Ich fühlte mich seltsam im Stich gelassen, als spielte mir jemand einen gemeinen Streich.

Ich bin sicher, dass meine Mutter spürte, wie ich mich immer mehr von ihr zurückzog, und dass es sie verletzte. Sogar in ihrem leicht benebelten Zustand waren ihre Instinkte noch so wach wie eh und je. Sie wusste Bescheid, wenn eine Hausangestellte sich vor der Arbeit drückte, wie viele Lebensmittel vergeudet wurden, ob die Wäsche am selben Tag zum Trocknen aufgehängt worden war oder nicht. Ihr ganzes Leben lang hatte sie ihre Energien darauf verwandt, eine tüchtige Hausfrau zu sein. Sie würde nicht dulden, dass ihr ordentlicher Haushalt, in dem selbst der kleinste Gegenstand seinen festen Platz hatte, insbesondere die Erinnerungsstücke unserer Familie – die elegante Obstschale, die Kuchengabeln, das ganz besondere englische Steingutgeschirr und all die Souvenirs, die ihr die Kinder von ihren Auslandsreisen mitgebracht hatten –, von einer bezahlten Hilfe, die diesen Dingen keinerlei Wert beimaß, auf den Kopf gestellt wurde. Sie war zu gebrechlich, um selbst nachzuschauen, ob Staub auf den Bücherregalen lag, aber sie brauchte sich nur umzusehen, denn sie erkannte auf den ersten Blick, ob auch nur ein einziger Briefbeschwerer von seinem Platz verrückt worden war.

Als sie bereits zu schwach war, um sich frei in der Wohnung zu bewegen, machte sie sich immer noch die Mühe, jeden Abend ihren Platz auf dem Sofa einzunehmen, um sich die Fernsehnachrichten anzusehen. Mein Vater, der auf dem Diwan lag und mit einem Auge den unregelmäßigen Atem seiner geliebten Frau überwachte, während er das andere auf den kleinen Bildschirm gerichtet hatte, versuchte sie in angeregte Gespräche über das Tagesgeschehen zu verwickeln. Wenn man bedenkt, wie wenig die Ereignisse, die zur Diskussion standen, sie tatsächlich angingen, war es wirklich erstaunlich, dass sie so regen Anteil daran nahm. Sie hatte die Namen von wenig bekannten Ministern und in Ungnade gefallenen Bürokraten parat, an die sich selbst mein Vater mit seinem bemerkenswerten Gedächtnis nicht genau erinnern konnte. Die häufigen Anrufe meiner Schwestern erwartete sie mit kindlicher Freude, und oft plapperte sie so munter drauflos, als sei es ein Ortsgespräch, wobei sie die deftigen Telefonrechnungen, die auf meine Schwestern zukamen, vollständig vergaß.

Es muss sie sehr geschmerzt haben, dass ich so selten zu Besuch kam, aber sie stellte mich nie zur Rede, sondern fand stattdessen Ausflüchte für mich, um zu entschuldigen, dass ich nicht öfter kommen konnte. »Die arme Shobhaa. Sie hat so viele andere Verpflichtungen – eine große Familie und all diese Aufträge, die sie annimmt. Ständig ist sie am Schreiben ...« Innerlich krümmte ich mich, wenn ich diese Alibis hörte, die mir sehr gelegen kamen, aber selbst das genügte nicht, um mich an ihr Bett zu locken. Wenn ich sie tatsächlich besuchte, konnte ich es kaum erwarten, wieder zu gehen – ich reagierte ungehalten auf ihr Benehmen und auf die langsamen Fortschritte, die ihre »Genesung« machte. Und ich war so unsensibel, es mir anmerken zu lassen. Meine Geschwister fragten sich, was in mich gefahren war. Schließlich war ich immer ihr Liebling unter uns Kindern gewesen. Diejenige, der sie mehr Aufmerksamkeit und Liebe als allen anderen geschenkt hatte. Diejenige, die sie »verzogen«, ermutigt und mit Nachsicht behandelt hatte. Hatte ich all das etwa vergessen? Nein, natürlich nicht. Ich wollte all das wiederhaben. Ich wollte, dass es wieder so war wie in alten Zeiten. Ich wollte meinen Kopf auf ihren Schoß legen und mich von warmen, weichen Fingern streicheln lassen, nicht von diesen knochigen Händen mit den unförmigen Gelenken. Vielleicht verstand sie mein Bedürfnis. Ich weiß es nicht.

Etwa ein Jahr vor ihrem Tod wurde sie für kurze Zeit ins Krankenhaus eingeliefert. Zum Glück war meine Schwester, die selbst Ärztin ist, zu dem Zeitpunkt in Bombay und traf die Entscheidung, sie einzuweisen. Der Zeitpunkt war denkbar ungünstig. Für mich jedenfalls. Ich hatte einen kurzen Urlaub mit den Kindern geplant. Diesen Sommerurlaub hatten wir ihnen schon lange versprochen, und die Kinder freuten sich bereits seit Wochen darauf. Ich wäre liebend gern in Bombay geblieben, aber davon wollten meine Kinder nichts hören. Wenn du nicht mitkommst, bleiben wir auch hier, erklärten die Jüngeren rundheraus. Sie waren in dem Alter, in dem ihnen ein Urlaub viel mehr bedeutete als irgendeine alte Dame, die im Krankenhaus lag (auch wenn es ihre Großmutter war). »Sie braucht dich nicht. Maushi und die anderen sind doch da und können sich um sie kümmern«, flehten sie.

Ich war im Krankenhaus, als die Spezialisten eintrafen. »Es ist schwer zu sagen ... es steht auf der Kippe ... in ihrem Alter und in ihrem Zustand ist alles möglich«, teilten sie der Familie mit. Unsere Reisetaschen waren schon seit einer Woche gepackt. An jede kleinste Einzelheit war gedacht worden, bis hin zu dem roten Plastikeimer und der Schippe für den Strand. Die Abreise war für den nächsten Morgen geplant. Im Krankenzimmer sah ich zu, wie meine Schwester dem Pflegepersonal Anweisungen erteilte. Der Rest der Familie wartete draußen. Irgendwann gelang es meiner Mutter, für einen Moment die Augen aufzuschlagen. Als sie mich sah, strahlte sie. Das kam einem Dolchstoß in mein kaltes, gefühlloses Herz gleich. Ich erklärte ihr die schwierige Situation – die Kinder, ihre Enttäuschung, all die Buchungen und Reservierungen. Sie flüsterte heiser: »Fahr mit. Sei für deine Familie da.«

Meine Schwester starrte mich ungläubig an, als ich meinem Vater und meinem Bruder den Entschluss mitteilte. Der Gedanke, dass ich auch nur in Erwägung ziehen könnte, mich zu einem solchen Zeitpunkt zu »vergnügen«, muss sie alle bestürzt haben. Der Spezialist ließ sich seine Missbilligung deutlich ansehen. Ich möchte gern glauben, dass sie die Einzige war, die mein Dilemma verstand, als sie mir grünes Licht gab, gemeinsam mit meiner Familie ins Flugzeug zu steigen. Sie hatte es ohne jeden Vorbehalt getan. Sie hatte die Entscheidung aus ganzem Herzen getroffen – so großmütig war sie in diesem Moment gewesen. Und ich war mit dem absolut sicheren Gefühl abgereist, dass sie binnen einer Woche wieder zu Hause sein würde – und so kam es auch. Als ich ihr kurz zuvor etwas Suppe eingeflößt hatte, hatte ich ihren Überlebenswillen gespürt. Sie war noch nicht bereit, den Kampf aufzugeben. Sie lebte ein weiteres Jahr, aber dieses geschenkte Jahr kann ihr nicht viel Glück beschert haben, denn jede Bewegung war schmerzhaft, jeder Atemzug mühsam.

Bei einer kleinen Entgleisung, die ich mir immer noch nicht verzeihen kann, ging es ausgerechnet um ein Tandoori Chicken. Es war etwa eine Woche vor ihrem Tod. Ich erhielt einen Anruf von meinem Vater, der mich fragte, ob ich das Huhn besorgen könnte, da meine Mutter mit der Beharrlichkeit eines quengelnden Kindes danach verlangte. »Aber es muss unbedingt vom Delhi Durbar sein«, wies er mich an, während ich zerstreut eine Notiz in meinen Terminkalender schrieb. In meiner Vorstellung war ein Huhn wie das andere. Ich glaubte nicht, dass es für meine Eltern den geringsten Unterschied machte, woher dieses Huhn kam. Daher bestellte ich das Gericht in einem Club in der Nähe, in dem wir Mitglieder sind, weil ich der Überzeugung war, es würde hygienischer sein. Und weil es so praktisch war. Meine Mutter warf einen Blick auf das Huhn und wandte sich auf der Stelle wieder ab. Woran konnte sie erkennen, dass es nicht aus dem Restaurant ihrer Wahl stammte?

Das Huhn aus dem Club war in säuberliche kleine Würfel geschnitten, wogegen das Huhn, nach dem ihr der Sinn stand, im Ganzen serviert wurde. Sie war tief enttäuscht und rührte das Huhn, das ich geschickt hatte, nicht an. Das verwirrte mich, aber vor allem ärgerte ich mich darüber, und diesen Ärger fasste ich in Worte. Mein Vater sagte müde: »Meine Liebe, du verstehst das nicht. Deine Mutter hat so gut wie gar keinen Appetit mehr. Sie hätte das Huhn vom Delhi Durbar auch nicht essen können, aber es hätte sie sehr glücklich gemacht, wenn sie es noch einmal so hätte sehen dürfen, wie sie es früher mochte, als sie noch gesund und munter war.« Ich hätte mir selbst einen Tritt in den Hintern geben können. Es war eine so kleine Bitte gewesen. Und es war auch eine ihrer letzten Bitten. Ich hatte sie wieder einmal enttäuscht.

Am Morgen des Tages, an dem sie starb, hatte ich noch, wie üblich, mit ihr telefoniert. Rein zufällig waren alle meine Kinder an jenem Nachmittag zu ihr gegangen und berichteten mir von dem Besuch, als ich aus Alibag anrief, wo ich das Wochenende verbringen wollte. Meine jüngste Tochter wirkte verwirrt, als sie sagte: »Aie hat mich heute nicht erkannt. Sie hat mich für Didi gehalten.« Das hätte bei mir Alarm auslösen sollen, tat es aber nicht. Um sechs Uhr abends rief ich vom Bauernhof aus an und sprach mit meinem Vater. Er sagte trostlos: »Ihr Zustand ist unverändert. Es besteht kein Grund zur Sorge. Wir sehen fern. Die Nachtschwester ist noch nicht da.« Normalerweise hätte ich erst am kommenden Morgen wieder mit ihnen gesprochen. Aber irgendetwas brachte mich dazu, noch einmal anzurufen, um nachzufragen, ob die Pflegerin mittlerweile aufgetaucht war. Sie war eine unzuverlässige, gefühllose Person. Ich mochte sie nicht, und ich hatte auch kein allzu großes Vertrauen in sie. Ich war nicht sicher, ob ich von Alibag aus durchkommen würde, da die Telefonverbindung nach Bombay, das keine vierzehn Meilen Luftlinie entfernt liegt, nur sporadisch funktionierte und oft jeder Versuch, dort anzurufen, vergeblich war. Ich hoffte entgegen jeder Wahrscheinlichkeit, dass ich nicht wieder eine Bandansage bekommen würde.

Mein Vater nahm beim zweiten Läuten ab.

»Baba? Ist alles in Ordnung? Ist die Frau noch gekommen? Wie geht es Mutter?«

»Sie ist nicht mehr bei uns.«

»Was? Du meinst, du hast die Frau rausgeworfen?«

»Deine Mutter … sie ist nicht mehr. Sie ist gerade gestorben … vor ein paar Minuten. Aie ist tot. Sie ist von uns gegangen.«

Ich glaubte ihm. Seine Aussage war kühl und sachlich.

Und ich hasste mich.

Dafür, dass ich nicht da war.

Dafür, dass ich so gefühllos und hartherzig mit ihr umgegangen war.

Dafür, dass ich unter uns vier Kindern diejenige war, die in dieser Krise eine gewisse Hilfe hätte sein können, mich aber stattdessen auf einem abgelegenen Bauernhof aufhielt und Vorbereitungen für eine Gourmetmahlzeit traf. Ich sage leise: »Ich mache mich sofort auf den Rückweg.« Dann drehte ich mich zu meinem Mann um. Er wusste es bereits. Ich brauchte ihm nichts zu erklären.

»Lass uns einen Wagen mieten«, schlug er vor. Das war ein praktischer und vernünftiger Vorschlag. Alibag liegt auf der anderen Seite der Bucht von Bombay, und während des Monsuns wird der Bootsverkehr eingestellt. Mit der Fähre kann man ab einer bestimmten Tageszeit ohnehin nicht mehr übersetzen. Mein Mann war nicht in der Verfassung, selbst zu fahren – meine Eltern waren für ihn die Eltern, die er selbst nicht mehr hatte. Es dauerte keine halbe Stunde, bis wir unterwegs waren. Ich weiß nicht, was ich in diesen allerersten Momenten empfunden habe, abgesehen von überwältigenden Schuldgefühlen. Kummer war es jedenfalls nicht. Und auch nicht das Gefühl, einen Verlust erlitten zu haben. Schließlich kränkelte sie schon seit längerer Zeit, und die Familie war auf das Unvermeidliche gefasst.

Mir stand das Bild meines Vaters vor Augen, der in einem solchen Moment auf sich gestellt war, allein in der Wohnung mit einer sauertöpfischen Fremden, die bestimmt schon ihre nächste Nachtschicht im Hause eines anderen, ebenso hilflosen Patienten plante. Keines seiner vier Kinder war an seiner Seite, um seinen unendlichen Kummer mit ihm zu teilen und ihm Trost zu spenden. Wir alle hatten viel zu viel mit unserem eigenen Leben zu tun, mit unseren eigenen Familien, unseren eigenen Beschäftigungen, unseren eigenen Prioritäten. Die Frau, die uns geboren hatte, lag in einem schwach beleuchteten Schlafzimmer tot auf ihrem Bett, in einem modernen, anonymen Hochhaus mit Nachbarn, die man nur vom Sehen flüchtig kannte, und an ihrer Seite war ein gebrechlicher Mann von siebenundachtzig Jahren, ihr geliebter Ehemann. Niemand war da, um diesem einsamen Mann die Last seines Kummers zu erleichtern. Was hatten sie von uns, diese beiden stolzen Menschen, die wir unsere Eltern nannten? Was hatten sie jemals von uns gehabt? Was hatte ich jemals für sie getan? Wie viel Freude hatte ich durch Taten in ihr Leben gebracht, die ich ausschließlich um ihretwillen vollbracht hatte?

Noch nie in meinem ganzen Leben hatte ich mich so elend gefühlt, so selbstsüchtig und so armselig.

Der Weg nach Bombay war weit, die Straße gewunden. An einem guten Tag war es möglich, die Entfernung in drei Stunden zurückzulegen. Es war aber kein guter Tag. An einem verkehrsreichen Knotenpunkt gerieten wir in einen enormen Stau. Auf beiden Seiten der Schnellstraße standen zweihundert Laster dicht hintereinander, und der Verkehr war vollständig zum Erliegen gekommen. Inzwischen hatte es angefangen zu regnen, was bedeutete, dass die Autobahnpolizei noch langsamer vorankommen würde, vorausgesetzt, es waren überhaupt Verkehrspolizisten im Einsatz. Wir standen volle zwei Stunden an einer Stelle und schwiegen. Ich brachte kein Wort heraus. Es gab nichts zu sagen. Ich konzentrierte mich auf die schlammige Landschaft, beobachtete den Regen und dachte an die Tränen, die ich nicht vergoss. Ich war von einer eigentümlichen Kälte erfasst, in mich zurückgezogen und nur für praktische Überlegungen zu haben. Wann würde das Begräbnis stattfinden? Wer würde zu Hause sein, wenn ich endlich dort ankam? Würde Vater zu Abend gegessen haben? War Mutter gestorben, bevor oder nachdem er sein Abendessen zu sich genommen hatte? Wenn sie vorher gestorben war, würde er schrecklichen Hunger haben (und mein Vater ist wie ein Kind, wenn sein Magen knurrt). Würden mein Bruder und meine Schwägerin Moyna bereits eingetroffen sein? Oder besuchten sie eine Abendgesellschaft und waren folglich nicht erreichbar? Die Anrufe bei meinen Schwestern – ob Vater wohl gefasst genug gewesen war, um sie zu benachrichtigen, oder würde diese Aufgabe mir zufallen? Wir würden einen Krankenwagen oder einen Leichenwagen brauchen, aber was von beidem? Andere Verwandte mussten verständigt werden. Mutters einzige Schwester, die noch am Leben war und mit der sie jede Woche sprach – jemand würde sie informieren müssen. Blumen, Kränze, Agarbattis, Eis. Mutter musste umgezogen werden ... und was war mit dem rituellen Bad? Würde ich sie baden müssen? Mutters Schmuck – ihre beiden Halsketten, die Diamantohrringe und die Armreifen ... ich würde sie ihr abnehmen und sie gegen Imitationen austauschen müssen. Es war immer Mutters inniger Wunsch gewesen, als

Saubhagyawati zu sterben, als verheiratete Frau, deren Mann noch am Leben war. Sie würde sich alle Symbole wünschen, die diesem Status gebührten – das Bindi, die Armreifen, die Halsketten und für die Feuerbestattung einen grünen oder roten Sari. Welcher Sari kam dafür in Frage? Einer ihrer liebsten Seidensaris? Hatte Vater mit ihr über die Einzelheiten der Bestattung gesprochen? So wie ich die beiden kannte, war das unwahrscheinlich. Sie hätten es sicher als unheilbringend und morbid angesehen. Das bedeutete, dass mein Bruder und ich diese Entscheidungen gemeinsam treffen mussten. Und zwar schnell.

Einzelheiten über ihre letzten Momente waren mir nicht bekannt. Ich wollte auch gar nichts darüber wissen. Sie war tot. Würde Vater in allen Einzelheiten schildern wollen, was passiert war? Musste ich unbedingt diese schaurigen letzten Sekunden im Detail durchleben und mich damit martern, dass ich sie mir bildhaft ausmalte?

Sie war tot.

Fünf Stunden später, als der weiße Maruti-Transporter eine scharfe Rechtskurve nahm, erhaschte ich einen Blick auf das Fenster des Schlafzimmers meiner Eltern. Dort brannte Licht. Das galt auch für das Wohnzimmer. Ich konnte zwei Umrisse auf dem Balkon erkennen: meinen Bruder und Moyna. Jedes Mal, wenn ich unser eigenes Haus verließ, führte mich mein Weg durch diese Straße. Und jedes Mal hielt ich nach Licht in diesem Fenster Ausschau. Nur war es diesmal kurz vor drei Uhr nachts, und ich hätte Dunkelheit vorgezogen. Ein dunkles Fenster hätte mir gesagt, dass es den beiden gut ging und sie im Tiefschlaf lagen. Aber in dieser einen Nacht erschien mir das Licht satanisch und böse. Ausnahmsweise stand Licht und nicht Dunkelheit für den Tod.

Ich begab mich auf direktem Wege ins Schlafzimmer meiner Eltern, nachdem ich meinen Bruder und seine Frau kurz begrüßt hatte. Von der Eingangstür war es nicht weit, ein Weg, den ich in der Vergangenheit zahllose Male zurückgelegt hatte. Mir fiel auf, dass ein Sari meiner Mutter, den sie nur zu Hause trug, zum Trocknen auf der Wäscheleine hing. Alles sah vollkommen unverändert aus und roch wie immer – nach ihrem Talkpuder, ihrem Haaröl und ihrer Seife. Selbst als ich sie endlich, wie gewohnt, im Bett sah, konnte ich einfach nicht glauben, dass sie nicht mehr am Leben war. Oder dass mein Vater, der stumm neben ihr lag, tatsächlich neben dem Leichnam seiner Frau und nicht etwa neben ihrer schlafenden Gestalt lag. Sie sah im Tod so ruhig und friedlich aus, strahlender als im Leben, denn der Schmerz war von ihr abgefallen. Ihr Gesicht wirkte glatter. Ihr Mund schien entspannter zu sein. Und ihr Haar war, wie üblich, ordentlich gekämmt, und auf der Stirn trug sie das Bindi.

Auch das Verhalten meines Vaters war im Einklang mit der äußeren Erscheinung meiner Mutter. Jahrelang hatte er stumm an ihrer Seite gewacht und auf die kleinste Veränderung ihres Atems geachtet. Ab und zu war er eingenickt, doch in der übrigen Zeit hatte er stets die Uhr im Auge behalten, um ihr rechtzeitig ihre Medizin zu verabreichen, und seinen Blick nicht von ihrem sichtlichen Unbehagen gelöst. Heute war es genauso. Er sagte nichts, als fürchtete er, sie aus ihrem tiefen Schlaf zu wecken, den sie nach Jahrzehnten flacher, pfeifender Atemzüge so dringend brauchte.

Ich setzte mich neben sie. Strich ihr über die Stirn. Beugte mich hinunter und drückte ihr einen Kuss auf die Wange. Im Zimmer herrschte eine unnatürliche Stille. Ich fragte ihn, wie das Ende gekommen war. Plötzlich musste ich es doch wissen. Aber vielleicht ahnte ich auch nur, dass er es sich von der Seele reden musste. Er berichtete mir fast schon klinisch von ihren letzten Momenten. Als legte er einen detaillierten Augenzeugenbericht ab. Er hatte ihr geholfen, ein paar Bissen zu essen. Sie zu einem weiteren Happen überredet. Ihr Kopf hing so weit hinunter, dass es ihm nicht gelang, ihr den Löffel in den Mund zu stecken, ohne ihr Kinn zu bekleckern. Er hatte einen Arm um ihre schmalen Schultern gelegt, während er sie drängte, den Kopf zu heben und den Mund weiter zu öffnen. Sie unternahm einen tapferen Versuch, seinem Wunsch nachzukommen, und dann sank sie auf das Bett zurück – tot. Er hatte versucht, sie zu schütteln ... zu ihr zu sagen, komm schon, setz dich wieder hin ... du hast noch nicht aufgegessen. Keine Reaktion. In dem Moment wusste er es. Er rief die Pflegerin. Sie wusste es ebenfalls. Wahrscheinlich wusste sie viel besser Bescheid als er. Im Laufe der Jahre hatte sie sicher viele Menschen sterben sehen. Sie starben auf verschiedene Weise, aber am Ende starben sie alle. Sie konnte die Zeichen klar erkennen. Aber ... aber ... meine Mutter hatte doch noch vor wenigen Minuten mit ihm gesprochen. Sie hatte mit ihm ferngesehen, war ohne Begleitung ins Bad gegangen. Hatte sich das Gesicht gewaschen. Ihre Gebete gesprochen. Tot, sagte die Frau, sie ist tot. Und in dem Moment rief ich zum zweiten Mal bei meinem Vater an. Tot, sagte er tonlos, ein Echo der Worte der Frau. Sie ist tot. Deine Mutter ist nicht mehr unter uns.

Sie war nicht mehr unter uns. Ihr Lebenslicht war ausgepustet worden, einfach so. Ich ging zu meinem Bruder, um mich mit ihm zu besprechen. Er sagte: »Wir haben auf dich gewartet. Lass uns die Feuerbestattung in die Wege leiten. Jetzt. Sofort. Vor Tagesanbruch.« Niemand sollte benachrichtigt werden, mit Ausnahme meiner beiden Schwestern. So hatte es meine Mutter haben wollen. Kein Geistlicher. Keine Rituale. Keine Gebete. Keine Zeremonien. Keine Trauer.

Jetzt meldete sich mein Vater zu Wort. »Ich möchte, dass sie vor dem Morgengrauen fortgebracht wird. Nicht vor den Augen neugieriger Nachbarn und Fremder. Wozu noch länger warten? Ruft den Krankenwagen. Keinen Leichenwagen. Ich will für ihre letzte Reise einen schicken, neuen, frisch lackierten, klimatisierten Krankenwagen, der gut in Schuss ist.« Meine älteste Tochter Radhika war mittlerweile eingetroffen. Sie hatte ihrer Großmutter sehr nahegestanden. Wir beschlossen, meine Mutter gemeinsam umzuziehen. Ihr den Schmuck abzustreifen. Radhika tat es, als sei es das Natürlichste auf Erden. Ohne eine Spur von Grauen oder Ekel berührte sie einen kalten, leblosen Körper, dessen Gliedmaßen bereits steif zu werden begannen. Als ich ihr die Halsketten und die Diamantkudis abnahm und sie durch billige Imitate ersetzte, empfand ich es als ungeheuer traurig, dieser Frau die wenigen Besitztümer zu nehmen, die ihr so viel bedeutet hatten – die Symbole für ihren Status als verheiratete Frau gewesen waren und die Stellung widerspiegelten, die ihr Mann im Leben einnahm. Sogar der leuchtend grüne Sari mit der schlichten Goldborte, den mein Bruder gekauft hatte, sowie er die Nachricht erhalten hatte, war grauenhaft, gemessen an dem guten Geschmack, den sie in Kleidungsfragen von Natur aus besessen hatte.

Es war an der Zeit zu gehen. Mein Mann und mein Bruder halfen uns dabei, sie auf die Bahre zu legen. Ich war dagegen, dass sie festgeschnallt wurde, obwohl ich wusste, dass es den Leuten andernfalls Schwierigkeiten bereiten würde, mit der Bahre fünf Stockwerke hinunterzusteigen. Ich empfand es als den Gipfel der Würdelosigkeit, sie festzubinden. Mein Bruder und ich konnten uns nicht einigen. Wir stritten uns darüber. Ich beharrte glühend auf meinem Standpunkt. Er rief mir ins Gedächtnis zurück, sie sei auch seine Mutter gewesen. Schließlich lief es darauf hinaus, dass wir sie nicht festbanden.

Mein Vater wandte sich an mich. Er würde seine Frau auf ihrer letzten Reise zum Krematorium nicht begleiten, aber er hatte den Wunsch, mit uns nach unten zu kommen, wo der Krankenwagen bereitstand. Ich blieb gemeinsam mit ihm zurück. Es war inzwischen kurz vor fünf.

»Ich kann mich nicht in dieser Aufmachung von ihr verabschieden«, sagte er gequält und deutete auf seinen frisch gewaschenen und sorgsam gebügelten Kurta-Pajama. »Ich muss mich für sie umziehen.«

Wir warteten, während er sich gesellschaftsfähig herrichtete – Nadelstreifenhose, Gürtel, feines Hemd, Schuhe und Socken. Dann begleiteten wir ihn nach unten. Mein Bruder und mein Mann saßen neben der Bahre.

»Ich habe den Wunsch, meiner Frau die letzte Ehre zu erweisen«, sagte mein Vater und begab sich mit stolz erhobenem Haupt und ohne Stütze zu dem Krankenwagen. Er faltete die Hände zum Namaskar, senkte den Kopf, schloss die Augen und betete.

Sowie das getan war, sagte er sehr förmlich, fast schon schroff: »Ihr dürft jetzt gehen.«

Die Tür des Krankenwagens wurde mit einem lauten Knall geschlossen. Der Himmel färbte sich heller. Die Nachbarn begannen sich gerade zu rühren. Das Fahrzeug fuhr rasch los, während ich die Hand meines Vaters hielt und zusah, wie der Wagen den Gebäudekomplex verließ. Mein Vater hielt sich immer noch sehr gerade. Wir begaben uns wieder ins Schlafzimmer meiner Eltern, das von jetzt an sein Schlafzimmer sein würde. Er legte sich erschöpft auf sein Bett. Ich ließ mich auf das Bett neben ihm sinken – ihr Bett. Das Kissen wies noch den Abdruck auf, den ihr Kopf dort hinterlassen hatte. Wir sprachen nicht miteinander. Mein Vater versank in einen leichten Schlummer. Die Morgenröte färbte den Himmel, als ich aus dem Fenster sah. Der Morgenstern stand direkt vor dem Fenster, ein leuchtender Punkt hoch über dem Horizont. Ich lag lange Zeit auf dem Bett meiner Mutter und betrachtete die Schönheit dieses Sterns. Natürlich war sie es. Der Morgenstern war meine Mutter. Daran konnte kein Zweifel bestehen. Und als ich ihn anstarrte, sah ich für einen Sekundenbruchteil ihr Gesicht, bevor es ebenso schnell, wie es dort aufgetaucht war, wieder verschwand. An jenem traurigen frühen Morgen spendete mir dieser ferne Stern Trost, der in seiner Beständigkeit und Schönheit nur um meinetwillen aus dem Nichts aufgetaucht zu sein schien. Ich versuchte, das Bild meiner Mutter auf ihn zu projizieren, und es gelang mir. Seine stille Anwesenheit am Firmament gab mir Kraft. Und ich wusste, dass es meiner Mutter gut ging. Ihr würde nichts fehlen, sie war jetzt frei. Und das Wichtigste war, dass sie da war. Ich würde sie finden, wann immer es nötig war. Ich brauchte lediglich aufzublicken und den hellen Sternenhimmel abzusuchen, bis ich den leuchtendsten aller Sterne fand – meine Mutter.

Vor einer Weile nahm ich mit einer meiner älteren Töchter in einem Club in der Nähe genüsslich ein spätes Mittagessen ein, als mir ein großer Mann mit dickem Bauch, graumeliertem

Haar und vom Betelsaft verfärbten Zähnen auffiel. Ich musterte ihn gut fünf Minuten lang und fühlte mich in meine Kindheit zurückversetzt. Ich sah deutlich vor Augen, wie er vor all dieser Zeit ausgesehen hatte – ein schneidiger Kadett in strahlendem Weiß. Schüchtern, bedächtig, charmant und äußerst attraktiv. Ich muss damals vierzehn gewesen sein, er sechzehn. Jahrelang sprachen wir kein Wort miteinander. Als wir es endlich geschafft hatten, einander auf der Straße zu begrüßen, war es an der Zeit weiterzuziehen. Er ins Berufsleben und ich erst noch aufs College. Plötzlich blickte er auf, und als er mich entdeckte, zauberte das Wiedererkennen ein schüchternes Lächeln auf sein Gesicht. Er kam an unseren Tisch. Mir fiel auf, dass er sich plötzlich aufrechter hielt und sein Gang federnder war. Er war wieder der unbeholfene Junge, dessen Schritte sich bei meinem Anblick jedes Mal beschleunigt hatten.

Jetzt stand er an unserem Tisch, und seine Augen strahlten vor Aufregung. »Shobhaa«, sagte er sanft. Ich stellte ihm meine Tochter vor. Er fragte uns beide sehr höflich, ob wir etwas dagegen hätten, wenn er sich für ein paar Minuten zu uns setzte. Ich bestellte Kaffee. Es herrschte keinerlei Anspannung, wir waren auch nicht gehemmt. Ich erkundigte mich nach ihm und seiner Familie, er sich nach meiner. Nach ein paar Sekunden war alles wieder wie früher.

»Ich bin inzwischen Großvater, kannst du dir das vorstellen?«, sagte er lachend und deutete auf seine Einkaufstüte, die voller kleiner Geschenke für die Enkelkinder war. Vermutlich wollte er, dass ich ungläubig den Kopf schüttelte und sagte: »Blödsinn. Das kann doch nicht wahr sein, du und ein Großvater? Jetzt hör bloß auf, das muss ein Witz sein.« Genau das tat ich. Meine Tochter sah mich ganz komisch an und zog die Augenbrauen hoch. Er wirkte erfreut. Es war ein erfreuliches und wohltuendes Wiedersehen.

Er fragte mich nach meinen Eltern, vor allem nach meinem Vater, denn er erinnerte sich noch gut daran, wie sehr er sich damals vor ihm gefürchtet hatte und dass er es nicht gewagt hatte, mich anzurufen, wenn er wusste, dass mein Vater zu Hause war.

Und wenn jemand anders den Hörer abnahm, hatte er aufgelegt. Ich dachte sofort daran, wie unproblematisch es für meine eigenen Söhne war, Freundinnen nicht nur anzurufen, sondern locker mit ihren Daddys zu plaudern. Und dass die Jungen, insbesondere Ranadip, oft mit den Vätern ihrer Freundinnen Squash spielten oder mit ihnen schwimmen gingen und dass ihre Mütter sie zu Mahlzeiten oder zum Plaudern zu sich einluden, wenn die Mädchen fort waren. Zu meiner Zeit wäre all das undenkbar gewesen, zumindest in meiner Familie. Meine Mutter, die entschieden aufgeschlossener war als Baba, wagte es nicht, uns zu solchen Freundschaften zu ermutigen, da sie wusste, dass sie damit den Zorn ihres Mannes auf sich ziehen würde.

Aber jetzt war es an der Zeit, sich voneinander zu verabschieden. Zum Glück fragte er mich nicht nach meiner Telefonnummer, denn im Grunde genommen gab es nichts mehr zu sagen. Der Mann stand auf, nahm seine Einkaufstüte und schlurfte zum Ausgang. Er versuchte gar nicht erst, mit federnden Schritten zu laufen.

Meine Tochter sah mich mit einer Mischung aus Belustigung und Neugier an. »Mutter, also wirklich. Ich meine ... der arme Kerl«, war alles, was sie sagte. Wieso arm? Auf mich hatte er fröhlich gewirkt.

Ich bin nicht nur in Bezug auf alte Freunde sentimental. Mit Briefen geht es mir genauso. Es fällt mir schwer, sie wegzuwerfen. Irgendwie scheint es mir, als würde ich damit den Absender beleidigen. Seltsam. Oft kenne ich die Person gar nicht, die mir geschrieben hat, und doch fühle ich mich vorwurfsvoll von ihr angeblickt, wenn ich widerstrebend das Blatt zerknülle und es in den nächstbesten Papierkorb werfe. Dann male ich mir aus, meine eigenen Machwerke erführen von gleichgültigen Empfängern eine ähnliche Behandlung. In unserem zweiten Zuhause auf der anderen Seite der Bucht steht ein riesiger Aluminiumkoffer, der mit Briefen vollgestopft ist, die zum Teil dreißig Jahre alt sind. Ich habe nie die Zeit gefunden, einen dieser Briefe noch einmal zu lesen, aber mir gefällt der Gedanke, dass sie noch da sind.

Für mich zählt es zu den größten Freuden im Leben, geistreiche, warmherzige Briefe von Angehörigen oder Freunden zu erhalten. Selbst heute noch reiße ich, wenn die Post kommt, Umschläge mit einer vertrauten oder interessanten Handschrift so eifrig und voller Vorfreude auf, dass meine Kinder nur darüber staunen können.

Es ist schon oft gesagt worden, und ich kann es nur bestätigen: Die Kunst des Briefeschreibens ist am Aussterben. Meine Kinder bevorzugen E-Mails, meine Schwestern Ferngespräche, meine Freunde persönliche Begegnungen – eine fortlaufende Korrespondenz führt kaum noch jemand. Das fehlt auch keinem ... außer mir. Der Ersatz dafür macht mich nicht glücklich. Telefongespräche kann ich nicht in alten Koffern aufbewahren. Ich kann noch nicht einmal zwei Wochen später die Hand danach ausstrecken, um mir den genauen Wortlaut ins Gedächtnis zurückzurufen. In meinem hässlichen Koffer liegen einige entscheidende Wendepunkte meines Lebens. Sie sind in Worten festgehalten, die mir in verschiedenen Lebensphasen alles bedeutet haben. Die meisten Briefe liegen kreuz und quer durcheinander, aber manche sind ordentlich zusammengeschnürt und in chronologischer Reihenfolge. Darunter sind auch Postkarten, Fotografien, Telegramme (wie altmodisch sie heute wirken), Tagebucheinträge, hastig hingekritzelte Notizen, Gedichte, Alben mit Zeitungsausschnitten. Solche Kostbarkeiten.

Der Grund, weshalb ich mich nicht auf meine Schätze stürze und sie verschlinge, könnte meine eigene Furcht davor sein, wie diese Briefe mich heute berühren würden. Einige wage ich nicht zu lesen, vor allem die von Menschen, die ich tief verletzt und stehen gelassen habe, von netten, freundlichen Menschen, die bis zum heutigen Tage so edelmütig sind, mich nicht zu hassen, die weiterhin liebevoll mit mir reden, obwohl mir bei der Erinnerung daran graut, wie brutal ich sie behandelt habe. Ja, ich war grausam. Oft war ich bewusst grausam gewesen, was alles noch schlimmer macht. Meine Jugend mag eine schlappe Entschuldigung dafür sein, aber selbst damit lässt sich noch nicht alles erklären. Ich erschauere bei dem Gedanken an frühere

Missetaten, an meine rauen Methoden, meine harten Worte und daran, wie verächtlich ich andere Menschen abgetan habe. Wie konnte ich mich bloß so abscheulich benehmen und eine solche Arroganz an den Tag legen, vor allem gegenüber Menschen, die zu jeder Zeit vertrauensvoll, liebevoll und loyal waren? Heute bin ich der Meinung, sie hätten mir allzu leicht vergeben, vorausgesetzt, sie haben es tatsächlich getan. Wenn ich Freunde aus diesen längst vergangenen Tagen treffe und in ihren Gesichtern nach Anzeichen von Wut und Feindseligkeit suche, sehe ich stattdessen nur tiefes Verständnis und sogar Zuneigung. Dann tröste ich mich mit dem Gedanken, ich hätte meine Schandtaten in meiner Erinnerung vielleicht nur aufgebauscht. Es muss doch sicher Momente gegeben haben, die ebendiese Menschen, die mich heute, Jahrzehnte später, so anständig behandeln, halbwegs mit mir versöhnten.

Auch in Bezug auf Musik bin ich ziemlich sentimental, aber nicht, wenn es um alte Kleider geht. Ich kann fast jedes Kleidungsstück ohne das leiseste Bedauern wegwerfen. Aber es gibt ein Outfit, von dem ich mich nie trennen konnte – einen recht billigen und ziemlich unkleidsamen Salwar Kameez, der seinen speziellen Platz in meinem reichlich unaufgeräumten Kleiderschrank hat. Ich trug ihn, als ich meinem Mann das erste Mal begegnete. Auch er erinnert sich noch allzu deutlich daran, und die Erinnerung bringt ihn zum Lachen. Seit jenem schicksalhaften Tag (einem 11. August) habe ich ihn nicht mehr getragen, und ich habe den Verdacht, dass ich ihn auch nie mehr tragen werde. Die Bluse ist von einem grellen Pink, die Hose goldgelb und die Dupatta smaragdgrün. Wenn das grauenhaft klingt, dann liegt es daran, dass es so ist, aber der Meinung war ich an jenem Abend nicht. Ich habe auch den größten Teil der Kleidungsstücke aufgehoben, die ich für unsere Hochzeitsreise erworben hatte, da sie unsere erste gemeinsame Unternehmung verkörpern. Mein Mann hatte außerordentlich großes Interesse daran gezeigt, diese spezielle Garderobe auszusuchen, und obwohl fast alles aus der Mode gekommen ist, kann ich mich nicht dazu durchringen, die Sachen wegzuwerfen. Besonders gern mag ich die weiße Bluse mit den Biesen, die ich in Wien trug und noch heute für die beste Bluse halte, die ich je besessen habe.

Musik geht mir auf eine ganz seltsame Weise nah. Ravels »Bolero«. O Gott. Es ist schmerzhaft, ihn zu hören. Musik aus den Hindi-Filmen der sechziger Jahre. Die frühen Sachen von Ravi Shankar. Die Beatles. Elvis Presley. Dave Brubeck. Edith Piaf. Simon and Garfunkel. Bade Ghulam Ali. Bhimsen Joshi. Oft ist Musik der Auslöser, der lange verschüttete Erinnerungen ans Licht bringt – Gesprächsfetzen, einen Ausflug, einen Menschen, einen Anlass. Sie hilft dabei, einen Lebensabschnitt zu bestimmen, aber vor allem erleichtert sie die Nostalgie. Bis ich meinen Mann kennen lernte, hatte ich nie von einem zuckersüßen, kitschigen Pianisten namens Richard Clayderman gehört. Das erste Mal drang mir sein zartes Klimpern auf einer langen Autofahrt nach Juhu in die Ohren. Ich wandte mich an meinen Mann und fragte ihn, wer diese Musik spielte. »Clayderman«, erwiderte er kurz angebunden. »Das ist Clayderman.« Unsere Beziehung war noch in einem Stadium, in dem es mir nicht allzu ratsam erschien, ihn zu fragen: »Wer ist das denn?« Ich hielt den Mund und hörte weiterhin zu. Das ist ja grässlich, dachte ich, miserables Gedudel und sonst gar nichts. Und doch hoffte ich, das Band würde niemals enden. Während unserer kurzen Zeit des Werbens waren Clayderman und ein weiterer, ebenso schmalziger Musiker namens Lionel Richie mit seinem samtigen »Hello« diejenigen, die das Feuer unserer frisch angebahnten Romanze immer wieder schürten.

So viele Jahre später halte ich immer noch den Atem an, wenn ich an einem Plattenladen vorbeikomme oder in einem Hotelfoyer ein paar Takte von einem der beiden aufschnappe, weil es mich erschüttert, welche Macht diese Musik über mich besitzt. Ich werde in eine andere Zeit und an einen anderen Ort versetzt ... lehne meinen Kopf an die Kopfstütze eines weißen Wagens, der sanft dahingleitet, mit einem galanten, zuvorkommenden Fremden an meiner Seite. Die Luft ist mit Hoffnung und Versprechen angefüllt. Aber es liegt auch Spannung in der

Luft. Die Musik ist beschwichtigend und anspruchslos. Sie verlangt uns nichts ab, sondern füllt unser Schweigen aus, während jeder von uns beiden zaghaft die Welt des anderen erkundet, die so erschreckend anders und gerade aus diesem Grund so anziehend ist.

Es gibt ein Buch, das mir vor langer, langer Zeit sehr lieb und teuer war. Ein dickes Buch mit festem Einband und Kinderreimen, und darin stand säuberlich geschrieben »Shobhaa Rajadhyaksha«. Es war ein Geschenk meiner Schule in Delhi, weil ich im Alter von sechs Jahren einen improvisierten Vortragswettbewerb gewonnen hatte, obwohl mir derart angst und bange war, als ich ins Büro des Rektors zitiert wurde, dass ich das ausgewählte Gedicht kaum vortragen konnte. Aber an das Gedicht meiner Wahl kann ich mich noch sehr deutlich erinnern. Und an meine grässliche Angst, als ich vor drei Richtern mit finsteren Mienen und einem Rektor stand, von dem ich nur wusste, dass er gleich nach Gott das zweitwichtigste Geschöpf war. »I'm busy, said the sea ... I'm busy, think of me.«

Tränen waren mir über die Wangen gerollt, während ich vor mich hin stammelte und mich fragte, was für eine neue Art von Strafe das wohl war... und was ich Grässliches verbrochen hatte. Nachdem ich geendet hatte, verbeugte ich mich, nicht als Zeichen des Respekts, sondern um anzudeuten, dass ich mich ergab. Tut mit mir, was ihr wollt, drückte sich in dieser unterwürfigen Geste aus. Die Jury brauchte ein paar Minuten, um mir den Preis zu überreichen. Ich nahm ihn mit nach Hause, ohne mir wirklich darüber im Klaren zu sein, ob das eine Fortsetzung der ursprünglichen Strafe war oder nicht. Mir muss es wirklich an Selbstvertrauen gemangelt haben. Und doof war ich auch. Erst nachdem mir mein Vater die Widmung laut vorgelesen hatte, fand ich mich damit ab, dass man mir als Zeichen der Anerkennung ein Buch geschenkt hatte – weil ich meine Sache gut gemacht hatte, nicht als Strafe. Es ist mir bis heute schleierhaft, was sich jene Erwachsenen dabei dachten, ein so kleines Kind ohne jede Erklärung aus dem Unterricht zu holen und von ihm zu erwarten, dass es auf Kommando ein Gedicht aufsagt.

Ich empfinde es nach wie vor als unsensibel und sogar ein wenig grausam. Wahrscheinlich wurde in dem Moment der Keim meiner späteren Furcht vor öffentlichen Ansprachen und öffentlichen Reden gesät. Und auch die Furcht vor Autoritätspersonen.

Ich bin froh, dass es mir gelungen ist, wenigstens eine dieser Ängste zu besiegen und meinen Mund in der Öffentlichkeit aufzumachen. Früher war ich in solchen Situationen vollkommen gelähmt. Der Gedanke, mich an eine Versammlung von mehr als zehn Personen zu wenden, bereitete mir schlaflose Nächte. Ich quälte mich wegen meiner »Rede« (selbst dann, wenn sie nicht über fünf einfache Sätze hinausging) und erstarrte auf dem Rednerpult. Eines Tages sagte ich mir: »Das ist absurd. In den kommenden Jahren könnte es erforderlich sein, dass du auf einem Podium stehst und redest. Du solltest dich besser an diese Tatsache gewöhnen. Und zwar jetzt gleich.«

Ich begann damit, vor kleinen Gruppen zu sprechen, die ich nicht als bedrohlich empfand. Ich fand heraus, dass ich mich beim Improvisieren viel geschickter anstellte als beim Ablesen einer vorbereiteten Rede vom Blatt oder beim Auswendiglernen. Da ich keinerlei Bühnenerfahrung hatte, konnte ich mir keine Texte merken und verwandte viel zu viel Energie und Konzentration darauf, bloß nichts auszulassen. Beim Improvisieren war ich viel entspannter und konnte viel klarer denken. Bald war mein Selbstvertrauen so groß, dass ich eine Bühne betreten konnte, ohne weiche Knie zu bekommen, und die Worte blieben mir auch nicht mehr im Hals stecken. Die ersten Versuche waren traumatisch, vor allem der Anfang, wenn ich in den Lauten, die aus meiner zugeschnürten Kehle kamen, meine eigene Stimme nicht erkannte. Alles, was ich sagte, klang verkrampft, unnatürlich und eigentümlich schrill. Das konnte nicht ich sein, die da redete, dachte ich und spaltete mich innerlich in zwei Hälften auf – die eine hörte genau zu und staunte über den fremden Klang der Worte, die mein Kehlkopf hervorbrachte, während die andere sich darauf konzentrierte, diese Worte hervorzubringen. Es war ganz sonderbar. Aber ich war wild entschlossen, meine Phobie zu überwinden. Und ich schaffte es.

Jetzt spielt es für mich kaum noch eine Rolle, ob fünfzig oder zweitausend Personen im Publikum sitzen. Es ist eine Angelegenheit zwischen mir und dem Mikrofon. Ich habe mir antrainiert, auf Knopfdruck zu funktionieren und den Beifall – oder sein Ausbleiben – nicht zu beachten. Darin liegt, glaube ich, das Geheimnis ... Man macht seine Hausaufgaben, man ist gut vorbereitet, man lässt sich Zeit, wenn es nötig ist, und man zieht es nicht im Eiltempo ab. Man legt Pausen zwischen den Sätzen ein, man betont die Schlüsselwörter und kostet die Erfahrung aus. Und noch etwas ist wichtig: Man bleibt beim Thema. Man redet nicht blöd über Dinge daher, von denen man keine Ahnung hat, denn das durchschaut das Publikum sofort. Und dann steckt man in Schwierigkeiten. In großen Schwierigkeiten.

Das Buch mit seinem Einband, der die Farbe von Erdbeereis hatte, stand jahrelang im Bücherregal meines Vaters. Erst als meine Familie von einer Wohnung am Bahnhof Churchgate in die Wohnung an der Cuff Parade umzog, in der mein Vater heute noch lebt, wurden etliche Erinnerungsstücke an meine Vergangenheit weggeworfen oder von Personen, die unmöglich gewusst haben können, wie wichtig sie mir waren, für ein paar Rupien an den Trödler verkauft. Dazu zählt auch mein Elvis-Presley-Album, in das ich ordentlich Fotos von meinem Helden eingeklebt hatte, mit lustigen Bildunterschriften, die eine eigene Geschichte erzählen.

Elvis Presley war mein einziger echter Teenagerschwarm, die einzige Berühmtheit, von der ich unbedingt ein Autogramm haben wollte (und es auch bekam), das einzige männliche Wesen, das meine romantische Seele gefangen nahm und mich in einen Bann zog, der mehr als fünf Jahre anhielt. Nie zuvor (und hinterher schon gar nicht) habe ich mich mit einer solchen Glut und Leidenschaft Phantasien über einen fernen Fremden hingegeben, den ich gar nicht persönlich kannte. Da er ahnte, was mit mir los war, drückte Baba seine Missbilligung und seinen Widerwillen mit Worten aus, die ich heute sehr hart und ein wenig übertrieben finde. Er bezeichnete meine Besessenheit als »ein Zeichen von Perversion« und flößte mir ungeheure Schuldgefühle wegen einer Phase ein, die in ihrer Unschuld absolut rein war. Was ist denn so schrecklich daran, einen Hüften schwingenden Sänger im fernen Kalifornien zu lieben? Ja, zu lieben! Denn es war wahre Liebe – ganz eindeutig. Und ich fürchtete mich nicht davor, ihr Ausdruck zu verleihen. Ich kam mir wegen meiner fixen Idee auch überhaupt nicht dumm oder albern vor.

Wie immer war Mutter diejenige, die meine Gefühle instinktiv verstand und respektierte. Sie machte sich nie über diese ganz besondere Liebe lustig, obwohl sie ihr in ihrer Intensität vollkommen fremd gewesen sein muss. Ich hatte das Gefühl, mit ihr könnte ich darüber reden, und sie hörte mir ernst zu, während sie ihren Hausarbeiten nachging, mit wachen, leuchtenden Augen. Manchmal frage ich mich, ob sie stellvertretend durch uns lebte. Mit siebzehn war sie verheiratet worden, mit neunzehn wurde sie zum ersten Mal Mutter, und die einzige Welt, die sie kannte, war die, die ihr Mann für sie abgesteckt hatte. Und doch waren ihre angeborene Neugier und ihr ausgeprägter Wille, Dinge zu beobachten, sich mit ihnen zu beschäftigen und dazuzulernen, so stark, dass es keinen Bereich unseres Lebens gab, für den sie sich nicht interessierte, einschließlich unserer schulmädchenhaften Geschichten über Freunde, die sie vermutlich niemals kennen lernen würde. Und sie hörte nicht nur äußerst aufmerksam zu, sondern sie behielt, was wir ihr erzählten, nachdem wir es selbst schon längst wieder vergessen hatten. Und das finde ich heute irgendwie traurig. Für uns war nichts von alldem folgenschwer. Für sie war es zu einem Fenster geworden, das sie in eine andere Realität blicken ließ, zu der sie keinen Zugang hatte. Es ging über bloße Belustigung oder Unterhaltung hinaus. Offenbar war unser endloses Geplapper für sie ein Quell des Trostes, etwas, woran sie sich in den langen Stunden erinnern konnte, wenn wir fort waren und uns ganz und gar in unser eigenes Leben vertieften, in dem kaum Platz für sie war.

Sie griff unser Vokabular schnell auf, unsere Ausdrucksweise, unsere drolligen Modewörter. Und wir schnappten von ihr Marathi-Ausdrücke und Redensarten auf, die nur die mütterliche Seite der Familie kannte, eine Geheimsprache, in die ihre Mutter und ihre Schwestern eingeweiht waren. Heute habe ich die meisten dieser Ausdrücke an unsere Töchter weitergegeben. Wenn ich mich mit meinen Geschwistern treffe, verfallen wir schnell in diesen Jargon, und unsere Kinder verwenden ihn ebenfalls. Mich begeistert das Gefühl von Kontinuität, das dadurch entsteht. Oft sind es alberne, kindliche Worte, die niemand anderem das Geringste sagen, aber wenn wir sie in unsere Gespräche einfließen lassen, gehen wir damit ein Bündnis ein, von dem Außenstehende ausgeschlossen sind. Wenn man bedenkt, dass wir alle Partner geheiratet haben, die von anderer Herkunft sind, dann ist das Marathi etwas, woran wir uns so entschlossen klammern, als fürchteten wir uns davor, es loszulassen ... es ist eine der wenigen und sehr zarten Verbindungen mit unserer Vergangenheit, als wir noch alle als Familie zusammenlebten und uns in einer Sprache unterhielten, die wir miteinander gemeinsam hatten.

Ich reagiere immer gereizt, wenn meine älteren Kinder uns über ihre bereits bestehenden Pläne informieren. Es käme ihnen gar nicht erst in den Sinn, unsere Genehmigung einzuholen. Vermutlich sollten wir dankbar dafür sein, dass sie uns überhaupt mitteilen, was sie vorhaben. Einige unserer Altersgenossen beklagen sich darüber, dass sie nicht die leiseste Ahnung haben, wo sich ihre Kinder herumtreiben, und noch nicht einmal wissen, ob sie nachts überhaupt nach Hause kommen werden. Heißt das, wir sollten uns glücklich schätzen? Uns als etwas Besonderes ansehen? Uns begünstigt fühlen? Ich weiß es nicht. Mir ist jedenfalls nach wie vor unbehaglich zumute bei dieser »liberalen« Haltung, die neuerdings um sich greift, und mir passt es nicht, dass die Kinder zu Hause ein und aus gehen, als sei unser Heim ein Luxushotel mit Zimmerservice rund um die Uhr und ohne jede Verpflichtung. Meine größte Sorge gilt ihrer Sicherheit. Heutzutage laufen dort draußen viel zu viele Verrückte herum. Meine Eltern haben sich nie Sorgen gemacht – jedenfalls nicht darüber, wie ich zur Schule und von dort aus wieder zurückkam. Heute versetzt es mich in helle Aufregung, wenn die Kinder nicht zu der Zeit läuten, zu der ich sie zu Hause erwarte, selbst dann, wenn ich weiß, dass eine Demonstration stattfindet und der Chauffeur in den Stau geraten ist, der darauf zwangsläufig folgt. Auch das wirft ein schlechtes Licht auf unsere Zeiten – unsere Kinder sind draußen nicht mehr sicher. Aber drinnen sind sie ohne ständige Überwachung auch nicht mehr allzu sicher. Ich erinnere mich noch, wie ich an heißen Sommernachmittagen in Delhi stundenlang draußen war, in der weitläufigen Kolonie herumgelaufen bin und der Reihe nach alle meine Freunde besucht habe, während meine Mutter in der sengenden Hitze hinter geschlossenen Vorhängen unter dem surrenden Ventilator friedlich schlummerte. Ich kann mich nicht erinnern, ob es in unserem Haus ein Telefon gab oder nicht. Falls wir Telefon hatten, war es mit Sicherheit nicht für meinen Gebrauch bestimmt. Ich habe keine Erinnerung daran, tatsächlich eine Nummer gewählt und jemanden angerufen zu haben, bevor ich zwölf oder dreizehn war und wir in den Süden von Bombay gezogen waren.

Heute zieht mich meine Familie damit auf, dass ich derart auf das Telefon fixiert bin. Meine Kinder behaupten, für mich erfülle das Telefon die Funktion einer Schmusedecke – solange ich weiß, dass es da ist und mich nur wenige Ziffern von einer Person trennen, die ich erreichen will, ist alles in Ordnung. Dann stehe ich mit der Welt in Verbindung. Wenn man bedenkt, dass ich den Tag in selbst auferlegter Isolation verbringe (tagsüber gehe ich selten aus dem Haus und verlasse oft wochenlang nicht die Wohnung), brauche ich zwischendurch die Verschnaufpause, die mir ein Telefonanruf bietet, argumentiere ich zu meiner Verteidigung. Es ist mir ein Bedürfnis, mich als einen Teil der Außenwelt zu empfinden und ab und zu die Stimme eines Erwachsenen zu hören, im Gegensatz zu den Hintergrundgeräuschen, die durch das Geschrei einer Horde von Kindern erzeugt werden. Ich bezeichne es als meinen einzigen Luxus und liege damit gar nicht mal so falsch. Ich liebe das Telefon. Wenn ich mir einen einzigen Gegenstand schnappen müsste, bevor ich in einer Katastrophensituation das Haus verlasse, wäre es das Telefon und nicht mein bescheiden bestückter Schmuckkasten, keiner meiner heiß geliebten und viel getragenen Saris, keine alten Fotografien, noch nicht einmal ein Manuskript. Mein Mann murrt gelegentlich über die Telefonrechnung (ich glaube, er sieht sich dazu genötigt), doch ich hebe selbstgerecht hervor, das seien die einzigen größeren Kosten, die bei mir anfallen. Ich gehe kaum in den Club, ich spiele nicht, und so oft gehen wir nun auch wieder nicht in Nobelrestaurants. Einkäufe erledige ich unregelmäßig und ohne großes Interesse, und es kommt nur sehr selten vor, dass ich hemmungslos eine obszöne Summe für etwas hinblättere. Meine eigenen Rechnungen bezahle ich selbst, ich richte nicht zwanghaft für Unsummen die Wohnung neu ein, den Wagen benutze ich so gut wie nie ... meine Bedürfnisse sind wirklich so begrenzt, dass es fast schon langweilig ist. Daher finde ich, es sollten Zugeständnisse gemacht werden, wenn die Telefonrechnungen gepfeffert sind. Kürzlich habe ich eine Liste der Anrufe aufgestellt, die ich täglich mache. Es gibt genau fünf Personen, die ich regelmäßig anrufe, weil ich täglich mit ihnen sprechen möchte. Mit manchen auch zweimal am Tag. Das wären dann maximal zehn unerlässliche Anrufe pro Tag. Die anderen haben vorwiegend mit meiner Arbeit zu tun und gehen nicht von mir aus. Zwischen zehn Uhr und achtzehn Uhr nehme ich durchschnittlich fünfzehn bis zwanzig Anrufe entgegen. Danach verweigere ich die Annahme von »dienstlichen« Anrufen.

Bedauerlicherweise denken sich Reporter heute nichts mehr dabei, um elf Uhr abends anzurufen, weil sie schnell noch ein Zitat haben wollen, das am nächsten Tag im Druck erscheinen soll, selbstverständlich in unkenntlicher und entstellter Form. Für Leute mit derart schlechten Manieren bin ich nicht zu haben, und schon gar nicht für die, die sich nicht vorstellen und ohne jede Einleitung fragen: »Wie stehen Sie zur Homosexualität ... zur Untreue ...?« Oder sie stellen gar Fragen zu Themen, über die man erst mal ein gut recherchiertes Buch lesen müsste, bevor man sich dazu äußern kann. Diese Unverschämtheit erstaunt mich. Aber sie erbost mich auch. Bilden diese Journalisten sich etwa ein, die Leute säßen neben dem Telefon und könnten es kaum erwarten, verkäufliche »Slogans« von sich zu geben? Vielleicht irre ich mich ja und alle anderen haben Recht. Vielleicht gibt es tatsächlich eine Horde von Leuten, die derart auf Publicity aus sind, dass sie sich geradezu darum reißen, geweckt zu werden und über ein Thema zu reden, von dem sie möglicherweise nicht das Geringste verstehen, bloß damit ihr Bild am nächsten Tag in der Zeitung abgedruckt wird.

Mit dieser einen Ausnahme nehme ich alle Anrufe entgegen, sogar die von Spinnern. Ich halte mich für eine Expertin, wenn es darum geht, meine Stimme zu verstellen, mit unterschiedlichen Akzenten zu sprechen und Nachrichten für mich selbst entgegenzunehmen. Aber es ist mir verhasst, dabei von Familienmitgliedern »erwischt« zu werden. Ich bin sicher, dass meine Miene schuldbewusst ist, wenn ein Anruf länger als zehn Minuten gedauert hat, insbesondere dann, wenn es sich bei dem Anrufer zufällig um einen Fremden handelt.

Als ich ein junges Mädchen war, gab es zwei Dinge, gegen die mein Vater lautstark Einspruch erhob: endlose Telefongespräche und spätes Aufstehen. Für jemanden, der beides mit Vorliebe tut (vielleicht gerade aufgrund früherer Einschränkungen), ist es schwer, mit diesen Gewohnheiten zu brechen. Ich bin überzeugt, dass es zwei grundlegend verschiedene Typen von Menschen gibt: diejenigen, die den Sonnenaufgang genießen und äußerst sparsam mit Worten umgehen, und die von meiner Sorte, die erst nach Sonnenuntergang wirklich zu sich kommen und für die Gespräche ein belebendes Elixier sind. Einer meiner großen Vorbehalte gegen das Reisen in Indien richtet sich gegen die unzumutbar frühen Abflugzeiten. Wenn ich mich auch noch so gern auf Flughäfen aufhalte, so schreckt mich doch der Gedanke ab, zu einer gespenstisch frühen Uhrzeit aufzustehen. Am Ende läuft es ja doch darauf hinaus, dass ich die ganze Nacht wach bleibe. Mein Mann ist der festen Überzeugung, dass ich eines Tages einen Flug verpassen werde, weil ich den Hang habe, erst wenige Minuten, bevor der Schalter schließt, auf Flughäfen einzutreffen. Bisher ist das noch nicht passiert, aber oft hat nicht viel gefehlt.

Im Lauf der letzten zehn Jahre ist etwas Seltsames passiert. Ich falle plötzlich ins Marathi, ohne zu bedenken, ob mein Gegenüber die Sprache versteht oder spricht. Und wenn ich auf Menschen treffe, die tatsächlich Marathi sprechen, ist es, als könnte ich gar nicht mehr aufhören, mich in einer Sprache zu unterhalten, die ich lange Jahre zugunsten von Gujarati und Bengali – beides Sprachen, in denen ich bemüht bin, mich flüssig auszudrücken – so gut wie vollständig aufgegeben hatte.

In erster Linie passiert mir das mit Filmstars aus dem Maharashtra wie Madhuri Dixit oder Nana Patekar, Urmila Matondkar oder Kajol oder mit Models wie Madhu Sapre und Milind Soman. Vielleicht liegt es daran, dass sie sich in Kreisen bewegen, in denen kaum jemand Marathi spricht, sondern ein derbes Pandschabi vorherrschend ist, und sie daher in ihrem Berufsleben, ebenso wie ich, so gut wie nie Gelegenheit haben, ihre Muttersprache zu sprechen. Wenn wir einander auf schillernden Empfängen begegnen, wird das Marathi zu unserer Umarmung. Wir schwelgen in diesen wenigen Momenten, in denen wir genüsslich wir selbst sein können und die Verstellung und die fremdartige Form der Verständigung abstreifen, die unser öffentliches Leben uns abverlangt.

Ich bedauere zutiefst, dass ich Marathi weder lesen noch schreiben kann, im Gegensatz zu meinen Geschwistern, für die es nach wie vor die wichtigste Sprache ist, da sie ihre ersten Schuljahre in diversen entlegenen Bezirken des Maharashtra verbracht haben, wo Marathi die Unterrichtssprache war und auch heute noch ist. Mein Bruder zählt immer noch in seiner Muttersprache, meine Schwestern träumen in ihr. Für mich ist es lediglich eine Sprache unter vielen, in denen ich mich halbwegs verständlich machen kann, wenn ich sie auch mit Akzent spreche und mein Vokabular recht beschränkt ist. Dennoch schlage ich mich bei jeder sich bietenden Gelegenheit tapfer, obwohl ich häufig bei, sagen wir mal, Bankangestellten, Polizisten oder Ladeninhabern abblitze, die mich kurz taxieren und willkürlich (und ziemlich unfair) beschließen: »Diese Frau kann unmöglich eine von uns sein – sie stammt nicht aus dem Maharashtra. Nein, die ganz bestimmt nicht.« Jedes Jahr suche ich während Diwali einen ganz bestimmten Laden in Thakurdwar auf, einem Viertel, dessen Einwohner vorwiegend aus dem Maharashtra stammen, um dort Süßigkeiten zu kaufen. Und jedes Jahr muss ich dieselbe dumme Frage beantworten: »Wie kommt es, dass Sie so gut Marathi sprechen, Madam?« Heutzutage antworte ich darauf unbekümmert: »Ach, das habe ich in Amerika gelernt.« Das kommt viel besser an, ist mir aufgefallen, als die Standarderklärung, die ich früher abgegeben habe: »Aber weshalb sollte ich es denn nicht sprechen? Schließlich komme ich aus dem Maharashtra.«

Jedes Mal, wenn ich nach Goa reise, machen wir einen Ausflug zu dem vierhundert Jahre alten Tempel in Mangeshi, in dem die Familiengottheit der Rajadhyakshas untergebracht ist. Dieser Besuch verwandelt mich immer wieder, auch wenn die Inbrunst nicht länger als einen Tag anhält. Wenn ich einen Sari von neun Metern Länge trage, am Morgen faste und mich dem Geistlichen der Familie zur Begutachtung und Billigung präsentiere, fühle ich mich anders. Ich fühle mich im Maharashtra verwurzelt. Und wenn ich Stunden später wieder in einem lässigen Sarong am Strand spazieren gehe – na und? Dieser Moment ist real. Und ehrlich.

Eines Morgens, als wir warteten, bis wir an die Reihe kamen, das Ritual zu vollziehen, spürte ich, wie mir jemand auf den Rücken klopfte. Als ich mich umdrehte, sah ich eine alte Dame. Sie deutete auf meine Stirn und sagte: »Kein Bindi? Wo ist dein Kumkum?« Ich hob augenblicklich die Hand, um diese Worte zu überprüfen. Es stimmte. Das aufgeklebte Bindi war abgegangen. Die Frau bedeutete mir zu warten. Sekunden später kam sie mit rotem Zinnober auf dem Mittelfinger zurück. Ich beugte mich hinunter, während sie mir ein Bindi auf die Stirn tupfte. Es war ein unvergesslicher Augenblick. Durch eine zeitlose Geste, die uns kulturell und emotional, aber auch durch unsere Geschlechterzugehörigkeit, die Tradition und die Religion miteinander verband, hatten wir Kontakt aufgenommen. So viele Ebenen in einer einzigen kleinen Geste.

1998 kehrten wir zu unserem alljährlichen Darshan zurück. Diesmal wimmelte es in dem Tempel von Saraswat-Familien, die das Maha-Rudra Yagna vollzogen. Das Schauspiel zog mich in seinen Bann – es sprach sämtliche Sinne an. Der Widerhall ließ jede Sehne in meinem Körper erbeben, als Geistliche einstimmig sangen und ihre Stimmen sonor von den alten steinernen Mauern des Tempels zurückgeworfen wurden. Die Luft war von Weihrauch erfüllt. Der Duft von Quittenblüten vermischte sich mit dem strengen Geruch von brennendem Kampfer. Glocken erklangen, und Trommeln wurden geschlagen. Der Gesang setzte sich fort. Ich schloss die Augen. Ich konnte die Schwingungen in jeder Zelle meines Wesens fühlen. Es war urtümlich und sehr ergreifend. So muss es schon vor Jahrhunderten gewesen sein. So war es … und so ist es. Ich wollte dieses Ereignis gemeinsam mit meinen Kindern erleben. Sie dem Teil ihres Wesens aussetzen, der aus dem Maharashtra stammt, dem Teil des in ihnen angelegten Erbes, der ihnen fremd war.

Mir geht's prima

Wenn ich an die recht ungewöhnlichen Umstände denke, durch die meine Ehe mit Dilip zustande kam, erinnere ich mich wieder daran, wie ein Mensch, der entschlossen um einen anderen wirbt, das Schicksal herausfordern und gewinnen kann. Das ist eine längere Geschichte, die eine Einleitung braucht.

Im Sommer 1983 entdeckte Kunda in einer Regionalzeitung in Muscat, wo sie als Augenchirurgin am Royal Hospital arbeitet, eine Annonce. Die Anzeige war von Reuters aufgegeben worden, der internationalen Nachrichtenagentur, die zu Bewerbungen um ein attraktives Stipendium aufrief. Kunda hatte das Gefühl, ich erfüllte die Voraussetzungen – Bewerber mussten jünger als fünfunddreißig Jahre alt sein und mindestens zehn Jahre Berufserfahrung im journalistischen Bereich haben. Das Stipendium war als Sabbatical mitten im Berufsleben konzipiert, um dem Begünstigten eine zehnmonatige Auszeit in einem College in Oxford oder auf dem Campus von Stanford, Kalifornien, zu gewähren. Es waren keine Bedingungen daran geknüpft. Dieser Zeitraum konnte dafür genutzt werden, ein Buch zu schreiben, eine Arbeit vorzulegen oder an ein paar Kursen teilzunehmen. Die Rahmenbedingungen waren außerordentlich großzügig, ein ausreichender Betrag für den Lebensunterhalt in dieser Zeit war inbegriffen. Kunda schickte mir die Anzeige mit einem Begleitbrief zu, in dem sie mich drängte, mich zu bewerben. Warum nicht?, meinte sie. Du brauchst ja nichts weiter dafür zu tun, als ein paar Stunden von deiner Zeit zu opfern. Da hatte sie Recht.

Der Bewerbung sollten zwei kurze Essays beigelegt werden, in denen stand, warum man sich für das Stipendium interessierte und wofür man den Zeitraum zu nutzen gedachte. Außerdem drei Zeitungsausschnitte, nämlich die veröffentlichten Artikel, von denen der Bewerber meinte, sie gäben besonders klaren Aufschluss über seine journalistische Arbeit. Mein eigenes Leben war zu dem Zeitpunkt völlig in der Schwebe. Sudhir und ich hatten in gegenseitigem Einvernehmen die Scheidung eingereicht. Ich fasste Möglichkeiten für meine Zukunft ins Auge und war unsicher, welchen Weg ich einschlagen sollte. Mir erschienen die Entscheidungen, die ich traf, zweifelhaft, da ich nicht wirklich wusste, was ich wollte. Von Kunda angestachelt und mit meiner gewohnten Haltung (»Was soll's?«), schickte ich die Bewerbung los und vergaß sie vollständig.

In jenem Sommer gönnte ich mir einen dringend notwendigen Urlaub in Amerika. ›Celebrity‹ war in andere Hände übergegangen. Und diese Hände gefielen mir nicht. Ich brauchte eine Auszeit. Und die nahm ich, in der Hoffnung, das wirre Knäuel meines Lebens aufzudröseln und auf die Schnelle ein paar Antworten zu finden. An einem späten Nachmittag während meines Urlaubs läutete das Telefon, und jemand mit einem eindeutig britischen Akzent fragte nach mir und sagte, er riefe aus London an. Ich wunderte mich, wer mich ausfindig gemacht haben könnte, daher war meine erste Frage: »Woher wussten Sie, wo Sie mich erreichen können?«

Nach einer Pause sagte der Mann: »Das war nicht allzu schwierig. Wir haben bei Ihnen zu Hause angerufen.«

Verwirrt und argwöhnisch fragte ich mit gereizter Stimme: »Und ... worum geht es?«

Er sagte: »Herzlichen Glückwunsch. Sie haben das diesjährige Reuters-Stipendium gewonnen, und wir würden gerne wissen, ob Sie in der Lage sind, es anzunehmen.«

Ich verstand kein Wort. Wovon redete er? Die Bewerbung hatte ich längst vergessen. Mein Leben war die reinste Achterbahn. Was für ein Stipendium? Warum gratulierte er mir? Wer war das überhaupt? Ich glaubte, es läge ein Irrtum vor. Oder jemand spielte mir einen Streich. Einen ziemlich üblen Streich.

Ich fragte ernsthaft: »Soll das ein Witz sein?«

Und er sagte: »Oh nein. Sie können uns unter dieser Nummer

zurückrufen, wenn Sie wollen. Wir müssen nur wissen, wie Sie sich entscheiden. Ach, übrigens – Sie sind die erste Asiatin, die dieses Stipendium bekommt. Also noch mal herzlichen Glückwunsch.«

Himmel noch mal! Der Zeitpunkt war denkbar ungünstig. Wie hätte ich mir einfach so zehn Monate freinehmen können? Was sollte ich jetzt tun? Da der Kontakt zu meiner Familie vorübergehend abgerissen war, konnte ich meine Eltern nicht um Rat fragen. Außerdem war ich Tausende von Meilen von zu Hause entfernt. Demnächst würde ich von hier aus nach London fliegen und von dort aus weiter nach Cannes, bevor ich meinen Rückflug nach Bombay antrat. Ich sagte diesem Menschen, in zehn Tagen sei ich in London und würde ihm dann Bescheid geben.

»Kommen Sie in unser Büro. Rufen Sie an, sowie Sie hier eintreffen«, sagte der Mann und legte auf.

Das würde meine ohnehin schon wackligen Pläne restlos auf den Kopf stellen. Ich würde dramatische Veränderungen in meinem Leben vornehmen müssen. Meinen kleinen Kindern erklären, dass ich fast ein Jahr lang fort sein würde. Das erschien mir nicht richtig. Es ergab alles keinen Sinn. Bestürzt und geschmeichelt zugleich flog ich nach London.

Der Termin wurde für den späten Vormittag vereinbart. Ich erschien in einem Seidensari. Der Mann, der mich fröhlich begrüßte, sagte: »So. Dann sind Sie also unser neuester Fellow. Das finde ich prima. Jetzt stelle ich Sie erst mal den anderen vor.«

Wir gingen von einem Büro zum anderen. Jedes Mal, wenn der Mann sagte: »Darf ich Sie mit dem neuesten Fellow bekannt machen? Aus Indien«, wand ich mich. Meinte er wirklich mich? Ich – ein Fellow? Ein Reuters-Fellow?

Sie ließen mir ein paar Tage Zeit für die Entscheidung, ob ich das Stipendium annehmen würde oder nicht. Ich sprach mit meiner Schwester Kunda. (»Nimm es an. Nimm es unbedingt an. Mach dir gar nicht erst groß Gedanken darüber.«) Also sagte ich Ja, ich würde das Stipendium mit Vergnügen annehmen – meine Wahl fiel auf Stanford. Alles wurde in die Wege geleitet.

Ich stornierte Cannes und flog nach Bombay zurück, eine restlos verwirrte Frau mit wildem Blick. Ich wollte meine Kinder nicht verlassen. Und doch wusste ich, dass das meine große Chance war, vielleicht die letzte. Wenn ich sie nicht ergriff, würde ich mich damit abfinden müssen, mich weiterhin in ausgefahrenen Gleisen zu bewegen. Ich war unruhig und langweilte mich. Ich war demoralisiert und deprimiert. Die Alternative bestand in dem Versuch, mir ein anderes Leben aufzubauen, in einem anderen Land und mit einem anderen Mann. Auch diese Vorstellung überzeugte mich nicht wirklich.

Die Abwicklung war wesentlich traumatischer, als ich es mir vorgestellt hatte. Es gab noch viel zu viel Unerledigtes, viel zu viele ungelöste Probleme. Meine Kinder konnten nicht verstehen, was mit ihrer Mutter geschah und warum ihr Leben schon wieder auf den Kopf gestellt werden würde. Mich marterten Selbstzweifel und Schuldgefühle. Ich war nicht fair. Ich tat nicht das Richtige. Ich war selbstsüchtig. Ich würde den Entschluss bereuen. Eines Tages würde ich dafür büßen müssen. Ich würde die Liebe meiner Kinder verlieren. Ich war eine schlechte Frau, die nur an sich selbst und an ihre eigene Zukunft dachte. Während meiner Vorbereitungen für die Abreise war ich nicht bei der Sache. Ich wickelte alles rein mechanisch ab, wie ein Roboter. Ich konnte keine echte Begeisterung aufbringen. Es gab nichts, worauf ich mich freuen konnte. Ich wurde von meiner Trostlosigkeit niedergedrückt.

Mein Flug ging am 16. August im Morgengrauen. Dilip hatte ich am Abend des 11. kennen gelernt. Diese Begegnung veränderte mein Leben – und bot mir die Lösung, die ich so verzweifelt suchte. Die Umstände hätten nicht seltsamer sein können. Die letzten Tage vor meiner Abreise waren randvoll mit zwanglosen Abschiedsfeiern, die meine Kolleginnen für mich organisierten. Auf einer solchen Party wurde mir bei meinem Eintreffen von der Gastgeberin unbekümmert mitgeteilt, sie seien zum Abendessen bei einem Freund eingeladen und ich hätte doch bestimmt nichts dagegen, sie zu begleiten. Ich war entgeistert. Ein völlig absurder Vorschlag.

»Mach dir keine Sorgen, wir bleiben nicht lange. Nur auf einen Drink, und dann gehen wir mit dir essen.«

Aber das war nicht der ursprüngliche Plan gewesen. Ich hatte angenommen, sie veranstalteten bei sich zu Hause eine kleine Party für mich. Und stattdessen wollten sie mich jetzt zu einem Fremden mitschleifen. Ich sagte, es täte mir leid, aber ich ginge nicht uneingeladen auf Partys.

»Oh, mach dir bloß keine Sorgen. Es ist nicht so, wie du denkst. Er ist ein guter Freund von uns. Sei nicht so ein Snob. Außerdem ist es ja nur für eine halbe Stunde. Komm schon, sei kein Spielverderber.«

»Ruf ihn vorher an«, schlug ich vor. »Sag ihm, dass ihr gern eine Freundin mitbrächtet. Frag nach, ob es ihm wirklich recht ist.«

»Hör auf mit dem Blödsinn. Natürlich ist es ihm recht. Es ist eine große Essenseinladung, für mehr als siebzig Leute. Da spielt einer mehr oder weniger doch gar keine Rolle.«

»Nein, tut mir leid. Nur, wenn du vorher anrufst.«

Die Gastgeberin unternahm ein paar halbherzige Versuche, meinem Wunsch nachzukommen, konnte aber niemanden erreichen.

»Jetzt komm schon. Nur eine halbe Stunde. Wir sind ohnehin schon spät dran.« Sie standen in der Tür.

»Also gut. Eine halbe Stunde«, sagte ich verdrossen, während ich mir meine Tasche schnappte und ihnen zum Aufzug folgte. »Zu wem nehmt ihr mich überhaupt mit?«

»Ach, er heißt Dilip De. Du wirst ihn mögen.«

Das war alles, was ich wusste, als ich vor der Tür meines zukünftigen Zuhauses stand. Wir würden Mr Dilip De besuchen. Und er war ein netter Mann, den ich »mögen« würde. Es war mir zu peinlich, meinen Gastgebern in die Wohnung eines Fremden zu folgen, und daher blieb ich in der Nähe der Tür stehen. Als ich aufblickte, kam ein gut gebauter Mann in den Vierzigern auf mich zu. Dilip De.

»Bitte ... kommen Sie doch herein, herzlich willkommen. Das ist ein echtes Ereignis«, sagte er und bemühte sich gar nicht erst, seine Freude zu verbergen.

Ich folgte ihm in ein großes Wohnzimmer und entdeckte dort etliche bekannte Gesichter. »Was darf ich Ihnen zu trinken holen?«, fragte er höflich. Mir fiel sein starker bengalischer Akzent auf, und ich erkannte das unaufdringliche Aftershave. Sein blaues T-Shirt gefiel mir nicht.

»Ich trinke nicht«, antwortete ich steif.

Unbeirrt fragte er: »Wie wäre es mit einem Glas Champagner?«

Ich lächelte. »Warum nicht? Zu Champagner sage ich nie Nein.«

Wenn das nach einem schlechten Kitschfilm klingt, tut es mir leid, aber so lief der Dialog ab. Genau so. Ich habe kein einziges Wort vergessen. Ich kann mir die Szene auf Knopfdruck in Erinnerung rufen, jedes Detail, jede Nuance. Von Zeit zu Zeit durchleben wir jeden dieser Momente wieder, jede Kleinigkeit, und heute ist alles immer noch so frisch, so lebhaft und so eindringlich wie zu dem Zeitpunkt, als es sich abspielte – an diesem Abend, der ganz anders geplant war und zwei Fremde zusammenbrachte und sie für immer veränderte.

Ich weiß nicht, was aus mir geworden wäre, wenn ich auf stur geschaltet und mich geweigert hätte, zu der Party mitzugehen. Ich weiß aber auch nicht, was mich dazu brachte mitzukommen. Wie hatte man mich so leicht dazu überreden können, als ungeladener Gast zu einem Essen in der Privatwohnung eines Fremden zu erscheinen? Über Worte wie »Schicksal«, »Karma«, »vorherbestimmt« habe ich immer gespottet, aber bisher habe ich keine überzeugendere Erklärung gefunden. Warum legte ich diese zwanzig Schritte durch einen langen Korridor und in die Wohnung und das Leben meines zukünftigen Ehemannes zurück? Welche Mächte hatten mich gedrängt, zu dem absurden Vorschlag meiner Gastgeber Ja zu sagen? Warum war ich an jenem Abend nicht im letzten Moment abgesprungen und nach Hause gegangen? Ich hätte darauf beharren können, genau das zu tun. Warum rief ich dem Pärchen nicht ins Gedächtnis zurück, dass es als *mein* Abend gedacht war – als Abschied von mir und nicht als Abstecher zu einem Fremden, der »Open house«

spielte? Etwas so Unerzogenes hatte ich in meinem ganzen Leben noch nicht getan, noch nicht einmal als taktloser Teenager. Und hier stand ich jetzt, eine Frau von vierunddreißig Jahren, die unbekümmert zu einem Galaabend erschien, zu dem sie nicht eingeladen war. So etwas tat man nicht.

Mein Mann wundert sich auch darüber, wie an jenem Abend alles zustande kam. Niemand hatte je unaufgefordert seine Wohnung betreten – er hielt nichts von dieser Unsitte. Aber an jenem Abend hatte er eine Ausnahme gemacht. Und ich auch. Wie kam das? Hätte ein Astrologe Erklärungen dafür? Oder vielleicht sogar ein paar Antworten auf all diese Fragen?

Es war eine ungewöhnliche Begegnung, die ich (wenn auch nur widerstrebend) zu den Akten hätte legen können, wenn die Abfolge der Ereignisse anders verlaufen wäre. Aber mein Mann »wusste« es. Er wusste es ganz einfach. Er kann es selbst nicht erklären. In diesem Stadium seines Lebens (er war seit gut zwei Jahren verwitwet und zog seine beiden Kinder allein groß) war er nicht auf der Suche nach einer Ehefrau. Und ich war nicht auf der Suche nach einem Ehemann. Wenn überhaupt, dann war ich auf dem Weg, mich als alleinstehende Frau wieder auf meine eigenen Füße zu stellen, und ich kostete diese Erfahrung aus, obwohl sie eindeutig beängstigend war. Und doch war er sicher, dass unser beider Schicksal eng miteinander verflochten war, und er brauchte nicht mehr als ein paar Minuten, um mir das zu sagen. Sein Auftreten war erstaunlich direkt und selbstsicher. Ohne jedes Zögern fragte er mich, kurz nachdem er sich mit mir auf ein Sofa gesetzt hatte: »Also … wann kann ich deine Eltern kennen lernen? Morgen?«

Das nahm ich natürlich nicht ernst – welche Frau hätte so etwas schon ernst genommen? Ich tat seine Bemerkungen leichthin mit einem Lachen ab und versuchte, seine Aufmerksamkeit auf andere Dinge zu lenken, doch mein Herz sagte die ganze Zeit über: »Meint dieser Mann es ernst? Ist auch nur ein Wort von dem, was er sagt, ernst gemeint? Oder säuselt er mir nur die Ohren voll? Wenn ja, dann mag ich seine Form von Humor nicht.«

Der Mann meinte es ernst. Sehr ernst. Wie ich bereits sagte, erkannte Dilip instinktiv etwas – etwas sehr Tiefes und Kostbares. Er wusste so gut wie nichts über mich. Wir waren einander noch nie begegnet. Ich wusste nichts über ihn. Und doch war er an jenem Abend hundertprozentig sicher, dass wir den Rest unseres Lebens zusammen verbringen würden. Wie konnte er das ahnen? Ich weiß es nicht. Er auch nicht.

Wenn ich heute über den entscheidenden Augenblick dieses unglaublichen Abends voller dramatischer Wendepunkte und harter Entscheidungen nachdenke, tritt mir ein ganz klares Bild vor Augen. Ein Bild, das sich vor allen anderen deutlich abzeichnet. Während um uns herum das Partytreiben brodelte – mehr als sechzig Personen, die sich lässig und ungezwungen von einem Zimmer ins andere begaben, plauderten, lachten, flirteten und tanzten –, hatten Dilip und ich wie festgenagelt auf dem Sofa gesessen. Zwischendurch hatte er mich gefragt, ob ich mich für Kunst interessierte oder, genauer gesagt, für Miniaturen. Ich hatte neutral geantwortet, davon verstünde ich nicht allzu viel. Dilip ist ein Mensch von der Sorte, die gar nicht erst eine Einwilligung abwartet. Er stand auf und setzte voraus, dass ich ihm folgen würde. »So, so«, dachte ich teilnahmslos, »mal eine neue Variante der alten ›Briefmarkensammlung‹, die er mir zeigen will.«

Ich folgte ihm ins Schlafzimmer, in dem sich Leute drängten, die laut miteinander sprachen und offensichtlich etwas Seltenes und Faszinierendes in einem Rahmen bewunderten. Aber das Einzige, was in diesem großen Zimmer mit Meerblick meine Aufmerksamkeit auf sich lenkte, war der Anblick von zwei zerzausten Schöpfen in einem riesigen Doppelbett. Man brauchte kein Genie zu sein, um zu erraten, wer das war. Ich weiß nicht, warum, aber dieses eine Bild brach mir das Herz. Die verfluchten Miniaturen, die herumgereicht wurden, waren mir vollkommen egal. Andere Einzelheiten (genau die Dinge, die mir sonst nie entgehen) fielen mir nicht auf. Ich konnte nur noch zwei sehr junge Kinder vor mir sehen, die vertrauensvoll im Bett ihres Vaters schliefen, während unsensible, vorlaute Gäste umherliefen und sich nicht einmal die Mühe machten, ihre Zigaretten auszudrücken oder hinauszugehen, damit die beiden in Ruhe weiterträumen konnten. Das schockierte mich, und ich hielt mich mit meinem Urteil nicht zurück.

Dilip sah mich an und sagte: »Sie sind es gewohnt ...« Eine lange Pause. »... seit ich allein bin. Meine Kinder schlafen oft in meinem Zimmer.«

Dieser Satz sagte alles. Er sagte viel mehr als das aus, was auf der Hand lag – dass die Kinder ihre Mutter verloren hatten. Und dass er entsetzlich einsam war und den Trost brauchte, den ihm die Nähe seiner Kinder gab. Es drückte sich noch einiges andere darin aus: dass diese Kinder nicht von einer Abfolge tüchtiger Kindermädchen aufgezogen wurden. Dass es nicht ihr Los war, unsichtbar zu sein oder ihm nicht unter die Augen zu kommen. Dass Dilip kein ausschweifendes Leben führte und dass nicht eine Frau nach der anderen durch sein Bett huschte. Dass er ein liebevoller Vater war, der sich aufrichtig bemühte, die Lücke zu füllen, die durch den Tod der Mutter seiner Kinder entstanden war. All diese Dinge machten ihn in meinen Augen zu einem ehrenwerten Mann, ganz gleich, welche Fehler er ansonsten haben mochte.

Als ich an jenem Abend ins Haus meiner Eltern gleich um die Ecke von Dilip zurückkehrte, war ich hochgradig verwirrt. Natürlich hatte ich mich von seiner Aufmerksamkeit geschmeichelt gefühlt (er hatte alle anderen Anwesenden vernachlässigt, die seiner Einladung gefolgt waren, und sich ausschließlich mit mir, dem einzigen ungeladenen Gast, abgegeben). Aber es war ja nicht so, als sei mir diese Form von Aufmerksamkeit neu. Die Verwirrung entstand durch seine Ernsthaftigkeit und die Glut, die er in seine schlichten Worte packte. Keine Maske, keine Verkleidung, keine großen Sprüche. Dieser Mann sagte schlicht und einfach: »Du interessierst mich. Ich möchte dich wiedersehen. Und ich bin der Meinung, wenn es sich gut anlässt, sollten wir heiraten.« Klingt das verrückt? Absurd? Das mag schon sein. Aber andererseits dreht sich nicht alles nur um Logik.

Er hatte gesagt, er würde am nächsten Tag anrufen. Er wusste drei Dinge über mich: mein Alter, meine Herkunft, meinen Familienstand. Ich war sicher, dass er sich im kalten, nüchternen Tageslicht einen Tritt geben und sich sagen würde: »Mein Gott, ich muss mich fürchterlich blamiert haben. Verdammt noch mal. Also ... wie hieß sie noch gleich?«

Ich rechnete nicht mit seinem Anruf. Und der Anruf kam auch nicht. Jedenfalls nicht vor zwölf Uhr mittags. Die Stimme, die durch den Telefonhörer drang, klang wunderbar, aber geschäftsmäßig. Und grauenhaft förmlich. Kein Scherz. Keine herzliche Begrüßung.

»Steht unsere Verabredung für heute Abend noch?«, fragte er.

»Äh ... ja ... schon ... das heißt, ich kann erst nach zehn ... ich ähem ... habe bis dahin zu tun ... ich meine ... ich erwarte einen Anruf und ... daher ...«

Er ließ mich nicht ausreden. Es klang fast barsch, als er sagte: »Also gut. Um zehn nach zehn bin ich da.«

Ich wandte mich in meiner Panik an meine Mutter. »Er kommt«, teilte ich ihr aufgeregt mit.

Sie nickte, als hätte sie es gleich gewusst (ich hatte mich ihr am Vormittag bei einer Tasse Tee »anvertraut«). Mein Vater gab sich teilnahmslos, ganz so, als ermüdete ihn der Gedanke einer weiteren Komplikation in meinem ohnehin schon komplizierten Leben. Ich nannte den beiden die Uhrzeit, zu der er kommen würde.

Mein Vater sagte brummig: »Frauen aus anständigen Familien empfangen Männer nicht um eine solche Uhrzeit. Das ist absolut indiskutabel.«

Ich wusste sofort, dass er ihn nicht begrüßen würde. Als offiziellen Grund würde er vorschieben: »Wenn ich nach dem Abendessen meine Prothese rausnehme, setze ich sie erst am kommenden Morgen wieder ein.«

Wenn mein Vater ihn, aus welchen Gründen auch immer, nicht empfangen würde, folgte daraus, dass auch meine Mutter ihn nicht begrüßen würde (sonst würde er sie als Komplizin beschuldigen).

Daher blieb es meiner Schwester Mandakini, die gerade aus New York zu Besuch war, überlassen, sich ein Urteil über den Mann zu bilden, der beschlossen hatte, ihr neuer Schwager zu werden. Sie öffnete Dilip an einem nassen, stürmischen Monsunabend die Tür, bat ihn, Platz zu nehmen, und eilte ins Schlafzimmer meiner Eltern, um Bericht zu erstatten: »Bengale. Vom Typ Uttam Kumar. Wahrscheinlich trägt er eine Perücke. Das Haar kommt mir unnatürlich dicht vor.« So viel zu schwesterlicher Solidarität. Ich trug meinen einzigen französischen Chiffonsari (schwarz) und fühlte mich wie ein Schulmädchen, das zum ersten Mal mit einem Jungen ausgeht.

»Fondue«, teilte mir Dilip mit. »Ich hoffe, du magst das. Ich habe einen Tisch im Café Royal bestellt – die haben diese Woche eine Sonderaktion.«

Ich nickte benommen. Er hatte ohnehin nicht nach meiner Meinung gefragt, sondern vorausgesetzt, dass ich gegen Fondue nichts einzuwenden hätte. Hatte ich auch nicht.

An jenem Abend kam ich kaum dazu, den Mund aufzumachen. Dilip redete ununterbrochen, so überzeugend und aufgewühlt, als hinge sein Leben davon ab, was er mir in diesen wenigen Stunden mitteilen konnte. Er enthielt mir nichts vor. Seine Darstellung der Verhältnisse war leidenschaftlich, und sie klang ehrlich. Dieser Mann sagte: »Das bin ich. Das ist mein Leben. Mach daraus, was du willst. Aber wenn du mich fragst – nimm es.« Er stellte mir keine einzige Frage. Das war auch gut so. Ich hätte keine Zeit gehabt, sie zu beantworten. Als er am Ende angelangt war, war es halb drei Uhr nachts. Und das Fondue (das uns die bestürzten Kellner dreimal serviert hatten) war unberührt geblieben. Wir hatten auch einander nicht berührt – körperlich, meine ich. Wir hatten einander nicht einmal zur Begrüßung die Hand gegeben. Und doch hatte an jenem Abend eine grenzenlose Intimität zwischen uns bestanden.

Der Countdown hatte begonnen. Die Uhr lief. Und zwar unangenehm schnell. Und ich wusste immer noch nicht, was ich tun sollte. Bleiben oder fortgehen? Auf gut Glück einen Fremden heiraten? Bleiben, ohne zu heiraten, und sehen, wie sich die

Beziehung entwickelte? Vielleicht führte sie ja zu gar nichts. Wieder einmal wusste Dilip ganz genau, wie er mich drankriegen konnte. Er half mir, eine Entscheidung zu treffen, indem er mich nicht dazu drängte. Sein Entschluss stand offenbar fest. Aber er nahm Abstand davon, mich unter Druck zu setzen. Er ließ mich in Ruhe. Bis zu meinem Abflug nach New York blieben uns noch circa sechsunddreißig Stunden. Falls er sich über die Minuten bewusst war, die vergingen, ließ er es sich nicht anmerken. Ich verstand seine Ruhe nicht – sie war unnatürlich. Aber er verstand meine Angst.

Schließlich war Hariprasad Chaurasia derjenige, der mir dabei half, diese schicksalhafte Entscheidung zu treffen, auch wenn er es nicht weiß. Dilip hatte Karten für sein Konzert besorgt. Mein Vater und sein Bruder ebenfalls. Hoppla, sagte ich mir. Wie wird Dilip damit umgehen? Äußerst gekonnt, wie sich herausstellen sollte. Wir trafen die beiden während der Pause. Dilip war galant und korrekt, ohne aufdringlich zu sein. Er holte kalten Kaffee (nirgends bekommt man einen besseren als im Tata Theater) für uns alle und begleitete die Herren zu ihren Sitzplätzen zurück. Sein Verhalten war respektvoll, aber nicht übertrieben ehrerbietig. An seinem einwandfreien Benehmen war nichts auszusetzen. Und ich konnte nicht widerstehen, als er mich einlud, mit zu ihm nach Hause zu kommen – vielleicht zum letzten Mal.

Wir saßen im Arbeitszimmer neben seinem Schlafzimmer und waren uns in jedem einzelnen Moment der Gegenwart eines kleinen Kindes bewusst, das wenige Meter von uns entfernt schlief. Wieder einmal entschloss sich Dilip zu sprechen. Diesmal war seine Stimme fest, seine Worte waren gründlich durchdacht. Er argumentierte mit mir über die Vorteile des Reuters-Stipendiums und was es letzten Endes für mich bedeuten könnte – einen geschickten beruflichen Schachzug. Wenn überhaupt. Dann redete er darüber, was unsere gemeinsame Zukunft bedeuten würde – Stabilität für unsere Kinder. Und für uns beide Liebe und eine Gemeinschaft fürs Leben, vorausgesetzt, wir arbeiteten daran und nahmen die Verbindung ernst.

»Es liegt an dir. Die Entscheidung liegt einzig und allein bei dir. Ich werde sie respektieren, ganz gleich, wofür du dich entscheidest.«

Es war eine der schwierigsten Entscheidungen meines Lebens. Ich versuchte zu handeln. »Ich gehe für ein Jahr fort, und wenn wir dann immer noch so füreinander empfinden, sehen wir weiter.«

»Nein«, sagte Dilip mit fester Stimme, »es muss heute Nacht entschieden werden. Jetzt ist der Moment gekommen. Wenn du fortgehst, sehen wir uns nicht wieder. Wenn du bleibst, verbringen wir unser Leben miteinander ... ab sofort.«

Unsere Trauung war idyllisch – so, wie ich sie mir schon seit meiner Kindheit ausgemalt hatte. So, wie ich sie mir immer gewünscht hatte – klein, hübsch und bedeutsam. Wir hatten beschlossen, die Hochzeit diesmal nach unseren eigenen Wünschen zu gestalten. Keine Einmischung von anderen. Und wer hätte das schon gewagt? Oder auch nur gewollt? Wir waren viel zu alt, um die Entscheidungen anderen zu überlassen.

Ein solcher Gegensatz zu unserer passiven Teilnahme an unserer jeweils ersten Hochzeit, bei der wir Marionetten gewesen waren, deren Fäden von wohlmeinenden, aber erdrückenden Angehörigen gezogen wurden, die wild entschlossen waren, die Ereignisse ganz groß zu inszenieren. Verhält es sich nicht in den meisten traditionellen indischen Familien so? Meine Hochzeit war traumhaft schön, jedes Detail glänzend ausgeführt. Aber ich hatte mich nicht mit der prunkvollen Zeremonie identifizieren können und fühlte mich, da ich es nicht gewohnt war, so prachtvoll herausgeputzt zu werden, ausgesprochen unbehaglich. Der schwere Benarasi-Sari drückte mich nieder, und während des ausgedehnten Rituals hatte ich nur eines akut wahrgenommen: den scharfen Schmerz in meiner Kopfhaut, von den extralangen Haarnadeln hervorgerufen, die meine raffinierte Frisur festhalten sollten, auf mich jedoch wie gefährliche Waffen wirkten. Ich konnte es kaum erwarten, mir den schweren Stoff herunterzureißen und mein Haar zu lösen. Ich hatte keinen Einfluss auf die Vorkehrungen, die getroffen wurden, und keiner hatte mich auch nur nach meiner Meinung gefragt. Ich hatte alles bestürzt und benebelt über mich ergehen lassen, mit gesenktem Kopf und züchtig niedergeschlagenen Augen. Mein Rücken schmerzte von all den Verbeugungen und dem Berühren der Füße sämtlicher Verwandter. Das sieht man auch auf den Fotos. Mein Lächeln ist verkrampft und höflich, meine Augen sind ausdruckslos, meine Haltung ist uncharakteristisch steif. Diese gewaltige Extravaganz ... die enorme Begeisterung ... all die Mühen. Ein Jammer.

Im Vergleich dazu war die Scheidung einfach, fast schon zu einfach. Und nur um das einmal festzuhalten: Ich war, offiziell gesehen, genau eineinhalb Stunden meines Lebens eine geschiedene Frau. Da wir uns in gegenseitigem Einvernehmen scheiden ließen, gab es keine Streitpunkte. Nach unserem ersten Erscheinen vor Gericht im Juli 1984, als wir die Scheidung einreichten, hatte unser Anwalt Anand Grover vorgeschlagen, dass wir uns für Tee und Buttergebäck in ein nahes iranisches Restaurant setzten. Wir waren zu dritt hingegangen und hatten kurz miteinander geplaudert. Nachdem Sudhir gegangen war, hatte sich Grover an mich gewandt und gesagt: »Ich hoffe, Sie haben nicht vor, sich wieder zu verheiraten. Was bringt eine Ehe schon?«

Ich hatte mich belustigt zu ihm umgedreht und gefragt: »Wie kommt es dann, dass Sie verheiratet sind?«

Wir scherzten eine Zeitlang über das Thema, bevor ich wahrheitsgemäß und ernsthaft antwortete: »Ich bin nun mal gern verheiratet. Ich glaube an die Ehe. Mir macht es Spaß, Ehefrau zu sein. Ich möchte nicht den Rest meines Lebens allein verbringen.«

Grover zuckte die Achseln. Er schien überrascht zu sein.

Die Scheidung wurde um elf Uhr dreißig ausgesprochen.

Um dreizehn Uhr heiratete ich Dilip.

Es klappte haarscharf.

Diese Worte fassen recht präzise zusammen, wie mein Leben verlaufen ist.

Meine Familie war erstaunt über meinen Entschluss. Nein,

vielleicht doch nicht. In diesem Stadium meines Lebens konnte ich sie mit nichts mehr wirklich überraschen, was ich sagte oder tat. Mein Vater setzte seine stoische, versteinerte Miene auf. Meine Mutter wirkte sichtlich besorgt. Das war ein großer Schritt – vielleicht der größte, den ich jemals unternommen hatte. Er würde sich nicht nur auf mein eigenes Leben auswirken, sondern auch auf die Leben von vier kleinen Kindern, seinen und meinen. Im Rückblick vermute ich, meine Eltern hätten unsere Heirat schließlich doch noch gutgeheißen, aber wir wollten ihnen mögliche Peinlichkeiten ersparen und sie daher gar nicht erst in die Vorbereitungen einbeziehen. Dilips Eltern waren tot. Somit blieben nur noch unsere Kinder, die noch viel zu klein waren, und eine Handvoll Freunde. Ideal. Mein Traum war ein Trauungszeremoniell, das unter freiem Himmel in einem Tempelhof abgehalten wurde, unter hohen Bäumen, die einen schützenden Baldachin bildeten, eine Kulisse, die von wohlwollenden Kräften durchdrungen war, positive Energie ausstrahlte und von spirituellen Schwingungen erfüllt war. Genau das fanden wir in dem historischen Laxmi-Narayan-Tempel im Zentrum von Bombay. Ich wünschte mir von ganzem Herzen einen Geistlichen, der Shoklas in Sanskrit rezitieren und sie uns in einer Sprache erklären würde, die wir verstanden – wir fanden ihn. Und ich hatte mir gewünscht, von Angehörigen und einigen wenigen Menschen umgeben zu sein, die uns liebten, uns akzeptierten und unsere außergewöhnliche Situation verstanden – sie erschienen, um an unserer Freude teilzuhaben.

Jeglicher Künstlichkeit und jeder unnötigen Schaustellung beraubt war unsere Hochzeit in ihrer minimalistischen Schönheit bezaubernd. Diesmal trug ich einen edlen Chanderi-Sari aus roter Baumwolle, und mein Haar flatterte ungehindert in der nachmittäglichen Brise. Dilip trug einen traditionellen Bengali-Dhoti, und um seine nackte Brust war ein Angavastram gewickelt. Es wurde gelacht und es wurde geweint. Aber vor allem herrschte ein Gefühl von Würde und Feierlichkeit. Es war eine Do-it-yourself-Hochzeit ohne Schmus und Fransen, vom Bräutigam und der Braut persönlich arrangiert. Es war eine starke

Bejahung sowohl des Schicksals als auch des Glaubens, als wir um das heilige Feuer herumliefen, beobachtet von denen, die wir respektierten und mochten: meiner Familie, Dilips jüngerem Bruder Arjun (wir bedauerten zutiefst, dass Dilips Eltern nicht mehr am Leben waren und uns ihren Segen geben konnten) und einigen wenigen Freunden.

Ich sah, dass meine Eltern das Zeremoniell konzentriert und mit gerunzelter Stirn verfolgten, und ich fragte mich, was wohl in ihren Köpfen vorging. Ich bin sicher, dass sie besorgt waren, aber was empfanden sie darüber hinaus? Es war bemerkenswert, wie liberal sie waren. Keines ihrer Kinder hatte sich innerhalb der geschlossenen Gemeinschaft der Saraswat-Brahmanen verheiratet, in die wir hineingeboren waren. Mandakini hatte einen Parsi geheiratet, Cyrus Tata; Kunda war Mrs Srinivasam; Ashok hatte sich in Moyna Mukherjee verliebt, eine Bengalin. Und jetzt entschloss sich ihre Jüngste, ein zweites Mal eine Ehe mit einem Mann einzugehen, der nicht aus dem Maharashtra stammte. Falls sie in dem Punkt Vorbehalte hatten, sagten sie es nie. Sie hatten sich in keiner Weise eingemischt. Und ich hatte sie nicht um ihre Hilfe gebeten. Dilip hatte die kleine Feier eigenhändig organisiert und dabei nichts ausgelassen. Er hatte meine Saris für die Hochzeitsreise persönlich ausgesucht und sich die Mühe gemacht, meinen Schneider ausfindig zu machen, um passende Cholis in Auftrag zu geben. Er hatte auch die passenden Schmuckstücke gekauft. »Weshalb solltest du zu spüren bekommen, dass meine Eltern nicht mehr am Leben sind, um die Dinge zu organisieren, die der Braut traditionell überreicht werden?«

Es hätte nicht schöner sein können. Wir fühlten uns für uns selbst und für unsere Entscheidungen verantwortlich, und niemand versuchte, uns zu manipulieren oder uns vorzuschreiben, was wir tun sollten, wie wir es tun sollten und wann. Ganz im Gegensatz zu den traditionellen indischen Hochzeiten, bei denen Braut und Bräutigam selten nach ihrer Meinung gefragt werden und sie bei den Feierlichkeiten, deren Durchführung unsensible ältere Angehörige meist barsch an sich reißen, oft die unbedeutendsten Teilnehmer sind. Aber das Wichtigste ist, dass Dilip und ich unsere Hochzeit vom ersten bis zum letzten Moment genossen – und weshalb auch nicht? Wir hatten sie schließlich bis ins kleinste Detail organisiert, gewissermaßen persönlich die Blumen vom Felde gepflückt.

Während des Trauungszeremoniells sah ich Dilip an, der gebannt dem Gesang des Geistlichen lauschte. Das war der Mann, mit dem ich den Rest meines Lebens verbringen würde. Als ich die Entschlossenheit in seinem Gesicht sah, wusste ich, dass auf ihn Verlass sein würde, ganz gleich, was uns zustieß. Ich sah Dilips Kinder Ranadip und Radhika, die in der Hitze ein wenig schlappmachten und unschuldig ein Päckchen Karten mischten, um sich die Zeit zu vertreiben, bis das »langweilige« Zeremoniell endete. Vielleicht war ihnen die gewaltige Veränderung nicht bewusst, die sich in ihrer Welt vollziehen würde. Zwei Jahre lang hatten sie »Daddy« ganz für sich allein gehabt. Und jetzt heiratete er. Eine Frau, die ihnen so gut wie fremd war, die jetzt aber bei ihnen einziehen würde. Die neue »Mrs De«. Fortan würden sie ihre jungen Leben meiner Obhut anvertrauen. Würde ich dieser Aufgabe gewachsen sein?

Mein neues Zuhause war mit eigens für diesen Tag bestellten Girlanden aus Rosen und Jasmin diskret geschmückt. Dort würden wir ein spätes Mittagessen einnehmen. Die Dame, die mich mit einem Lichtopfer willkommen hieß, war keine Verwandte, sondern ein anhängliches Hausmädchen, das Bijoli Debi hieß und sich echt und ehrlich über die neuesten Entwicklungen im Leben ihres Arbeitgebers zu freuen schien. Es folgte ein traditionelles Hochzeitsmahl für die Angehörigen und ein paar Freunde. Ich hörte, wie eines der Kinder am Telefon mit einem Freund sprach. Ranadips Aufregung war nicht zu überhören, als er sagte: »Tut mir leid, ich kann jetzt nicht zum Spielen kommen ... verstehst du, ich muss erst meine Mutter um Erlaubnis fragen.« Die Art, wie er das Wort »Mutter« aussprach – voller Stolz –, beruhigte mich mehr als jede Rede oder Geste. In diesem einen Wort lag herzerweichendes Vertrauen. Dieser schüchterne, unbeholfene kleine Junge nannte mich so bereitwillig und ohne jedes Zögern »Mutter«. Es jagte mir einen Schrecken ein.

Im Lauf der nächsten Wochen wurde das von beiden Kindern mehrfach wiederholt. »Meine Mutter sagt ...«, »Meine Mutter erlaubt mir nicht ...«, »Ich muss erst meine Mutter fragen ...«. Zwei Jahre lang waren sie eines grundlegenden Rechts beraubt gewesen, das jedem Kind zustehen sollte – nach einer Mutter zu rufen. Da sie dieses Recht jetzt wiedererlangt hatten, konnten sie offenbar nicht genug davon bekommen. Jedes Mal, wenn ich hörte, wie sie dieses Wort benutzten, schlug mein Herz einen Salto. In diesen ersten Monaten war ich nicht als Person, sondern als Symbol von Bedeutung. Ich machte mir Sorgen, was passieren würde, wenn das »Mutter-Mantra« durch die Wiederholung seinen Reiz verlor und sie feststellten, dass sie ohne die Fremde – mich – in ihrer Mitte besser dran gewesen waren. Was war, wenn sie mich und meine zaghaften Annäherungsversuche zurückweisen würden? Und was war mit meinen eigenen leiblichen Kindern, die zu der Zeit nicht so viel von mir, ihrer »richtigen« Mutter, hatten, wenn auch in erster Linie aus Gründen der Logistik? Würden sie die Anwesenheit von zwei, nein, drei Neuzugängen in ihrem Leben verabscheuen? So viele Komplikationen. So viel Neues, das bewältigt werden musste. Und was war, wenn ich sie alle enttäuschte?

Viele »Gratulanten« hatten uns ein Scheitern vorhergesagt. Die Reaktionen auf unsere Heirat waren vielfältig, jedoch vorwiegend negativ. »Freunde« nahmen sich uns einzeln vor und flüsterten: »O mein Gott. Ich hoffe, ihr wisst, was ihr tut ...« Zu Dilip sagten sie: »Sie ist eine sehr eigensinnige Frau. Viel zu dickköpfig.« Und in meine Ohren gurrten sie: »Wir freuen uns natürlich sehr für dich. Aber vergiss nicht, er hat zwei Kinder.«

Der allgemeine Urteilsspruch? Das klappt niemals. Es wurde viel geredet, und es wurden zahllose Spekulationen angestellt. Manches davon tat weh. Über den Rest lachten wir. Dilip beschloss kurz vor unserer Hochzeit, mir seine Heimatstadt zu zeigen – Kalkutta. Ich war schon mehrfach dort gewesen, aber diesmal würde alles vollkommen anders sein. »Hüte dich, du gerätst in eine Schlangengrube«, warnte mich ein Freund, als ich zur ersten von mehreren Abendgesellschaften erschien, die uns zu Ehren veranstaltet wurden. Neugier, gemischt mit Skepsis, schlug mir entgegen. Ich konnte spüren, dass die Frauen mich taxierten, und in den Augen der Männer stand dieser Ausdruck, den sie annehmen, wenn ein anderer Mann einen Schritt wagt, zu dem sie selbst nicht den Mut haben. Darin treten etliche Gefühle zum Vorschein, doch besonders deutlich erkennt man den Neid. Nach unserer Reise muss ich gründlich seziert und in der Luft zerrissen worden sein. Ich kannte keinen dieser Menschen. Wir hatten keine gemeinsame Vergangenheit und keine Bezugspunkte, die sich überschnitten. Aber innerhalb dieser Gruppen wurde ich als Eindringling auf fremdem Boden betrachtet. Nur gut, dass wir nicht vorhatten, dorthin umzusiedeln, dachte ich dankbar. Ich wäre bei lebendigem Leibe aufgefressen oder im Ganzen geschluckt worden, wie diese kleinen Fische, die die Bengalen frittieren und vollständig verspeisen.

Dilips Verwandte hießen mich viel herzlicher willkommen. Sie nahmen mich ohne jedes Zögern in den Schoß der Familie auf. Ich lernte so viele Mashimas und Pishimas kennen, wie es während unseres kurzen Aufenthalts irgend möglich war, und ich fühlte mich ganz und gar zu Hause. Alles war mir fremd – die Sprache, das Essen, die Verhaltensweisen. Und doch bestand auf entscheidenden Ebenen eine enorme Wesensverwandtschaft. Ich hatte das Gefühl dazuzugehören. Ich fühlte mich geborgen, selbst dann, wenn ich hörte, dass Dilip mit »Gopal« (sein Spitzname) oder mit »DK« (wie seine Freunde ihn nennen) angesprochen wurde. Wir mussten noch vieles übereinander herausfinden – ich hatte gerade erst damit begonnen. Ohne Stress. Ohne Eile. Wir hatten Jahre vor uns.

Ich beschloss, bei diesen Neuentdeckungen mit dem Essen zu beginnen, doch ich muss gestehen, dass ich selbst nach so vielen Jahren (wir sind jetzt in unserem vierzehnten Ehejahr, unglaublich) immer noch kein Senföl mag. Ich spreche gerade so viel Bengali, dass es für die Verständigung ausreicht. Und ich habe inzwischen eingesehen, dass Süßwasserfische Salzwasserfischen überlegen sind. Rabindra Sangeet kann ich nicht ausstehen (für mich klingt das nach Klageliedern). Ich komme eben doch aus dem Maharashtra. Und ich bin eine echte »Bombaywalli« und werde auch als solche sterben.

Das Komische ist, dass ich den erschreckenden Entschluss, hierzubleiben und mein Leben neu zu erfinden, nicht ein einziges Mal bereut habe. Wir hatten durchaus unsere harten Momente – holprige Strecken, Auseinandersetzungen, Unstimmigkeiten und Streit. Es kam zu Tränen, Vorwürfen und Gegenbeschuldigungen. Aber nie haben wir bereut, uns aufeinander eingelassen zu haben. Die Grenzen unserer Beziehung hat Dilip abgesteckt. Gegen einige habe ich anfangs aufbegehrt. Heute weiß ich, dass es seine reifere und erfahrenere Stimme war, die für mich die Ehe neu definiert hat. Das Thema »Freiraum« haben wir nie auch nur angesprochen, und ich weiß immer noch nicht, was Paare meinen, wenn sie stolz behaupten: »Unsere Ehe funktioniert, weil wir einander jede Menge Freiraum zugestehen.« Meine Eltern haben sich nicht mit solchen Problemen herumgeschlagen. Und ich tue es auch nicht.

Das Bedürfnis nach »Freiraum« stellt eine Ehe so hin wie ein Mietverhältnis in einem beengten Wohnblock. Eine Ehe bedeutet, zusammen zu sein, sogar dann, wenn der Anblick, der Geruch und die Geräusche des anderen einen in den Wahnsinn treiben. »Freiraum« hat den Beigeschmack von Flucht, aber vielleicht irre ich mich auch. »Freiraum« ist auch eine versteckte Anspielung auf den ausgeprägten Wunsch nach Privatsphäre und danach, die eigene Individualität auszuleben und unsichtbare Barrieren um sich herum zu errichten. Das ist eine neumodische Erfindung, die ich nicht wirklich einschätzen kann und die ich auch nicht verstehe. Für mich gehört zu einer Ehe, dass man sich auf den anderen einlässt und sich selbst zurücknimmt. Miteinander verschmilzt, ineinander übergeht, sich überschneidet, sich verbindet. Es ist eine symbiotische Beziehung, in der man sich voneinander nährt, voneinander abhängig ist, den anderen braucht. In der Ehe ist kein Platz für und kein Bedarf an »Freiraum«. Dieses Konzept ist irreführend und schädlich und hat bereits zur Zerrüttung etlicher moderner Ehen geführt – vielleicht weil die beiden Menschen es missverstanden und von Anfang an fehlinterpretiert haben. Einzelpersonen auf der Suche nach Weite und unbegrenztem Raum sind als Singles besser dran – sie können so viel davon haben, wie sie wollen, wenn sie allein bleiben.

Ich bin immer noch der Überzeugung, dass es eine meiner klügsten Entscheidungen, wenn nicht gar die klügste war, Dilip zu heiraten und diesen Entschluss aus dem Bauch heraus zu treffen, mich auf nichts weiter als einen starken Impuls zu verlassen, der mir gesagt hat: »Du tust genau das Richtige.« Er hatte Recht. Wie hätte mein Leben nach einem Jahr in Stanford ausgesehen? Darüber kann man nur spekulieren, aber ich würde eine naheliegende Vermutung wagen: Ich hätte den Universitätsbetrieb ausgekostet und jede Minute genossen, etliche interessante Menschen kennen gelernt und erfrischende, belebende Erfahrungen gemacht ... und irgendwann hätte ich dann meine Taschen gepackt und wäre nach Hause gekommen. Und was hätte ich dort vorgefunden? Ungewissheit. Unsicherheit. Entfremdung. Von der Familie, von Freuden und Kollegen. Wäre die Erfahrung das wert gewesen? Wer kann das schon beurteilen? All das bewegt sich im Reich reiner Mutmaßungen – ich habe nie Zeit darauf vergeudet, mir diese Fragen wirklich zu stellen. Ich weiß nur, wie froh ich darüber bin, dass ich auf mein Herz gehört habe und geblieben bin. Ich bin dankbar dafür, dass ich Dilip begegnet bin. Und überglücklich, dass wir uns entschlossen haben, unsere Familie zu vergrößern und zwei eigene Kinder zu bekommen.

Bestandsaufnahme

Heute haben Dilip und ich sechs wunderbare Kinder, und das sage ich als außerordentlich stolze und entschieden voreingenommene Mutter. Jedes von ihnen ist etwas ganz Besonderes. Jedes von ihnen hat unser Leben bereichert, auch wenn sie es nicht wissen. Komischerweise hatten sie ihre eigenen Lösungen im gemeinsamen Miteinander schon vor langer Zeit und ganz ohne elterlichen Ansporn gefunden. Es half natürlich, dass Dilips zwei, Ranadip und Radhika, und meine beiden, Aditya und Avantika, gemeinsam dieselbe Schule besuchten, wobei Radhika und Aditya sogar seit ihrem achten Lebensjahr in dieselbe Klasse gingen. Die vier kannten einander schon, bevor Dilip und ich uns kennen lernten. Ich frage mich, wie es gelaufen wäre, wenn wir die diversen Kinder (»deine«, »meine« und »unsere«) gewaltsam in einen Topf geworfen und ihnen vorgeschrieben hätten, »Freunde« zu sein. Das kann nicht klappen. Was wäre gewesen, wenn die Kinder, die ich »geerbt« hatte (Ranadip und Radhika), sich als gemeine Bälger erwiesen hätten? Was wäre gewesen, wenn sie sich miteinander verschworen hätten, um mir das Leben schwer zu machen – und wenn es ihnen gelungen wäre? Zum Glück passierte nichts dergleichen. Sie waren liebe Kinder, brav und gefügig. Der häusliche Alltag gestaltete sich problemlos. Ich brauchte nie zu schlichten. Oder für eines von ihnen Partei zu ergreifen.

An modernen Maßstäben gemessen ist unsere Beziehung zu unseren Kindern recht förmlich. Und die Beziehung zwischen uns beiden ist auf kuriose Weise altmodisch. Wir sprechen einander nie mit unseren Vornamen an. In der Öffentlichkeit nenne ich ihn »De«. Er sagt schlicht und einfach »sie«, wenn er über mich spricht. Zu Hause ruft er: »Wo bist du?«, wenn er mich braucht, wogegen ich es einfacher finde, zu ihm zu gehen und draufloszureden. Seltsamerweise war es bei meinen Eltern genauso. Meine Mutter sagte »A-ho« zu meinem Vater. Seine Reaktion darauf war ein »A-ga«.

Wenn sich die Kinder heute streiten, regeln sie das unter sich. Wenn sie sich wieder miteinander aussöhnen, dann unter Bedingungen, die sie selbst ausgehandelt haben. Ich halte mich raus, obwohl ich eine übertrieben besorgte und übermäßig neugierige Mutter bin, deren Ideal es wäre, in jedem einzelnen Punkt um Rat gefragt und in jeden Aspekt des Lebens meiner Kinder einbezogen zu werden. Sie haben keine Scheu, mir zu sagen, wo ich mich nicht einmischen soll, aber sie sind so rücksichtsvoll, es mir indirekt und behutsam beizubringen. Das ist mir recht. Manchmal vergesse ich, dem Umstand Rechnung zu tragen, dass sie mittlerweile Erwachsene (nun ja, bei vier von ihnen würde ich das gelten lassen) und durchaus in der Lage sind, selbst über ihr Leben zu bestimmen. Ich habe den Hang, mich in alles einzumischen. Vielleicht kommt das daher, dass ich so gern auch noch an ihrer heutigen Entwicklung teilnehmen möchte. Aber das ist verrückt. Und unrealistisch.

Oft frage ich mich, wie die Kinder über die recht ungewöhnliche Konstellation denken, in der sie aufgewachsen sind. Quälen sich Ranadip und Radhika mit dem Gedanken herum, wie anders ihr Leben möglicherweise verlaufen wäre, wenn ihre Mutter nicht gestorben wäre? Vermissen Aditya und Avantika aktiv meine Gegenwart in dem Haus, in dem wir früher alle zusammenlebten? Ärgern sich alle vier, zumindest gelegentlich, über unsere Situation, die im Endeffekt total künstlich ist? Ich vermute, ich werde es nie wirklich erfahren. Wir alle mussten uns an die Umstände anpassen, uns darauf einstellen und uns beibringen, die Situation zu akzeptieren.

Die Mädchen haben ihre Teenagerschwärme und ihre »ernstzunehmenden« Jugendfreunde hinter sich. Die Jungen – zum Teufel, sie sind Männer – ihre Freundinnen. Ich habe jede einzelne dieser Personen »missbilligt«, sehr zum Verdruss, aber auch zur grimmigen Belustigung meiner Kinder. Sie haben geschmollt. Sind aus dem Haus gestürmt. Waren trotzig. Haben es mit Schmeicheleien versucht. Waren aufsässig. Haben Widerstand geleistet. Haben getobt. Mit anderen Worten, sie haben denselben Weg eingeschlagen, den ich in meinen Zwanzigern eingeschlagen hatte. Ich neige dazu, das zu vergessen. Sie unterlassen es nie, mich daran zu erinnern.

Arundhati und Anandita, die beiden kleinen Mädchen, sind in den Genuss der rückhaltlosen Liebe ihrer Geschwister gekommen. Meine einzige Bitte an Gott ist: »Möge es immer so bleiben. Mögen sie auch in Zukunft alle sechs einander nahestehen und sich gegenseitig unterstützen. Mögen ihre Kinder einander lieben. Mögen sie einander immer nur das Beste wünschen.« Das ist das Einzige, was ich mir heute wirklich wünsche. Frieden und Freude im Kreis unserer Familie. Sogar in einer »normalen« Konstellation ist das weiß Gott schwer zu erreichen. Noch schwieriger ist es für diejenigen unter uns, die sich entschlossen haben, einen weniger ausgetretenen Pfad einzuschlagen. Ich habe mich bemüht, immer meine Neutralität zu wahren, obwohl ich oft daran gescheitert sein muss. Die Kinder, die davon betroffen waren, werden sich mit Sicherheit daran erinnern. Und vielleicht werden sie es mir sogar verzeihen ... aber diese Hoffnung ist zu hoch gesteckt. Ich kann nur sagen, dass ich versucht habe, mein Bestes zu geben. Meine Methoden mögen nicht immer einwandfrei gewesen sein, aber die Absichten waren immer aufrichtig und nur die besten.

Keine andere Verantwortung auf Erden ist so groß und schwierig wie die, die man als Elternteil trägt – lassen Sie sich bloß nichts anderes einreden. Aber wie Dilip mir immer wieder einschärft, wenn mich etwas, was ich zu einem der Kinder gesagt habe, oder etwas, was sie zu mir gesagt haben, restlos niederschmettert: »Gib nicht auf. Mehr, als uns anzustrengen und unser Bestes zu geben, können wir nicht tun. Der Rest liegt bei ihnen.«

Und doch ist ihre Macht, mein Lebensgefühl zu bestimmen, nach wie vor unvermindert. Gerade erst kürzlich hat Aditya ruhig und sichtlich zerknirscht zu mir gesagt: »Als ich noch kleiner war, habe ich meine Freunde manchmal beneidet. Ich war neidisch darauf, dass sie eine Mutter hatten, die zu Hause auf sie wartete und der sie alles erzählen konnten, neidisch darauf, dass sie ständig mit ihren Müttern zu tun hatten.« In dem Moment hat sich mein Herz schmerzhaft zusammengezogen. Für diese Einbuße kann ich ihn nicht entschädigen. Niemals. Natürlich ist es für keines der Kinder leicht gewesen. Meine eigenen müssen meine Abwesenheit ebenso tief und stumm beklagt haben wie ich ihre. Dilips Kinder dagegen müssen ebenso heftig eine viel einschneidendere Abwesenheit beklagt haben – sie müssen um Rita getrauert haben, ihre leibliche Mutter, die ich nie kannte, aber liebend gern gekannt hätte. Dann hätte ich ihre geliebten Sprösslinge vielleicht besser verstehen können. Ich versuchte gar nicht erst, sie im Leben ihrer Kinder zu ersetzen. Ich bemühte mich lediglich, mein Möglichstes zu tun, um für sie zu sorgen und sie so großzuziehen, dass ihre Mutter stolz auf sie gewesen wäre.

Jetzt, da sie beide in ihren Zwanzigern sind, komme ich um eine harte Erkenntnis nicht mehr herum: Er ist nicht umzupolen, dieser hartnäckige, unabänderliche genetische Code, mit dem wir geboren werden. Er kann allem widerstehen und jeden Einfluss abwehren – sogar die ungezügelten unbewussten Einflüsse einer wohlmeinenden Stiefmutter, die diese Kinder zwar nicht geboren, sie jedoch nach bestem Dafürhalten aufgezogen hat. Heute sind Ranadip und Radhika stolze Individuen, in denen ich ihre Mutter weitaus deutlicher erkennen kann als mich. Anfangs hat es mich überrascht und verletzt, als ich einsehen musste, dass die Biologie über die Umwelt triumphiert, die Natur über die Erziehung. Manchmal konnte ich einfach nicht verstehen, was sie taten oder wie sie sich gaben. Woher hatten sie bloß diese Ticks? Warum harmonierten wir in mancher Hinsicht überhaupt nicht miteinander? Warum war es nicht einfacher, Brücken zu schlagen? Schließlich hatte ich während ihrer Entwicklungsjahre viel mehr Zeit mit ihnen verbracht als mit meinen leiblichen Kindern. Ich habe auch mehr Jahre mit ihnen verbracht als die leider sehr begrenzte Zeit, die sie gemeinsam mit ihrer Mutter hatten. Und doch. Dieses bittere, schmerzliche »Und doch«, das niemand ausreichend erklären kann.

Erst im Lauf der letzten zwei Jahre habe ich mein eigenes kleines Ego beiseitegeschoben und die Tatsache akzeptiert, dass sie unmöglich meine Überzeugungen, meine Wertvorstellungen oder meine Ansichten übernehmen können – wir sind verschieden gewickelt und werden es auch immer sein. Diese Erkenntnis hat es mir erleichtert, mit Enttäuschungen zurechtzukommen. Dilip ist unser entscheidendes Bindeglied. Solange er die beiden versteht, sie für mich dechiffriert und den Dolmetscher spielt, ist alles in Ordnung. Dann kommen wir gut zurecht.

Heute fühle ich mich kompetenter. Ich habe mir selbst beigebracht, die Bereiche zu lokalisieren, die ohne Frage von den Genen beherrscht werden, und dieses Wissen im Umgang mit den Kindern einzusetzen. Ich frage mich nicht mehr, warum Radhika und ich nicht über dieselben Dinge lachen. Ich weiß, dass ihr Sinn für Humor sich mit meinem noch nicht einmal überschneidet. Es überrascht mich nicht mehr und verletzt mich auch nicht mehr, dass unsere Vorlieben und unsere Reaktionen diametral entgegengesetzt sind, wenn es um Essen, Kleidung, Bücher, Filme oder Musik geht. Ich frage mich nicht mehr gequält: »Warum hat sie denn so gar nichts von mir? Warum hat nicht das Geringste auf sie abgefärbt? Warum haben wir nicht mehr miteinander gemeinsam?« Heute weiß ich es besser. Radhika ist eine ernsthafte junge Frau, die genau weiß, was sie will, ein introvertierter Mensch, der seine Freizeit vorzugsweise mit Büchern und Musik verbringt. Ihre Erfüllung liegt anderswo – nicht in der Welt, die ich bewohne. Was ich früher als Niederlage empfunden habe, die dann in Resignation überging, hat sich jetzt in Akzeptanz verwandelt. Ich wundere mich nicht mehr darüber, dass wir in Parallelwelten leben, und auch nicht über unsere offensichtliche Polarität. Sie ist eine eigenständige Persönlichkeit und noch dazu eine starke. Sie trägt ihre eigene Mutter in sich. Und das wird sie immer tun. Genau so, wie die Natur es beabsichtigt hat. Ihre Erziehung wird sich zeigen oder auch nicht – so ist es nun mal. Wie käme ich dazu, das Unabänderliche in Frage zu stellen oder es verändern zu wollen? Stattdessen denke ich daran, wie tapfer sie in einem feindselig gesinnten Hörsaal zu mir gehalten hat, als ich aufgefordert worden war, in ihrem College vor höheren Semestern mit englischer Literatur als Hauptfach einen Vortrag über Popkultur zu halten.

Sie hatte meinen einstündigen Vortrag mit hoch erhobenem Kopf über sich ergehen lassen und mich unerschütterlich unterstützt. An jenem schwülen Nachmittag wäre ich ungern an ihrer Stelle gewesen. Wären die Rollen vertauscht gewesen, dann weiß ich nicht, wie ich damit umgegangen wäre. Einige Studenten waren ganz entschieden gegen mich eingenommen und hielten sich nur mit Mühe und Not mit ihrem Hohn zurück. Ich bin sicher, dass sie die Grundstimmung in diesem drückend heißen Hörsaal wahrnahm, doch sie blieb bis zum Ende eine loyale Tochter, und das werde ich ihr immer hoch anrechnen.

Auch eine Lektion, die mir Aditya erteilt hat, als ich während seiner Schulzeit eine Aufführung besuchte, in der er mitspielte, werde ich immer berücksichtigen. Einem stolzen Elternteil fällt es selbstverständlich schwer, die Freude über die Leistungen eines Kindes zu verbergen, ganz gleich, ob sie bedeutend oder unbedeutend sind. Aditya muss zu der Zeit vierzehn gewesen sein – in diesem grässlichen Übergangsstadium zwischen der Kindheit und dem Erwachsenwerden. Er war ungeheuer gehemmt, ein schüchterner, zurückhaltender junger Mann. Er hatte mich mit seiner Bereitwilligkeit erstaunt, überhaupt eine Rolle anzunehmen, und dann auch noch in einem Musical – ›My Fair Lady‹. Ich wartete gespannt auf den großen Moment – seine Nummer, die verlangte, dass er mit ein paar Klassenkameraden einen Walzer tanzte. Als er auf die Bühne kam, dauerte es eine Weile, bis ich ihn erkannte. War das tatsächlich Aditya? Mein Sohn Aditya? Dieser Kerl schien mir viel älter zu sein als mein kleiner Junge. Und konnte das wirklich Schminke sein, was ich auf seinem glatten, unbehaarten Gesicht sah? Nach diesem Auftritt klatschte ich laut und anhaltend. Es war mir gelungen, während der Darbietung Blickkontakt mit ihm herzustellen und ihn ermutigend anzulächeln. Er war errötet und hatte hastig die Augen abgewandt. Ich beschloss, hinter die Bühne zu gehen und meine Anerkennung noch überschwänglicher auszudrücken. Erwartungsvoll betrat ich das Künstlerzimmer, fand ihn dort mit seinen Freunden vor und rief mit unverhohlener Freude aus: »Du warst toll. Phantastisch. Gratuliere.«

Er wirkte äußerst verlegen. Nach ein paar Minuten nahm er mich zur Seite.

»Mutter, wie konntest du das tun?«

Wie konnte ich was tun?

»Wie konntest du mich für dein Lob herauspicken? Wir waren alle gemeinsam daran beteiligt. Was ist mit meinen Freunden? Du hast dir nicht die Mühe gemacht, ihnen zu gratulieren. Sie haben genauso viel zu dem Auftritt beigetragen wie ich. Wenn du schon jemanden mit Komplimenten überhäufen musstest, dann hättest du alle einbeziehen sollen, nicht nur mich.«

Ich spürte, dass Tränen in meinen Augen brannten. Ich fühlte mich wie vor den Kopf gestoßen und mit einem Mal ganz klein. Er hatte mir eine klare Rüge erteilt, mir eine scharfe Ohrfeige gegeben. Und ich war verletzt. Als ich mich abwandte und in mich zusammensackte, spürte ich eine Hand auf meiner Schulter. Die Hand gehörte Aditya. »Tut mir leid, Mom. Aber ich empfinde es wirklich so.« Er hatte selbstverständlich Recht. Es gehörte sich nicht, dass ich ihn nach einem Gruppenauftritt mit meinem idiotischen Lob überschüttete. Mit meinem Mangel an Urteils- und Einfühlungsvermögen hatte ich meinen Sohn in große Verlegenheit gebracht. Und ich bedauerte mein spontanes, aber unreifes Benehmen. Diese Lektion würde ich so schnell nicht vergessen.

Im Zusammenhang mit unseren Kindern kam es zu einigen solcher Vorfälle. Jedes Mal lernte ich eine neue und erfrischende »Wahrheit« dazu. Sie halfen mir dabei, mich zu verändern, meine festgefahrenen Einstellungen zu überdenken und meine starren Standpunkte in Dingen, die uns alle betrafen, unter die Lupe zu nehmen. Ich bin meinen Kindern dankbar dafür, dass sie mich auf meine Fehler aufmerksam gemacht haben. Manche von uns geraten im Leben in diese eigentümliche Lage, wo keiner es jemals wagt, das, was man tut, in Frage zu stellen oder es zu verurteilen. Es stellt eine Versuchung dar, solchen Menschen zu schmeicheln, denn wer hört schon gern Kritik? Und doch war ich meinen Kindern nach jedem meiner Ausrutscher dankbar dafür, dass sie keine stummen, unkritischen Zeugen sind, sondern den Mut haben, mir zu sagen, was ich falsch mache, obwohl das heißt, dass sie sich vorübergehend meinen Zorn zuziehen. Ich höre mir ihre ungenießbaren Kommentare an und schlucke und verdaue sie widerwillig, aber ich erkenne auch, wie wertvoll sie sind, wie kostbar. In der Welt, in der ich mich für gewöhnlich aufhalte, spart man sich die Wahrheit. Es ist viel einfacher, andere mit Komplimenten zu überhäufen und zu sagen: »Du bist die Größte.« Noch einfacher ist es, all das zu glauben. Die Stimmen meiner Kinder sind die Echos des gesunden Menschenverstands, die mich auf die bekömmlichste Weise in meine Schranken weisen. Ich hoffe, sie werden nie aufhören, mir zu sagen, wann und wo es reicht – mehr um meinet- als um ihretwillen.

Erst eine Bemerkung von Ranadip führte mir etwas vor Augen, was mich bedrückt hatte. Wir hatten unsere Meinungsverschiedenheiten, Ranadip und ich, und seit einer Weile beschlich mich das Gefühl, meine Haltung sei vielleicht etwas zu unbeugsam und streng gewesen, und das ausgerechnet in einer Phase, in der er um seine Identität und Eigenständigkeit kämpfte. Es hatte einige Spannungen zwischen uns gegeben, und wir hatten uns über die Ausübung elterlicher Autorität gestritten und uns dann auf einen halbwegs dauerhaften Waffenstillstand geeinigt. Heute führt Rana sein eigenes Leben und macht Karriere. Er ist extrovertiert, ausgelassen und beliebt, hat zahllose Freunde auf der ganzen Welt und führt ein reges gesellschaftliches Leben, um das ihn jeder Szenegänger beneiden würde. Ich brauchte eine Weile, um ihm das Recht zuzugestehen, er selbst zu sein. Nach ein paar unbehaglichen Jahren begann ich mir zu sagen, es sei an der Zeit, die Tatsache anzuerkennen, dass er ein Mann von fünfundzwanzig Jahren war, und ihn entsprechend zu behandeln. Wir waren gerade dabei, allmählich zaghaft wieder aufzutauen, als er eines Abends beim Essen die Mutter eines Freundes erwähnte, die mir persönlich bekannt war.

»Sie hat das Leben ihrer Kinder eigenhändig ruiniert, vor allem das ihres Sohnes«, sagte er über sie.

Diese Bemerkung überraschte mich. Die ganze Zeit über hatte ich geglaubt, diese bestimmte Frau entspräche seiner Vorstellung von einer idealen Mutter – liberal, unternehmungslustig, freundlich, eine Frau von der Sorte, die man als »cool« bezeichnen könnte.

Er fuhr fort: »Sie war nie eine Autoritätsperson. Sie hat ihren Kindern damit geschadet, dass sie immer zu kumpelhaft mit ihnen umgegangen ist. Heute haben sie jeden Respekt vor ihr verloren.«

Versuchte er mir damit etwas zu sagen? Das möchte ich gern glauben. Ich verspürte gewaltige Erleichterung. Jahre der Unbeliebtheit waren von einem Moment auf den anderen wie ausgelöscht. Ja, gelegentlich hatte ich mich wie ein Scheusal benommen. Ich hatte konsequent auf meinem Standpunkt beharrt. Ich hatte darunter gelitten, als der Bösewicht angesehen zu werden, die gemeine, gefühllose Stiefmutter. Aber ich hatte mich standhaft geweigert, von meinen eigenen Wertvorstellungen abzurücken, von den vertrauten Werten, mit denen ich aufgewachsen war. Ich war fest geblieben und hatte mich nicht beirren lassen, sondern auf meinen Prinzipien beharrt. Mich geweigert, unter Druck nachzugeben. Vielleicht hatte sich der Einsatz ja doch gelohnt.

Für jedes Sticheln und für jedes harte Wort haben mich meine Kinder mit ihrer Güte und Liebe in Formen entlohnt, die ihre ganz eigene Bedeutung hatten und mich viel gelehrt haben. Ich weiß, dass ich mich auf jedes einzelne verlassen kann, wenn es hart auf hart kommt. Das sagt bereits viel.

Als junge erwachsene Frau verabscheute ich das Wort »Disziplin«. Wie kann ich von meinen Kindern erwarten, dass sie es lieben? Natürlich mögen sie es nicht. Aditya ist schon seit vier Jahren aus dem Haus, aber ich habe den Versuch immer noch nicht ganz aufgegeben, Regeln aufzustellen, nach denen er zu leben hat. Meistens lacht er nur und tut genau das, was er will. In Avantika sehe ich ein Spiegelbild meiner selbst, im übertragenen Sinne sowie auch buchstäblich. Das erschwert es mir gewaltig. Dennoch bemühe ich mich beharrlich. Irgendetwas muss zwangsläufig an ihr hängen bleiben.

Kürzlich brachen mein Mann und ich zu einer zweiwöchigen Auslandsreise auf. Die Sommerferien der jüngeren Kinder hatten bereits begonnen. Sie wollten unbedingt mitkommen. Es wäre ziemlich sinnlos gewesen, sie auf eine hektische Geschäftsreise mitzunehmen. Um sie zu beschwichtigen, hatte ich vor unserer Reise nach London zehn Tage in Goa verbracht und ihnen erklärt, warum wir dieses Jahr keinen gemeinsamen Sommerurlaub machen konnten. Die Enttäuschung war ihnen deutlich anzusehen, aber sie fassten ihren Groll nicht in Worte.

Am Abend vor unserem Abflug klammerten sich die beiden kleinen Mädchen an mich und weinten.

»Wir werden euch vermissen«, wimmerten sie. »Du wirst uns fehlen, wenn wir dich nicht am Esstisch schreiben sehen … Daddy wird uns fehlen, wenn er nicht in seinem Zimmer vor dem Fernseher sitzt.«

Vorhersagbare Reaktionen. Wir setzten uns an den Esstisch, und keiner von uns brachte viel herunter. Es würden zwei sehr lange Wochen voller Schuldgefühle werden.

Während ich teilnahmslos in meinem Essen herumstocherte, kam Arundhati mit einer selbstgebastelten Karte (das ist in unserer Familie üblich) auf mich zu. Aber gleichzeitig drückte sie mir auch eine Überraschung in die Hand – eine Kassette.

»Hört euch das auf dem Weg zum Flughafen im Auto an«, sagte sie schüchtern.

Anandita hatte mit größter Sorgfalt einige ihrer einzigartigen, schrulligen und bezaubernden Bilder gemalt, in denen sich ausdrückte: »Macht einen drauf. Habt euren Spaß. Gute Reise und kommt wohlbehalten zurück.«

Mir wurde noch elender zumute. Was mir den Rest gab, war das Tonband – es war sorgsam aufgenommen und durchdacht zusammengestellt, süße Worte der Liebe und der Aufmunterung von Arundhati, durchsetzt von unseren liebsten Musikstücken. In diese Aufnahme war viel Zeit und Mühe eingeflossen.

Dilip verwahrte die Kassette sicher in einer Schublade neben seinem Bett, bevor wir aufbrachen. Als Arundhati uns am nächsten Tag in London anrief, war große Enttäuschung aus ihrer Stimme herauszuhören.

»Ihr habt meine Kassette hiergelassen«, sagte sie leise.

»Wir wollten sie nicht verlieren«, erklärte ich.

»Aber ich wollte, dass ihr sie mitnehmt«, fuhr sie fort.

»Ich weiß, Schätzchen. Aber sie war uns viel zu kostbar, um das Risiko einzugehen, dass wir sie irgendwo liegen lassen«, versuchte ich ihr zu beteuern. Und ich hoffte verzweifelt, sie würde es verstehen.

Bei unserer Rückkehr zu einer gespenstischen Tageszeit fanden wir ein großes Schild an der Tür zu unserem Schlafzimmer vor. »Willkommen zu Hause, Eltern. Ihr habt uns wirklich gefehlt.« Im Zimmer standen zwei sorgsam aufgestellte Grußkarten, eine für mich, eine für Dilip. Wie großzügig von ihnen, dachte ich mir, dass sie uns diese Reise, von der sie ausgeschlossen waren, nicht übel genommen hatten, keine Entschädigung (ganz tolle Geschenke) dafür erwarteten und sogar die Großherzigkeit besessen hatten zu sagen: »Wir hoffen, ihr habt euch gut amüsiert.« Und noch entscheidender war, dass sie jedes Wort ernst meinten.

Das erinnerte mich an die Party zu meinem fünfzigsten Geburtstag, die von der ganzen Familie mit großer Liebe und Sorgfalt geplant worden war. Als ich nach dem Abendessen bei meinem Vater zurück nach Hause kam, fand ich unser Heim phantasievoll geschmückt vor, mit Blumen, Luftballons, Windrädchen und Zetteln an den Spiegeln. »Alles Gute zum Geburtstag, Mom«, stand mit Blumen auf unser Bett geschrieben. Es folgten zauberhafte Geschenke. Aditya schenkte mir einen Pandabären: »Weil du mal gesagt hast, dass dir keiner mehr

Stofftiere schenkt.« Avantika bedachte mich mit verschlungenen silbernen Herzen in der berühmten blauen Schatulle von Tiffany – in erster Linie, um zu demonstrieren, wie erwachsen und kultiviert sie nun selbst war, ein Zeichen dafür, dass wir im Club der Frauen endlich Gleichgestellte waren. Rana gestaltete eine Karte mit einem sehr coolen Text für mich, die absolut im Einklang mit seinem Status als Cheftexter in einer großen Werbeagentur stand. Radhika setzte ihre neu erworbenen Kenntnisse auf dem Gebiet der Computergraphik ein und ließ mir ebenfalls eine Karte zukommen.

Aber was mich wirklich zu Tränen rührte (abgesehen von dem Essen für die Familie und ein paar enge Freunde, das Dilip bis in alle Einzelheiten geplant hatte, um mich damit zu überraschen), war die merkwürdige Zusammenstellung von Geschenken, die sich Arundhati von ihrem Taschengeld abgespart hatte: eine Teetasse – ohne Untertasse – (»Weil dir die erste Tasse Tee am Morgen so wichtig ist und du hübsche Tassen magst«), eine Schlammpackung, importiert (»Ich habe gehört, wie du zu einer Freundin gesagt hast, nachdem dir die letzten ausgegangen sind, hättest du schon seit Monaten keine mehr gehabt«), einen Beißring (»Weil sogar Mummys manchmal wie Babys behandelt werden sollten«) und ein Plastikgeschirr für Kinder (»Du sagst immer, du magst Spielsachen, aber du hast selbst gar keine«). Das waren keine gewöhnlichen Geschenke. Es waren die sorgsam gewählten Liebesopfer eines sensiblen Kindes, in denen sich tiefe Zuneigung ausdrückte.

Ich hatte das Gefühl, nichts von alldem verdient zu haben. Kunda hatte jede der Lilien und Gerberas einzeln ausgewählt, die im Buttermilchkrug meiner Mutter kunstvoll arrangiert waren, einem Keramikgefäß, von dem ich einmal gesagt hatte, ich besäße es gern, weil ich es mit meiner Mutter und mit meiner Kindheit in Verbindung brächte. Kunda hatte sämtliche Vorbereitungen überwacht, sogar den Blumenschmuck, der über der Wohnungstür meines Vaters aufgehängt worden war. Sie gaben mir alle das Gefühl, etwas ganz Besonderes zu sein. Und das nur, weil ich fünfzig wurde? Millionen von Menschen erreichen diesen Meilenstein ohne viel Aufhebens, nahezu unbemerkt. Ich werde immer gern an jenen besonderen Tag zurückdenken, der mir von geliebten Menschen ermöglicht wurde, die es zum Glück in meinem Leben gibt. Ich glaube zwar nicht an Reinkarnation, aber in einem solchen Moment sage ich mir, es muss ein Zusammenhang zu guten Taten bestehen, die man in einem früheren Leben vollbracht hat. In diesem Leben bin ich selbstsüchtig, ungeduldig und alles andere als liebenswert. Trotzdem ist mir unverhältnismäßig viel Liebe entgegengebracht worden. Das wundert mich. Aber schließlich sind die wenigsten Dinge einleuchtend. Irgendwie gleicht sich am Ende alles aus ... oder nicht?

Dilip ruft mir häufig den Umstand ins Gedächtnis zurück, dass er acht Jahre älter ist als ich. »Ich lebe schon länger in dieser Welt als du. Ich habe mehr erlebt. Wir beide gemeinsam haben mehr als ein Jahrhundert Erfahrung auf dem Buckel. Vergiss nie, dass Menschen in Extremsituationen Fehler machen. Dann setzt die Panik ein. Der Trick besteht darin, abzuwarten, bis solche Phasen vorübergehen. Zu warten, bis sich die Wogen geglättet haben. Dann stellen sich Antworten und Lösungen automatisch ein.« An diese Worte denke ich jedes Mal, wenn ich wichtige Entscheidungen zu treffen habe.

Kürzlich bekam ich einen Anruf von meiner früheren Schwiegermutter. Sie erkundigte sich, ob ich Adityas Geburtshoroskop noch hätte. Ich sagte, ich würde nachsehen, und falls es nicht da sei, würde ich ein neues anfertigen lassen.

»Erinnerst du dich noch ... er ist um elf Uhr abends am Gauri-Visarjan-Tag geboren worden. Als die Ärzte ihn sahen, haben sie gesagt: Seit dem Morgen sind hier nur Gauris auf die Welt gekommen – sieben Stück. Endlich haben wir einen Ganapati!«

Diese Erinnerung brachte uns beide zum Lachen. Aditya war das erste Enkelkind meiner Schwiegermutter und somit sehr kostbar für sie. Er war mein erstes Kind, und ich war ziemlich verwirrt gewesen. Ich war zwar nicht mehr allzu jung, aber ich bin der Überzeugung, dass nichts eine Frau auf eine Geburt wirklich vorbereiten kann, ganz gleich, wie viel sie darüber liest, wie viel ihr andere Frauen anvertrauen, wie viele tröstliche Geschichten sie von Großmüttern hört, wie mitfühlend die Ärzte sind – nicht einmal ein Partner, der stets an ihrer Seite ist. Wenn eine Frau ihr erstes Kind bekommt, explodiert sie. Und die Schockwellen, die diese Explosion auslöst, bringen sie ins Wanken. Für Monate, Jahre, manchmal sogar fürs ganze Leben. Das hat sehr wenig mit den körperlichen Schmerzen zu tun, die übrigens sehr echt und ungeheuer sind. Ich rede von etwas, was tiefer geht. Vom Moment der Empfängnis an verändert sich das Leben einer Frau unwiderruflich. Sie wird nie mehr so sein wie vorher.

Als ich feststellte, dass ich schwanger war, hatte ich das als etwas ganz Selbstverständliches hingenommen. Natürlich war ich schwanger. So sollte es sein. Alle jungen verheirateten Frauen wurden schwanger. Ich fand das ganz normal und traf ruhig und sachlich die Vorbereitungen für das Ereignis.

Ich dachte nicht über die praktischen Dinge hinaus – das Kinderbettchen, Windeln, ob Wegwerfwindeln oder die herkömmlichen Dreiecktücher aus Baumwolle, Massageöl, Babyseife, Babykleidung und gestrickte Babyschuhe, eben das Übliche. Ich suchte mir eine Gynäkologin, eine herrlich sanfte, kultivierte Frau, die Dr. Tara Rama Rao hieß und sich blendend ausdrücken konnte, und ich vertraute meinen Körper und das Los des ungeborenen Babys ihrer Obhut an. Ein Grund zur Sorge war meine relativ seltene Blutgruppe (O, Rhesusfaktor negativ), aber als meine Ärztin mir versicherte, auf mein erstes Kind hätte das keine Auswirkungen, glaubte ich ihr und genoss meine Schwangerschaft ohne die geringste Sorge. Zum ersten Mal hatte ich das Gefühl, zu der Welt um mich herum zu gehören, der Welt erfahrener älterer Damen, die im Lauf der Jahre im Kreis der weitverzweigten Familie, in die ich eingeheiratet hatte, zahllose Geburten erlebt hatten. Sie wussten genau, was zu erwarten stand und was getan werden musste. Ich brauchte das Kind lediglich auszutragen. Für alles andere war gesorgt.

Während der Schwangerschaft blühte ich kurzfristig auf, was

als ein unheilvolles Zeichen angesehen wurde. »Wenn eine Frau von innen heraus leuchtet und wunderbar aussieht, während sie ein Kind austrägt, heißt das, dass sie eine Tochter bekommt«, wurde mir gesagt. Mit meinem Aufblühen war es zu Ende. Unbewusst fühlte ich mich unter Druck gesetzt, einen Sohn zu gebären. Ich begann mir Sorgen zu machen. Was war, wenn es ein Mädchen wäre? Würde ich die eifrig um mich bemühte Familie enttäuschen? Einerseits wurde ich mit Aberglauben überhäuft, aber andererseits wurde die Schwangerschaft, solange man es mir nicht ansah, geheim gehalten. (»Warum den bösen Blick auf dich lenken?«) Ich wurde regelmäßig zu Untersuchungen gebracht, und die Injektionen, die notwendig waren, um dem Rhesusfaktor entgegenzuwirken, wurden aus der Schweiz eingeflogen. Meine Ärztin, die immer gefasst war und nichts überstürzte, wurde auf den ganz besonderen Status des Babys hingewiesen. (»Seit mehr als dreißig Jahren hat es in unserer Familie kein Kind mehr gegeben.«)

Doch diese Last drückte mich vor allem deshalb nicht nieder, weil ich während der Schwangerschaft ständig aktiv und beschäftigt war. Ich arbeitete weiterhin für ›Stardust‹, aber ich schrieb meine Texte zu Hause und ging abends aus. Ich machte regelmäßig Gymnastik, stieg Treppen forsch hinauf, fraß wie ein Pferd und ging trotzdem nicht grotesk in die Breite. Andere Frauen hatten mir gesagt, es käme eine Zeit, zu der mir der Anblick meines unförmigen Körpers verhasst sein und mir die Vorstellung der Mutterschaft rundum ein Gräuel sein würde. Auch dazu kam es nicht. Natürlich war ich so rund wie eine Tonne und wunderte mich über die Größe meines Bauchs. Ich hätte mir nicht vorstellen können, dass Haut diese straffe Spannung aushält, ohne zu zerreißen. Wie alle Mütter begeisterte ich mich für jedes »erste Mal« – den ersten Tritt, den ersten Schluckauf, die erste heftige Bewegung. Aber zu keinem Zeitpunkt versetzte mich die Neuartigkeit der Erfahrung in Sorge, und ich fürchtete mich nicht vor dem, was mir bevorstand.

Als die Wehen einsetzten, war ich auf eine lange Wartezeit gefasst, aber nicht auf eine unendliche. Dr. Rama Rao versicherte mir, es sei ganz normal, dass die Geburt bei Erstgebärenden bis zu sechsunddreißig Stunden, wenn nicht länger dauerte. Da die Fruchtblase geplatzt war, hielt man es für angezeigt, die Wehen künstlich einzuleiten und den Prozess zu beschleunigen. Tja, ich vermute, Aditya hatte es nicht eilig rauszukommen. Er ließ sich ziemlich lange Zeit.

Ich war selbst dann noch entschlossen, auszuharren und einem Kaiserschnitt zu widerstehen, als ich vor Erschöpfung am Rande des Zusammenbruchs war und nicht glaubte, ich besäße die Energie, auch nur einen Pingpongball aus meinem ermatteten Leib zu pressen. Aber als der Moment kam, entdeckte ich nicht nur animalische Kraft in den Muskeln, die für diese Aufgabe nötig waren, sondern auch beeindruckende Lungenkraft. Ich kann mich nicht daran erinnern, geschrien zu haben, aber meine Mutter, die gemeinsam mit einigen anderen Angehörigen vor der Tür wartete, hat mir erzählt, mit meinen Schreien hätte ich das Dach fast zum Einsturz gebracht.

Als ich das Baby sah, zählte ich als Erstes seine Finger und seine Zehen und überprüfte, dass es keine Gaumenspalte hatte, während ich das Pflegepersonal anwies, die Uhrzeit der Geburt auf einem Zettel festzuhalten. Ich war viel zu müde, um zu jubilieren. Das Einzige, was ich wollte, war ein warmes Abendessen und Schlaf (ich bekam keines von beidem). Direkt vor meinem Zimmer fand eine lärmende Prozession statt, bei der die Göttin Gauri ins Meer getragen und dort eingetaucht wurde, und riesige Trommeln wurden geschlagen, während im Sprechchor »Ganapati Bappa Morya« angestimmt wurde. All das sorgte dafür, dass ich meinen verlorenen Schlaf nicht nachholen konnte. Ich weiß, dass ich mich anders hätte fühlen sollen. »Du bist jetzt Mutter. Hast du kapiert? Mutter. Du hast einen Sohn. Ein neues Leben, das in all diesen Monaten in dir herangewachsen ist. Denk daran. Alles hat sich verändert – dein Leben, deine Prioritäten, deine Gedanken.« Stattdessen schweiften meine Gedanken ab. Ich dachte an heiße Schokolade und Plätzchen, an mein eigenes bequemes Bett zu Hause, an eine dringend notwendige Haarwäsche, an ein langes, entspannendes Bad, eben an mein leibliches Wohl. Keine erhabeneren Gedanken. Keine hehreren Gefühle.

Am nächsten Tag wurde in der Familie viel gefeiert. Ich erinnerte mich an das Fest zum siebten Monat im Hause meiner Eltern, das vermutlich darauf zurückging, wie erschreckend hoch die Sterblichkeitsrate bei der Geburt in früheren Zeiten gewesen war. Wenn nur einer von beiden zu retten war, die Mutter oder das Baby, dann gewann immer das Baby, und daher wurde die zukünftige Mutter im großen Stil verabschiedet, nur für den Fall, dass sie es nicht überlebte. Sie wurde in einen edlen Brautsari gekleidet, ihr Haar wurde mit Blumen zurückgesteckt, ihr Körper mit Schmuckstücken behängt. Die Frauen der Familie machten ihr Geschenke, und ihre liebsten Speisen wurden zubereitet, wie für ein letztes Abendmahl. Vielleicht ist meine Interpretation dieser reizenden Geste morbid, aber diese Erklärung habe ich einmal gehört, und sie hat mir sofort eingeleuchtet.

Jetzt war dieses geheimnisvolle stumme Wesen in meinem Leib Realität geworden. Narzisstisch suchte ich das winzige zerknautschte Gesicht nach Spuren von mir ab, als die Schwestern Aditya am Morgen zu mir brachten. Mein kleiner Ganapati war mit einem Stempel auf der Stirn zur Welt gekommen, der sagte: »Ich bin ich, unverwechselbar und nicht austauschbar.« Ich beugte mich vor und küsste das leicht erhabene Muttermal auf seiner Stirn. Wir brauchten keinen Namen für ihn zu finden, denn ich hatte bereits beschlossen, er solle Aditya heißen, der Vorname von Surya, der Sonne. Auf der Heimfahrt vom Krankenhaus hielten wir vor einem Tempel an, um den Segen des Allmächtigen zu erbitten. Ich trug meinen Sohn, meinen Erstgeborenen, erstmals in der Öffentlichkeit in meinen Armen, und es war ein wunderbares Gefühl, einen winzigen, warmen, kompakten Körper eng an meinen Busen zu drücken, einen Finger unter seine Nase zu halten und seinen Atem zu spüren, die zarte Haut, die sich auf seinen Wangen abschälte, zu küssen, die Umrisse seines Gesichts mit einem Finger nachzufahren und zu fragen: Hat dieses kleine Wesen, das bis vor kurzer Zeit ein energiegeladener Mieter in meinem Körper war, irgendetwas von mir? Es ist doch sicherlich mehr Teil von mir als von irgendjemand anderem, sogar von seinem Vater? Ich habe es ausgetragen, ich habe es genährt, ich habe es zur Welt gebracht. Es ist mein volles Recht, ein Teil von ihm zu sein ... das weiß es doch hoffentlich? Irrationale, kindische Gelüste, meine Besitzansprüche geltend zu machen. Ich fragte mich, ob alle Mütter so empfanden, ob sie alle so habgierig waren. Aditya gehörte mir. Der Gedanke, ihn mit anderen zu teilen, war mir unerträglich. Es war mir auch unerträglich, mich mit anderen über diese Erfahrung auszutauschen. Es fiel mir schwer, mit irgendjemandem darüber zu reden, was ich gefühlt oder durchgemacht hatte. Aber ich wusste ohne jeden Zweifel, dass der Moment des Gebärens der wichtigste in meinem ganzen Leben gewesen war. Ein Augenblick, den ich bis zu meinem letzten Atemzug in Ehren halten würde. Zu kostbar, um ihn dadurch zu verwässern, dass ich darüber sprach ... oder auch nur darüber nachdachte.

Es wird viel darüber geredet, wie »urtümlich« dieser Prozess ist. Vermutlich stimmt das. Aber es ist viel mehr als nur das. Während eine Frau ein Kind austrägt, ist jede Faser ihres Wesens daran beteiligt. Es spielt sich auf allen Ebenen ab und umfasst sämtliche Dimensionen – die körperliche, die emotionale, die zerebrale, die moralische. Es ist wie nichts, was man je zuvor gekannt hat, ein Gefühl, das so seltsam, so fremd und so übermächtig ist, dass einem gar nichts anderes übrig bleibt, als davor zu kapitulieren. Sich ihm zu überlassen, mit Leib und Seele.

Es gab keinen einzigen Aspekt der Schwangerschaft, der Entbindung oder der Mutterschaft, der mir nicht passte oder den ich nicht mochte. Ich genoss es in jeder Hinsicht, den unglaublich dicken Bauch inbegriffen. Was mich ehrlich gesagt erstaunte. Ich war nie eine dieser Frauen gewesen, die dahinschmelzen, wenn sie anderer Leute Babys sehen, und die jedes Kind, an dem sie vorbeikommen, anfassen und bewundern müssen. Babys ... Kinder ... dafür hatte ich mich nicht im Geringsten interessiert. Ich mochte sie auch nicht besonders, weder ihren Geruch noch die Babysprache noch ihre Aufdringlichkeit und ihre Forderungen. Ich hatte mich immer wieder gefragt, wie Mütter mit schmutzigen kleinen Geschöpfen umgehen konnten, die sie ständig überall betatschten. Im Gegensatz zu anderen kleinen Mädchen, die mit Puppen spielten, stundenlang Plastikbabys in ihren Armen wiegten und ihnen zarte Schlaflieder vorsangen, waren mir rauere, sportlichere Spiele lieber gewesen, und oft hatte ich mich mit kleinen Jungen herumgetrieben und einen Ball durch die Gegend gekickt, statt mit ausrangierten Töpfen und Pfannen eine »Küche« aufzubauen. Sogar während meiner ersten Schwangerschaft machte ich mir nicht allzu viele Gedanken über die Mutterschaft oder darüber, wie sie mich verwandeln könnte. Ich beschritt lediglich einen konventionell anerkannten Weg – man heiratete, man bekam Kinder.

Jetzt wurde ich mir plötzlich meiner eigenen veränderten Perspektiven und Prioritäten bewusst. Ich stellte fest, dass mir nichts anderes so wichtig war, wie mit diesem kleinen Kerlchen zusammen zu sein, es stundenlang zu beobachten, jede kleinste Veränderung im Auge zu behalten und sie getreulich niederzuschreiben.

Zweieinhalb Jahre später war ich wieder schwanger – diesmal älter, klüger, organisierter und überglücklich. Ich wünschte mir inbrünstig eine Tochter und bekam sie. Avantika wurde mit einem Schönheitsfleck auf der linken Wange geboren. Sie war bei ihrer Geburt rosa und hübsch, zart und feminin. Auch ihr Name stand für mich fest, obwohl das »Nakshatra«, die Sternenkonstellation zur Zeit ihrer Geburt, einen anderen Namen nahelegte, der mit einem »U« begann. Sie bekam beide Namen, Uttara und Avantika. Aber es dauerte nicht lange, bis jeder sie nur noch Avantika nannte. Inzwischen war ich zuversichtlich und vorbereitet, obwohl mich Dr. Rama Rao gewarnt hatte, bei dem zweiten Kind sei das Risiko, dass sich der negative Rhesusfaktor auswirkte, hoch. Aditya hatte meine Blutgruppe geerbt, und das verringerte die Möglichkeit, das nächste Kind könnte durch Antikörper geschädigt werden, und zu unserer großen Freude war auch Avantika Rh-negativ. Für mich bedeutete das nur eines: Prima, jetzt kannst du ein drittes bekommen, ohne dir Sorgen zu machen. Und mit etwas Glück auch noch ein viertes, ein fünftes und ein sechstes.

Natürlich musste ich mehr als acht Jahre warten, bevor Arundhati geboren wurde. Inzwischen waren auf medizinischem Gebiet große Fortschritte gemacht worden, und Dilip und ich entdeckten das Wunder der Sonographie, denn Arundhati bekam ich selbst für ein drittes Kind ziemlich spät, und Dr. Rama Rao wollte keine Risiken eingehen. Als wir tatsächlich sahen, wie unsere noch nicht geborene Tochter in meinem Bauch herumschwebte wie ein Astronaut im Weltraum – schwerelos, willkürlich und mit Gliedmaßen, die unkontrolliert zuckten –, als wir ihren Herzschlag über einen Verstärker hörten und er klang wie die Hufe eines galoppierenden Pferdes, war es schwer, unseren eigenen Augen und Ohren zu trauen. Es war wie ein Sci-Fi-Trip. Eine Trance. Vorübergehend vergaß ich, dass sich all das in meinem Innern abspielte. Es war, als sähen wir uns auf dem Discovery Channel einen faszinierenden Film an. In gewisser Weise wurde das Geheimnis der Geburt in dem Moment seiner Magie beraubt. Die unerträgliche Spannung, ob es ein Junge oder ein Mädchen sein würde, normal oder ... diese köstliche Ungewissheit war uns genommen. Wir wussten, dass wir unsere Arundhati in der Welt willkommen heißen würden, und ich war auf sie vorbereitet.

Diesmal bekam ich mein Kind im Alleinflug. Keine Schwiegereltern, die einen großen Wirbel um mich veranstalteten, keine Infrastruktur, die die Ängste der Anfangszeit zu Hause auffängt, wenn Mutter und Kind sich voller Unbehagen aneinander gewöhnen. Niemand, der sagte: »Mach dir keine Sorgen. Wenn du müde bist, passe ich auf das Kind auf ... du ruhst dich aus.« Keine vertrauenswürdige Person, der man die Kleine überlassen konnte, noch nicht einmal für ein paar Stunden. Ich war wesentlich älter als bei den anderen Kindern. Seelisch und geistig darauf eingestellt zu sein war eines, aber die körperliche Belastung ließ sich nicht leugnen. Und doch wurde sofort meine zarteste, verletzbarste Saite in Schwingung versetzt, wenn ich Arundhati ansah oder sie dicht an mich presste. Die »Nachtschichten« machten mir nichts aus, obwohl mir Schlafmangel sehr zusetzt. Es störte mich nicht, dass ich monatelang restlos angebunden war (ich traute keinem Kindermädchen, auch wenn es noch so tüchtig war), und ich genoss jede Tätigkeit, die mit dem Bemuttern zu tun hatte, sei es das Stillen des Kindes »auf Kommando« oder das Baden nach einer kräftigen Ölmassage, die ich ihr verabreichte, während sie bäuchlings auf meinen ausgestreckten Beinen lag, den Kopf zwischen meinen Waden, die Füße mir zugewandt.

All das hatte ich auch für die anderen Kinder getan, aber ich hatte die Hilfe und die Unterstützung einer erfahrenen Bai gehabt, einer dieser wunderbaren Frauen, die sich auf postnatale Massagen spezialisiert haben. Sowie das Kind versorgt war, wandte die Bai mir ihre Aufmerksamkeit zu. Das war ein ganz großer Luxus – selbst mit einer einstündigen Massage verwöhnt und mit dampfendem Wasser gewaschen zu werden. Ihre langen, knorrigen Finger trommelten auf jede Sehne, bis ich ihre rauen Hände fast schon auf meinen Knochen spüren konnte, und anschließend brach ich dann auf meinem einladenden Bett zusammen und schlief wie eine Tote neben meinem Kind, dem eine ähnliche Behandlung widerfahren war. Diesmal gab es keine derartigen Vergünstigungen. Und ich bezweifle, dass ich die Geduld gehabt hätte, eine Stunde, wenn nicht länger, auf einer Strohmatte zu liegen und mich wie formbaren Teig kneten zu lassen. Es war einfacher, zu einer Zeit, die mir gelegen kam, selbst meine Gymnastikübungen zu machen, oft zwischen einer Runde Stillen und der nächsten.

Keines der Babys machte mir das Leben schwer oder gab mir Grund zur Sorge. Selbstverständlich reagierte ich wie alle nervösen, angespannten Mütter übertrieben auf jedes Bauchgrimmen und jede Zuckung, aber ich war auch viel gelassener als früher. Es klingt wie ein Klischee, aber die Geburt von Arundhati war ganz entscheidend für meine Beziehung zu Dilip. Wie würde er sich als Vater machen? Würde er mit der Situation zurechtkommen? Er war fünfundvierzig und in seinem Berufsleben auf dem Gipfel angelangt. Wie würde er es aufnehmen, in diesem

Stadium ein wimmerndes Bündel mit nassen Windeln aufgebürdet zu bekommen – ein forderndes, überaktives Baby, das einen großen Teil unserer gemeinsamen Zeit für sich beanspruchte und die Aufmerksamkeit einer frisch angeheirateten Ehefrau, die normalerweise ihrem Mann vorbehalten bleibt, von ihm abzog? Ich wusste, dass er nicht gerade der geduldigste Mann auf Erden war. Würde Arundhati seine begrenzte Geduld übermäßig beanspruchen? Und wenn er gereizt auf ihre Gegenwart in unserem Leben reagierte und sie als störend empfand, wie würde ich damit umgehen? Würde ich hypersensibel werden? Mich in mich selbst zurückziehen? Unnötig aggressiv sein?

Wir brauchten beide eine Weile, um uns an den veränderten Tagesablauf zu gewöhnen. An manchen Tagen muss ich einer übellaunigen Kuh geglichen haben, weil ich so fix und fertig war, dass ich mir gar nicht erst die Mühe machte, aus meinem Kaftan herauszukommen oder mir auch nur mit einem Kamm durchs Haar zu fahren. Ich war entschlossen gewesen, mich in diesen grässlich bedrückenden Monaten nach der Geburt nicht in eine Schlampe zu verwandeln, aber es war trotzdem oft genug dazu gekommen. Es gab Zeiten, in denen ich mich dabei ertappte, dass ich die Zähne zusammenbiss und lange Tage und endlose Nächte mit der Entschlossenheit eines Pfadfinderführers durchstand. So war das nicht gedacht gewesen. Ich wollte, dass es eine freudige Erfahrung war. Ich wollte die Glückseligkeit als Dauerzustand haben. Ich wollte die perfekte Mutter und die perfekte Ehefrau sein. Die Beste. Mit weniger würde ich mich nicht begnügen. Doch stattdessen war ich reizbar, barsch und aufgebracht. Ich lief mit finsterer Miene durch das Haus, fauchte die Dienstboten an und fertigte Dilip schnippisch ab.

In der Zwischenzeit stellte das Baby zunehmend größere Ansprüche. Die vertraute alte Geschichte. Eines Tages setzte ich mich hin und weinte. Und wie ich weinte. Ich fühlte mich klein und hässlich und niedergeschlagen. Der Traum hielt sich nicht ans Drehbuch. Ich kann Ihnen kaum sagen, wie viel besser ich mich fühlte, nachdem ich mich ausgiebig ausgeweint hatte. Offenbar war das überfällig gewesen. Zu viele ungelöste Fragen waren über einen viel zu langen Zeitraum unausgesprochen geblieben und unterdrückt worden. Ich hatte versucht, mich mit hundert unvereinbaren Dingen gleichzeitig zu arrangieren – einer neuen Ehe, neuen Kindern und jetzt auch noch einem neuen Baby. Ich hatte mich zu sehr angestrengt. Es war nicht möglich. Es war nicht machbar. Es war die Strapazen nicht wert. Ich beschloss, lockerer zu werden, abzuschalten und mehr im Einklang mit mir selbst und meinen Instinkten zu handeln. Es gab keine Preise zu gewinnen, keine unverzichtbaren Urkunden einzuheimsen. Anerkennung bekam ich ohnehin. Dilip verlieh seiner Anerkennung ständig und auf verschiedenste Weise Ausdruck. Er wusste, dass wir beide eine ungewöhnliche Verantwortung übernommen hatten. Aber er war zuversichtlich, dass wir ihr gewachsen sein würden – wenn nicht sofort, dann eben in Zukunft, wenn wir besser vorbereitet wären. Er hatte Recht. In dem Moment, in dem ich mich entschloss, die Dinge so zu nehmen, wie sie kamen, und mich nicht mehr ganz so sehr unter Druck zu setzen, begann sich alles zu normalisieren.

Als dann Anandita geboren wurde, war ich wie der lächelnde Buddha. Ich war sicher, dass es diesmal ein Kinderspiel sein würde – und so kam es auch. Dreimal kräftig pressen, und sie war draußen. Ich hatte sie ohne Anstrengung zur Welt gebracht. Was den Namen anging, waren wir unentschlossen. Aparajita? Mrinalini? Ahilya? Eine Freundin von uns, die Malerin Prafulla Dahanukar, war ins Krankenhaus gekommen, um mich zu besuchen, und sie fing Dilip ab, als er sich auf den Weg machte, um die Geburtsurkunde ausfüllen zu lassen.

»Wie werdet ihr sie nennen?«, fragte Prafulla.

»Shobhaa möchte sie unbedingt Anandita oder Mrinalini nennen«, sagte er mit einer Spur von Unsicherheit.

»Nennt sie Anandita«, riet ihm Prafulla eindringlich. »Mrinalini ist ... ich weiß es selbst nicht ... Mrinalini. Mir gefällt Anandita besser. Das klingt so melodisch und so lieblich.«

Daher blieb es bei Anandita – der Freudenspenderin.

Jemand stellte mir die dumme Frage: »Haben Sie ein weiteres Kind geplant, weil Sie einen Sohn haben wollten?«

Nein. Wir beschlossen, Anandita zu haben, weil wir sie haben wollten. Trotz meines fortgeschrittenen Alters (bei ihrer Geburt war ich einundvierzig) und trotz aller Warnungen (»Das ist Wahnsinn. Und so riskant«). Wir wollten aber auch eine Gefährtin für Arundhati haben. Die anderen Kinder würden heiraten und aus dem Haus gehen. Wen würde Arundhati dann noch haben? Kein Geschwisterchen, das ganz und gar ihr gehörte. Wenn ich die beiden heute gemeinsam sehe, weiß ich, dass ich das Richtige getan habe, auch wenn es unbesonnen war.

Die älteren Kinder haben die Neuzugänge zur Familie uneingeschränkt akzeptiert und sie mit Liebe und Aufmerksamkeit überschüttet. Die Geschichte hätte ganz anders aussehen und weniger glücklich enden können, wenn sie in irgendeinem Stadium Unsicherheit, Eifersucht, Feindseligkeit, Teilnahmslosigkeit oder Wut an den Tag gelegt hätten.

Die beiden kleinen Schwestern wurden zum Mittelpunkt ihres Daseins. Ich wusste, dass ich auf die älteren Mädchen zählen konnte. Radhika und Avantika halfen mir, Geburtstagsfeiern zu organisieren und Kleinkinder mit einer Aufmerksamkeitsspanne von zehn Sekunden zu beschäftigen. Ich erwartete nicht von ihnen, dass sie mir Nachtschichten abnahmen oder Windeln wechselten. Mir war nur an ihrer stillschweigenden Unterstützung gelegen, und die bekam ich zuhauf. Ich kann mich wirklich an keine einzige unangenehme Szene erinnern, zu der es zwischen den Kindern gekommen wäre. Wir haben eine lange Wegstrecke gemeinsam zurückgelegt, und irgendwie hat sich alles aufs Beste gefügt. Ich bin keine »Supermom«, obwohl ich ein T-Shirt besitze, das mich als eine solche ausweist. Ich bin überhaupt nicht »super«, wenn wir schon dabei sind. Ich bin nichts weiter als eine Frau in mittleren Jahren, die versucht hat, einem Leben, das manche Leute für unkonventionell halten könnten, Hand und Fuß zu geben. Vermutlich ist es ein unkonventionelles Leben. Aber seltsamerweise sehe ich es nicht so.

Oft frage ich mich, ob es den Kindern lieber gewesen wäre, eine »normale« Mutter zu haben, jemanden, der angenehm mollig, hausbacken, zufrieden, umgänglich und anonym ist. Total anonym. Bringe ich sie in Verlegenheit? Durch das, was ich schreibe? Durch das, was ich darstelle? Meistens scheinen sie ziemlich stolz auf mich zu sein – das möchte ich zumindest glauben. Sie behaupten es jedenfalls. Nur auf schulischen Veranstaltungen und College-Feiern oder wenn die Mütter ihrer Freunde ebenfalls da sind, fällt ihnen auf, dass ich anders bin. Vielleicht sehnen sie sich ja nach einer konventionelleren mütterlichen Mutter. Obwohl ich immer zu Hause bin, wenn sie aus der Schule kommen, fürchte ich, dass ich nicht ganz so aufmerksam bin, wie es ihnen lieb wäre, wenn sie sich endlos darüber auslassen, was im Unterricht passiert ist, wer was gesagt, wer was getan hat, wer gelogen hat, wer geschummelt hat, wer gewonnen, wer verloren hat.

Selbst dann, wenn ich so tue, als hörte ich aufmerksam zu, merken die Kinder sofort, wenn ich geistesabwesend bin. Sie können spüren, wenn ich nicht bei der Sache bin. Und ich bin sicher, dass sie sich darüber ärgern, obwohl sie nicht mit der Sprache rausrücken und es mir direkt ins Gesicht sagen. Ich verstehe den Wink durchaus, wenn meine mittlere Tochter Arundhati während der Prüfungszeit mit der Jüngsten schimpft: »Jetzt mach schon deine Rechtschreibübungen. Niemand fragt dich ab. Mama schreibt. Ihr Buch muss fertig werden. Und ich habe selbst Prüfungen . . .«

In solchen Momenten zucke ich zusammen und möchte vor Scham im Erdboden versinken. Es ist ungerecht, sage ich mir, wirklich ungerecht, von so kleinen Kindern zu erwarten, dass sie einen »verstehen«, »Zugeständnisse machen«, Dinge »akzeptieren« – warum zum Teufel sollten sie das tun? Warum sollten sie sich nach mir richten? Sollte es nicht umgekehrt sein? Es ist, als sei ich von einem Dämon besessen, wenn ich an einem Buch arbeite (was in den letzten zehn Jahren die meiste Zeit der Fall gewesen ist). Ich hasse es, wenn ich die Arbeit liegen lassen muss. Ich hasse es, unterbrochen zu werden. Ich hasse jede Störung. Und davon gibt es weiß Gott schon mehr als genug. Und ich kann es nicht zusätzlich gebrauchen, mit einer Drittklässlerin zum zwanzigsten Mal »Krishna und Sudama« durchzugehen.

Und doch ist eben diesen Kindern deutlich bewusst, wie ich von der Außenwelt wahrgenommen werde, und sie sind sehr besorgt um mein Image, auch wenn ich nur in der unteren Spielklasse bin. Eines Tages betrat ich mit meiner Tochter Avantika ein renommiertes Geschäft, das Saris verkauft, und dort liefen wir einer Gruppe von stark parfümierten, vollendet frisierten und beängstigend gut gekleideten Damen aus Lahore über den Weg, die mich zufällig erkannten. Meine Tochter sank vor Scham in sich zusammen, sowie das Gurren und die zahllosen »Inshallahs« und »Mashallahs« ein Ende gefunden hatten. Sie schleifte mich zum nächsten Spiegel (der ganze Laden hängt voller Spiegel) und wies mit einem anklagenden Finger auf einen winzigen Fleck auf meiner weißen Baumwollkurta. »Mutter, sieh dich mal an. Es ist eine Schande. Du brauchst dich ja nicht gleich unglaublich herauszuputzen, wenn du keine Lust hast, aber musst du unbedingt mit fleckigen Kleidern aus dem Haus gehen?« Da war etwas dran, aber deshalb würde sich noch lange nichts ändern, obwohl ich in dem Moment so tat, als sei ich völlig zerknirscht.

Kürzlich geriet ich in eine ähnliche Situation, als mein Mann und ich in Poona aus einem Zug stiegen und ein Fotograf sich auf uns stürzte. Ich lief mit trüben Augen und zerzaustem Haar wie eine Nachtwandlerin über den langen Bahnsteig und hielt in der einen Hand eine Flasche Mineralwasser und in der anderen eine Baseballkappe. Das abrupte Auftauchen des Fotografen ließ mich hellwach werden. Wie es der Zufall so wollte, war ebendieser Fotograf von seiner Zeitung beauftragt worden, mich während meines Aufenthalts in Poona zu fotografieren. Diesmal sorgte ich dafür, dass ich zumindest die Augen offen und mein Haar ordentlich gebürstet hatte. Nach der Fotosession fragte ich ihn nach den Bildern. Er wirkte sehr geknickt. »Mit dem Film ist etwas schiefgegangen. Die übrigen Fotos waren alle in Ordnung – nur auf denen von Ihnen war nichts drauf. So etwas ist mir noch nie passiert.« Ich wusste, auf wessen Seite Gott an jenem Morgen gestanden hatte. Ich beschloss, nie mehr wie eine Vogelscheuche auf Reisen zu gehen. Mein Mann amüsiert sich jedes Mal wieder, wenn er daran denkt, und bevor wir uns um eine gespenstische Tageszeit zum Flughafen oder zum Bahnhof begeben, weist er mich auf mein Make-up hin. »Schmink dich ... kämm dir das Haar ... denk an Poona.«

Das rührt mich. Aber es macht mir auch Sorgen. Von dem Druck, so auszusehen, so zu reden und sich so zu benehmen wie »andere« Frauen, kann sich keine von uns befreien. Das wurde ganz deutlich, als ich um halb fünf Uhr morgens aufstehen musste, um Anandita, meine Jüngste, zum Bahnhof zu bringen. Es würde ihr erstes Ferienlager sein. Ich wusste, dass sie in jener Nacht kein Auge zutun würde, und ich war ebenso sicher, dass auch ich meinen Schlaf würde opfern müssen. Ich beschloss, mit leichtem Make-up zu »schlafen«, da sie vermutlich nicht von einer schäbig gekleideten Mummy mit verquollenen Augen am Bahnhof abgeliefert werden wollte, wenn alle anderen Mütter sich schick zurechtmachten. Ich hatte sorgsam eine mattgrüne Jacke und eine beige Hose ausgewählt. Es war die Mühe wert. Ihre Augen glänzten vor Dankbarkeit, als sie mich stolz an der Hand hielt, während wir auf die Gruppe zugingen.

Sogar für die Kinder von heute muss es stressig sein, ihre Eltern dazu zu bringen, dass sie einem gewissen vorgefassten Bild entsprechen. Da die anderen Kinder (die ich manchmal liebevoll als meine »Sittenrichter« bezeichne) ständig jeden meiner Schritte überwachen, wird es ab und zu etwas lästig. Mein Mann hat kürzlich angefangen, Zigarren zu rauchen. Gelegentlich nehme ich aus reinem Jux mal einen Zug. Auf einer Medienparty, zu der die Kinder mitgekommen waren, stürzten sie sich auf mich, als sie den Stumpen zwischen meinen Fingern entdeckten.

»Lass das sein, Mutter«, schalt mich meine Tochter und riss mir die Zigarre aus der Hand.

»Ich will doch nur meinen Spaß haben«, sagte ich kläglich.

»Dann lass dir etwas anderes einfallen, was dir Spaß macht«, sagte sie unterkühlt.

Und schon war die Zigarre aus.

Es ist schwierig, den kritischen Maßstäben von Kindern gerecht zu werden. Nichts bringt sie so sehr in Verlegenheit wie die Vorstellung, ihre Eltern könnten sich in der Öffentlichkeit lächerlich machen. Es fällt ihnen schwer zu akzeptieren, dass auch Eltern ihre seltsamen Momente oder einen schlechten Tag haben. Oder dass es ihnen zusteht, sich gelegentlich gehen zu lassen, sich vielleicht sogar zu blamieren. Mir graut davor, meine Kinder in Verlegenheit zu bringen, und daher versuche ich stets, mich in ihrem Beisein von meiner besten Seite zu zeigen. Radhika hat Dilip und mich einmal gefragt, warum wir uns nie vor ihren Augen umarmen oder küssen. Darauf hatte ich keine Antwort parat. Sie fügte hinzu: »Kinder sehen es gern, wenn ihre Eltern zärtlich miteinander umgehen.« Später, als Dilip und ich über ihre Bemerkung sprachen, beschlossen wir, unsere Zuneigung in Zukunft deutlicher vor den Kindern zu zeigen. Heute versuchen wir uns ab und zu an einer unbeholfenen Umarmung, aber diese zaghafte Geste ist und bleibt unbeholfen und steif.

Ich kann mich noch so sehr anstrengen, aber es ist mir einfach nicht möglich, mich immer nur von meiner besten Seite zu zeigen. Wenn ich extremen Stress habe, neige ich dazu, ins Kindesalter zurückzufallen und mich wie ein verzogenes kleines Blag zu benehmen. Vor ein paar Jahren wurde ich von der Zeitschrift ›Society‹ zu den alljährlichen »Society Collections« eingeladen, einer renommierten Veranstaltung, auf der Handwerker aus ganz Indien ihre spektakulären Waren ausstellen. Normalerweise wird ein Filmstar eingeladen, um diese Kunsthandwerksmesse zu eröffnen. In jenem Jahr war es zufällig Juhi Chawla, eine freundliche, zuversichtliche junge Frau mit einem sonnigen Gemüt und einem strahlenden Lächeln. Ich freute mich, dabei zu sein und ehemalige Kollegen zu treffen. Aber nach einer Weile wurde ich unruhig und begann mich zu langweilen. Nach einer kurzen Teepause im Konferenzsaal schlenderte ich in den Bereich, in dem die Lautsprecheranlage aufgebaut war. Ich kann es nicht lassen, ans Telefon zu gehen, wenn es läutet, ganz gleich, wessen Telefon es ist, und daher nahm ich sofort den Hörer ab, als es klingelte. Ein erboster Sicherheitsbeamter wollte die Fahrer der widerrechtlich auf dem Gelände geparkten Wagen ausrufen lassen. Statt das Mikrofon an die Frau weiterzureichen, die für solche Durchsagen zuständig war, beschloss ich, den Fall selbst in die Hand zu nehmen und die Nachricht mit jedem denkbaren Akzent durchzugeben (das kann ich recht gut). Die Mitarbeiter von ›Society‹ kicherten hemmungslos, was meinen Auftritt natürlich ein wenig verdarb, aber inzwischen hatte ich solchen Spaß daran, dass ich gar nicht mehr aufhören wollte. Im Nachhinein frage ich mich, wie diese leicht zu beeindruckenden Journalisten wohl über mein grauenhaftes Benehmen gedacht haben. Aber in dem Moment war mir das ganz egal.

Oft nehme ich in der Videothek nebenan, wenn ich auf der Suche nach Filmen bin, die ich mir anschauen könnte, Anrufe entgegen. Manchmal handelt es sich bei den Anrufern um Stammkunden, die wissen wollen, mit wem sie sprechen – und dann sage ich es ihnen. Bei anderen Gelegenheiten sind es Freunde meiner Kinder, die meine Stimme erkennen und mich in ein langes Gespräch verwickeln. In dem Moment empfinde ich das als einen harmlosen Scherz. Erst hinterher bedauere ich mein albernes Benehmen.

Meine Kinder haben inzwischen gelernt, die Zeichen zu deuten, und sie halten mich gewaltsam zurück, damit ich mich bloß nicht blamiere. »Mutter«, warnt mich eines von ihnen jedes Mal wieder, »tu es nicht. Ganz ruhig, ja? Lass es bleiben, nur keine Aufregung.« Diese Warnung genügt normalerweise, aber nichts auf Erden kann mich davon abhalten, auf der Stelle zu tanzen, wenn einer meiner Lieblingssongs gespielt wird. Das kann ebenso gut in einer vollen Einkaufspassage passieren wie in einem Flughafencafé, einem Plattenladen oder einem Hotelfoyer. Dann packt meine Kinder die absolute Paranoia. »Alle gucken zu dir hin«, sagen sie selbst dann flehentlich, wenn kein Mensch in der Nähe ist.

»Sollen sie doch«, sage ich unbekümmert, während sich meine Füße weiterhin im Takt bewegen. Das sind die wenigen

Freuden, die mir im Leben noch geblieben sind. Einfache und unschuldige Freuden. Das tut doch niemandem weh. Ich finde, meine Kinder sollten sich nicht ganz so sehr anstellen. Es ist anstrengend, immer nur vernünftig, reif und wohlerzogen zu sein. Auch ich brauche mal eine Pause. Ich muss mich ab und zu gehen lassen können. Und mich zurückentwickeln. Das ist eine Befreiung, die mich von der Last des Erwachsenseins erlöst. Ich finde das wunderbar.

Das einzige Zugeständnis, das meine Kinder in dieser Hinsicht machen, ist das Tanzen in Goa. Wenn wir dort zweimal im Jahr Urlaub machen, »erlauben« sie mir, mich gehen zu lassen, aber nur innerhalb eines ganz bestimmten Rahmens, und dieser Rahmen wird von ihnen festgelegt. Sie begleiten mich abwechselnd auf die Tanzfläche, die älteren mit gequältem Gesichtsausdruck, die jüngeren frei und ohne Hemmungen – sie wissen noch nicht, dass sie sich wie Mamas Sittenrichter benehmen sollen.

Eben diese Leidenschaft – das Tanzen in Goa – kann manchmal zu vertrackten Situationen führen, wie eine liebe Freundin von mir und ich herausfanden, als wir auf dem Weg zum Abendessen an einer lebhaften Band aus Goa vorbeikamen, die für eine private Party den unwiderstehlichen Lambada spielte. Die Versuchung war einfach zu groß – eine leere Tanzfläche, eine Schar von mürrisch blickenden Gästen, die herumstanden und sich fragten, was sie in einem Beach Resort zu suchen hatten (das müssen sich in Anbetracht der schweren städtischen Gesellschaftskleidung, die die Besucher trugen, auch andere Leute gefragt haben), und eine gut gelaunte junge Band, die all die heißblütigen lateinamerikanischen Rhythmen an diesen erbärmlichen Haufen vergeudete.

Meine Freundin Judith und ich beschlossen, ihnen den einen oder anderen Schritt zu zeigen – während unsere jüngeren Kinder am Rand der Tanzfläche klatschten, legten sie und ich zur hellen Freude der anfangs noch missmutigen Versammlung, die später ihr Kichern kaum unterdrücken konnte, eine recht gekonnte Variante des Lambada hin. Wir hatten unseren Spaß daran, bis wir den schleimigen, fetten Mann entdeckten, der in einer dunklen Ecke stand und seine Videokamera laufen ließ. Er hatte alles gefilmt – unsere Ausgelassenheit, unsere scharfen, anzüglichen Bewegungen und die Beine meiner Freundin, die sie ungeniert gezeigt hatte. Als wir diesen Fettsack und das teuflische kleine rote Licht sahen, das uns sagte, dass wir gefilmt wurden, erstarrten wir mitten in der Bewegung. Wir sahen den Mann böse an – doch er filmte unbeirrt weiter. Wir forderten ihn auf, sofort damit aufzuhören. Er lachte nur. »Madam ... wo liegt das Problem? Im Urlaub ist alles erlaubt«, sagte er achselzuckend. Wir fragten uns, ob wir das Sicherheitspersonal des Hotels informieren und den Film an uns bringen sollten. Schließlich einigten wir uns darauf, ihn die einzige Aufnahme von einer improvisierten Darbietung behalten zu lassen, die keine von uns beiden bereute. Jedem das Seine. Am nächsten Morgen schwang die schwere Kiefernholztür der Sauna im Fitnessclub des Hotels auf – und da stand er, die Bestie persönlich (ohne Kamera), in schlecht sitzenden Nylonshorts, und schielte lüstern in unsere Richtung. Wir flohen auf der Stelle. Als wir unter die eiskalte Dusche sprangen, trösteten wir uns mit dem Gedanken, dass die Shorts der Bestie in der Sauna, die auf fünfundachtzig Grad eingestellt war, schmelzen und bleibende Striemen in diesem hässlichen Fleisch hinterlassen würden. Es gab also doch noch Gerechtigkeit auf Erden.

Meine Freunde sind erstaunt, wenn sie merken, wie sehr ich mich manchmal vor meinen Kindern und ihrer Meinung von mir fürchte. »Es sollte doch eigentlich umgekehrt sein, oder?«, fragen sie lachend. Vielleicht, vielleicht aber auch nicht. Als Elternteil weiß ich eines ganz genau: Ich möchte meine Kinder niemals verletzen, sie bewusst in Verlegenheit bringen oder ihnen Schande bereiten. Wahrscheinlich ist es ein paarmal passiert, aber ganz und gar unabsichtlich. Ich höre auf sie, weil ich ihnen vertraue und mich vollkommen auf ihr Urteil verlasse. Ich weiß, dass sie mir selbst dann die Wahrheit sagen würden, wenn sie für mich verletzend wäre – wie viele Außenstehende täten das schon? Ich weiß auch, dass ihnen meine Interessen ebenso sehr am Herzen liegen wie mir ihre Interessen – wenn sie mich irreführen oder mir schmeicheln, haben sie nichts zu gewinnen.

Der Tag der offenen Tür in der Schule oder die Treffen des Eltern-Lehrer-Verbandes sind hervorragende Gleichmacher. Als die älteren Kinder Teenager waren, haben sie mir gesagt, bei diesen Gelegenheiten solle ich sittsam im Sari erscheinen. »Setz bloß keine schicke Sonnenbrille auf. Komm bloß nicht in Jeans. Steck dir die Haare nicht zu einem Knoten auf. Trag bloß keinen Schmuck. Und lass den Lippenstift weg«, hatten sie mich ermahnt. Ich verstand ihre Vorbehalte restlos, als ich ihre spitzen Bemerkungen über einige andere Mütter hörte, die sich für solche Veranstaltungen regelmäßig so herausputzten, als gingen sie zum Casting für eine Modenschau. Doppelt so schlimm traf diese Damen der Spott der Kinder, wenn sie versuchten, halb so alt zu wirken, wie sie waren, indem sie sich in viel zu enge Jeans zwängten, sich T-Shirts von ihren Töchtern borgten und ihre Gesichter übertrieben schminkten. »Hast du dieses Muttchen gesehen? Die sah ja zum Schreien aus. Die arme Sonya ...«, sagten sie mitfühlend. Ich wollte nicht, dass ihre Freunde jemals so etwas über mich sagen würden ... oder dass sie meine Kinder bemitleiden würden.

Auf einer Abendgesellschaft, die wir bei uns zu Hause veranstalteten, hatte ein besonders widerwärtiger hoher Firmenangestellter nichts Besseres zu tun, als alle anwesenden Frauen lüstern anzugaffen, während sein junger Sohn mit unserem Sohn Ranadip im Schlafzimmer vor dem Fernseher saß.

Jemand fragte den Teenager: »Welcher ist dein Dad?«

Und er erwiderte: »Der Wichser, der sich mehr blamiert als jeder andere.«

Als meine Kinder mir das berichteten, hatte ich großes Mitleid mit dem Jungen. Es muss abscheulich für ihn und seine Mutter gewesen sein, zuzusehen, wie das Familienoberhaupt aufgrund seines widerlichen, geifernden Benehmens von sämtlichen weiblichen Gästen brüskiert und gemieden wurde. Das war vor zehn Jahren. Heute ist dieser sensible Junge zu einem sensiblen jungen Mann herangewachsen, der in New York lebt, nichts mehr mit seinen Eltern zu tun haben will und in den Armen eines wesentlich älteren Geliebten verzweifelt nach einer unabhängigen Identität sucht – einem Mentor mit guten Beziehungen, der diesen verstörten jungen Mann anzubeten und zu verstehen scheint.

Es ist wahr, dass es im Leben einer Frau an einem bestimmten Punkt zu einer ganz zauberhaften Umkehrung der Rollen kommt. Erst kürzlich traf ich bei einer kleineren Esseneinladung Dimple. Schon in dem Moment, als ich den Mund aufmachte und meinen gelinden Schock über ihr dramatisch verändertes Äußeres in Worte fasste, wusste ich, dass ich das Falsche sagte. Dimple war frisch aus London zurückgekehrt, mit einem modischen Haarschnitt anstelle der wüsten Mähne, die immer ihr Markenzeichen gewesen war. Ohne all dieses Haar war sie kaum wiederzuerkennen. Sie sah natürlich immer noch umwerfend aus, aber sie war nicht mehr dieselbe Frau, deren üppige kastanienbraune Haarpracht den Eindruck vermittelt hatte, unabhängig von ihrer Trägerin ein Eigenleben zu führen. Sie verteidigte ihren Entschluss trotzig. »Verdammt noch mal, was soll's?«, wiederholte sie mehrfach. Sie hatte Recht. Zum Teufel damit. Wenn sie ihr Haar radikal abschneiden wollte, dann tat sie es eben. Das ging niemanden etwas an. Und mich schon gar nicht. Sie ließ sich darüber aus, wie die Leute – ihre Fans und ihre Familie – auf ihren neuen Look reagierten.

Mich interessierte vor allem, was ihre Töchter gesagt hatten, als sie ihre verwandelte Mom das erste Mal zu sehen bekamen. Twinkle, die ältere, hatte gesagt: »Alles in Ordnung, Mom. Du siehst toll aus. Lass dich deshalb bloß nicht von den anderen fertigmachen.« Chinky, ihre jüngere Tochter, hatte sie ebenso sehr in ihrem Entschluss bekräftigt.

Daraufhin erzählte ich ihr von meinen eigenen Erfahrungen, als ich im Alter von vierzig spontan zum Friseur gegangen war und die Frau, die mich dort regelmäßig bediente, aufgefordert hatte, mir meine langen Haare abzuschneiden.

»Nein, tut mir leid, aber das kann ich nicht tun. Wenden Sie sich bitte an eines der anderen Mädchen. Das ist ein Verbrechen, wenn Sie mich fragen.«

Verbrechen hin, Verbrechen her – ich war wild entschlossen. Die Geschäftsführerin sagte behutsam zu mir, ich solle nach Hause gehen, eine Nacht darüber schlafen und am nächsten Tag wiederkommen.

»Das kommt gar nicht in Frage«, hatte ich stur beharrt. »Entweder jetzt oder nie.«

Also lief es auf »jetzt« hinaus. Und es war grässlich. Ich schlich nach Hause und hoffte nur, mir würde auf dem Weg niemand begegnen, den ich kannte. Meinem Mann fiel das Gesicht herunter (mein frisch geschnittenes Haar war etwa so lang, wie er seines trug), doch er riss sich schnell wieder zusammen und sagte aufmunternd: »Das ist . . . also, ich finde das . . . schick. Mal was ganz anderes. Du siehst . . . jung aus.«

Die kleineren Kinder waren ehrlicher: »Es ist furchtbar. Ganz abscheulich. Igitt. Wann wächst es wieder nach?«

Das Urteil der Teenager, Radhika und Avantika, fiel noch vernichtender aus. »Mutter . . . es ist schon in Ordnung . . . nehme ich mal an. Du siehst nur so . . . so . . . gewöhnlich aus. Wie jede andere Frau auf der Straße.« Einer der Jungen, Aditya, sah hin und gleich wieder weg, ohne ein Wort zu sagen. Rana, der andere, zuckte lediglich die Achseln.

Ich warf schwungvoll den Kopf zurück. »Ich wollte es nun mal so haben. Wer mich liebt, liebt mich auch mit kurzem Haar. Ihr liebt doch mich und nicht etwa mein langes Haar?« Die Antwort war eindeutig. Ich beschloss prompt, mein Haar wieder wachsen zu lassen. Es dauerte fast vier Jahre und war selbst dann nicht so wie vorher, aber als ich es abschneiden ließ, musste ich es tun.

Dimple hatte eine ähnliche Erfahrung gemacht, die ihr allerdings überhaupt nicht gefiel. Ich begriff, wie es in ihrem Fall ablief – die unentrinnbare Schönheitsfalle, der sie nicht entkommen konnte. Am ersten Abend, nachdem sie sich ihr Haar abgeschnitten hatte, wollte sie gerade aus dem Haus gehen, als ihre Tochter, die inzwischen selbst ein Filmstar war, sie zurückhielt. »Warte, bloß nicht so eilig. Lass mich erst mal dein Haar in Ordnung bringen. Es fällt nicht richtig. Ich werde ein paar hellere Glanzlichter setzen.«

Dimple schien diese Sorge echt und ehrlich zu rühren. »Twinkle hat ein teures Produkt von Christian Dior hervorgeholt und es in mein Haar einmassiert«, berichtete sie stolz. »Sie hat sich auch mein Gesicht genauer angesehen und gefragt: ›Wo sind deine Augen? Und deine Wangen? Du brauchst mehr Lidschatten und ein dunkleres Rouge.‹« Dimple lächelte. »Komisch, nicht wahr? Jetzt bin ich ihre Tochter geworden, und sie ist meine Mutter. Twinkle veranstaltet einen solchen Wirbel um mich ... ständig sorgt sie sich um mein Wohlbefinden, es ist mir schon fast unheimlich. Und fair ist das auch nicht. Sie ist noch so jung. Warum sollte sie meine Probleme zu ihren machen? Aber sie ist ja so reif. In ihrem Alter war ich ein Dummkopf. Ich hatte von nichts eine Ahnung. Heute berät sie mich, und ich höre auf sie. Und trotzdem fühle ich mich unglaublich schuldbewusst. Vor allem, wenn sie sagt: ›Mom, du brauchst dir um nichts Sorgen zu machen. Ich kümmere mich um dich. Sieh du nur zu, dass du dein Leben genießt. Tu genau das, worauf du Lust hast. Ich verdiene genug. Überlass ruhig alles mir. Du brauchst keine Rollen in dämlichen Serien oder in lausigen Filmen anzunehmen, weil das Geld sonst knapp wird. Das ist nicht mehr dein Problem, dafür bin ich jetzt zuständig.‹«

Während sie darüber sprach, füllten sich ihre Augen mit Tränen. Auch meine Augen waren feucht geworden. Ich weihte sie in Erfahrungen ein, die ich mit meinen eigenen Töchtern gemacht hatte. In dem Moment standen wir einander als Frauen sehr nahe – als Mütter.

Auf dem elfenbeinfarbenen Sofa am anderen Ende des Wohnzimmers saß Goldie Hawn, die mit ihren zweiundfünfzig Jahren sexy, gertenschlank und strahlend schön war. Am früheren Abend hatten wir über ihre Kinder geredet – einen einundzwanzigjährigen Sohn und eine achtzehnjährige Tochter. »Sie sind ja so schön«, hatte sie ganz selbstverständlich gesagt. Sie prahlte nicht damit. Aus ihr sprach nicht einmal der Stolz einer Mutter. Sie gab lediglich ein professionelles Urteil ab – beide Kinder sind im Showbiz. Ich hatte (voller Nachsicht) darüber gemeckert, dass meine Töchter ständig meine Garderobe plünderten. Ich besitze überhaupt kein Privateigentum mehr, denn sie vergreifen sich an meiner Kleidung, meinen Schuhen, meinen Accessoires und an meinem Schmuck.

Sie hatte den Kopf in den Nacken geworfen und verständnisvoll gelacht. »Bei mir zu Hause geht es genauso zu – die Hälfte von meinen Sachen kann ich nicht finden. Meine Tochter lässt von nichts die Finger.«

An jenem Abend konnte ich es kaum erwarten, nach Hause zu kommen und die schlafenden Gestalten unserer jüngeren Kinder in unserem Schlafzimmer zu sehen. Von diesem Anblick kann ich nie genug bekommen, und er überwältigt mich immer wieder. Wir betreten das Zimmer und betrachten die beiden kleinen Mädchen, die mit zerzaustem Haar, faltenloser Stirn und den Fäusten unter dem Kinn tief und fest schlafen. Manchmal rühren sie sich, öffnen kurz die Augen und lächeln schläfrig. In diesem benommenen Lächeln liegt eine Vertrauensseligkeit, die mir das Herz bricht. Dann möchte ich sie in ihrem Schlaf umarmen und küssen, ihre zarten Wangen streicheln, mich verstohlen in ihre Traumwelt einschleichen und dort verweilen. Der Anblick schlafender Kinder – aller schlafenden Kinder – rührt mich tief. Oft habe ich mich gefragt, woran das liegt. Vielleicht lässt er mich in meine eigene friedliche, ruhige und geborgene Kindheit zurückkehren, als ich im Zimmer meiner Eltern schlief und ihre Anwesenheit während der Nacht deutlich wahrnahm. Und in eine Zeit, zu der Kunda und ich ein Zimmer miteinander teilten.

Die westliche Methode der Kindererziehung habe ich nie ganz verstanden. Dort legt man Kinder gewissenhaft in ihre Kinderbettchen auf der anderen Seite des Flurs, schaltet die Lichter aus und macht die Tür fest zu. Ein Babyalarm dient als Frühwarnsystem, und ein paar Teddybären müssen als Gesellschaft genügen. Ich bin der festen Überzeugung, dass sehr kleine Kinder ihre Eltern rund um die Uhr brauchen – sogar im Tiefschlaf. Sie sollten erst dann aus dem elterlichen Schlafzimmer ausziehen, wenn die Bereitschaft von ihrer Seite aus da ist. Man braucht nur die Signale abzuwarten.

Bei uns zu Hause haben wir das locker und flexibel gelöst. Die Kinder geben uns einen Wink, und wir richten uns danach. Wenn sie die Nacht lieber in ihrem eigenen Zimmer verbringen wollen, dann ist uns das recht. Wenn sie auf dem Matratzenlager nächtigen wollen, das auf dem Teppich vor unseren Betten ausgebreitet ist, dann ist das auch in Ordnung. Bisher hat sich das recht gut bewährt. Und ich brauchte nicht in meinem reichlich zerfledderten Freud zu blättern, um mir ein Bild von der langfristigen Wirkung zu machen. Ich empfinde diese Lösung als wesentlich natürlicher und für alle Seiten befriedigender als die praktischere Lösung, die Kinder um acht ins Bett zu schicken, ob sie müde sind oder nicht, und sich dann selbst auf den Rücken zu klopfen, weil man ihnen Disziplin eingeimpft hat. Kinder sind keine Welpen, die man abrichten muss. Sogar Welpen kriechen liebend gern in die Betten ihrer Besitzer, um sich streicheln und knuddeln zu lassen. Ich denke dabei noch nicht einmal an das, was man den Kindern nimmt, obwohl es ihnen zusteht – ich denke an das Vergnügen, um das wir uns selbst bringen. Ich bin selbstsüchtig. Ich brauche die Kinder, ganz gleich, ob sie mich brauchen oder nicht.

Ich erinnere mich noch an ein Live-Interview, das ich auf dem Festival der Autoren in Melbourne vor einem geladenen Publikum gab. Die Frau, die mich interviewte, war eine einflussreiche und gefürchtete Fernsehmoderatorin mit einer großen Fangemeinde. Der Saal war brechend voll, wobei sicherlich mehr Zuhörer ihretwegen als meinetwegen gekommen waren. Ich hatte mich ein klein wenig verspätet und war schrecklich nervös, weil ich in derselben Straße gerade ein Rundfunkinterview gegeben hatte, von dort aus zügig hergelaufen war und auf dem Weg irgendwo meinen goldenen Ohrring verloren hatte. Ich fand ihn später wieder: Er lag noch unberührt auf dem menschenleeren Asphalt, über den ich zwei Stunden zuvor gelaufen war. Entweder sind die Australier außerordentlich ehrliche Menschen, oder auf dieser Straße herrschte außerordentlich wenig Verkehr. Die Frau, die in dem Ruf stand, die Barbara Walters des australischen Fernsehens zu sein, und deren beeindruckender Busen durch ein tiefes Dekolleté blendend zur Geltung kam, begrüßte mich unterkühlt und begann sofort mit dem Interview, ohne mich zu Atem kommen zu lassen. Es ließ sich recht gut an, bis sie mich fragte: »Wann haben Sie eigentlich Zeit für sich selbst?«

Ich sagte wahrheitsgemäß: »Nie.«

»Was ist, wenn Ihre Kinder schlafen? Dann werden Sie doch nicht gebraucht.«

Und ich erwiderte spontan: »Ich hoffe sehr, dass ich auch dann gebraucht werde. Ich möchte ein Teil ihrer Träume sein, wie auch sie ein Teil meiner Träume sind. Die Sehnsucht lässt nie nach.«

Daraufhin wirkte sie ein wenig gereizt, doch sie beendete unser Gespräch sehr charmant.

Als ich nach dem Gespräch einen Kaffee trinken wollte, kamen etwa ein halbes Dutzend Frauen auf mich zu, um mir zu sagen, wie nahe ihnen meine Worte gegangen waren. Ich war nicht der Meinung, ich hätte etwas allzu Bewegendes gesagt. Eine der Frauen packte meine Hand und flüsterte: »Sie sind eine tapfere Frau. Es verlangt großen Mut, so etwas in der Öffentlichkeit zuzugeben.« Ich kapierte es wirklich nicht. Was hatte ich denn gesagt? Doch nichts, was Mut erforderte? Die Reaktion der Frauen verblüffte mich, und genau das sagte ich ihnen.

»Meine Liebe ... die wenigsten Australierinnen würden sich in der heutigen Zeit zu einem solchen Wunsch bekennen – man würde sie dafür verdammen, einen solchen Standpunkt zu vertreten. Die Leute würden sie verspotten und ihnen vorhalten, ihre Einstellung sei nicht korrekt. Aber wir rechnen es Ihnen hoch an, dass Sie es laut ausgesprochen haben. Viele von uns empfinden genauso wie Sie. Wir wagen nur nicht, es zu zeigen.« Diese Bemerkungen haben sich mir tief eingeprägt. Wie traurig es doch ist, wenn die Gesellschaft einen solchen Druck ausüben kann, dass man es nicht mehr wagt, die Liebe zu seinen eigenen Kindern in Worte zu fassen.

Als meine Kinder mich am selben Abend anriefen, um, wie üblich, kurz mit mir zu plaudern, brachte ich kaum einen zusammenhängenden Satz heraus. Sie wirkten so fröhlich … und sie schienen mir meine Abwesenheit so gar nicht übel zu nehmen. Ich fragte Anandita, die Kleinste, was ich ihr aus Australien mitbringen sollte. Sie sagte sehr bedächtig: »Dreifarbige Nudeln und Parmesankäse. Das ist alles.« Ich fand diese Bitte für eine Sechsjährige äußerst ungewöhnlich. Sie erklärte, das hätte sie bei einer Freundin gegessen und es hätte ihr unglaublich gut geschmeckt. Gleich am nächsten Tag machte ich mich auf die Suche nach den Nudeln und dem Käse. Beides war mühelos aufzutreiben. Aber jedes Mal, wenn ich das Gericht auf einer Speisekarte sehe, kann ich das goldige Stimmchen hören, das mir bei einem Ferngespräch diese Bitte vortrug und so dankbar klang, als ich zurückrief, um zu sagen, ich hätte beides gefunden.

Oft quäle ich mich mit dem gewaltigen Altersunterschied zwischen mir und meinen jüngsten Töchtern herum. Als Anandita etwa vier Jahre alt war, fragte sie mich allen Ernstes: »Mama, gab es auf der Erde noch Dinosaurier, als du Daddy geheiratet hast?« Das sollte kein Witz sein. Dann seufzte sie tief, wie es ihre Angewohnheit ist, und sagte: »Ihr seid sooo alt. Wann werdet ihr sterben? Und was wird dann aus mir?« Ich traute meinen Ohren nicht. Oft frage ich mich, ob sie zu kurz gekommen sind, weil ihre Mutter sich zwar von ganzem Herzen ihrem jungen Leben widmen kann, aber körperlich für vieles nicht mehr zu haben ist. Ich bringe nicht mehr die Energie auf, für das Wochenende Picknicks, Besuche im Planetarium, Ausflüge in den Zoo oder gar weite Fahrten an ferne Orte zu planen. Im Sommer 1997 habe ich Disneyland kaum überlebt und meinen Sternen dafür gedankt, dass ich nicht im Rollstuhl saß, nachdem mich meine Kinder von einer Attraktion zur nächsten geschleift hatten und ich vor Erschöpfung nur noch keuchte.

Ich sehe mir die Mütter ihrer Freundinnen an, junge Frauen mit fitten, durchtrainierten Körpern, die vor Energie nur so strotzen und unerschöpfliche Reserven haben. Am Tag der offenen Tür zwängen wir uns in der Schule auf Kinderstühle und begutachten kritisch die Kunstwerke unserer Kleinen. Die anderen Moms sind in ihren Zwanzigern. Sie könnten meine Töchter sein. Und dann fällt mein Blick auf einen gewissenhaft geschriebenen Aufsatz, der angemessen mit Buntstiftzeichnungen illustriert ist. Die Überschrift lautet: »Der Mensch, den ich am meisten bewundere.« Ananditas unverkennbares Gekritzel einer Linkshänderin rutscht kreuz und quer über die ganze Seite, und dort steht: »Der Mensch, den ich am meisten auf der ganzen Welt bewundere, ist meine Mama. Sie ist sehr lieb. Sie hat braune Augen. Und langes Haar. Sie kümmert sich um mich. Sie liebt mich. Und ich liebe sie ...« Ich kämpfe gegen die Tränen an. Ich habe ihre Bewunderung doch gar nicht verdient. Wann habe ich das letzte Mal meinen Stift hingelegt, meine Schreibblöcke weggepackt und gesagt: »Kommt, Kinder. Lasst uns Muscheln sammeln.«

Meine Kinder verweisen mich in meine Schranken, sowie sie glauben, ich wollte zu hoch hinaus. Das gefällt mir. Ich mag ihre Ehrlichkeit und ihren Mut, mir offen ihre Meinung zu sagen. Mir hat es meinen eigenen Eltern gegenüber weiß Gott an beidem gefehlt. Es wäre überhaupt nicht in Frage gekommen, dass ich ihnen als junger Mensch meine Meinung gesagt hätte. Es stand mir frei, über mich selbst zu reden, über meine kleinen Triumphe, meine Ängste, meine Sehnsüchte, vor allem mit meiner Mutter, die immer aufmerksam zuhörte und ausnahmslos an allem interessiert war. Aber ich hatte nie das Gefühl, diese unsichtbare Grenze überschreiten und einem von beiden sagen zu können, was ich tief in meinem Innern wirklich fühlte, obwohl unsere Familie ganz außerordentlich kommunikativ war. Kindern brachte man von klein auf bei, welcher Platz ihnen im Leben zustand. Später, als wir erwachsen und eher gleichgestellt waren, litten wir immer noch an zahllosen Hemmungen, die uns daran hinderten, offen zu reden. Eltern waren Eltern – jede Annäherung und jeder Vorwurf waren undenkbar.

So sehen meine Kinder uns nicht. Mir gegenüber sind sie geradezu erschreckend ungezwungen. Als mein Sohn Aditya seine

Erlebnisse in einem der angesagtesten neuen Clubs in New York schilderte, sagte ich halb im Scherz: »Vielleicht könntest du mich dahin mitnehmen, wenn wir das nächste Mal gemeinsam in New York sind.«

Er bedachte mich mit einem vernichtenden Blick. »Aber Mutter, die lassen dich nicht rein.«

Mich nicht reinlassen? Warum denn das? Prompt bekam ich die Antwort: »Du bist zu alt. Außerdem muss man wirklich unheimlich gut aussehen, damit die einen reinlassen.«

Ach du meine Güte. Im ersten Moment war ich niedergeschmettert und, wie ich gestehen muss, auch ein wenig schockiert über diese Grobheit, und daher fragte ich kläglich: »Und wohin gehen alte und hässliche Menschen, wenn sie ihren Spaß haben wollen?«

»Nirgendwohin«, sagte er scherzhaft. »Die bleiben zu Hause.«

Er machte alles noch schlimmer, als er kurz darauf sagte: »Die DJs in diesen Clubs sind äußerst sensibel. Wenn sie das Publikum nicht mögen, packen sie ihre Sachen zusammen und gehen nach Hause. Wenn jemand wie du reinkäme, würden sie keinen Ton mehr spielen. Die Türsteher sind auch ziemlich tough. Du machst genau den richtigen Eindruck, oder du kommst gar nicht erst rein.«

Tage später grübelte ich immer noch über diese grausame Bemerkung nach, als mein Sohn mich am Dusshera-Tag total aufgedonnert sah. Nachdem er mich kritisch gemustert hatte, räumte er zögernd ein: »Tja, vielleicht würden sie dich ja doch reinlassen, wenn du in einem so phantastischen Sari ankämest. Aber du müsstest mit einer Schar von Anhängern auftauchen. Dann hielten sie dich vielleicht irrtümlich für eine Diva . . . oder für einen exotischen Transvestiten.«

Tausend Dank, mein Sohn, sagte ich zu ihm, ich glaube, lieber bleibe ich zu Hause und zähle meine grauen Haare.

War das derselbe Junge, der vor Jahren in Singapur den größten Teil von seinem bescheidenen Ferientaschengeld dafür ausgegeben hatte, mir einen teuren Flakon Parfum zu kaufen, das neu eingeführte »Poison«, weil er fand, es passte so gut zu meiner »exotischen Persönlichkeit«? Derselbe Junge, der sich, als er mich das erste Mal im Fernsehen sah, enttäuscht abwandte und sagte: »War das alles? Nur dieses endlose Gerede? Warum kannst du nicht singen und tanzen, wie sie es in *Chitrahaar* tun?«

An dem Abend, an dem Aditya diese Transvestitenbemerkung gemacht hatte, betraten mein Mann und ich eine neu eröffnete, sehr angesagte Bar, von der uns die Kinder viel erzählt hatten. Wir warfen nur einen schnellen Blick auf die Leute am Tresen, die alle in ihren Zwanzigern waren, und versuchten, uns so unauffällig wieder zu verziehen, wie wir gekommen waren. Bedauerlicherweise entdeckte uns der Geschäftsführer, und bevor uns die Flucht gelang, wurden wir ins Getümmel geschleift. Die Worte meines Sohnes hallten immer noch in meinen Ohren nach. Er hatte Recht ... wir waren zu alt und hatten den Anschluss verloren.

Als ich einigen gleichaltrigen Frauen von meinem Gespräch mit Aditya erzählte, waren die Selbstbewussteren über diesen Wortwechsel belustigt, die anderen dagegen außer sich. »Mein Gott. Hättest du Aditya nicht am liebsten umgebracht?« Offen gesagt, nein. Ich wusste sowohl seinen Humor (verdammt noch mal, ich hoffe, dass es nicht sein bitterer Ernst war, sondern dass er auch ein wenig witzig sein wollte) als auch seine brutale Offenheit zu würdigen, selbst wenn er es vielleicht nicht wörtlich gemeint hatte. Sehen wir den Tatsachen ins Auge: Es gibt jede Menge interessante Dinge, die man mit fünfzig tun kann, aber sich in Bars herumzutreiben, die voll im Trend liegen und in denen erst ab ein Uhr nachts wirklich etwas los ist, scheidet aus. Als ich mich begeistert angeboten habe, mit ihm durch die Clubs zu ziehen, hätte ich meinem Sohn deutlich klarmachen müssen, dass mein Interesse wie immer das der Journalistin und Voyeurin war, die begierig auf neue Erfahrungen ist. Ich hatte mir nicht vorgestellt, einen draufzumachen. Ich wollte die Fliege an der Wand sein, die unsichtbare Beobachterin, die eine veränderte Szene abcheckt und ein Gespür dafür bekommen möchte, was an solchen Orten abgeht – Orten, von deren Existenz ich nichts erfahren hätte, Orten, zu denen ich ohne jemanden wie ihn gar keinen Zutritt hätte.

Es überrascht mich immer wieder, welche Macht die Kinder über mich haben. Ein kritischer Blick oder eine kritische Bemerkung kann mir den Abend restlos ruinieren. Dann grübele ich stundenlang, beleuchte den Vorfall von allen Seiten, ziehe absurde Schlussfolgerungen, leide, fühle mich schuldbewusst, bin wütend und leide weiter. Ich quäle mich endlos herum, bis wir uns versöhnen und das Gefühl von Nähe wieder da ist.

Ich frage mich, ob ihnen überhaupt klar ist, wie sehr mich ihre Bemerkungen treffen. Vor allem frage ich mich das bei den jüngeren Kindern. Es ist schon fast absurd. Einmal wollten wir gerade zu einem Abendessen aufbrechen, das zu Ehren von Brian Lara in einem der Hotels veranstaltet wurde, und ich zog mir eilig einen Chiffonsari mit Pailletten an – so etwas trage ich sehr selten. Ich brauchte augenblicklich Bestätigung und machte mich auf die Suche danach. Meine Tochter Arundhati stand unter der Dusche und zitierte mich ins Bad. Ich flehte. Ich redete ihr gut zu. Ich war darauf angewiesen, dass sie mich musterte und ihr Urteil verkündete. Sie weigerte sich – zu Recht. Ich überschrie den Lärm der Dusche und ihren kräftigen Gesang, um ihr zu erklären, wenn ich reinkäme und auch nur ein paar Tropfen Wasser abkriegte, würde der Sari schrumpfen und sich kräuseln. Kein Problem, gurrte sie, stell dich so hin, dass ich dein Spiegelbild sehen kann. Ich tat genau das und veränderte mehrfach meine Haltung, um mich nach ihren Wünschen zu richten. Ein kurzer Blick genügte ihr, um ein vernichtendes Urteil abzugeben: »Tut mir leid, aber du siehst grässlich aus.« Das war alles.

Ich hätte mich umgezogen, aber wir waren ohnehin schon spät dran. Mir war der ganze Abend verdorben. Einige Leute überschütteten mich zwar mit übertriebenen Komplimenten, doch ich wusste, dass sie logen, und selbst wenn sie es nicht taten, zog ich es vor, meiner Tochter zu glauben. Kinder belügen dich nicht, wenn es um dich geht, sie belügen dich, wenn es um sie selbst geht, und auch das nur, wenn es sein muss. Sie sind gnadenlos, wenn es darum geht, dich wissen zu lassen, was sie von dir halten. Dasselbe gilt auch für meine Kolumnen, Bücher und Interviews. Meine Kinder verschonen mich nicht.

Wie könnte ich einen besonders niederschmetternden Moment vergessen, als ich gerade die Korrekturfahnen von ›Surviving Men‹ las? Radhika beobachtete mich, als ich dasaß und in die losen Seiten vertieft war.

»Ist das das neue Buch?«, fragte sie.

Ich bejahte.

»Darf ich es lesen?«, fragte sie.

Ich fühlte mich geschmeichelt, war aber auch eine Spur nervös (es war das erste Mal, dass eines der Kinder mich gefragt hatte, ob es die Fahnen ansehen dürfte), als ich ihr stolz die Blätter reichte. Sie muss noch am selben Abend ein paar Kapitel angelesen haben. Am nächsten Morgen lagen die Fahnen wieder auf meinem Schreibtisch.

»Hast du es ganz gelesen?«, fragte ich eifrig, denn ich war begierig auf eine begeisterte Reaktion.

»Das meiste«, antwortete sie wahrheitsgemäß.

»Und . . .?«

»Es hat Spaß gemacht. Und es war auch ganz interessant«, lautete die lakonische Antwort.

Ich war total geknickt, bis ich mir sagte, dieses Buch sei viel zu zynisch für jemanden in ihrem Alter, ein junges Mädchen, das noch dazu gerade frisch verliebt ist – das war bei ihr der Fall. Trotzdem beschloss ich, nie wieder jemandem meine Korrekturfahnen zu zeigen – noch nicht einmal einem der Kinder.

Es ist schon komisch mit Kindern. Sie brauchen den Beifall von Gleichaltrigen, damit ihre Eltern in ihren eigenen Augen besser dastehen. Im Sommer 1998 besuchte mein Sohn Aditya Freunde in Italien.

»Gib mir die italienische Ausgabe von ›Glitzernacht‹ mit«, sagte er mit einer gewissen Zurückhaltung. »Vielleicht zeige ich sie den Leuten, bei denen ich wohne.«

Ich rechnete nicht wirklich damit, dass er es tun würde. Aber er schenkte das Buch nicht nur der Freundin seines Gastgebers, sondern berichtete mir außerdem von ihrer Reaktion (sie sagte, sie sei begeistert). Von mir aus – wenn das nötig war, damit ich in den Augen meines Sohnes gut dastand ...

Von den kleineren Kindern höre ich immer wieder: »Mama, meine Freundin findet ...«

Ich habe mir abgewöhnt, sie zu unterbrechen, um zu fragen: »Mir ist ganz egal, was deine Freundin meint. Was meinst du dazu?«

Ich fürchte mich vor der Antwort.

Als das Nachrichtenmagazin ›Time‹ 1990 einen Artikel über mich brachte, reagierten meine Kinder darauf wie auf jeden anderen Zeitungsbericht. Ein flüchtiger Blick, und das war es auch schon. Einer der Jungen fragte in aller Unschuld: »Nur eine einzige Seite? Warum keine Titelgeschichte?« Ja, klar. Nur mein Mann teilte die Aufregung mit mir, als er mich vom Büro aus anrief und mir vergnügt mitteilte: »Du hast es geschafft. Diese Woche bist du drin.«

In dieser Phase meiner Karriere als Schriftstellerin war mir der Artikel sehr wichtig. Es spielte gar keine Rolle, was der Korrespondent über mich oder über mein Buch geschrieben hatte. Was zählte, war die Tatsache, dass ich es geschafft hatte, in der internationalen Ausgabe des weltweit führenden Nachrichtenmagazins eine ganze Seite zu bekommen. Damals ließ mich das nicht kalt, und es lässt mich auch heute noch nicht kalt. Es ist weiterhin ein entscheidender Augenblick für mich, ganz gleich, was danach folgte.

Mein Sohn Aditya sagte kürzlich zu mir: »Mutter, du arbeitest viel zu hart. Tritt langsamer. Vergnüge dich. Schmeiß dein Geld zum Fenster raus. Führe ein Luxusleben. Was soll das denn alles? Man lebt nur einmal. Hab deinen Spaß, verdammt noch mal, wozu soll denn sonst alles gut sein? Jedes Mal, wenn ich dich sehe, schreibst du. Du beantwortest Post, machst Telefonanrufe, schuftest. Vergiss es. Lass es dir einfach nur gut gehen. Sieh dir andere Frauen in deinem Alter an. Niemand rackert sich so ab. Dein Problem ist, dass deine ganze Haltung so verflucht mittelständisch ist. Du weißt wirklich nicht, wie man sich entspannt ... sich etwas Gutes tut.«

Seine Worte stimmten mich nachdenklich. Ich probierte es aus. Es wurde nichts. Ich konnte mich nicht hängen lassen. Ich konnte mich nicht entspannen. Je mehr ich mich dazu zwang, desto mehr setzte es mir zu. Es machte mir überhaupt kein Vergnügen. Ich litt. Ich war nun mal mittelständisch. Und mittelständisch würde ich auch bleiben.

Im Sommer 1997 war die ganze Familie nach Amerika gereist, um Adityas Abschlussfeier zu besuchen. Es war eine teure Reise, und ich war mir dieser Kosten sehr deutlich bewusst. An unserem letzten Tag in New York lief ich mit Kunda, die zur Hochzeit ihrer Tochter Lakshmi angereist war, die Fifth Avenue hinunter. Da sie meine Schwäche für Sonnenbrillen kennt, spornte sie mich an, einen Laden zu betreten, der sich auf die neuesten Modelle spezialisiert hatte. Innerhalb der ersten fünf Minuten entdeckte ich eine umwerfende Sonnenbrille, setzte sie auf und gab sie dem Ladeninhaber mit sichtlichem Bedauern zurück. »Viel zu teuer.«

Kunda nahm mich zur Seite. »Kauf sie dir«, sagte sie.

»Was?«

»Kauf sie, mach schon. Gönn dir endlich einmal etwas. Du hast ein Geschenk verdient. Und die Brille sieht toll an dir aus.«

»Aber ... aber ... weißt du, was sie kostet?«

»Das ist doch ganz egal. Denk nicht darüber nach. Nimm sie.«

Ich tat es. Der Preis war absolut überzogen. Diese unglaubliche Verschwendung löste eine Spur von Schuldgefühlen aus, aber in erster Linie war ich in Hochstimmung, als wir uns auf den Rückweg zum Hotel machten. Meine Kinder konnten kaum glauben, dass ich derart verschwenderisch gewesen war. Ich konnte es selbst kaum glauben. Aber jedes Mal, wenn ich meine todschicke Sonnenbrille trage, erinnere ich mich an diesen Moment in dem Brillenladen, als ich mit entschiedener Stimme sagte: »Die nehme ich.« Und bei der Erinnerung daran läuft mir ein kleiner Schauer über den Rücken, eine Mischung aus purem Vergnügen und Schuldbewusstsein.

Erst nachdem ich diese Sonnenbrille von Jean Paul Gaultier gekauft hatte, verstand ich die Faszination, die es auf Aditya ausübte, für vierundzwanzig Stunden einen Porsche Boxster zu mieten, ein Geschenk, das er sich selbst zu seinem Studienabschluss gemacht hatte. Als er angebraust kam, um mich zum Abendessen abzuholen, war er ein anderer Mensch – ein Mann, der die Macht über eine sehr raffinierte Maschine hatte. Als ich mich in den Schalensitz neben ihm gleiten ließ, konnte auch ich mich der Wirkung dieses stinkvornehmen Wagens nicht entziehen. Ich konnte die Ehrfurcht meines Sohnes nachvollziehen, als sich der Zweisitzer auf einen leichten Druck seiner Fingerspitzen hin schnittig in Bewegung setzte und wir zu einem noblen Spezialitätenrestaurant für Meeresfrüchte fuhren, in dem Aditya einen Tisch für uns reserviert hatte.

Auf dem Weg dorthin riefen diverse Menschen aus: »He, das ist ein ganz beachtlicher Wagen für jemanden, der gerade erst sein Studium abgeschlossen hat.«

Aditya nickte, lächelte, winkte und sagte unbekümmert: »Ja, klar. Ein Geschenk von meiner Mutter zur bestandenen Prüfung.«

Träum weiter, Junge, dachte ich mir. Er hatte eine lachhafte Summe für ein flüchtiges Vergnügen ausgegeben, das schnell vorübergehen würde. Das hätte ich niemals getan. Im Leben nicht. Aber andererseits hätte ich, wenn er es nicht getan hätte, auch nie das ungetrübte sinnliche Vergnügen erlebt, in einem der tollsten Wagen auf Erden herumzufahren, auf einer großartigen Anlage heiße Musik zu hören und neben jemandem zu sitzen, in dem ich nur mit Mühe den schweigsamen, ernsthaften Jungen mit den gefühlvollen Augen wiedererkennen konnte, mit dem ich früher Sandburgen gebaut hatte. An jenem Abend konnte ich einen flüchtigen Blick auf seine Träume erhaschen. Ich hoffe, er arbeitet hart daran, sie sich zu erfüllen.

Ich wundere mich ständig über die ungenierte Haltung meiner Kinder, und das sage ich ihnen auch. Nicht dass es etwas ändert. Woher haben sie das bloß?

»Das ist die heutige Zeit, Mutter«, spotten sie liebevoll. »Wir gehören einer Ära unverhohlener Gier an – und wir genießen es.« Ihre Welt ist anders als meine, ganz anders. Und um meiner eigenen geistigen Gesundheit willen sollte ich mich daran gewöhnen. Ich erinnere mich noch daran, wie selbstverständlich Ranadip das Geschenk aufnahm, als er zu seinem einundzwanzigsten Geburtstag seinen eigenen Wagen bekam.

»Meine Kinder werden das und noch mehr haben«, sagte er mit einem breiten Grinsen. »Das nennt sich Trickle-down-Effekt. Wir arbeiten weniger, aber wir maximieren unsere Gewinne.«

Was sagt man dazu? Mir fiel jedenfalls nichts ein.

Aber die Bemerkung habe ich nie vergessen. Ranadip hat wahrscheinlich Recht. Weshalb sollte ich meinen Kindern meine eigenen Maßstäbe oder auch nur meine eigenen Ideale gewaltsam aufzwängen? Sie gehören einem anderen Zeitalter an. Sie legen keinen Wert auf die Dinge, auf die ich Wert lege. Ich bin diejenige, die sich neu orientieren und die Dinge mit ihren Augen sehen muss – die jüngere Generation wird ihre Sichtweise niemals ändern. Nur den Eltern, die vernünftig genug sind, die Unwiderruflichkeit dieser Prämisse zu akzeptieren, gelingt es, mit ihrem Nachwuchs eine gewisse Basis zu finden. Ich bemühe mich ständig dazuzulernen. Aber lassen Sie sich bloß nicht einreden, es sei einfach, wenn Zwanzigjährige anfangen, einen über das Phänomen zu belehren, das unter dem Begriff »Trickle-down-Effekt« oder auch Fahrstuhleffekt bekannt ist – und wenn Sie derjenige sind, an dem die dicken Rechnungen hängen bleiben.

All das ging mir durch den Kopf, als Dilip und ich eines Abends nach Hause fuhren. Aus den Lautsprechern drang Musik der Gipsy Kings, während ich die Lichter des Marine Drive betrachtete – ein Anblick, an dem ich mich nicht sattsehen kann. Über der Skyline schwebte eine zarte Mondsichel, und die Nachtluft war kühl. Wir waren beide ungewöhnlich schweigsam. Ich lehnte mich zurück, damit ich an den Fassaden der Art-déco-Gebäude hinaufschauen konnte, an denen wir vorüberfuhren, vertraute Umrisse, die ich schon tausendmal gesehen hatte. Wonach suchte ich? Was wollte ich wirklich? Mein Mann war ebenfalls milde gestimmt, versonnen und entspannt. Ich erkannte es an der Haltung seines Nackens und an dem sanften Trommeln seiner Finger. Ich sah sein Profil an, während er mit stiller Konzentration den Wagen lenkte und die Hände auf dem Steuer liegen hatte.

An jenem Abend war es einfach, ein paar Dinge vorherzusagen, Konstanten, die einem beruhigenden Schema folgten. Ich wusste, dass uns King Tuts bei unserer Heimkehr schläfrig begrüßen und halbherzig mit seinem Stummelschwanz wedeln würde. Wir würden leise die Tür zu unserem Schlafzimmer öffnen – die beiden Jüngsten, Arundhati und Anandita, würden im Tiefschlaf auf ihrem Matratzenlager auf dem Teppich liegen. Wir würden uns auf Zehenspitzen an ihnen vorbeischleichen, um ihren Schlaf nicht zu stören, unsere Armbanduhren ablegen, unsere Kleidungsstücke zusammenfalten und uns zum Schlafengehen bereitmachen. Mein Mann würde einen Blick auf die Standuhr werfen und die Augenbrauen hochziehen. »Kurz vor eins – war dir klar, dass es schon so spät ist?« Ich würde nicken, während ich meinen Sari aufhängte. »Morgen muss ich früh raus«, würde er flüstern, und natürlich würde eines der Mädchen wach werden, die Augen aufschlagen, sie reiben und sie dann noch weiter öffnen. Diese Augen würden vor Freude und Erleichterung glänzen – Mutter und Vater waren wieder da. Erst jetzt würde sie richtig gut schlafen können. Ich würde mich ein Weilchen neben sie legen, mit den seidigen Strähnen ihres zerzausten Haars spielen, ihre Ohrläppchen reiben und zart ihre Wangen küssen. Dann würde ich die Hand ausstrecken und die Arme meiner anderen Tochter streicheln, und dabei würde mir auffallen, wie groß sie im Lauf der letzten Monate geworden war. So groß, dass ihre Füße über das Ende der Matratze herausragten und ihre Zehen froren, weil die Decke nicht mehr lang genug war. Schon sehr bald würde ich ihre geliebte Babydecke durch eine andere Decke in Erwachsenenlänge ersetzen müssen. Ich würde die Konturen ihres Gesichts betrachten, die sich in der letzten Zeit so schnell veränderten – die Nase, die meiner eigenen zu ähneln begann, die Backenknochen, die plötzlich aus ihrem ovalen Gesicht hervorsprangen, da der Babyspeck jetzt geschmolzen war, das schimmernde Haar, das ich ihr erst letzte Woche auf ihren ausdrücklichen Wunsch hin hatte schneiden müssen und das aussah, als sei es schon wieder mindestens zwei Zentimeter nachgewachsen. Ich würde ihren Wecker an einen sichereren Ort rücken, die Wasserflasche weiter weg stellen, ihre lustigen Ohrringe aufheben, die silbernen mit dem »Nike«-Logo, und in eine Schublade legen, die Kissen zurechtrücken, um zu verhindern, dass sie im Lauf der Nacht unter unser Bett rollte und sich den Kopf am Bettgestell anstieß. Ich würde einen letzten wehmütigen Blick auf ihre schlafende Gestalt und die ihrer Schwester richten und dann widerstrebend das Licht ausschalten.

Das, und nur das, zählte. Es war das Einzige, was je gezählt hatte. Was machte alles andere schon aus? Hier lag mein Glück. Hier fühlte ich mich geborgen, sicher und geliebt. Es würde andere Dinge im Leben geben. Andere Triumphe. Andere Glanzpunkte. Aber für mich zählte in jener Nacht nur diese eine Realität. Als ich mich unter meine Decke legte, fühlte ich mich in eine eigentümliche Form von Wärme eingehüllt. Ich legte den Kopf auf mein überdimensionales Kissen, über das sich die ganze Familie lustig macht, und blickte zur Decke auf, die nicht bemerkenswerter ist als jede andere Decke ... doch in dem Moment ähnelte sie einem Himmel, der in zartes Licht getaucht war. Ich wollte mich nicht von der Stelle rühren. Ich wollte nicht atmen. Ich wollte die heitere Ruhe des Augenblicks nicht zerstören, denn er war vollkommen. Zu vollkommen.

Das war der Himmel. Er musste es sein.

Epilog

Ich hätte nicht geglaubt, dass ich dieses Buch jemals schreiben würde. Aber schließlich hatte ich auch nicht geglaubt, dass ich überhaupt jemals ein Buch schreiben würde. Sehen Sie? Wer weiß so etwas schon im Voraus? Jedes Gedächtnis ist selektiv. Die meisten von uns benutzen es als eine Art Filter. Wir erinnern uns an das, woran wir uns erinnern wollen, und wir löschen das, woran wir nicht erinnert werden wollen. Wenn man ein Wagnis wie dieses Buch unternimmt, wird am Ende das aufgenommen werden, was man mit anderen zu teilen bereit ist. Man muss Entscheidungen treffen. Ich habe mich entschieden, mein Leben in die Segmente zu zerlegen, die ich Lesern ohne Vorbehalt enthüllen und vorsetzen kann. Ich verstecke mich nicht hinter Gedächtnislücken. Es handelt sich eher um die bewusste Entscheidung, mich über die Aspekte meines Lebens auszuschweigen, die ich nicht publik machen möchte, die Aspekte, die mir zu kostbar und nicht für die Öffentlichkeit bestimmt sind. Es ist alles eine Frage der Bereitschaft, nicht wahr? Manche Menschen können ohne jede Scheu und bar jeglicher Reue alles enthüllen. Ich kann es nicht. Und ich verspüre auch gar nicht den Wunsch danach.

›Wie die Erinnerung es will‹ gibt einen Überblick über eine zurückgelegte Strecke. Ich habe in diesen Jahren viel erlebt, sehr viele interessante Menschen kennen gelernt, eine große Familie aufgezogen und mich angestrengt, ein redliches Leben zu führen. Heute bin ich bereit, einen Blick auf die Vergangenheit freizugeben, ohne dabei in voyeuristischer Selbstbefreiung zu schwelgen. Das eine Wort, das mich von Anfang an zurückgehalten hat, war »Maßlosigkeit«. Maßloses Schwelgen und allzu große Nachsicht mit mir selbst. Eine detaillierte Chronik des eigenen Lebens scheint die schlimmste Form von Narzissmus zu sein, da solche Aufzeichnungen automatisch voraussetzen, irgendwo dort draußen gäbe es Menschen, die sich tatsächlich für einen interessieren.

Da das Buch jetzt fertig und abgeschlossen ist, kann ich aufrichtig sagen, dass es mir Spaß gemacht hat, es zu schreiben. Als ich damit begonnen habe, war ich mir nicht sicher, ob das wirklich eine gute Idee ist. Vor allem, da mir von Anfang an klar war, dass es kein Schocker sein würde, der alles enthüllt und alles aufs Spiel setzt. Ich wollte gar nicht in aller Deutlichkeit auf alles eingehen. Wozu auch? Andererseits konnte ich mich an Gespräche mit Freunden erinnern, in denen ich höhnisch gesagt hatte: »Bisher ist es in Indien keinem einzigen Menschen gelungen, eine echte, wahrhaftige Autobiographie zu schreiben, in der keiner verschont wird.« Das ist nur zu wahr. Aber ich hatte nicht die Absicht, zum Vorreiter zu werden.

Irgendwo habe ich gelesen, das, was man lieber vergäße, sei oft ebenso aussagekräftig wie das, woran man sich tatsächlich erinnert. In meinem Fall verhält es sich nicht ganz so. Ich habe nicht allzu viel vergessen. Ganz im Gegenteil. Mein Gedächtnis ist besser, als mir lieb ist. Die Auswahl, was in dieses Buch kommt, habe ich ganz bewusst getroffen.

Die Frau, die Ihnen in ›Wie die Erinnerung es will‹ begegnet, ist nicht zwangsläufig die Frau, die Sie zu kennen glauben. Aber ich bin es trotzdem. Daten, Zeiten, Ereignisse, Orte ... ich habe versucht, sie korrekt anzugeben. Aber in diesem Buch geht es nicht um eine einwandfreie Chronologie, sondern vielmehr um Wahrnehmungen und Gefühle. Ich habe keine Aktenordner und Dokumente herangezogen, sondern nur Empfindungen und Sinneswahrnehmungen. Es ist gut möglich, dass ich die Reihenfolge von Ereignissen auf den Kopf gestellt und ein paar grundlegende Fakten hoffnungslos durcheinandergebracht habe. Ich habe mich jedoch aufrichtig bemüht, so viele bedeutsame Einzelheiten wie menschenmöglich in mein Gedächtnis zurückzurufen und sie zu ordnen, während ich diese Memoiren geschrieben habe. Falls mein Bericht Lücken oder Irrtümer enthält, was zwangsläufig der Fall sein muss, appelliere ich an Ihre Gutmütigkeit und hoffe, dass Sie es mir nachsehen. Entscheidender ist, dass ich die Geschichte erzählt habe, und ich kann Ihnen beteuern, dass ich es absolut freimütig, mit den besten Absichten und wahrheitsgemäß getan habe.

Es ist nie einfach, ein Leben in »Kapitel« aufzugliedern. Ich habe mehrere Nächte hintereinander wach gelegen und mich zu klareren Erinnerungen angestachelt, und morgens bin ich frustriert aufgewacht, habe mich in finsterer Stimmung an den Tisch gesetzt und bin wutentbrannt wieder aufgestanden. Auch das hat nicht geholfen. Ich weiß nur, dass ich in dieser Phase meines Lebens nichts weniger gebrauchen kann, als irgendetwas zu bereuen. Im Lauf der letzten Jahre habe ich mich mit vielem arrangiert. Und in gewisser Weise war das Schreiben dieses Buchs dafür verantwortlich. Ich habe zurückgeblickt und Bereiche entdeckt, von deren Existenz ich nichts geahnt hatte – weder in meinem eigenen Innern noch im Bewusstsein von Menschen, von denen ich mir eingebildet hatte, sie so gut zu verstehen. Vor zehn Jahren hätten mich diese Entdeckungen aus der Bahn geworfen ... aber alles, was angeblich passiert, wenn man fünfzig wird, ist wahr, bis in die kleinste Einzelheit.

Am Vorabend meines fünfzigsten Geburtstags im Januar 1998 setzte ich mich auf ebendiesen Stuhl und schrieb fünfzigmal das Wort »fünfzig«. Lange Zeit starrte ich die Seite an und wartete darauf, dass es zu mir vordrang und mir einleuchtete. Fünfzig? Wer, ich?

Ich wusste, dass ich mich anders fühlen sollte, irgendwie verwandelt, weise und ruhig. Aber stattdessen fragte ich mich gespannt, was meine Familie wohl für den nächsten Tag geplant hatte.

Doch irgendetwas passierte in jener Nacht. Es war ein Wunder. Als ich aufwachte, fühlte ich mich anders. Verdammt noch mal – ich fühlte mich wie fünfzig. Und ich fühlte mich blendend.

Inzwischen war das Buch über die erste Hälfte hinausgediehen. Nach den Gratulationen am Morgen sah ich mir an, was ich am Vortag geschrieben hatte. Nach ein paar Seiten legte ich das Manuskript aus der Hand. Da stand schon eine ganze Menge drin, und es gab noch viel mehr festzuhalten. Meine Stimmung war tendenziell selbstgefällig und selbstzufrieden. Ich sagte mir recht erfreut: »Das war doch gar nicht mal ein so übles Leben, oder?« Und das war es wirklich nicht. Ich faltete die Hände zum Gebet und dachte: Gott ist sehr gütig gewesen. Ich vergaß aber auch nicht, auf Holz zu klopfen ... als zusätzliche Absicherung.

Dann ging ich wieder in mein Zimmer. Im Haus herrschte Stille, wie es am späten Vormittag üblich ist. Lange Zeit sah ich auf das ruhige, glatte Meer vor meinem Fenster hinaus und fühlte, wie dieselbe Ruhe mich einhüllte. Es war wieder das typische Syndrom derer, die fünfzig werden. Ich hatte die Leute darüber reden gehört und ihnen nie wirklich geglaubt. So ein Blödsinn. Neunundvierzig konnte sich nicht so sehr von fünfzig unterscheiden. Aber genau das tat es. Und das tut es auch weiterhin.

Heute habe ich ein Gefühl von Akzeptanz, das bisher undenkbar war. Das also ist der Mensch, der ich bin. Keine Tricks. Keine Spielchen. Keine Tarnmanöver. Im Leben geht es darum, weiterzumachen ... und genau das tue ich. Langsam und ohne Stress, immer schön eins nach dem anderen.

Sonntagnachmittag. Die BBC zeigt Teil II ihrer Sendung »A Tribute to Frank Sinatra«. Ich kann voraussagen, wie der Bericht enden wird. Nämlich damit, dass der legendäre Schnulzensänger »My Way« schmettert. Sinatra hat Glück gehabt. Er hatte seinen eigenen Nachruf schon Jahre vor seinem Tod selbst geschrieben. Als ich dem Text lauschte, traten mir Tränen in die Augen (in diesem Moment müssen Millionen von Augenpaaren auf der ganzen Welt feucht geworden sein).

I've loved, I've laughed and cried,
I had my fill, my share of losing.
And now as tears subside,
I find it all so amusing.

To think I did all that,
And may I say, not in a shy way,
Oh no, oh no, not me,
I did it my way.

Diese Worte sang der Mann, der von dem Kommentator geringschätzig als »Pianobarsänger« bezeichnet wurde. Und doch brauchte es genau das – einen Schnulzensänger. Nur er konnte im Lauf der vierzig Jahre seiner kontroversen Karriere zahllosen Menschen unter die Haut gehen. »My Way« war jedermanns Hymne. Der Song sprach all jenen aus der Seele, die aus den verschiedensten Gründen und zu den verschiedensten Zeiten beschlossen hatten, Kopf und Kragen zu riskieren, und die den Preis dafür bezahlt hatten. Ich ging in mich und suchte verzweifelt nach einer Hymne, einem Nachruf, den ich mein Eigen nennen konnte. Nach Worten, die, wenn auch noch so unbeholfen, all das, was ich im Lauf der vergangenen fünfzig Jahre erlebt hatte, zusammenfassten. Doch nichts erschien auf dem inneren Bildschirm. Überhaupt nichts. Und so etwas nennt sich Schriftstellerin, dachte ich sarkastisch.

Ich erinnerte mich wieder an die Antwort, die ich einem Interviewer gegeben hatte, als er mir eine Standardfrage gestellt hatte: »Wie würden Sie gern in Erinnerung bleiben?«

Ich hatte leichthin geantwortet: »Als jemand, der sich getraut hat.«

Sich was getraut hat? Zum Glück wurde mir diese Frage nicht gestellt, denn ich wäre um eine Antwort verlegen gewesen. Ich war nämlich leider kein weiblicher Frank Sinatra. Ich war nichts weiter als eine gewöhnliche Frau, die gelegentlich etwas riskiert hatte.

In meiner blanken Verzweiflung wandte ich mich an Arundhati. »Wie würdest du deine Mutter beschreiben?«, fragte ich. Es war ein regelrechtes Flehen.

Sie dachte ein Weilchen nach und erwiderte dann: »Als traditionell.«

Was sie nicht sagte. Mit nichts hätte ich weniger gerechnet.

Jetzt konnte mich nichts mehr erstaunen. Ich lächelte verstohlen. Endlich hatte ich jemanden gefunden, der mich durchschaute – eine schlaue Zwölfjährige, die mein Geheimnis erraten hatte. Den Dämon erkannt hatte. Verstanden hatte. Ich fühlte mich nackt. Ich fühlte mich blendend. Alles begann sich zu einem Bild zusammenzufügen. Frank Sinatra war bei seinen letzten Takten angelangt. Ich summte mit. Sein Weg, ach ja? Und meiner auch. Ja, ganz entschieden auch mein Weg.

Die Familie Rajadhyaksha auf dem Lande (von links nach rechts):
Kunda, Mutter, Mandakini, Vater, ich und Ashok (1953)

Meine Eltern, ein Jahr nach ihrer Hochzeit (1936)

Sieg in einer Leichtathletikmeisterschaft (1963)

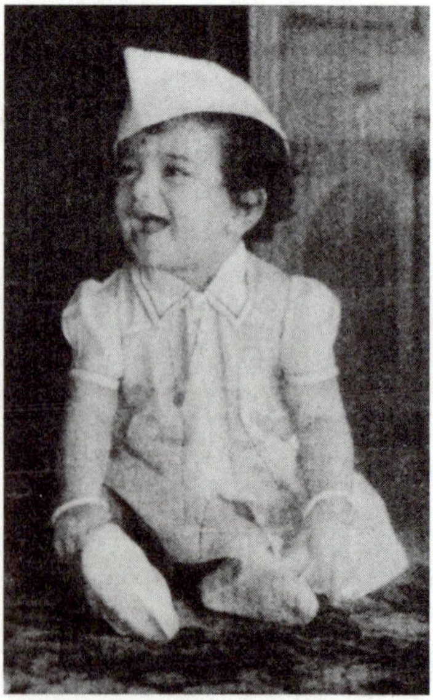

An meinem ersten Geburtstag (1949)

Mit Kunda (1965)

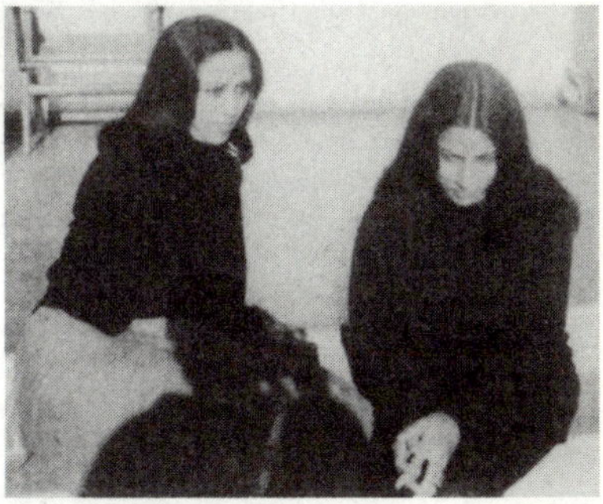

Mit Mandakini (1965)

Abschied von Vater auf dem Flughafen von Bombay (von links nach rechts): Kunda, Ashok, Vater, Mutter, Mandakini und ich (1961)

Als Model für Tata Tee in Aurangabad (1968)

Auf einer Modenschau (1979)

Mein erstes Cover für Femina im Alter von 19 Jahren

Mit der Bande von Stardust (von links nach rechts): Binoy Thomas, Prochi Badshah, Vanita Bakshi, Uma Rao, Ingrid Albuquerque und Nari Hira

Im Taj-Mahal-Hotel, Bombay, mit (von links nach rechts) Maneka Gandhi, Sanjay Gandhi und Khushwant Singh

Mit Jaya Bachchan auf einer ›Stardust‹-Party in den frühen Siebzigern

An meinem neunundvierzigsten Geburtstag mit (von links nach rechts) Aditya, Anandita, Radhika, Arundhati, Ranadip und Avantika

Mit Aditya auf seiner Abschlussfeier am Boston College (Mai 1997)

Mit Ranadip, Radhika und King Tuts (1998)

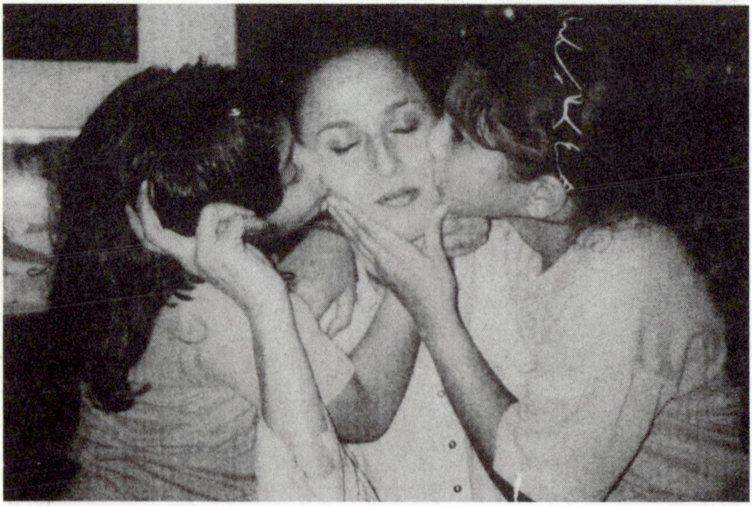

Mit Arundhati und Anandita (1996)

Dilip und ich